BAKER & McKENZIE
(Herausgeber)

Kartellgesetz

BAKER & MCKENZIE
(Herausgeber)

Stämpflis Handkommentar SHK

Kartellgesetz

Bundesgesetz über Kartelle und andere
Wettbewerbsbeschränkungen

Mit einem Vorwort von Prof. Dr. Roger Zäch

Stämpfli Verlag AG Bern · 2007

Kartellgesetz

Zitiervorschlag:

Baker & McKenzie, Stämpflis Handkommentar zum KG, Art. ..., N ...

Bibliografische Information der Deutschen Nationalbibliothek
Die Deutsche Nationalbibliothek verzeichnet diese Publikation in der Deutschen Nationalbibliografie; detaillierte bibliografische Daten sind im Internet über http://dnb.d-nb.de abrufbar.

Alle Rechte vorbehalten, insbesondere das Recht der Vervielfältigung, der Verbreitung und der Übersetzung. Das Werk oder Teile davon dürfen ausser in den gesetzlich vorgesehenen Fällen ohne schriftliche Genehmigung des Verlags weder in irgendeiner Form reproduziert (z. B. fotokopiert) noch elektronisch gespeichert, verarbeitet, vervielfältigt oder verbreitet werden.

© Stämpfli Verlag AG Bern · 2007

Gesamtherstellung: Stämpfli AG
Grafisches Unternehmen, Bern
Printed in Switzerland

ISBN 978-3-7272-2533-8

Vorwort

Das schweizerische Recht gegen private Wettbewerbsbeschränkungen, das Kartellrecht, wurde zur Verbesserung der Wettbewerbsfähigkeit der Unternehmen in der Schweiz in zwei Schritten, 1995 und 2003, weitgehend mit dem Wettbewerbsrecht der Europäischen Union harmonisiert. Die Harmonisierung des «Law in the books» hat allerdings noch nicht zu einer Harmonisierung des «Law in action» geführt. Zurzeit sind wichtige materiell- und verfahrensrechtliche Fragen offen. Gründe dafür sind mangelnde Präzision gewisser Gesetzestexte, fehlende Fallentscheidungen, aber auch die problematische Auslegungsmaxime, wonach das schweizerische Recht möglichst im Einklang mit den Bestimmungen des Rechts der EG, also ohne Berücksichtigung einschlägiger Bestimmungen mitgliedstaatlicher Kartellrechte, zu gestalten ist.

Materiellrechtlich sind aus dem Bereich von Art. 5 KG etwa die Fragen zu erwähnen, wie mit selektiven Vertriebssystemen umzugehen und wie Empfehlungen, insbesondere unverbindliche Preisempfehlungen zu beurteilen sind. Kontrovers diskutiert wird, ob die horizontalen oder vertikalen Preisabreden die Vermutung der Beseitigung wirksamen Wettbewerbs durch den Nachweis von Beratungswettbewerb bzw. bei vertikalen Preisabreden durch den Nachweis von Interbrand-Wettbewerb widerlegt werden kann. Umstritten ist bezüglich Art. 49*a* KG, ob Preis-, Mengen- oder Gebietsabreden auch sanktionsbedroht sind, wenn die Vermutung nach Art. 5 Abs. 3 oder Abs. 4 KG zwar widerlegt, die Abrede aber nach Art. 5 Abs. 2 KG nicht gerechtfertigt und daher unzulässig ist. Die Beurteilung des sogenannten Marktstrukturmissbrauchs wirft wegen der Unbestimmtheit dieses Begriffs unter dem Gesichtspunkt der Sanktionsbestimmung von Art. 49*a* KG zusätzliche Fragen auf. Die 1995 neu eingeführten Vorschriften zur Kontrolle von Unternehmenszusammenschlüssen haben in der Praxis kaum Probleme bereitet. In der Lehre wird allerdings der Inhalt von Bedingungen oder Auflagen diskutiert. So wird etwa postuliert, in Frage kämen nur strukturelle und keine verhaltensbezogenen Zusagen, ein Postulat, dem die Praxis wegen der mit der Zusammenschlusskontrolle allenfalls verbundenen Eingriffe in die Wirtschaftsfreiheit und die Eigentumsgarantie aus Gründen des Verhältnismässigkeitsprinzips nicht folgen kann.

Verfahrensrechtliche Probleme bestehen bezüglich des sogenannten «private enforcement», das – zu Recht – von allen Seiten propagiert wird. Dabei wird aber oft übersehen, dass die zivilprozessuale Durchsetzung des materiellen Kartellrechts – von follow up-Klagen abgesehen – ohne prozessrechtliche Massnahmen wie gesetzliche Beweiserleichterungen, eine Verringerung des Prozesskostenrisikos und anderes mehr kaum Aussicht auf Erfolg haben kann. Im Verwaltungsverfahren stellen sich mehrere heikle Fragen: Wann rechtfertigen Begehren von Parteien, die naturgemäss primär ihre privaten Interessen vertreten, eine verwal-

Vorwort

tungsrechtliche Untersuchung? Welchen Stellenwert haben «einvernehmliche Regelungen» nach Einführung direkter Sanktionen? Welche Änderungen in Verfügungsentwürfen sind gewichtig genug, um die Parteien vor einer Entscheidung *nochmals* anzuhören? Und grundlegender: Sind die allgemeinen verfahrensrechtlichen Bestimmungen, namentlich des Verwaltungsverfahrensgesetzes, überhaupt taugliche Regeln; anders formuliert, braucht es besondere Regeln für das kartellrechtliche Verwaltungsverfahren? Schliesslich hat die Inkraftsetzung von strafrechtlichen Bestimmungen über die Verantwortlichkeit des Unternehmens (Art. 102 u. 102*a* StGB) auf den 1. Januar 2007 neue materiell- und verfahrensrechtliche Fragen bezüglich der kartellgesetzlichen Verwaltungs- und Strafsanktionen aufgeworfen.

Der vorliegende Kommentar von Baker & McKenzie erläutert knapp und gekonnt das heute geltende Recht. Er thematisiert die grundsätzlichen Probleme und viele Detailfragen und gibt überzeugend begründete Antworten. Dabei wird bei der Auslegung des noch jungen Kartellgesetzes, eines Rahmengesetzes, – zu Recht – einem klar erkennbaren Willen des Gesetzes und seinem Zweck, den wirksamen Wettbewerb *und* die wirtschaftliche Betätigungsfreiheit der Einzelnen zu gewährleisten, grosses Gewicht beigemessen. Die offenen Fragen werden in der nächsten Zeit zu entscheiden sein. Für die Wettbewerbsbehörden, die Anwaltschaft und die Lehre dürfte der Kommentar daher gerade zur rechten Zeit erschienen sein.

Zürich, im Februar 2007   Roger Zäch

Vorwort

Das schweizerische Kartellrecht hat in den vergangenen Jahren – nicht zuletzt infolge der Einführung direkter Sanktionen bei qualifizierten Kartellrechtsverstössen und einer Kronzeugenregelung – an praktischer Relevanz gewonnen. Auch die Literatur setzt sich verstärkt mit kartellrechtlichen Fragestellungen auseinander. Eine neuere Kommentierung des Kartellgesetzes, bei dem auch primär im Zivilrecht bzw. Strafrecht tätige Autoren die zivilrechtlichen bzw. strafrechtlichen Bestimmungen des Kartellgesetzes eingehend kommentierten, fehlte aber bislang. Der vorliegende Kommentar, der von verschiedenen bei Baker & McKenzie Zurich tätigen Anwältinnen und Anwälten verfasst wurde, versucht diese Lücke nunmehr zu schliessen.

Rechtsprechung und Literatur wurden bis Ende Januar 2007 berücksichtigt. In Einzelfällen haben uns Autoren freundlicherweise auch erst als Manuskript vorliegende, demnächst erscheinende Publikationen zukommen lassen.

Unser Dank gilt vorab Herrn Prof. Dr. Roger Zäch für seine wertvollen Anregungen und seine konstruktive Kritik. Herrn Niklaus Dietschi, M.A. HSG, Frau Dr. iur. Larissa Marolda Martínez, Herrn lic. iur. Manuel Meyer und Frau Claudia Suter, M.A. HSG sind wir für ihre wertvolle Mitarbeit zu herzlichem Dank verpflichtet. Besondere Verdienste erwarben sich Herr Rémy Messer, MLaw, Betriebsökonom FH, Herr lic. iur. HSG Martin Steiger und Frau RA lic. iur. Romina Carcagni, LL.M, sowie ganz besonders Frau RA Dr. iur. Nataša Hadžimanović bei der Koordination und Edition der Beiträge. Herzlich danken möchten wir auch Frau Belinda Harris, Frau Regula Schär, Frau Marianne Reichert, Frau Claudia Schöttle, Frau Dora Zimmermann und Frau Andrea Zehnder, welche mit sehr viel Einsatz die formelle Vereinheitlichung der Beiträge sicherstellten. Unser ganz besonderer Dank gilt auch Frau Dilek Çilingir, welche die Formatierung mit viel Verve und Perfektion leitete. Schliesslich danken wir unseren lieben Kolleginnen und Kollegen, die mit ihrem unermüdlichen Einsatz als Autoren dieses Werk ermöglicht haben.

Zürich, im Februar 2007

Die Leiter der Arbeitsgruppe Kartellrecht und Europarecht
von Baker & McKenzie Zurich

Philippe M. Reich   Dr. Peter Reinert

Verzeichnis der Bearbeiter

ROMINA CARCAGNI
lic. iur., LL.M., Rechtsanwältin
Art. 3 Abs. 1 u. 3, 18–24, 29 u. 30

MATTHIAS COURVOISIER
Dr. iur., MSc in Finance (London),
Rechtsanwalt
Art. 2 Abs. 2, 39 u. 40

ANGELA DURRER
lic. iur., Rechtsanwältin
Art. 3 Abs. 2 u. 53a

JOACHIM FRICK
PD Dr. iur., LL.M., J.S.D., Rechtsanwalt
Art. 26–28

ANNE-CATHERINE HAHN
Dr. iur., LL.M., Rechtsanwältin
Art. 12, 13 u. 17

PETRA HANSELMANN
lic. iur., Rechtsanwältin
Art. 59a–63

ROLAND KÖCHLI
lic. iur., Fürsprecher
Art. 4 Abs. 1, 8, 11, 31, 36

STEFAN KOLLER
Dr. iur., LL.M., Rechtsanwalt
Art. 45–49

RICHARD KUSTER
lic. iur., LL.M., Rechtsanwalt
Art. 41, 43, 44 u. 53

MARK LIVSCHITZ
Dr. iur., Rechtsanwalt
Art. 52, 54–57

PHILIPPE M. REICH
lic. iur., LL.M., Rechtsanwalt
Art. 4 Abs. 2 u. 3, 9, 10, 32–35, 37, 38, 42a u. 51

PETER REINERT
Dr. iur., LL.M., Rechtsanwalt
Art. 5–7, 42, 49a, 50, 58, 59, Übergangsbestimmung

BERNHARD RUBIN
lic. iur., Rechtsanwalt
Art. 1, 2 Abs. 1 u. 1bis

PRISCA SCHLEIFFER
lic. iur., LL.M., Rechtsanwältin
Art. 15

MICHAEL TREIS
Dr. iur., Rechtsanwalt
Art. 3 Abs. 2

URS ZENHÄUSERN
Dr. iur., Rechtsanwalt
Art. 14, 16 u. 25

Inhaltsverzeichnis

Seite

Vorwort Prof. Dr. Roger Zäch	V
Vorwort	VII
Verzeichnis der Bearbeiter	IX
Abkürzungsverzeichnis	XXIII
Literaturverzeichnis zum Kartellrecht	XXXI

1. Kapitel: Allgemeine Bestimmungen ... 1

Art. 1 Zweck ... 1
    I. Einleitung ... 1
    II. Wirtschaftsverfassungsrechtlicher Hintergrund ... 2
    III. Wettbewerbstheoretische Grundlagen ... 6

Art. 2 Geltungsbereich ... 10
    I. Einleitung (Abs. 1) ... 11
    II. Persönlicher Geltungsbereich ... 11
    III. Sachlicher Geltungsbereich ... 17
    IV. Örtlicher Geltungsbereich (Abs. 2) ... 20

Art. 3 Verhältnis zu anderen Rechtsvorschriften ... 23
    I. Wettbewerbsausschluss durch öffentliches Recht (Abs. 1) ... 24
    II. Rechtspolitischer Hintergrund und Zweck der Vorschrift betreffend Immaterialgüter (Abs. 2) ... 27
    III. Anwendungsbereich ... 30
    IV. Art. 3 Abs. 2 Satz 2 ... 30
    V. Verhältnis des KG zu anderen Bundesgesetzen (Abs. 3) ... 33

Art. 4 Begriffe ... 35
    I. Wettbewerbsabreden (Abs. 1) ... 37
    II. Marktbeherrschende Unternehmen (Abs. 2) ... 44
    III. Unternehmenszusammenschluss (Abs. 3) ... 52

2. Kapitel: Materiellrechtliche Bestimmungen ... 57

1. Abschnitt: Unzulässige Wettbewerbsbeschränkungen ... 57

Art. 5 Unzulässige Wettbewerbsabreden ... 57
    I. Einleitung ... 59
    II. Erhebliche Wettbewerbsbeschränkungen (Abs. 1) ... 60

		Seite
	III. Rechtfertigungsgründe (Abs. 2)	62
	IV. Wettbewerbsbeseitigung und deren Vermutung (Abs. 3 und 4)	67
Art. 6	**Gerechtfertigte Arten von Wettbewerbsabreden**	**73**
	I. Einleitung	75
	II. Gerechtfertigte Arten von Wettbewerbsabreden (Abs. 1)	77
	III. Besondere Kooperationsformen in einzelnen Wirtschaftszweigen (Abs. 2)	83
	IV. Erlass und Veröffentlichungen (Abs. 3)	84
Art. 7	**Unzulässige Verhaltensweisen marktbeherrschender Unternehmen**	**86**
	I. Generalklausel (Abs. 1)	88
	II. Beispielkatalog (Abs. 2)	90
Art. 8	**Ausnahmsweise Zulassung aus überwiegenden öffentlichen Interessen**	**100**
	I. Einleitung	101
	II. Formelle Voraussetzungen	102
	III. Entscheidgründe	103
	IV. Entscheid und Rechtsfolgen	105

2. Abschnitt: Unternehmenszusammenschlüsse		108
Art. 9	**Meldung von Zusammenschlussvorhaben**	**108**
	I. Regelungsgegenstand, -zweck und -kontext	110
	II. Meldepflichtige Zusammenschlüsse	113
	III. Fusionskontrollmeldung	120
Art. 10	**Beurteilung von Zusammenschlüssen**	**124**
	I. Regelungsgegenstand und -zweck	126
	II. Materielle Prüfung	127
Art. 11	**Ausnahmsweise Zulassung aus überwiegenden öffentlichen Interessen**	**139**
	I. Einleitung	139
	II. Formelle Voraussetzungen	140
	III. Entscheidgründe	141
	IV. Entscheid und Rechtsfolgen	142

3. Kapitel: Zivilrechtliches Verfahren		**144**
Art. 12	**Ansprüche aus Wettbewerbsbehinderung**	**144**
	I. Allgemeines	146
	II. Anwendungsbereich von Art. 12	149

		Seite
	III. Ansprüche aus Art. 12	152
	IV. Ansprüche bei zulässigen Wettbewerbsbeschränkungen	166
	V. Anwendbares Recht und Durchsetzung im internationalen Verhältnis	167
Art. 13	**Durchsetzung des Beseitigungs- und Unterlassungsanspruchs**	**169**
	I. Funktion und Hintergrund	169
	II. Inhalt	170
Art. 14	**Gerichtsstand**	**174**
	I. Überblick	174
	II. Einzige kantonale Instanz	175
	III. Anwendungsbereich	176
	IV. Örtliche Zuständigkeit	177
	V. Schiedsgerichte	178
Art. 15	**Beurteilung der Zulässigkeit einer Wettbewerbsbeschränkung**	**180**
	I. Einleitung	181
	II. Begutachtung durch die Wettbewerbsbehörde (Abs. 1)	181
	III. Überweisung an den Bundesrat (Abs. 2)	188
Art. 16	**Wahrung von Geschäftsgeheimnissen**	**191**
	I. Normzweck	191
	II. Anwendungsbereich	192
	III. Fabrikations- und Geschäftsgeheimnisse	192
	IV. Massnahmen zur Geheimniswahrung	193
	V. Verfahren	194
	VI. Haftung	195
Art. 17	**Vorsorgliche Massnahmen**	**196**
	I. Allgemeines	196
	II. Voraussetzungen für den Erlass vorsorglicher Massnahmen	198
	III. Möglicher Inhalt vorsorglicher Massnahmen	201
	IV. Verfahren	203

4. Kapitel: Verwaltungsrechtliches Verfahren **209**
1. Abschnitt: Wettbewerbsbehörden 209

Art. 18	**Wettbewerbskommission**	**209**
	I. Allgemeines	210
	II. Wahl und Mitglieder der Wettbewerbskommission (Abs. 1–2bis)..	210
	III. Kompetenzen der Wettbewerbskommission (Abs. 3)	211

Inhaltsverzeichnis

		Seite
Art. 19	**Organisation**	**213**
	I. Unabhängigkeit der Weko	214
	II. Kammersystem	214
	III. Präsidialverfahren	215
Art. 20	**Geschäftsreglement**	**217**
	I. Allgemeines	217
	II. Inhalt des Geschäftsreglements	218
Art. 21	**Beschlussfassung**	**219**
	I. Allgemeines	219
	II. Quorum	220
	III. Mehrheit	220
	IV. Folgen der Verletzung von Art. 21	221
Art. 22	**Ausstand von Kommissionsmitgliedern**	**222**
	I. Allgemeines	223
	II. Anwendung von Art. 10 VwVG	223
	III. Ausstandsgründe	224
	IV. Sonderfall der Vertretung übergeordneter Verbände	229
	V. Ausstandsbegehren	230
	VI. Folgen des Ausstands	230
	VII. Streitiger Ausstand	231
	VIII. Ausstand von Sekretariatsmitarbeitern und Sachverständigen	232
Art. 23	**Aufgaben des Sekretariats**	**233**
	I. Allgemeines	233
	II. Stellung des Sekretariats	234
	III. Aufgaben des Sekretariats	234
	IV. Aufgabenteilung zwischen Sekretariat und Kommission bei Verfahrensleitung und Untersuchungshandlungen	235
	V. Würdigung	236
Art. 24	**Personal des Sekretariats**	**237**
	I. Wahl des Sekretariatspersonals	237
	II. Dienstverhältnis	237
	III. Verantwortlichkeit	238
Art. 25	**Amts- und Geschäftsgeheimnis**	**239**
	I. Übersicht	239
	II. Die Wahrung des Amtsgeheimnisses	240
	III. Die Weitergabe und Verwertung von Kenntnissen	241
	IV. Keine Preisgabe von Geschäftsgeheimnissen	242

Inhaltsverzeichnis

Seite

2. Abschnitt: Untersuchung von Wettbewerbsbeschränkungen 244

Art. 26	**Vorabklärung**		**244**
	I.	Zweck der Regelung	244
	II.	Einleitung/Eröffnung der Vorabklärung	245
	III.	Anregung von Massnahmen zur Beseitigung oder Verhinderung von Wettbewerbsbeschränkungen	247
	IV.	Verfahren der Vorabklärung	248
	V.	Vorsorgliche Verfügungen	248
Art. 27	**Eröffnung einer Untersuchung**		**249**
	I.	Einleitung einer Untersuchung	249
	II.	Initiativrecht der Weko und des Eidgenössischen Volkswirtschaftsdepartementes	251
	III.	Erlass vorsorglicher Massnahmen im Untersuchungsverfahren	251
Art. 28	**Bekanntgabe**		**253**
	I.	Bekanntgabe durch amtliche Publikation	253
	II.	Inhalt der Publikation	254
	III.	Folgen bei Unterlassen der Publikation	254
Art. 29	**Einvernehmliche Regelung**		**256**
	I.	Allgemeines	256
	II.	Voraussetzungen der einvernehmlichen Regelung	257
	III.	Gegenstand der einvernehmlichen Regelung	257
	IV.	Form und Genehmigung der einvernehmlichen Regelung	258
Art. 30	**Entscheid**		**260**
	I.	Allgemeines	261
	II.	Antrag des Sekretariats	261
	III.	Stellungnahme der Verfahrensbeteiligten	261
	IV.	Zusätzliche Anhörung und Untersuchungshandlungen	262
	V.	Entscheid der Weko	262
	VI.	Widerruf und Änderung des Entscheids	263
Art. 31	**Ausnahmsweise Zulassung**		**265**
	I.	Allgemeines	266
	II.	Voraussetzungen	267
	III.	Verfahren	268
	IV.	Entscheid	269

3. Abschnitt: Prüfung von Unternehmenszusammenschlüssen 271

Art. 32	**Einleitung des Prüfungsverfahrens**		**271**
	I.	Einleitung des Prüfverfahrens	272
	II.	Vorprüfung	273

XV

		Seite
Art. 33	**Prüfungsverfahren**	**278**
	I. Grundlage	279
	II. Prüfung	279
Art. 34	**Rechtsfolgen**	**283**
	I. Regelungsgegenstand und -zweck	283
	II. Regelungsinhalt	284
Art. 35	**Verletzung der Meldepflicht**	**286**
	I. Regelungsgegenstand und -zweck	286
	II. Regelungsinhalt	286
Art. 36	**Verfahren der Ausnahmegenehmigung**	**288**
	I. Allgemeines	289
	II. Voraussetzungen	289
	III. Verfahren	291
	IV. Entscheid	291
Art. 37	**Wiederherstellung wirksamen Wettbewerbs**	**293**
	I. Regelungsgegenstand und -zweck	294
	II. Regelungsinhalt	295
Art. 38	**Widerruf und Revision**	**297**
	I. Regelungsgegenstand und -zweck	298
	II. Regelungsinhalt	298

4. Abschnitt: Verfahren und Rechtsschutz		300
Art. 39	**Grundsatz**	**300**
	I. Verfahren, auf die das VwVG anwendbar ist	300
	II. Kartellverwaltungsrechtliche Verfahrensgrundsätze	303
	III. Ausnahmen	306
	IV. Vorsorgliche Massnahmen	306
Art. 40	**Auskunftspflicht**	**310**
	I. Allgemeines	310
	II. Auskunftspflichtige Personen	311
	III. Verfahren ohne Auskunftspflicht	311
	IV. Gegenstand der Auskunftspflicht	312
	V. Verweigerung der Auskunft	312
	VI. Verfahren	313
Art. 41	**Amtshilfe**	**315**
	I. Allgemeines	315
	II. Amtsstellen des Bundes und der Kantone	315

Inhaltsverzeichnis

			Seite
	III.	Umfang der Amtshilfe	316
	IV.	Grenzen der Amtshilfe	317
	V.	Verpflichtung zur Amtshilfe	318
	VI.	Verfahren	318
Art. 42	**Untersuchungsmassnahmen**		**319**
	I.	Einleitung	320
	II.	Zeugeneinvernahme	320
	III.	Beweisaussage	322
	IV.	Hausdurchsuchungen	322
	V.	Beschlagnahme von Beweisgegenständen	323
	VI.	Verwertung widerrechtlich erlangter Beweismittel	325
Art. 42a	**Untersuchungen in Verfahren nach dem Luftverkehrsabkommen Schweiz–EG**		**327**
	I.	Regelungsgegenstand	327
	II.	Regelungsinhalt	328
Art. 43	**Beteiligung Dritter an der Untersuchung**		**331**
	I.	Allgemeines	333
	II.	Drittbeteiligte	334
	III.	Gemeinsame Vertretung und Beschränkung der Beteiligungsrechte	336
	IV.	Beschränkung der Parteirechte auf die beteiligten Unternehmen im Unternehmenszusammenschlussverfahren	337
Art. 44	**Beschwerde an die Rekurskommission**		**338**

5. Abschnitt: Übrige Aufgaben und Befugnisse der Wettbewerbsbehörden			339
	Vorbemerkungen zu Art. 45 bis 49		**339**
Art. 45	**Empfehlungen an Behörden**		**339**
	I.	Laufende Beobachtung der Wettbewerbsverhältnisse durch die Weko (Abs. 1)	340
	II.	Empfehlungen der Weko zur Förderung von wirksamem Wettbewerb (Abs. 2)	341
Art. 46	**Stellungnahmen**		**344**
	I.	Allgemeines	344
	II.	Stellungnahmen des Sekretariats der Weko (Abs. 1)	345
	III.	Stellungnahmen der Weko im Vernehmlassungsverfahren (Abs. 2)	345

		Seite
Art. 47	**Gutachten**	**347**
	I. Allgemeines	347
	II. Zum Begriff «andere» Behörden	347
	III. Anspruch auf Gutachtertätigkeit der Weko?	348
	IV. Bedeutung der Unterscheidung in Wettbewerbsfragen von grundsätzlicher und solchen von untergeordneter Bedeutung	348
	V. Weitere Gutachterzuständigkeit der Weko	348
	VI. Beispiele von Gutachten der Weko	349
	VII. Aufhebung von Art. 47 Abs. 2	349
Art. 48	**Veröffentlichung von Entscheiden und Urteilen**	**350**
	I. Veröffentlichung von Entscheiden der Wettbewerbsbehörden (Abs. 1)	350
	II. Veröffentlichung von Gerichtsurteilen in Anwendung des Kartellgesetzes (Abs. 2)	351
Art. 49	**Informationspflichten**	**352**
	I. Orientierung der Öffentlichkeit über die Tätigkeit der Wettbewerbsbehörden (Abs. 1)	352
	II. Jährliche Erstattung eines Tätigkeitsberichts an den Bundesrat (Abs. 2)	353

6. Abschnitt: Verwaltungssanktionen ... 354

Art. 49a	**Sanktion bei unzulässigen Wettbewerbsbeschränkungen**	**354**
	I. Einleitung	356
	II. Rechtsnatur der Sanktionen	356
	III. Sanktionsbewehrte Wettbewerbsabreden	358
	IV. Sanktionsbemessung	358
	V. Sanktionserlass (Abs. 2)	362
	VI. Reduktion der Sanktion (Abs. 2)	364
	VII. Meldeverfahren (Abs. 3 lit. a)	365
	VIII. Aufgabe der Wettbewerbsbeschränkung (Abs. 3 lit. b)	368
	IX. Ausnahmsweise Zulassung einer Wettbewerbsbeschränkung (Abs. 3 lit. c)	368
	X. Verfahren	368
Art. 50	**Verstösse gegen einvernehmliche Regelungen und behördliche Anordnungen**	**370**
	I. Einleitung	370
	II. Tatbestand	371
	III. Verschulden	373
	IV. Sanktionen	373

Seite

Art. 51	Verstösse im Zusammenhang mit Unternehmenszusammenschlüssen	375
	I. Regelungsgegenstand und -zweck	376
	II. Regelungsinhalt	376

Art. 52 **Andere Verstösse** **379**
    I. Anwendungsbereich 379
    II. Objektiver Tatbestand 381
    III. Subjektiver Tatbestand 382
    IV. Sanktion 384
    V. Konkurrenzfragen 385

Art. 53 **Verfahren** **386**
    I. Allgemeines 386
    II. Anwendbares Recht 387
    III. Untersuchung durch das Sekretariat der Wettbewerbskommission 387
    IV. Beurteilung durch die Wettbewerbskommission 388
    V. Beschwerde an das Bundesverwaltungsgericht 388
    VI. Verjährung von Verwaltungssanktionen 388

7. Abschnitt: Gebühren 390

Art. 53*a* **390**
    I. Einleitung 391
    II. Gegenstand der Gebühr (Abs. 1) 392
    III. Bemessung und Höhe der Gebühr (Abs. 2 und 3) 393
    IV. Gebührenfreiheit (Abs. 3) 393

5. Kapitel: Strafsanktionen **394**
    Vorbemerkungen zu Art. 54–57 .... **394**
    I. Entstehungsgeschichte 394
    II. Art. 54 f. im System des Strafrechts 395
    III. Ratio legis und geschützte Rechtsgüter 399
    IV. Anforderungen an die strafbewehrte Anordnung 401
    V. Örtlicher Anwendungsbereich von Art. 54 f. 405
    VI. Art. 54 f. und das Doppelbestrafungsverbot 406

Art. 54 **Widerhandlungen gegen einvernehmliche Regelungen und behördliche Anordnungen** **410**
    I. Objektiver Tatbestand 410
    II. Subjektiver Tatbestand 411

			Seite
	III.	Strafzumessung	411
	IV.	Konkurrenzfragen	412
Art. 55	**Andere Widerhandlungen**		**414**
	I.	Informationsverweigerungsdelikt	414
	II.	Delikte im Zusammenhang mit Unternehmenszusammenschlüssen	416
Art. 56	**Verjährung**		**417**
	I.	Verfolgungsverjährung	417
	II.	Vollstreckungsverjährung	419
Art. 57	**Verfahren und Rechtsmittel**		**420**
	I.	Zur Verfahrensordnung nach VStrR	420
	II.	Zur Behördenorganisation im Lichte von Art. 6 EMRK	428

6. Kapitel: Ausführung internationaler Abkommen — 430

Art. 58	**Feststellung des Sachverhalts**		**430**
	I.	Einleitung	430
	II.	Verfahren	431
Art. 59	**Beseitigung von Unvereinbarkeiten**		**433**
	I.	Bestimmung der Unvereinbarkeit	434
	II.	Massnahmen zur Beseitigung der Unvereinbarkeit	434
	III.	Verfahren	435

6a. Kapitel: Evaluation — 436

Art. 59a — 436

7. Kapitel: Schlussbestimmungen — 437

Art. 60	**Ausführungsbestimmungen**	**437**
Art. 61	**Aufhebung bisherigen Rechts**	**438**
Art. 62	**Übergangsbestimmungen**	**439**
Art. 63	**Referendum und Inkrafttreten**	**441**

		Seite
Übergangsbestimmung zur Änderung vom 20. Juni 2003		**442**
I.	Allgemeines	442
II.	Meldung von Nova	443
III.	Rechtswirkungen einer Meldung	444

Sachregister **447**

Abkürzungsverzeichnis

a.A.	anderer Ansicht
ABl	Amtsblatt der Europäischen Union
Abs.	Absatz
aBV	alte Bundesverfassung vom 29. Mai 1874
ADSL	Asymmetrical Digital Subscriber Line / Loop
a.F.	alte Fassung
AG	Aktiengesellschaft
ähnl.	ähnlich
AIPPI	Association Internationale pour la Protection de la Propriété Intellectuelle
AJP	Aktuelle Juristische Praxis (Lachen)
allg.	allgemein
altStGB	Schweizerisches Strafgesetzbuch in der Fassung vor der am 1. Januar 2007 in Kraft getretenen Revision vom 13. Dezember 2002 und vom 24. März 2006
altVwVG	Bundesgesetz über das Verwaltungsverfahren in der Fassung vor der am 1. Januar 2007 in Kraft getretenen Revision vom 17. Juni 2005
a.M.	anderer Meinung
AmtlBull	Amtliches Bulletin der Bundesversammlung (Bern, bis 1966: StenBull)
AR	Anwaltsrevue (ehem. Der Schweizer Anwalt) (Basel)
Art.	Artikel
AS	Amtliche Sammlung der Bundesgesetze und Verordnungen (Bern)
Aufl.	Auflage
BankG	Bundesgesetz vom 8. November 1934 über die Banken und Sparkassen (Bankengesetz; SR 952.0)
BankV	Verordnung vom 17. Mai 1972 über die Banken und Sparkassen (Bankenverordnung, SR 952.02)
Baurecht	Baurecht/Droit de la Construction, Mitteilungen zum privaten und öffentlichen Baurecht (Freiburg)
BBCS	Broadband Connectivity Services
BBl	Bundesblatt
Bd./Bde.	Band/Bände
BE-Komm.	Berner Kommentar
betr.	betreffend
BG	Bundesgesetz
BGBM	Bundesgesetz vom 6. Oktober 1995 über den Binnenmarkt (Binnenmarktgesetz; SR 943.02)
BGE	Bundesgerichtsentscheid; Amtliche Sammlung der Entscheidungen des Schweizerischen Bundesgerichtes (Lausanne)
BGer	Bundesgericht
BGG	Bundesgesetz vom 17. Januar 2005 über das Bundesgericht (Bundesgerichtsgesetz; SR 173.110)

Abkürzungsverzeichnis

BLC	Boletín Latinoamericano de Competencia; Boletim Latinoamericano de Concorrência
BPG	Bundespersonalgesetz vom 24. März 2000 (SR 172.220.1)
BPV	Bundespersonalverordnung vom 3. Juli 2001 (SR 172.220.111.3)
BRD	Bundesrepublik Deutschland
BS-Komm.	Basler Kommentar
Bsp.	Beispiel
bspw.	beispielsweise
BV	Bundesverfassung der Schweizerischen Eidgenossenschaft vom 18. April 1999 (SR 101)
BZP	Bundesgesetz vom 4. Dezember 1947 über den Bundeszivilprozess (SR 273)
bzw.	beziehungsweise
causa sport	Sport-Zeitschrift für nationales und internationales Recht sowie für Wirtschaft (Zürich)
CEO	Chief Executive Officer
CHF	Schweizer Franken
CLI	Competition Law Insight; Antitrust law and policy in a global market (London)
Co.	Compagnie, Company
Corp.	Corporation
CuR	Computer und Recht, Zeitschrift für die Praxis des Rechts der Informationstechnologien (Köln)
DesG	Bundesgesetz vom 5. Oktober 2001 über den Schutz von Design (Designgesetz; SR 232.12)
d.h.	das heisst
Diss.	Dissertation
DMIF	Domestic Multilateral Interchange Fee
DSG	Bundesgesetz vom 19. Juni 1992 über den Datenschutz (Datenschutzgesetz; SR 235.1)
E.	Erwägung
EC	European Community
EBK	Eidgenössische Bankenkommission
ECLR	European Competition Law Review (London)
EFTA	European Free Trade Association (= Europäische Freihandelsassoziation)
EG	Europäische Gemeinschaften
EG-FKVO	Verordnung (EG) Nr. 139/2004 des Rates vom 20. Januar 2004 über die Kontrolle von Unternehmenszusammenschlüssen («EG-Fusionskontrollverordnung»)
EGMR	Europäischer Gerichtshof für Menschenrechte
EGV	Vertrag zur Gründung der Europäischen Gemeinschaft vom 25. März 1957 (in der Fassung des Vertrags über die Europäische Union vom 7. Februar 1992)
eidg.	eidgenössisch
EMG	Elektrizitätsmarktgesetz
EMRK	Konvention vom 4. November 1950 zum Schutze der Menschenrechte und Grundfreiheiten (SR 0.101)
et al.	et alii (und andere)

etc.	et cetera
EU	Europäische Union
EuGH	Gerichtshof der Europäischen Gemeinschaften
EuGVO	Verordnung (EG) Nr. 44/2001 des Rates über die gerichtliche Zuständigkeit und die Anerkennung und Vollstreckung von Entscheidungen in Zivil- und Handelssachen vom 22. Dezember 2000
EuZ	Zeitschrift für Europarecht (Beiheft der SJZ)
EuZW	Europäische Zeitschrift für Wirtschaftsrecht (München/Frankfurt)
EVD	Eidgenössisches Volkswirtschaftsdepartement
f. / ff.	folgende / fortfolgende
FKVO	Verordnung (EG) Nr. 139/2004 des Rates vom 20. Januar 2004 über die Kontrolle von Unternehmenszusammenschlüssen (ABl 2004 L 24/1)
FMG	Fernmeldegesetz vom 30. April 1997 (SR 784.10)
Fn.	Fussnote
FS	Festschrift
FusG	Bundesgesetz vom 3. Oktober 2003 über Fusion, Spaltung, Umwandlung und Vermögensübertragung (Fusionsgesetz; SR 221.301)
FuW	Finanz und Wirtschaft (Zürich)
GebV-KG	Verordnung vom 25. Februar 1998 über die Gebühren zum Kartellgesetz (Gebührenverordnung KG; SR 251.2)
GestG	Bundesgesetz vom 24. März 2000 über den Gerichtsstand in Zivilsachen (Gerichtsstandsgesetz; SR 272)
ggf.	gegebenenfalls
GLJ	German Law Journal; Developments in German, European and International Jursprudence, <www.germanlawjournal.com>
gl. M.	gleicher Meinung
GmbH	Gesellschaft(en) mit beschränkter Haftung
GVG ZH	Gerichtsverfassungsgesetz des Kantons Zürich vom 13. Juni 1976 (Ordnungsnummer 211.11)
GWB	Gesetz gegen Wettbewerbsbeschränkungen der Bundesrepublik Deutschland
HGer	Handelsgericht
Hrsg.	Herausgeber
i.d.R.	in der Regel
IFLR	International Financial Law Review (London)
Inc.	Incorporated
inkl.	inklusiv/e
insb.	insbesondere
IPrax	Praxis des internationalen Privat- und Verfahrensrechts (Bielefeld)
IPRG	Bundesgesetz vom 18. Dezember 1987 über das Internationale Privatrecht (SR 291)
i.S.	in Sachen
ISP	Internet Service Provider
i.S.v.	im Sinn/e von
i.V.m.	in Verbindung mit

Abkürzungsverzeichnis

JKR	Jahrbuch des Schweizerischen Konsumentenrechts (Bern)
KG	Bundesgesetz vom 6. Oktober 1995 über Kartelle und andere Wettbewerbsbeschränkungen (Kartellgesetz; SR 251)
KG 1962	Bundesgesetz über Kartelle und ähnliche Organisationen (Kartellgesetz) vom 20. Dezember 1962
KG 1985	Bundesgesetz über Kartelle und ähnliche Organisationen (Kartellgesetz) vom 20. Dezember 1985
KMU	Kleine und mittlere Unternehmen
Komm.	Kommentar/Kommentare
lit.	litera (= Buchstabe)
Ltd.	Limited
LugÜ	Übereinkommen vom 16. September 1988 über die gerichtliche Zuständigkeit und die Vollstreckung gerichtlicher Entscheidungen in Zivil- und Handelssachen (SR 0.275.11)
LVA	Abkommen zwischen der Schweizerischen Eidgenossenschaft und der Europäischen Gemeinschaft über den Luftverkehr vom 21. Juni 1999 (SR 0.748.127.192.68)
m.E.	meines Erachtens
medialex	Zeitschrift für Kommunikationsrecht (Bern)
m.H.	mit Hinweisen
Mia.	Milliarde(n)
Mio.	Million(en)
m.V.	mit Verweis(en)
MSchG	Bundesgesetz vom 28. August 1992 über den Schutz von Marken und Herkunftsangaben (Markenschutzgesetz; SR 232.11)
m.w.H.	mit weiteren Hinweisen
N	Note, Randnote
NR	Nationalrat
Nr.	Nummer
NZZ	Neue Zürcher Zeitung (Zürich)
OMC	Organisation mondiale du commerce
OR	Bundesgesetz vom 30. März 1911 betreffend die Ergänzung des Schweizerischen Zivilgesetzbuches (Fünfter Teil: Obligationenrecht; SR 220)
PatG	Bundesgesetz vom 25. Juni 1954 über die Erfindungspatente (Patentgesetz; SR 232.14)
PDF	Portable Document Format (Dokumentformat von Adobe)
plädoyer	Magazin für Recht und Politik (Zürich)
PLC	Public Limited Company
Pra	Die Praxis des Bundesgerichts (Basel)
PS	Partizipationsschein
PublG	Bundesgesetz vom 18. Juni 2004 über die Sammlungen des Bundesrechts und das Bundesblatt (Publikationsgesetz; SR 170.512)
PüG	Preisüberwachungsgesetz vom 20. Dezember 1985 (SR 942.20)
recht	Zeitschrift für juristische Ausbildung und Praxis (Bern)
Reglement	Geschäftsreglement der Wettbewerbskommission vom 1. Juli 1995 (SR 251.1)

Abkürzungsverzeichnis

Reko	Rekurskommission
REKO/WEF	Rekurskommission für Wettbewerbsfragen
RIW	Recht der internationalen Wirtschaft (Frankfurt a.M.)
RPW	Recht und Politik des Wettbewerbs; Publikationsorgan der Schweizerischen Wettbewerbsbehörden (Bern)
Rs.	Rechtssache
RTVG	Bundesgesetz vom 21. Juni 1991 über Radio und Fernsehen (SR 784.40)
RVOV	Regierungs- und Verwaltungsorganisationsverordnung vom 25. November 1998 (SR 172.010.1)
S.	Seite
s.	siehe
s.a.	siehe auch
SA/S.A.	Société anonyme
Sàrl	Société à responsabilité limitée
SchKG	Bundesgesetz vom 11. April 1889 über Schuldbetreibung und Konkurs (SR 281.1)
SemJud	La Semaine Judiciaire (Genève)
SGG	Bundesgesetz vom 4. Oktober 2002 über das Bundesstrafgericht (Strafgerichtsgesetz; SR 173.71)
SHAB	Schweizerisches Handelsamtsblatt (Bern)
sic!	Zeitschrift für Immaterialgüter-, Informations- und Wettbewerbsrecht (Zürich, bis 1996: SMI)
SIWR	Schweizerisches Immaterialgüter- und Wettbewerbsrecht
SJ	La Semaine Judiciaire (Genève)
SJE	Schweizerisches Jahrbuch für Europarecht (Zürich/Basel/Genf, Bern)
SJZ	Schweizerische Juristenzeitung (Zürich)
Slg.	Amtliche Sammlung der Entscheidungen des Europäischen Gerichtshofes (Luxemburg)
sog.	so genannt/e
SoSchG	Bundesgesetz vom 20. März 1975 über den Schutz von Pflanzenzüchtungen (Sortenschutzgesetz; SR 232.16)
SpuRt	Zeitschrift für Sport und Recht (München)
SR	Systematische Sammlung des Bundesrechts (Bern)
ST	Der Schweizer Treuhänder (Zürich)
StenBull	Amtliches Stenografisches Bulletin der Bundesversammlung (Bern, seit 1967: AmtlBull)
StGB	Schweizerisches Strafgesetzbuch vom 21. Dezember 1937 (SR 311)
StPO	Strafprozessordnung
SVKG	Verordnung vom 12. März 2004 über die Sanktionen bei unzulässigen Wettbewerbsbeschränkungen (KG-Sanktionsverordnung; SR 251.5)
SZIER	Schweizerische Zeitschrift für internationales und europäisches Recht (Zürich)
SZW	Schweizerische Zeitschrift für Wirtschaftsrecht (Zürich, bis 1989: SAG)
ToG	Bundesgesetz vom 9. Oktober 1992 über den Schutz von Topographien von Halbleitererzeugnissen (Topographiengesetz; SR 231.2)
u.	und

Abkürzungsverzeichnis

u.a.	unter anderem
u.E.	unseres Erachtens
UEV-UEK	Verordnung der Übernahmekommission vom 21. Juli 1997 über öffentliche Kaufangebote (Übernahmeverordnung-UEK; SR 954.195.1)
UNO	United Nations Organisation (Organisation der Vereinten Nationen)
UNO-Pakt II	Internationaler Pakt vom 16. Dezember 1966 über bürgerliche und politische Rechte (SR 0.103.2)
u.U.	unter Umständen
URG	Bundesgesetz vom 9. Oktober 1992 über das Urheberrecht und verwandte Schutzrechte (Urheberrechtsgesetz; SR 231.1)
U.S./US	United States, United States Reports
USA	United States of America (Vereinigte Staaten von Amerika)
UWG	Bundesgesetz vom 19. Dezember 1986 gegen den unlauteren Wettbewerb (SR 241)
v.	versus
v.a.	vor allem
VAG	Bundesgesetz vom 23. Juni 1978 betreffend die Aufsicht über die privaten Versicherungseinrichtungen (Versicherungsaufsichtsgesetz; SR 961.01)
VE	Vorentwurf
VG	Bundesgesetz vom 14. März 1958 über die Verantwortlichkeit des Bundes sowie seiner Behördemitglieder und Beamten (Verantwortlichkeitsgesetz; SR 170.32)
VGG	Bundesgesetz vom 17. Juni 2005 über das Bundesverwaltungsgericht (Verwaltungsgerichtsgesetz; SR 173.32)
vgl.	vergleiche
VKU	Verordnung vom 17. Juni 1996 über die Kontrolle von Unternehmenszusammenschlüssen (SR 251.4)
Vorbem.	Vorbemerkungen
VPB	Verwaltungspraxis der Bundesbehörden (Bern, bis 1965: VEB)
VStrR	Bundesgesetz vom 22. März 1974 über das Verwaltungsstrafrecht (SR 313.0)
VVG	Bundesgesetz vom 2. April 1908 über den Versicherungsvertrag (Versicherungsvertragsgesetz; SR 221.229.1)
VW	Die Volkswirtschaft, Magazin für Wirtschaftspolitik (St. Gallen)
VwVG	Bundesgesetz vom 20. Dezember 1968 über das Verwaltungsverfahren (SR 172.021)
WAK	Kommissionen für Wirtschaft und Abgaben
Weko	Wettbewerbskommission
WuW	Wirtschaft und Wettbewerb (Düsseldorf)
z.B.	zum Beispiel
ZBJV	Zeitschrift des Bernischen Juristenvereins (Bern)
ZBl	Schweizerisches Zentralblatt für Staats- und Gemeindeverwaltung (Zürich)
ZEuP	Zeitschrift für europäisches Privatrecht (München)
ZGB	Schweizerisches Zivilgesetzbuch vom 10. Dezember 1907 (SR 210)
ZH-Komm.	Zürcher Kommentar
Ziff.	Ziffer
zit.	zitiert

ZPO	Zivilprozessordnung (gefolgt von der amtlichen Abkürzung des Kantons [Bsp.: ZPO ZH])
ZR	Blätter für zürcherische Rechtsprechung (Zürich)
ZSR	Zeitschrift für schweizerisches Recht (Basel)
ZStrR	Schweizerische Zeitschrift für Strafrecht (Bern)
z.T.	zum Teil
ZWeR	Zeitschrift für Wettbewerbsrecht (Köln)

Literaturverzeichnis zum Kartellrecht

(Stand der Literatur: 31. Januar 2007)

Die Literatur zum Kartellrecht wird in der Regel nach dem kursiv gestellten *Kurztitel* zitiert. Die folgende Liste soll dem interessierten Leser einen breiten Überblick über die kartellrechtliche Literatur bieten. Sie enthält deshalb auch Hinweise auf Literatur, die im Kommentar nicht zitiert wird.

I. Materialien

Bekanntmachung der Wettbewerbskommission vom 18. Februar 2002 über die wettbewerbsrechtliche Behandlung vertikaler Abreden (zit. *Vertikal-Bekanntmachung*).
Botschaft des Bundesrates an die Bundesversammlung zum Entwurf eines Bundesgesetzes über Kartelle und ähnliche Organisationen vom 18. September 1961, BBl 1961, 553 ff. (zit. *Botschaft KG 1962*).
Botschaft über die Änderung des Binnenmarktgesetzes vom 24. November 2004, BBl 2005, 465 ff. (zit. *Botschaft BGBM 2005*).
Botschaft über die Änderung des Kartellgesetzes (KG) vom 7. November 2001, BBl 2002, 2022 ff. (zit. *Botschaft KG 2003*).
Botschaft zu einem Bundesgesetz über den Binnenmarkt (Binnenmarktgesetz, BGBM) vom 23. November 1994, BBl 1995, 1213 ff. (zit. *Botschaft BGBM 1995*).
Botschaft zu einem Bundesgesetz über Kartelle und ähnliche Organisationen (KG) vom 13. Mai 1981, BBl 1981, 1293 ff. (zit. *Botschaft KG 1985*).
Botschaft zu einem Bundesgesetz über Kartelle und andere Wettbewerbsbeschränkungen (Kartellgesetz, KG) vom 23. November 1994, BBl 1995, 468 ff. (zit. *Botschaft KG 1995*).
Botschaft zum Elektrizitätsmarktgesetz (EMG) vom 7. Juni 1999, BBl 1999, 7370 ff. (zit. *Botschaft EMG 1999*).
Botschaft zur Totalrevision der Bundesrechtspflege vom 28. Februar 2001, BBl 2001, 4202 ff. (zit. *Botschaft Bundesrechtspflege*).
Botschaft zur Vereinheitlichung des Strafprozessrechts vom 21 Dezember 2005 (zit. *Botschaft Strafprozessrecht*).
Das Kartellrecht: Standortbestimmung, Bericht zuhanden der Geschäftsprüfungskommission des Nationalrates vom 11. Oktober 2000, BBl 2001, 3346 ff. (zit. *Bericht Standortbestimmung 2000*).
Entwurf zum Bundesgesetz über Kartelle und andere Wettbewerbsbeschränkungen (Kartellgesetz, KG), BBl 2002, 2058 ff. (zit. *Entwurf KG 2003*).
Entwurf zum Elektrizitätsmarktgesetz (EMG) vom 7. Juni 1999, BBl 1999, 7469 ff. (zit. *Entwurf EMG 1999*).
Ergänzung zum Entwurf zum Bundesgesetz über Kartelle und andere Wettbewerbsbeschränkungen (Kartellgesetz, KG), BBl 2002, 5515 (zit. *Ergänzung Entwurf KG 2003*).

Literaturverzeichnis

Zusatzbotschaft zur Botschaft zur Änderung des Kartellgesetzes (Untersuchungen in Verfahren nach dem Luftverkehrsabkommen Schweiz-EG) vom 14. Juni 2002, BBl 2002, 5506 ff. (zit. *Zusatzbotschaft KG 2003*).

II. Literatur

AFFERNI, GIORGIO/BULST, FRIEDRICH WENZEL, Kartellrechtliche *Schadenersatzansprüche von Verbrauchern*, in: ZEuP 2005, 143 ff.

AIPPI SCHWEIZ, *Strafschadenersatz* als strittige Frage der Rechte des Geistigen Eigentums (Q186), Bericht der schweizerischen Arbeitsgruppe, in: sic! 2005, 318 ff.

AMANN, MATTHIAS, *Zeitungsfusionskontrolle*, Diss. Zürich 2000.

AMSTUTZ, MARC, Form und Funktion im *Wettbewerbsbeschränkungsrecht*, Bemerkungen zu BGE 127 II 32, in: SZW 2001, 248 ff.

AMSTUTZ, MARC, Hic sunt leones, Von kollektiver Marktbeherrschung und symbolischer Gesetzgebung im *Coop/Waro-Entscheid* der Wettbewerbskommission, in: sic! 2003, 673 ff.

AMSTUTZ, MARC, Oligopole, Fusionskontrolle und evolutorische Ökonomik, in: FORSTMOSER, *FS Zäch*, 193 ff.

AMSTUTZ, MARC, Begriff der Wettbewerbsabrede im Sinne von Art. 4 Abs. 1 und Art. 5 f. KG: Anwendbarkeit des Kartellrechts auf einseitige vertragliche Konkurrenzverbote [*Urteilsbesprechung*], in: AJP 1999, 1477 ff.

AMSTUTZ, MARC/KELLER, STEFAN/REINERT, MANI, «Si unus cum una ...»: Vom *Beweismass* im Kartellrecht, in: Baurecht 2005, 114 ff.

AMSTUTZ, MARC/REINERT, MANI, Erfasst Art. 4 Abs. 2 KG auch die überragende Marktstellung und die relative Marktmacht?, erster Teil, in: sic! 2005, 537 ff. (zit. *Marktmacht I*).

AMSTUTZ, MARC/REINERT, MANI, Erfasst Art. 4 Abs. 2 KG auch die überragende Marktstellung und die relative Marktmacht?, zweiter Teil, in: sic! 2005, 631 ff. (zit. *Marktmacht II*).

AMSTUTZ, MARC/REINERT, MANI, Vertikale *Preis- und Gebietsabrede*, in: STOFFEL/ZÄCH, Kartellgesetzrevision 2003, 69 ff.

AUBERT, JEAN-FRANÇOIS/CAGIANUT, FRANCIS/HÖHN, ERNST/SCHWEIZER, RAINER J./VALLENDER, KLAUS A. (HRSG.), *Kommentar* zur Bundesverfassung der schweizerischen Eidgenossenschaft vom 29. Mai 1874, Basel 1996 (zit. BEARBEITER, in: AUBERT ET AL.).

BALDI, MARINO/BORER, JÜRG, Das neue schweizerische Kartellgesetz – Bestimmungen über *Wettbewerbsabreden* und marktbeherrschende Unternehmen, in: WuW 1998, 343 ff.

BALDI, MARINO, Überblick und allgemeine Bestimmungen – zwölf *Charakteristika* des neuen Kartellgesetzes, in: ZÄCH, Neues Kartellrecht, 3 ff.

BÄR, ROLF, Das *Auswirkungsprinzip* im schweizerischen und europäischen Wettbewerbsrecht, in: VON BÜREN/COTTIER, Wettbewerbsordnung, 87 ff.

BAUDENBACHER, CARL, *Immaterialgüterrechte* und Vertikalbeschränkungen im revidierten Kartellgesetz, in: VW 2003, 14 ff.

BAUDENBACHER, CARL, *Vertikalbeschränkungen* im neuen Kartellgesetz, in: AJP 1996, 826 ff.

BAUDENBACHER, CARL/SCHNYDER, ANTON K., Die Bedeutung des EG-Kartellrechts für Schweizer *Schiedsgerichte*, Beiheft zur ZSR 1996.
BECK, ALEX/RISCH, LEONIE, *Vertikalabreden* sind nicht immer schädlich, in: FuW vom 3. Juli 2002, 28.
BENINCA, JÜRGEN, *Schadenersatzansprüche* von Kunden eines Kartells?, in: WuW 2004, 604 ff.
BERBERICH, MATTHIAS, *Ambush Marketing* bei Sportveranstaltungen – aus wettbewerbsrechtlicher Sicht, in: SpuRt 2006, 181 ff.
BERNER, MISCHA, *Tiefstpreisgarantien* als Verstoss gegen das Kartellgesetz?, in: Jusletter vom 4. September 2006.
BIERI-GUT, MARIANNE, Rechtsprobleme beim Absatz auf grauen Märkten – Die Durchsetzbarkeit von Selektivvertriebsverträgen gegenüber Dritten, Zürich 1994 (= Diss. Zürich 1993) (zit. *Graumarkt*).
BILGER, STEFAN, Das *Verwaltungsverfahren* zur Untersuchung von Wettbewerbsbeschränkungen – unter besonderer Berücksichtigung des Verhältnisses zwischen kartellrechtlichem Sonderverfahrensrecht und allgemeinem Verwaltungsverfahrensrecht, Diss. Fribourg 2002.
BISCHOF, JUDITH, Rechtsfragen der *Stromdurchleitung*, Spezialgesetzliche und kartellrechtliche Liberalisierung des schweizerischen Elektrizitätsmarktes, Diss. Zürich 2002.
BLESSING, MARC, EG/U.S. Kartellrecht in internationalen *Schiedsverfahren* – 77 aktuelle Fragen aus der Praxis, Basel 2002.
BLESSING, MARC, Private *Enforcement* of Antitrust Disputes, in: BAUDENBACHER, CARL (HRSG.), Neueste Entwicklungen im europäischen und internationalen Kartellrecht, Basel 2005, 113 ff.
BODMER, FRANK/BORNER, SILVIO, Die Liberalisierung des Strommarktes in der Schweiz – theoretische Überlegungen, internationale Erfahrung und eine kritische Würdigung des EMG, Chur/Zürich 2001, (zit. *Strommarktliberalisierung*).
BÖNI, FRANZ, Die unterschiedliche *Anwendbarkeit* von Kartellrechtsordnungen auf Vereinbarungen von geringer Bedeutung bzw. auf KMU, in: Jusletter vom 9. Oktober 2006.
BÖNI, FRANZ, Rechtliche Rahmenbedingungen für *Dawn Raids* gemäss dem europäischen und schweizerischen Kartellrecht, in: Jusletter vom 15. Mai 2006.
BORENS, PHILIPPE, Die Rechtsstellung Dritter im *Kartellverwaltungsverfahren* der Europäischen Gemeinschaft und der Schweiz, Diss. Basel 2000.
BORER, JÜRG, Beurteilung von Verhaltensweisen marktbeherrschender Unternehmen, in: ZÄCH, *KG-Praxis*, 35 ff.
BORER, JÜRG, KG, Kartellgesetz, Kommentar zum Kartellgesetz, Zürich 2005 (zit. *Kommentar 2005*).
BORER, JÜRG, KG, Kartellgesetz, Kommentar zum Kartellgesetz, Zürich 1998 (zit. *Kommentar 1998*).
BORER, JÜRG, Schnittstellen der schweizerischen mit der europäischen Wettbewerbsordnung, in: FORSTMOSER, *FS Zäch*, 217 ff.
BORER, JÜRG, *Spruchpraxis* zum EG-Wettbewerbsrecht (2004), in: SZIER 2005, 337 ff.
BORER, JÜRG, Unternehmenszusammenschlüsse, Art. 9–11 KG, in: ZÄCH, *Neues Kartellrecht*, 71 ff.
BOVET, CHRISTIAN, New competition rules and other related developments in Switzerland, in: SZW 2004, 132 ff. (zit. *BOVET 2002–2003*).
BOVET, CHRISTIAN, Recent developments in Swiss competition law, in: SZW 2005, 87 ff. (zit. *BOVET 2004–2005*).

BOVET, CHRISTIAN, Swiss Competition Law *1998–1999*, in: SZW 2000, 85 ff.
BOVET, CHRISTIAN, Swiss Competition Law *1999–2000*, in: SZW 2001, 79 ff.
BOVET, CHRISTIAN, Swiss Competition Law *2000–2001*, in: SZW 2002, 105 ff.
BOVET, CHRISTIAN, Swiss Competition Law *2001–2002*, in: SZW 2003, 96 ff.
BRAUCHLIN, CHRISTIAN, Die Meldung künftiger *Wettbewerbsbeschränkungen* nach Art. 49a Abs. 3 lit. a KG, in: Jusletter vom 17. Oktober 2005.
BRECHBÜHL, BEAT, *Fusionskontrolle*: Innovationsmarkt-Analyse und ihre Auswirkungen auf die Schweiz, in: SZW 1998, 173 ff.
BRECHBÜHL, BEAT/BERGER, BERNHARD, Erwerb einer (Minderheits-)Beteiligung als Wettbewerbsabrede?, in: SZW 2001, 305 ff. (zit. *Beteiligung*).
BRECHBÜHL, BEAT/DJALALI, JASMIN, Die zivilrechtliche Folge einer unzulässigen Wettbewerbsabrede, in: SZW 1997, 102 ff. (zit. *Zivilrechtsfolgen*).
BREHM, ROLAND, in: HAUSHEER, HEINZ/WALTER, HANS PETER (HRSG.), Berner Kommentar zum schweizerischen Privatrecht, Schweizerisches Zivilgesetzbuch, Das Obligationenrecht, Band VI, 1. Abteilung, Allgemeine Bestimmungen, 3. Teilband, 1. Unterteilband, Die Entstehung der Obligation durch unerlaubte Handlungen, Art. 41–61 OR, 3. Aufl., Bern 2006 (zit. BREHM, in: *BE-Komm.*).
BREINING-KAUFMANN, CHRISTINE, Aufsatz über internationales *Verwaltungsrecht*: Kartellrecht, in: ZSR 2006, 48 ff.
BREITENMOSER, STEPHAN/SEITZ, CLAUDIA, Das Beihilferecht im *Luftverkehrsbereich*, in: SJE 2003, 197 ff.
BRUNNER, ALEXANDER, Zugang zum Recht als *Konsumentenrecht* im Binnenmarkt Schweiz, in: JKR 1996, 157 ff.
BRUNNSCHWEILER, STEFAN/CHRISTEN, MARQUARD, Korrektes Verhalten bei *Hausdurchsuchungen*: Rechte und Pflichten der Unternehmen und der Wettbewerbsbehörden bei Hausdurchsuchungen im Kartellverfahren, in: Jusletter vom 17. Oktober 2005.
BRÜTSCH, RAPHAEL, *Parallelverhalten* im Oligopol als Problem des schweizerischen Wettbewerbsrechts, Bern 2003 (= Diss. Bern 2003).
BÜHRER, CAROLE/RENFER, STEFAN, *Medienkonzentration* im Spannungsverhältnis zwischen Kartellgesetz und neuem Radio- und Fernsehgesetz, in: Jusletter vom 9. Oktober 2006.
BÜRGI, JOHANNES ANDREAS, Zivilrechtsfolge Nichtigkeit bei Kartellrechtsverstössen – unter Berücksichtigung des schweizerischen Schiedsgerichtsbarkeitsrechts sowie aktueller Vorschläge zur Reform des schweizerischen und europäischen Kartellrechts, Diss. Bern 2001 (zit. *Kartellrechtsverstösse*).
BÜRGI, JOHANNES/STAFFELBACH, DANIEL, *Joint Ventures* ohne Meldepflicht – Mit Teilfusionen vermeidet man die Fusionskontrolle, in: NZZ vom 17. Juli 2001.
CAMPRUBI, MADELEINE, *Kontrahierungszwang* gemäss BGE 129 III 35: ein Verstoss gegen die Wirtschaftsfreiheit – zugleich ein Beitrag zur Diskussion über die Grundrechtsbindung von öffentlichen Unternehmen, in: AJP 2004, 384 ff.
CARRINGTON, PAUL D., The American Tradition of Private Law *Enforcement*, in: GLJ 2004, 1413 ff., <http://www.germanlawjournal.com/article/php?id=523> (abgerufen am 31. Januar 2007).
CARRON, BLAISE, Les *transactions couplées* en droit de la concurrence – analyse économique et juridique comparée, Genève 2004 (= Diss. Fribourg 2004).
CELLI, ALESSANDRO L./BIRKHÄUSER, NICOLAS, Die Beurteilung von *Vertikalabreden* durch die Eidgenössische Wettbewerbskommission, in: sic! 2002, 378 ff.
CELLI, ALESSANDRO L./BENZ, NICOLA, Swiss Cartel Law – 2004 *Reform*, Genève 2004.

CHABLOZ, ISABELLE, *L'autorisation exceptionnelle* en droit de la concurrence – étude de droit suisse et comparé, Diss. Fribourg 2002.
CHAPPUIS, CHRISTINE, Gestion d'affaires imparfaite (*Geschäftsanmassung*): du nouveau, in: SZW 2000, 201 ff.
DÄHLER, ROLF, Die *Fusionskontrolle*, in: SZW, Sondernummer 1996, 25 ff.
DÄHLER, ROLF, Wettbewerbsbehörden, in: VON BÜREN/DAVID, *SIWR V/2*, 547 ff.
DÄHLER, ROLF/KRAUSKOPF, PATRICK, Revision *Kartellgesetz* – das Resultat der parlamentarischen Beratung, in: VW 2003, 7 ff.
DALLAFIOR, ROBERTO, Neue Regeln für die freie Fahrt im *Automobilvertrieb*, in: sic! 2002, 776 ff.
DAVID, EUGEN, Zur Einführung: Das neue Kartellgesetz im *politischen Kontext*, in: ZÄCH, Neues Kartellrecht, 1 ff.
DAVID, LUCAS/JACOBS, RETO, Schweizerisches *Wettbewerbsrecht* – eine systematische Darstellung des Gesetzes gegen den unlauteren Wettbewerb, des Kartellgesetzes sowie der wettbewerbsrechtlichen Nebengesetze und der Grundsätze der Schweizerischen Lauterkeitskommission, 4. Aufl., Bern 2005.
DENOTH, SERAINA, Zur Anwendbarkeit des *VwVG* auf das Verfahren der Vorabklärung, in: Jusletter vom 9. Januar 2006.
DIETRICH, MARCEL, Unternehmenszusammenschlüsse – Formelles Fusionskontrollrecht, Art. 9–10, 32–38 KG, in: ZÄCH, *KG-Praxis*, 75 ff.
DIETRICH, MARCEL/SAURER, MARKUS, Ist eine Marke ein Markt? *Marktabgrenzung* bei selektiven Vertriebssystemen, in: sic! 2001, 593 ff.
DROLSHAMMER, JENS, Entwicklungen im Wettbewerbs- und Kartellrecht, in: SJZ 2000, 218 ff. (zit. *Entwicklungen 2000*).
DROLSHAMMER, JENS, Entwicklungen im Wettbewerbs- und Kartellrecht, in: SJZ 2001, 224 ff. (zit. *Entwicklungen 2001*).
DROLSHAMMER, JENS, Entwicklungen im Wettbewerbs- und Kartellrecht, in: SJZ 2002, 275 ff. (zit. *Entwicklungen 2002*).
DROLSHAMMER, JENS, Entwicklungen im Wettbewerbs- und Kartellrecht, in: SJZ 2003, 255 ff. (zit. *Entwicklungen 2003*).
DROLSHAMMER, JENS, Entwicklungen im Wettbewerbs- und Kartellrecht, in: SJZ 2004, 238 ff. (zit. *Entwicklungen 2004*).
DROLSHAMMER, JENS, Entwicklungen im Wettbewerbs- und Kartellrecht, in: SJZ 2005, 218 ff. (zit. *Entwicklungen 2005*).
DROLSHAMMER, JENS, Entwicklungen im Wettbewerbs- und Kartellrecht, in: SJZ 2006, 204 ff. (zit. *Entwicklungen 2006*).
DROLSHAMMER, JENS, *Wettbewerbsrecht*, Competition Law, Droit de la Concurrence, vom alten zum neuen Recht, Bern 1997.
DROLSHAMMER, JENS/DUCREY, PATRIK/LEHMANN, URS, Die *Kontrolle* von Unternehmenszusammenschlüssen im revidierten schweizerischen Kartellgesetz, in: WuW 1997, 14 ff.
DROLSHAMMER, JENS/RENTSCH, RUDOLF, *Stand* des Schweizer Wettbewerbsrechts im Jahr 2001, in: RIW 2001, 912 ff.
DUCREY, PATRIK, Abgrenzung zwischen vorsorglichen Massnahmen im Kartellverwaltungs- und Kartellzivilrecht, in: ZÄCH, *KG-Praxis*, 115 ff.
DUCREY, PATRIK, Beziehungen zwischen *Fusionsgesetz* und Kartellrecht, in: SZW 2004, 281 ff.
DUCREY, PATRIK, Die *Kartellrechte* der Schweiz und der EWG im grenzüberschreitenden Verkehr, Diss. Fribourg 1991.

DUCREY, PATRIK, Kontrolle von Unternehmenszusammenschlüssen, in: VON BÜREN/DAVID, *SIWR V/2*, 231 ff.
DUCREY, PATRIK, Meldung und Widerspruchsverfahren nach revidiertem Kartellgesetz (Art. 49a Abs. 3 Bst. a KG), in: STOFFEL/ZÄCH, *Kartellgesetzrevision 2003*, 151 ff.
DUCREY, PATRIK, Revision des Kartellgesetzes – Ablauf der *Übergangsfrist*, in: Jusletter vom 9. Mai 2005.
DUCREY, PATRIK, Vorsorgliche Massnahmen im *Kartellverwaltungsrecht*, in: sic! 1998, 281 ff.
DUCREY, PATRIK/BOVET, CHRISTIAN (HRSG.), Schweizerisches und Europäisches *Wettbewerbsrecht* – Textsammlung, Zürich 2006.
DUCREY, PATRIK/RENFER, STEFAN, *E-Commerce*: Konflikte mit dem Kartellgesetz?, in: AR 2001, 4.
EHRENZELLER, BERNHARD/MASTRONARDI, PHILIPPE/SCHWEIZER, RAINER J./VALLENDER, KLAUS A. (HRSG.), Die schweizerische Bundesverfassung, Kommentar, Zürich 2002 (zit. BEARBEITER, in: EHRENZELLER ET AL., *Kommentar*).
EHRSAM, PETER/KUMMER, CHRISTOPH, *Entbündelung* der letzten Meile und Entwicklung der Informationsgesellschaft, in: VW 2003, 9 ff.
EHRSAM, PETER/PRESTINAR, URS, Schutz des *Wettbewerbs* oder einzelner Wettbewerber?, in: medialex 2003, 65.
EICHLER, MARTIN/GRASS, MICHAEL/KOELLREUTER, CHRISTOPH/KÜBLER, THOMAS, Preisunterschiede Schweiz-EU: Eine branchenspezifische Bestandesaufnahme, in: VW 2003, 11 ff. (zit. EICHLER ET AL., *Preisunterschiede*).
EMCH, DANIEL, Das Verhältnis zwischen unzulässigen Wettbewerbsabreden und unzulässigen Verhaltensweisen marktbeherrschender Unternehmen im Lichte des Konzepts der kollektiven *Marktbeherrschung*, in: recht 2003, 161 ff.
ETTER, BORIS, *Konkurrenzverbote* beim Unternehmenskauf und Wettbewerbsrecht, in: sic! 2001, 481 ff.
FIALA, DONATELLA, Das Verhältnis zwischen *Immaterialgüter- und Kartellrecht* – unter dem Blickwinkel des Missbrauchs einer marktbeherrschenden Stellung sowie der Entwicklungen im Bereich der Genpatente, Diss. Bern 2006 (= Diss. Bern 2005).
FORSTER, MATTHIAS, Die strafrechtliche *Verantwortlichkeit* des Unternehmens nach Art. 102 StGB, Diss. Bern 2006.
FORSTMOSER, PETER/VON DER CRONE, HANS CASPAR/WEBER, ROLF H./ZOBL, DIETER (HRSG.), Der Einfluss des europäischen Rechts auf die Schweiz, FS für Professor Roger Zäch zum 60. Geburtstag, Zürich 1999 (zit. FORSTMOSER, *FS Zäch*).
FRÜH, FREDY, Vertikalabreden und Kartellrecht: Quo vadis?, in: sic! 2006, 150 ff. (zit. FRÜH, *KG quo vadis?*).
GALLEGO, BEATRIZ CONDE, Handelsbezogene Aspekte des *Lizenzkartellrechts*, Bern 2003 (= Diss. Würzburg 2001/2002).
GALLI, GIANCARLO, Die Bedeutung der *Absicht* bei Wettbewerbsverstössen und der Verletzung von Immaterialgüterrechten, Diss. Basel 1991.
GANZ, ELIANE E., Kollektive *Marktbeherrschung* – im Spannungsfeld koordinierter und unilateraler Effekte von Zusammenschlüssen im europäischen und schweizerischen Wettbewerbsrecht, in: Jusletter vom 21. Februar 2004.
GANZ, ELIANE E., Die Beurteilung von *Fusionen* kollektiv marktbeherrschender Unternehmen im schweizerischen und europäischen Wettbewerbsrecht, Diss. Zürich 2004.

GAUCH, PETER/SCHLUEP, WALTER R./SCHMID, JÖRG/REY, HEINZ, Schweizerisches *Obligationenrecht*, Allgemeiner Teil ohne ausservertragliches Haftpflichtrecht, 8. Aufl., Zürich 2003.
GEISER, THOMAS/MÜNCH, PETER (HRSG.), *Prozessieren* vor Bundesgericht, 2. Aufl., Basel 1998.
GEISER, THOMAS/KRAUSKOPF, PATRICK/MÜNCH, PETER, Schweizerisches und europäisches *Wettbewerbsrecht*, Zürich 2005.
GILLIERON, HUBERT ORSO, Les *contrats verticaux* en droit communautaire et suisse de la concurrence, Genève 2004 (= Diss. Fribourg 2002).
GLOOR, PETER/STAEHELIN, MATTHIAS, Vertikale Vereinbarungen im schweizerischen Kartellrecht und die «rule of reason», in: FORSTMOSER, *FS* Zäch, S. 299 ff.
GOTTSCHALK, ECKART, Europäisches Wettbewerbsrecht vor Schweizer Gerichten – Zur Berüchsichtigung von ausländischen *Eingriffsnormen*, in: IPRax 2006/05, 509 ff.
GRABER, CHRISTOPH BEAT/ZURKINDEN, PHILIPP, *SRG-Gebühren*: Ein zulässiger Hebel ins Internet?, in: medialex 2005, 214 ff.
GRONER, ROGER, Verweigerung von *Geschäftsbeziehungen* unter Schweizer und US Wettbewerbsrecht, in: SZW 2001, 265 ff.
GRONER, ROGER, Wettbewerbsrechtliche *Kontrahierungspflicht* – am Beispiel des Filmverleihs, in: SZW 2000, 159 ff.
GRÜNIGER, GERMAN, Nachfragemacht des *Staats* im Kartellrecht, Basel 2003 (=Diss. Basel 2002).
GUJER, FREDY, Parallelimporte patentrechtlich geschützte Güter – missbräuchliche Zustimmungsverweigerung des Schutzrechtsinhabers, Unter Berücksichtigung des schweizerischen und europäischen Rechts, Zürich 2005 (= Diss. Zürich 2004) (zit. *Importe*).
GUJER, FREDY, Wettbewerbsverhinderung durch *Investitionsschutz*?, in: AJP 2006, 561 ff.
HÄFELIN, ULRICH/HALLER, WALTER, Schweizerisches *Bundesstaatsrecht* – Die neue Bundesverfassung, 6. Aufl., Zürich 2005.
HAHN, ANNE-CATHERINE, Kommentierung zu Art. 62–67 OR, in: AMSTUTZ ET AL. (HRSG.), Handkommentar zum Schweizer Privatrecht, Zürich erscheint 2007, (zit. HAHN, in: *Kommentar ZGB/OR*).
HANGARTNER, YVO, Aspekte des Verwaltungsverfahrensrechts nach dem revidierten Kartellgesetz von 2003, in: STOFFEL/ZÄCH, *Kartellgesetzrevision 2003*, 251 ff.
HANGARTNER, YVO, Das Verhältnis von verwaltungs- und zivilrechtlichen *Wettbewerbsverfahren*, in: AJP 2006, 43 ff.
HANGARTNER, YVO, *Rechtsgutachten* zuhanden des Eidgenössischen Volkswirtschaftsdepartements betreffend die Verfügungen der Wettbewerbskommission, in: RPW 2000, 532 ff.
HANGARTNER, YVO, Selektive *Vertriebssysteme* als Problem des Wettbewerbsrechts, in: sic! 2002, 321 ff.
HANGARTNER, YVO, Unzulässige Wettbewerbsbeschränkungen durch *vertikale Abreden*: Bemerkungen zum Aufsatz von ADRIAN RAAS (sic! 2004, 911 ff.), in: sic! 2005, 609 ff.
HANGARTNER, YVO/PRÜMMER, FELIX, Die ausnahmsweise *Zulassung* grundsätzlich unzulässiger Wettbewerbsbeschränkungen und Unternehmenszusammenschlüsse, in: AJP 2004, 1093 ff.
HAURI, KURT, Verwaltungsstrafrecht (*VStrR*). Motive, Doktrin, Rechtsprechung, Bern 1998.

XXXVII

Literaturverzeichnis

HEERMANN, PETER W., *Verbandsautonomie* versus Kartellrecht – Zu Voraussetzungen und Reichweite der Anwendbarkeit der Art. 81, 82 EG auf Statuten von Sportverbänden, in: causa sport 2006, 345 ff.

HEINE, GÜNTER, Praktische Probleme des Unternehmensstrafrechts, in: SZW 2005, 17 ff. (zit. *Unternehmensstrafrecht*).

HEINEMANN, ANDREAS, Kartellrecht und *Informationstechnologie* – Auf der Suche nach Fairness im Spannungsgeflecht von Marktmacht und Wettbewerb, in: CuR 2005, 715 f.

HEIZMANN, RETO ANDREAS, Der Begriff des *marktbeherrschenden Unternehmens* im Sinne von Art. 4 Abs. 2 in Verbindung mit Art. 7 KG, Diss. Zürich 2005.

HETTICH, PETER, Wirksamer *Wettbewerb* – Theoretisches Konzept und Praxis, Bern 2003 (Diss. St. Gallen 2003).

HETTICH, PETER/WINKLER, STEPHAN, Aspekte der *Kartellgesetzesrevision*, in: AJP 2001, 675 ff.

HILTY, RETO M., Vom Janusgesicht des Immaterialgüterrechts – Versuch einer europatauglichen Interpretation von Art. 3 Abs. 2 KG, in: FORSTMOSER, FS Zäch, 325 ff. (zit. HILTY, *FS Zäch*).

HIRSBRUNNER, SIMON, Carte Blanche für die Wettbewerbskommission?, Anmerkungen zu der vorgeschlagenen Einführung von direkten *Sanktionen* im Kartellgesetz, in: SZW 2002, 91 ff.

HIRSBRUNNER, SIMON, Die kartellrechtlichen Bestimmungen des Abkommens über den *Luftverkehr*, in: FELDER, DANIEL/KADDOUS, CHRISTINE (HRSG.), Bilaterale Abkommen Schweiz-EU, Basel 2001, 463 ff.

HIRSBRUNNER, SIMON, Neue *Wettbewerbspolitik* der Europäischen Union gegenüber Vertriebsvereinbarungen – Wie reagiert die Wettbewerbskommission?, in: AJP 2000, 272 ff.

HOCH, CLASSEN, MARIEL, Vertikale *Wettbewerbsabreden* im Kartellrecht, Zürich 2003 (= Diss. Zürich 2002).

HOFFET, FRANZ, Unternehmenszusammenschlüsse – Materielles Fusionskontrollrecht, Art. 9–10 KG, in: ZÄCH, *KG-Praxis*, 45 ff.

HOFFET, FRANZ, Zum Verständnis des Begriffs der *Wettbewerbsabreden* im Sinne von Art. 4 Abs. 1 und Art. 5 f. KG, in: sic! 1999, 346 ff.

HOFFET, FRANZ/BORER, JÜRG, Erweitertes Menu der Kartellgesetz-Revision: Zwei schwer verdauliche zusätzliche Gänge, in: NZZ vom 9. Januar 2002 (zit. HOFFET/BORER, *Kartellgesetzrevision*).

HOFFET, FRANZ/HOEHN, THOMAS, Zusammenschlusskontrolle im Medienbereich, Anmerkungen zur bisherigen Praxis der schweizerischen Wettbewerbskommission, in: sic! 1999, 232 ff. (zit. HOFFET/HOEHN, *Medien*).

HOFFET, FRANZ/NEFF, KLAUS, Ausgewählte *Fragen* zum revidierten Kartellgesetz und zur KG-Sanktionsverordnung, in: AR 2004, 129 ff.

HOFFET, FRANZ/SECKLER, DOROTHEA, Vom *Anwaltsgeheimnis* zum «Legal Privilege», Die Revision des Kartellgesetzes erfordert eine neue Sicht auf den Schutz der Anwaltskorrespondenz, in: SJZ 2005, 333 ff.

HOFSTETTER, KARL/SCHILTKNECHT, RETO, Fusions- und Marktmachtkontrolle im neuen schweizerischen Kartellgesetz, in: SJZ 1997, 121 ff. (zit. HOFSTETTER/SCHILTKNECHT, *Fusionskontrolle*).

HOMBURGER, ERIC, Kommentar zum Schweizerischen Kartellgesetz vom 20. Dezember 1985 mit vergleichenden Hinweisen auf die Wettbewerbsrechte der BRD, EG und USA, Zürich 1990 (zit. BEARBEITER, in: HOMBURGER, *Kommentar 1990*).

HOMBURGER, ERIC ET AL. (HRSG.), Kommentar zum schweizerischen Kartellgesetz, Zürich 1996/1997 (zit. BEARBEITER, in: HOMBURGER, *Kommentar 1996*).

HUGUENIN, CLAIRE, Kommentar zu Art. 19–21, in: HONSELL, HEINRICH/VOGT, NEDIM PETER/WIEGAND, WOLFGANG (HRSG.), Kommentar zum Schweizerischen Privatrecht, Obligationenrecht I, Art. 1–529 OR, 3. Aufl., Basel/Genf/München 2003 (zit. HUGUENIN, in: *BS-Komm. OR I*).

HUONDER, IVO, Die kartellrechtlichen Probleme bei strategischen *Luftfahrtallianzen*, Zürich 2001 (= Diss. Zürich 2000).

IMMENGA, ULRICH, Die *Marke* im Wettbewerb – Wettbewerb innerhalb der Marke, in: sic! 2002, 374 ff.

IMMENGA, ULRICH, Zur extraterritorialen Anwendung der europäischen Fusionskontrolle, in: FORSTMOSER, *FS Zäch*, 347 ff.

ITEN, ROLF/PETER, MARTIN/VETTORI, ANNA/MENEGALE, SARAH, Hohe *Preise* in der Schweiz: Politischer Wille oder mangelnde Wettbewerbsintensität?, in: VW 2003, 5 ff.

JACOBS, RETO, Zivilrechtliche *Durchsetzung* des Wettbewerbsrechts, in: ZÄCH (HRSG.), Das revidierte Kartellrecht in der Praxis, Zürich 2006, KG-Praxis 2006, 209 ff.

JACOBS, RETO/BÜRGI, JOHANNES, *Auswirkungen* der Kartellgesetzrevision auf Verträge, in: SJZ 2004, 149 ff.

JOFER, FLORIAN, *Vertikalvereinbarungen* als Regelungsproblematik des internationalen Handels- und Kartellrechts, Bern 2004 (= Diss. München 2004).

JOSI, PETER, Nichtspieler, *Maul halten!* Bei Fusionen kein Beschwerderecht für Konkurrenz, in: Jusletter vom 11. Juli 2005.

KAUFMANN, CHRISTIAN, Wettbewerbsrechtliche Behandlung vertikaler Abreden – Die allgemeine Bekanntmachung der Wettbewerbskommission unter Berücksichtigung der Bekanntmachung über den Automobilvertrieb und der Revision des Kartellgesetzes, Zürich 2004 (= Diss. Zürich 2003) (zit. *Vertikalabreden*).

KELLER, BENNO, *Competition* and Regulation in Telecommunications – Theory and Application to Switzerland, Bern 2003 (= Diss. Fribourg 2003).

KELLER, BERNHARD RAFAEL, Kartellrechtliche Schranken für *Lizenzverträge*, eine Untersuchung nach schweizerischem und europäischem Kartellrecht, Diss. Bern 2004.

KËLLEZI, PRANVERA, Marchés pertinents et nature des relations concurrentielles dans le cadre de l'appréciation des accords de *transfert de technologie*, in: sic! 2005, 522 ff.

KIENER, OLAF, *Marktmissbrauch* am Beispiel der Kündigung von Vertriebsverträgen, Diss. Zürich 2002.

KLASS, STEFAN, Wettbewerbsrechtlich relevante *Empfehlungen* im neuen Kartellgesetz, Zürich 1993 (= Diss. Zürich 1992).

KLAUER, IRENE, Die *Übergangsbestimmungen* im neuen Kartellgesetz: Sanktionen trotz Meldung?, in: sic! 2004, 709 ff.

KOBEL, PIERRE, *Sanctions* du Droit des Cartels et Problèmes de Droit Administratif Pénal, in: AJP 2004, 1150 ff.

KOLLER, HEINRICH, Grundzüge der neuen *Bundesrechtspflege* und des vereinheitlichten Prozessrechts, in: ZBl 2/2006, S. 57 ff.

KOLLER, HEINRICH/MÜLLER, GEORG/RHINOW, RENÉ/ZIMMERLI, ULRICH (HRSG.), Schweizerisches *Bundesverwaltungsrecht*, Basel 1999.

KOLLER, HEINRICH/MÜLLER, GEORG/RHINOW, RENÉ/ZIMMERLI, ULRICH (HRSG.), Schweizerisches *Bundesverwaltungsrecht*, 2. Aufl., Basel 2003.
KRAUS, DANIEL E., Les *importations parallèles* de produits brevetés – droit de l'OMC dans la perspective du droit communautaire et du droit suisse de la propriété intellectuelle et de la concurrence, Zürich 2004 (= Diss. Genève 2004).
KRAUS, DANIEL E., Les importations parallèles de produits brevetés en Suisse: Ce qu'il faut, c'est *moins de dogmatisme*, in: sic! 2003, 945 ff.
KRAUSKOPF, PATRICK, Das verschärfte Kartellgesetz: Kostspielige *Risiken*, in: Baurecht 2003, 121 ff.
KRAUSKOPF, PATRICK/CARRON, SABRINA, Die Schweizerische *Kartellrechtsnovelle*, ein wettbewerbspolitischer Meilenstein, in: WuW 2004, 495 ff.
KRAUSKOPF, PATRICK/CARRON, SABRINA, Rechtsentwicklung im europäischen Recht und in der Schweiz: Wettbewerbsrecht 2004, in: SJE 2004/2005, S. 97 ff.
KRAUSKOPF, PATRICK/CARRON, SABRINA, Rechtsentwicklung im europäischen Recht und in der Schweiz: Wettbewerbsrecht 2005, in: SJE 2005/2006, S. 129 ff.
KRAUSKOPF, PATRICK/CARRON, SABRINA, The revised *Swiss Act* on Cartels and Switzerland's involvement in the ICN, in: BLC 2003, 120 ff., <http://ec.europa.eu/comm/competition/international/others/latin_america/boletin/boletin_17_1.pdf> (abgerufen am 31.01.2007).
KRAUSKOPF, PATRICK/CORGIER, LAURE, La *révision* de la loi sur les cartels, in: Plädoyer 2003, 46 ff.
KRAUSKOPF, PATRICK/HENCKEL, SOPHIE, Art. 2 Abs. 1bis KG – Gedanken zum neuen *Unternehmensbegriff*, in: sic! 2006/11, 740 ff.
KRAUSKOPF, PATRICK/PIRLOT PITTET, CORINNE, La nouvelle loi sur les Cartels: Un *vademecum* pour les Entreprises, in: sic! 2004, 242 ff.
KRAUSKOPF, PATRICK/ROTH, SABRINA, L'*intervention* des autorités de la concurrence dans les procédures judiciaires et législatives, in: SJ 2002 II, 33 ff.
KRAUSKOPF, PATRICK/SENN, DOROTHEA, Die *Teilrevision* des Kartellrechts – Wettbewerbspolitische Quantensprünge, in: sic! 2003, 3 ff.
KREKEL, JAN F./TEITLER, MIRJAM, Urheber- und wettbewerbsrechtliche Aspekte von *Public-Viewing*-Veranstaltungen, in: causa sport 2006, 15 ff.
KROPHOLLER, JAN, *Europäisches Zivilprozessrecht*: Kommentar zu EuGVO, Lugano-Übereinkommen und Europäischem Vollstreckungstitel, 8. Aufl., Frankfurt a.M. 2005.
LANG, CHRISTOPH (HRSG.), Die kartellzivilrechtlichen *Ansprüche* und ihre Durchsetzung nach dem schweizerischen Kartellgesetz, Bern 2000.
LANG, CHRISTOPH, *Untersuchungsmassnahmen* der Wettbewerbskommission im Spannungsverhältnis zwischen Wahrheitsfindung und Verteidigungsrechten des Angeschuldigten, in: Jusletter vom 27. September 2004.
LARENZ, KARL/CANARIS, CLAUS-WILHELM, *Methodenlehre* der Rechtswissenschaft, Berlin/Heidelberg/New York 1995.
LEITNER, HEINZ, *Öffentliche Beschaffung* und Kartellrecht, in: AJP 2003, 23 ff.
LEUENBERGER, CHRISTOPH, *Glaubhaftmachen*, in: DERSELBE (HRSG.), Der Beweis im Zivilprozess, Bern 2000, 107 ff.
LIEBAU, TOBIAS, «Ne bis in idem» in Europa – Zugleich ein Beitrag zum Kartellsanktionenrecht in der EU und zur Anrechnung drittstaatlicher *Kartellsanktionen*, Berlin 2005 (= Diss. Bayreuth 2004/2005).

LIMBURGER, ANDREAS, Das *Untersuchungsverfahren* nach schweizerischem Kartellgesetz – unter besonderer Berücksichtigung der Verfahrensrechte der Beteiligten und mit Hinweisen auf die Verfahrensgestaltung de lege ferenda, Bern 1993 (= Diss. Zürich 1993).

LÜSCHER, CHRISTOPH, Die neue schweizerische und europäische Fusionskontrolle im *Rechtsvergleich*, in: RIW 1997, 467 ff.

LÜSCHER, CHRISTOPH, *Konkurrenzverbote* bei Unternehmensverkäufen – ein Problembereich der Wertabstimmung zwischen Privatrecht und Kartellrecht?, in: ZSR 2002, 345 ff.

LUSTENBERGER, URS, Der *Missbrauchsbegriff* im schweizerischen Kartellrecht – Studie zum Nachweis der unzulässigen Vorkehr im Kartellzivilprozess, Diss. Zürich 1993.

LUTZ, MARTIN J., Parallelimport und *Urheberrecht* in der Schweiz, in: RAUBER, Parallelimporte, 45 ff.

MAAG, HARALD, *Medienkonzentration* – zur Reichweite des fusionskontrollrechtlichen Instrumentariums, Basel 2002 (= Diss. Basel 2001/2002).

MALACRIDA, RALPH, Das verwaltungsrechtliche *Verfahren* im neuen Kartellgesetz, in: AJP 1996, 902 ff.

MATHYS, BEAT/LIVSCHITZ, MARK, «Durchlöchertes *Anwaltsgeheimnis* – ein schwerverständlicher Entscheid des Bundesgerichts», in: NZZ vom 21. Dezember 2004, 27.

MEIER-SCHATZ, CHRISTIAN J., Bankenfusionen unter Schweizer Recht, in: ZÄCH, *KG-Praxis*, 185 ff.

MEINHARDT, MARCEL/BISCHOF, JUDITH, *Nachfragemacht* nach revidiertem Kartellrecht, in: Jusletter vom 17. Oktober 2005.

MERCIER, PIERRE/MARCH, OLIVIER/GILLIERON, HUBERT ORSO/AFFOLTER, SIMON, Grands principes du droit de la concurrence, Droit communautaire, Droit Suisse, Basel 1999 (zit. MERCIER ET AL., *Principes*).

MERKT, BENOIT, Affichage *Holding* – JC Decaux: introduction d'un contrôle des participations minoritaires en droit suisse de la concurrence, in: AJP 2002, 414 ff.

MEYER, CHRISTOPH, *Unternehmenszusammenschluss* und Kartellgesetz: Bemerkungen zum Bundesgerichtsentscheid 127 III 219, in: ST 2002, 23 ff.

MÜLLER, JÖRG PAUL, *Grundrechte* in der Schweiz: im Rahmen der Bundesverfassung von 1999, der UNO-Pakte und der EMRK, 3. Aufl., Bern 1999.

NEFF, KLAUS, Auflagen und Bedingungen im *Fusionskontrollverfahren*, in: Jusletter vom 9. Oktober 2006.

NIETLISPACH, MARKUS, Zur *Gewinnherausgabe* im schweizerischen Privatrecht, Bern 1994.

NIGGLI, MARCEL ALEXANDER/SCHMUKI, NATALIA, Das *Unternehmensstrafrecht* (Art. 100^{quater} StGB/Art. 102 revStGB), in: AR 9/2005, 347 ff.

NIGGLI, MARCEL ALEXANDER, Gutachten im Auftrag von SwissHoldings vom 5. August 2005 betr. Anwendung von Art. 321 StGB auf angestellte *Unternehmensjuristen* (In-house lawyers), <http://www.swissholdings.ch/uploads/ → media/GutachtenNiggli.pdf> (abgerufen am 21. November 2006).

NIGGLI, MARCEL ALEXANDER/WIPRÄCHTIGER, HANS (HRSG.), Basler Kommentar zum Schweizerischen Strafgesetzbuch I, Art. 1–110, Basel 2003 (zit. BEARBEITER, in: BS-Komm. StGB I).

NIGGLI, MARCEL ALEXANDER/WIPRÄCHTIGER, HANS (HRSG.), Basler Kommentar zum Schweizerischen Strafgesetzbuch II, Art. 111–401, Basel 2003 (zit. BEARBEITER, in: BS-Komm. StGB II).

NORDMANN, FRANCIS, Die schweizerische *Fusionskontrolle* im Lichte des europäischen Wettbewerbsrechts, Zürich 1996 (= Diss. Basel 1996).

Literaturverzeichnis

PALASTHY, ANDREAS, Zusammenschlusskontrolle in der *Stromwirtschaft*: EG- und Schweizer Wettbewerbsrecht, in: Jusletter vom 19. Juni 2000.

PEDRAZZINI, MARIO/VON BÜREN, ROLAND/MARBACH, EUGEN, Immaterialgüter- und *Wettbewerbsrecht*, Bern 1998.

PERTEK, FRANZISKA, 13. St. Galler Internationales *Kartellrechtsforum* IKF vom 11./12.5.2006, in: EuZW 2006/16, 494 ff.

PFEIFER, MICHAEL, Art. 321 StGB als Grundlage eines uneingeschränkten Anwaltsgeheimnisses – mit Ausführungen zu einem *Berufsgeheimnis* von Unternehmensjuristen, eine Replik auf Niggli, in: AR 2006/09, 331 ff.

PHILIPP, PETER, Kartellrecht und *Sport*, in: Jusletter vom 11. Juni 2005.

PIAGET, OLIVIER, La *justification* des ententes cartellaires dans l'Union européenne et en Suisse, Basel 2001 (= Diss. Lausanne 2000).

PODSZUN, RUPPRECHT, *Internationales Kartellverfahrensrecht* – ein Beitrag zur Konstitutionalisierung des globalen Wirtschaftsrechts, Bern 2003 (= Diss. München 2003).

PRÜMMER, FELIX, *Preisunterschiede* zwischen der Gemeinschaft und der Schweiz – Erklärungsansätze, in: WuW 2003, 247 ff.

PRÜMMER, FELIX, *Verhältnismässigkeitsaspekte* der Zusagenpraxis in der europäischen Fusionskontrolle, Baden-Baden/Zürich erscheint 2007 (= Diss. Zürich 2007).

RAASS, ADRIAN, Eine Frage der *Erheblichkeit*, zur Interpretation eines Schlüsselbegriffs im Kartellgesetz, in: sic! 2004, 911 ff.

RAASS, ADRIAN, Und *Interbrand*-Wettbewerb reicht doch! Eine Stellungnahme, in: sic! 2005, 778 ff.

RAASS, ADRIAN, Wenn *Wettbewerb* kein Wettbewerb mehr sein darf, in: Jusletter vom 19. Juni 2006.

RAASS, ADRIAN/KUMMER, CHRISTOPH, *Forum* Simulation von Unternehmenszusammenschlüssen: Theorie und Praxis, in: AJP 2000, 360 ff.

RAEMY, ALAIN/LUDER, MONIQUE, Horizontale oder vertikale Abrede? Schnittstelle und Abgrenzungskriterien, in: Jusletter 17. Oktober 2005 (zit. RAEMY/LUDER, *Abreden*).

RAUBER, GEORG (HRSG.), *Parallelimporte* im Schnittstellenbereich zwischen Immaterialgüter- und Wettbewerbsrecht, Zürich 2000.

RAUBER, GEORG, Verhältnis des neuen Rechts zum Immaterialgüterrecht, in: STOFFEL/ZÄCH, *Kartellgesetzrevision 2003*, 185 ff.

REICH, PHILIPPE M., Advance notifications and *dawn raids*, in: CLI 2005, 7.

REICH, PHILIPPE M., FusG 1, in: BAKER & MCKENZIE (HRSG.), Fusionsgesetz, Stämpflis *Handkommentar*, Bern 2003, 9 ff.

REICH, PHILIPPE M./REINERT, PETER, Schweizer Kartellrecht, in: JAEGER ET AL. (HRSG.), *Frankfurter Kommentar* zum Kartellrecht, Köln 2005.

REINERT, MANI, *Grundlagen* zur kartellrechtlichen Beurteilung von Alleinvertriebsverträgen, Diss. Zürich 2002.

REINERT, MANI, *Ökonomische Grundlagen* zur kartellrechtlichen Beurteilung von Alleinvertriebsverträgen, Zürich 2004 (= Diss. Zürich 2002).

REINERT, PETER, *Industrial Supply Contracts* under EC Competition Law, in: ECLR 1996, 6 ff.

REINERT, PETER, Wettbewerbs- und Kartellrecht, in: BAKER & MCKENZIE (HRSG.), Entwicklungen im schweizerischen Wirtschaftsrecht 1999/2000, Zürich 2000, 89 ff. (zit. *Entwicklungen 1999/2000*).

REINERT, PETER, Wettbewerbs- und Kartellrecht, in: BAKER & MCKENZIE (HRSG.), Entwicklungen im schweizerischen Wirtschaftsrecht 2000/2001, Zürich 2001, 105 ff. (zit. *Entwicklungen 2000/2001*).

REINERT, PETER, Wettbewerbs- und Kartellrecht, in: BAKER & MCKENZIE (HRSG.), Entwicklungen im schweizerischen Wirtschaftsrecht 2001/2002, Zürich 2002, 105 ff. (zit. *Entwicklungen 2001/2002*).

REINERT, PETER, Wettbewerbs- und Kartellrecht, in: BAKER & MCKENZIE (HRSG.), Entwicklungen im schweizerischen Wirtschaftsrecht 2002/2003, Zürich 2003, 115 ff. (zit. *Entwicklungen 2002/2003*).

REINERT, PETER, Wettbewerbs- und Kartellrecht, in: BAKER & MCKENZIE (HRSG.), Entwicklungen im schweizerischen Wirtschaftsrecht 2003/2004, Zürich 2004, 111 ff. (zit. *Entwicklungen 2003/2004*).

REINERT, PETER, Wettbewerbs- und Kartellrecht, in: BAKER & MCKENZIE (HRSG.), Entwicklungen im schweizerischen Wirtschaftsrecht 2004/2005, Zürich 2005, 129 ff. (zit. *Entwicklungen 2004/2005*).

REINERT, PETER, Wettbewerbs- und Kartellrecht, in: BAKER & MCKENZIE (HRSG.), Entwicklungen im schweizerischen Wirtschaftsrecht 2005/2006, Zürich 2006, 153 ff. (zit. *Entwicklungen 2005/2006*).

RENFER, STEFAN, Vom Zusammenspiel des Fernmelderechts mit dem revidierten Kartellrecht, in: Jusletter 17. Oktober 2005 (zit. RENFER, *Fernmelderecht*).

RENTSCH, RUDOLF, *Deregulierung* durch Wettbewerbsrecht – die Anwendbarkeit des schweizerischen Kartellgesetzes in regulierten Märkten, Diss. Basel 2000.

RHINOW, RENÉ/BIAGGINI, GIOVANNI, Verfassungsrechtliche *Aspekte* der Kartellgesetzrevision, in: ZÄCH/ZWEIFEL, Kartellrechtsreform, 93 ff.

RHINOW, RENÉ/GUROVITS, ANDRÁS A., Gutachten über die Verfassungsmässigkeit der Einführung von direkten *Sanktionen* im Kartellgesetz zuhanden des Generalsekretariats des Eidgenössischen Volksdepartements (EVD), in: RPW 2001/3, 592 ff.

RICHLI, PAUL, Kartellverwaltungsverfahren, in: VON BÜREN/DAVID, *SIWR V/2*, 417 ff.

RICHLI, PAUL, Verfahren und Rechtsschutz, in: ZÄCH, *KG-Praxis*, 130 ff.

RIEMER, HANS MICHAEL, *Persönlichkeitsrechte* und Persönlichkeitsschutz gemäss Art. 28 ff. ZGB im Verhältnis zum Datenschutz-, Immaterialgüter- und Wettbewerbsrecht, in: sic! 1999, 103 ff.

RIVA, ENRICO/OLING, BRIGITTE, *Totalrevision* der Bundesrechtpflege – Gegenüberstellung des VwVG in alter und neuer Fassung, in: Jusletter vom 12. Juni 2006.

ROHN, PATRICK/VON ARX, PATRICK, Neue Wettbewerbsregeln im Automobilsektor, Auswirkungen der Bekanntmachung der Weko über den Automobilvertrieb und der Verordnung (EG) Nr. 1400/2002 im schweizerischen Automobilmarkt, in: sic! 2005, 838 ff.

RÜETSCHI, DAVID, Die *Verwirkung* des Anspruchs auf vorsorglichen Rechtsschutz durch Zeitablauf, in: sic! 2002, 416 ff.

RUFFNER, MARKUS, Funktionale Konkretisierung der Schlüsselartikel des neuen schweizerischen Kartellgesetzes: Diagnosemethoden von Wettbewerbsbeschränkungen und dogmatische Konzeption von Art. 6/7 und Art. 29 KG, Zürich 1990 (zit. RUFFNER, *Kartellgesetz*).

RUFFNER, MARKUS, *Unzulässige Verhaltensweisen* marktmächtiger Unternehmen, in: AJP 1996, 834 ff.

RUGGLI, MONIKA, *Agentur und Kommission* im Kartellrecht, in: sic! 2006, 159 ff.

SAURER, MARKUS, Kartellgesetzliche Intervention oder Deregulierung? – Die Wahl zwischen imperfekten Alternativen bei der Fusion Bell-SEG, in: ZÄCH, *KG-Praxis*, 167 ff.

SAURER, MARKUS, Trojanische Pferde im neuen Kartellgesetz: Problematische Ausweitung der Interventionsbasis, in: NZZ vom 23. Januar 2003, 25 (zit. SAURER, *Intervention*).

SCHÄDLER, PATRICK, Vorsorgliche Massnahmen und einstweilige Anordnungen im *Kartellverwaltungsverfahren* der Schweiz und der Europäischen Gemeinschaft – Bestandesaufnahme, Kritik und Vorschläge de lege feranda, Diss. Basel 2002.

SCHALLER, OLIVIER, Les *ententes à l'importation* en droit de la concurrence – étude de droit cartellaire suisse et de droit comparé, Diss. Fribourg 2002.

SCHALLER, OLIVIER/BANGERTER, SIMON, Gedanken zum Ablauf kartellrechtlicher *Hausdurchsuchungen*, in: AJP 2005, 1221°ff.

SCHALLER, OLIVIER/KELLER, BENNO, Concentrations bancaires: nouvelles *méthodes* de calcul des seuils de notification, in: SZW 2005, 13°ff.

SCHALLER, OLIVIER/TAGMANN, CHRISTOPH, Kartellrecht und öffentliches Recht – neuere Praxis im Bereich des *Gesundheitswesens*, in: AJP 2004, 704 ff.

SCHENKER, URS, Die vorsorgliche Massnahme im Lauterkeits- und *Kartellrecht*, Diss. Zürich 1984.

SCHERRER, FRANK, Das europäische und das schweizerische *Fusionskontrollverfahren*, Diss. Zürich 1996.

SCHINDLER, BENJAMIN, Die *Befangenheit* der Verwaltung – der Ausstand von Entscheidträgern der Verwaltung im Staats- und Verwaltungsrecht von Bund und Kantonen, Diss. Zürich 2002.

SCHINDLER, KATHARINA, Wettbewerb in Netzen als Problem der kartellrechtlichen *Missbrauchsaufsicht*, Die «Essential Facility»-Doktrin im amerikanischen, europäischen und schweizerischen Kartellrecht; Abhandlung zum schweizerischen Recht 620; Bern 1998.

SCHLUEP, WALTER R., «Wirksamer *Wettbewerb*», Schlüsselbegriff des neuen schweizerischen Wettbewerbsrechts, Bern 1987.

SCHLUEP, WALTER R., Über den Wandel des Zeitgeistes am Beispiel der schweizerischen Kartellrechtsphilosophie, in: BUCHER ET AL. (HRSG.), Norm und Wirkung, FS für Wolfgang Wiegand, Bern 2005, 985 ff. (zit. SCHLUEP, *FS Wiegand*).

SCHMID, JÖRG, in: GAUCH, PETER (HRSG.), Zürcher Kommentar zum Schweizerischen Zivilgesetzbuch, V. Band: Obligationenrecht, Teilband V 3a: Die Geschäftsführung ohne Auftrag, Art. 419–424 OR, 3. Aufl., Zürich 1993 (zit. SCHMID, in: *ZH-Komm.*).

SCHMID, NIKLAUS, *Strafbarkeit* des Unternehmens – Die prozessuale Seite, in: recht 2003, 201 ff.

SCHMID, NIKLAUS, Die *Strafrechtsbeschwerde* nach dem Bundesgesetz über das Bundesgericht – eine erste Auslegeordnung, in: ZStrR 124 (2006), 160–170.

SCHMID, RALPH, Die ausnahmsweise *Zulassung* von Wettbewerbsbeschränkungen (Art. 8 KG), Bamberg 2003 (=Diss. St. Gallen 2003).

SCHMIDHAUSER, BRUNO, Der Begriff der «mehreren Unternehmen» im Sinne von Art. 4 Abs. 2 KG, in: FORSTMOSER, FS Zäch, 429 ff. (zit. SCHMIDHAUSER, *FS Zäch*).

SCHMIDT, KARSTEN, „*Privatisierung*" des Europakartellrechts – Aufgaben, Verantwortung und Chancen der Privatrechtspraxis nach der VO Nr. 1/2003, in: ZEuP 2004, 881 ff.

SCHUBARTH, MARTIN, Das neue Recht der strafrechtlichen *Verjährung*, in: ZStrR 2002, 321 ff.

SCHUBARTH, MARTIN, *Konzernstrafrecht*, in: SZW 2006, 161 ff.

SCHÜRMANN, LEO/SCHLUEP, WALTER R. (HRSG.), Kommentar zum Kartellgesetz und Preisüberwachungsgesetz, Zürich 1998 (zit. BEARBEITER, in: SCHÜRMANN/SCHLUEP, Komm. KG PüG).

SCHWARZ, JÖRG, Anwendung von Art. 321 StGB auf Unternehmensjuristen – einige *Gedanken* zu einer laufenden Diskussion, Anwaltspraxis 2006, S. 338 ff.

SEITZ, CLAUDIA, Fusionskontrollrechtliche *Parallelverfahren* in der Schweiz und in den Europäischen Gemeinschaften, in: WuW 2001, 126 ff.

SIMON, JÜRG/FISCHER, ROLAND, Zur kartellrechtlichen Beurteilung von *Nichtangriffsklauseln* in Marken- und Patentlizenzverträgen, in: Jusletter 17. Oktober 2005.

SOMMER, PATRICK, Praktische Verfahrensfragen bei Inanspruchnahme der *Bonusregelung*, in: Jusletter 17. Oktober 2005.

SOMMER, PATRICK, Praxis der Schweizer *Fusionskontrolle*, Zürich 2001.

SOMMER, PATRICK/BRUNNSCHWEILER, STEFAN, Kartellrechtliche *Hausdurchsuchungen* – Erste praktische Erfahrungen, in: Jusletter vom 9. Oktober 2006.

SOMMER, PATRICK/RAEMY, ALAIN, Rechtliche Fragen bei *Hausdurchsuchungen* im Rahmen des Schweizer Kartellrechts, in: sic! 2004, 758 ff.

SPITZ, PHILIPPE, Ausgewählte Problemstellungen im Verfahren und bei der praktischen *Anwendung* des revidierten Kartellgesetzes, in: sic! 2004, 553 ff.

SPITZ, PHILIPPE, Das Kartellzivilrecht und seine *Zukunft* nach der Revision des Kartellgesetzes 2003, in: SZW 2005, 113 ff.

SPITZ, PHILIPPE, *Gewinnherausgabe* und sonstige Gewinnabschöpfung im Kartellrecht, in: Jusletter vom 9. Oktober 2006.

SPITZ, PHILIPPE, *Haftung* für Wettbewerbshandlungen, in: JUNG, P. (HRSG.), Aktuelle Entwicklungen im Haftpflichtrecht, Tagungsband Recht aktuell 2006.

STEINER, MARK, Vertikale Preis- und Gebietsabreden unter dem revidierten Kartellgesetz, in: Jusletter vom 29. Mai 2006 (zit. STEINER, *Vertikalabreden*).

STIEGER, WERNER, *«Kodak»*– eine Momentaufnahme des Schnittbereichs von Immaterialgüter- und Kartellrecht aus helvetischer Sicht, in: sic! 2001, 89 ff.

STIRNIMANN, FRANZ XAVER, *Urheberkartellrecht*, Kartellrechtliche Verhaltenskontrolle von urheberrechtlichen Märkten in der Schweiz, Zürich 2004.

STÖCKLI, HUBERT, Ansprüche aus *Wettbewerbsbehinderung* – ein Betrag zum Kartellzivilrecht, Diss. Fribourg 1999.

STOFFEL, WALTER A., Unzulässige Wettbewerbsabreden, in: ZÄCH, *KG-Praxis*, 19 ff.

STOFFEL, WALTER A., Wettbewerbsabreden, in: VON BÜREN/DAVID, *SIWR V/2*, 55 ff.

STOFFEL, WALTER A. (HRSG.), Das neue schweizerischen Kartell- und Wettbewerbsrecht, SZW, *Sondernummer 1996*.

STOFFEL, WALTER A., Das neue Kartell-Zivilrecht, in: ZÄCH (HRSG.), Das neue schweizerische Kartellgesetz, Zürich 1996, 87 ff. (zit. STOFFEL, *Neues Kartellrecht*).

STOFFEL, WALTER A., Das schweizerische *Kartellrecht 1996*: Neues und Altes bei der Wachtablösung nach zehn Jahren, in: SZW 1996, 106 ff.

STOFFEL, WALTER A., Les *ententes restrictives* à la concurrence, in: SZW, Sondernummer 1996, 7 ff.

STOFFEL, WALTER A., *Wettbewerbsrecht* und staatliche Wirtschaftstätigkeit: Die wettbewerbsrechtliche Stellung der öffentlichen Unternehmen im schweizerischen Recht: mit einer Darstellung des Rechtes Deutschlands und Frankreichs sowie des Europäischen Wirtschaftsraums, Fribourg 1994.

STOFFEL, WALTER A./DEISS, JOSEPH, La *décartellisation* en Suisse – influences européennes, Fribourg 1999.

STOFFEL, WALTER A./ZÄCH, ROGER (HRSG.), *Kartellgesetzrevision 2003* – Neuerungen und Folgen, Zürich 2004.

STOLZ, PETER, *Tendenzen* im schweizerischen Wirtschaftsrecht – KMU und volkswirtschaftliche Effizienz, in: SJZ 2001, S. 113 ff.

STRATENWERTH, GÜNTER, Schweizerisches *Strafrecht*: Allgemeiner *Teil I*: Die Straftat, 3. Aufl., Bern 2005.

STRATENWERTH, GÜNTER, Schweizerisches *Strafrecht*: Besonderer *Teil II*: Straftaten gegen Gemeininteressen, 5. Aufl., Bern 2000.

SUTER DEPLAZES, DOMINIK C., *Gemeinschaftsunternehmen* im europäischen und schweizerischen Wettbewerbsrecht, Zürich 2000.

TAGMANN, CHRISTOPH, Die direkten *Sanktionen* nach Art. 49a Abs. 1 Kartellgesetz, Diss. Zürich erscheint 2007.

TAGMANN, CHRISTOPH/ZIRLICK, BEAT, Indirekte Auswirkungen der KG-Revision auf einzelne Rechtsinstitute, in: Jusletter vom 17. Oktober 1995.

TERCIER, PIERRE, Droit privé de la concurrence, in: VON BÜREN/DAVID, *SIWR V/2*, 319 ff.

TERCIER, PIERRE, La *procédure* devant la Commission de la concurrence, in: Sondernummer SZW 1996, 35 ff.

TERCIER, PIERRE/BOVET, CHRISTIAN, (HRSG.), Commentaire du droit de la concurrence – Droit de la concurrence: loi sur les cartels, loi sur la surveillance des prix, loi sur le marché intérieur, loi sur les entraves techniques au commerce, Genève 2002 (zit. BEARBEITER, in: TERCIER/BOVET, *CR Concurrence*).

THÜRER, DANIEL/AUBERT, JEAN-FRANÇOIS/MÜLLER, JÖRG PAUL, (HRSG.), Verfassungsrecht der Schweiz – Droit constitutionnel suisse, Zürich 2001 (zit. BEARBEITER, in: THÜRER ET AL., *Verfassungsrecht*).

TOBLER, CHRISTA, *Cassis de Dijon* für die Schweiz: Pur oder on the rocks?, in: SZIER, 2005, 567 ff.

TRECHSEL, STEFAN, Schweizerisches Strafgesetzbuch, *Kurzkommentar*, 2. Aufl., Zürich 1997.

TSCHANNEN, PIERRE/ZIMMERLI, ULRICH, Allgemeines *Verwaltungsrecht*, 2. Aufl., Bern 2005.

ULRICH, THOMAS, Begründung oder Verstärkung einer marktbeherrschenden Stellung in der schweizerischen *Fusionskontrolle*, Zürich 2004 (= Diss. Zürich 2003).

VEIT, MARC D., Die *Simulation* von Unternehmenszusammenschlüssen als Alternative zur strukturellen Marktanalyse, in: AJP 1999, 1269 ff.

VENTURI, SILVIO/FAVRE, PASCAL G., Concentration d'entreprises: Exclusion du *droit de recours* des tiers: Note à l'ATF 2A.535/2004 du 14 juin 2005, in: Jusletter 17. Oktober 2005.

VILLIGER, MARK E., Handbuch der Europäischen Menschenrechtskonvention (*EMRK*), 2. Aufl., Zürich 1999.

VISCHER, FRANK, in: GIRSBERGER, DANIEL ET AL., Zürcher Kommentar zum IPRG, Kommentar zum Bundesgestz über das Internationale Privatrecht (IPRG) vom 18. Dezember 1987, 2. Aufl., Zürich/Basel/Genf 2004 (zit. VISCHER, in: *ZH-Komm.*).

VOGEL, OSCAR/SPÜHLER, KARL, *Grundriss* des Zivilprozessrechts und des internationalen Zivilprozessrechts der Schweiz, 7. Aufl., Bern 2001.

VOGEL, STEFAN, Der *Staat* als Marktteilnehmer – Voraussetzungen der Zulässigkeit wirtschaftlicher Tätigkeit des Gemeinwesens in Konkurrenz zu Privaten, Diss. Zürich 2000.

Literaturverzeichnis

VOGLER, THEO, in: WOLFRAM, KARL in Gemeinschaft mit anderen Autoren, Internationaler *Kommentar* zur Europäischen Menschenrechtskonvention, 7. Lieferung, Köln/Berlin/ Bonn/München Mai 2000.

VOGT, HANS-UELI, Auf dem Weg zu einem Kartellverwaltungsverfahrensrecht, Bemerkungen zu einem Entscheid der Rekurskommission für Wettbewerbsfragen (Beschwerdeentscheid der Rekurskommission für Wettbewerbsfragen vom 12. November 1998 in Sachen X AG, Bern gegen Wettbewerbskommission (RPW 1998/4, 655 ff.)), in: AJP 1999, 837 ff. (zit. VOGT, *Verfahren*).

VON BALLMOOS, THOMAS, Kollektive Marktbeherrschung im schweizerischen *Fusionskontrollrecht* – eine erste Lagebeurteilung, in: SJZ 1999, 489 ff.

VON BALLMOOS, THOMAS, Marktbeherrschende Stellung und Möglichkeit der Beseitigung des wirksamen Wettbewerbs – Zwei Kriterien im Verfahren der Prüfung von Unternehmenszusammenschlüssen oder zweimal dasselbe?, in: AJP 1999, 295 ff. (zit. VON Ballmoos, *Marktbeherrschung*).

VON BÜREN, ROLAND, Das schweizerische Kartellrecht zwischen gestern und morgen: Eine *Bestandesaufnahme*, in: ZBJV 2001, 543 ff.

VON BÜREN, ROLAND, Die wirtschaftliche Rechtsprechung des Bundesgerichts im Jahre 2003, in: ZBJV 2005, 239 ff., (zit. VON BÜREN, *Rechtsprechung 2003*).

VON BÜREN, ROLAND, Neue Entwicklung im Wirtschaftsrecht: Kartellrecht, Jusletter 5. Juni 2000.

VON BÜREN, ROLAND/COTTIER, THOMAS (HRSG.), Die neue schweizerische *Wettbewerbsordnung* im internationalen Umfeld – Globalisierung, Wettbewerbsrecht, öffentliches Beschaffungswesen – Tagung vom 17. Oktober 1995 an der Universität Bern, Bern 1997.

VON BÜREN, ROLAND/DAVID, LUCAS (HRSG.), Der Rechtsschutz im Immaterialgüterrecht, Schweizerisches Immaterialgüter- und Wettbewerbsrecht, Bd. I/2, 2. Aufl., Basel 1998 (zit. BEARBEITER, in: VON BÜREN/DAVID, *SIWR I/2*).

VON BÜREN, ROLAND/DAVID, LUCAS (HRSG.), Grundlagen, Schweizerisches Immaterialgüter- und Wettbewerbsrecht, Bd. I/1, 2. Aufl., Basel 2002 (zit. BEARBEITER, in: VON BÜREN/DAVID, *SIWR I/1*).

VON BÜREN, ROLAND/DAVID, LUCAS (HRSG.), Kartellrecht, Schweizerisches Immaterialgüter- und Wettbewerbsrecht, Bd. V/2, Basel 2000 (zit. BEARBEITER, in: VON BÜREN/ DAVID, *SIWR V/2*).

VON BÜREN, ROLAND/KINDLER, THOMAS, Das schweizerische *Kartellrecht*, in: KOLLER ET AL. (HRSG.), *Bundesverwaltungsrecht*.

VON BÜREN, ROLAND/LANG, CHRISTOPH G., Freistellungen und Bekanntmachungen im europäischen und schweizerischen Kartellrecht, in: FORSTMOSER, FS Zäch, 241 ff. (zit. VON BÜREN/LANG, *FS Zäch*).

VON BÜREN, ROLAND/MARBACH, EUGEN, Immaterialgüter- und *Wettbewerbsrecht*, 2. Aufl. Bern 2002.

VON DER GROEBEN, HANS/SCHWARZE, JÜRGEN (HRSG.), Kommentar zum Vertrag über die Europäische Union und zur Gründung der Europäischen Gemeinschaft, Bd. 2, Art. 81–97 EGV, 6. Aufl. Baden-Baden 2003 (zit. BEARBEITER, in: VON DER GROEBEN/ SCHWARZE, *Kommentar*).

VULLIETY, JEAN-PAUL, Faut-il redouter *l'application* du droit cartellaire aux contrats de licence?, in: SJ 2000 II, 545 ff.

WALTER, GERHARD, *Internationales Zivilprozessrecht* der Schweiz, 3. Aufl., Bern 2002.

Literaturverzeichnis

WASER, ASTRID, Grundrechte der Beteiligten im europäischen und schweizerischen Wettbewerbsverfahren, Diss. Zürich 2002 (zit. *Beteiligung*).

WATTER, ROLF/LEHMANN, URS, Die Kontrolle von Unternehmenszusammenschlüssen im neuen Kartellgesetz, in: AJP 1996, 855 ff. (zit. *Unternehmenszusammenschluss*).

WATTER, ROLF/REINERT, MANI, Die Abgrenzung des räumlich relevanten Marktes in der EG und in der Schweiz im Rahmen der Zusammenschlusskontrolle, in: FORSTMOSER, FS Zäch, 447 ff. (zit. WATTER/REINERT, *FS Zäch*).

WEBER, MARTIN/GRIMM, ANDREA/TRIEBOLD, OLIVER/OLGIATI, LORENZO, *Switzerland*, in: IFLR 2005, 135 ff (zit. WEBER ET AL., *Switzerland*).

WEBER, ROLF H., Bundesgerichtlicher Einstieg in die Liberalisierung des *Elektrizitätsmarktes*, in: SZW 2004, 147 ff.

WEBER, ROLF H., Informationsrecht, *«Blue Window»*, Tribunal fédéral du 20 décembre 1996 (mesures provisionnelles), in: sic! 1997, 38.

WEBER, ROLF H., Kartellrecht, in: VON BÜREN/DAVID, *SIWR V/2*, 1 ff.

WEBER, ROLF H., *Marktmissbrauchsdiskussion* – ein Blick in die Zukunft, in: EuZ 2006, 102 ff.

WEBER, ROLF H./ZEIER, PRISKA, *Vertikale Wettbewerbsabreden* nach schweizerischem Kartellrecht, in: ZWeR 2005, 178 ff.

WICKIHALDER, URS, Der Begriff des Know-how im Sinne der europäischen Gruppenfreistellungsverordnung über *Technologietransfer*-Verbindungen: Bedeutung für das schweizerische Kartellrecht, in: Jusletter vom 23. Januar 2006.

WIGET, LUKAS, Wirksamkeit von *Folgeverträge*n bei Kartellabsprachen, Zürich/St. Gallen 2006 (= Diss. Zürich 2006).

WIND, CHRISTIAN, *B2B*-Marktplätze aus der Optik des europäischen, amerikanischen und schweizerischen Kartellrechts, Zürich 2003 (= Diss. Zürich 2002).

WIPRÄCHTIGER, HANS, Die *Strafbarkeit* des Unternehmers, Die Entwicklung der bundesrechtlichen Rechtsprechung zur strafrechtlichen Geschäftsherrenhaftung, AJP 7/2002, 754 ff.

XOUDIS, JULIA, Les *accords de* distribution au regard du droit de la concurrence, Zürich 2002 (= Diss. Genève 2002).

ZÄCH, ROGER (HRSG.), Das Kartellgesetz in der Praxis, Zürich 2000 (zit. *KG-Praxis*).

ZÄCH, ROGER (HRSG.), Das neue schweizerische Kartellgesetz, Zürich 1996 (zit. *Neues Kartellrecht*).

ZÄCH, ROGER (HRSG.), Das revidierte Kartellgesetz in der Praxis, Zürich 2006 (zit. *KG-Praxis 2006*).

ZÄCH, ROGER (HRSG.), Kartellrecht auf neuer *Grundlage*, Bern 1989.

ZÄCH, ROGER (HRSG.), Schweizerisches Kartellrecht, *Revision* und Praxis, Zürich 2004.

ZÄCH, ROGER, Ausnahmsweise Zulassung aus überwiegenden öffentlichen Interessen, in: VON BÜREN/DAVID, *SIWR V/2*, 225 ff.

ZÄCH, ROGER, Der kartellrechtliche *Kontrahierungszwang* – Mittel zum Schutz der Wettbewerber und des Wettbewerbs, in: SZW 1992, 1 ff.

ZÄCH, ROGER, *Einzelfragen* der Kartellrechtspraxis, in: recht 2000, 100 ff.

ZÄCH, ROGER, Einzelfragen der Kartellrechtspraxis, in: ZÄCH, *KG-Praxis*, 1 ff.

ZÄCH, ROGER, Gleiche oder unterschiedliche *Marktbeherrschungsgrade* als Anwendungsvoraussetzung für die Missbrauchs- und die Zusammenschlusskontrolle?, in: FUCHS/SCHWINTOWSKI/ZIMMER (HRSG.), Wirtschafts- und Privatrecht im Spannungsfeld von Privatautonomie, Wettbewerb und Regulierung, FS für Ulrich Immenga, München 2004, S. 463 ff.

ZÄCH, ROGER, Grundfragen der schweizerischen *Kartellrechtsreform*, St. Gallen 1995.

ZÄCH, ROGER, Kommentar: Verbesserung der Wettbewerbsfähigkeit der Unternehmen in der Schweiz – nach dem Wettbewerbsrecht nun «Cassis de Dijon»?, in: WuW 2005, 587.

ZÄCH, ROGER, *Parallelimporte* patentrechtlich geschützter Güter nach Massgabe des Kartellrechts: Rechtslage gemäss Kodak-Urteil und Revisionsvorschläge, in: sic! 2000, 275 ff.

ZÄCH, ROGER, Sanktionsbedrohte *Verhaltensweisen* nach Art. 49a Abs. 1 KG, insbesondere der neue Vermutungstatbestand für Vertikalabreden, in: STOFFEL/ZÄCH, *Kartellgesetzrevision 2003*, 23 ff.

ZÄCH, ROGER, Schweizerisches Kartellrecht, Bern 1999 (zit. *Kartellrecht 1999*).

ZÄCH, ROGER, Schweizerisches Kartellrecht, Bern 2005 (zit. *Kartellrecht 2005*).

ZÄCH, ROGER, Verhaltensweisen marktbeherrschender Unternehmen, in: VON BÜREN/ DAVID, *SIWR V/2*, 137 ff.

ZÄCH, ROGER, Wettbewerbsrecht der *Europäischen Union* – Praxis von Kommission und Gerichtshof, Bern 1994.

ZÄCH, ROGER/BREINING-KAUFMANN, CHRISTINE/BREITSCHMID, PETER/PORTMANN, WOLFGANG/THIER, ANDREAS/ERNST, WOLFGANG, OBERHAMMER, PAUL (HRSG.), Individuum und Verband, Festgabe zum Schweizerischen Juristentag 2006, Zürich (zit. ZÄCH ET AL. (HRSG.), *Juristentag 2006*).

ZÄCH, ROGER/HEIZMANN, RETO A., *Durchsetzung* des Wettbewerbsrechts durch Private – Vorschläge zur Erleichterung der Prozessführung, in: Prawo Prywatne Czasu Przemian, FS für Stanislawowi Soltysinskiemu, Poznan 2005, 1059 ff.

ZÄCH, ROGER/KÜNZLER, ADRIAN, Individualschutz und Institutionenschutz als Aufgaben des Kartellrechts, in: ZÄCH ET. AL. (HRSG.), Festgabe zum Schweizerischen Juristentag 2006, 291 ff. (zit. ZÄCH/KÜNZLER, *Juristentag 2006*).

ZÄCH, ROGER/TAGMANN, CHRISTOPH, Die einvernehmliche *Streitbeilegung* von Wettbewerbsbeschränkungen im Schweizerischen Kartellrecht, in: BUCHER ET AL. (HRSG.), Norm und Wirkung, FS für Wolfgang Wiegand, Bern 2005.

ZÄCH, ROGER/UNTERNÄHRER, ROLAND, *Kinofilmauswertung* und Parallelimporte: Die Frage der Parallelimporte in der Audiovision im Lichte von Art. 12 Abs. 1bis URG, in: sic! 2002, 786 ff.

ZÄCH, ROGER/ZWEIFEL, PETER (HRSG.), Grundfragen der schweizerischen *Kartellrechtsreform*, St. Gallen 1995.

ZURKINDEN, PHILIPP, Ausführung internationaler Abkommen, in: VON BÜREN/DAVID, *SIWR V/2*, 533 ff.

ZURKINDEN, PHILIPP, Auswirkungen der KG-Revision auf *Vertriebssysteme*, in: SZW 2004, 105 ff.

ZURKINDEN, PHILIPP, *Buchpreisbindung* zum Fünften, in: medialex 2006, 119 ff.

ZURKINDEN, PHILIPP, Die Regelung der *Fusionskontrolle* im schweizerischen Wettbewerbsrecht, in: KOLLER ET AL. (HRSG.), Bundesverwaltungsrecht.

ZURKINDEN, PHILIPP, Gründung von *Gemeinschaftsunternehmen* in der Schweiz und das neue schweizerische Kartellgesetz: unter besonderer Berücksichtigung des EG-Wettbewerbsrecht, Bern 1999.

ZURKINDEN, PHILIPP, Sanktionen, in: VON BÜREN/DAVID, *SIWR V/2*, 515 ff.

ZURKINDEN, PHILIPP/TRÜEB, HANS RUDOLF, Das neue Kartellgesetz, *Handkommentar*, Zürich 2004.

1. Kapitel: Allgemeine Bestimmungen

Art. 1 Zweck

Zweck Dieses Gesetz bezweckt, volkswirtschaftlich oder sozial schädliche Auswirkungen von Kartellen und anderen Wettbewerbsbeschränkungen zu verhindern und damit den Wettbewerb im Interesse einer freiheitlichen marktwirtschaftlichen Ordnung zu fördern.

But La présente loi a pour but d'empêcher les conséquences nuisibles d'ordre économique ou social imputables aux cartels et aux autres restrictions à la concurrence et de promouvoir ainsi la concurrence dans l'intérêt d'une économie de marché fondée sur un régime libéral.

Scopo La legge ha lo scopo di impedire gli effetti nocivi di ordine economico o sociale dovuti ai cartelli e alle altre limitazioni della concorrenza e di promuovere in tal modo la concorrenza nell'interesse di un'economia di mercato fondata su un ordine liberale.

Inhaltsübersicht   Note
I. Einleitung 1
   1. Übersicht 1
   2. Entstehung 2
II. Wirtschaftsverfassungsrechtlicher Hintergrund 3
   1. Der Kartellartikel (Art. 96 Abs. 1 BV) 3
   2. Die Wirtschaftsfreiheit (Art. 27 und Art. 94 BV) 7
III. Wettbewerbstheoretische Grundlagen 14
   1. Einleitung 14
   2. Konzept des wirksamen Wettbewerbs 16
   3. Verhaltensrecht für Unternehmen 20
   4. Ausserwettbewerbliche Zielsetzungen 21

I. Einleitung

1. Übersicht

Der Zweckartikel stellt die Leitbilder des Kartellgesetzes vor (Botschaft [1] KG 1995, 532; DROLSHAMMER, Wettbewerbsrecht, 19) und dient so als **Richtlinie für die Auslegung des Gesetzes** (ZURKINDEN/TRÜEB, Handkommentar, Art. 1 N 1). Er nennt zwei Zielsetzungen: Erstens die Verhinderung volkswirtschaftlich oder sozial schädlicher Auswirkungen von Kartellen und anderen

Wettbewerbsbeschränkungen und zweitens die Förderung des Wettbewerbs im Interesse einer freiheitlichen marktwirtschaftlichen Ordnung. Während die erste Zielsetzung sich direkt an Art. 96 Abs. 1 BV anlehnt, stellt die zweite die Verbindung zur wirtschaftsverfassungsrechtlichen Grundentscheidung für eine auf Wettbewerb beruhende Marktwirtschaft her, welche v.a. auf Art. 94 BV beruht.

2. Entstehung

2 Der Zweckartikel fand mit der Revision 1995 Eingang ins KG und **lehnte sich an den Wortlaut von Art. 31bis Abs. 3 lit. d aBV, des damaligen Kartellartikels der aBV, an**. Dieser erteilte dem Bund die Befugnis, nötigenfalls in Abweichung von der Handels- und Gewerbefreiheit (heute Wirtschaftsfreiheit: Art. 27 u. 94 BV) Vorschriften zu erlassen gegen volkswirtschaftlich oder sozial schädliche Auswirkungen von Kartellen und ähnlichen Organisationen. Anstelle der in Art. 31bis Abs. 3 lit. d aBV verwendeten Formulierung «Kartelle und ähnliche Organisationen» benutzte der Gesetzgeber im KG 1995 allerdings die modernere Wendung «Kartelle und andere Wettbewerbsbeschränkungen» (zum Begriff «Kartell» s. unten N 23 zu Art. 2 KG). Bereits mit der Formulierung «Kartelle und ähnliche Organisationen» von Art. 31bis Abs. 3 lit. d aBV sollten aber alle wettbewerbsbeschränkenden Gebilde erfasst werden (RHINOW, in: AUBERT ET AL., Kommentar, Art. 31bis aBV, N 204). Anlässlich der Totalrevision der BV wurde die modernere Formulierung von Art. 1 KG in den neuen Art. 96 Abs. 1 BV übernommen, ohne dass dadurch eine Änderung des Rechtszustandes bewirkt worden wäre (JACOBS, in: EHRENZELLER ET AL., Kommentar, Art. 96 BV, N 8).

II. Wirtschaftsverfassungsrechtlicher Hintergrund

1. Der Kartellartikel (Art. 96 Abs. 1 BV)

3 Art. 96 Abs. 1 BV erteilt dem Bund nicht nur die Kompetenz, sondern auch den **Auftrag zum Erlass einer Gesetzgebung auf dem Gebiet des Kartellrechts** (BORER, Kommentar 2005, Art. 1 N 3; HOFFET, in: HOMBURGER, Kommentar 1996, Art. 1 N 15; JACOBS, in: EHRENZELLER ET AL., Kommentar, Art. 96 BV, N 4; VALLENDER, in: THÜRER ET AL., Verfassungsrecht, § 61 N 12). Gleichzeitig stellt Art. 96 Abs. 1 BV allerdings auch eine Schranke für den Gesetzgeber dar, indem sie diesen darauf verpflichtet, allein die verfassungsrechtlich vorgegebenen Ziele zu verfolgen, also die Bekämpfung volkswirtschaftlich oder sozial schädlicher Auswirkungen von Wettbewerbsbeschränkungen (Botschaft KG 1995, 501; HOFFET, in: HOMBURGER, Kommentar 1996, Art. 1 N 3).

4 Aus der Formulierung von Art. 96 Abs. 1 BV wird allgemein abgeleitet, dass die Kartellgesetzgebung sich **nicht gegen Kartelle als solche richten darf, sondern**

nur gegen deren schädliche Auswirkungen (HOFFET, in: HOMBURGER, Kommentar 1996, Art. 1 N 3; JACOBS, in: EHRENZELLER ET AL., Kommentar, Art. 96 BV, N 14; RHINOW, in: AUBERT ET AL., Kommentar, Art. 31bis aBV, N 189; VALLENDER, in: THÜRER ET AL., Verfassungsrecht, § 61 N 12). Wettbewerbsbeschränkungen, welche keine volkswirtschaftlich oder sozial schädlichen Auswirkungen haben, sind von Verfassungs wegen zulässig (HOFFET, in: HOMBURGER, Kommentar 1996, Art. 1 N 18; JACOBS, in: EHRENZELLER ET AL., Kommentar, Art. 96 BV, Art. 1 N 14). Dies wird mitunter in der Formel zusammengefasst, der Kartellartikel lasse lediglich eine Missbrauchsgesetzgebung, nicht jedoch eine Verbotsgesetzgebung zu (vgl. BORER, Kommentar 2005, Art. 1 N 7; DROLSHAMMER, Wettbewerbsrecht, 20; HOFFET, in: HOMBURGER, Kommentar 1996, Art. 1 N 15). Dazu ist zu bemerken, dass die Verfassung lediglich ein Ziel formuliert, die einzusetzenden Mittel aber nicht definiert (HOFFET, in: HOMBURGER, Kommentar 1996, Art. 1 N 28, JACOBS, in: EHRENZELLER ET AL., Kommentar, Art. 96 BV, N 18; RHINOW, in: AUBERT ET AL., Kommentar, Art. 31bis aBV, N 208). Verbote von Wettbewerbsbeschränkungen sind dementsprechend nicht grundsätzlich ausgeschlossen, bloss dass Wettbewerbsbeschränkungen, deren volkswirtschaftliche und soziale Unschädlichkeit nachgewiesen wird, nicht davon erfasst werden dürfen bzw. davon ausgenommen werden müssen (BORER, Kommentar 2005, Art. 1 N 7; RHINOW, in: AUBERT ET AL., Kommentar, Art. 31bis aBV, N 216). Auch ist der Gesetzgeber nicht auf die Bekämpfung von Missbräuchen beschränkt, sondern kann und soll jede Art von volkswirtschaftlich oder sozial schädlichen Auswirkungen bekämpfen (RHINOW, in: AUBERT ET AL., Kommentar, Art. 31bis aBV, N 216).

Der BV lässt sich nicht entnehmen, was als **volkswirtschaftlich oder sozial schädlich** zu gelten hat (HOFFET, in: HOMBURGER, Kommentar 1996, Art. 1 N 21). Es handelt sich dabei um eine Wertungsfrage, welche nicht ein für alle Mal definitiv beantwortet werden kann, sondern welche immer wieder neu gestellt werden muss (Botschaft KG 1995, 501; RHINOW, in: AUBERT ET AL., Kommentar, Art. 31bis aBV, N 211; HOFFET, in: HOMBURGER, Kommentar 1996, Art. 1 N 27). Immerhin kann gesagt werden, dass die schädlichen Auswirkungen objektiv zu bestimmen sind, die Motivation, die dahinter stehen mag, also für die Beurteilung unerheblich ist (JACOBS, in: EHRENZELLER ET AL., Kommentar, Art. 96 BV, N 15; RHINOW, in: AUBERT ET AL., Kommentar, Art. 31bis aBV, N 216; vgl. auch N 24 zu Art. 4 Abs. 1). Der Terminus «volkswirtschaftlich oder sozial schädlich» stellt jedenfalls eine Eingriffsschwelle für die Anwendung des kartellrechtlichen Instrumentariums dar, welche eine gewisse Intensität bzw. Erheblichkeit der zu bekämpfenden Auswirkungen von Wettbewerbsbeschränkungen voraussetzt (DROLSHAMMER, Wettbewerbsrecht, 20; HOFFET, in: HOMBURGER, Kommentar 1996, Art. 1 N 26; JACOBS, in: EHRENZELLER ET AL., Kommentar, Art. 96 BV, N 15; vgl. Botschaft KG 1995, 501). Das KG trägt dem z.B. dadurch Rechnung, dass in Art. 5 eine erhebliche Beeinträchtigung des Wettbewerbs oder in Art. 7 eine marktbeherrschende (nicht bloss marktmächtige) Stellung verlangt wird. Wesentlich konkreter sind die Eingriffsschwellen für die Prüfung von Unternehmenszusammenschlüssen in Art. 9.

6 Daraus, dass schädliche Auswirkungen «verhindert» werden sollen, lässt sich schliesslich ableiten, dass nach dem KG **nicht nur ein repressives, sondern auch ein präventives Vorgehen zulässig** ist, wie es z.b. bei der Zusammenschlusskontrolle nach Art. 9 f. KG zur Anwendung kommt (DROLSHAMMER, Wettbewerbsrecht, 23; HOFFET, in: HOMBURGER, Kommentar 1996, Art. 1 N 4).

2. Die Wirtschaftsfreiheit (Art. 27 und Art. 94 BV)

7 Art. 31bis Abs. 3 aBV ermächtigte den Gesetzgeber ausdrücklich, **Vorschriften in Abweichung von der Handels- und Gewerbefreiheit** (heute Wirtschaftsfreiheit, Art. 27 u. 94 BV) zu erlassen. Dies entsprach dem damaligen Verständnis der Wirtschaftsfreiheit und widerspiegelt, dass auch private Wettbewerbsabreden Handlungen im Rahmen einer privatwirtschaftlichen Tätigkeit sind, die damit grundsätzlich den Schutz der Wirtschaftsfreiheit geniessen (BORER, Kommentar 2005, Art. 1 N 4; DROLSHAMMER, Wettbewerbsrecht, 20; HOFFET, in: HOMBURGER, Kommentar 1996, Art. 1 N 16; JACOBS, in: EHRENZELLER ET AL., Kommentar, Art. 96 BV, N 7; RHINOW, in: AUBERT ET AL., Kommentar, Art. 31bis aBV, N 187).

8 Aufgrund eines veränderten Grundrechtsverständnisses stellt das **Kartellrecht aus heutiger Sicht indes keine Abweichung von der Wirtschaftsfreiheit mehr** dar, sondern es dient vielmehr deren Verwirklichung (DROLSHAMMER, Wettbewerbsrecht, 19; HOFFET, in: HOMBURGER, Kommentar 1996, Art. 1 N 13; JACOBS, in: EHRENZELLER ET AL., Kommentar, Art. 96 BV, N 10; RHINOW/ BIAGGINI, Aspekte, 93 ff., 96; VALLENDER, in: THÜRER ET AL., Verfassungsrecht, § 61 N 12; so schon RHINOW, in: AUBERT ET AL., Kommentar, Art. 31bis aBV, N 194 f.). Gemäss neuerer Terminologie ist das Kartellrecht also grundsatzkonform: Art. 27 und Art. 94 BV bringen eine verfassungsrechtliche Grundentscheidung für eine marktwirtschaftlich organisierte Wirtschaftsordnung des freien Wettbewerbs zum Ausdruck (MÜLLER, Grundrechte, 637). Demnach hat sich der Staat grundsätzlich jeglicher lenkenden Einflüsse zu enthalten und staatliches Handeln muss wettbewerbsneutral sein. Staatliche Regelungen und Massnahmen, die diese Grundsätze respektieren, gelten als grundsatzkonform (vgl. HÄFELIN/ HALLER, Bundesstaatsrecht, 657 ff.).

9 Die Wirtschaftsfreiheit hat nicht nur eine Abwehrfunktion gegenüber staatlichen Eingriffen, sie verpflichtet den Staat auch, **Rahmenbedingungen zu schaffen, welche es dem Privaten überhaupt ermöglichen, von der Wirtschaftsfreiheit Gebrauch zu machen** (JACOBS, in: EHRENZELLER ET AL., Kommentar, Art. 96 BV, N 5; vgl. auch Art. 94 Abs. 3 BV). Der Staat hat deshalb sicherzustellen, dass wirtschaftliche Tätigkeit nicht durch private Wettbewerbsbeschränkungen übermässig erschwert wird (JACOBS, in: EHRENZELLER ET AL., Kommentar, Art. 96 BV, N 5). Diese Interpretation entspricht Art. 35 BV, welcher verlangt, dass Grundrechte in der ganzen Rechtsordnung zur Geltung kommen müssen und

der darüber hinaus den Behörden den Auftrag erteilt, dafür zu sorgen, dass Grundrechte, die sich dazu eignen, auch unter Privaten wirksam werden (ZÄCH/ KÜNZLER, Juristentag 2006, 296).

Das **Kartellrecht**, welches die möglichst freie wirtschaftliche Betätigung möglichst vieler vor Einschränkungen durch private und öffentliche Unternehmen schützen soll, **dient also der Verwirklichung der Wirtschaftsfreiheit** und ist deshalb grundsatzkonform (s. dazu vorne N 8). Im Ingress des KG nimmt der Gesetzgeber seit der letzten Revision 2003 sogar ausdrücklich auf die Wirtschaftsfreiheit Bezug, wobei erstaunlicherweise nur Art. 27 Abs. 1 BV (und damit der individualrechtliche Aspekt) und nicht auch Art. 94 BV (der institutionelle Aspekt) angerufen wird (vgl. ZÄCH/KÜNZLER, Juristentag 2006, 301; ZURKINDEN/TRÜEB, Handkommentar, Art. 1 N 4). Dadurch, dass nach der Formulierung von Art. 1 die Förderung des Wettbewerbs ausdrücklich «im Interesse einer freiheitlichen marktwirtschaftlichen Ordnung» erfolgen soll, wird die Ausrichtung auf dieses wirtschaftsverfassungsrechtliche Ziel im KG festgehalten. Aus der Verwendung des Wortes «fördern» wird aber auch geschlossen, dass das KG nur eines unter mehreren Mitteln darstellt, um dieses Ziel zu erreichen (BORER, Kommentar 2005, Art. 1 N 12; Botschaft KG 1995, 532 f.; DROLSHAMMER, Wettbewerbsrecht, 23; HOFFET, in: HOMBURGER, Kommentar 1996, Art. 1 N 61; ZÄCH, Kartellrecht 2005, 235). 10

Soweit kartellrechtliche Massnahmen die freie wirtschaftliche Betätigung von Privaten beeinträchtigen, stellen sie aber trotzdem **Einschränkungen der Wirtschaftsfreiheit der Betroffenen** dar und müssen dementsprechend die Voraussetzungen für Grundrechtseinschränkungen gemäss Art. 36 BV erfüllen (BORER, Kommentar 2005, Art. 1 N 4; DROLSHAMMER, Wettbewerbsrecht, 20; HOFFET, in: HOMBURGER, Kommentar 1996, Art. 1 N 16). Im diesem Zusammenhang stellt Art. 96 BV klar, dass der Schutz des Wettbewerbs ein legitimes öffentliches Interesse (i.S.v. Art. 36 Abs. 2 BV) für die Einschränkung der Wirtschaftsfreiheit darstellt (JACOBS, in: EHRENZELLER ET AL., Kommentar, Art. 96 BV, N 7). 11

Das Kartellrecht hat den **Ausgleich zwischen verschiedenen, verfassungsrechtlich geschützten Interessen herbeizuführen**: Neben dem öffentlichen Interesse an einem funktionierenden Wettbewerb steht das Interesse der Privaten an möglichst freier wirtschaftlicher Betätigung (Botschaft KG 1995, 501; DROLSHAMMER, Wettbewerbsrecht, 19; HOFFET, in: HOMBURGER, Kommentar 1996, Art. 1 N 13; JACOBS, in: EHRENZELLER ET AL., Kommentar, Art. 96 BV, N 7; RHINOW/ BIAGGINI, Aspekte, 97). Dieses ist insofern widersprüchlich, als es einerseits den Schutz der freien wirtschaftlichen Betätigung vor Wettbewerbsbeschränkungen verlangt, diese Wettbewerbsbeschränkungen andererseits aber selbst, wenn sie von Privaten ausgehen, Ausfluss eben dieser freien wirtschaftlichen Betätigung sind, die es zu schützen gilt. Das öffentliche Interesse am Institutionenschutz und das private Individualschutzinteresse können durchaus gleichgerichtet sein (ZÄCH, Kartellrecht 2005, 237; ZÄCH/KÜNZLER, Juristentag 2006, 293 ff.), wie die Vereinheitlichung der materiellen Regeln des – den Einzelnen schützenden – 12

Kartellzivilrechts und des – die öffentlichen Interessen wahrenden – Kartellverwaltungsrechts deutlich macht (vgl. zur Vereinheitlichung BALDI, Charakteristika, 14; Botschaft KG 1995, 469). Soweit die Ausübung privatwirtschaftlicher Tätigkeit des Einzelnen aber zu Wettbewerbsbeschränkungen führt, steht sie im Gegensatz zum öffentlichen Interesse am Institutionenschutz.

13 Das im Kartellartikel der BV kodifizierte Resultat dieser Interessenabwägung kann dahin gehend zusammengefasst werden, dass die wirtschaftliche Freiheit des Einzelnen dort ihre Grenzen findet, wo sie zu Wettbewerbsbeschränkungen führt, welche volkswirtschaftlich oder sozial schädliche Auswirkungen haben (JACOBS, in: EHRENZELLER ET AL., Kommentar, Art. 96 BV, N 7). Unterhalb dieser Schwelle sind Wettbewerbsbeschränkungen zulässig und geniessen den Schutz der Wirtschaftsfreiheit (sog. begrenzte Kartellfreiheit) (JACOBS, in: EHRENZELLER ET AL., Kommentar, Art. 96 BV, N 14; VALLENDER, in: THÜRER ET AL., Verfassungsrecht, § 61 N 12).

III. Wettbewerbstheoretische Grundlagen

1. Einleitung

14 Die Formulierung von Art. 96 BV schreibt dem Gesetzgeber **kein bestimmtes Wettbewerbskonzept** vor (JACOBS, in: EHRENZELLER ET AL., Kommentar, Art. 96 BV, N 17; RHINOW, in: AUBERT ET AL., Kommentar, Art. 31bis aBV, N 183; VALLENDER, in: THÜRER ET AL., Verfassungsrecht, § 61 N 13). Dies ermöglicht es, im Gesetzgebungsprozess neue wettbewerbstheoretische Erkenntnisse einfliessen zu lassen (JACOBS, in: EHRENZELLER ET AL., Kommentar, Art. 96 BV, N 17).

15 In der Botschaft zum KG 1995 werden denn auch **verschiedene Wettbewerbstheorien** diskutiert (Botschaft KG 1995, 504 ff.). Dabei wird festgestellt, dass eine deutliche Konvergenz der Wettbewerbstheorien bestehe, wonach harte Kartelle (horizontale Preis-, Mengen- oder Gebietsabreden) fast immer volkswirtschaftlich schädliche Auswirkungen hätten und offene Märkte die besten Garanten für funktionierende Marktprozesse seien (Botschaft KG 1995, 507 f.). Die Botschaft kommt deshalb zum Schluss, dass der Gesetzgeber sich nicht auf eine bestimmte Doktrin festlegen muss, sondern verschiedene wettbewerbstheoretische Denkschulen kombinieren kann (Botschaft KG 1995, 511). Damit auch bei der Anwendung des Gesetzes neue wettbewerbstheoretische Erkenntnisse einfliessen können, muss der Gesetzgeber mit flexiblen Generalklauseln arbeiten, welche entsprechend den jeweiligen wettbewerbstheoretischen Beurteilungskriterien interpretiert werden können (Botschaft KG 1995, 511; HOFFET, in: HOMBURGER, Kommentar 1996, Art. 1 N 44).

2. Konzept des wirksamen Wettbewerbs

Eine solche flexible Generalklausel stellt der für das KG grundlegende **Begriff des «wirksamen Wettbewerbs»** dar (BORER, Kommentar 2005, Art. 1 N 18; HOFFET, in: HOMBURGER, Kommentar 1996, N 11, 45). Der wirksame Wettbewerb ist zentraler Prüfungsmassstab im KG (Botschaft KG 1995, 469). Er wird (anders als noch im Vorentwurf) im Zweckartikel zwar nicht genannt, taucht aber in verschiedenen anderen Artikeln auf, prominent in den Art. 5 und 10, aber auch in den Art. 37, 45 und 51.

16

Ausgangspunkt für dieses Konzept ist ein Wettbewerbsverständnis, welches den Wettbewerb als einen vielgestaltigen und dynamischen Prozess versteht (BORER, Kommentar 2005, Art. 1 N 16; Botschaft KG 1995, 512; DROLSHAMMER, Wettbewerbsrecht, 21; HOFFET, in: HOMBURGER, Kommentar 1996, Art. 1 N 46). Temporäre Ungleichgewichte sind diesem Prozess durchaus eigen und es ist nicht Aufgabe der Wettbewerbspolitik, alle daraus resultierenden, vermeintlichen Unvollkommenheiten zu beseitigen (Botschaft KG 1995, 512; DROLSHAMMER, Wettbewerbsrecht, 21; HOFFET, in: HOMBURGER, Kommentar 1996, Art. 1 N 46). Hingegen soll sichergestellt werden, dass **die zentralen Funktionen des Wettbewerbs erhalten** werden: Die Wettbewerbsteilnehmer sollen angespornt werden, ihren Ressourceneinsatz zu optimieren (Allokationsfunktion), ihre Produkte und Kapazitäten an äussere Bedingungen anzupassen (Anpassungsfunktion) und neue Produkte und Verfahren zu entwickeln (Innovationsfunktion), um im Konkurrenzkampf zu bestehen (BALDI, Charakteristika, 5; Botschaft KG 1995, 512; HOFFET, in: HOMBURGER, Kommentar 1996, Art. 1 N 46).

17

Die **Wirksamkeit des Wettbewerbs** kann entsprechend daran gemessen werden, ob bzw. wie diese zentralen Funktionen ihre Wirkung entfalten können. Fehlender wirksamer Wettbewerb führt dagegen nicht nur zu höheren Preisen und vermindertem Güterangebot, sondern auch zu einer Beeinträchtigung der Produktivitätsentwicklung und damit der Wettbewerbsfähigkeit der Volkswirtschaft als Ganzes (BALDI, Charakteristika, 3; Botschaft KG 1995, 500). Der Gesetzgeber geht deshalb davon aus, dass eine Beseitigung wirksamen Wettbewerbs, worunter eine erhebliche Beeinträchtigung oder Ausschaltung der zentralen Funktionen des Wettbewerbs zu verstehen ist, per se volkswirtschaftlich oder sozial schädliche Auswirkungen nach sich zieht (VALLENDER, in: THÜRER ET AL., Verfassungsrecht, § 61 N 13). Konsequenterweise lassen sich Wettbewerbsabreden, welche zu einer Beseitigung wirksamen Wettbewerbs führen, nicht mit Gründen der wirtschaftlichen Effizienz i.S.v. Art. 5 Abs. 2 rechtfertigen (Art. 5 Abs. 1; BORER, Kommentar 2005, Art. 1 N 20; HOFFET, in: HOMBURGER, Kommentar 1996, Art. 1 N 54).

18

Damit sich auf den einschlägigen Märkten wirksamer Wettbewerb entwickeln kann, braucht es genügend Wettbewerber, wobei u.U. auch nur potenzielle Wettbewerber ausreichen (BALDI, Charakteristika, 5). Aufgrund der Bedeutung der aktuellen und der potenziellen Konkurrenz stellt die **Offenheit von Märkten**,

19

also deren Ein- und Austrittsbedingungen, ein entscheidendes Kriterium für die Funktionsfähigkeit des Wettbewerbs dar (Botschaft KG 1995, 513; HOFFET, in: HOMBURGER, Kommentar 1996, Art. 1 N 63). Eine auf wirksamen Wettbewerb ausgerichtete Wettbewerbspolitik muss sich deshalb sämtlichen privaten Verhaltensweisen und staatlichen Regulierungen, welche darauf abzielen, Märkte abzuschotten, entgegenstellen (Botschaft KG 1995, 513). Den Eintritts- und Austrittsbarrieren eines Marktes muss aber auch bei der Einzelfallbeurteilung besondere Beachtung geschenkt werden. So darf die Beurteilung von konkreten Wettbewerbsbeschränkungen nicht einzig auf der tatsächlichen Marktsituation beruhen, sondern muss auch die Bedrohung durch potenzielle Konkurrenten berücksichtigen (HOFFET, in: HOMBURGER, Kommentar 1996, Art. 1 N 48 u. 63).

3. Verhaltensrecht für Unternehmen

20 Die Offenheit und Dynamik des Konzepts des wirksamen Wettbewerbs und die entsprechend offene Formulierung von Normen hat den Nachteil der geringeren Rechtssicherheit. Es war aber eines der Ziele der Reform 1995, im Interesse der Präventivwirkung ein **klares Verhaltensrecht für die Unternehmen** bereitzustellen (BALDI, Charakteristika, 6; DROLSHAMMER, Wettbewerbsrecht, 12). Der Gesetzgeber hat deshalb trotz der offenen Konzeption darauf geachtet, so weit wie möglich Regeln zu schaffen, die per se angewendet werden können und keine Einzelfallabwägungen voraussetzen (Botschaft KG 1995, 508). Ferner sollen gesetzliche Vermutungen und Aufzählungen konkrete Anhaltspunkte für das von den Unternehmen erwartete Verhalten setzen (vgl. etwa Art. 5 Abs. 3 u. 4 oder Art. 7 Abs. 2; DROLSHAMMER, Wettbewerbsrecht, 12). Das Konzept des wirksamen Wettbewerbs fordert aber v.a. auch die Gesetzesanwender, welche einerseits konstant neue wettbewerbstheoretische Erkenntnisse berücksichtigen sollen, andererseits aber im Interesse der Rechtssicherheit eine mindestens für eine gewisse Zeitdauer konsistente Praxis schaffen müssen, welche den Unternehmen als Verhaltensrecht im Einzelfall dienen kann (HOFFET, in: HOMBURGER, Kommentar 1996, Art. 1 N 55).

4. Ausserwettbewerbliche Zielsetzungen

21 Das Kartellrecht dient dem Schutz des Wettbewerbs als Institution (BALDI, Charakteristika, 5; JACOBS, in: EHRENZELLER ET AL., Kommentar, Art. 96 BV, N 5; VON BÜREN/KINDLER, Kartellrecht, 5) und dem Schutz der Wirtschaftsfreiheit des Einzelnen (vgl. ZÄCH/KÜNZLER, Juristentag 2006, 291 ff.) soll aber **nicht für wettbewerbsfremde Zielsetzungen instrumentalisiert** werden (DROLSHAMMER, Wettbewerbsrecht, 22; HOFFET, in: HOMBURGER, Kommentar 1996, Art. 1 N 51). Dies bedeutet eine klare Abkehr vom früheren Prinzip der «Saldomethode» (Art. 29 KG 1985), welche die damalige Kartellkommission verpflich-

tet hatte, bei der Beurteilung von Wettbewerbsabreden nicht nur deren Auswirkungen auf den Wettbewerb, sondern auch alle anderen volkswirtschaftlich und sozial bedeutsamen Auswirkungen zu berücksichtigen (HOFFET, in: HOMBURGER, Kommentar 1996, Art. 1 N 41, 52). Unter dem KG 1995 obliegt die Sorge um die Wahrung ausserwettbewerblicher Zielsetzungen nicht mehr der Weko. Bei Konflikten zwischen dem Schutz wirksamen Wettbewerbs und anderen verfassungsmässigen Zielsetzungen delegieren die Art. 8 und 11 KG die Entscheidung nunmehr an den Bundesrat, welcher als politische Instanz für solche politischen Entscheidungen besser geeignet ist (Botschaft KG 1995, 498; DROLSHAMMER, Wettbewerbsrecht, 12, 21; HOFFET, in: HOMBURGER, Kommentar 1996, Art. 1 N 24, 53).

Art. 2 Geltungsbereich

Geltungsbereich

¹ **Das Gesetz gilt für Unternehmen des privaten und des öffentlichen Rechts, die Kartell- oder andere Wettbewerbsabreden treffen, Marktmacht ausüben oder sich an Unternehmenszusammenschlüssen beteiligen.**

¹bis **Als Unternehmen gelten sämtliche Nachfrager oder Anbieter von Gütern und Dienstleistungen im Wirtschaftsprozess, unabhängig von ihrer Rechts- oder Organisationsform.**

² **Das Gesetz ist auf Sachverhalte anwendbar, die sich in der Schweiz auswirken, auch wenn sie im Ausland veranlasst werden.**

Champ d'application

¹ La présente loi s'applique aux entreprises de droit privé ou de droit public qui sont parties à des cartels ou à d'autres accords en matière de concurrence, qui sont puissantes sur le marché ou participent à des concentrations d'entreprises.

¹bis Est soumise à la présente loi toute entreprise engagée dans le processus économique qui offre ou acquiert des biens ou des services, indépendamment de son organisation ou de sa forme juridique.

² La présente loi est applicable aux états de fait qui déploient leurs effets en Suisse, même s'ils se sont produits à l'étranger.

Campo d'applicazione

¹ La presente legge si applica alle imprese di diritto privato e di diritto pubblico che fanno parte di un cartello o di altri accordi in materia di concorrenza, dominano il mercato o partecipano a concentrazioni di imprese.

¹bis Sono considerati imprese i richiedenti o offerenti di beni e servizi nel processo economico, indipendentemente dal loro statuto giuridico o dalla loro forma organizzativa.

² Essa è applicabile a fattispecie che esplicano i loro effetti in Svizzera, anche se si sono verificate all'estero.

Inhaltsübersicht   Note

I. Einleitung (Abs. 1) 1
II. Persönlicher Geltungsbereich 3
    1. Unternehmensbegriff 3
    2. Unternehmen des öffentlichen Rechts 6
    3. Unternehmen des privaten Rechts 9
    4. Sonderfälle 11
        a. Konzerne 12
        b. Arbeitnehmer 14
        c. Konsumenten 17

III. Sachlicher Geltungsbereich 19
   1. Allgemein 19
   2. Kartell- oder andere Wettbewerbsabreden 20
   3. Ausüben von Marktmacht.. 25
   4. Beteiligung an Unternehmenszusammenschlüssen....................................... 28
IV. Örtlicher Geltungsbereich (Abs. 2) 30

I. Einleitung (Abs. 1)

Art. 2 beschreibt den **Geltungsbereich des KG** in persönlicher, sachlicher und örtlicher Hinsicht. Dieser ist weit gefasst, denn für die Beurteilung eines Sachverhalts sollen nicht formelle Kriterien, sondern materielle Gesichtspunkte entscheidend sein (Botschaft KG 1995, 533). Die Unterstellung unter den Anwendungsbereich des KG sagt aber noch nichts über die Würdigung eines Sachverhalts aus und stellt als solches keinerlei Werturteil dar (Botschaft KG 1995, 533; DROLSHAMMER, Wettbewerbsrecht, 27; VON BÜREN/KINDLER, Kartellrecht, 6; ZÄCH, Kartellrecht 2005, 243). Eine Würdigung aus kartellrechtlicher Sicht erfolgt erst bei der Anwendung der materiellen Bestimmungen (Botschaft KG 1995, 533). Für die Unternehmen ist die blosse Unterstellung unter das KG i.d.R. noch nicht entscheidend, da sich das Verhaltensrecht für die Unternehmen erst aus den materiellen Bestimmungen ergibt. 1

Die Unterstellung als solche ist allerdings für die Weko von Bedeutung: Sind die entsprechenden Voraussetzungen offensichtlich nicht gegeben, darf die Weko auch keine **Untersuchungshandlungen** vornehmen (DROLSHAMMER, Wettbewerbsrecht, 27; SCHMIDHAUSER, in: HOMBURGER, Kommentar 1996, Art. 2 N 34). 2

II. Persönlicher Geltungsbereich

1. Unternehmensbegriff

Der persönliche Geltungsbereich wird im KG mit Hilfe des **Begriffs des Unternehmens** definiert (BORER, Kommentar 2005, Art. 2 N 1; KRAUSKOPF/ HENCKEL, Unternehmensbegriff, 740): Das Gesetz ist nur auf Unternehmen anzuwenden. Unternehmen sind gemäss der Definition in Art. 2 Abs. 1bis alle Nachfrager oder Anbieter von Gütern und Dienstleistungen im Wirtschaftsprozess, unabhängig von ihrer Rechts- oder Organisationsform. Die Legaldefinition des Unternehmensbegriffs wurde erst im Rahmen der Revision im Jahre 2003 in das KG eingefügt. Ursprünglich enthielt das Gesetz keine Definition des Unternehmensbegriffs (BORER, Kommentar 2005, Art. 2 N 4). Abgestellt wurde auf den in der Botschaft zum KG von 1995 enthaltenen Hinweis, wonach als Unternehmen all jene Marktteilnehmer gelten, welche sich – sei es als Anbieter oder 3

Nachfrager – selbständig als Hersteller von Gütern bzw. Erbringer von Dienstleistungen am Wirtschaftsprozess beteiligen (Botschaft KG 1995, 533). Nicht erforderlich ist nach dieser Umschreibung Gewinnstrebigkeit oder Dauerhaftigkeit (KRAUSKOPF/HENCKEL, Unternehmensbegriff, 745) Auch wird nicht zwischen Unternehmen des privaten und des öffentlichen Rechts unterschieden (Botschaft KG 1995, 534). Die Definition in Art. 2 Abs. 1bis weicht von derjenigen in der Botschaft zum KG aus dem Jahre 1995 insofern ab, als das Erfordernis der Selbständigkeit nun nicht mehr erwähnt, neu dafür aber ausdrücklich festgehalten wird, dass Unternehmen unabhängig von ihrer Rechts- oder Organisationsform erfasst werden.

4 Die **Gesetzesänderung** stellt eine Reaktion des Parlaments auf den Entscheid des Bundesgerichts i.s. Schweizerische Meteorologische Anstalt (BGE 127 II 32 ff., siehe dazu unten N 8) dar (AmtlBull Ständerat, 2003, 324 ff.). Der Gesetzgeber hat mit Abs. 1bis klargestellt, dass auch unternehmerisch tätige öffentlich-rechtliche Einheiten ohne eigene Rechtspersönlichkeit dem KG unterstellt sind (s. dazu unten N 8).

5 Es war aber nicht die Absicht des Gesetzgebers, das Kriterium der Selbständigkeit des Unternehmens gänzlich aufzugeben (ZURKINDEN/TRÜEB, Handkommentar, Art. 2 N 6). Mit dem ausdrücklichen Absehen von der Rechts- und Organisationsform in Abs. 1bis wird vielmehr bestätigt, dass das KG einer wirtschaftlichen Betrachtungsweise folgt: Wirtschaftliche Tatsachen sollen aus wirtschaftlicher Sicht und unabhängig von ihrer rechtlichen Struktur erfasst werden (BORER, Kommentar 2005, Art. 2 N 3 f.). Dies gilt auch für das Kriterium der Selbständigkeit, bei welchem folglich nicht auf die rechtliche Struktur, sondern auf die wirtschaftliche Selbständigkeit abzustellen ist (vgl. zur Unterscheidung zwischen rechtlicher und wirtschaftlicher Selbständigkeit in diesem Zusammenhang KRAUSKOPF/HENCKEL, Unternehmensbegriff, 741). Letztlich geht es darum, eine **Gleichbehandlung aller Marktteilnehmer** zu erreichen, unabhängig von deren rechtlicher Organisationsstruktur und unabhängig davon, ob es sich um privatrechtliche oder öffentlich-rechtliche Einheiten handelt (KRAUSKOPF/HENCKEL, Unternehmensbegriff, 747; ZÄCH, Kartellrecht 2005, 254; ZURKINDEN/TRÜEB, Handkommentar, Art. 2 N 1).

2. Unternehmen des öffentlichen Rechts

6 Das Gesetz hält in Art. 2 Abs. 1 ausdrücklich fest, dass auch **Unternehmen des öffentlichen Rechts** unter das KG fallen. Einschränkungen für die Anwendbarkeit des KG aus Gründen des öffentlichen Rechts ergeben sich aus der Ausnahmeregelung in Art. 3 Abs. 1 (Botschaft KG 1995, 534; ZÄCH, Kartellrecht 2005, 265; s. dazu Kommentierung zu Art. 3 Abs. 1).

7 Die Unterstellung öffentlich-rechtlicher Unternehmen unter das Kartellrecht ergibt sich bereits aus der Verfassung (Art 96 Abs. 1 BV), denn diese verlangt

einen umfassenden Schutz des Wettbewerbs, unabhängig davon, von wem wettbewerbsbeschränkende Handlungen ausgehen (DAVID/JACOBS, Wettbewerbsrecht, N 6). Wie VOGEL richtig ausführt, verlangt auch der in der Wirtschaftsfreiheit (Art. 27 und 94 BV) enthaltene Grundsatz der Wettbewerbsneutralität staatlichen Handelns die **Unterstellung der staatlichen Wirtschaftstätigkeit unter das Wettbewerbsrecht**, da die staatliche Wirtschaftstätigkeit durch die Nichtanwendung des Wettbewerbsrechts ansonsten unzulässigerweise privilegiert würde (vgl. VOGEL, Staat, 124 f.). Daraus ergibt sich auch, dass die Ausnahmeregelung in Art. 3 Abs. 1 eng zu interpretieren ist (vgl. auch BALDI, Charakteristika, 8).

Im Bereich des öffentlichen Rechts ist nach der Revision des KG im Jahre 2003 die Besonderheit zu beachten, dass auch **unternehmerisch tätige Organisationseinheiten der öffentlichen Hand ohne eigene Rechtspersönlichkeit** dem KG unterstehen (ZÄCH, Kartellrecht 2005, 254). Verlangt wird indes eine gewisse wirtschaftliche Selbständigkeit, so genannte marktoperative Emanzipation (s. dazu KRAUSKOPF/HENCKEL, Unternehmensbegriff, 746). Das Absehen von der Rechtspersönlichkeit geht zurück auf den bereits genannten Bundesgerichtsentscheid i.S. Schweizerische Meteorologische Anstalt (BGE 127 II 32 ff.). Das Bundesgericht hatte in jenem Entscheid festgestellt, dass Art. 2 Abs. 1 auf Organisationseinheiten mit eigener Rechtspersönlichkeit zugeschnitten sei (BGE 127 II 41 E. 3c). Als Verwaltungseinheit der zentralen Bundesverwaltung (das Bundesgericht hatte die Frage offen gelassen, ob es sich um eine unselbständige öffentlich-rechtliche Anstalt handle) fiel die Schweizerische Meteorologische Anstalt (und ebenso deren Nachfolgerin MeteoSchweiz) deshalb nach Meinung des Bundesgerichtes nicht unter den Geltungsbereich des KG (eine Zusammenfassung der Kritik an diesem Urteil findet sich bei KRAUSKOPF/HENCKEL, Unternehmensbegriff, 743 f., mit entsprechenden Hinweisen). In der Folge beseitigte das Parlament mit der Einfügung von Abs. 1bis in Art. 2 diese Privilegierung öffentlich-rechtlicher Unternehmen ohne eigene Rechtspersönlichkeit, was angesichts der bereits erwähnten wirtschaftlichen Betrachtungsweise durchaus sinnvoll ist. Die vom Bundesgericht im genannten Entscheid beschriebenen verwaltungsorganisatorischen und verfahrensrechtlichen Probleme, insb. die Tatsache, dass eine unselbständige Verwaltungseinheit gar nicht Adressatin von Zwangsverfügungen sein kann (BGE 127 II 45 E. 3e), bleiben allerdings weiterhin ungelöst (vgl. KRAUSKOPF/HENCKEL, Unternehmensbegriff, 745 f.). Klar ist aber, dass kartellprivatrechtliche Klagen (Art. 12 f.) gegen den Bund im Bereich der privatrechtlichen Tätigkeit von unselbständigen Verwaltungseinheiten möglich sind und dass es den Wettbewerbsbehörden freisteht, den Bundesbehörden uneingeschränkt Empfehlungen zu unterbreiten (Art. 45 Abs. 2) oder Gutachten für sie zu verfassen (Art. 47). Ferner steht fest, dass das Kartellrecht auch bei der Ausübung der behördlichen Aufsicht über unselbständige Verwaltungseinheiten zu berücksichtigen ist, die mit der Aufsicht betraute Behörde also z.B. gegen den Missbrauch von Marktmacht durch eine ihr unterstellte Behörde einschreiten muss (BGE 127 II 45 ff. E. 3f).

3. Unternehmen des privaten Rechts

9 Unternehmen des privaten Rechts i.S.v. Art. 2 Abs. 1 können sowohl natürliche als auch juristische Personen sein (ZÄCH, Kartellrecht 2005, 264). Da Unternehmen nach der Definition in Art. 2 Abs. 1bis keine Rechtspersönlichkeit mehr aufweisen müssen (s. dazu oben N 5), können auch einfache Gesellschaften vom Unternehmensbegriff erfasst werden (KRAUSKOPF/HENCKEL, Unternehmensbegriff, 745). Keine Unternehmen und folglich dem Kartellgesetz nicht unterstellt sind Privatpersonen. Ob eine natürliche Person als Unternehmen oder aber als Privatperson gilt, kann nicht aufgrund von formellen Kriterien entschieden werden. Nach BORER (BORER, Kommentar 2005, Art. 2 N 7) bemisst sich die Abgrenzung danach, ob eine bestimmte, selbständige Tätigkeit einer Person darauf ausgerichtet ist, als Teilnahme am Wirtschaftsverkehr zu gelten. Damit eine natürliche Person als Unternehmen gilt, ist also einerseits erforderlich, dass sie eine **wirtschaftlich selbständige Tätigkeit** ausübt (ZÄCH, Kartellrecht 2005, 264) und anderseits, dass ihre Tätigkeit als **Teilnahme am Wirtschaftsverkehr gilt**. Nur bei Erfüllung beider Kriterien gilt eine natürliche Person als Unternehmen.

10 Natürliche Personen sind insb. im gewerblichen Bereich, im Bereich der Dienstleistungen oder der freien Berufe als Unternehmen tätig (ZÄCH, Kartellrecht 2005, 264). Nicht als Unternehmen gelten nach herrschender Lehre **Arbeitnehmer** (siehe unten N 14 ff.) und **Konsumenten** (siehe unten N 17 f.).

4. Sonderfälle

11 Nicht unter das KG fallen grundsätzlich die folgenden drei Sonderfälle: **Konzerne, Arbeitnehmer und Konsumenten** (Botschaft KG 1995, 533 f.; DROLSHAMMER, Wettbewerbsrecht, 24; HOFFET, in: HOMBURGER, Kommentar 1996, Art. 2 N 21). Die Nichtunterstellung wird dabei aus dem Unternehmensbegriff abgeleitet.

a. Konzerne

12 Konzerne bestehen i.d.R. aus mehreren rechtlich selbständigen Unternehmen, welche wirtschaftlich unselbständig sind und von einer Muttergesellschaft kontrolliert werden. Wie bereits erwähnt, knüpft der Unternehmensbegriff an eine wirtschaftliche Betrachtungsweise an, weshalb aus kartellrechtlicher Sicht nicht die rechtliche Selbständigkeit, sondern die wirtschaftliche Unselbständigkeit der einzelnen verbundenen Unternehmen ausschlaggebend ist. Folglich wird der Konzern, sofern tatsächlich eine konzerninterne Kontrolle der Mutter über die Töchter ausgeübt wird, als eine **einzige wirtschaftliche Unternehmenseinheit betrachtet** (BORER, Kommentar 2005, Art. 2 N 11; ZÄCH, Kartellrecht 2005,

256; KRAUSKOPF/HENCKEL, Unternehmensbegriff, 747 mit Auflistung der Kriterien für eine tatsächliche Kontrolle). Deshalb sind die Regeln des KG nicht auf konzerninterne Absprachen und Umstrukturierungen anzuwenden («Konzernprivileg»). Im Gegenzug ist für die Beurteilung der Frage der Marktmacht nicht auf die einzelnen Konzerngesellschaften, sondern auf den Konzern als Ganzes abzustellen (BORER, Kommentar 2005, Art. 2 N 11; ZÄCH, Kartellrecht 2005, 256).

Im Anschluss an die Revision des KG im Jahre 2003 vertreten KRAUSKOPF/ HENCKEL (KRAUSKOPF/HENCKEL, Unternehmensbegriff, 747 f.) die Ansicht, dass analog den marktoperativ emanzipierten Verwaltungsstellen **auch Konzerngesellschaften oder** gar unternehmensinterne Geschäftsbereiche wie **Profit- oder Investment-Center**, welche von der Konzernleitung **marktoperativ emanzipiert** seien, als Unternehmen i.S.v. Art. 2 Abs. 1bis gelten und dementsprechend unter das KG fallen könnten. Dies hätte zur Folge, dass in bestimmten Fällen konzerninterne Wettbewerbsabsprachen nicht mehr unter das Konzernprivileg fallen und somit vom KG erfasst würden. In der Praxis hätte die vorgeschlagene Anwendung des KG auf solche Sachverhalte wohl die (wettbewerbspolitisch unerwünschte) Folge, dass die bestehende wirtschaftliche Selbständigkeit von Konzerntöchtern und Unternehmenseinheiten wieder aufgegeben würde, um das Risiko von kartellrechtlichen Verfahren zu minimieren. Der Analogieschluss vom Staat auf den Konzern übersieht auch, dass der Staat und alle seine Vertreter, in welcher Organisationsform sie auch immer auftreten, ohnehin dazu verpflichtet sind, die verfassungsrechtliche Grundentscheidung für eine marktwirtschaftlich organisierte Wirtschaftsordnung des freien Wettbewerbs zu verwirklichen. Diese Verpflichtung trifft private Unternehmen dagegen nicht.

b. Arbeitnehmer

Nach herrschender Lehre werden private Beschränkungen der Wettbewerbsfreiheit hinsichtlich des Arbeitsmarktes, wie sie bspw. Gesamtarbeitsverträge oder andere gewerkschaftliche Beeinflussungen des Arbeitsmarkts darstellen, vom Kartellrecht nicht erfasst (ZÄCH, Kartellrecht 2005, 257; Botschaft KG 1995, 533 f.; SCHMIDHAUSER, in: HOMBURGER, Kommentar 1996, Art. 2 N 9; KRAUSKOPF/HENCKEL, Unternehmensbegriff, 745). Das KG aus dem Jahre 1985 enthielt noch einen expliziten Vorbehalt zugunsten von Verträgen, Beschlüssen und Vorkehren, die ausschliesslich das Arbeitsverhältnis betreffen. Dieser Vorbehalt wurde bei der Redaktion des KG von 1995 mit der Begründung aufgegeben, dass **Arbeitnehmer** aufgrund der ökonomischen Begriffsausrichtung ohnehin **nicht vom Unternehmensbegriff erfasst** würden (Botschaft KG 1995, 533 f.; BORER, Kommentar 2005, Art. 2 N 8; SCHMIDHAUSER, in: HOMBURGER, Kommentar 1996, Art. 2 N 9; ZÄCH, Kartellrecht 2005, 258). Die Argumentation, Arbeitnehmer produzierten nicht für sich, sondern für andere (BORER, Kommentar 2005, Art. 2 N 8), überzeugt allerdings wenig, denn es geht ja um den Arbeitsmarkt, auf welchem der Arbeitnehmer durchaus für sich «produziert», indem er seine Arbeitsleistung typischerweise gegen Geld anbietet (KRAUSKOPF/ HENCKEL, Unternehmensbegriff, 745, scheinen davon auszugehen, dass Arbeitsleistungen keine Dienstleistungen darstellen, weshalb der Arbeitsmarkt nicht vom KG erfasst würde).

15 Gewichtiger ist das Argument, dass es bedeutende Unterschiede zwischen dem Arbeitsmarkt und Waren- bzw. anderen Dienstleistungsmärkten gebe, welche eine unterschiedliche Behandlung dieser Märkte rechtfertigten (s. schon Botschaft KG 1962, 571 ff.; Botschaft KG 1985, 1319 ff.). So bestehe auf dem **Arbeitsmarkt ein strukturelles Ungleichgewicht zwischen den Teilnehmern**. Deshalb würden Arbeitnehmer aufgrund der oft existenziellen Abhängigkeit funktionswidrig auf Nachfrageverknappungen reagieren. Bei sinkender Nachfrage würden sie das Arbeitsangebot nicht vermindern, sondern vermehren, weil sie auf ihr Mindesteinkommen angewiesen seien. Das erhöhte Angebot setze alsdann die Löhne weiter unter Druck (ZÄCH, Kartellrecht 2005, 259 m.w.H.). Diese Argumentation trifft wohl auf traditionelle Arbeitsmärkte zu, wo sich i.d.R. auch die in Frage stehenden Wettbewerbsbeschränkungen in der Form von Gesamtarbeitsverträgen und anderen gewerkschaftlichen Beeinflussungen des Arbeitsmarktes finden. Betrachtet man aber die «ausgetrockneten» Teilmärkte für bestimmte Berufsgattungen, muss auch diese Argumentation mit einem Fragezeichen versehen werden, da sich die vermeintliche Schwäche der Arbeitnehmer in solchen Situationen durchaus ins Gegenteil verkehren kann.

16 Jedenfalls gilt die Ausnahme von der Unterstellung unter das KG nur für solche wettbewerbsbeschränkenden Massnahmen, welche **ausschliesslich das Arbeitsverhältnis** betreffen. Wenn in arbeitsrechtlichen Verträgen oder Beschlüssen Wettbewerbsbeschränkungen enthalten sind, welche sich auf Güter- oder Dienstleistungsmärkte beziehen, so sind diese Beschränkungen nach den Regeln des KG zu beurteilen (Botschaft KG 1995, 534; SCHMIDHAUSER, in: HOMBURGER, Kommentar 1996, Art. 2 N 10; ZÄCH, Kartellrecht 2005, 262). Als Beispiele werden etwa das Sperren von Arbeitskräften zur Behinderung Dritter (Botschaft KG 1995, 534; SCHMIDHAUSER, in: HOMBURGER, Kommentar 1996, Art. 2 N 10) oder Bestimmungen in Arbeitsverträgen gegen Preisschleuderei (SCHMIDHAUSER, in: HOMBURGER, Kommentar 1996, Art. 2 N 10) oder betreffend die Herkunft von Materialien und Rohstoffen (ZÄCH, Kartellrecht 2005, 262) genannt.

c. Konsumenten

17 Konsumenten nehmen nicht als Unternehmen am Marktgeschehen teil, sondern vielmehr als **Privatpersonen, die lediglich ihren eigenen Verbrauch decken**. Deshalb unterstehen Konsumenten nicht den Regeln des KG (BORER, Kommentar 2005, Art. 2 N 10; KRAUSKOPF/HENCKEL, Unternehmensbegriff, 745; SCHMIDHAUSER, in: HOMBURGER, Kommentar 1996, Art. 2 N 12; ZÄCH, Kartellrecht 2005, 263). Da der einzelne Konsument immer einer besser organi-

sierten Marktgegenseite gegenübersteht, hat er ohnehin kaum die Möglichkeit, den Wettbewerb zu beeinflussen (ZÄCH, Kartellrecht 2005, 263). Eine gewisse praktische Relevanz hat diese Ausnahme für Konsumentenboykotte, welche dementsprechend nicht unter kartellrechtlichen Gesichtspunkten zu würdigen sind (SCHMIDHAUSER, in: HOMBURGER, Kommentar 1996, Art. 2 N 12).

Die **Konsumenten** sind zwar selber nicht dem KG unterstellt, **profitieren** aber als Endabnehmer erheblich von dessen wettbewerbsfördernder Wirkung (SCHMIDHAUSER, in: HOMBURGER, Kommentar 1996, Art. 2 N 14; ZÄCH, Kartellrecht 2005, 263). 18

III. Sachlicher Geltungsbereich

1. Allgemein

Der sachliche Geltungsbereich des KG ergibt sich aus den drei in Art. 2 Abs.1 genannten Tatbeständen: Erstens das Treffen von Kartell- oder anderen Wettbewerbsabreden, zweitens das Ausüben von Marktmacht und drittens die Beteiligung an Unternehmenszusammenschlüssen. Der Gesetzgeber ist somit der klassischen **kartellrechtlichen Dreiteilung** gefolgt, auf der auch das europäische Kartellrecht beruht (VON BÜREN/KINDLER, Kartellrecht, 8). Die in Art. 2 Abs. 1 verwendeten Begriffe «Wettbewerbsabrede» und «Unternehmenszusammenschluss» werden in Art. 4 Abs. 1 und Abs. 3 definiert. Anstelle der Definition der Marktmacht (wie in Art. 2 Abs. 1 enthalten) enthält Abs. 2 von Art. 4 hingegen eine Definition des marktbeherrschenden Unternehmens und weicht damit von der Systematik ab. Es wird nicht der für den Geltungsbereich, sondern ein für die Eingriffsschwelle relevanter Begriff definiert. 19

2. Kartell- oder andere Wettbewerbsabreden

Nach der Legaldefinition von Art. 4 Abs. 1 gilt als Wettbewerbsabrede vereinfacht gesagt jede Vereinbarung sowie jedes aufeinander abgestimmte Verhalten von Unternehmen, welche oder welches auf eine Wettbewerbsbeschränkung abzielt (s. Kommentierung zu Art. 4). Unter den Begriff Wettbewerbsbeschränkung wird andererseits jede Beeinflussung des Marktes in Abweichung vom Spiel des freien Wettbewerbs subsumiert, unabhängig von deren Intensität (DROLSHAMMER, Wettbewerbsrecht, 25). Somit wird also jede Vereinbarung und jedes abgestimmte Verhalten von Unternehmen, die bzw. das **darauf abzielt, den Markt in Abweichung vom Spiel des freien Wettbewerbs zu beeinflussen**, vom KG erfasst. Nicht erforderlich ist, dass sich diese Absicht auch verwirklicht hat (ZÄCH, Kartellrecht 2005, 250). 20

Damit eine Wettbewerbsabrede vorliegt, ist aber in jedem Fall erforderlich, dass es sich um ein **bewusstes und gewolltes Zusammenwirken** handelt. Spontan 21 gleichförmiges Verhalten verschiedener Unternehmen wird vom Begriff der Wettbewerbsabrede nicht erfasst (BALDI, Charakteristika, 10; HOFFET, in: HOMBURGER, Kommentar 1996, Art. 2 N 7).

22 Ferner muss das Zusammenwirken tatsächlich auf die **Beeinflussung von Wettbewerbsparametern** ausgerichtet sein. Absprachen, welche z.b. rein politische oder humanitäre Ziele verfolgen, stellen i.d.r. keine Wettbewerbsabsprachen dar (vgl. Bsp. bei ZÄCH, Kartellrecht 2005, 247).

23 Der **Begriff «Kartell»** wurde unter früherem Recht für horizontale Abreden verwendet (BORER, Kommentar 2005, Art. 2 N 13; ZÄCH, Kartellrecht 2005, 245). Der Begriff der Wettbewerbsabrede ist demgegenüber weiter und umfasst neben den horizontalen auch die vertikalen Abreden (Botschaft KG 1995, 534; BORER, Kommentar 2005, Art. 2 N 13; SCHMIDHAUSER, in: HOMBURGER, Kommentar 1996, Art. 2 N 22; ZÄCH, Kartellrecht 2005, 245). Die ausdrückliche Erwähnung von Kartellabreden im Gesetz ist also eigentlich überflüssig, da diese begrifflich bereits im Terminus der Wettbewerbsabrede enthalten sind (BORER, Kommentar 2005, Art. 2 N 13; a.M. ZÄCH, Kartellrecht 2005, 245). Der Kartellbegriff wird im KG 1995 ausser im Titel nur noch in den Art. 1 und 2 verwendet. Ansonsten findet sich überall der Begriff der Wettbewerbsabrede. Dass sich der Begriff des Kartells an diesen Stellen noch gehalten hat, dürfte v.a. darauf zurückzuführen sein, dass er sich eingebürgert hat und auch im nicht streng juristisch-technischen Sinne verwendet wird (ZÄCH, Kartellrecht 2005, 245).

24 Nachdem vom KG 1985 vertikale Vereinbarungen nur vereinzelt erfasst wurden (vgl. SCHMIDHAUSER, in: HOMBURGER, Kommentar 1996, Art. 2 N 23), lässt das KG 1995 mit der Formulierung «Kartell- oder andere Wettbewerbsabreden» keinen Zweifel daran, dass nunmehr die **vertikalen den horizontalen Abreden auf der Stufe des Geltungsbereichs gleichgestellt** sind (Botschaft KG 1995, 534; BORER, Kommentar 2005, Art. 2 N 13; SCHMIDHAUSER, in: HOMBURGER, Kommentar 1996, Art. 2 N 22; ZÄCH, Kartellrecht 2005, 245). Bei der materiellen Prüfung einer Abrede müssen aber selbstverständlich die Wettbewerbswirkungen der jeweiligen Vereinbarungen berücksichtigt werden, weshalb den unterschiedlichen Wirkungen vertikaler und horizontaler Abreden auf jener Stufe Rechnung zu tragen ist (vgl. Botschaft KG 1995, 535; SCHMIDHAUSER, in: HOMBURGER, Kommentar 1996, Art. 2 N 24).

3. Ausüben von Marktmacht

25 Anders als die anderen beiden zentralen Begriffe für die Abgrenzung des sachlichen Geltungsbereichs, also die Begriffe Wettbewerbsabrede und Unternehmenszusammenschluss, wird der **Begriff der Marktmacht** nicht in Art. 4 definiert. Stattdessen wird in Art. 4 Abs. 2 der **Begriff des marktbeherrschenden Unternehmens** definiert. Das marktbeherrschende Unternehmen bildet den Anknüpfungspunkt für die materielle Beurteilung des Missbrauchs der Markt-

macht nach Art. 7. Marktmacht i.S.v. Art. 2 Abs. 1 kann nicht mit Marktbeherrschung gleichgesetzt werden (SCHMIDHAUSER, in: HOMBURGER, Kommentar 1996, Art. 2 N 20). Es sei aber darauf hingewiesen, dass der Begriff des «marktmächtigen Unternehmens» gemäss Art. 96 Abs. 2 lit. a BV, der verfassungsrechtlichen Grundlage der Preisüberwachung, der Marktbeherrschung gemäss Art. 4 Abs. 2 gleichgesetzt wird (JACOBS, in: EHRENZELLER ET AL., Kommentar, Art. 96 BV, N 28). Die nicht kohärente Verwendung des Begriffs Marktmacht in den doch verwandten Rechtsgebieten des Kartellrechts und des Preisüberwachungsrechts ist allerdings bedauerlich.

Marktbeherrschung ist eine qualifizierte Form der Marktmacht (Botschaft KG 1995, 547 f.). Folglich ist Marktmacht irgendwo zwischen normalem Markteinfluss und Marktbeherrschung i.S.v. Art. 4 Abs. 2 anzusiedeln (SCHMIDHAUSER, in: HOMBURGER, Kommentar 1996, Art. 2 N 20; ZÄCH, Kartellrecht 2005, 251). Oft wird zur Bestimmung, was unter Marktmacht zu verstehen ist, auf den Begriff des **«massgeblichen Markteinflusses»** gemäss Art. 4 Abs. 1 des KG 1985 zurückgegriffen (DROLSHAMMER, Wettbewerbsrecht, 25; SCHMIDHAUSER, in: HOMBURGER, Kommentar 1996, Art. 2 N 20; ZÄCH, Kartellrecht 2005, 251; ZURKINDEN/TRÜEB, Handkommentar, Art. 2 N 7). 26

Da für das Vorliegen von Marktmacht eine geringere Intensität der Marktbeeinflussung erforderlich ist als für das Vorliegen von Marktbeherrschung, wird das Vorliegen von **Marktmacht oft gar nicht eigenständig geprüft** (ZÄCH, Kartellrecht 2005, 251 m.H.). Die Weko rechtfertigt ein solches Vorgehen damit, dass bei einer Bejahung der marktbeherrschenden Stellung in der materiellen Prüfung gleichzeitig auch die Ausübung von Marktmacht feststehe, womit der sachliche Geltungsbereich gegeben sei. Bei einer Verneinung der Marktbeherrschung würde die Prüfung der Marktmacht hingegen obsolet (RPW 2006/4, 632 N 34, Weko, Flughafen Zürich AG [Unique] – Valet Parking; ZÄCH, Kartellrecht 2005, 251 m.H.). 27

4. Beteiligung an Unternehmenszusammenschlüssen

Der **Begriff des Unternehmenszusammenschlusses** wird in Art. 4 Abs. 3 definiert (vgl. dazu die Ausführungen zu Art 4 sowie Art. 1 und 2 VKU). 28

Das **KG erfasst grundsätzlich alle Unternehmenszusammenschlüsse gem. Art. 4 Abs. 3**, unabhängig davon, ob die in Art. 9 festgelegten Schwellenwerte bezüglich Grösse und Wirkung auf den Wettbewerb erreicht werden (SCHMIDHAUSER, in: HOMBURGER, Kommentar 1996, Art. 2 N 28; ZÄCH, Kartellrecht 2005, 252; a.A. BORER, Kommentar 2005, Art. 2 N 15). Dieser weite Geltungsbereich entspricht dem Anliegen des Gesetzgebers, wettbewerbsrechtlich relevantes Verhalten möglichst umfassend abzudecken (Botschaft KG 1995, 535; SCHMIDHAUSER, in: HOMBURGER, Kommentar 1996, Art. 2 N 28). Für die Unternehmen ergibt sich das Verhaltensrecht aber erst aus den materiellen Bestimmun- 29 gen, weshalb der weite Geltungsbereich des Gesetzes für sie unproblematisch ist (vgl. zum weiten Geltungsbereich oben N 1 f.).

IV. Örtlicher Geltungsbereich (Abs. 2)

30   Die Kartellgesetze von 1985 und von 1962 enthielten keine Bestimmung über den örtlichen Geltungsbereich. Das so genannte **Auswirkungsprinzip**, das in Art. 2 Abs. 2 statuiert wird, war aber bereits damals anerkannt (BGE 93 II 196 E. 3). Das KG 1995 bestimmt in Art. 2 Abs. 2 nun ausdrücklich, dass das Gesetz auf Sachverhalte anwendbar ist, die sich in der Schweiz auswirken, auch wenn sie im Ausland verursacht wurden.

31   Aus der Bestimmung ergibt sich vorerst, dass es keine Rolle spielt, wo ein Sachverhalt veranlasst wurde. Entscheidend für die **Frage der Anwendbarkeit des KG** ist allein, wo die Wirkung der gesetzten Handlung eintritt. Damit wird auch klargestellt, dass es irrelevant ist, wo die Träger der Unternehmen, die an einer Wettbewerbsbeschränkung oder an einem Unternehmenszusammenschluss beteiligt sind, ihren Sitz haben. Ebenfalls ohne Bedeutung ist, ob sich Teile des Unternehmens, z.B. in der Form einer Produktionsstätte oder eines Verkaufsbüros, in der Schweiz befinden. Dies bestätigt auch die Entstehungsgeschichte des KG 1995: Art. 9 Abs. 4 des Entwurfs zum KG 1995, der unter bestimmten weiteren Voraussetzungen eine Ausnahme von der Pflicht zur Genehmigung eines Unternehmenszusammenschlusses für den Fall vorsah, dass sämtliche an einem Zusammenschluss beteiligten Unternehmen ihren Sitz im Ausland haben, wurde gestrichen (BGE 127 III 224 E. 3a; DUCREY/DROLSHAMMER, in: HOMBURGER, Kommentar 1996, Art. 9 N 30; BÄR, Auswirkungsprinzip, 93). Immerhin können solche Elemente (z.B. in der Schweiz bestehende Produktionsstätten oder Verkaufsbüros) Hinweise darauf geben, dass ein Verhalten sich in der Schweiz auswirkt bzw. Auswirkungen haben kann.

32   Für den örtlichen Anwendungsbereich ist nach Art. 2 Abs. 2 allein entscheidend, dass sich der Sachverhalt in der Schweiz auswirkt. Fraglich ist, welcher Art diese Auswirkung sein muss. Das Gesetz bezweckt nach seinem Art. 1 volkswirtschaftlich oder sozial schädliche Auswirkungen von Kartellen und anderen Wettbewerbsbeschränkungen zu verhindern. Der in dieser Bestimmung verwendete Begriff der Auswirkung ist aber nicht der gleiche wie derjenige in Art. 2 Abs. 2. Es geht also nicht um eine Untersuchung der Frage, ob durch ein Verhalten ggf. sozial schädliche Auswirkungen in der Schweiz eintreten könnten, d.h. nicht um die Prüfung einer bloss mittelbaren Wirkung. Vielmehr wird **allein die unmittelbare Wirkung auf den in der Schweiz ganz oder teilweise liegenden Markt** ins Auge gefasst (BORER, Kommentar 2005, N 21; STÖCKLI, Wettbewerbsbehinderung, N 86 ff.). Dies ergibt sich bereits aus der Botschaft zum KG 1995 (Botschaft KG 1995, 535 ff.).

Dabei legt Art. 2 Abs. 2 selbst nicht fest, was ein für das KG relevanter Markt ist. 33
Die Norm bestimmt bloss, dass der **Markt, auf dem sich die Auswirkungen von Wettbewerbsbeschränkungen bzw. Unternehmenszusammenschlüssen realisieren, wenigstens teilweise innerhalb der Schweizer Grenzen** liegen muss.

Ebenso wenig bestimmt Art. 2 Abs. 2, welche Art von Auswirkungen erforderlich 34 ist. Das BGer entschied, dass der präventive Charakter von Art. 9 dazu führe, Art. 2 Abs. 2 weit auszulegen (BGE 127 III 223 E. 3a): Die Meldepflicht gemäss Art. 9 bei Unternehmenszusammenschlüssen könne sich bereits aus den **möglichen Auswirkungen auf den Schweizer Markt** ergeben, die ein Unternehmenszusammenschluss zu haben geeignet ist (BGE 127 III 224 unter Hinweis auf DUCREY/DROLSHAMMER, in: HOMBURGER, Kommentar 1996, Art. 9 N 30; BÄR, Auswirkungsprinzip, 93). Die Behörde soll nach der Meldung die Möglichkeit haben, die Auswirkungen des Unternehmenszusammenschlusses eingehender zu prüfen (Art. 32 Abs. 1, Art. 33; BGE 127 III 224; unter Hinweis auf BORER, in: FORSTMOSER, FS Zäch, 221; IMMENGA, in: FORSTMOSER, FS Zäch, 349 ff.). Das BGer stellte somit für die Anwendbarkeit von Art. 9 allein auf die Möglichkeit von Auswirkungen in der Schweiz ab, ohne zu verlangen, dass bereits die Voraussetzungen von Art. 10 Abs. 2 lit. a gegeben sind. tatsächlich eine solche Auswirkung eintritt.

Aus dem eben Gesagten folgt, dass zur Bestimmung des Anwendungsbereichs 35 des KG Art. 2 Abs. 2 **zusammen mit der jeweils in Frage stehenden Vorschrift des KG, die ein Verhalten gebietet oder verbietet, zu lesen ist**; eine isolierte Betrachtungsweise des Art. 2 Abs. 2 zur Bestimmung der Anwendbarkeit des KG ist nicht sinnvoll (so auch WEBER, in: VON BÜREN/DAVID, SIWR V/2, 41; STIRNIMANN, Urheberkartellrecht, 120 f.). Je nach Zweck einer Vorschrift kann der Begriff der Auswirkung in der Schweiz eine abweichende Bedeutung haben. Damit eine Meldepflicht nach Art. 9 besteht, reicht es, wie das BGer richtig erkennt, bereits aus, wenn sich der Zusammenschluss möglicherweise in der Schweiz auswirkt, weil andernfalls die Prüfung der Auswirkungen mangels Meldung ggf. gar nie durch die zuständige Stelle erfolgen würde. Demgegenüber ist es für die Anwendbarkeit von Art. 5 nicht genügend, wenn bloss die Möglichkeit besteht, dass sich eine unzulässige Wettbewerbsabrede (auch) auf einen Markt auswirkt, der ganz oder teilweise in der Schweiz liegt. Es muss eine Auswirkung auf den Schweizer (Teil-)Markt tatsächlich gegeben sein. Wie bei Art. 5 verhält es sich auch bei Art. 7 und 10, während es für die Untersuchung von Wettbewerbsbeschränkungen gem. Art. 26 ff. wiederum ausreichen muss, dass möglicherweise Auswirkungen auf einen Markt gegeben sind, der ganz oder teilweise in der Schweiz liegt.

Art. 2 Abs. 2 ist von Art. 137 Abs. 1 IPRG zu unterscheiden. Die Bestimmung 36 des Kartellgesetzes legt den **Anwendungsbereich Schweizer Normen unilateral** fest. Art. 137 Abs. 1 IPRG bestimmt hingegen als allseitige Kollisionsnorm, wessen Staates Recht auf eine konkrete kartellrechtliche Rechtsfrage zur Anwendung gelangt (STÖCKLI, Wettbewerbsbehinderung, N 89 ff. u. 102 ff.). Dabei ist der von Art. 137 Abs. 1 IPRG bestimmte Anknüpfungsbegriff (Markt, auf dem der Geschädigte von der Behinderung unmittelbar betroffen wird) detaillierter festgelegt als der von Art. 2 Abs. 2 umschriebene Geltungsbereich.

Art. 3 Verhältnis zu anderen Rechtsvorschriften

Verhältnis zu anderen Rechtsvorschriften

[1] Vorbehalten sind Vorschriften, soweit sie auf einem Markt für bestimmte Waren oder Leistungen Wettbewerb nicht zulassen, insbesondere Vorschriften:

a. die eine staatliche Markt- oder Preisordnung begründen;

b. den einzelnen Unternehmen zur Erfüllung öffentlicher Aufgaben mit besonderen Rechten ausstatten.

[2] Nicht unter das Gesetz fallen Wettbewerbswirkungen, die sich ausschliesslich aus der Gesetzgebung über das geistige Eigentum ergeben. Hingegen unterliegen Einfuhrbeschränkungen, die sich auf Rechte des geistigen Eigentums stützen, der Beurteilung nach diesem Gesetz.

[3] Verfahren zur Beurteilung von Wettbewerbsbeschränkungen nach diesem Gesetz gehen Verfahren nach dem Preisüberwachungsgesetz vom 20. Dezember 1985 vor, es sei denn die Wettbewerbskommission und der Preisüberwacher treffen gemeinsam eine gegenteilige Regelung.

Rapport avec d'autres prescriptions légales

[1] Les prescriptions qui, sur un marché, excluent de la concurrence certains biens ou services sont réservées, notamment:

a. celles qui établissent un régime de marché ou de prix de caractère étatique;

b. celles qui chargent certaines entreprises de l'exécution de tâches publiques en leur accordant des droits spéciaux.

[2] La présente loi n'est pas applicable aux effets sur la concurrence qui découlent exclusivement de la législation sur la propriété intellectuelle. En revanche, les restrictions aux importations fondées sur des droits de propriété intellectuelle sont soumises à la présente loi.

[3] Les procédures prévues par la présente loi en vue de l'appréciation des restrictions à la concurrence priment les procédures prévues par la loi fédérale du 20 décembre 1985 concernant la surveillance des prix, sauf décision contraire prise d'un commun accord par la Commission de la concurrence et le Surveillant des prix.

Relazioni con altre prescrizioni legali

[1] Sono fatte salve le prescrizioni che vietano la concorrenza per determinati beni o servizi su un mercato, in particolare:

a. quelle che fondano un regime statale di mercato o dei prezzi;

b. quelle che incaricano singole imprese dell'esecuzione di compiti pubblici e accordano loro speciali diritti.

[2] La presente legge non si applica agli effetti della concorrenza dovuti esclusivamente alla legislazione sulla proprietà intellettuale. Per con-

tro, le limitazioni all'importazione fondate sui diritti di proprietà intellettuale sono valutate secondo le disposizioni della presente legge.

³ Le procedure previste dalla presente legge in vista della valutazione delle limitazioni della concorrenza hanno il primato su quelle previste dalla legge federale del 20 dicembre 1985 sulla sorveglianza dei prezzi, salvo disposizione contraria pattuita tra la Commissione della concorrenza e il Sorvegliante dei prezzi.

Inhaltsübersicht Note

I. Wettbewerbsausschluss durch öffentliches Recht (Abs. 1) 1
   1. Allgemeines 1
   2. Staatliche Markt- und Preisordnung 4
   3. Unternehmen mit besonderen Rechten 6
II. Rechtspolitischer Hintergrund und Zweck der Vorschrift betreffend Immaterialgüter (Abs. 2) 8
III. Anwendungsbereich 17
IV. Art. 3 Abs. 2 Satz 2 18
V. Verhältnis des KG zu anderen Bundesgesetzen (Abs. 3) 26
   1. KG und Preisüberwachungsgesetz 26
   2. KG und Gesetz gegen den unlauteren Wettbewerb 27
   3. KG und Binnenmarktgesetz 28

I. Wettbewerbsausschluss durch öffentliches Recht (Abs. 1)

1. Allgemeines

1   In Wirtschaftsbereichen, in denen der Gesetzgeber ein **Marktversagen** annimmt, kann er regulatorisch eingreifen (ZÄCH, Kartellrecht 2005, N 279). Der Gesetzgeber kann dabei den Wettbewerb in einem bestimmten Wirtschaftszweig ganz oder teilweise ausschalten, indem er wesentliche Wettbewerbsparameter reguliert und damit eine «Markt- oder Preisordnung» begründet (Art. 3 Abs. 1 lit. a). Er kann sich auch darauf beschränken, einzelnen Unternehmen eine Sonderstellung einzuräumen, die diese im Wettbewerb mit anderen Marktteilnehmern begünstigt (Art. 3 Abs. 1 lit. b).

2   «**Vorschriften**» i.S.v. Art. 3 Abs. 1 können dabei sowohl kommunal-, kantonal- wie auch bundesrechtliche Normen sein (SCHMIDHAUSER, in: HOMBURGER, Kommentar 1996, Art. 3 N 10). Sie können auf Gesetzes- oder Verordnungsstufe erlassen sein, sofern die Delegationsvoraussetzungen erfüllt sind (SCHALLER/ TAGMANN, Gesundheitswesen, 707). Dass eine Konzession als «Vorschrift» gel-

ten soll, hielt die Weko für «zweifelhaft», ohne dies jedoch klar zu verneinen (RPW 2004/1, 108 - Flughafen Zürich AG [Unique] – Valet Parking [Vorsorgliche Massnahmen]). Die Reko schloss die Konzession von Art. 3 Abs. 1 aus, da es sich nicht um eine generell-abstrakte Bestimmung handle (RPW 2004/3, 877 – Unique [Flughafen Zürich AG]). Die Wettbewerbsbehörden müssen jedoch der bundesgerichtlichen Rechtssprechung Rechnung tragen, wonach eine Konzession unter Art. 3 Abs. 1 fällt, wenn sie auf einer klaren gesetzlichen Grundlage beruht, die den Wettbewerbsausschuss verlangt. (RPW 2003/4, 951 – Entreprises Electriques Fribourgoises [EEF/Watt Suisse AG]). Die Wettbewerbsbehörden bleiben aber sehr zurückhaltend (vgl. RPW 2006/4, 632 f. – Flughafen AG [Unique] – Valet Parking).

Art. 3 Abs. 1 stellt klar, dass gewisse staatliche Regulierungen, die zu Einschränkungen des Wettbewerbs führen, dem KG entzogen sind (RPW 2002/4, 648 ff. – Elektra Baselland). Wo das öffentliche Recht den Wettbewerb bewusst ausgeschlossen hat, **gelten die Schranken des KG nicht**. Ob der Gesetzgeber zu Recht von einem Marktversagen ausging, dürfen die Wettbewerbsbehörden nicht überprüfen (SCHMIDHAUSER, in: HOMBURGER, Kommentar 1996, Art. 3 N 13; ZÄCH, Kartellrecht 2005, N 281). Die Weko kann den Gesetzgeber lediglich mittels Empfehlungen (Art. 45) anregen, einen von Art. 3 Abs. 1 erfassten Wirtschaftszweig zu deregulieren bzw. die Notwendigkeit einer wettbewerbsrechtlichen Sonderstellung bestimmter Unternehmen zu überdenken. Für das **Verfahren** vor den Wettbewerbsbehörden bedeutet dies:

(i) Die Wettbewerbsbehörden müssen möglichst früh prüfen und ggf. in einer Zwischenverfügung festhalten, ob vorbehaltene Vorschriften i.S.v. Art. 3 Abs. 1 die Anwendung des KG ausschliessen (BGer 17.06.2003, 2.A.492/2002 i.S. EBL/Watt, in RPW 2003/3, 695 ff., 704 – Elektra Baselland Liestal (EBL)/Watt Suisse AG, Migros-Genossenschafts-Bund, Weko, REKO/WEF; SCHALLER/TAGMANN, Gesundheitswesen, 707).

(ii) Art. 3 Abs. 1 betrifft nicht die Frage der Zuständigkeit der Wettbewerbsbehörden, sondern die Frage des sachlichen Anwendungsbereichs der Art. 7 und 30. Im Gegensatz zur Frage der Zuständigkeit, deren Beurteilung zu einer Zwischenverfügung führen kann, ist es nicht notwendig, die Frage nach dem Anwendungsbereich gemäss Art. 3 Abs. 1 in einer separaten Verfügung festzuhalten. Aus Gründen der Prozessökonomie können die Wettbewerbsbehörden deshalb auf eine solche Zwischenverfügung verzichten (BGE 129 II 497, 506). Behauptet das betroffene Unternehmen das Vorhandensein einer vorbehaltenen Vorschrift aber rechtzeitig (d.h. vor Durchführung von Untersuchungshandlungen), substanziiert und nicht offensichtlich unbegründet, so wird in der Regel eine Zwischenverfügung erlassen (RPW 2006/3, 513 ff.). Für den Erlass dieser nicht verfahrensleitenden Zwischenverfügung ist die Weko zuständig (RPW 2006/3, 514).

(iii) Vorabklärungsverfahren müssen ggf. sistiert werden, bis in einer davon losgelösten Feststellungsverfügung geklärt ist, ob eine vorbehaltene Vorschrift nach Art. 3 Abs. 1 vorliegt (SCHALLER/TAGMANN, Gesundheitswesen, 707).

(iv) Diese Prüfung, ob eine Vorschrift nach Art. 3 Abs. 1 vorliegt, muss gemäss jüngstem Entscheid der bis Ende 2006 bestehenden Rekurskommission für Wettbewerbsfragen von Amtes wegen erfolgen, d.h. auch ohne entsprechende Einwendung der Parteien (Beschwerdeentscheid Swissgrid vom 1. Mai 2006, FB/2005-5, 13; zum Zeitpunkt der Verfassung dieses Beitrages ist noch offen, ob und wie sich das Bundesgericht im Beschwerdeverfahren zu diesem Punkt äussern wird).

(v) Steht fest, dass bei einem Fall ein Vorbehalt i.S.v. Art. 3 Abs. 1 besteht, dürfen die Wettbewerbsbehörden weder Untersuchungshandlungen vornehmen (BGer 17.06.2003, 2.A.492/2002, i.S. EBL/Watt, in RPW 2003/3, 695 ff., 701 u. 704 – Elektra Baselland Liestal (EBL)/Watt Suisse AG, Migros-Genossenschafts-Bund, Weko, REKO/WEF), noch Verfügungen nach Art. 29 oder 30 erlassen bzw. eine Prüfung nach Art. 27 vornehmen.

(vi) Die Wettbewerbsbehörden müssen die Gesetzes- und Verfassungskonformität der Vorschriften nach Art. 3 Abs. 1 überprüfen (BGE 129 II 497, 516). Zu überprüfen ist insb. deren Übereinstimmung mit der Wirtschaftsfreiheit (Art. 36 i.V.m. Art. 27 BV) und bei kantonalen Vorschriften die Kompetenz der Kantone zu deren Erlass.

2. Staatliche Markt- und Preisordnung

4 Eine staatliche Markt- oder Preisordnung nach Art. 3 Abs. 1 lit. a besteht dort, wo «die massgeblichen ökonomischen Parameter in entscheidender Weise durch öffentliches Recht festgelegt» sind (SCHÜRMANN, in: SCHÜRMANN/ SCHLUEP, Komm. KG PüG, 766 ff., zit. in: ZÄCH, Kartellrecht 2005, N 284). Ob es sich dabei um kantonales oder um Bundesrecht handelt, spielt keine Rolle. Ist nur ein einzelner Wettbewerbsparameter (z.B. Preis, Quantität) vorgegeben, begründet dies noch keine Markt- und Preisordnung, die das KG gänzlich ausschliesst. Soweit die Vorschriften Handlungsspielraum zulassen, ist das KG anwendbar (vgl. ZÄCH, Kartellrecht 2005, 280). Wie weit der Gesetzgeber mit einer Vorschrift den Wettbewerb – und damit das KG – ausschliessen wollte, muss durch **Gesetzesauslegung** ermittelt werden.

5 In der bisherigen **Praxis** wurde ein solcher Wille nur mit Zurückhaltung angenommen (SCHALLER/TAGMANN, Gesundheitswesen, 704 ff.). So hat das Bundesgericht festgehalten, dass der Markt der Energieversorgung trotz zahlreicher kantonaler und eidgenössischer energiepolitischer Erlasse nicht vom KG ausgeschlossen ist (BGE 129 II 497, 514 ff.). Paradebeispiel einer staatlichen Markt- und Preisordnung war die frühere Käsemarktordnung, die feste Preise und Mar-

gen mit Abnahme- und Ablieferungspflichten sowie weiteren Vorschriften kombinierte (ZÄCH, Kartellrecht 2005, 280). Im Bereich der Landwirtschaft bestehen nach wie vor zahlreiche Märkte, die vom Wettbewerb ausgenommen sind (z.b. Milchmarkt auf der Stufe der Produzenten und Sammelstellen, vgl. ZÄCH, Kartellrecht 2005, 280). Mit der schrittweisen Liberalisierung der Agrarpolitik muss die Tragweite des Vorbehalts von Art. 3 Abs. 1 jedoch in jedem Einzelfall für den konkreten, relevanten Markt geprüft werden (für weitere Beispiele «vorbehaltener» Märkte s. ZÄCH, Kartellrecht 2005, 286; zum Gesundheitswesen vgl. SCHALLER/TAGMANN, Gesundheitswesen, 704 ff.).

3. Unternehmen mit besonderen Rechten

Statt einen Wirtschaftsbereich einer allgemeinen Markt- und Preisordnung zu unterstellen, kann der Gesetzgeber auch in den Wettbewerb eingreifen, indem er für einzelne Unternehmen eine Sonderregelung trifft (SCHMIDHAUSER, in: HOMBURGER, Kommentar 1996, Art. 3 N 9). So kann ein Unternehmen durch öffentlich-rechtliche Vorschriften gegenüber anderen Wirtschaftsakteuren eine wettbewerbliche Sonderstellung erwerben. Als Paradebeispiel gilt die Einräumung eines **rechtlichen Monopols**, das jegliche Konkurrenten vom monopolisierten Markt ausschliesst (ZÄCH, Kartellrecht 2005, 287; BGE 129 II 497, 515; zur Konzession vgl. N 1 ff. oben). Ein nur faktisches Monopol reicht jedoch nicht für den Vorbehalt nach Art. 3 Abs. 1 (BGE 129 II 497, 526 f.). 6

Neben Regiebetrieben des Bundes kommen insb. Unternehmen im Bereich der Wasser-, Gas- und Elektrizitätsversorgung sowie Spitäler in Frage, sofern ein entsprechender **Versorgungsauftrag** besteht (SCHMIDHAUSER, in: HOMBURGER, Kommentar 1996, Art. 3 N 10; ZÄCH, Kartellrecht 2005, 288). Im Bereich der Elektrizitätsversorgung hat das Bundesgericht jedoch – unter Hinweis auf eine fehlende gesetzliche Versorgungspflicht des Staates – ein Sonderrecht nach Bundesrecht verneint (vgl. BGE 129 II 497, 519 f.). Für weitere Beispiele s. ZÄCH, Kartellrecht 2005, 289. 7

II. Rechtspolitischer Hintergrund und Zweck der Vorschrift betreffend Immaterialgüter (Abs. 2)

Art. 3 Abs. 2 betrifft das Verhältnis zwischen dem Immaterialgüterrecht, also im Wesentlichen dem Patent-, Design-, Urheber- und Markenrecht einerseits und dem Kartellrecht andererseits. Der Begriff **«Gesetzgebung über das geistige Eigentum»** ist offen und umfasst insb. auch das Sortenschutzrecht und das Topographieschutzrecht, jedoch nicht Rechtspositionen, die lediglich lauterkeitsrechtlich geschützt sind wie etwa Know-how (vgl. KELLER, Lizenzverträge, 59; FIALA, Immaterialgüter- und Kartellrecht, 130; a.M. SCHMIDHAUSER, in: HOMBURGER, Kommentar 1996, Art. 3 N 24). Im Folgenden gilt es darzustellen, warum dieses 8

Verhältnis klärungsbedürftig ist und was Art. 3 Abs. 2 in diesem Zusammenhang bewirkt. Es gilt abzuklären, weshalb das Gesetz von Wettbewerbsbeschränkungen spricht, die sich aus den Gesetzen über das geistige Eigentum ergeben, nicht aber von solchen, die den Vorschriften zum Sacheigentum entnommen werden können.

9 Das Patentgesetz, das Designgesetz, das Urheberrechtsgesetz sowie das Markenschutzgesetz räumen den jeweiligen Schutzrechtsinhabern bestimmte **Ausschliesslichkeitsrechte** ein. Aufgrund dieser Ausschliesslichkeitsrechte können die jeweiligen Rechteinhaber z.b. Dritten verbieten, eine patentierte Vorrichtung zu verwenden, ein hinterlegtes Design nachzumachen, ein urheberrechtlich geschütztes Werk aufzuführen bzw. eine Ware unter einer verwechselbaren Marke in die Schweiz einzuführen. Den Inhabern dieser Schutzrechte wird also vom jeweiligen Gesetz eine Monopolstellung eingeräumt, die derjenigen ähnlich ist, die die Inhaber von anderen absoluten Rechten – insb. dem Eigentum an einer Sache – haben.

10 Der Eigentümer einer Sache kann in den Schranken der Rechtsordnung über sie nach seinem Belieben verfügen, Art. 641 Abs. 1 ZGB; als Eigentümer hat er die absolute, mit Art. 26 BV verfassungsrechtlich geschützte Verfügungsgewalt über die Sache. Diese Rechtsposition des Sacheigentümers ist in einer freien Marktwirtschaft im Wesentlichen unumstritten. Das Eigentum und dessen Schutz durch das Recht wird als ein **Grundpfeiler eines freiheitlich-demokratisch verfassten Rechtsstaates** angesehen; und das unabhängig davon, ob es sich um das Eigentum an einer Sache oder an einem Recht handelt. Man spricht aber beim Eigentum an Sachen eher selten von einem «Monopol», weil «Eigentum» im Allgemeinen als erstrebenswert gilt und positiv geladen ist, ein «Monopol» dagegen als eher suspekt gilt und unter einem Rechtfertigungsdruck steht.

11 Wenn es aber um die Rechtsstellung des Inhabers eines Immaterialgüterrechts geht, die es ihm erlaubt, sein geistiges Eigentum allein zu geniessen und andere von dessen Genuss auszuschliessen, wird des Öfteren das Wort **Monopol** verwendet. Dies deshalb, weil ein Immaterialgüterrecht durch eine geistige Leistung erschaffen wird, was oft als keine «richtige» Arbeit empfunden wird, denn es wird davon ausgegangen, dass Ideen jeder haben kann; und wohl auch deshalb, weil die Ausübung eines Immaterialgüterrechts aufgrund seiner ubiquitären, abstrakten, nicht physisch fassbaren Natur von den Rechtssubjekten im Allgemeinen weniger leicht verstanden und akzeptiert wird als die Ausübung des Eigentumsrechts an einer Sache. Das zeigt sich schon darin, dass das allgemeine Rechtsempfinden bezüglich Rechten an einer Sache stärker ausgeprägt ist als beim Immaterialgüterrecht; man denke z.B. an die verbreitete Internet-Piraterie, die auch von vielen ansonsten gesetzestreuen Bürgern höchstens als Kavaliersdelikt empfunden wird.

12 Die **Durchsetzung von Immaterialgüterrechten** ist von daher für die Allgemeinheit weniger leicht nachvollziehbar als diejenige von Rechten an Sachen.

Ihre Durchsetzung gegen Dritte wird eher als eine Begrenzung der Freiheit der Dritten empfunden; daher kommt es, dass die Frage aufgeworfen wird, ob die immaterialgüterrechtlichen Ausschliesslichkeitsrechte die Wirtschaftsfreiheit beeinträchtigen könnten. Allerdings ist das geistige Eigentum an Patenten, Design und urheberrechtlich geschützten Werken im Gegensatz zum Sacheigentum zeitlich auf maximal 20, 25 bzw. 70 Jahre befristet; und schon diese Befristung berücksichtigt die Wirtschaftsfreiheit.

Die Rechte in Bezug auf das geistige Eigentum stehen ausschliesslich seinem Eigentümer zu, und das Objekt dieses Schutzes darf nicht ohne Zustimmung des Eigentümers von Dritten benutzt werden. Da das Immaterialgüterrecht dem Rechteinhaber ermöglicht, z.B. ein Plagiat, eine Nachahmung zu verbieten, schränkt es den Handlungsspielraum von Dritten insoweit ein. Das Immaterialgüterrecht schliesst Dritte hinsichtlich des betreffenden Schutzobjekts vom Wettbewerb aus. Das liegt zwar in der Natur von Eigentumsrechten und Ausschliesslichkeitsrechten und ist von daher nichts Überraschendes. Aber beim Immaterialgüterrecht verlangt das Rechtsempfinden der Allgemeinheit offenbar, dass das **Verhältnis zum Kartellrecht** geklärt wird. Dazu dient Art. 3 Abs. 2 Satz 1. Diese Bestimmung stellt klar, dass die Ausschliesslichkeitsrechte und Inhaber von Patenten, Designs, Marken und der Urheber von Werken nicht durch das Kartellgesetz beschränkt werden. 13

Andererseits ist eine Beschränkung durch das Kartellgesetz auch gar nicht notwendig, um die Voraussetzungen für einen funktionierenden Wettbewerb zu schaffen. Denn die Gesetzgebung zum Immaterialgüterrecht verfolgt denselben Zweck wie das Kartellrecht, nämlich die Förderung des Wettbewerbs; freilich nicht durch Zulassung von Konkurrenz betreffend das Schutzobjekt selbst, sondern dadurch, dass das Immaterialgüterrecht den geistig schöpfenden Menschen wirtschaftlich belohnt und dadurch Dritte anspornt, auf anderen Gebieten oder auf höherem Niveau eine schöpferische Leistung zu erbringen, die ihrerseits immaterialgüterrechtlichen Schutz verdient. Der wettbewerbsfördernde Effekt des geistigen Eigentums ist also tendenziell nicht horizontaler Natur – vom Gleichen mehr, billiger, schneller –, sondern lateraler Natur – Anderes, und zwar besser, kreativer und effizienter. Das geistige Eigentum hat also eine **Ansporn funktion**, die dem Wettbewerb nützt und ihn mehr qualitativ denn quantitativ verschärft. Das ist ja eben der Zweck des Immaterialgüterrechts: Wettbewerb durch Schutz des geistigen Eigentums. 14

Wenn nun die Ausübung dieser **Schutzrechte gegen Dritte** a priori in den Anwendungsbereich des Kartellrechts fallen würde, würde das Kartellrecht also seinen eigenen Zielsetzungen entgegenwirken. Dass dies nun wirklich nicht sein soll, wird durch Art. 3 Abs. 2 Satz 1 klargestellt. 15

Das zeigt, dass Art. 3 Abs. 2 Satz 1 nur das **Nebeneinander von Immaterialgüterrecht und Kartellrecht** klarstellen soll und einer missverstandenen, wirtschaftlich kontraproduktiven Verabsolutierung des Wettbewerbsrechts zu Lasten 16 des geistigen Eigentums vorbeugen soll. Viel mehr bezweckt die Norm nicht. Die Bestimmung hat rein abgrenzenden, aber nicht normativen Charakter. Aus der Sicht derjenigen, für die es von vornherein ausgeschlossen ist, dass geistige Eigentumsrechte durch das Kartellgesetz aus den Angeln gehoben werden könnten, ist die Bestimmung daher eigentlich überflüssig. Sie hat allenfalls Informationscharakter, sie soll Missverständnissen vorbeugen.

III. Anwendungsbereich

17 Es ist immerhin darauf hinzuweisen, dass Art. 3 Abs. 2 Satz 1 nur diejenigen Wettbewerbswirkungen betrifft, die sich **ausschliesslich** aus den Immaterialgüterrechtsgesetzen ergeben. Diese Formulierung schliesst diejenigen Wettbewerbsbeschränkungen, die sich erst aus den immaterialgüterrechtlichen Ansprüchen in Verbindung mit Verträgen ergeben, nicht mit ein. Konkret trifft das z.B. auf Verträge über Vertriebsbindungen sowie auf Lizenzverträge zu. Wettbewerbswirkungen im Zusammenhang mit solchen Verträgen ergeben sich nicht ausschliesslich aus dem Recht des geistigen Eigentums, weshalb auf sie das Kartellgesetz grundsätzlich anwendbar sein soll (RPW/DPC 2006/3, 435; KELLER, Lizenzverträge, 59; RAUBER, Kartellgesetzrevision 2003, 197 m.w.H.).

IV. Art. 3 Abs. 2 Satz 2

18 Mit der Kartellgesetzrevision vom 23. März 2001 (AS 2002 3846) wurde Art. 3 Abs. 2 Satz 2 eingefügt: Danach unterliegen **Einfuhrbeschränkungen**, die sich auf Rechte des geistigen Eigentums stützen, der Beurteilung nach diesem Gesetz. Diese neue Bestimmung geht auf das sog. Kodak-Urteil des Bundesgerichts (BGE 126 III 129) zurück. Mit diesem Urteil hat das Bundesgericht entschieden bzw. klargestellt, dass für **Patente** das Prinzip der nationalen **Erschöpfung** gilt, dass also die Ausschliesslichkeitsrechte des Patentinhabers in Bezug auf ein patentgeschütztes Erzeugnis erst dann erschöpft, also erloschen sind, wenn das Erzeugnis von ihm oder mit seiner Zustimmung im Inland auf den Markt gebracht wird. An patentgeschützten Erzeugnissen, die der Patentinhaber im Ausland vertreibt bzw. vertreiben lässt, und die ohne seine Zustimmung in die Schweiz «parallel» importiert werden, erlöschen seine Ausschliesslichkeitsrechte dagegen nicht. Aus dem Grund konnte im Fall Kodak der Inhaber von Patenten an Filmen Dritten verbieten, diese Filme in die Schweiz zu importieren und zu vertreiben.

19 Dieses Urteil und das mit ihm bestätigte **Prinzip der nationalen Erschöpfung im Patentrecht** entspricht der Rechtslage in vielen anderen Ländern, insb. auch in der EU. Dort gilt aufgrund des EU-Rechts zwar keine nationale, sondern eine regionale, EU-weite Erschöpfung. Konzeptionell ist das jedoch dasselbe, weil der

EU-Binnenmarkt die nationalen Märkte ersetzt hat. Aus dem Grund könnte z.B. der Inhaber eines deutschen Patents den Parallelimport patentgeschützter Erzeugnisse aus der Schweiz nach Deutschland als Verletzung seiner Patentrechte untersagen. Das Kodak-Urteil entspricht dem bis dahin geltenden schweizerischen Patentrecht, bedeutet also Kontinuität, nicht Wandel (vgl. BGE 126 III 139 ff. E. 5; so auch STIEGER, Kodak, 89 ff.; RAUBER, Parallelimporte, 18).

Das Kodak-Urteil hat sehr viel Aufmerksamkeit bekommen und sowohl Zustimmung als auch Kritik erfahren, da das Bundesgericht mutig der in der Schweiz «wettbewerbspolitisch korrekten» Tendenz zur internationalen Erschöpfung von Immaterialgüterrechten und generellen Zulässigkeit von Parallelimporten widerstanden hat. Im Jahre 1996 hatte sich das Bundesgericht für die internationale Erschöpfung beim **Markenrecht** entschieden (BGE 122 III 469 ff., Chanel-Urteil). Es hatte festgestellt, dass das Markenschutzgesetz dem Markeninhaber nicht erlaubt, Parallelimporte in die Schweiz und den Verkauf parallelimportierter Waren in der Schweiz zu verhindern, soweit es sich um Waren handelt, die gleich beschaffen sind wie jene, die von den zum Vertriebssystem gehörenden Detaillisten angeboten werden. Im Jahre 1998, also nur zwei Jahre vor dem Kodak-Urteil, hatte sich das Bundesgericht auch in Bezug auf das **Urheberrecht** für die internationale Erschöpfung entschieden (BGE 124 III 321 ff., Nintendo-Urteil). Manche hatten erwartet, dass nach diesen Urteilen und nach dem erstinstanzlichen Urteil des Handelsgerichts Zürich, das i.S. Kodak für eine internationale Erschöpfung entschieden hatte, auch bezüglich des Patentrechtes ein entsprechendes Urteil ergehen würde. 20

Das Bundesgericht hat noch nicht Anlass gehabt, zur Erschöpfung von **Designrechten** Stellung zu nehmen. Das Designgesetz lässt die Frage offen. Da der Inhaber des Designs auch die Einfuhr von Waren mit dem geschützten Design kontrollieren kann, und da das Designrecht mit dem Patentrecht nah verwandt ist, ist von nationaler Erschöpfung auszugehen (so auch der Bericht der schweizerischen Landesgruppe AIPPI Schweiz, 320 ff.). Das Bundesgericht hat jedoch festgestellt, dass es keinen Grund zur «einheitlichen» Behandlung der Immaterialgüterrechte in Bezug auf die Erschöpfung gebe (dasselbe Argument war allerdings vom Bundesgericht schon angeführt wurden, als es 1996 im Chanel-Urteil für die internationale Erschöpfung des Markenrechts entschieden hatte), und es hat ausführlich und sorgfältig begründet, weshalb in der Schweiz Parallelimporte aufgrund von Patentrechten verboten werden könnten. 21

Das Bundesgericht hat im Kodak-Urteil (BGE 126 III 129) jedoch offensichtlich Skrupel gehabt, die nationale Erschöpfung des Patentrechts ohne gewisse Einschränkungen festzustellen. Das Gericht hat daher in einem obiter dictum ausgeführt, dass der schweizerische Patentinhaber eine «überschiessende Rechtsmacht» habe, wenn die Ware mit seinem Einverständnis im Ausland unter Bedingungen in Verkehr gebracht worden ist, die mit den inländischen vergleichbar sind, weil sein Recht, die Einfuhr patentgeschützter Waren zu verbieten, sich «nicht aus dem Inhalt seiner Erfinderrechte ergebe, sondern allein aus der territorialen Be- 22 grenzung der schweizerischen Rechtsordnung». Aus dieser sog. überschiessenden Rechtsmacht hat das Bundesgericht geschlossen, dass die Ausübung der **Befugnis, Parallelimporte zu verhindern**, unter bestimmten Umständen wettbewerbswidrig sein könne. In dem Fall müssen das Kartellgesetz und insb. dessen Art. 5 und 7 grundsätzlich anwendbar sein. Das Gericht hat jedoch in casu keinen Anlass gehabt, das Vorgehen der Klägerin gegen Parallelimport als missbräuchlich und damit als gegen das Kartellrecht verstossend zu bezeichnen.

23 Diese Nebenbemerkung des Bundesgerichts hat zur Ergänzung des Art. 3 Abs. 2 mit dem zweiten Satz geführt. Seit der Kartellgesetzrevision 2003 sind die Zivilgerichte und die Wettbewerbsbehörden verpflichtet, Einfuhrbeschränkungen, die sich auf Rechte des geistigen Eigentums stützen, auf kartellgesetzliche Unzulässigkeit hin zu beurteilen. Die **Beurteilung nach Kartellgesetz** ist unabhängig von den Inverkehrsetzungsbedingungen im Herkunftsland vorzunehmen. Art. 3 Abs. 2 Satz 2 geht somit weiter als das Kodak-Urteil. Diese neue Bestimmung gilt für alle Rechte des geistigen Eigentums, also nicht nur für das Patentrecht, sondern auch für das Marken-, Urheber- und Designrecht. Art. 3 Abs. 2 erfasst sodann nicht nur die direkte Verhinderung von Parallelimporten, sondern alle Einfuhrbeschränkungen gestützt auf Immaterialgüterrechte. In seiner Botschaft vom 7. November 2001 hat der Bundesrat das obiter dictum über die Anwendbarkeit des KG auf Parallelimporte als «wichtige Einschränkung» des Grundsatzes von Art. 3 Abs. 2 Satz 1 bezeichnet. Die Gesetzesänderung wurde vom Bundesrat damit begründet, dass dem Kartellgesetz die Rolle eines Korrektivs gegen auf nationale Erschöpfung basierende Preismissbräuche zukomme.

24 Es stellt sich die Frage, ob es diese Rolle nicht schon vorher gehabt hat oder zumindest hätte haben können, und folglich auch, ob die Ergänzung des Grundsatzes des Art. 3 Abs. 2 Satz 1 also wirklich notwendig gewesen ist. Die Botschaft geht dieser Frage nicht auf den Grund. Im Nintendo-Urteil des Bundesgerichts hat es dazu apodiktisch geheissen, das Kartellgesetz könne wegen Art. 3 Abs. 2 Satz 1 nicht als rechtliches Korrektiv von immaterialgüterrechtlich gegründeten Verboten gegen Parallelimporte dienen (vgl. aber die vernichtende Kritik dieses Urteils in LUTZ, Urheberrecht, 45 ff.). Andererseits kennt das schweizerische Recht seit langem das **Gebot des Handelns nach Treu und Glauben** und den Grundsatz, dass der offenbare Missbrauch eines Rechts keinen Rechtsschutz findet. Nichts spricht dagegen, mit diesen Grundsätzen einem marktbeherrschenden Unternehmen, das aufgrund eines Patents den schweizerischen Markt zum Zwecke des Preismissbrauchs abzuschotten versucht, in rechtliche Schranken zu weisen. Es ist also sehr zweifelhaft, ob Art. 3 Abs. 2 Satz 2 eine Änderung der Rechtslage gebracht hat und notwendig war (AIPPI SCHWEIZ, Strafschadenersatz, 320 ff.).

25 Die zweite Frage, die sich im Zusammenhang mit Art. 3 Abs. 2 Satz 2 stellt, ist die der konkreten Konsequenzen der kartellrechtlichen Anwendbarkeit auf immaterialgüterrechtliche Einfuhrverbote. Hier herrscht grosse **Unsicherheit**. Manche Befürworter einer generellen Zulassung von Parallelimporten, die das Prinzip

offener Märkte und das Primat des Preiswettbewerbs predigen, wollen in der Bestimmung des Art. 3 Abs. 2 Satz 2 eine scharfe Waffe des Kartellrechts sehen. Es ist sogar postuliert worden, Parallelimporte seien im Prinzip immer missbräuchlich, wenn im ausländischen Staat, in dem die Ware erstmals in Verkehr gebracht worden ist, Preise frei festgesetzt werden können und wenn dort patentrechtlicher Schutz zur Verfügung steht (so ZÄCH, Parallelimporte, 275 ff.). Eine solche Auslegung von Art. 3 Abs. 2 Satz 2 würde allerdings den vom Bundesgericht bestätigten Grundsatz der nationalen Erschöpfung von Patentrechten aushöhlen und kann nicht ernsthaft in Frage kommen. Mit guten Argumenten wird deshalb darauf hingewiesen, dass insb. allfällige Verbote gemäss Art. 5 oder Art. 7 eine ganze Reihe von Voraussetzungen haben, die erfüllt sein müssen, bevor ein Vorgehen gegen Parallelimporte als wettbewerbswidrig qualifiziert werden könne. Des Weiteren ist die praktische Umsetzung der kartellrechtlichen Schranken bei der Durchsetzung von Immaterialgüterrechten gegen Parallelimporte mit Problemen verbunden. Sollte nämlich die Prüfung eines Falles ergeben, dass der Parallelimport aus kartellrechtlichen Gründen nicht verboten werden kann, müsste dem Parallelimporteur eine Art Zwangslizenz zur Einfuhr der patentierten Erzeugnisse eingeräumt werden. Die Bedingungen der Erteilung einer Zwangslizenz sind jedoch in den Art. 29 Abs. 3–5 sowie 30–40b PatG geregelt, und eine wettbewerbsrechtlich motivierte Zwangslizenz ist darin nicht, jedenfalls nicht ausdrücklich, vorgesehen (STIEGER, Kodak, 100). Die Rechtssprechung in der Schweiz bezüglich einer kartellrechtlichen Zwangslizenzierung wird aber mit grosser Wahrscheinlichkeit dem europäischen Wettbewerbsrecht folgen. Gemäss der Rechtssprechung des EuGH hat ein marktbeherrschendes Unternehmen einem Wettbewerber unter bestimmten Voraussetzungen eine Lizenz zur Verwendung eines Immaterialgüterrechts einzuräumen (vgl. Art. 7 N 14; zur Problematik von Zwangslizenzen vgl. auch etwa RAUBER, Kartellgesetzrevision 2003, 209 und FIALA, Immaterialgüter- und Kartellrecht, 156).

V. Verhältnis des KG zu anderen Bundesgesetzen (Abs. 3)

1. KG und Preisüberwachungsgesetz

Die Weko hat gemäss Art. 3 Abs. 3 **gegenüber dem Preisüberwacher Vorrang**. Die Weko kann jedoch von dieser Regel abweichen und dem Preisüberwacher in einer konkreten Untersuchung den Vorrang einräumen. Doppelverfahren sind nicht möglich. Solange ein Verfahren vor der Weko hängig ist, darf ein Verfahren nach dem Preisüberwachungsgesetz (PüG) nicht eingeleitet werden (zur seltenen Möglichkeit eines PüG-Verfahrens nach beendetem KG-Verfahren vgl. SCHMIDHAUSER, in: HOMBURGER, Kommentar 1996, Art. 3 N 41). 26

2. KG und Gesetz gegen den unlauteren Wettbewerb

27 Das KG äussert sich nicht zum Verhältnis seiner Bestimmungen zum Gesetz gegen den unlauteren Wettbewerb (UWG). Die beiden Gesetze sind funktional verwandt, da sie beide den unverfälschten Wettbewerb schützen (SCHMIDHAUSER, in: HOMBURGER, Kommentar 1996, Art. 3 N 44). Dieses Ziel wird von den beiden Gesetzen jedoch unter verschiedenen Gesichtspunkten verfolgt: Das KG soll den **Wettbewerb** an sich gewährleisten und das UWG dessen **Lauterkeit** (ZÄCH, Kartellrecht 2005, N 331).

3. KG und Binnenmarktgesetz

28 Das KG und das Binnenmarktgesetz (BGBM) **ergänzen** sich gegenseitig (SCHMIDHAUSER, in: HOMBURGER, Kommentar 1996, Art. 3 N 45). Das KG schützt den freien Wettbewerb vor Einschränkungen durch Private. Das BGBM schützt den freien Zugang zum Markt vor Einschränkungen durch kantonales und kommunales Recht (ZÄCH, Kartellrecht 2005, N 332).

29 Aufgrund der ähnlichen Stossrichtung der Gesetze kommt der **Weko eine wichtige Rolle bei der Umsetzung des BGBM** zu, die durch die Revision des BGBM vom 16. Dezember 2005 (in Kraft seit dem 1. Juli 2006) weiter verstärkt wurde. Wie vor der Revision überwacht die Weko die Einhaltung des BGBM (Art. 8 Abs. 1 BGBM). Diese Aufgabe kann sie nun dank Amtshilfe (Art. 8a BGBM) und Auskunftspflicht Privater (Art. 8b BGBM) wirkungsvoller wahrnehmen. Die Weko kann ihre Empfehlungen und Gutachten zum BGBM veröffentlichen (Art. 10a BGBM). Mit der Revision sind die Eingriffsmöglichkeiten der Weko bei Missachtung des Gesetzes zudem erheblich erweitert worden. Neu kann die Weko **Beschwerde** gegen kantonale Entscheide erheben, um feststellen zu lassen, ob ein Entscheid den Zugang zum Markt in unzulässiger Weise beschränkt (Art. 9 Abs. 2bis BGBM).

Art. 4 Begriffe

Begriffe

[1] Als Wettbewerbsabreden gelten rechtlich erzwingbare oder nicht erzwingbare Vereinbarungen sowie aufeinander abgestimmte Verhaltensweisen von Unternehmen gleicher oder verschiedener Marktstufen, die eine Wettbewerbsbeschränkung bezwecken oder bewirken.

[2] Als marktbeherrschende Unternehmen gelten einzelne oder mehrere Unternehmen, die auf einem Markt als Anbieter oder Nachfrager in der Lage sind, sich von andern Marktteilnehmern (Mitbewerbern, Anbietern oder Nachfragern) in wesentlichem Umfang unabhängig zu verhalten.

[3] Als Unternehmenszusammenschluss gilt:

a. die Fusion von zwei oder mehr bisher voneinander unabhängigen Unternehmen;

b. jeder Vorgang, wie namentlich der Erwerb einer Beteiligung oder der Abschluss eines Vertrages, durch den ein oder mehrere Unternehmen unmittelbar oder mittelbar die Kontrolle über ein oder mehrere bisher unabhängige Unternehmen oder Teile von solchen erlangen.

Définitions

[1] Par accords en matière de concurrence, on entend les conventions avec ou sans force obligatoire ainsi que les pratiques concertées d'entreprises occupant des échelons du marché identiques ou différents, dans la mesure où elles visent ou entraînent une restriction à la concurrence.

[2] Par entreprises dominant le marché, on entend une ou plusieurs entreprises qui sont à même, en matière d'offre ou de demande, de se comporter de manière essentiellement indépendante par rapport aux autres participants au marché (concurrents, fournisseurs ou acheteurs).

[3] Par concentration d'entreprises, on entend:

a. la fusion de deux ou de plusieurs entreprises jusque-là indépendantes les unes des autres;

b. toute opération par laquelle une ou plusieurs entreprises acquièrent, notamment par prise de participation au capital ou conclusion d'un contrat, le contrôle direct ou indirect d'une ou de plusieurs entreprises jusque-là indépendantes ou d'une partie de celles-ci.

Definizioni

[1] Per accordi in materia di concorrenza si intendono le convenzioni con o senza forza obbligatoria, nonché le pratiche concordate da imprese di livello economico identico o diverso, nella misura in cui si prefiggono o provocano una limitazione della concorrenza.

[2] Per imprese che dominano il mercato si intendono una o più imprese che per il tramite dell'offerta o della domanda sono in grado di com-

portarsi in modo ampiamente indipendente sul mercato rispetto agli altri partecipanti (concorrenti, fornitori o compratori).

[3] Per concentrazioni di imprese si intendono:

a. la fusione di due o più imprese fino allora indipendenti le une dalle altre;

b. ogni operazione mediante la quale una o più imprese assumono, in particolare con l'acquisto di una partecipazione al capitale o con la conclusione di un contratto, il controllo diretto o indiretto di una o più imprese fino allora indipendenti o di una parte di esse.

Inhaltsübersicht Note

I. Wettbewerbsabreden (Abs. 1) 1
   1. Allgemeines 1
   2. Formen 6
      a. Rechtlich erzwingbare Vereinbarung 6
      b. Rechtlich nicht erzwingbare Vereinbarung 8
      c. Aufeinander abgestimmte Verhaltensweisen 10
      d. Empfehlungen 14
   3. Marktseite und Marktrichtung sowie Parteien 18
      a. Allgemeines 18
      b. Unternehmen gleicher Marktstufe (Horizontalabreden) 20
      c. Unternehmen verschiedener Marktstufen (Vertikalabreden) 21
   4. Ausmass (Bezwecken oder Bewirken) 22
      a. Allgemeines 22
      b. Bezwecken 24
      c. Bewirken 25

II. Marktbeherrschende Unternehmen (Abs. 2) 26
   1. Merkmale 28
      a. Ausübung von Marktmacht 28
      b. Marktbeherrschung 31
      c. In wesentlichem Umfang unabhängiges Verhalten 36
   2. Bestimmung des relevanten Marktes 42
      a. Sachlich relevanter Markt 42
      b. Räumlich relevanter Markt 44
      c. Zeitlich relevanter Markt 47

III. Unternehmenszusammenschluss (Abs. 3) 48
1. Fusion 50
2. Kontrollerwerb 53
3. Gemeinschaftsunternehmen 57

I. Wettbewerbsabreden (Abs. 1)

1. Allgemeines

In Art. 4 Abs. 1 wird der **Begriff der Wettbewerbsabrede** definiert. Festzuhalten ist bereits an dieser Stelle, dass mit dieser Definition noch keine Aussage über die Zulässigkeit oder die Unzulässigkeit einer Wettbewerbsabrede gemacht wird; dies erfolgt erst in den Art. 5 ff. sowie den dazugehörigen allgemeinen Bekanntmachungen der Weko bzw. künftigen Verordnungen des Bundesrates.

Gegenüber dem alten KG von 1985 haben sich für die Definition der Wettbewerbsabrede einige Änderungen ergeben. Zum einen wird die Empfehlung nicht mehr ausdrücklich aufgeführt, zum anderen wird der Begriff der Wettbewerbsabrede noch weiter auf vertikale Abreden ausgedehnt.

Eine Wettbewerbsabrede enthält gemäss Art. 4 Abs. 1 folgende **zwei Tatbestandselemente**: a) Ein bewusstes und gewolltes Zusammenwirken der an der Abrede beteiligten Unternehmen sowie b) das Bezwecken oder Bewirken einer Wettbewerbsbeschränkung (s. dazu z.B. RPW 2006/1, 48 N 11 – Profilierung von Bauvisieren).

Von der gesetzlichen Bestimmung sind **verschiedenste Erscheinungsformen von Wettbewerbsabreden** erfasst; die Form, in der die Wettbewerbsabrede gekleidet ist, ist für die Beurteilung der Frage, ob eine Wettbewerbsabrede vorliegt, nicht wesentlich (VON BÜREN/KINDLER, Kartellrecht, N 17; ZURKINDEN/ TRÜEB, Handkommentar, Art. 4 N 2).

Als mögliche Formen von Wettbewerbsabreden können hier genannt werden:

- Verträge, auch formlose (vgl. dazu hinten 2. lit. a)
- Statuten juristischer Personen (vgl. dazu hinten 2. lit. a)
- Rechtlich nicht erzwingbare Abreden (Gentlemen's Agreements oder Frühstückskartelle, vgl. dazu hinten 2. lit. b)
- Aufeinander abgestimmte Verhaltensweisen (vgl. hinten 2. lit. c)
- Beschlüsse von Verbänden (vgl. dazu hinten lit. a bzw. 2. lit c. und d)
- Empfehlungen (vgl. dazu hinten 2. lit. d)

2. Formen

a. Rechtlich erzwingbare Vereinbarung

6   **Rechtlich erzwingbare Vereinbarungen** sind Abmachungen, bei denen die Nichteinhaltung der Abrede sanktioniert werden kann (anstelle vieler DROLSHAMMER, Wettbewerbsrecht, 32). Wie eingangs ausgeführt ist dabei die Form der Abrede nicht wesentlich, d.h. auch konkludent geschlossene Verträge fallen darunter (KILLIAS, in: TERCIER/BOVET, CR Concurrence, Art. 4 Abs. 1 N 18). Jede derartige Vereinbarung bezweckt ein bewusstes und gewolltes Zusammenwirken der Beteiligten.

7   Zu den rechtlich erzwingbaren Vereinbarungen werden auch durchsetzbare **Statutenbestimmungen** gezählt (RPW 1998/2, 279 ff. N 17, SVIT-Honorarrichtlinien) sowie allenfalls **Entscheidungen von Verbänden**, sofern es sich bei diesen nicht bloss um Empfehlungen handelt (KILLIAS, in: TERCIER/BOVET, CR Concurrence, Art. 4 Abs. 1 N 19). Gemäss BGE 124 III 499 E.2 sind einseitige **Konkurrenzverbote** nicht zu den Wettbewerbsabreden zu rechnen, da hier kein bewusstes und gewolltes Zusammenwirken zweier Unternehmen im Hinblick auf die Ausübung von Markmacht vorliege. Das Bundesgericht hält allerdings fest, dass ein solches Konkurrenzverbot u.U. eine unzulässige Verhaltensweise eines marktbeherrschenden Unternehmens gemäss Art. 7 darstellen kann, wenn bspw. ein marktbeherrschendes Unternehmen einem Geschäftspartner für einen bestimmten Geschäftsbereich ein Konkurrenzverbot aufzwingt (BGE 124 III 499 E. 2; AMSTUTZ, Urteilsbesprechung, 1478). Dieser Entscheid wird – m.E. zu Recht – von der Lehre kritisiert (anstelle vieler vgl. ZÄCH, Kartellrecht 2005, N 249; HETTICH, *Wettbewerb*, N 160 mit Nachweisen) und auch die Weko hat sich dahingehend geäussert, dass Konkurrenzverbote grundsätzlich von Art. 4 Abs. 1 erfasst seien (RPW 2006/4, 689 N 40 – ISS/Edelweissfm).

b. Rechtlich nicht erzwingbare Vereinbarung

8   **Rechtlich nicht erzwingbare Vereinbarungen** sind Abreden, bei denen die Parteien zwar eine Verpflichtung eingehen wollen, jedoch bei Widerhandlungen gegen solche Abreden keine rechtlich durchsetzbare Sanktion vorgesehen bzw. diese ausgeschlossen haben. Eine Widerhandlung kann aber allenfalls zur Ächtung im Berufsverband oder in der Branche der betreffenden Unternehmen führen (KILLIAS, in: TERCIER/BOVET, CR Concurrence, Art. 4 Abs. 1 N 20 f.; SCHMIDHAUSER, in: HOMBURGER, Kommentar 1996, Art. 4 Abs. 1 N 34). Solche Abreden werden oft als **«Gentlemen's Agreements»** oder als **«Frühstückskartelle»** bezeichnet (KILLIAS, in: TERCIER/BOVET, CR Concurrence, Art. 4 N 20 f.; SCHMIDHAUSER, in: HOMBURGER, Kommentar 1996, Art. 4 Abs. 1 N 34). Ziel auch einer solchen Vereinbarung ist ein bewusstes und gewolltes Zusammenwirken der Beteiligten.

Die **rechtlich nicht erzwingbaren Abreden** können von blossen Empfehlungen oder von abgestimmten Verhaltensweisen über den bei diesen Formen der Wettbewerbsabrede fehlenden Bindungswillen abgegrenzt werden (SCHMIDHAUSER, in: HOMBURGER, Kommentar 1996, Art. 4 N 34). 9

c. *Aufeinander abgestimmte Verhaltensweisen*

Die **aufeinander abgestimmte Verhaltensweise** ist vom **gewöhnlichen Parallelverhalten**, dem gleichförmigen Verhalten von Unternehmen bzw. der wechselseitigen Nachahmung, abzugrenzen (Botschaft KG 1995, 545; BGE 129 II 27 E. 6.3). 10

Das schweizerische **Bundesgericht** und die **Weko** orientieren sich bei dieser Abgrenzungsfrage an der Rechtsprechung des EuGH. Deshalb wird auch für das schweizerische Wettbewerbsrecht eine abgestimmte Verhaltensweise angenommen, wenn die Unternehmen bewusst und gewollt zusammenwirken, d.h. ein Mindestmass an Verhaltenskoordination an den Tag legen und «bewusst die praktische Zusammenarbeit an die Stelle des mit Risiken verbundenen Wettbewerbs treten lassen [...]. Entscheidend ist, dass das Gleichverhalten nicht durch exogene Marktfaktoren erzwungen, sondern planmässig, aufgrund ausgetauschter Marktinformation erfolgt» (BGE 129 II 27 E. 6.3; RPW 2005/1, 192 N 6 – Betosan AG, Hela AG, Renesco AG, Weiss+Appetito AG/Weko; vgl. Urteil des EuGH vom 14. Juli 1972, Rs. 52/69, Slg. 1972, 787 N 26, Geigy/Kommission). 11

Demzufolge ist von abgestimmten Verhaltensweisen auszugehen, wenn die Unternehmen **bewusst und gewollt zusammenwirken** und **keine Marktstrukturen** gegeben sind, die **ein solches Parallelverhalten erzwingen**. «Unterscheidungskriterium ist demnach, ob die Parteien mit ihrem Verhalten einen bestimmten «Plan» verfolgen, dass die Unternehmen also das Verhalten ihrer Konkurrenten antizipieren können und ihr eigenes Verhalten danach richten.» (RPW 2003/2, 279 N 33 – Fahrschule Graubünden). Die Abgrenzung von gewöhnlichem Parallelverhalten ist gerade in engen Oligopolen oder in Märkten mit gleichförmigen Gütern (z.B. Benzin, Diesel) in der Praxis schwierig (RPW 2004/2, 333 N 12 – ASTAG Preisempfehlungen/Kalkulationshilfen [inkl. Dieselpreisempfehlung]; KILLIAS, in: TERCIER/ BOVET, CR Concurrence, Art. 4 Abs. 1 N 22). Im Entscheid Benzinmarkt Schweiz hält die Weko Folgendes fest: «Der Fall, dass in Folge der Homogenität des Produktes und der vollkommenen Markttransparenz alle im relevanten Markt tätigen Unternehmen den gleichen Preis setzen, ist dem erlaubten Parallelverhalten gleichzusetzen» (RPW 2002/1, 81 N 16 – Benzinmarkt Schweiz [Zeitraum 1993–2000]). 12

Eine Abgrenzung ist weiter in aller Regel deswegen schwierig, weil sich über die Absichten der Parteien sehr oft kein strikter Beweis führen lässt. Die Wettbewerbsbehörden werden «Hinweise auf ein unerlaubtes, bewusstes Parallelverhalten in vielen Fällen nur aus **Indizien** gewinnen» (RPW 2004/4, 1059 N 55 – Vertrieb von 13

Tierarzneimitteln [Hervorhebung durch den Autor]), es sei denn, es liege eine Selbstanzeige gemäss Art. 49a Abs. 3 lit. a vor.

d. Empfehlungen

14 Im Gegensatz zum KG 1985, das die **Empfehlungen** ausdrücklich erwähnte, sind diese im neuen KG nicht mehr aufgeführt, sondern fallen allenfalls unter den Begriff der aufeinander abgestimmten Verhaltensweisen (Botschaft KG 1995, 545; SCHMIDHAUSER, in: HOMBURGER, Kommentar 1996, Art. 4 N 36). Empfehlungen sind einseitige Anweisungen ohne rechtliche Durchsetzbarkeit, die bspw. von Verbänden an ihre Mitglieder erlassen werden und einen wettbewerbsrechtlich relevanten Inhalt haben (z.b. Preisempfehlungen, -konditionen und -kalkulationsmethoden; KILLIAS, in: TERCIER/BOVET, CR Concurrence, Art. 4 Abs. 1 N 27). Als Empfehlungen gelten auch Beschlüsse von Verbänden; sofern diese Beschlüsse jedoch rechtlich erzwingbar sind, werden sie unter dem Begriff der Wettbewerbsabrede subsumiert (KILLIAS, in: TERCIER/BOVET, CR Concurrence, Art. 4 Abs. 1 N 19). Im Gegensatz zu Art 81 Abs. 1 EGV werden **Beschlüsse von Unternehmensvereinigungen** in Art. 4 Abs. 1 nicht ausdrücklich erwähnt. Diese können jedoch ebenfalls unter den Begriff der Wettbewerbsabrede fallen, sofern sie rechtlich durchsetzbar sind (ZURKINDEN/TRÜEB, Handkommentar, Art. 4 N 3). Empfehlungen spielen in gewerblichen Kreisen, insb. in Verbänden, eine grosse Rolle. Es ist deshalb auch kein Zufall, dass sich ein grosser Teil der Praxis der Weko mit den abgestimmten Verhaltensweisen zu befassen hat, die aufgrund von horizontalen Preis- und Kalkulationsempfehlungen bestehen (GEISER/KRAUSKOPF/MÜNCH, Wettbewerbsrecht, N 4.11).

15 Dadurch, dass die Empfehlung nicht mehr ausdrücklich erwähnt wird, stellen sich bei der Auslegung von Art. 4 einige Probleme. Nach der einen Lehrmeinung, die u.a. von SCHMIDHAUSER und im vorliegenden Kommentar vertreten wird, lassen sich Empfehlungen – entgegen dem Wortlaut des Gesetzes – nur dann unter die gesetzliche Regelung subsumieren, wenn die **Empfehlung** von den betroffenen Unternehmen tatsächlich **befolgt** und damit ein bewusstes und gewolltes Zusammenwirken indiziert wird. Wird die Empfehlung hingegen nicht befolgt, so fehlt es am wesentlichen Tatbestandselement des bewussten und gewollten Zusammenwirkens. Selbst wenn eine Empfehlung eine Wettbewerbsbeschränkung bezweckt, jedoch von den Empfehlungsempfängern nicht befolgt wird, kann sie nicht als Wettbewerbsabrede gelten (SCHMIDHAUSER, in: HOMBURGER, Kommentar 1996, Art. 4 N 36 ff.; GEISER/KRAUSKOPF/MÜNCH, Wettbewerbsrecht, N 4.5).

16 Durch ein solches Auslegungsergebnis wird das Bestreben des Gesetzgebers unterlaufen, den **Begriff der Wettbewerbsabrede möglichst weit zu fassen** und Abreden sowie abgestimmte Verhaltensweisen als Wettbewerbsabrede zu qualifizieren, sofern sie eine Wettbewerbsbeschränkung bewirken oder bezwecken. Aus diesem Grund vertritt KILLIAS die gegenteilige Meinung und qualifiziert Empfeh-

lungen unabhängig davon, ob die Unternehmen sie befolgen, als Wettbewerbsabreden (KILLIAS, in: TERCIER/BOVET, CR Concurrence, Art. 4 Abs. 1 N 26 ff.). Er hält zudem fest, dass die Meinung, wonach es bei der Qualifikation, ob eine Empfehlung eine Wettbewerbsabrede sei, nur auf das Befolgen ankommen könne, nicht mit dem Ziel des Gesetzgebers vereinbar sei, eine eurokompatible Rechtslage zu schaffen (KILLIAS, in: TERCIER/BOVET, CR Concurrence, Art. 4 Abs. 1 N 29). Ausserdem werde von den Vertretern der gegenteiligen Meinung verkannt, dass der materielle Anwendungsbereich des Gesetzes jegliches wettbewerbsbehindernde Verhalten umfasse. SCHMIDHAUSER verwechsle die Frage des Anwendungsbereiches des Gesetzes mit der Frage, ob ein Verhalten nach dem KG erlaubt sei oder nicht (KILLIAS, in: TERCIER/BOVET, CR Concurrence, Art. 4 Abs. 1 N 29). Dem ist entgegenzuhalten, dass hier nur die Frage der Anwendbarkeit des Gesetzes diskutiert wird und die Frage, ob ein Verhalten nach dem KG zulässig ist, ausgeklammert wird. Auch der Verweis auf die Schaffung eines eurokompatiblen Kartellrechts vermag angesichts des klaren Wortlauts von Art. 4 Abs. 1 nicht zu überzeugen. Da sich zudem auch in den Materialen zu Art. 4 Abs. 1 nichts finden lässt, das gegen die vorstehend ausgeführten Überlegungen spricht, ist mit SCHMIDHAUSER davon auszugehen, dass die Empfehlung von den betroffenen Unternehmen befolgt werden muss, soll sie unter die gesetzliche Regelung subsumiert werden (SCHMIDHAUSER, in: HOMBURGER, Kommentar 1996, Art. 4 N 39 ff.).

In der **Praxis** wurde eine Empfehlung als abgestimmte Verhaltensweise qualifiziert, als 74% der Empfehlungsempfänger die Empfehlung befolgt hatten. Die Frage wurde bei einer Befolgung von 24% und 7% der Empfehlungsempfänger offen gelassen (vgl. dazu RPW 2001/3, 515 N 23 – SUMRA/Distribution de montres; RPW 2004/2, 333 N 13 i.V.m. 340 N 35 u. 343 f. N 40 – ASTAG Preisempfehlungen/Kalkulationshilfen [inkl. Dieselpreisempfehlung]). 17

3. Marktseite und Marktrichtung sowie Parteien

a. Allgemeines

Von Art. 4 Abs. 1 erfasst sind sowohl Wettbewerbsabreden zwischen Unternehmen gleicher als auch diejenigen zwischen Unternehmen verschiedener Marktstufen, d.h. sowohl horizontale als auch vertikale Wettbewerbsabreden. Die **Abgrenzung** zwischen horizontalen und vertikalen Abreden bereitet normalerweise keine Probleme. Allerdings können in der Praxis Situationen auftreten, bei denen eine klare Abgrenzung Schwierigkeiten bereitet, wie insb. im Zusammenhang mit Vertriebsabreden zwischen Wettbewerbern, die auf mehr als einer Marktstufe aktiv sind oder bei Bündeln von Vertriebsabreden (vgl. dazu RAEMY/LUDER, Abreden, N 1 ff.). Eine Unterscheidung erlangt erst im Zusammenhang mit der materiellrechtlichen Prüfung gemäss Art. 5 ff. Bedeutung (BGE 129 II 23 E. 4; SCHMIDHAUSER, in: HOMBURGER, Kommentar 1996, Art. 4 N 48). 18

19 Unter **Unternehmen** werden sowohl Unternehmen des privaten wie auch des öffentlichen Rechts verstanden (Art. 2 Abs. 1). Der Begriff Unternehmen erfasst sämtliche Nachfrager oder Anbieter von Gütern und Dienstleistungen im Wirtschaftsprozess, unabhängig von ihrer Rechts- oder Organisationsform; auch die öffentliche Hand fällt darunter (Art. 2 Abs. 1bis; RPW 2004/2, 346 N 5 – Tarifliste der Vereinigung Professioneller Sprecherinnen und Sprecher [VPS]; RPW 1999/2, 226 N 28 – Spitallisten bei Halbprivatversicherungen mit eingeschränkter Spitalwahlfreiheit).

   b. Unternehmen gleicher Marktstufe (Horizontalabreden)

20 Bei Horizontalabreden schliessen sich **Unternehmen der gleichen Marktstufe** zusammen. Diese Form der Wettbewerbsabrede wird auch Kartell genannt (VON BÜREN/KINDLER, Kartellrecht, 811 ff.; RPW 2003/2, 261 N 31 – Kooperationsvorhaben UBS AG/Postfinance – Die Schweizerische Post). Als Beispiele für Horizontalabreden können Preis- oder Gebietsabsprachen, aber auch Vereinbarungen im Zusammenhang mit der Produktion genannt werden.

   c. Unternehmen verschiedener Marktstufen (Vertikalabreden)

21 Gemäss Ziff. 1 der Bekanntmachung über die wettbewerbsrechtliche Behandlung vertikaler Abreden vom 18. Februar 2002 gelten als vertikale Wettbewerbsabreden «Vereinbarungen sowie aufeinander abgestimmte Verfahrensweisen [...] von zwei oder mehr **Unternehmen verschiedener Marktstufen**, welche die Geschäftsbedingungen betreffen, zu denen die beteiligten Unternehmen bestimmte Waren oder Dienstleistungen beziehen, verkaufen oder weiterverkaufen können». Voraussetzung ist somit, dass Unternehmen von mindestens zwei Marktstufen beteiligt sind, und dass der Wettbewerb auf beiden Marktstufen betroffen ist (BAUDENBACHER, Vertikalbeschränkungen, 826; RPW 2003/2, 261 N 31 – Kooperationsvorhaben UBS AG/Postfinance – Die Schweizerische Post). Vertikalabreden können in selektiven Vertriebssystemen getroffen werden. Ein derartiges Vertriebssystem liegt vor, wenn ein Lieferant die Vertragswaren oder Vertragsdienstleistungen nur an Händler verkaufen darf, die aufgrund festgelegter Merkmale ausgewählt werden und diese Händler die betreffenden Waren oder Dienstleistungen nicht an Händler weiterverkaufen dürfen, die nicht zum Vertrieb zugelassen sind (Ziff. 2 Vertikal-Bekanntmachung). Als Beispiele für Vertikalabreden, die den Wettbewerb erheblich beeinträchtigen können, können die direkte oder indirekte Fixierung von Fest- oder Mindestverkaufspreisen sowie Gebietsabreden dienen (Ziff. 3 Vertikal-Bekanntmachung).

4. Ausmass (Bezwecken oder Bewirken)

a. Allgemeines

Die Formulierung, wonach Wettbwerbsabreden Vereinbarungen sowie aufeinander abgestimmte Verhalten von Unternehmen gleicher oder verschiedener Marktstufen sind, die eine Wettbewerbsbeschränkung «bezwecken oder bewirken», ist Art. 81 Abs. 1 EGV entlehnt. Damit kann die **europäische Praxis** Hinweise zur Auslegung dieser Begriffe geben. Die Botschaft enthält keine Anhaltspunkte, die für die Auslegung von Art. 4 Abs. 1 verwendet werden könnten, obschon die Bestimmung im Zuge der letzten Revision eine Änderung gegenüber dem alten Recht erfahren hat. 22

Die beiden Worte «bezwecken» und «bewirken» sind durch die Konjunktion «oder» getrennt, was auf **Alternativität** dieser beiden Elemente hindeutet (SCHMIDHAUSER, in: HOMBURGER, Kommentar 1996, Art. 4 N 25 ff.). 23

b. Bezwecken

Eine Abrede oder eine abgestimmte Verhaltensweise muss eine Wettbewerbsbeschränkung lediglich **bezwecken**, d.h. eine tatsächliche Beeinflussung des Marktes ist nicht notwendig (KILLIAS, in: TERCIER/BOVET, CR Concurrence, Art. 4 Abs. 1 N 37 ff.). Der Begriff «bezwecken» ist objektiv zu verstehen, d.h. die Abrede oder abgestimmte Verhaltensweise muss objektiv geeignet sein, eine Wettbewerbsbeschränkung herbeizuführen. Dahingegen sind die subjektiven Vorstellungen der Parteien nicht wesentlich (SCHRÖTER, in: VON DER GROEBEN/SCHWARZE, Kommentar, Art. 81 EGV N 122; SCHMIDHAUSER, in: HOMBURGER, Kommentar 1996, Art. 4 N 28 f.). Der Ausdruck «bezwecken» liegt nahe am Begriff der Eignung in den KG 62 und 85 (SCHMIDHAUSER, in: HOMBURGER, Kommentar 1996, Art. 4 N 29). 24

c. Bewirken

Eine Wettbewerbsbeschränkung wird hingegen **bewirkt**, wenn tatsächlich eine Beeinflussung auf dem relevanten Markt stattfindet. Gemäss europäischer Rechtsprechung und Lehre muss die Wirkung dabei noch nicht eingetreten sein, sondern es genügt, dass sie mit hinreichender Wahrscheinlichkeit in naher Zukunft eintreten wird (SCHRÖTER, in: VON DER GROEBEN/SCHWARZE, Kommentar, Art. 81 EGV N 128; SCHMIDHAUSER, in: HOMBURGER, Kommentar 1996, Art. 4 N 30 f.). 25

II. Marktbeherrschende Unternehmen (Abs. 2)

26 Während Art. 2 Abs. 1 den Geltungsbereich des Kartellgesetzes beschreibt und u.a. festhält, dass davon Unternehmen erfasst werden, welche **Marktmacht** ausüben (s. dazu Art. 2 N 25 ff.), umschreibt Art. 4 Abs. 2, wann ein Unternehmen marktbeherrschend ist. Marktbeherrschung ist eine intensive Form von Marktmacht. Art. 4 Abs. 2 legt die Konsequenzen nicht fest, die sich daraus ergeben, dass durch Marktbeherrschung Wettbewerb eingeschränkt bzw. beseitigt werden kann. Dies erfolgt materiell erst in den Tatbestandsnormen der Art. 7 und Art. 10 bzw. letztlich in der Sanktionsnorm des Art. 49a Abs. 1, deren Anwendungsvoraussetzung jeweils das Vorliegen von Marktbeherrschung ist. Ein Unternehmen gilt als marktbeherrschend gemäss Art. 7 Abs. 1, wenn es eine derartige Marktstellung einnimmt, dass es in der Lage ist, Marktteilnehmer durch einen Missbrauch seiner Stellung in wettbewerbsrechtlich verpönter Art und Weise zu behindern oder zu benachteiligen (s. dazu Art. 7 N 6 f.). Eine marktbeherrschende Stellung kann ein Unternehmen durch endogenes oder exogenes (mittels Zusammenschluss) Wachstum begründen oder verstärken. Sofern durch einen Zusammenschluss wirksamer Wettbewerb beseitigt werden kann, ohne dass dies eine Verbesserung der Wettbewerbsverhältnisse in einem anderen Markt zeitigt, die kompensierend wirkt, kann ein Zusammenschluss bzw. Kontrollerwerb von der Weko untersagt oder bloss mit Auflagen oder Bedingungen zugelassen werden (Art. 10; s. dazu Art. 10 N 17).

27 **Marktbeherrschung** stellt einen höheren Grad der Marktmacht dar, mit welcher eine bestimmte in Art. 7 und Art. 10 spezifizierte Qualifizierung des durch eine derartige Marktstellung ermöglichten Marktverhaltens einhergeht (RPW 2004/3, 678 – Markt für Schlachtschweine). Das Entstehen bzw. die Ausnutzung einer Marktbeherrschung durch internes Wachstum bzw. durch externes Wachstum ohne Beseitigung wirksamen Wettbewerbs ist im Rahmen eines dynamischen Leistungswettbewerbs nicht verpönt; vielmehr dient das Erlangen einer wettbewerbsfähigen, genügend starken Marktstellung geradezu als Anreiz unternehmerischer Tätigkeit. Im Interesse einer sich stetig (positiv) weiter entwickelnden Volkswirtschaft soll jedoch sichergestellt werden, dass derartige Marktpositionen durch nachhaltige Konkurrenz in Frage gestellt werden können und jeweils genügend Anreize zur Innovation verbleiben.

1. Merkmale

a. Ausübung von Marktmacht

28 Unter der Ausübung von Marktmacht – einem gesetzlich nicht näher definierten Begriff – wird gemeinhin das Verhalten eines Unternehmens verstanden, das über einen massgeblichen **Markteinfluss** verfügt, der bewirkt, dass Mitbe-

werber ebenso wie die Marktgegenseite diese Marktstellung in ihrem Marktverhalten nicht unberücksichtigt lassen können. Dieser Begriff ist von demjenigen der Marktbeherrschung zu unterscheiden, der wie eingangs erwähnt eine Anwendungsvoraussetzung von Art. 7 bzw. Art. 10 bildet und eine entsprechend erhöhte Intensität in sich birgt (zur Unterscheidung: RPW 2003/1, 116 f. – Kreditkarten-Akzeptanzgeschäft).

Obwohl typischerweise die **Angebotsmacht** im Visier der wettbewerbsrechtlichen Prüfung und Analyse steht, gibt es vermehrt auch Fälle der **Nachfragemacht**. Inwieweit diese analog zur Angebotsmacht zu behandeln ist, bleibt umstritten und ist letztlich im konkreten Einzelfall anhand der rechtlichen Rahmenbedingungen zu beurteilen (bejahend RPW 2000/4, 579 – Schweizerischer Filmverleih- und Kinomarkt; verneinend BORER, Kommentar 2005, Art. 4 N 24 m.v. auf SCHMIDHAUSER, in: HOMBURGER, Kommentar 1996, Art. 7 N 46 ff.; vgl. eingehend auch MEINHARDT/BISCHOF, Nachfragemacht, 1 ff.; AMSTUTZ/REINERT, Marktmacht II, 635 ff.). 29

Es kann sodann sinngemäss zwischen absoluter und relativer Marktmacht unterschieden werden. **Absolute** Marktmacht bedeutet, dass ein Unternehmen über eine gegenüber seinen Konkurrenten überragende Marktstellung verfügt; **relative** Marktmacht liegt vor, wenn andere Unternehmen als Anbieter oder Nachfrager von diesem strukturell abhängig sind. Begriffe lehnen sich an die Terminologie des deutschen GWB an (ZÄCH, Kartellrecht 2005, N 575 ff.) In beiden Fällen kann u.U. Marktbeherrschung vorliegen. Die Weko wendet im Zusammenhang mit der Prüfung relativer Marktmacht einen differenzierten Prüfungsmassstab an, um den Besonderheiten der Nachfragemacht besser Rechnung tragen zu können. Dies hat jedoch – zumindest in ihrer Fallreihe zum Detailhandel – noch nicht zu einer einheitlichen Praxis geführt (RPW 2005/1, 146 ff. – CoopForte-Bonus; RPW 2006/1, 131 ff. – Denner/Pick Pay). 30

b. Marktbeherrschung

Als marktbeherrschende Unternehmen bezeichnet das Gesetz einzelne oder mehrere Unternehmen, die auf einem Markt als Anbieter oder Nachfrager in der Lage sind, sich von anderen Marktteilnehmern (Mitbewerbern, Anbietern oder Nachfragern) **in wesentlichem Umfang unabhängig** zu verhalten (Art. 4 Abs. 2). Daran vermag wie nachstehend (s. dazu N 36 f.) näher erläutert auch die erst anlässlich der Revision vom 20. Juni 2003 eingefügte Klammer nichts Wesentliches zu ändern (KRAUSKOPF/SENN, Teilrevision, 6 f.). Namentlich liegt auch nach der Revision keine marktbeherrschende Stellung vor, wenn die Abhängigkeit von Nachfragern oder Anbietern von einem Unternehmen auf deren unternehmerische Fehlentscheide, die zu unnötigen Klumpenrisiken führen, zurückzuführen ist. 31

32 Angesichts der Tatsache, dass Art. 82 EGV für Art. 4 Abs. 2 Modell gestanden hat, wird zur Bestimmung der Marktbeherrschung weitgehend auf **Präjudizien** aus der Praxis der Europäischen Kommission und des EuGH zurückgegriffen. Dies gilt insb. für die Definition des relevanten Marktes, aber auch für die Beantwortung der Frage nach der marktbeherrschenden Stellung. Die enge Anlehnung an das Recht der EG im Zusammenhang mit der Definition des relevanten Marktes kommt auch darin zum Ausdruck, dass in der bundesrätlichen Verordnung über die Kontrolle von Unternehmenszusammenschlüssen (VKU) der relevante Markt ganz ähnlich wie derjenige gemäss EG-Recht definiert wird (BALDI/BORER, Wettbewerbsabreden, 346).

33 Bei der Prüfung der Frage, ob Marktbeherrschung vorliegt, scheint das schweizerische Recht einen etwas milderen Massstab als dasjenige der EG anzulegen: Es werden drei **Stufen** des Markteinflusses unterschieden, nämlich gewöhnlicher Markteinfluss, Marktmacht und Marktbeherrschung. Während Markteinfluss grundsätzlich immer gegeben ist, wenn ein Unternehmen auf einem bestimmten Markt tätig ist, liegt Marktmacht dann vor, wenn ein Unternehmen den Markt mehr als normal beeinflusst, aber noch nicht i.S.v. Art. 4 beherrscht (RPW 2001/1, 90 N 18 – Kaladent AG; RPW 2001/1, 98 N 20 – Intensiv SA). Marktbeherrschung geht somit weiter als blosse Marktmacht. Zur Bestimmung der Marktbeherrschung sind Marktanteile zwar als Ausgangspunkt ein wesentlicher Faktor. Marktanteile sind namentlich zur Beantwortung der Frage, ob aufgrund einer überragenden Machtstellung Marktbeherrschung vorliegt, die wirksamen Wettbewerb ausschliessen kann (Art. 10 Abs. 2 lit. a), stets von Bedeutung; im Zusammenhang mit der Frage des Missbrauchs der Marktbeherrschung nach Art. 7 Abs. 1 hingegen gilt dies nicht immer (zur Marktmissbrauchsdiskussion WEBER, Marktmissbrauchsdiskussion, 102 ff.). Entscheidend für die Frage, ob Marktbeherrschung vorliegt, sind aber immer die konkreten Marktverhältnisse, namentlich die aktuelle und potenzielle Konkurrenz sowie die Stellung der Marktgegenseite, welche ein entsprechendes Gegengewicht zu marktmächtigen Unternehmen bilden kann.

34 Zu beachten ist, dass der **Terminus «marktbeherrschend»** in dessen Umsetzung keine einheitliche Bedeutung hat. Für die Anwendung der fusionskontrollrechtlichen Bestimmung von Art. 10 Abs. 2 lit. a wird meist ein hoher Marktbeherrschungsgrad bzw. entsprechendes Potenzial vorausgesetzt; es geht um eine überragende Machtstellung, mit der die Möglichkeit verbunden ist, wirksamen Wettbewerb zu beseitigen. Damit das Verhalten marktmächtiger Unternehmen gemäss Art. 7 Abs. 1 für unzulässig erklärt wird, kann bereits ein tiefer Marktbeherrschungsgrad, d.h. auch relative Marktmacht, genügen. Marktbeherrschung i.S.v. Art. 7 Abs. 1, Art. 9 Abs. 4 und Art. 10 Abs. 1 entspricht letztlich jedoch der Definition in Art. 4 Abs. 2; entscheidend sind demgemäss die Ausweichmöglichkeiten, d.h. die Substituierbarkeit der nachgefragten Güter oder Dienstleistungen. Bestehen keine Ausweichmöglichkeiten der Machtgegenseite, ohne dass dies aber auf eigene Fehlentscheidungen des eingeschränkten Unternehmens zurückzufüh-

ren wäre, kann auch bei relativer Marktmacht das Tatbestandsmerkmal der Marktbeherrschung vorliegen (vgl. RPW 2006/2, 319 E. 5.1 – Swissgrid; a.M. VON BALLMOOS, Marktbeherrschung, 296; vgl. dazu allg. ZÄCH, Marktbeherrschungsgrade, 466 f.).

Ausdrücklich erfasst ist vom schweizerischen Kartellgesetz auch die **kollektive** 35 Marktbeherrschung (Art. 4 Abs. 2; ZÄCH, Kartellrecht 2005, N 602 ff.; RPW 2001/1, 71 f. N 38 ff. – Printmedien). Das Vorliegen einer kollektiven Marktbeherrschung bejahte die Weko im Kreditkarten-Akzeptanzgeschäft (RPW 2003/1, 134 ff. N 159 ff.), im Wesentlichen gestützt auf die Beurteilungskriterien der Marktkonzentration, Marktanteile, Markttransparenz, Marktstabilität, Eintrittsschranken, Interessensymmetrie, Produktesymmetrie, Kostensymmetrie, Nachfragemacht der Marktgegenseite und Nachfrageelastizität und prüfte sie wiederholt im Rahmen der Fusionskontrolle (so bspw. RPW 2003/3, 559 ff. u. 585 ff. – Coop/Waro). Eine solche kollektive Marktbeherrschung kann sich aufgrund einer Wettbewerbsabrede i.S.v. Art. 5 ergeben, womit die Marktmacht der daran beteiligten Unternehmen sich zu einer gemeinsamen Marktbeherrschung verdichtet. Diesfalls stellt sich die Frage der kumulativen Anwendung von Art. 5 und Art. 7 (so bspw. RPW 1997/2, 176 N 6 – Nutztierfütterung). Sie kann sich sodann aus marktstrukturellen Gegebenheiten ergeben, bspw. in einem transparenten oligopolitischen Markt, wo es keinerlei separater Abreden mehr bedarf, um gegenüber den anderen Marktteilnehmern koordiniert aufzutreten.

c. *In wesentlichem Umfang unabhängiges Verhalten*

Art. 4 Abs. 2 setzt für das Vorliegen von Marktbeherrschung voraus, dass 36 einzelne oder mehrere Unternehmen allein oder gemeinsam auf einem bestimmten Markt als Anbieter oder Nachfrager in der Lage sind, sich von anderen Marktteilnehmern, d.h. Konkurrenten, Anbietern oder Nachfragern, in wesentlichem Umfang unabhängig zu verhalten. Die Spezifizierung der anderen **Marktteilnehmer** wurde wie erwähnt erst mit der Revision 2003 eingeführt, hat aber diesbezüglich genau genommen keine Neuerung gebracht. Mit der Änderung wird aber der erweiterte Zweck verfolgt, auch sog. **relative Marktmacht** zu erfassen (Botschaft KG 2003, 2045; zur Erfassung relativer Marktmacht eingehend und kritisch AMSTUTZ/REINERT, Marktmacht I/II, 537 ff. u. 631 ff.). Die Textergänzung des Art. 4 Abs. 2 bedeutet, dass das Kartellrecht nicht nur die Institution des Wettbewerbs, sondern punktuell auch die wirtschaftliche Betätigungsfreiheit des einzelnen Unternehmens zu schützen vorgibt (WEBER, Marktmissbrauchsdiskussion, 103). So ist bei der Beurteilung, ob ein marktbeherrschendes Unternehmen nach Art. 7 vorliegt, nicht mehr bloss auf die Marktstruktur als solche, sondern auch auf konkrete (strukturelle) Abhängigkeitsverhältnisse abzustellen. Somit liegt Marktbeherrschung gemäss Art. 7, Art. 9 Abs. 4 und Art. 10 Abs. 1 nicht nur in den extremen Fällen vor, in denen ein Unternehmen über eine gegenüber seinen Konkurrenten überragende Marktstellung verfügt, sondern auch dann, wenn andere Unternehmen als Anbieter oder Nachfrager von diesem abhängig sind, allerdings ohne dass sie diese Abhängigkeit durch eigene unternehmerische Fehlentscheide verschuldet hätten. Denn auch unter dem Titel dieser (umstrittenen) Erweiterung des Marktbeherrschungstatbestands dürfen nicht etwa ineffiziente und nicht überlebensfähige Unternehmensstrukturen geschützt werden: Von Unternehmen selbst geschaffene Klumpenrisiken, die eine Abhängigkeit von anderen Unternehmen bewirken, sind weiterhin von jenen alleine zu verantworten (ZÄCH, Kartellrecht 2005, N 577). Die Weko ist bereits zu einer Praxisverschärfung übergegangen, der diese Überlegungen zugrunde liegen, deren Implikationen angesichts der gesetzlichen Unschärfe indes noch nicht abschliessend erkennbar sind (RPW 2005/1, 155 ff. – CoopForte-Bonus; RPW 2005/4, 610 N 56 – Clauses d'architecte ou d'entrepreneur – Caisses de pension – Canton de Genève [Vorabklärung]). Für die Anwendung der fusionskontrollrechtlichen Bestimmung von Art. 10 Abs. 2 lit. a dagegen wird ein hoher Marktbeherrschungsgrad vorausgesetzt; es geht um eine überragende Machtstellung, mit der die Möglichkeit verbunden ist, wirksamen Wettbewerb zu beseitigen. Das zusätzliche Tatbestandsmerkmal der «Möglichkeit zur Beseitigung wirksamen Wettbewerbs» ist ein qualifizierendes Element der Marktbeherrschung (ZÄCH, Kartellrecht 2005, N 781 ff.).

37 Damit also Marktbeherrschung i.S.v. Art. 4 Abs. 2 vorliegt, muss die starke Marktposition eines Unternehmens dieses geradezu in die Lage versetzen, die Aufrechterhaltung wirksamen Wettbewerbs auf dem relevanten Markt zu behindern bzw. im Falle qualifizierter Marktbeherrschung gemäss Art. 10 Abs. 2 lit. a sogar zu beseitigen, indem seine Stärke ihm ermöglicht, sich seinen Konkurrenten, Abnehmern und letztlich Konsumenten gegenüber in nennenswertem Umfang unabhängig zu verhalten bzw. Wettbewerb zu beseitigen (abgewandelte Standardformulierung des EuGH gemäss Urteil vom 9. November 1983, Rs. 322/81, Michelin/Kommission, Slg. 1983, 3503, N 30). Ob die massgeblichen **Kriterien** erfüllt sind, ist jeweils im Einzelfall konkret zu prüfen. Dabei stehen, zumindest bei der Abklärung, ob Marktbeherrschung gemäss Art. 10 Abs. 2 lit. a vorliegt, die jeweiligen Marktanteile und die Marktstruktur im Vordergrund. In den Fällen von Art. 7 Abs. 1, Art. 9 Abs. 4 und Art. 10 Abs. 1 ist (soweit im konkreten Falle nicht feststeht, dass die Möglichkeit besteht, den Wettbewerb zu beseitigen) aufgrund des mit der Kartellrechtsrevision 2003 erweiterten Tatbestands des Art. 4 Abs. 2 dagegen die (relative) Abhängigkeit eines Anbieters oder Nachfragers bzw. die Marktstruktur näher zu prüfen; beim Entscheid über diese Frage darf jedoch keine sachfremde Strukturpolitik betrieben werden.

38 Bei Marktanteilen unter 20% ist, abgesehen von den bereits erwähnten Fällen, wo relative Marktmacht genügt, damit Marktbeherrschung vorliegt, Marktbeherrschung i.d.R. zu verneinen, ausser bei ausnahmsweise ungenügender **Marktgegenmacht**, welche diese zu disziplinieren vermöchte. Auch bei Marktanteilen zwischen 20% und 40% bedarf es regelmässig weiterer Elemente, um eine

Marktbeherrschung zu bejahen. Erst bei Marktanteilen im Bereich von 50% ist wohl von einer Marktbeherrschung auszugehen, welche jedoch ihrerseits durch relativierende Elemente widerlegt werden kann (ZÄCH, Kartellrecht 2005, N 585, z.B. RPW 2006/4, 744 N 49 ff. – Interkonnektionsverfahren Mobilfunkterminierung; RPW 2001/1, 92 f. – Kaladent AG).

Neben den massgeblichen Marktstrukturelementen vermag auch das konkrete **Marktergebnis**, mithin Erfolg oder Misserfolg des betreffenden Unternehmens, dessen Marktstellung näher zu charakterisieren und somit die Marktstrukturanalyse in den richtigen, die Fakten widerspiegelnden Kontext zu setzen. Dabei ist die jeweilige Unternehmensgrösse in Relation zur **Marktphase** zu setzen, in welcher sich das betreffende Unternehmen auf dem relevanten Markt gerade befindet, bspw. ob dieser gerade stagniert oder expandiert (RUFFNER, Unzulässige Verhaltensweisen, 837 f.). 39

Im Entscheid Intensiv SA bejahte die Weko eine marktbeherrschende Stellung der Intensiv SA auf dem schweizerischen Markt für rotierende Instrumente für die Zahnbehandlung (RPW 2001/1, 101 ff. N 36 ff. – Intensiv SA). Ausschlaggebend war der Umstand, dass die Intensiv SA einen **Marktanteil** von etwa 60% innehatte, während der zweitgrösste Anbieter im relevanten Markt einen Marktanteil von etwa 20% und der drittgrösste von etwa 5% innehielt, und sich die verbleibenden Marktteilnehmer die restlichen 15% teilten. Hinzu kam, dass die Intensiv SA bedeutend höhere Preise als die Konkurrenz verlangte und die Preise über einen Zeitraum von vier Jahren konstant blieben. Auch kam es auf dem betreffenden Markt während längerer Zeit kaum zu Verschiebungen der Marktanteile. Ferner war die Wahrscheinlichkeit klein, dass ein potenzieller Wettbewerber innerhalb einer Frist von etwa zwei bis drei Jahren in den relevanten Markt würde eintreten können; schliesslich war die Marktgegenseite relativ stark fragmentiert, so dass auch von dieser Seite kein massgebender Druck ausgeübt werden konnte. 40

Dass ein **hoher Marktanteil** für sich allein noch nicht genügt, um eine marktbeherrschende Stellung anzunehmen, zeigt dagegen der Entscheid Kaladent AG (RPW 2001/1, 92 f. N 32 ff. – Kaladent AG). In diesem Entscheid verneinte die Weko eine marktbeherrschende Stellung der Kaladent AG trotz ihres hohen Marktanteils von 65%. Entscheidend war hier, dass die Kaladent AG infolge des Markteintrittes bzw. einer Verstärkung je eines Konkurrenten innerhalb nur eines Jahres rund 25% an Marktanteil verloren hatte und dieser Trend weiterhin anhielt, was für einen sehr dynamischen Markt sprach, in welchem sich Kaladent AG nicht mehr unabhängig von ihren Konkurrenten bewegen konnte. Dieser Entscheid verdeutlicht die Relevanz nicht nur absoluter, sondern auch relativer Marktanteile bzw. des Grades der Marktkonzentration. 41

2. Bestimmung des relevanten Marktes

a. Sachlich relevanter Markt

42 Die Frage, ob eine marktbeherrschende Stellung vorliegt, d.h. ein Unternehmen sich auf einem bestimmten Markt in wesentlichem Umfang unabhängig verhalten kann, wird stets **mit Bezug auf einen bestimmten Markt** beantwortet. Der relevante Markt ist in sachlicher, geografischer und unter bestimmten Umständen auch in zeitlicher Hinsicht abzugrenzen. Der sachlich relevante Markt umfasst alle Waren oder Leistungen, die von der Marktgegenseite hinsichtlich ihrer Eigenschaften und ihres vorgesehenen Verwendungszweckes als substituierbar angesehen werden (analoge Anwendung von Art. 11 Abs. 3 lit. a VKU; RPW 2001/2, 242 N 22 – Vertrieb von Werbematerialien; RPW 2001/1, 91 N 25 – Kaladent AG; RPW 2001/1, 99 N 28 – Intensiv SA; RPW 1999/2, 229 N 45 – Spitallisten bei Halbprivatversicherungen mit eingeschränkter Spitalwahlfreiheit). Bei nachfragebedingter Abhängigkeit der Vertragspartner wird bei der Frage, wann Substituierbarkeit vorliegt, auf Substituierbarkeit auf der Stufe der Marktgegenseite der Vertragspartner abgestellt. So wird etwa bei Medizinalprodukten und Arzneimitteln nicht etwa auf deren Substituierbarkeit auf der Stufe des Grossisten, sondern auf der Stufe des Arztes abgestellt (RPW 2001/1, 100 N 29 – Intensiv SA; RPW 2000/3, 356 N 81 – Vertrieb von Arzneimitteln/Sanphar).

43 Das Sekretariat der Weko führt bei der Beurteilung des sachlich relevanten Marktes regelmässig den sog. **SSNIP-Test** («Small but significant non-transitory increase in price»-Test; RPW 2001/2, 243 f. N 26 ff. – Vertrieb von Werbematerialien) durch. Um die Frage der Substituierbarkeit zu beantworten und ein allfälliges Verhalten der Marktgegenseite einzuschätzen, wird nach deren Reaktion auf eine etwaige zehnprozentige Preiserhöhung gefragt. Entscheidend ist, ob eine solche Preiserhöhung für den Hersteller bzw. Vertreiber profitabel ist. Kann die Marktgegenseite die in Frage stehenden Produkte oder Leistungen durch andere ersetzen, so dass eine Preiserhöhung durch den damit einhergehenden Absatzrückgang nicht mehr einträglich wäre, werden die entsprechenden Substitutionsprodukte zum selben Markt gerechnet (RPW 2001/2, 246 N 39 – Vertrieb von Werbematerialien, m.V. auf die Horizontal Merger Guidelines vom 8. April 1997 des U.S. Department of Justice und der Federal Trade Commission [http://www.usdoj.gov/atr] und auf die Bekanntmachung der Kommission über die Definition des relevanten Marktes i.S. des Wettbewerbsrechtes der Gemeinschaft, ABl EG 1997 Nr. C 372/3, N 17). Eine solche Befragung wird so lange weitergeführt und es werden weitere Produkte so lange in den sachlich relevanten Markt miteinbezogen, bis eine kleine dauerhafte Erhöhung der relativen Preise einen Gewinn einbrächte (RPW 2001/2, 246 N 39 – Vertrieb von Werbematerialien).

b. Räumlich relevanter Markt

Der **räumlich relevante Markt** umfasst das Gebiet, in welchem die Marktgegenseite die Waren oder Leistungen auf dem sachlichen Markt anbietet oder nachfragt (analoge Anwendung von Art. 11 Abs. 3 lit. b VKU; RPW 2001/2, 274 N 110 – Watt/Migros/EEF; RPW 2001/2, 351 N 19 – Interkonnektionsverfahren DiAX/Swisscom AG). Der relevante Markt kann ein Kanton (RPW 2000/2, 175 N 42 – Association Fribourgeoise des Ecoles de Circulation), eine Region (RPW 2004/2, 529 ff. – Berner Zeitung AG/20 Minuten (Schweiz) AG), das Gebiet der gesamten Schweiz (RPW 2001/1, 92 N 29 – Kaladent AG), aber auch ein über das schweizerische Territorium hinausreichendes Gebiet (RPW 2001/1, 130 N 8 – Bombardier/Adtranz) sein (DUCREY/DROLSHAMMER, in: HOMBURGER, Kommentar 1996, Art. 10 N 17 ff.). 44

Die Weko neigt dazu, den relevanten Markt sachlich eher eng zu definieren, bei der Analyse der aktuellen Konkurrenz dann aber auch den **Einfluss der Konkurrenten benachbarter räumlicher Märkte** zu berücksichtigen (vgl. etwa RPW 2001/2, 317 ff. insb. N 62 – JC Decaux/Affichage). 45

Die Reko (die seit dem 1. Januar 2007 nicht mehr besteht) auferlegte sich bei der Überprüfung der durch die Weko gesetzten Marktdefinition eine gewisse Zurückhaltung, da nach ihrer Auffassung bei der Beurteilung dieser Frage ein gewisser Ermessungsspielraum der Weko bestehe (RPW 2000/4, 731 ff. E. 5. – Felix Service SA/Minolta AG, Entscheid der Reko). Ob dies auch für das Bundesverwaltungsgericht gelten wird, das seit dem 1. Januar 2007 Beschwerden gegen Entscheide der Weko zu beurteilen hat, wird sich noch weisen. Diese Auffassung ist u.E. jedenfalls falsch, hatte doch früher die Reko bzw. hat jetzt das Bundesverwaltungsgericht eine **umfassende Prüfungsbefugnis**. Diese hat die Reko in jüngster Vergangenheit erfreulicherweise wieder vermehrt wahrgenommen, so im Entscheid vom 4. Mai 2006 i.S. Berner Zeitung AG/20 Minuten (Schweiz) AG, in welchem die von der Weko vorgenommene Marktdefinition und Analyse der Wettbewerbsverhältnisse kritisiert und umgestossen werden (RPW 2006/2, 347 ff. – Berner Zeitung AG, Tamedia AG/Weko). 46

c. Zeitlich relevanter Markt

In gewissen Fällen ist der **Markt auch in zeitlicher Hinsicht abzugrenzen**. Der relevante Markt kann auch hier sehr eng sein. Dies zeigt sich namentlich im Submissionsverfahren, wo der Ausschreiber als Nachfrager die Waren oder Dienstleistungen spezifiziert und damit den Markt im Voraus sachlich, räumlich und zeitlich abgrenzt (ZÄCH, Kartellrecht 2005, N 377; RPW 2002/1, 141 f. N 25 ff. – Submission Betonsanierung am Hauptgebäude der Schweizerischen Landesbibliothek [SLB] [Untersuchung]). 47

III. Unternehmenszusammenschluss (Abs. 3)

48 Als Unternehmenszusammenschluss gilt gemäss Art. 4 Abs. 3 einerseits die Fusion zweier oder mehrerer bisher voneinander unabhängiger Unternehmen (lit. a); und andererseits jeder Vorgang, wie namentlich der Beteiligungserwerb oder Vertragsabschluss, durch den ein oder mehrere Unternehmen unmittelbar oder mittelbar die **Kontrolle** über ein oder mehrere bisher unabhängige Unternehmen oder Teile derselben erlangen (lit. b). Erfasst werden sodann gemäss Art. 2 VKU auch Gemeinschaftsunternehmen. Ob ein Zusammenschluss der Meldepflicht untersteht und wie er alsdann kartellrechtlich zu beurteilen ist, bestimmt sich nach den Anwendungsvoraussetzungen von Art. 9 und 10 sowie der VKU.

49 Vom **Begriff des Unternehmenszusammenschlusses** werden gemäss Art. 4 Abs. 3 somit folgende Tatbestände erfasst: die Unternehmensfusion in ihren verschiedenen Spielformen, die Kontrollübernahme durch Beteiligungserwerb sowie Gemeinschaftsunternehmen (Joint Ventures) (ZÄCH, Kartellrecht 2005, N 718). Diese können einer präventiven Prüfung unterzogen werden; es wird dabei untersucht, inwiefern Formen exogenen unternehmerischen Wachstums sich auf die Marktstrukturen und den Wettbewerb auf dem relevanten Markt auswirken (BORER, Kommentar 2005, Art. 4 N 31).

1. Fusion

50 Als **Fusion** i.S.v. Art. 4 Abs. 3 lit. a gilt der Zusammenschluss zweier oder mehrerer bisher juristisch wie wirtschaftlich selbständiger Unternehmen zu einer neuen selbständigen Einheit unter dem FusG bzw. dem Recht, worauf das Schweizer IPRG (Art. 163a ff. IPRG) verweist (zum Begriff des Unternehmenszusammenschlusses allgemein DUCREY/DROLSHAMMER, in: HOMBURGER, Kommentar 1996, Art. 4 N 79; DUCREY, in: VON BÜREN/DAVID, SIWR V/2, 233 ff. u. 246 ff.; HOFFET, in: ZÄCH, KG-Praxis, 48 f.; VON BÜREN/MARBACH, Wettbewerbsrecht, N 1351 ff.; VON BÜREN, Bestandesaufnahme, 559 f.; VON BÜREN/KINDLER, Kartellrecht, N 27 ff.; ZURKINDEN, Fusionskontrolle, N 23 ff.).

51 Nach Schweizer Recht kann eine solche Fusion durch Absorption bzw. durch Kombination i.s.v. Art. 3 FusG, durch Vermögensübertragung i.S.v. Art. 69 FusG, durch Quasifusion (Mehrheits- oder Gesamtübernahme gegen Bargeld oder Aktien unter Beibehaltung der übernommenen Gesellschaft) oder durch unechte Fusion (Übertragung der Aktiven und Passiven als Sacheinlage gegen Bargeld oder Aktien zugunsten der Aktionäre mit anschliessender Liquidation der übertragenden Gesellschaft) erfolgen, aber auch durch einen blossen Kauf von Unternehmensteilen. **Rein konzerninterne Umstrukturierungsvorgänge** (z.B. die Fusionierung zweier Unternehmen eines Konzerns) werden mangels wirtschaftlicher Selbständigkeit der

fusionierenden Unternehmen nicht von der Fusionskontrolle erfasst (vgl. VON BÜREN/MARBACH, Wettbewerbsrecht, N 1361).

Ob ein Unternehmenszusammenschluss in Form einer Fusion i.S. des Kartellrechts vorliegt, beurteilt sich nicht nach den Kriterien des Fusionsgesetzes; als Fusion i.S. des Art. 4 Abs. 3 lit. a ist die rechtliche bzw. die wirtschaftliche Verschmelzung von zwei oder mehreren bisher wirtschaftlich unabhängigen Unternehmen zu einem Unternehmen zu verstehen. Jede Unternehmensverflechtung ist als eine Fusion i.S. des Kartellrechts zu betrachten, wenn sie derart stark ist, dass die Willensbildung der beteiligten Unternehmen nicht mehr unabhängig voneinander erfolgen kann und soll. Punktuelle, temporäre wirtschaftliche Abhängigkeiten aufgrund von Kooperationsverträgen, welche eine gewisse Koordinierung zur Erreichung des Kooperationszwecks mit sich bringen, genügen jedoch nicht, damit eine Fusion vorliegt. Erforderlich ist vielmehr die Bündelung der zentralen strategischen Unternehmensleitung, die zu einer einheitlichen **Willensbildung** führt, welche rechtlich oder faktisch nicht bloss vorübergehender, sondern dauerhafter Natur ist (BORER, Kommentar 2005, Art. 4 N 27; DUCREY/DROLSHAMMER, in: HOMBURGER, Kommentar 1996, Art. 4 N 94). Damit muss sodann eine langfristige **Strukturveränderung** auf dem betroffenen Markt einhergehen. 52

2. Kontrollerwerb

Als **Kontrollerwerb** i.S.v. Art. 4 Abs. 3 lit. b gilt jeder Vorgang, durch den ein Unternehmen in die Lage versetzt wird, unmittelbar oder mittelbar einen bestimmenden Einfluss auf ein anderes, bisher unabhängiges Unternehmen oder Teile davon auszuüben. Im Gegensatz zum konzernrechtlichen Kontrollbegriff i.S. der einheitlichen wirtschaftlichen Leitung (Art. 663e Abs. 1 OR) genügt also die blosse Beherrschungsmöglichkeit, ohne dass diese auch tatsächlich ausgeübt werden muss (ZÄCH, Kartellrecht 2005, N 722 ff.; BORER, Kommentar 2005; Art. 4 N 31; DUCREY/DROLSHAMMER, in: HOMBURGER, Kommentar 1996, Art. 4 N 98). Umstrukturierungen innerhalb eines Konzerns werden nicht vom Zusammenschlussbegriff erfasst, da die davon betroffenen Unternehmen bereits wirtschaftlich voneinander abhängig sind (BORER, Kommentar 2005, Art. 4 N 29). Handelt es sich beim Objekt des Kontrollerwerbs, der durch einen Dritten erfolgt, bloss um einen Unternehmensteil, z.B. eine Division innerhalb eines Konzerns, muss diesem eine genügende eigenständige Bedeutung zukommen, damit ein Unternehmenszusammenschluss i.S. des Kartellrechts vorliegen kann; insb. müssen ihm Umsätze zugerechnet werden können, nicht zuletzt auch im Hinblick auf die Ermittlung der für die Prüfung der Meldepflicht gemäss Art. 9 statuierten Umsatzschwellenwerte (s. Art. 3 Abs. 2 VKU). 53

Als denkbare Mittel zum Erlangen der Kontrolle über ein bisher unabhängiges Unternehmen nennt Art. 1 VKU in nicht abschliessender Weise den Erwerb von Beteiligungsrechten, den Erwerb von Eigentums- oder Nutzungsrechten am ge- 54 samten oder an Teilen des Unternehmensvermögens, die Einräumung von Rechten oder den Abschluss von Verträgen, welche einen **bestimmenden Einfluss** auf Zusammensetzung, Beratungen oder Beschlüsse der Unternehmensorgane ermöglichen, wozu insb. Aktionärbindungs-, Management- und Gewinnabführungsverträge zählen (vgl. Botschaft KG 1995, 551; RPW 1997/2, 181 f. N 21 ff. – Publicitas – Gasser –Tschudi Druck; RPW 2003/3, 514 ff. – Credit Suisse/Bank Linth). Kontrollerwerb liegt vor, wenn das übernehmende Unternehmen in der Lage ist, über die zentralen Fragen der Unternehmensstrategie sowie über die entscheidenden Fragen der Geschäftsführung des übernommenen Unternehmens zu bestimmen und dadurch dessen Marktverhalten sowie die Marktstruktur nachhaltig zu beeinflussen. Zu den zentralen strategischen Entscheiden zählen neben der Mitbestimmung über die Zusammensetzung der Leitungsorgane insb. Beschlüsse über die Unternehmensstrategie, den Business-Plan und das Budget sowie generell wesentliche, über den ordentlichen Geschäftsgang hinausgehende Investitionen und Vorgänge (ZÄCH, Kartellrecht 2005, N 725; BORER, Kommentar 2005, Art. 4 N 34; DUCREY/DROLSHAMMER, in: HOMBURGER, Kommentar 1996, Art. 4 N 95 ff.).

55 Die Kombination von Kontrollmitteln kann u.U., je nach deren Gewichtung, dazu führen, dass bereits **Minderheitsbeteiligungen** einem Zusammenschluss gleichkommen. Der Erwerb einer blossen Kapitalmehrheit ohne zugleich auch der Stimmenmehrheit vermag i.d.R. noch keinen genügenden Einfluss zu begründen. Dieser kann sich jedoch z.B. durch die Einräumung von über blosse Minderheitsrechte hinausgehenden Schutz- oder Kontrollrechten bis hin zu eigentlichen Vetorechten einstellen, welche es dem betreffenden Unternehmen erlauben, das erforderliche Mass an Mitbestimmung und somit Kontrolle zu gewinnen. In Gesellschaften mit heterogenem Streuaktionariat kann die Kontrolle auch durch einen Minderheitsaktionär übernommen werden; dies dann, wenn Publikumsaktionäre an Generalversammlungen regelmässig nicht oder nur ungenügend repräsentiert werden, der Minderheitsaktionär deshalb den Verwaltungsrat wählt und damit (indirekt) auch bestimmen kann, wie die Gesellschaft geführt wird (BORER, Kommentar 2005, Art. 4 N 36 ff.).

56 Veränderungen innerhalb bestehender gemeinsamer Kontrolle über Gemeinschaftsunternehmen (s. dazu N 55), der Übergang von gemeinsamer zu alleiniger Kontrolle sowie der Wechsel von alleiniger zu gemeinsamer Kontrolle können aufgrund der damit einhergehenden marktstrukturellen Änderungen wiederum einen **Kontrollerwerb** gemäss Art. 4 Abs. 3 lit. b bedeuten (vgl. RPW 2001/4, 714 N 11 – NOK/E.On/Watt).

3. Gemeinschaftsunternehmen

57 Als **Gemeinschaftsunternehmen** gilt gemäss Art. 2 VKU der gemeinsame Kontrollerwerb durch zwei oder mehr Unternehmen an einem bereits bestehenden

Unternehmen (Abs. 1) sowie die gemeinsame Gründung eines neuen, künftig gemeinsam kontrollierten Unternehmens, in welches Geschäftstätigkeiten von mindestens einem der kontrollierenden Unternehmen einfliessen (Abs. 2). Voraussetzung ist sodann, dass das Gemeinschaftsunternehmen auf Dauer alle Funktionen einer selbständigen wirtschaftlichen Einheit erfüllt, dieses also analog einer Konzentration einen die Marktstrukturen dauerhaft beeinflussenden Charakter aufweist (sog. full-function Joint Venture; vgl. RPW 1997/2, 199 ff. N 17 ff. – Diax/SBCIS, wo bereits die Einräumung gewisser Ausschliesslichkeitsrechte an Diax als Einfliessen von Geschäftstätigkeiten qualifiziert wurde; DUCREY/ DROLSHAMMER, in: HOMBURGER, Kommentar 1996, Art. 4 N 126 ff.; ZÄCH, Kartellrecht 2005, N 734 ff.). Verbleibt mindestens ein kontrollierendes Unternehmen im Tätigkeitsbereich des Gemeinschaftsunternehmens, liegt letztlich ein kooperativer Tatbestand vor; dieser kann eine Koordinierung des Marktverhaltens unter den beteiligten Parteien mit entsprechenden Gruppeneffekten ermöglichen; daher kann deren Verhalten bei Vorliegen entsprechender Voraussetzungen zusätzlich auch nach Massgabe von Art. 5 ff. überprüft werden (ZÄCH, Kartellrecht 2005, N 729; ZURKINDEN, Gemeinschaftsunternehmen, 155 ff.; BORER, Kommentar 2005, Art. 4 N 42). Im Gegensatz zur EG-Fusionskontrolle, welche diese Unterscheidung zwischen konzentrativen und kooperativen Joint Ventures als Tatbestandsmerkmal für die Meldepflicht eines Unternehmenszusammenschlusses fallen gelassen hat, bildet diese im Kartellgesetz mithin weiterhin ein formelles und nicht erst ein materielles Beurteilungskriterium (dazu DUCREY/DROLSHAMMER, in: HOMBURGER; Kommentar 1996, Art. 4 N 132).

Gemäss Art. 2 Abs. 2 VKU können auch neu gegründete Gemeinschaftsunternehmen als vom Kartellrecht erfasste Gemeinschaftsunternehmen gelten. Es fragt sich aber, inwieweit die Erfassung **neu gegründeter** Gemeinschaftsunternehmen vom Gesetzestext in Art. 4 Abs. 3 formal gedeckt ist, zumal neu gegründete Unternehmen gar nicht erst von ihren Gründerunternehmen unabhängig sein können (SCHERRER, Fusionskontrollverfahren, 332; DUCREY/DROLSHAMMER, in: HOMBURGER, Kommentar 1996, Art. 4 N 134 f.). Materiell macht deren Gleichsetzung mit den bereits bestehenden Gemeinschaftsunternehmen angesichts der Tatsache, dass in beiden Fällen dieselbe Interessenlage bestehen kann (denn es gehen damit marktstrukturelle Änderungen einher), hingegen Sinn (vgl. RPW 1998/3, 474 E.5 – BKW/AEK). Fraglich ist hingegen, ob es rechtspolitisch richtig ist, dass im Falle neu gegründeter Gemeinschaftsunternehmen die Geschäftstätigkeiten mindestens eines der Mutterunternehmen einfliessen müssen, damit ein Unternehmenszusammenschluss nach dem Kartellrecht vorliegen kann (Art. 2 Abs. 2 VKU). Denn angesichts des gebündelten Finanz- und entsprechenden Marktpotenzials zweier voneinander unabhängiger Unternehmen kann die strategische Gründung eines Gemeinschaftsunternehmens in einem neuen Geschäftsbereich durchaus auch marktstrukturelle Änderungen zeitigen (BORER, Kommentar 2005, Art. 4 N 47; dazu allg. ZÄCH, Kartellrecht 2005, N 745 f.).

58

⁵⁹ Damit **gemeinsame** Kontrolle vorliegt, ist sowohl in Fällen nach Art. 2 Abs. 1 VKU als auch in Fällen gemäss Art. 2 Abs. 2 VKU erforderlich, dass die zentrale Willensbildung beim kontrollierten Unternehmen im Wesentlichen in Übereinstimmung mit den kontrollierenden Unternehmen erfolgen muss, bspw. dadurch, dass gewisse wichtige Entscheide nur mit Zustimmung sämtlicher kontrollierender Unternehmen getroffen werden können (ZÄCH, Kartellrecht 2005, N 732 f.; BORER, Kommentar 2005, Art. 4 N 39).

2. Kapitel: Materiellrechtliche Bestimmungen

1. Abschnitt: Unzulässige Wettbewerbsbeschränkungen

Art. 5 Unzulässige Wettbewerbsabreden

Unzulässige Wettbewerbsabreden

[1] Abreden, die den Wettbewerb auf einem Markt für bestimmte Waren oder Leistungen erheblich beeinträchtigen und sich nicht durch Gründe der wirtschaftlichen Effizienz rechtfertigen lassen, sowie Abreden, die zur Beseitigung wirksamen Wettbewerbs führen, sind unzulässig.

[2] Wettbewerbsabreden sind durch Gründe der wirtschaftlichen Effizienz gerechtfertigt, wenn sie:

a. notwendig sind, um die Herstellungs- oder Vertriebskosten zu senken, Produkte oder Produktionsverfahren zu verbessern, die Forschung oder die Verbreitung von technischem oder beruflichem Wissen zu fördern oder um Ressourcen rationeller zu nutzen; und

b. den beteiligten Unternehmen in keinem Fall Möglichkeiten eröffnen, wirksamen Wettbewerb zu beseitigen.

[3] Die Beseitigung wirksamen Wettbewerbs wird bei folgenden Abreden vermutet, sofern sie zwischen Unternehmen getroffen werden, die tatsächlich oder der Möglichkeit nach miteinander im Wettbewerb stehen:

a. Abreden über die direkte oder indirekte Festsetzung von Preisen;

b. Abreden über die Einschränkung von Produktions-, Bezugs- oder Liefermengen;

c. Abreden über die Aufteilung von Märkten nach Gebieten oder Geschäftspartnern.

[4] Die Beseitigung wirksamen Wettbewerbs wird auch vermutet bei Abreden zwischen Unternehmen verschiedener Marktstufen über Mindest- oder Festpreise sowie bei Abreden in Vertriebsverträgen über die Zuweisung von Gebieten, soweit Verkäufe in diese durch gebietsfremde Vertriebspartner ausgeschlossen werden.

Accords illicites

[1] Les accords qui affectent de manière notable la concurrence sur le marché de certains biens ou services et qui ne sont pas justifiés par des motifs d'efficacité économique, ainsi que tous ceux qui conduisent à la suppression d'une concurrence efficace, sont illicites.

[2] Un accord est réputé justifié par des motifs d'efficacité économique:

a. lorsqu'il est nécessaire pour réduire les coûts de production ou de distribution, pour améliorer des produits ou des procédés de fabrication, pour promouvoir la recherche ou la diffusion de connaissances techniques ou professionnelles, ou pour exploiter plus rationnellement des ressources; et

b. lorsque cet accord ne permettra en aucune façon aux entreprises concernées de supprimer une concurrence efficace.

³ Sont présumés entraîner la suppression d'une concurrence efficace dans la mesure où ils réunissent des entreprises effectivement ou potentiellement concurrentes, les accords:

a. qui fixent directement ou indirectement des prix;

b. qui restreignent des quantités de biens ou de services à produire, à acheter ou à fournir;

c. qui opèrent une répartition géographique des marchés ou une répartition en fonction des partenaires commerciaux.

⁴ Sont également présumés entraîner la suppression d'une concurrence efficace les accords passés entre des entreprises occupant différents échelons du marché, qui imposent un prix de vente minimum ou un prix de vente fixe, ainsi que les contrats de distribution attribuant des territoires, lorsque les ventes par d'autres fournisseurs agréés sont exclues.

Accordi illeciti

¹ Sono illeciti gli accordi in materia di concorrenza che intralciano notevolmente la concorrenza sul mercato di determinati beni o servizi e che non sono giustificati da motivi di efficienza economica, nonché quelli che provocano la soppressione di una concorrenza efficace.

² Un accordo in materia di concorrenza è considerato giustificato da motivi di efficienza economica:

a. se è necessario per ridurre il costo di produzione o di distribuzione, per migliorare i prodotti o il processo di fabbricazione, per promuovere la ricerca o la diffusione di conoscenze tecniche o professionali o per sfruttare più razionalmente le risorse; e

b. se non consentirà affatto alle imprese interessate di sopprimere la concorrenza efficace.

³ È data presunzione della soppressione della concorrenza efficace quando tali accordi, che riuniscono imprese effettivamente o potenzialmente concorrenti:

a. fissano direttamente o indirettamente i prezzi;

b. limitano i quantitativi di beni o servizi da produrre, acquistare o consegnare;

c. operano una ripartizione dei mercati per zone o partner commerciali.

⁴ La soppressione di una concorrenza efficace è pure presunta in caso di accordi mediante i quali imprese collocate ai diversi livelli di

mercato convengono prezzi minimi o fissi, nonché in caso di accordi relativi all'assegnazione di zone nell'ambito di contratti di distribuzione, per quanto vi si escludano vendite da parte di distributori esterni.

Inhaltsübersicht Note

I. Einleitung 1
II. Erhebliche Wettbewerbsbeschränkungen (Abs. 1) 4
III. Rechtfertigungsgründe (Abs. 2) 9
   1. Effizienzgründe (Abs. 2 lit. a) 11
      a. Senkung der Herstellungs- oder Vertriebskosten 14
      b. Verbesserung von Produkten oder Produktionsverfahren 16
      c. Förderung der Forschung und Verbreitung von technischem oder beruflichem Wissen 17
      d. Rationellere Nutzung von Ressourcen 18
   2. Notwendigkeit der Abrede (Abs. 2 lit. a) 20
   3. Fehlende Möglichkeit zur Beseitigung wirksamen Wettbewerbs (Abs. 2 lit. b) 21
IV. Wettbewerbsbeseitigung und deren Vermutung (Abs. 3 und 4) 22
   1. Unzulässigkeit wettbewerbsbeseitigender Abreden 22
   2. Vermutung der Wettbewerbsbeseitigung bei horizontalen Abreden 25
      a. Abreden über die direkte oder indirekte Festsetzung von Preisen (Abs. 3 lit. a) 25
      b. Abreden über die Einschränkung von Produktions-, Bezugs- oder Liefermengen (Abs. 3 lit. b) 27
      c. Abreden über die Aufteilung von Märkten nach Gebieten oder Geschäftspartnern (Abs. 3 lit. c) 28
   3. Vermutung der Wettbewerbsbeseitigung bei vertikalen Wettbewerbsabreden (Abs. 4) 29
      a. Abreden über Mindest- oder Festpreise 31
      b. Abreden über den absoluten Gebietsschutz in Vertriebsverträgen 33
   4. Widerlegung der Gesetzesvermutung 37
   5. Sanktionen 40

I. Einleitung

Art. 5 hält fest, welche Wettbewerbsabreden unzulässig sind. Entscheidend ist die **Intensität der Wettbewerbsbeschränkung**, welche durch eine Wettbewerbsabrede bewirkt wird. Art. 5 unterscheidet hierbei drei verschiedene Arten von Wettbewerbsbeschränkungen: 1

- unerhebliche Wettbewerbsbeschränkungen; diese sind kartellrechtlich zulässig;
- erhebliche Wettbewerbsbeschränkungen; diese sind grundsätzlich unzulässig, können aber durch Gründe der wirtschaftlichen Effizienz gerechtfertigt sein (Art. 5 Abs. 2 sowie Art. 6); nicht gerechtfertigte Wettbewerbsbeschränkungen können in Ausnahmefällen aufgrund von überwiegenden öffentlichen Interessen vom Bundesrat zeitlich limitiert bewilligt werden (Art. 8 u. Art. 31 Abs. 3.)

und

- Wettbewerbsabreden, welche den wirksamen Wettbewerb beseitigen (sog. harte Kartelle bzw. harte Vertikalabreden); diese sind unzulässig, sofern das KG überhaupt Anwendung findet (s. dazu Art. 3); gestützt auf Art. 8 können selbst harte Kartelle bzw. Vertikalabreden vom Bundesrat aufgrund von überwiegenden öffentlichen Interessen ausnahmsweise und für eine limitierte Zeit bewilligt werden (Art. 8 u. Art. 31 Abs. 3).

2 Die Frage, ob eine Wettbewerbsbeschränkung erheblich ist bzw. eine Wettbewerbsbeseitigung darstellt, wird stets mit Bezug auf einen **bestimmten Markt** beantwortet. Der relevante Markt ist in sachlicher, geografischer und unter bestimmten Umständen auch in zeitlicher Hinsicht abzugrenzen. Für die Bestimmung des relevanten Marktes ist Art. 11 Abs. 3 VKU analog anzuwenden. Danach umfasst der sachliche Markt alle Waren oder Leistungen, die von der Marktgegenseite hinsichtlich ihrer Eigenschaften und ihres vorgesehenen Verwendungszweckes als substituierbar angesehen werden. Der räumliche Markt umfasst dagegen das Gebiet, in welchem die Marktgegenseite die Waren oder Leistungen auf dem sachlichen Markt anbietet oder nachfragt. Der relevante Markt kann sehr eng sein. Dies zeigt sich namentlich im Submissionsverfahren, wo der Ausschreiber als Nachfrager die Waren oder Dienstleistungen spezifiziert und damit den Markt im Voraus sachlich, räumlich und zeitlich abgrenzt (ZÄCH, Kartellrecht 2005, N 377; RPW 2002/1, 141 f. N 25–28 – Submission Betonsanierung am Hauptgebäude der Schweizerischen Landesbibliothek (SLB); vgl. zum relevanten Markt im Detail Art. 4 N 42 ff.).

3 Zum **Begriff der Wettbewerbsabrede** vgl. Art. 4 Abs. 1 und vorne Art. 4 N 1 ff.

II. Erhebliche Wettbewerbsbeschränkungen (Abs. 1)

4 Eine Abrede führt nur dann zu einer Wettbewerbsbeschränkung, wenn die **Handlungsfreiheit** der Wettbewerbsteilnehmer hinsichtlich eines oder mehrerer Wettbewerbsparameter **beschränkt** wird (ZÄCH, Kartellrecht 2005, N 379). Erforderlich ist damit eine Abrede über einen Sachverhalt, der von der Marktgegenseite auf dem betroffenen Markt als relevant erachtet wird, wie bspw. der Preis,

die Qualität der Ware, des Kundenservices oder der Dienstleistung, das Design oder bestimmte Eigenschaften eines Produkts oder einer Dienstleistung. Betrifft die Vereinbarung keinen solchen Wettbewerbsparameter, fehlt es bereits an einer Wettbewerbsabrede (RPW 1997/4 – Kodex zwischen Krankenversicherern, 463 N 20 f.; vgl. auch KUGLER/ZURKINDEN in: TERCIER/BOVET, CR Concurrence, Art. 5 N 50 ff.).

Ob eine erhebliche Wettbewerbsbeschränkung vorliegt, bestimmt sich nach **qualitativen und quantitativen Kriterien** (RPW 2005/2, 263, N 73 – Swico/Sens). In qualitativer Hinsicht wird untersucht, wie wichtig der von der Abrede betroffene Wettbewerbsparameter für die Konkurrenzverhältnisse ist (RPW 2000/3, 361 ff. N 96 ff. – Vertrieb von Arzneimitteln/Sanphar,). Bei der Prüfung der Intensität der Wettbewerbsbeschränkung, also des quantitativen Kriteriums, ist der aktuelle Wettbewerb im Vergleich zur Situation vor der Abrede, die Wahrscheinlichkeit von Marktzutritten neuer Wettbewerber und die Stellung der Marktgegenseite von Bedeutung (RPW 2001/2, 321, N 68 – JC Decaux/Affichage). Je nachdem, ob Wettbewerbsabreden zwischen den Teilnehmern derselben Marktstufe oder aber verschiedener Marktstufen vorliegen, spricht man von horizontalen bzw. vertikalen Wettbewerbsabreden. Eine horizontale Abrede liegt damit bei Abreden zwischen Konkurrenten vor, eine vertikale Abrede etwa im Verhältnis zwischen Lieferant und Vertriebshändler. 5

Gemäss Ziff. 3 der Bekanntmachung der Weko über die wettbewerbsrechtliche Behandlung vertikaler Abreden vom 18. Februar 2002 (RPW 2002/2, 404 ff. – Vertikal-Bekanntmachung) führen gewisse vertikale Wettbewerbsabreden ungeachtet des Marktanteils der betroffenen Unternehmen zu einer erheblichen Wettbewerbsbeschränkung. Diese Auffassung überzeugt jedoch nicht, sondern es sind auch bei Vertikalabreden die **qualitativen und quantitativen Kriterien jeweils kumulativ zu prüfen** (a.M. ZÄCH, Kartellrecht 2005, N 395, wonach sich die Erheblichkeit der Wettbewerbsbeschränkung ausschliesslich aus qualitativen Kriterien ergeben kann). Ist eine qualitativ bedeutsame Wettbewerbsbeschränkung quantitativ unbedeutend, ist eine erhebliche Wettbewerbsbeschränkung keineswegs zwingend, wie folgendes Bild verdeutlicht: Stimmen zwei Unternehmen mit unbedeutenden Marktanteilen ihre Preise für einen beschränkten Zeitraum ab, kann dies zu keiner erheblichen Wettbewerbsbeeinträchtigung führen; für die Marktgegenseite ist diese Abrede aufgrund der unbedeutenden Marktanteile nicht spürbar. 6

Die Bekanntmachung betreffend Abreden mit beschränkter Marktwirkung vom 19. Dezember 2005 (RPW 2006/1, 209 ff. – «KMU-Bekanntmachung») äussert sich ebenfalls zur Erheblichkeit von Wettbewerbsbeschränkungen, die durch Wettbewerbsabreden herbeigeführt werden. Danach sind Wettbewerbsabreden, an denen ausschliesslich **Kleinstunternehmen**, d.h. Unternehmen mit maximal neun Mitarbeitern und einem in der Schweiz erreichten Jahresumsatz von maximal CHF 2 Mio., beteiligt sind, nicht erheblich, sofern keine harten Kartellabreden, also keine Vertikalabreden i.S.v. Art. 5 Abs. 3 oder Art. 5 Abs. 4 vorliegen. Der in der 7 zweiten Hälfte 2006 in die Vernehmlassung gegebene Entwurf einer Vertikal-Bekanntmachung scheint diese Sonderregelung allerdings wieder aufzuheben, indem er den Vorrang der Vertikal-Bekanntmachung vor der KMU-Bekanntmachung statuiert.

8   Gemäss der KMU-Bekanntmachung weisen überdies Wettbewerbsabreden unabhängig von der Grösse der beteiligten Unternehmen eine nur **beschränkte Marktwirkung** auf, wenn bei einer horizontalen Wettbewerbsabrede, die einer Verbesserung der Wettbewerbsfähigkeit dient, der von den beteiligten Unternehmen *insgesamt* gehaltene Marktanteil auf keinem der von der Abrede betroffenen relevanten Märkte 10% überschreitet. Ebenfalls nur eine beschränkte Marktwirkung wird bei vertikalen Wettbewerbsabreden angenommen, wenn der von *jedem* der beteiligten Unternehmen gehaltene Marktanteil auf keinem der von der Abrede betroffenen Märkte 15% überschreitet. Der Entwurf der Vertikal-Bekanntmachung erachtet nun ebenfalls einen Marktanteil von 15% als relevant, während die Vertikal-Bekanntmachung vom 18. Februar 2002 schon einen tieferen Anteil von 10% als problematisch erachtet. In diesen Fällen kann also davon ausgegangen werden, dass keine erhebliche Wettbewerbsbeeinträchtigung vorliegt. Vorbehalten sind auch hier harte Kartellabreden, also Abreden gemäss Art. 5 Abs. 3 und Art. 5 Abs. 4. Gemäss der Vertikal-Bekanntmachung ebenfalls vorbehalten sein sollen Händlern innerhalb selektiver Vertriebssysteme auferlegte Beschränkungen des aktiven oder passiven Verkaufs an Endverbraucher oder der Liefermengen an andere zugelassene Händler sowie nach dem Entwurf auch Einschränkungen des Mehrmarkenvertriebs, aber auch Wettbewerbsverbote von mehr als fünf Jahren oder die mehr als ein Jahr über die Beendigung der vertikalen Wettbewerbsabrede hinaus gelten und Beschränkungen, die den Lieferanten hindern, Ersatz- bzw. Bestandteile an Andere (Endverbraucher, Reparaturwerkstätten etc.) als den an der Abrede beteiligten Händler zu liefern. Auch in diesen Ausnahmefällen ist aber zu prüfen, ob eine erhebliche Wettbewerbsbeeinträchtigung vorliegt und ob diese ggf. durch Gründe der wirtschaftlichen Effizienz gerechtfertigt werden kann.

III. Rechtfertigungsgründe (Abs. 2)

9   Beeinträchtigt eine Wettbewerbsabrede den Wettbewerb erheblich, ist sie unzulässig, es sei denn, sie lasse sich durch Gründe der wirtschaftlichen Effizienz rechtfertigen. Damit eine Abrede **aus Gründen der wirtschaftlichen Effizienz gerechtfertigt** ist, bedarf es gemäss Art. 5 Abs. 2 des Vorliegens mindestens eines (ZÄCH, Kartellrecht 2005, N 404; RPW 2005/2, 276 N 46 – Sammelrevers 1993 für den Verkauf preisgebundener Verlagserzeugnisse in der Schweiz) der in Art. 5 Abs. 2 lit. a erwähnten Effizienzgründe (nachfolgend N 11 ff.). Die Abrede muss weiter notwendig sein, um eines der genannten Effizienzziele zu verwirklichen (nachfolgend N 20) und darf überdies den beteiligten Unternehmen

nicht die Möglichkeit zur Beseitigung wirksamen Wettbewerbs eröffnen (Art. 5 Abs. 2 lit. b; nachfolgend N 21).

Aufgrund der in Art. 12 VwVG i.V.m. Art. 39 KG statuierten **Untersuchungsmaxime** haben die Wettbewerbsbehörden auch die Rechtfertigungsgründe der wirtschaftlichen Effizienz von Amtes wegen zu untersuchen (RPW 2005/2, 274 N 38 u. Fn. 5 m.w.H. – Sammelrevers 1993 für den Verkauf preisgebundener Verlagserzeugnisse in der Schweiz). Entgegen der Ansicht der Weko (RPW 2005/2, 275 N 43 – Sammelrevers 1993 für den Verkauf preisgebundener Verlagserzeugnisse in der Schweiz) bedarf es – zumindest im Verwaltungsstrafverfahren – keines strikten Beweises des Vorliegens von Rechtfertigungsgründen, damit diese wirksam werden. Bestehen Zweifel, ob Rechtfertigungsgründe vorliegen, führt dies nicht bereits automatisch zur Unzulässigkeit der Abrede. Dies namentlich dann nicht, wenn es um die Frage der Sanktionierung gemäss Art. 49a geht. Der Grundsatz in dubio pro reo, der im Bereich des Verwaltungsstrafrechtes ebenfalls gilt (Art. 32 BV; Art. 6 Ziff. 2 EMRK), verlangt, dass sich Zweifel zugunsten des sanktionsbedrohten Unternehmens auswirken (ähnl. TAGMANN, Sanktionen, 108). Anders sieht die Rechtslage im zivilrechtlichen Bereich aus, wo die Beweislast auf Seiten des Unternehmens liegt, das die Rechtfertigungsgründe geltend macht (Art. 8 ZGB). Der Grund für die unterschiedliche Behandlung in zivilrechtlicher und verwaltungs(straf)rechtlicher Sicht liegt darin begründet, dass die Folgen der Beweislosigkeit in diesen Rechtsgebieten unterschiedlich geregelt sind und der Grundsatz in dubio pro reo im Zivilverfahren nicht gilt.

10

1. Effizienzgründe (Abs. 2 lit. a)

Die **Aufzählung der Effizienzgründe** in Art. 5 Abs. 2 lit. a, die bewirken, dass eine erhebliche Wettbewerbsbeschränkung zulässig ist, ist **abschliessend** (RPW 2001/1, 208, E. 3.3.2 – Association fribourgeoise des écoles de circulation (AFEC); Botschaft KG 1995, 558; HOFFET, in: HOMBURGER, Kommentar 1996, Art. 5 N 98).

11

Das Gesetz verlangt **Gründe der wirtschaftlichen Effizienz**, damit eine erhebliche Wettbewerbsbeschränkung zulässig ist. Nicht wirtschaftliche und namentlich politische Kriterien sind damit ausgeschlossen (RPW 2005/2, 275, N 44 – Sammelrevers 1993 für den Verkauf preisgebundener Verlagserzeugnisse in der Schweiz; ZURKINDEN/TRÜEB, Handkommentar, Art. 5 N 8; BORER, Kommentar 2005, Art. 5 N 32 ff.). Nicht wirtschaftliche Gründe, wie bspw. Gründe des Umweltschutzes oder der militärischen Sicherheit, können – soweit sie nicht gleichzeitig Gründe der wirtschaftlichen Effizienz darstellen (vgl. dazu unten N 18 f.) – höchstens vom Bundesrat berücksichtigt werden, wenn er prüft, ob erhebliche Wettbewerbsbeschränkungen, die sich nicht aus wirtschaftlichen Gründen rechtfertigen lassen, aus überwiegenden öffentlichen Interessen ausnahmsweise zuzulassen sind.

12

13 Gründe der wirtschaftlichen Effizienz liegen nicht schon dann vor, wenn ein wettbewerbsbeschränkendes Verhalten aus Sicht der beteiligten Unternehmen effizient ist und ihnen eine Kartellrente beschert (BORER, Kommentar 2005, Art. 5 N 46; RPW 2005/2, 276 N 46 – Sammelrevers 1993 für den Verkauf preisgebundener Verlagserzeugnisse in der Schweiz). Vielmehr muss die Abrede **gesamtwirtschaftlich** oder aus Sicht der Marktgegenseite als **effizient** betrachtet werden können (RPW 2005/2, 276 N 46 – Sammelrevers 1993 für den Verkauf preisgebundener Verlagserzeugnisse in der Schweiz). Beispiele solcher effizienter Abreden finden sich namentlich in allgemeinen Bekanntmachungen gemäss Art. 6.

a. Senkung der Herstellungs- oder Vertriebskosten

14 Auf den Effizienzgrund der Senkung der **Herstellungs- oder Vertriebskosten** können sich Unternehmen berufen, wenn sie durch Kooperation gewisse Grössenvorteile («economies of scale») erreichen. Zu denken ist hier etwa an die Zusammenlegung der Produktion, an gemeinsame Forschung und Entwicklung oder an einen gemeinsamen Vertrieb und Einkauf. Auch durch Spezialisierungsvereinbarungen, bei denen zwei Unternehmen vereinbaren, jeweils die Produkte, welche das andere Unternehmen herstellt, nicht selbst herzustellen, sondern beim anderen Unternehmen zu beziehen, kann die Produktivität erhöht und können Kosten gespart werden, da Forschungs- und Entwicklungskosten nicht dupliziert werden und die Herstellung dank grösseren Mengen kostengünstiger erfolgen kann (s. auch Art. 6 N 14). Mit dem Effizienzgrund der Senkung der Vertriebskosten können auch Vereinbarungen gerechtfertigt werden, die dem Vertrieb eines neuen Produktes förderlich sind (Botschaft KG 1995, 558). Damit lassen sich auch Exklusivabreden, bei denen etwa ein Hersteller einem Händler ein Gebiet exklusiv zuweist, rechtfertigen, erlauben doch solche Abreden einem Hersteller vielfach, ohne grössere Investitionen in einen Markt einzutreten bzw. darin zu verbleiben (ZÄCH, Kartellrecht 2005, N 406).

15 In Ziff. 5 ihrer Bekanntmachung über die wettbewerbsrechtliche Behandlung vertikaler Abreden vom 18. Februar 2002 («Vertikalbekanntmachung»; RPW 2002/4, 404 ff.) hat die Weko für verschiedene **Beschränkungen des geografischen Absatzgebietes oder des Kundenkreises für den Weiterverkauf durch den Händler** durch Wettbewerbsabreden das Vorliegen von Rechtfertigungsgründen bejaht. Die in der Bekanntmachung genannten Abreden erlauben eine effiziente Vertriebsgestaltung, und die damit verbundene Wettbewerbsbeeinträchtigung ist zur Erreichung dieser Effizienzziele erforderlich. Die Aufzählung der zulässigen Beschränkungen in der Vertikalbekanntmachung ist nicht abschliessend (RPW 2003/2, 254, N 68 ff. – Vertrieb Veterinär-Nahtmaterial Johnson&Johnson).

b. Verbesserung von Produkten oder Produktionsverfahren

Als weiteren Effizienzgrund nennt Art. 5 Abs. 2 lit. a die **Verbesserung von Produkten oder Produktionsverfahren**. Der Begriff der Verbesserung von Produkten ist weit zu verstehen und beschränkt sich nicht auf technische oder funktionelle Belange, sondern erfasst bspw. auch die Erhöhung der Umweltverträglichkeit von Produkten. Auch die Verbreiterung des Angebots von Dienstleistungen oder die Erweiterung des Produktesortiments sowie die Anhebung des Qualitätsniveaus von Dienstleistungen bzw. Produkten und die Verbesserung des Vertriebs, d.h. vertragliche Verpflichtungen des Abnehmers, fallen unter diesen Tatbestand (RPW 2005/2, 276 N 51 – Sammelrevers 1993 für den Verkauf preisgebundener Verlagserzeugnisse in der Schweiz). Dass selbst die Verbesserung des Vertriebes unter den Begriff der Verbesserung von Produkten fällt (Botschaft KG 1995, 559; ZÄCH, Kartellrecht 2005, N 408), leuchtet aus den folgenden Gründen ein: Die Verpflichtungen des Abnehmers zu fachkundiger Beratung der Kunden, zu ausreichender Lagerhaltung sowie zur Gewährleistung eines guten Kundendienstes bezwecken eine Verbesserung des Vertriebes und erlauben es dem Kunden aufgrund seines besseren Informationsstandes oder der schnelleren Liefermöglichkeiten, das geeignete Produkt zu finden oder die Benutzungsmöglichkeiten das Produkt betreffend zu verbessern.

c. Förderung der Forschung und Verbreitung von technischem oder beruflichem Wissen

Bei Abreden zur **Förderung der Forschung oder der Verbreitung von technischem oder beruflichem Wissen** handelt es sich um Absprachen zur Entwicklung von neuen Produkten oder allgemein um Vereinbarungen über Forschung und Entwicklung, aber auch um den Abschluss von Patent- oder Knowhow-Lizenzverträgen. Auch Franchise-Verträge oder Vereinbarungen zur fachgerechten Ausbildung von Händlern, namentlich in Selektiv- und Alleinvertriebsverträgen können durch diesen Effizienzgrund gerechtfertigt werden (RPW 2005/2, 307 N 186 – Sammelrevers 1993 für den Verkauf preisgebundener Verlagserzeugnisse in der Schweiz; ZÄCH, Kartellrecht 2005, N 413 f.). Der Rechtfertigungsgrund der Förderung der Verbreitung von technischem oder beruflichem Wissen ist nicht bloss dann gegeben, wenn die Abrede branchenintern zur Wissensverbreiterung führt (so aber RPW 2005/2, 307 N 187 – Sammelrevers 1993 für den Verkauf preisgebundener Verlagserzeugnisse in der Schweiz), sondern auch dann, wenn Kunden dank der Abrede von einem breiteren Wissen profitieren können (so auch BGE 129 II 46 E. 10.3.3).

d. Rationellere Nutzung von Ressourcen

Als letzten Effizienzgrund, der erhebliche Wettbewerbsbeschränkungen rechtfertigen kann, nennt das Gesetz die **rationellere Nutzung von Ressourcen**.

Unter diesen werden unternehmerische, aber auch natürliche Ressourcen verstanden (Botschaft KG 1995, 558 f.), gemäss bundesgerichtlicher Rechtsprechung aber auch öffentliche Güter und möglicherweise die Nutzung des in der Menschheit vorhandenen Wissens (BGE 129 II 47 E. 10.3.3). Ob eine Ressourceneinsparung möglich ist, bestimmt sich jeweils im Vergleich der Nutzung mit und ohne die fragliche Wettbewerbsabrede.

19 In der Lehre wird teilweise die Auffassung vertreten, die rationellere **Nutzung von natürlichen Ressourcen** stelle keinen Effizienzgrund i.S.v. Art. 5 Abs. 2 dar, sondern sei ausschliesslich durch den Bundesrat im Rahmen der ausnahmsweisen Zulassung gemäss Art. 8 zu beurteilen (HOFFET, in: HOMBURGER, Kommentar 1996, Art. 5 N 104). Dem kann nicht zugestimmt werden. Denn umweltverträgliche Produktion kann wirtschaftlich effizient sein, da Umweltkosten zunehmend den Verursachern belastet werden (ZÄCH, Kartellrecht 2005, N 415) und die umweltverträgliche Produktion als Marketinginstrument eingesetzt werden kann. Erforderlich ist immerhin ein genügend enger Bezug der Ressourceneinsparung zum Betrieb der an der Abrede beteiligten Unternehmen oder zum in Frage stehenden Produkt (RPW 2005/2, 266 N 92 – Swico/Sens). Fehlt ein solcher Bezug und kann die rationellere Nutzung natürlicher Ressourcen nicht als Wettbewerbsparameter eingesetzt werden, ist kein Effizienzgrund i.S.v. Art. 5 Abs. 2 lit. a gegeben. Denkbar wäre diesfalls, d.h. falls umweltverträgliche Produktion nicht gleichzeitig auch wirtschaftlich effizient ist, einzig ein überwiegendes öffentliches Interesse i.S.v. Art. 8, über das der Bundesrat zu befinden hätte (dazu hinten Kommentar zu Art. 8 N 3 ff.).

2. Notwendigkeit der Abrede (Abs. 2 lit. a)

20 Art. 5 Abs. 2 lit. a verlangt, dass die **Wettbewerbsabrede notwendig** ist, um (mindestens) einen der genannten Effizienzgründe zu erreichen. Die Notwendigkeit ist dann gegeben, wenn 1) die Abrede geeignet ist, den Effizienzgrund herbeizuführen, 2) kein anderes Mittel zur Verfügung steht, das den Wettbewerb weniger stark beschränken würde und 3) die Abrede den Wettbewerb im Verhältnis zum angestrebten Ziel nicht übermässig beeinträchtigt (Botschaft KG 1995, 560; BGE 129 II 47 E. 10.4).

3. Fehlende Möglichkeit zur Beseitigung wirksamen Wettbewerbs (Abs. 2 lit. b)

21 Eröffnen die Wettbewerbsabreden den beteiligten Unternehmen die **Möglichkeit, wirksamen Wettbewerb zu beseitigen**, ist eine Rechtfertigung der erheblichen Wettbewerbsbeschränkung ausgeschlossen (Art. 5 Abs. 2 lit. b). Wirksamer Wettbewerb ist dann beseitigt, wenn die Geschäftspartner der Unternehmen, die die Wettbewerbsabreden getroffen haben, keine Ausweichmöglich-

keiten mehr haben, also nicht mit Dritten dieselben Verträge abschliessen und auch nicht auf Substitute ausweichen können oder wenn kein Wettbewerbsdruck mehr besteht, so dass kein Druck mehr besteht, allfällige Effizienzgewinne in Form von Preissenkungen oder in anderer geeigneter Form an die Abnehmer weiterzugeben, sondern zur Gewinnmaximierung der an der Abrede beteiligten Unternehmen verwendet werden (ZÄCH, Kartellrecht 2005, N 428).

IV. Wettbewerbsbeseitigung und deren Vermutung (Abs. 3 und 4)

1. Unzulässigkeit wettbewerbsbeseitigender Abreden

Wettbewerbsabreden, welche den wirksamen Wettbewerb beseitigen, sind gemäss Art. 5 Abs. 1 **unzulässig** (zu den zivilrechtlichen Folgen Art. 13 N 1 ff.) und können auch nicht durch Gründe der wirtschaftlichen Effizienz gemäss Art. 5 Abs. 2 gerechtfertigt werden. Sie können vom Bundesrat höchstens ausnahmsweise und nur für eine beschränkte Dauer zugelassen werden (Art. 8, Art. 31 Abs. 3). 22

Das Gesetz sieht in Art. 5 Abs. 3 und 4 für gewisse Abreden die Vermutung der Beseitigung wirksamen Wettbewerbs vor. Diese Abreden werden aufgrund ihrer (erfahrungsgemäss) stark negativen Auswirkungen auf den Wettbewerb auch als **harte Kartelle** bzw. **harte Vertikalabreden** bezeichnet. Abs. 3 enthält die Vermutung der Beseitigung des wirksamen Wettbewerbs für gewisse horizontale Abreden, also Abreden von Unternehmen (der gleichen Marktstufe), die tatsächlich oder der Möglichkeit nach miteinander im Wettbewerb stehen, während Abs. 4 auch bei gewissen **Vertikalabreden**, also Abreden zwischen Unternehmen verschiedener Marktstufen, die Vermutung der Beseitigung wirksamen Wettbewerbs aufstellt. Ein Bündel gleichartiger vertikaler Abreden kann zu gleichförmigem, aufeinander abgestimmtem Verhalten und damit zu einer (vertikal veranlassten) horizontalen Wettbewerbsbeschränkung führen (IMMENGA, Marke, 375; vgl. BGE 129 III 29 ff. E. 6.5). 23

Eine Abrede wird nur ganz ausnahmsweise zur **Beseitigung wirksamen Wettbewerbs** führen, erfordert dies doch letztlich einerseits, dass praktisch sämtliche Marktteilnehmer an der Abrede beteiligt sind und andererseits, dass sich die Abrede auf sämtliche für den relevanten Markt bedeutenden Wettbewerbsparameter bezieht (ZURKINDEN/TRÜEB, Handkommentar, Art. 5 N 5). Besteht hinsichtlich der von der Abrede nicht erfassten, für den relevanten Markt bedeutsamen Wettbewerbsparameter Wettbewerb, ist der Wettbewerb auf dem relevanten Markt eben gerade nicht ausgeschlossen (vgl. BGE 129 III 36 ff. E. 8.3., wonach die Beratung seitens des Buchhandels erbrachten Dienstleistungen einen eigenständigen Wettbewerbsparameter darstellt, der trotz Preisbindung wirksamen Wettbewerb bestehen lassen kann). Damit wirksamer Wettbewerb nicht beseitigt ist, müssen die weiterhin bestehenden Wettbewerbsparameter allerdings mindestens 24 so wichtig sein wie diejenigen, hinsichtlich derer wirksamer Wettbewerb ausgeschlossen ist (vgl. dazu hinten, N 38).

2. Vermutung der Wettbewerbsbeseitigung bei horizontalen Abreden

a. Abreden über die direkte oder indirekte Festsetzung von Preisen (Abs. 3 lit. a)

25 Vom Tatbestand, wonach die direkte oder indirekte Festsetzung von Preisen den Wettbewerb vermutungsweise beseitigt, werden **sämtliche Abreden** erfasst, **die Preise oder Preiselemente** in irgendeiner Weise **festsetzen**. Darunter fallen neben Festpreisen auch Mindestpreise sowie die Vereinbarung von Preisspannen. Selbst Abreden über die Rabattgewährung wirken sich letztlich auf die Preisfestsetzung aus und fallen damit grundsätzlich unter Art. 5 Abs. 3 lit. a (HOFFET, in: HOMBURGER, Kommentar 1996, Art. 5 N 115). Eine Ausnahme, bei der eine Vermutung der Wettbewerbsbeseitigung von vorneherein nicht vorliegt, besteht immerhin dort, wo sich die Vereinbarung auf einen nur sehr kleinen Preisbestandteil bezieht und damit keine spürbare Auswirkung auf den Endpreis hat (so auch RPW 2005/1, 240 f., N 14 ff. – Klimarappen). Entscheidend ist dabei, dass eine Preisfestsetzung bewirkt wurde, nicht aber durch welche Mittel sie erreicht wurde (RPW 2006/1, 84 N 149 – Kreditkarten – Interchange Fee). Namentlich bei Abreden über Rabatte dürfte dies regelmässig der Fall sein, wenn die Ausgangspreise weiterhin frei festgesetzt werden können. Wird ausnahmsweise trotzdem eine Preisfestsetzung angenommen, dürfte trotz der Abreden über Rabatte regelmässig erheblicher Restwettbewerb bestehen, so dass die Gesetzesvermutung ohne weiteres umgestossen werden kann.

26 **Preisempfehlungen** sind nur dann Preisfestsetzungsabsprachen, wenn sie aufgrund von Druck oder Anreizen weitgehend befolgt werden (HOFFET, in: HOMBURGER, Kommentar 1996, Art. 5 N 115; WEBER/ZEIER, Vertikale Wettbewerbsabreden, 184). Gemäss dem bis Ende Oktober 2006 in die Vernehmlassung gegebenen Entwurf zur Vertikal-Bekanntmachung führten Preisempfehlungen dann, wenn der Lieferant – bzw. bei Exklusivbelieferungsverpflichtungen der Käufer – einen Marktanteil von mehr als 30% hält, immer zu einer erheblichen Wettbewerbsbeeinträchtigung, was sich weder mit dem Missbrauchsprinzip des schweizerischen Kartellrechts vereinbaren liesse noch aus wettbewerbstheoretischer Sicht sinnvoll ist.

b. Abreden über die Einschränkung von Produktions-, Bezugs- oder Liefermengen (Abs. 3 lit. b)

27 Bei den Abreden über die Einschränkung von Produktions-, Bezugs- oder Liefermengen wird das **Angebot oder die Nachfrage künstlich reduziert**. So

vereinbaren die Vertragsparteien bspw., ihre Produktion zu reduzieren, um so die Preise hoch zu halten.

c. *Abreden über die Aufteilung von Märkten nach Gebieten oder Geschäftspartnern (Abs. 3 lit. c)*

Bei diesen Abreden **teilen** sich die an der Abrede beteiligten Unternehmen **Gebiete oder Kunden exklusiv zu** und verpflichten sich, die anderen an der Abrede beteiligten Unternehmen zugewiesenen Gebiete oder Kunden nicht zu beliefern. Dies führt für die Marktgegenseite zu einer Reduktion der Anzahl Anbieter, im Extremfall gar zum Monopol eines einzigen Anbieters. 28

3. Vermutung der Wettbewerbsbeseitigung bei vertikalen Wettbewerbsabreden (Abs. 4)

Art. 5 Abs. 4 wurde erst mit der Revision vom 20. Juni 2003 eingefügt und sieht nun für bestimmte, vertikale Abreden die **Vermutung der Beseitigung wirksamen Wettbewerbs** vor. 29

Im Verhältnis des Prinzipals zum **Agenten** bzw. zum **Kommissionär** liegt insofern keine vertikale Wettbewerbsabrede vor, als der Agent kein wirtschaftliches Risiko trägt. Der Agent tritt insofern nicht als Unternehmen im Markt auf, sondern nimmt lediglich die Instruktionen des Prinzipals entgegen. Damit liegt gar keine Wettbewerbsabrede i.S.v. Art. 4 Abs. 1 vor. Weil der Prinzipal das wirtschaftliche Risiko trägt, muss der Prinzipal namentlich in der Preisbestimmung frei sein und es muss ihm deshalb auch erlaubt sein, dem Agenten bzw. Kommissionär den Verkaufspreis vorzuschreiben. Unzulässig wäre es einzig, dem Agenten bzw. Kommissionär die Weitergabe der Provision bzw. Kommission an den Käufer zu verbieten, da sich eine solche Weitergabe auf das wirtschaftliche Risiko des Agenten auswirkt (vgl. Ziff. 48 der Mitteilung der Kommission – Leitlinien für vertikale Beschränkungen, ABl 2000 C 291/1 ff. u. zum Ganzen RUGGLI, Agentur und Kommission, 159 ff.). 30

a. Abreden über Mindest- oder Festpreise

Bei vertikalen Preisabreden sind Vertragsgegenstand immer einzelne Produkte, die in aller Regel mit anderen substituierbaren Produkten einen sachlich relevanten Markt bilden (ZÄCH, in: STOFFEL/ZÄCH, Kartellgesetzrevision 2003, 47). Es geht um Preisabsprachen in Vertriebssystemen für im Regelfall immaterialgüterrechtlich geschützte Produkte wie Autos, Uhren, Parfums etc. Solche Produkte stehen in aller Regel im Interbrand-Wettbewerb mit anderen (substituierba- 31 ren) Gütern. Vertikale Abreden über Mindest- oder Festpreise werden auch **Preisfestsetzungen zweiter Hand** genannt.

32 Verboten ist nicht nur die Vorgabe eines bestimmten Fix- oder Mindestpreises, sondern ebenso eine **Preisempfehlung**, die sich durch Gewährung entsprechender Anreize tatsächlich wie eine Abrede über Fest- oder Mindestverkaufspreise auswirkt (ZÄCH, Kartellrecht 2005, N 464). Unter Art. 5 Abs. 4 fällt eine Preisempfehlung allerdings nur dann, wenn der Lieferant diese auf irgendeine Weise durchsetzen will und sei es nur indirekt, etwa durch höhere Rabatte für diejenigen Vertriebshändler, die sich tatsächlich an die Preisempfehlung halten. Immerhin ist erforderlich, dass die Vertriebshändler selbst der Preisempfehlung zustimmen. Soweit sie sich lediglich dem Druck des Lieferanten beugen, fehlt es regelmässig an einer Wettbewerbsabrede (vgl. Urteil des EuGH vom 13.7.2006 Rs. C-74/04 P Volkswagen AG; a.M. ZÄCH, Kartellrecht 2005, N 464). Wird eine Preisempfehlung seitens der Vertriebshändler befolgt, besteht zudem die Gefahr, dass darin eine aufeinander abgestimmte Verhaltensweise der Vertriebshändler oder eines Vertriebshändlers mit dem Lieferanten und damit eine unzulässige (horizontale) Mindest- oder Festpreisvereinbarung erkannt wird (vgl. vorne N 25). Keine Preisabsprache liegt aber immer dann vor, wenn die Abrede die Höhe eines verhältnismässig geringen Preiselementes zum Gegenstand hat, der auf dem Markt des Endprodukts keine preisharmonisierende Wirkung zeitigt (RPW 2005/2, 260 N 55 – Swico/Sens; RPW 2006/4, 609 N 64 – Einführung einer DMIF für Maestro-Transaktionen und geplantes Preismodell von Telekurs Multipay AG).

b. Abreden über den absoluten Gebietsschutz in Vertriebsverträgen

33 Was Art. 5 Abs. 4 unter aktivem Gebietsschutz versteht, ist von vorneherein nicht ganz klar. Der Regelung liegt aber das Europäische Wettbewerbsrecht zugrunde. Dieses erlaubt es einem Lieferanten, seinen Vertriebshändlern den aktiven Verkauf in einem anderen Gebiet zu verbieten. Dem Vertriebshändler darf also verboten werden, ausserhalb des ihm zugewiesenen Gebietes aktiv Kunden zu werben oder ein Auslieferungslager zu halten. Dagegen dürfen so genannte **passive Verkäufe**, bei denen der Vertriebshändler Anfragen von Kunden ausserhalb seines Gebietes honoriert, **nicht verboten** werden. Der Gebietsschutz des Vertriebshändlers ist damit nicht absolut.

34 Ein **Internet-Angebot** gilt grundsätzlich nicht als aktiver Verkauf. Anders ist immerhin in den Fällen zu entscheiden, in denen sich klar ergibt, dass die Internet-Seite für ein Gebiet ausserhalb des dem Vertriebshändler selbst zugewiesenen Territoriums bestimmt ist. Dies ist bspw. dann der Fall, wenn der Vertriebshändler die Preise in einer Währung angibt, die nicht der Währung entspricht, die im ihm zugewiesenen Territorium gilt oder wenn er eine Internet-Adresse ausserhalb des ihm zugewiesenen Territoriums verwendet (z.B. «.ch» durch einen in Deutschland ansässigen Vertriebshändler).

Mit Art. 5 Abs. 4 wollte der Gesetzgeber **verhindern**, dass der **schweizerische Markt abgeschottet** wird, indem Parallelimporte in die Schweiz generell unterbunden werden und dadurch in der Schweiz ein erhöhtes Preisniveau durchgesetzt werden kann (WEBER/ZEIER, Vertikale Wettbewerbsabreden, 181). Würde einem Vertriebshändler das Gebiet der Schweiz exklusiv zugewiesen und könnte anderen Vertriebshändlern selbst ein passiver Verkauf in die Schweiz verboten werden, hätte er es in der Hand, das höhere schweizerische Preisniveau durch höhere Preise auszunutzen, ohne die Konkurrenz durch Parallelimporteure befürchten zu müssen.

Art. 5 Abs. 4 findet lediglich auf den **absoluten Gebietsschutz** in Vertriebsverträgen Anwendung. Die Vereinbarung muss sich auf den **Vertrieb von Originalprodukten** beziehen (WEBER/ZEIER, Vertikale Wettbewerbsabreden, 185). Aufgrund seines klaren Wortlauts erfasst Art. 5 Abs. 4 nur die Aufteilung von Märkten nach Gebieten, nicht auch die Aufteilung von Märkten nach Kunden (WEBER/ZEIER, Vertikale Wettbewerbsabreden, 186).

4. Widerlegung der Gesetzesvermutung

Erfüllt ein Sachverhalt einen der in Art. 5 Abs. 3 oder 4 genannten Tatbestände (Vermutungsbasis), wird von Gesetzes wegen vermutet, dass er den wirksamen Wettbewerb beseitigt (Vermutungsfolge). Diese Rechtsfolge tritt nicht ein, falls die **Vermutung widerlegt** werden kann. Die Widerlegung ist dann möglich, wenn nachgewiesen werden kann, dass trotz der Abrede Wettbewerb herrscht. Dabei kann es sich sowohl um ausreichenden Innen- als auch Aussenwettbewerb handeln (RPW 2006/4, 609 N 67 – Einführung einer DMIF für Maestro Transaktionen und geplantes Preismodell von Telekurs Multipay AG). Ausreichender Innenwettbewerb ist bspw. gegeben, wenn sich genügend Teilnehmer nicht an die Abrede halten oder diese nur einen unbedeutenden Wettbewerbsparameter erfasst. Bei ausreichendem Aussenwettbewerb sind genügend Unternehmen nicht an der Abrede beteiligt (DAVID/JACOBS, Wettbewerbsrecht, N 523). Die Gesetzesvermutung führt nur in Zivilprozessen zu einer Beweislastumkehr (vgl. unten Art. 12 N 20; Botschaft KG 1995, 517). Im Verwaltungsverfahren gilt dagegen die Untersuchungsmaxime, weshalb von vornherein nicht von einer Beweislast gesprochen werden kann.

Das Bundesgericht hat im Fall Buchpreisbindung (BGE 129 II 37 ff.) die Auffassung abgelehnt, ausreichender Innen- oder Aussenwettbewerb müsse mit Bezug auf jenen Wettbewerbsparameter bestehen, der von der Abrede erfasst sei, damit die Vermutung der Wettbewerbsbeseitigung widerlegt werden könne (so aber etwa die Auffassung im RPW 2002/1, 143 – Submission Betonsanierung am Hauptgebäude der Schweizerischen Landesbibliothek (SLB); RPW 2001/2, 410 N 31, E. 5.4.1.b – Schweizerischer Buchhändler- und Verlegerverband). Nach Auffassung des Bundesgerichts kann insb. die Vermutung, dass eine Preisabrede den Wettbewerb beseitige, durch den Nachweis widerlegt werden, dass intensiver Qualitätswettbewerb besteht. Dieser Auffassung ist grundsätzlich zuzustimmen. Eine Beseitigung wirksamen Wettbewerbs bei Preisabsprachen tritt nur dann ein, wenn der Preis den **weitaus bedeutendsten Wettbewerbsparameter** darstellt, neben dem die anderen Wettbewerbsparameter verblassen. Dies dürfte bei homogenen Gütern, wo Qualitätsunterschiede kaum eine Rolle spielen, i.d.R. zu bejahen sein. Daneben sind aber Märkte denkbar, in denen der Preis nur einen unbedeutenden Wettbewerbsparameter darstellt, so etwa bei kassenpflichtigen Arzneimitteln, wo die Patienten als Marktgegenseite die unmittelbaren Kosten gar nicht selbst zu tragen haben, da sie diese weitgehend auf die Krankenversicherer abwälzen können, so dass für die Patienten der Preis eines Arzneimittels ein unerheblicher Wettbewerbsparameter darstellt. Immerhin ist aufgrund des Umstandes, dass der Gesetzgeber eine Vermutung für die Beseitigung wirksamen Wettbewerbs bei Abreden über die direkte oder indirekte Festsetzung von Preisen statuierte, eine Beseitigung dieser gesetzlichen Vermutung nur dann anzunehmen, wenn anderen Wettbewerbsparametern, bezüglich derer der Wettbewerb intakt ist, mindestens die Bedeutung des Preises zukommt.

39 Umstritten ist, ob die Gesetzesvermutung von Art. 5 Abs. 4 mit dem Argument umgestossen werden kann, es bestehe trotz fehlenden Intrabrand-Wettbewerbs, also fehlenden Wettbewerbs mit Produkten eines bestimmten Herstellers, **genügender Interbrand-Wettbewerb**, also Wettbewerb mit substituierbaren Produkten anderer Hersteller. Angesichts des Umstandes, dass der Gesetzgeber in Art. 5 Abs. 4 explizit die Gesetzesvermutung aufstellte, wonach Beschränkungen des Intrabrand-Wettbewerbs (Preisbindung der zweiten Hand, absoluter Gebietsschutz) zur Beseitigung wirksamen Wettbewerbs führen und in diesen Fällen praktisch immer genügender Interbrand-Wettbewerb besteht, muss gefolgert werden, dass der Gesetzgeber die Gesetzesvermutung grundsätzlich nicht durch den Nachweis bestehenden Interbrand-Wettbewerbs widerlegt haben wollte, da die Gesetzesvermutung sonst nur ganz ausnahmsweise zum Tragen käme (ZÄCH, Kartellrecht 2005, N 491 ff.; REINERT, Entwicklungen 2003/2004, 111, WEBER/ZEIER, Vertikale Wettbewerbsabreden, 188; a.M. DAVID/JACOBS, Wettbewerbsrecht, N 526). Die Gleichstellung einer Marke mit einem Markt ist aber an sich ökonomisch verfehlt, da ein Produkt einer bestimmten Marke für die Marktgegenseite regelmässig mit einem Produkt einer anderen Marke substituierbar sein dürfte.

5. Sanktionen

40 Abreden, welche unter Art. 5 Abs. 3 und 4 fallen und den Wettbewerb beseitigen, können direkt sanktioniert werden (vgl. dazu hinten, zu Art. 49a). Die **zivilrechtlichen** Folgen von Wettbewerbsbeseitigungen werden in Art. 12 f. festgehalten.

Art. 6 Gerechtfertigte Arten von Wettbewerbsabreden

Gerechtfertigte Arten von Wettbewerbsabreden

¹ In Verordnungen oder allgemeinen Bekanntmachungen können die Voraussetzungen umschrieben werden, unter denen einzelne Arten von Wettbewerbsabreden aus Gründen der wirtschaftlichen Effizienz in der Regel als gerechtfertigt gelten. Dabei werden insbesondere die folgenden Abreden in Betracht gezogen:

a. Abreden über die Zusammenarbeit bei der Forschung und Entwicklung;

b. Abreden über die Spezialisierung und Rationalisierung, einschliesslich diesbezügliche Abreden über den Gebrauch von Kalkulationshilfen;

c. Abreden über den ausschliesslichen Bezug oder Absatz bestimmter Waren oder Leistungen;

d. Abreden über die ausschliessliche Lizenzierung von Rechten des geistigen Eigentums;

e. Abreden mit dem Zweck, die Wettbewerbsfähigkeit kleiner und mittlerer Unternehmen zu verbessern, sofern sie nur eine beschränkte Marktwirkung aufweisen.

² Verordnungen und allgemeine Bekanntmachungen können auch besondere Kooperationsformen in einzelnen Wirtschaftszweigen, namentlich Abreden über die rationelle Umsetzung von öffentlich-rechtlichen Vorschriften zum Schutze von Kunden oder Anlegern im Bereich der Finanzdienstleistungen, als in der Regel gerechtfertigte Wettbewerbsabreden bezeichnen.

³ Allgemeine Bekanntmachungen werden von der Wettbewerbskommission im Bundesblatt veröffentlicht. Verordnungen im Sinne der Absätze 1 und 2 werden vom Bundesrat erlassen.

Catégories d'accords réputés justifiés

¹ Les conditions auxquelles des accords en matière de concurrence sont en règle générale réputés justifiés par des motifs d'efficacité économique peuvent être fixées par voie d'ordonnances ou de communications. A cet égard, seront notamment pris en considération:

a. les accords de coopération en matière de recherche et de développement;

b. les accords de spécialisation et de rationalisation, y compris les accords y relatifs concernant l'utilisation de schémas de calcul;

c. les accords en vue de l'octroi d'une exclusivité sur l'acquisition ou la vente de certains biens ou services;

d. les accords relatifs à la concession de licences exclusives de droits de propriété intellectuelle;

Art. 6   Peter Reinert

e. les accords ayant pour but d'améliorer la compétitivité des petites et moyennes entreprises, dans la mesure où ils n'ont qu'un impact restreint sur le marché.

²Les ordonnances et communications relatives aux accords en matière de concurrence peuvent aussi reconnaître comme étant réputées justifiées des formes particulières de coopération propres à certaines branches de l'économie, notamment des accords concernant la transposition rationnelle de prescriptions de droit public pour la protection des clients ou des investisseurs en matière de services financiers.

³Les communications sont publiées dans la Feuille fédérale par la Commission de la concurrence. Le Conseil fédéral édicte les ordonnances prévues aux al. 1 et 2.

Tipi di accordi giustificati

¹Nelle ordinanze o nelle comunicazioni possono essere descritte le esigenze in virtù delle quali gli accordi in materia di concorrenza vengono di norma considerati giustificati da motivi di efficienza economica. A tale scopo vengono in particolare presi in considerazione:

a. gli accordi di cooperazione in materia di ricerca e di sviluppo;

b. gli accordi di specializzazione e di razionalizzazione, ivi compresi gli accordi concernenti l'utilizzazione di schemi di calcolo;

c. gli accordi concernenti l'esclusiva di acquisto o di vendita di determinati beni o servizi;

d. gli accordi concernenti l'esclusiva di concessione di licenze di diritti di proprietà intellettuale;

e. gli accordi che hanno lo scopo di migliorare la competitività delle piccole e medie imprese, per quanto il loro effetto sul mercato sia limitato.

²Le ordinanze e le comunicazioni relative a accordi in materia di concorrenza possono considerare di norma giustificate speciali forme di cooperazione in singoli rami economici, in particolare accordi sulla trasposizione razionale di prescrizioni di diritto pubblico per la protezione dei clienti o degli investitori nel settore dei servizi finanziari.

³Le comunicazioni vengono pubblicate nel Foglio federale da parte della Commissione della concorrenza. Il Consiglio federale emana le ordinanze di cui ai capoversi 1 e 2.

Inhaltsübersicht **Note**

I. Einleitung 1
II. Gerechtfertigte Arten von Wettbewerbsabreden (Abs. 1) 8
   1. Allgemein 8

2. Die einzelnen in Absatz 1 genannten Abreden 10
   a. Abreden über die Zusammenarbeit bei der Forschung und Entwicklung
      (lit. a) 10
   b. Abreden über die Spezialisierung und Rationalisierung, einschliesslich
      diesbezügliche Abreden über den Gebrauch von Kalkulationshilfen (lit. b) 12
   c. Abreden über den ausschliesslichen Bezug oder Absatz bestimmter Waren
      oder Leistungen (lit. c) 18
   d. Abreden über die ausschliessliche Lizenzierung von Rechten des geistigen
      Eigentums (lit. d) 21
   e. KMU-Bekanntmachung (lit. e) 23
III. Besondere Kooperationsformen in einzelnen Wirtschaftszweigen (Abs. 2) 27
   1. Allgemeines 27
   2. Einzelne betroffene Wirtschaftszweige 30
IV. Erlass und Veröffentlichungen (Abs. 3) 33
   1. Verordnungen 33
   2. Allgemeine Bekanntmachungen 35

I. Einleitung

Art. 6 wurde aufgrund der Ergebnisse des Vernehmlassungsverfahrens in das Gesetz aufgenommen. Sein **Zweck** besteht darin, die Rechtssicherheit zu verbessern, indem das erlaubte unternehmerische Verhalten klarer vom verbotenen abgegrenzt wird (vgl. Botschaft KG 1995, 496). Vorbild für die Beispiele grundsätzlich gerechtfertigter Abreden in Art. 6 bildeten die Gruppenfreistellungsverordnungen des europäischen Wettbewerbsrechts. Diese (punktuelle) Anlehnung des Kartellgesetzes an das europäische Wettbewerbsrecht darf jedoch nicht darüber hinwegtäuschen, dass grundsätzliche Unterschiede zwischen dem Kartellgesetz und dem europäischen Wettbewerbsrecht bestehen und dass bei der Auslegung des Kartellgesetzes, die das europäische Wettbewerbsrecht bei punktuellen Anlehnungen einbezieht, solchen Unterschieden Rechnung zu tragen ist. Da das Kartellgesetz im Gegensatz zum europäischen Wettbewerbsrecht keine Verbotsgesetzgebung darstellt, können auch keine Tatbestände von einem Verbot freigestellt werden. Ein weiterer wesentlicher Unterschied zum europäischen Wettbewerbsrecht besteht zudem darin, dass das europäische Recht auf die Errichtung eines Binnenmarktes ausgerichtet ist (Botschaft KG 1995, 563). Gleichwohl können die europäischen Gruppenfreistellungsverordnungen Anhaltspunkte für erlaubtes Verhalten enthalten. Nach europäischem Recht zulässige Verhaltensweisen sind regelmässig auch nach schweizerischem Recht zulässig. Aus diesem Grund wird nachfolgend auch kurz das europäische Recht skizziert. 1

Art. 6 Abs. 1 sieht zwei verschiedene **Formen** vor, in denen die Voraussetzungen beschrieben werden, unter denen einzelne Arten von Wettbewerbsabreden aus 2

Gründen der wirtschaftlichen Effizienz i.d.R. als gerechtfertigt gelten: Verordnungen und allgemeine Bekanntmachungen.

3 **Verordnungen** sind vom Bundesrat zu erlassen (Art. 7 RVOG). Die noch im Gesetzesentwurf vorgesehene Verordnungskompetenz der Weko wurde bereits von der nationalrätlichen Kommission gestrichen. Eine Verordnung hält die Rechte und Pflichten der Rechtsunterworfenen verbindlich fest. Der Bundesrat hat bisher von seiner Kompetenz zu Erlass einer Verordnung gestützt auf Art. 6 noch keinen Gebrauch gemacht.

4 Im Gegensatz zu Verordnungen sind **allgemeine Bekanntmachungen** Aussagen der Weko, wie sie in der Praxis zu entscheiden gedenkt. Auch wenn eine allgemeine Bekanntmachung nicht individuell konkrete Fälle zum Gegenstand hat, rechtfertigt sie dennoch das berechtigte Vertrauen der Rechtsunterworfenen in deren Inhalt. Während die Gerichte an Bekanntmachungen der Weko nicht gebunden sind, besteht aufgrund des Vertrauensprinzips (Art. 9 BV) eine Bindung der Weko selbst, die lediglich in ganz besonders gelagerten Ausnahmefällen von ihrer Stellungnahme in einer Bekanntmachung abweichen kann. Ein Unternehmen, das sich auf eine Bekanntmachung verlassen hat, kann nie sanktioniert werden, da es dann keine Sorgfaltspflichtsverletzung begangen haben kann, eine solche aber für eine Sanktionierung unabdingbar wäre (s. dazu Art. 49a N 5).

5 **Bis heute** hat die Weko **fünf Bekanntmachungen** publiziert:

(i) Die Bekanntmachung betr. Homologation und Sponsoring bei Sportartikeln vom 15. Dezember 1997 (RPW 1998/1, 154 ff.), die durch einen kurzen Kommentar konkretisiert wurde (RPW 1998/1, 165 ff.),

(ii) die Bekanntmachung betr. die Voraussetzungen für die kartellgesetzliche Zulässigkeit von Abreden über die Verwendung von Kalkulationshilfen vom 4. Mai 1998 (RPW 1998/2, 441 ff.), die seitens des Sekretariates der Weko ebenfalls kurz kommentiert wurde (RPW 1998/2, 449 ff.),

(iii) die Bekanntmachung über die wettbewerbsrechtliche Behandlung vertikaler Abreden vom 18. Februar 2002 (RPW 2002/2, 404 ff. [«Vertikal-Bekanntmachung»]; eine neue Vertikal-Bekanntmachung befindet sich in Vorbereitung),

(iv) die Bekanntmachung über die wettbewerbsrechtliche Behandlung von vertikalen Abreden im Kraftfahrzeughandel vom 21. Oktober 2002 (RPW 2002/4, 770 ff.), welche durch die Erläuterungen der Weko zur Bekanntmachung über die wettbewerbsrechtliche Behandlung von vertikalen Abreden im Kraftfahrzeughandel (RPW 2004/3, 964 ff.) konkretisiert wurde und schliesslich

(v) die Bekanntmachung betr. Abreden mit beschränkter Marktwirkung («KMU-Bekanntmachung») vom 19. Dezember 2005 (RPW 2006/1, 209 ff.).

6 Sowohl Verordnungen als auch Bekanntmachungen können **Bedingungen** aufführen, unter denen gewisse Abreden i.d.R. durch Gründe der wirtschaftlichen

Effizienz gerechtfertigt sind (so genannte White List). Ebenfalls zulässig ist ein Hinweis auf Voraussetzungen, die mit erhöhter Wahrscheinlichkeit nicht gerechtfertigt werden können (Grey List). Da das schweizerische Recht allerdings als Missbrauchsgesetzgebung ausgestaltet ist, ist dagegen eine Black List, welche festhält, unter welchen Umständen gewisse Abreden unzulässig sind, ausgeschlossen (HOFFET, in: HOMBURGER, Kommentar 1996, Art. 6 N 3). Die Weko hat sich allerdings an diese Einschränkung nicht gehalten und bspw. in Ziff. 12–17 der Bekanntmachung über die wettbewerbsrechtliche Behandlung von vertikalen Abreden im Kraftfahrzeughandel eine Black List aufgestellt.

In einer analogen Auslegung von Art. 6 muss es der Weko im Interesse der Rechtssicherheit, die Art. 6 ja bezweckt, auch erlaubt sein, in allgemeinen Bekanntmachungen festzulegen, unter welchen Umständen die **Erheblichkeit** einer Wettbewerbsbeeinträchtigung zu verneinen ist. 7

II. Gerechtfertigte Arten von Wettbewerbsabreden (Abs. 1)

1. Allgemein

Die **Aufzählung** der Arten von Wettbewerbsbeschränkungen, die in Konkretisierung des Grundsatzes von Art. 5 Abs. 2 i.d.R. aus Gründen der wirtschaftlichen Effizienz als gerechtfertigt gelten, ist **nicht abschliessend**. Sie stellt auch **keine Prioritätenliste** der durch Verordnungen oder Bekanntmachungen zu regelnden Abreden dar (Botschaft KG 1995, 563). Vielmehr entwickelte die Weko aufgrund ihrer praktischen Erfahrung in gewissen Bereichen Kriterien, die sie in den Bekanntmachungen publizierte. 8

Indem der Gesetzgeber gewisse Wettbewerbsabreden in Art. 6 aufzählte, anerkannte er, dass diese aus Gründen der wirtschaftlichen Effizienz grundsätzlich gerechtfertigt werden können. Insofern kommt der Aufzählung in Art. 6 durchaus **eigenständige Bedeutung** zu (HOFFET, in: HOMBURGER, Kommentar 1996, Art. 6 N 1). 9

2. Die einzelnen in Absatz 1 genannten Abreden

a. Abreden über die Zusammenarbeit bei der Forschung und Entwicklung (lit. a)

Abreden über die **Zusammenarbeit in der Forschung und Entwicklung** ermöglichen es den Parteien, Kosten einzusparen, durch Zusammenführen von Know-how die Innovation zu beschleunigen und die mit der Forschung und Entwicklung verbundenen Risiken breiter zu streuen. U.U. kann eine Abrede über die Zusammenarbeit in Forschung und Entwicklung aber auch zu einer Einschränkung des Innovationswettbewerbs führen. 10

11 Hinweise für zulässige Abreden lassen sich namentlich auch dem **europäischen Recht** entnehmen: Die Europäische Kommission hat am 29. November 2000 die Verordnung (EG) Nr. 2659/2000 über die Anwendung von Art. 81 Abs. 3 EGV auf Gruppen von Vereinbarungen über Forschung und Entwicklung erlassen (ABl 2000 L304/7). Gemäss dieser Verordnung sind Abreden zwischen zwei oder mehreren Unternehmen für die gemeinsame Forschung und Entwicklung von Produkten oder Verfahren grundsätzlich freigestellt, wenn ihr gemeinsamer Anteil im betroffenen Markt 25% nicht übersteigt. Die Verordnung wird durch die Bekanntmachung der Kommission über horizontale Kooperationsabkommen (ABl 2001 C3/2) ergänzt.

b. Abreden über die Spezialisierung und Rationalisierung, einschliesslich diesbezügliche Abreden über den Gebrauch von Kalkulationshilfen (lit. b)

12 Unter den **Begriff der Rationalisierungsabreden** fallen einerseits Abreden über die einheitliche Anwendung von Normen und Typen (REYMOND, in: TERCIER/ BOVET, CR Concurrence, Art. 6 N 69 ff.; HOFFET, in: HOMBURGER, Kommentar 1996, Art. 6 N 28; s. sogleich N 13) sowie Vereinbarungen über den zwischenbetrieblichen Informationsaustausch, soweit diese nicht der Durchsetzung harter Kartelle dienen (HOFFET, in: HOMBURGER, Kommentar 1996, Art. 6 N 28; REYMOND, in: TERCIER/BOVET, CR Concurrence, Art. 6 N 73 ff.), anderseits aber etwa auch Einkaufs- und Verkaufsgemeinschaften. Ob tatsächlich auch Restrukturierungsvereinbarungen über die Einschränkung der Produktion zur Reduktion von Überkapazitäten unter den Begriff des Rationalisierungsabkommens fallen (so HOFFET, in: HOMBURGER, Kommentar 1996, Art. 6 N 28), ist angesichts der in Art. 5 Abs. 3 lit. b bei Mengenabsprachen vermuteten Wettbewerbsbeseitigung fraglich; die Beantwortung dieser Frage ist letztlich aber ohne Belang, da die Aufzählung in Art. 6 ohnehin lediglich beispielhaft ist. Da im Falle von Überkapazitäten die Gesetzesvermutung regelmässig umgestossen werden kann, können im Einzelfall durchaus Gründe der wirtschaftlichen Effizienz nach Art. 5 Abs. 2 solche Abreden rechtfertigen. Sämtliche von Art. 6 erfassten Rationalisierungsabkommen zeichnen sich dadurch aus, dass sie den beteiligten Unternehmen ermöglichen, Kosten einzusparen.

13 **Vereinbarungen über die Vereinheitlichung von Normen und Typen** können den Wettbewerb zwischen verschiedenen Herstellern verschärfen, indem die Kompatibilität der Produkte sichergestellt wird. Normenvereinbarungen können aber auch zur Marktabschottung führen, so etwa wenn die schweizerischen Hersteller sich auf andere Normen einigen, als sie international üblich sind. Die Europäische Kommission hat in ihren Leitlinien zur Anwendbarkeit von Art. 81 EGV auf Vereinbarungen über horizontale Zusammenarbeit (ABl 2001 C 3/2, Ziff. 159 ff.) Beispiele zulässiger Normenvereinbarungen festgehalten.

Die Weko hat ihrerseits eine Vereinbarung über eine **Vertriebsgemeinschaft** 14
unter Konkurrenten als durch Gründe der wirtschaftlichen Effizienz gerechtfertigt
erachtet, da sie es den beteiligten Unternehmen erlaubte, ein grösseres Sortiment
zu geringeren Kosten zu vertreiben (RPW 1998/1, 28 N 52 – Virtuelle Kalenderfabrik Schweiz [VKFS]).

Mittels **Spezialisierungsvereinbarungen** vereinbaren tatsächliche oder potenzielle 15
Konkurrenten, gewisse Produkte, die durch die andere Partei hergestellt werden,
nicht oder nicht mehr herzustellen. Vielfach sind solche Spezialisierungsvereinbarungen an die Verpflichtung gekoppelt, die nicht mehr hergestellten Produkte exklusiv bei der anderen Vertragspartei zu beziehen. Spezialisierungsvereinbarungen
erlauben es i.d.R. den Herstellern, die Produkte effizienter herzustellen und durch
die Konzentration auf gewisse Produkte auch mehr Mittel in die Entwicklung der
einzelnen Produkte zu stecken. Durch die Herstellung grösserer Mengen lassen sich
überdies Kosteneinsparungen erzielen. Auf der anderen Seite führt eine Spezialisierungsvereinbarung zum Wegfall eines Anbieters und damit tendenziell zu einer
Verringerung des Wettbewerbs. Das Sekretariat der Weko hat dem Entwurf einer
Spezialisierungsvereinbarung zwischen vier kleinen konkurrenzierenden Unternehmen, welche Kalender und Agenden produzierten und vertrieben, zugestimmt,
weil die erforderlichen Investitionen sich nur bei einer erhöhten Produktion lohnten
(RPW 1998/1, 26 f. N 39 ff. – Virtuelle Kalenderfabrik Schweiz [VKFS]).

Die Europäische Kommission hat am 29. November 2000 die Verordnung (EG) 16
Nr. 2658/2000 über die Anwendung von Art. 81 Abs. 3 EGV auf Gruppen von
Spezialisierungsvereinbarungen erlassen (ABl 2000 L 304/3). Gemäss dieser
Verordnung sind solche **Spezialisierungsvereinbarungen** grundsätzlich zulässig,
sofern der Anteil der beteiligten Parteien im relevanten Markt 20% nicht überschreitet. Auch diese Verordnung wurde durch die Leitlinien zur Anwendbarkeit
von Art. 81 EGV auf die Vereinbarungen über horizontale Zusammenarbeit
(ABl 2001 C 3/2, insb. Ziff. 8 u. 78 ff.) konkretisiert. Nach dieser Regelung zulässige Abreden sind grundsätzlich auch nach schweizerischem Recht unproblematisch.

Die Regelung, wonach auch Abreden über den **Gebrauch von Kalkulationshil-** 17
fen gerechtfertigt sein können, wurde erst aufgrund der parlamentarischen Beratungen ins Gesetz eingefügt. Kalkulationshilfen sind standardisierte, in allgemeiner Form abgefasste Hinweise und rechnerische Grundlagen, welche es den Anwendern erlauben, die Kosten von Produkten oder der Erbringung von Dienstleistungen im Hinblick auf die Preisbestimmung zu berechnen oder zu schätzen.
Kalkulationshilfen können dazu führen, dass Konkurrenten ihre Preise bewusst
oder unbewusst abstimmen. Aus diesem Grunde sind Abreden über die gemeinsame Verwendung von Kalkulationshilfen nur insoweit zulässig, als sie keinen
Austausch von Informationen beinhalten, die Aufschluss über das effektive Verhalten von einzelnen Beteiligten in der Offertstellung bzw. bezüglich der Bestimmung von Endpreisen und Konditionen geben können.

c. *Abreden über den ausschliesslichen Bezug oder Absatz bestimmter Waren oder Leistungen (lit. c)*

18 Unter die in Art. 6 Abs. 1 lit. c genannten Abreden fallen zunächst einmal die **Exklusivvertriebsverträge**. Gemäss diesen verpflichtet sich der Lieferant, in einem bestimmten Gebiet Vertragswaren ausschliesslich einem bestimmten Händler zu verkaufen. Durch die Gewährung des Gebietsschutzes erhält der Händler ein genügendes Interesse, den Markt intensiv zu bearbeiten und die dazu notwendigen Investitionen zu tätigen. Ein Alleinvertriebsvertrag erlaubt es so einem Hersteller, in einen neuen Markt einzudringen und sich zu etablieren. Durch Alleinvertriebsvereinbarungen beschränkt sich der Lieferant regelmässig in der Freiheit, selbst in das Vertragsgebiet zu liefern. Gleichzeitig führt die Nichtbelieferung weiterer Händler im Vertragsgebiet zu einer Einschränkung des Wettbewerbs. Dem Vertriebspartner seinerseits muss es aufgrund von Art. 5 Abs. 4 immerhin erlaubt sein, Anfragen von Kunden ausserhalb seines Vertragsgebietes anzunehmen (vgl. dazu oben Art. 5 N 33).

19 In **Alleinbezugsverträgen** verpflichtet sich der Händler gegenüber dem Lieferanten, gewisse Produkte nur bei diesem einzukaufen. Solche Verträge erlauben es dem Lieferanten, den Verkauf und damit auch die Herstellung seiner Produkte besser zu planen, und sie gewähren dem Vertriebshändler dadurch regelmässig Liefersicherheit. Alleinbezugsverträge stellen ebenfalls ein Mittel des Markteintrittes dar. Andererseits führen sie zu einer Verminderung der Absatzmöglichkeiten der Lieferanten.

20 In ihrer **Vertikal-Bekanntmachung** (RPW 2002/2, 404 ff.) hält die Weko fest, dass sie Beschränkungen, die den Lieferanten hindern, Bestand- bzw. Ersatzteile an Andere (Endverbraucher, Reparaturwerkstätten etc.) als den an der Abrede beteiligten Händlern zu liefern, als erhebliche Beeinträchtigung des Wettbewerbs erachtet. Gleichzeitig hält die Vertikal-Bekanntmachung fest, dass eine Beschränkung des geografischen Absatzgebietes oder des Kundenkreises für den Weiterverkauf durch den Händler durch Gründe der wirtschaftlichen Effizienz gerechtfertigt werden kann, wenn der Lieferant sich diese Gebiete oder Kundengruppen selbst vorbehalten oder ausschliesslich einem anderen Händler zugewiesen hat. Erforderlich ist allerdings, dass es dem Händler überlassen bleibt, unaufgeforderte Bestellungen individueller Kunden zu erfüllen und Weiterverkäufe durch die Kunden des Händlers nicht begrenzt werden. Der Entwurf der Vertikal-Bekanntmachung, der bis Ende Oktober 2006 in die Vernehmlassung gesandt wurde, möchte diese Rechtfertigung allerdings nur bei Abreden zulassen, bei denen der Marktanteil des Lieferanten bzw. bei Exklusivbelieferungsverpflichtungen des Käufers nicht mehr als 30% beträgt. Eine solche Einschränkung ist nicht sachgerecht. Vielmehr muss auch bei höheren Marktanteilen jeweils im Einzelfall geprüft werden, ob nicht Rechtfertigungsgründe vorliegen. Die Regelung des Entwurfs lässt sich mit der Missbrauchsgesetzgebung nicht in Einklang bringen.

d. *Abreden über die ausschliessliche Lizenzierung von Rechten des geistigen Eigentums (lit. d)*

Die Gewährung eines ausschliesslichen Rechts an Immaterialgüterrechten dient der Förderung des technischen Fortschrittes. Die Einräumung einer solchen **Exklusivlizenz** ermöglicht es u.u. dem Lizenznehmer, die immaterialgüterrechtlich geschützten Produkte in Gebieten zu produzieren und zu vertreiben, in denen der Lizenzgeber dies nicht zu tun vermöchte. Gleichzeitig werden aber Dritte von der Verwendung der entsprechenden Technologie ausgeschlossen, was eine wettbewerbsbeeinträchtigende Wirkung haben kann. Unter den Begriff des geistigen Eigentums fallen nicht bloss eigentliche Immaterialgüterrechte wie Marken, Patente, Muster und Modelle und Designrechte, sondern auch blosses Know-how (REYMOND, in: TERCIER/BOVET, CR Concurrence, Art. 6 N 128). 21

Die **Europäische Kommission** hat am 27. April 1996 die Verordnung (EG) Nr. 772/2004 über die Anwendung von Art. 81 Abs. 3 EGV auf Gruppen von Technologietransfer-Vereinbarungen (ABl 2004 L 123/11) erlassen. Danach sind Technologie-Transfervereinbarungen, die die Produktion von Vertragsprodukten ermöglichen, grundsätzlich zulässig. Erforderlich ist immerhin, dass der gemeinsame Marktanteil bei konkurrierenden Unternehmen 20% und bei nicht konkurrierenden Unternehmen 30% nicht überschreiten darf, um von der Gruppenfreistellung zu profitieren. Auch hier führt die Zuweisung von Kunden und Märkten sowie die Festlegung von Preisen grundsätzlich dazu, dass die Gruppenfreistellungsverordnung nicht anwendbar und eine Freistellung damit einzig aufgrund einer Einzelfallprüfung nach Art. 81 Abs. 3 EG möglich ist. Dasselbe gilt für die Verpflichtung des Lizenznehmers, eigene, abtrennbare Verbesserungen an der lizenzierten Technologie oder an eigenen neuen Anwendungen dieser Technologie vollständig oder teilweise an den Lizenzgeber zu übertragen oder ihm eine Exklusivlizenz einzuräumen. Die Verordnung (EG) Nr. 772/2004 wurde durch die Leitlinien der Kommission zur Anwendung von Art. 81 EGV auf Technologietransfer-Vereinbarungen (ABl 2004 L 101/2) weiter erläutert. Abreden, welche nach der Verordnung (EG) Nr. 772/2004 freigestellt sind, sind grundsätzlich auch nach schweizerischem Recht als zulässig zu betrachten. 22

e. *KMU-Bekanntmachung (lit. e)*

Art. 6 Abs. 1 lit. e wurde anlässlich der Kartellgesetzrevision vom 20. Juni 2003 ins Gesetz aufgenommen. Danach können Abreden mit dem Zweck, die Wettbewerbsfähigkeit kleinerer und mittlerer Unternehmen zu verbessern, sofern sie nur eine beschränkte Marktwirkung aufweisen, gerechtfertigt sein; die konkreten Voraussetzungen können in Bekanntmachungen oder Verordnungen geregelt werden. Mit Beschluss vom 19. Dezember 2005 erliess die Weko denn 23 auch die Bekanntmachung betr. **Abreden mit beschränkter Marktwirkung** (KMU-Bekanntmachung; RPW 2006/1, 209 ff.).

24 Entgegen ihrer Bezeichnung findet die KMU-Bekanntmachung nicht bloss auf kleine und mittlere Unternehmen Anwendung. Vielmehr können auch grosse Unternehmen unter die KMU-Bekanntmachung fallen, zumal diese den Begriff des KMUs gar nicht definiert. Die KMU-Bekanntmachung enthält immerhin **Spezialregeln für Kleinstunternehmen** mit weniger als zehn Mitarbeitenden und einem in der Schweiz erzielten Jahresumsatz von weniger als CHF 2 Mio. Danach sind Abreden, an denen nur Kleinstunternehmen beteiligt sind, kartellrechtlich zulässig, sofern sie keine harten Kartellabreden nach Art. 5 Abs. 3 und 4 umfassen. Sollte der noch im Vernehmlassungsentwurf zur neuen Vertikal-Bekanntmachung vorgesehene Vorrang der Vertikal-Bekanntmachung gegenüber der KMU-Bekanntmachung beibehalten werden, entfielen allerdings diese Spezialregeln.

25 Sowohl die Gesetzesbestimmung als auch die KMU-Bekanntmachung sind verunglückt: So wird verlangt, dass die Wettbewerbsabrede der **Verbesserung der Wettbewerbsfähigkeit** dient. Was damit gemeint ist, bleibt unklar. Sollte es sich dabei um die gemäss Art. 5 Abs. 2 abschliessend genannten Gründe der wirtschaftlichen Effizienz handeln, hätte Art. 6 Abs. 1 lit. e gar nicht erlassen werden müssen.

26 Nicht völlig klar ist gegenwärtig noch das **Verhältnis der KMU-Bekanntmachung zur Vertikal-Bekanntmachung**. Zwischen diesen besteht teilweise ein Widerspruch: Ziffer 4 der Vertikal-Bekanntmachung statuiert, dass vertikale Wettbewerbsabreden, wenn sie keine der in Ziffer 3 genannten Wettbewerbsbeschränkungen zum Gegenstand haben, dann regelmässig keine erhebliche Beeinträchtigung des Wettbewerbs darstellen, wenn die von allen beteiligten Unternehmen gehaltenen Marktanteile auf keinem der relevanten Märkte die Schwelle von 10% überschreiten. Dem gegenüber hält Ziffer 3 Absatz 1 lit. b der KMU-Bekanntmachung fest, dass Wettbewerbsabreden dann i.d.R. eine beschränkte Wettbewerbswirkung aufwiesen, wenn der von jedem an einer vertikalen Wettbewerbsabrede beteiligten Unternehmen gehaltene Marktanteil auf keinem der von der Abrede betroffenen relevanten Märkte 15% überschreitet. Solche Vertikalabreden sind gemäss Ziffer 1 Absatz 1 der KMU-Bekanntmachung dann zulässig, wenn sie der Verbesserung der Wettbewerbsfähigkeit dienen, namentlich wenn sie durch leistungssteigernde oder innovationsfördernde Massnahmen Grössen- oder Verbundvorteile ermöglichen oder wenn sie Verkaufsanreize für die nachgelagerte Stufe schaffen und sie hierzu notwendig sind. Da die KMU-Bekanntmachung nicht bloss wie die Vertikal-Bekanntmachung das Nichtvorliegen gewisser qualifizierter Wettbewerbsbeschränkungen statuiert, sondern darüber hinaus positiv die Verbesserung der Wettbewerbsfähigkeit fordert, lässt sich der in der KMU-Bekanntmachung zulässige höhere Marktanteil auch theoretisch rechtfertigen und die KMU-Bekanntmachung geht bei Vorliegen solcher Verbes-

serungen der Vertikal-Bekanntmachung vor, zumal es sich bei der KMU-Bekanntmachung um den neueren Erlass handelt. Der Entwurf einer neuen Vertikal-Bekanntmachung sieht nun aber ebenfalls einen maximal zulässigen Marktanteil von 15% vor, so dass diese Inkongruenz ohnehin verschwände.

III. Besondere Kooperationsformen in einzelnen Wirtschaftszweigen (Abs. 2)

1. Allgemeines

Im Gegensatz zu Art. 6 Abs. 1, der branchenübergreifend festhält, unter welchen Voraussetzungen einzelne Arten von Wettbewerbsabreden sich aus Gründen der wirtschaftlichen Effizienz rechtfertigen lassen, sieht Art. 6 Abs. 2 die Möglichkeit vor, für bestimmte **branchenspezifische Kooperationsformen** die Rechtfertigungsgründe festzulegen. Ob Art. 6 Abs. 2 tatsächlich nur horizontale Abreden erfasst (REYMOND, in: TERCIER/BOVET, CR Concurrence, Art. 6 N 228), erscheint fraglich. Jedenfalls ist kein Grund einzusehen, weshalb nicht auch branchenspezifische Vertikalabreden eine Rechtfertigung erfahren könnten. 27

Der Gesetzgeber hatte bei Erlass von Art. 6 Abs. 2 namentlich Branchen im Visier, die einer **staatlichen Aufsicht** unterstehen (Botschaft KG 1995, 564), wo eine Konsultation der jeweiligen Aufsichtsbehörde vor Erlass der Bekanntmachung bzw. Verordnung regelmässig stattfinden sollte. Art. 6 Abs. 2 erwähnt namentlich einzig den Finanzbereich. Gleichwohl ist allgemein anerkannt, dass Verordnungen und Bekanntmachungen auch in Bereichen erlassen werden dürfen, die keiner öffentlichen Aufsicht unterstehen (vgl. BORER, Kommentar 2005, Art. 6 N 24). Voraussetzung ist einzig, dass sich in diesen Wirtschaftszweigen **besondere Kooperationsformen** durchgesetzt haben (HOFFET, in: HOMBURGER, Kommentar 1996, Art. 6 N 40; vgl. unten, N 30 ff.), wobei nicht erforderlich ist, dass diese für den entsprechenden Wirtschaftszweig einzigartig sind (REYMOND, in: TERCIER/BOVET, CR Concurrence, Art. 6 N 231). 28

Die Idee hinter Art. 6 Abs. 2 ist der **Konsumenten- bzw. Kundenschutz**; die Vereinheitlichung gewisser Geschäftsbedingungen oder -praktiken in einer Branche kann im Interesse der Konsumenten bzw. Kunden liegen, da Leistungen so vergleichbar, die zur Informationsbeschaffung erforderlichen Zeiträume kürzer und Überraschungen vermieden werden. 29

2. Einzelne betroffene Wirtschaftszweige

Im **Finanzdienstleistungsbereich** könnten bspw. Vereinbarungen über die Höhe der Entschädigung, welche die Banken für einander erbrachte Dienstleistungen verrechnen, von einer Verordnung oder Bekanntmachung erfasst werden. 30

Dagegen dürften Vereinbarungen über die den Kunden zu berechnenden Preise nicht Gegenstand von Verordnungen oder Bekanntmachungen gestützt auf Art. 6 Abs. 2 bilden, da dies eine harte Kartellabrede i.S.v. Art. 5 Abs. 3 lit. a wäre.

31 Im **Versicherungsbereich** ist namentlich an Vereinbarungen über den Informationsaustausch zur Erstellung von Statistiken, allgemeine Versicherungsbedingungen für bestimmte Versicherungen, die Prüfung und Anerkennung von Sicherheitsvorkehrungen, die Erstellung von Verzeichnissen und den Austausch von Informationen über erhöhte Risiken oder die gemeinsame Deckung von gewissen Risiken zu denken (vgl. dazu etwa Verordnung [EG] Nr. 358/2003 der Kommission vom 27. Februar 2003 über die Anwendung von Art. 81 Abs. 3 EGV auf Gruppen von Vereinbarungen, Beschlüssen und aufeinander abgestimmte Verhaltensweisen im Versicherungssektor; ABl 2003 L 53/8).

32 Bereits heute findet auf die **Sportbranche** die Bekanntmachung Homologation und Sponsoring bei Sportartikeln vom 15. Dezember 1997 Anwendung; und für die **Automobilbranche** besteht die Bekanntmachung über die wettbewerbsrechtliche Behandlung von vertikalen Abreden im Kraftfahrzeughandel vom 21. Oktober 2002. Als **weitere Branchen**, für die Bekanntmachungen erlassen werden könnten, kämen bspw. auch die Landwirtschaft, der Buchhandel oder der Vertrieb von Musiknoten in Frage.

IV. Erlass und Veröffentlichungen (Abs. 3)

1. Verordnungen

33 Gemäss Art. 6 Abs. 3 ist der Bundesrat zum Erlass von Verordnungen i.S.v. Art. 6 Abs. 1 und 2 zuständig. Der Bundesrat wird solche Verordnungen erst erlassen, wenn sich eine allgemeine Bekanntmachung der Weko in der Praxis bewährt hat. Der Erlass einer Verordnung soll die **Rechtssicherheit** der Betroffenen zusätzlich erhöhen, denn im Gegensatz zur Situation bei allgemeinen Bekanntmachungen sind Gerichte und Behörden an Verordnungen ausnahmslos gebunden.

34 Vor Erlass einer Verordnung ist die Weko anzuhören. Verordnungen sind gemäss Art. 2 lit. d PublG in der **amtlichen Sammlung des Bundesrechts** zu veröffentlichen.

2. Allgemeine Bekanntmachungen

35 Nachdem die Weko ihre ersten Bekanntmachungen noch ohne **Durchführung eines Vernehmlassungsverfahrens** publizierte (vgl. dazu die Kritik bei REINERT, Entwicklungen 2001/2002, 106), ist sie mittlerweile dazu übergegan-

gen, vor Erlass einer Bekanntmachung ein Vernehmlassungsverfahren durchzuführen. Dies ist zu begrüssen (zu den Wirkungen einer allgemeinen Bekanntmachung s. vorne N 4).

Allgemeine Bekanntmachungen sind im **Bundesblatt** zu veröffentlichen (Art. 6 Abs. 3; vgl. Art. 13 Abs. 2 PublG). 36

Art. 7 Unzulässige Verhaltensweisen marktbeherrschender Unternehmen

Unzulässige Verhaltensweisen marktbeherrschender Unternehmen

[1] Marktbeherrschende Unternehmen verhalten sich unzulässig, wenn sie durch den Missbrauch ihrer Stellung auf dem Markt andere Unternehmen in der Aufnahme oder Ausübung des Wettbewerbs behindern oder die Marktgegenseite benachteiligen.

[2] Als solche Verhaltensweisen fallen insbesondere in Betracht:

a. die Verweigerung von Geschäftsbeziehungen (z. B. die Liefer- oder Bezugssperre);

b. die Diskriminierung von Handelspartnern bei Preisen oder sonstigen Geschäftsbedingungen;

c. die Erzwingung unangemessener Preise oder sonstiger unangemessener Geschäftsbedingungen;

d. die gegen bestimmte Wettbewerber gerichtete Unterbietung von Preisen oder sonstigen Geschäftsbedingungen;

e. die Einschränkung der Erzeugung, des Absatzes oder der technischen Entwicklung;

f. die an den Abschluss von Verträgen gekoppelte Bedingung, dass die Vertragspartner zusätzliche Leistungen annehmen oder erbringen.

Pratiques illicites d'entreprises ayant une position dominante

[1] Les pratiques d'entreprises ayant une position dominante sont réputées illicites lorsque celles-ci abusent de leur position et entravent ainsi l'accès d'autres entreprises à la concurrence ou son exercice, ou désavantagent les partenaires commerciaux.

[2] Sont en particulier réputés illicites:

a. le refus d'entretenir des relations commerciales (p. ex. refus de livrer ou d'acheter des marchandises);

b. la discrimination de partenaires commerciaux en matière de prix ou d'autres conditions commerciales;

c. le fait d'imposer des prix ou d'autres conditions commerciales inéquitables;

d. la sous-enchère en matière de prix ou d'autres conditions commerciales, dirigée contre un concurrent déterminé;

e. la limitation de la production, des débouchés ou du développement technique;

f. le fait de subordonner la conclusion de contrats à la condition que les partenaires acceptent ou fournissent des prestations supplémentaires.

Pratiche illecite di
imprese che dominano il mercato

¹Le pratiche di imprese che dominano il mercato sono considerate illecite se, abusando della loro posizione sul mercato, tali imprese ostacolano l'accesso o l'esercizio della concorrenza delle altre imprese o svantaggiano i partner commerciali.

²Costituiscono in particolare pratiche del genere:

a. il rifiuto di relazioni commerciali (p. es. il blocco della consegna o dell'acquisto);

b. la discriminazione di partner commerciali in materia di prezzi o di altre condizioni commerciali;

c. l'imposizione di prezzi inadeguati o di altre condizioni commerciali inadeguate;

d. la vendita sotto prezzo o ad altre condizioni commerciali diretta contro determinati concorrenti;

e. la limitazione della produzione, dello smercio o dello sviluppo tecnico;

f. la subordinazione della conclusione di contratti all'assunzione o alla fornitura di ulteriori prestazioni da parte del partner.

Inhaltsübersicht Note

I. Generalklausel (Abs. 1) 1
II. Beispielkatalog (Abs. 2) 8
   1. Allgemeines 8
   2. Die einzelnen in Abs. 2 genannten Missbrauchstatbestände 10
      a. Verweigerung von Geschäftsbeziehungen (lit. a) 10
      b. Diskriminierung von Handelspartnern (lit. b) 15
         (i) Allgemeines 15
         (ii) Preisdiskriminierung, insbesondere Treuerabatte 18
      c. Erzwingung unangemessener Preise oder Geschäftsbedingungen (lit. c) 23
      d. Gezielte Unterbietung von Preisen oder sonstigen Geschäftsbedingungen (lit. d) 30
      e. Einschränkung der Erzeugung, des Absatzes oder der technischen Entwicklung (lit. e) 34
      f. Koppelungsgeschäfte (lit. f) 37
   3. Rechtsfolgen 42

I. Generalklausel (Abs. 1)

1 Art. 7 auferlegt marktbeherrschenden Unternehmen bei der Ausübung ihrer wirtschaftlichen Tätigkeit gewisse Schranken. **Voraussetzung für die Anwendung von Art. 7** ist damit zunächst das Vorliegen einer marktbeherrschenden Stellung. Ob eine solche vorliegt, bestimmt sich nach Art. 4 Abs. 2.

2 Das Innehaben einer marktbeherrschenden Stellung ist ebenso wenig verboten (BGE 129 II 542 E. 6.5.8) wie die Behauptung oder Verstärkung derselben. Auch einem marktbeherrschenden Unternehmen ist es erlaubt, seinen Marktanteil durch seine leistungsbezogenen Anstrengungen zu vergrössern (Botschaft KG 1995, 569). Dass eine **marktbeherrschende Stellung nicht per se unzulässig** ist, ergibt sich auch aus Art. 10, wonach das Entstehen einer marktbeherrschenden Stellung für ein Zusammenschlussverbot noch nicht genügt; für ein Zusammenschlussverbot ist vielmehr erforderlich, dass das in Frage stehende Zusammenschlussvorhaben wirksamen Wettbewerb beseitigen kann, ohne eine Verbesserung der Wettbewerbsverhältnisse in einem anderen Markt zu bewirken, welche die Nachteile der marktbeherrschenden Stellung überwiegen würde.

3 Um von Art. 7 erfasst zu sein, ist – gemäss Wortlaut – weiter notwendig, dass marktbeherrschende Unternehmen ihre Marktstellung missbrauchen und dadurch die Wettbewerber behindern oder die Marktgegenseite benachteiligt. Zwischen Missbrauch der Marktstellung und den negativen Auswirkungen für Wettbewerber oder Marktgegenseite muss ein **Kausalzusammenhang** bestehen (RUFFNER, Unzulässige Verhaltensweisen, 838).

4 ZÄCH (Kartellrecht 2005, N 623, 645) ist der Ansicht, dass Art. 7 auch dann zur Anwendung kommt, wenn ein marktbeherrschendes Unternehmen Wettbewerber nicht unmittelbar behindert bzw. die Marktgegenseite nicht direkt ausbeutet, sofern das missbräuchliche Verhalten des marktbeherrschenden Unternehmens den Wettbewerb schwer stören will und dieses Ziel erreicht (bspw. durch Veränderung der Marktstruktur). So ist die **systematische Übernahme von kleineren konkurrierenden Unternehmen**, die nicht unter Art. 9–11 fällt, die aber dazu führt, dass ein marktbeherrschendes Unternehmen seine Stellung so verstärken kann, dass der Wettbewerb dadurch wesentlich behindert wird, seiner Meinung nach gemäss Art. 7 verboten; es handle sich dabei um einen Marktstrukturmissbrauch. Dieser Ansicht ZÄCHS kann aus den folgenden Gründen nicht gefolgt werden: Erstens spricht der Wortlaut von Art. 7, wonach nur unmittelbare Behinderungen von anderen Unternehmen in der Aufnahme oder Ausübung des Wettbewerbs oder unmittelbare Ausbeutungen der Marktgegenseite unzulässig sind, gegen eine solche Interpretation. Zweitens enthalten die Art. 9–11, Art. 32 sowie Art. 51 im Zusammenhang mit wettbewerbsschädigenden Unternehmenszusammenschlüssen abschliessende Regelungen: Würde die Veränderung der Marktstrukturen durch das beschriebene Verhalten unter Art. 7 subsumiert und folglich auch nach Art. 49a Abs. 1 sanktioniert, entstünde dadurch ein Wertungswiderspruch. Gemäss Art. 9 Abs. 4 ist ein Unternehmen, dessen marktbeherrschende

Stellung bereits rechtskräftig festgestellt wurde, auch bei einer kleinen Akquisition meldepflichtig (und -berechtigt), auch wenn die Schwellenwerte nicht erreicht sind. Unterlässt das marktbeherrschende Unternehmen eine Meldung, kann es gestützt auf Art. 51 Abs. 1 mit einem Betrag von maximal einer Million Franken belastet werden, derweil ein marktbeherrschendes Unternehmen, dessen marktbeherrschende Stellung noch nicht festgestellt wurde, nach Art. 49a Abs. 1 den Einzug von bis zu 10% des in den letzten drei Geschäftsjahren in der Schweiz erzielten Umsatzes zu gewärtigen hätte. Auch verfahrensrechtlich wäre ein marktbeherrschendes Unternehmen, dessen marktbeherrschende Stellung nicht bereits festgestellt wurde, gegenüber einem Unternehmen, dessen marktbeherrschende Stellung bereits rechtskräftig festgestellt wurde, schlechter gestellt, wäre es doch auf eine Meldung gemäss Art. 49a Abs. 3 lit. a angewiesen, während dem Unternehmen, dessen marktbeherrschende Stellung bereits festgestellt wurde, das schnellere Fusionskontrollverfahren zur Verfügung stünde. Hätte der Gesetzgeber die Akquisition durch marktbeherrschende Unternehmen tatsächlich Art. 7 unterwerfen wollen, wenn die Akquisition zu einer wesentlichen Behinderung des Wettbewerbs führt, hätte der Gesetzgeber jedes marktbeherrschende Unternehmen und nicht bloss diejenigen, deren marktbeherrschende Stellung bereits rechtskräftig festgestellt wurde, zur Meldung verpflichtet. Diese Inkonsistenzen lassen sich nur dadurch beseitigen, dass im Einklang mit dem Wortlaut von Art. 7 Abs. 1 verlangt wird, dass nur direkte Beeinträchtigungen der Wettbewerber und Nachfrager durch die missbräuchliche Ausübung von Marktmacht marktbeherrschender Unternehmen für unzulässig erklärt werden und der Missbrauch der Marktmacht durch Übernahmen kleinerer Unternehmen nicht darunterfallen kann. Art. 7 ist damit auf die Verhaltenskontrolle beschränkt. Die Strukturkontrolle obliegt einzig den Art. 9 ff.

Verboten sind gemäss Art. 7 generell **Behinderungs- und Ausbeutungspraktiken**, die sich nicht sachlich rechtfertigen lassen. Erforderlich ist also, dass die Verhaltensweise des marktbeherrschenden Unternehmens andere Unternehmen in der Aufnahme oder Ausübung des Wettbewerbs behindert (RPW 2005/3, 525 E. 5.4.1 – Swisscom AG, Swisscom Fixnet AG). Unzulässig sind einerseits Verhaltensweisen, die auf die Errichtung von Markteintritts-, Marktaustritts- oder Mobilitätsbarrieren ausgerichtet sind, andererseits aber auch Praktiken, welche die Verdrängung von Konkurrenten oder die Erhöhung der Kosten der Marktrivalen bezwecken (Botschaft KG 1995, 518 f.; RUFFNER, Unzulässige Verhaltensweisen, 838). 5

Liegt dem Verhalten des marktbeherrschenden Unternehmens die **Absicht** zugrunde, andere Unternehmen in der Aufnahme oder Ausübung des Wettbewerbs zu behindern oder aus einem bestimmten Markt zu verdrängen, ist ein Missbrauch zu bejahen (SCHMIDHAUSER, in: HOMBURGER, Kommentar 1996, Art. 7 N 39) und sachliche Rechtfertigungsgründe dürften keine gegeben sein. Die Beurteilung des missbräuchlichen Verhaltens muss sich, obwohl es sich um ein subjektives Kriterium handelt, an objektiv überprüfbarem Verhalten orientie- 6 ren. Entscheidend ist, ob sich ein marktmächtiges Unternehmen anders verhält als ein Unternehmen, das sich im Wettbewerbsdruck befindet (HEIZMANN, marktbeherrschende Unternehmen, N 47 f.).

7 Die meisten Verhaltensweisen marktbeherrschender Unternehmen sind nicht auf den ersten Blick als missbräuchlich erkennbar. So kann etwa eine Preisunterbietung Ausdruck von Wettbewerbsverhalten, aber auch einer missbräuchlichen Verdrängungsstrategie sein (Botschaft KG 1995, 519). Massgebendes Kriterium für die Abgrenzung einer zulässigen von einer unzulässigen Verhaltensweise eines marktbeherrschenden Unternehmens ist deren **sachliche Rechtfertigung**. Als solche «legitimate business reasons» kommen insb. kaufmännische Grundsätze in Betracht (Botschaft KG 1995, 569). So kann die Notwendigkeit einer qualifizierten technischen Betreuung von Kunden eine Lieferverweigerung rechtfertigen (RPW 2001/1, 106 ff. N 55 ff. – Intensiv SA, Granica). Auch die Dringlichkeit (RPW 2003/4, 771 N 82 – Veterinärmedizinische Tests/Migros), technische Gründe (RPW 2003/2, 430 f. E. 5.3.2 – Cablecom GmbH), der Nachweis der Zahlungsfähigkeit des Vertragspartners (RPW 2001/1, 105 N 53 f. – Intensiv SA, Granica), administrative Vereinfachungen (RPW 2004/3, 798 N 69 – TicketCorner) oder die Verhinderung von Trittbrettfahrerverhalten (RPW 2004/3, 798 f. N 69 f. – TicketCorner) können bspw. als Rechtfertigungsgründe in Betracht kommen.

II. Beispielkatalog (Abs. 2)

1. Allgemeines

8 Art. 7 Abs. 2 zählt beispielhaft typische Behinderungs- und Ausbeutungstatbestände auf. Die **Aufzählung** ist **nicht abschliessend**, was sich bereits aus dem Wort «insbesondere» ergibt (DALLAFIOR, in: HOMBURGER, Kommentar 1996, Art. 7 N 88). Weitere allenfalls unzulässige Verhaltensweisen bestünden bspw. darin, dass ein marktbeherrschendes Unternehmen seine Produkte verändert und dadurch die Hersteller von Zubehörteilen behindert, ohne dass die Produktveränderung zu einer objektiven Verbesserung des Produktes oder des Angebots führte oder sich – bspw. durch tiefere Herstellungskosten – sonst sachlich rechtfertigen liesse (ZÄCH, Kartellrecht 2005, N 640 f. mit weiteren Beispielen in N 642 ff.).

9 Bei den in Abs. 2 beispielhaft aufgezählten Verhaltensweisen handelt es sich **weder** um **Verbots-** noch um **Vermutungstatbestände** (BGE 129 II 538 E. 6.5.1; ZÄCH, Kartellrecht 2005, N 621; Botschaft KG 1995, 570). Vielmehr ist in jedem Einzelfall zu prüfen, ob tatsächlich ein Missbrauch einer marktbeherrschenden Stellung vorliegt. Namentlich ist zu prüfen, ob «legitimate business reasons» die Verhaltensweise rechtfertigen können.

2. Die einzelnen in Abs. 2 genannten Missbrauchstatbestände

a. Verweigerung von Geschäftsbeziehungen (lit. a)

Der **Grundsatz der Vertragsfreiheit** gilt an sich auch für marktbeherrschende Unternehmen. Auch sie können grundsätzlich ihre Lieferanten und Abnehmer frei wählen und wechseln (RUFFNER, Unzulässige Verhaltensweisen, 841). Allerdings wird diese Freiheit marktbeherrschender Unternehmen dadurch stark relativiert, dass Geschäftsverweigerungen mit Behinderungswirkung unzulässig sind. Geschäftsverweigerungen können sowohl dazu dienen, den Zugang zum beherrschten Markt selbst als auch den Wettbewerb auf einem vor- oder nachgelagerten Markt zu verhindern oder zu erschweren; solches Verhalten marktbeherrschender Unternehmen ist in jedem Fall unzulässig.

10

Bei der Prüfung der Frage, ob der **Abbruch von Geschäftsbeziehungen** missbräuchlich ist, ist ein **strengerer** Massstab anzuwenden als bei der Prüfung, ob die Weigerung eines marktbeherrschenden Unternehmens, neue Geschäftsbeziehungen aufzunehmen, gerechtfertigt ist (ZÄCH, Kartellrecht 2005, N 658; a.m. Botschaft KG 1995, 571, wonach für einen Tatbestand von Art. 7 Abs. 2 lit. a das Vorliegen eines Kontrahierungszwangs erforderlich sei). In beiden Fällen darf sich das marktbeherrschende Unternehmen aber nicht von sachfremden Erwägungen leiten lassen (Botschaft KG 1995, 571; DALLAFIOR, in: HOMBURGER, Kommentar 1996, Art. 7 N 100). Unzulässig wäre bspw. die Verweigerung der Aufnahme einer Vertragsbeziehung, weil der Vertragspartner nur einen kleinen Teil seines Bedarfs beim marktbeherrschenden Unternehmen beziehen will. Einzig wenn die Bezugsmenge derart klein ist, dass eine Belieferung ökonomisch unsinnig wäre, könnte in einem solchen Fall die Belieferung unterbleiben.

11

Der **Abbruch von Geschäftsbeziehungen** ist einem marktbeherrschenden Unternehmen nicht erlaubt, wenn dieser nur deshalb erfolgt, weil das Unternehmen auf dem vor- oder nachgelagerten Markt selbst tätig werden will oder weil die Vertragspartei ihre vertraglichen Rechte durchsetzt (DALLAFIOR, in: HOMBURGER, Kommentar 1996, Art. 7 N 101). Ebenfalls unzulässig ist der Abbruch der Geschäftsbeziehungen, weil der Vertragspartner auch Konkurrenzprodukte vertreibt (RUFFNER, Unzulässige Verhaltensweisen, 841).

12

Eine **Kontrahierungspflicht** des marktbeherrschenden Unternehmens wird zurückhaltender angenommen. Insb. besteht kein eigentlicher Anspruch eines Unternehmens auf Marktzugang (BGE 129 II 538 E. 6.5.1; DALLAFIOR, in: HOMBURGER, Kommentar 1996, Art. 7 N 104). Anders gestaltet sich die Rechtslage, wenn das marktbeherrschende Unternehmen über wesentliche Einrichtungen («essential facilities») verfügt, die zur Erbringung bestimmter Dienstleistungen oder zur Herstellung bestimmter Produkte unerlässlich sind (BGE 129 II 539 E. 6.5.1; RPW 2003/2, 472 f. E. 7 d – Handelsgericht des Kantons Aargau: Allgemeines Bestattungsinstitut). Namentlich Infrastrukturanlagen wie etwa Stromleitungsnetze (vgl. dazu etwa RPW 2003/4, 928 ff. – Entreprises Electriques

13

Fribourgeoises (EEF)/Watt Suisse AG, Fédération des Coopératives Migros; BGE 129 II 539 E. 6.5.1) können solche essential facilities darstellen und können dem Unternehmen, welches die Rechte daran hält, die Möglichkeit geben, durch Verweigerung der Nutzung derselben, potenzielle Konkurrenten allenfalls auch von vor- oder nachgelagerten Märkten auszuschliessen und so sein faktisches Monopol zu missbrauchen. Die Verweigerung des Zugangs zu einer essential facility stellt regelmässig einen Fall der Verweigerung von Geschäftsbeziehungen dar und ist damit immer dann missbräuchlich, wenn keine legitimate business reasons vorliegen (BGE 129 II 540 E. 6.5.4; BORER, Kommentar 2005, Art. 7 N 14).

14 Heikel ist die Frage, ob ein marktbeherrschendes Unternehmen verpflichtet ist, einem Wettbewerber eine Lizenz zur Verwendung eines Immaterialgüterrechts einzuräumen. Der EuGH hat diese Frage bejaht, sofern der Konkurrent, der um die Lizenz ersucht hat, beabsichtigt, neue Produkte oder Dienstleistungen anzubieten, die der Inhaber des Immaterialgüterrechts nicht anbietet und für die eine potenzielle Nachfrage der Verbraucher besteht; dies allerdings nur, sofern die Lizenz dafür erforderlich ist und die Lizenzverweigerung darüber hinaus geeignet ist, jeglichen Wettbewerb auf dem betroffenen Markt zu verhindern und damit dem Inhaber des Immaterialgüterrechtes vorzubehalten (Urteil vom 29.4.2004; Rs.C/418/01, N 52 – IMS Health/NDC Health). Ein Missbrauch liegt selbstverständlich auch in diesen Fällen nur dann vor, wenn sich die Lizenzverweigerung nicht durch sachliche Gründe rechtfertigen lässt. Dass sich die Lizenzverweigerung direkt auf den betroffenen Markt auswirkt, ist m.E. nicht erforderlich; vielmehr ist ein Missbrauch auch dann schon gegeben, wenn die Lizenzverweigerung den Wettbewerb auf einem vor- oder nachgelagerten Markt ausschliesst. Besteht eine Pflicht zur Einräumung einer Lizenz, kann die Lizenzgebühr für diese **Zwangslizenz** grundsätzlich frei vereinbart werden. Einzig die Erzwingung unangemessener Preise wäre unzulässig (Art. 7 Abs. 2 lit. c). Bei der Prüfung, ob der Preis angemessen ist, ist den Aufwendungen des Lizenzgebers sowie den mit der Forschung verbundenen Risiken angemessen Rechnung zu tragen.

b. Diskriminierung von Handelspartnern (lit. b)

(i) Allgemeines

15 Das Verbot der Diskriminierung von Handelspartnern verlangt von einem marktbeherrschenden Unternehmen, **gleichartige Sachverhalte gleich** zu behandeln.Verboten ist u.U. auch die Gleichbehandlung ungleicher Sachverhalte (RPW 2005/3, 525 E. 5.4.2 – Swisscom AG, Swisscom Fixnet AG). Erfasst sind sämtliche Diskriminierungen, welche die Preise oder sonstige Geschäftsbedingungen erfassen.

Der **Begriff der sonstigen Geschäftsbedingungen** ist extensiv auszulegen 16
(ZÄCH, Kartellrecht 2005, N 673) und umfasst bspw. auch die Qualität der gelieferten Ware und zeitliche Lieferkonditionen (Botschaft KG 1995, 572), weshalb auch die verspätete Belieferung mit Produktneuheiten eine Diskriminierung darstellt (RPW 1997/2, 168 N 44 – Telecom PTT/Blue Window).

Gemäss Auffassung der Wettbewerbskommission unterliegen marktbeherrschende 17
Unternehmen der **Pflicht, Wettbewerber in vor- und nachgelagerten Handelsstufen gleich zu behandeln wie die zum marktbeherrschenden Unternehmen gehörenden Wirtschaftseinheiten** (RPW 2002/3, 446 ff. – ADSL-Angebot der Swisscom AG) wie namentlich Tochtergesellschaften. Da zum marktbeherrschenden Unternehmen zugehörige Wirtschaftseinheiten mit diesem als ein einziges Unternehmen gelten (vgl. Art. 2 N 12), kann es aber einem marktbeherrschenden Unternehmen nur dann verboten sein, die eigenen Wirtschaftseinheiten besser zu behandeln, wenn aufgrund von Art. 7 Abs. 2 lit. a überhaupt eine Kontrahierungspflicht des betreffenden Unternehmens gegeben ist (vgl. oben N 13). Andernfalls wäre ein marktbeherrschendes Unternehmen entweder grösseren Restriktionen unterworfen, wenn es die Erbringung gewisser Dienstleistungen oder die Produktion von Waren an ein Tochterunternehmen ausgliedert als ein Unternehmen, das diese Leistungen selbst erbringt oder aber das marktbeherrschende Unternehmen hätte die Konkurrenten zu Selbstkosten zu beliefern. Beides kann nicht sein und in beiden Fällen muss dem marktbeherrschenden Unternehmen eine angemessene Gewinnmarge verbleiben. Diese darf allerdings nicht so hoch angesetzt werden, dass sie zur Verdrängung von Konkurrenten führt. Grundsätzlich unzulässig wäre daher etwa, die Wettbewerber zu Bedingungen zu beliefern, die es diesen verunmöglichen, einen Gewinn zu erzielen.

(ii) Preisdiskriminierung, insbesondere Treuerabatte

Eine unzulässige Preisdiskriminierung liegt dann vor, wenn ein marktbe- 18
herrschendes Unternehmen von seinen Kunden **ohne sachliche Rechtfertigung unterschiedliche Preise** verlangt oder im Falle der Nachfragemacht den Lieferanten unterschiedliche Preise zahlt, ohne dass dafür eine sachliche Rechtfertigung bestünde.

Regelmässig unzulässig sind **Treuerabatte**, die einem Handelspartner für den 19
Fall versprochen werden, dass er seinen gesamten oder einen sehr hohen Prozentsatz seines Bedarfs beim marktbeherrschenden Unternehmen bezieht (RPW 2004/3, 800 f. N 78 – TicketCorner). Hat der Abnehmer bereits einen bedeutenden Teil seines gesamten Bedarfes vom marktbeherrschenden Lieferanten bezogen, führen die Treuerabatte dazu, dass der Preis für zusätzliche Bezüge äusserst tief wird, so dass ein mit dem marktbeherrschenden Unternehmen konkurrenzierender Lieferant nicht zu den gleich günstigen Bedingungen liefern kann. Treuerabatte bezwecken primär, den Abnehmer dazu zu bewegen, sämtli-

che Produkte beim marktbeherrschenden Lieferanten zu beziehen. Der Treuerabatt beruht nicht auf einer wirtschaftlichen Leistung des Abnehmers und ist deswegen unzulässig.

20 Dagegen sind **Mengenrabatte** grundsätzlich **zulässig**. Vorausgesetzt ist jedoch, dass sie wirtschaftlich gerechtfertigt sind (RPW 2004/3, 800 N 77 – TicketCorner), bspw. infolge tieferer Transportkosten oder sonstiger Kosteneinsparungen. Dagegen darf ein höherer Rabatt nicht bestimmten Partnern vorbehalten bleiben, wenn er sich nicht durch Skalenerträge (also durch Kosteneinsparungen infolge der grösseren Mengen) rechtfertigen lässt, die der Lieferant gerade dank diesen Partnern realisieren kann (RPW 2005/3, 526 f. E. 5.4.3 – Swisscom AG, Swisscom Fixnet AG).

21 Generell dürften sich **Rabatte**, die **für den Bezug von Leistungen über einen längeren Zeitraum** gewährt werden, i.d.R. nicht rechtfertigen lassen, da sie keine Skaleneffekte, also Kosteneinsparungen infolge grösserer Liefermengen abgelten. Die maximal zulässige Dauer hängt aber von den Umständen des Einzelfalles ab.

22 Auch sogenannte «**English Clauses**», wonach ein Abnehmer verpflichtet ist, dem Lieferanten mitzuteilen, wenn er ein günstigeres Angebot erhält und der Lieferant die Möglichkeit hat, zu denselben Konditionen die Lieferung vorzunehmen, darf ein marktbeherrschender Lieferant grundsätzlich nicht vereinbaren (DALLAFIOR, in: HOMBURGER, Kommentar 1996, Art. 7 N 150; ZÄCH, Kartellrecht 2005, N 674; RUFFNER, Unzulässige Verhaltensweisen, 843). Solche Klauseln erlauben es einem marktbeherrschenden Unternehmen, wertvolle Marktinformationen zu erhalten und durch Anpassung seiner Preise seine Konkurrenten der Möglichkeit zu berauben, dem Vertragspartner bessere Konditionen anzubieten und so Marktanteile zu gewinnen.

   c. *Erzwingung unangemessener Preise oder Geschäftsbedingungen (lit. c)*

23 Die Marktbeherrschung erlaubt es einem Unternehmen, seine Preise weitgehend frei festzulegen. Soweit die eigenen Leistungen des Unternehmens dafür ausschlaggebend sind, indem es bspw. über ein einzigartiges Produkt verfügt, muss es ihm auch erlaubt sein, seine Leistungen mit einer ausserordentlich hohen Gewinnmarge zu verkaufen (ZÄCH, Kartellrecht 2005, N 693). Die Wettbewerbsbehörden haben folglich nicht als Preisregulatoren zu wirken. Es kann auch nicht darum gehen, den gerechten Preis festzulegen (RPW 2005/1, 104 N 300 – Swisscom Directories AG). Ein Einschreiten ist nur dann gerechtfertigt, wenn die festgesetzten Preise und anderen Geschäftsbedingungen schädliche Wirkungen auf die betroffenen Märkte haben, wenn Abnehmer deswegen nicht in den Markt eintreten können, also **übermässige Eintrittsbarrieren** errichtet werden (RPW 2005/1, 92 f. N 244 – Swisscom Directories AG), die ohne Bestehen einer marktbeherrschenden Stellung

nicht errichtet werden könnten (RPW 2005/1, 104 N 300 – Swisscom Directories AG). Ein Missbrauch der marktbeherrschenden Stellung liegt zudem nur dann vor, wenn die Preise in einem Missverhältnis zur erbrachten Leistung stehen (BGE 129 II 542 E. 6.5.7; RPW 2004/3, 796 N 58 – TicketCorner).

Ein unangemessener Preis kann im Fall einer sogenannten **Kosten-Preisschere** vorliegen. Eine solche liegt vor, wenn ein Unternehmen, das über eine beherrschende Stellung auf dem vorgelagerten Markt verfügt und selbst einen Teil seiner Produktion zur Herstellung eines Verarbeitungserzeugnisses verwendet, den übrigen Teil des Vorproduktes auf dem Markt verkauft und die Preise dafür so hoch ansetzt, dass Dritte keine oder zumindest keine ausreichende Verarbeitungsmarge besitzen, um auf dem Markt des Verarbeitungserzeugnisses wettbewerbsfähig zu bleiben (RPW 2005/1, 98 f. N 270 ff. – Swisscom Directories AG).

Gemäss bundesgerichtlicher Rechtsprechung (BGE 126 III 154 E. 9c) indiziert ein **wesentlicher Preisunterschied patentierter Erzeugnisse** bei der ersten Inverkehrsetzung in der Schweiz im Vergleich zum Ausland einen kartellrechtlich verpönten Missbrauch der einem marktbeherrschenden Unternehmen aufgrund des Patentgesetzes verliehenen Monopolstellung. Damit sich dieser Verdacht erhärtet, ist hierzu auch gemäss bundesgerichtlicher Rechtsprechung erforderlich, dass die wirtschaftlichen und rechtlichen Rahmenbedingungen vergleichbar sind, so dass namentlich das erhöhte Preis- und Lohnniveau in der Schweiz eine Preisdifferenzierung rechtfertigen kann. Auslandpreise, die einer behördlichen Kontrolle unterliegen oder gar staatlich festgesetzt werden, vermögen von vorneherein kein Indiz für einen Missbrauch einer marktbeherrschenden Stellung zu bilden.

Zur Beurteilung, ob Preise angemessen sind, können gemäss Wettbewerbskommission hilfsweise die **Kriterien von Art. 13 PüG** herangezogen werden (RPW 2005/1, 104 N 301 – Swisscom Directories AG; ZÄCH, Kartellrecht 2005, N 695). Gemäss dieser Bestimmung sind die Preisentwicklung auf Vergleichsmärkten, die Notwendigkeit der Erzielung angemessener Gewinne, die Kostenentwicklung, besondere Unternehmerleistungen, besondere Marktverhältnisse und u.U. auch der Preissockel zu berücksichtigen. Diese Bestimmung trägt auch der Kostenmethode und dem Vergleichsmarktkonzept (vgl. dazu DALLAFIOR, in: HOMBURGER, Kommentar 1996, Art. 7 N 116 f.) Rechnung. Gemäss dem **Vergleichsmarktkonzept** werden Preise auf ähnlich gelagerten Märkten verglichen. Allerdings müssen die Vergleichsmärkte tatsächlich und rechtlich vergleichbar sein. Ein aussagekräftiger Vergleichsmarkt lässt sich in der Praxis oft nicht finden, weil die marktbeherrschende Stellung ein wesentliches Merkmal des betroffenen Marktes darstellt, das sich auf Vergleichsmärkten selten finden lässt (RPW 2005/1, 105 N 305 – Swisscom Directories AG). Bei der **Kostenmethode** sollen aus dem Vergleich des Preises mit den Gestehungskosten und unter Berücksichtigung einer normalen Gewinnmarge Hinweise dafür gefunden werden, ob der Preis angemessen sei.

27 Neben dem Preis können auch **sonstige Geschäftsbedingungen** unangemessen sein. Zu denken ist etwa an unüblich lange Zahlungsfristen, die sich ein nachfragemächtiges Unternehmen einräumen lässt (Botschaft KG 1995, 573), an die Verknüpfung von Garantiezusagen mit vertragsfremden Verpflichtungen der Gegenpartei oder an die nicht aus technischen Gründen erforderliche Verpflichtung eines Abnehmers, für Reparaturen nur Originalersatzteile des marktbeherrschenden Unternehmens zu verwenden (diese und weitere Beispiele bei DALLAFIOR, in: HOMBURGER, Kommentar 1996, Art. 7 N 123 ff.), aber auch an eine Exklusivklausel, mit der etwa die Gegenseite verpflichtet wird, Produkte oder Dienstleistungen exklusiv vom marktbeherrschenden Unternehmen zu beziehen oder an dieses zu liefern (RPW 2004/3, 794 ff. – TicketCorner) oder an eine übermässig lange Vertragsdauer (BORER, Kommentar 2005, Art. 7 N 20).

28 Generell sind Geschäftsbedingungen dann unangemessen, wenn sie im konkreten Fall **offensichtlich unbillig** sind (Botschaft KG 1995, 572 f.). Dies ist dann der Fall, wenn Geschäftsbedingungen keinem gerechtfertigten Interesse dienen oder solche Interessen mit weniger einschneidenden Mitteln erreicht werden könnten (RPW 2004/3, 798 N 67 – TicketCorner). Dies erfordert eine Abwägung der Interessen der Beteiligten, wobei es genügt, dass diese Interessen in einem angemessenen Verhältnis zueinander stehen. Zu berücksichtigen ist immer auch die Schwere des Eingriffs in die Wettbewerbsfreiheit des Vertragspartners, aber auch die Behinderungswirkung zu Lasten Dritter (RPW 2004/3, 798 N 67 – TicketCorner; Botschaft KG 1995, 573).

29 Gemäss Gesetzeswortlaut müssen die unangemessenen Preise oder Geschäftsbedingungen **erzwungen** werden. Die Botschaft verlangt, dass den Preisforderungen oder den Forderungen nach unangemessenen Geschäftsbedingungen durch die Anwendung oder Androhung von Massnahmen Nachdruck verliehen wird (Botschaft KG 1995, 573). Dies kann in dieser Absolutheit nicht gelten, da das marktbeherrschende Unternehmen aufgrund seiner Marktstellung regelmässig auch ohne Drohung seine unangemessenen Preis- oder Geschäftsbedingungen durchsetzen kann (DALLAFIOR, in: HOMBURGER, Kommentar 1996, Art. 7 N 128; RPW 2006/2, 240 N 121 – Vertriebspartnerschaften der AEW Energie AG und der Axpo Vertrieb AG [ehemals Axpo AG], des Elektrizitätswerks des Kantons Thurgau AG und der Axpo Vertrieb AG [ehemals Axpo AG], des Elektrizitätswerks des Kantons Zürich und der Axpo Vertrieb AG [ehemals Axpo AG], der St.Gallisch-Appenzellischen Kraftwerke AG und der Axpo Vertrieb AG [ehemals Axpo AG]).

d. Gezielte Unterbietung von Preisen oder sonstigen Geschäftsbedingungen (lit. d)

30 Üblicherweise sind **Preisunterbietungen** die Folge funktionierenden Wettbewerbs. Marktbeherrschende Unternehmen können aber gezielt die Preise ge-

wisser Konkurrenten unterbieten, um diese aus dem Markt zu drängen oder auch, um potenzielle Wettbewerber abzuschrecken (RUFFNER, Unzulässige Verhaltensweisen, 843).

Ein **Verkauf unter den Selbstkosten** ist nicht per se missbräuchlich. Immerhin 31 kann ein Verstoss gegen Art. 3 lit. f UWG vorliegen, wenn ausgewählte Waren, Werke oder Leistungen wiederholt unter Einstandspreisen angeboten werden und der Kunde dabei über die Leistungsfähigkeit des marktbeherrschenden Unternehmens oder seiner Konkurrenten getäuscht wird. Ein Missbrauch dürfte aber regelmässig da vorliegen, wo das marktbeherrschende Unternehmen unter seinen variablen Kosten, also mit Verlust, verkauft (DALLAFIOR, in: HOMBURGER, Kommentar 1996, Art. 7 N 135). Missbräuchlich kann die Preisunterbietung aber u.U. auch dann sein, wenn die Preise über den Selbstkosten des marktbeherrschenden Unternehmens liegen (Botschaft KG 1995, 574).

Ein unzulässiges Verdrängungsverhalten läge auch dann vor, wenn ein marktbe- 32 herrschendes Unternehmen für die nur in beschränkter Menge vorhandenen Rohstoffe oder Vorprodukte **überhöhte Einkaufspreise** zahlt, um so Konkurrenten von der Versorgung faktisch auszuschliessen (Botschaft KG 1995, 574).

Die **gezielte Unterbietung sonstiger Geschäftsbedingungen** könnte über das 33 Vereinbaren kürzerer Lieferfristen, längerer Garantien, des Zugangs zur Belieferung mit weiteren Produkten, der Gewährung vorteilhafter Zahlungskonditionen oder der Übernahme gewisser Logistik- oder anderer Leistungen erfolgen. Allerdings dürfte es in der Praxis regelmässig schwierig sein, nachzuweisen, dass sich diese Unterbietung gegen bestimmte Wettbewerber richtet (DALLAFIOR, in: HOMBURGER, Kommentar 1996, Art. 7 N 138), was für einen Verstoss gegen Art. 7 erforderlich wäre (vgl. N 3 u. 5).

e. Einschränkung der Erzeugung, des Absatzes oder der technischen Entwicklung (lit. e)

Missbräuchlich ist die **künstliche Verknappung des Angebotes**, der in die 34 Tat umgesetzte, ohne sachliche Gründe gefasste Entschluss des marktbeherrschenden Unternehmens, gewisse Produkte oder Mengen nicht oder nur limitiert abzusetzen bzw. gewisse Gebiete oder Abnehmer nur eingeschränkt zu beliefern (Botschaft KG 1995, 574). Missbräuchlich sind sowohl Einschränkungen, welche das marktbeherrschende Unternehmen sich selbst auferlegt, als auch solche, die es bei Dritten bewirkt (Botschaft KG 1995, 574).

Eine missbräuchliche **Einschränkung der Erzeugung und der technischen** 35 **Entwicklung** kann durch eine Exlusivvereinbarung erfolgen (RPW 1999/1, 88 ff. N 64 ff. – Schweizerischer Verband für künstliche Besamung) oder durch technische Vorkehrungen, die einen Infrastrukturwettbewerb verunmöglichen. Einen solchen Missbrauch erachtete die Rekurskommission für glaubhaft, als eine Kabelnetzbetreiberin die Übertragung von digitalen Programmen auf ihrem Netz verweigerte, weil die Programmveranstalterin auf dem Einsatz ihrer eigenen Set-Top-Box beharrte (RPW 2003/2, 435 E. 5.3.4 c – Cablecom GmbH).

36 Die **Verhinderung von Produktentwicklungen durch Patente** ist dagegen grundsätzlich zulässig. Ein marktbeherrschendes Unternehmen ist grundsätzlich nicht verpflichtet, einem konkurrenzierenden Unternehmen eine Lizenz einzuräumen (zu den Ausnahmen vorne N 14). Missbräuchlich wäre dagegen der Erwerb von Patenten oder die Verweigerung einer Lizenz einzig mit dem Zweck, andere Unternehmen von neuen technischen Entwicklungen auszuschliessen (Botschaft KG 1995, 575; BORER, Kommentar 2005, Art. 7 N 26).

f. Koppelungsgeschäfte (lit. f)

37 Bei **Koppelungsgeschäften** missbraucht ein marktbeherrschendes Unternehmen seine Stellung, indem es den Vertragspartner dazu zwingt, Waren oder Dienstleistungen anzunehmen, an denen dieser kein Interesse hat oder – falls das marktbeherrschende Unternehmen über Nachfragemacht verfügt – zusätzliche Leistungen zu erbringen, die weder sachlich noch nach Handelsgebrauch mit dem Grundgeschäft in Bezug stehen.

38 Die Vertragspartner des marktbeherrschenden Unternehmens werden durch ein Koppelungsgeschäft gezwungen, die gekoppelten Produkte oder Dienstleistungen, die regelmässig einem benachbarten Markt angehören, ebenfalls vom marktbeherrschenden Unternehmen zu beziehen. Koppelungsgeschäfte erlauben es damit einem marktbeherrschenden Unternehmen, seine auf einem Markt bestehende marktbeherrschende Stellung auf einen benachbarten Markt auszudehnen. Gleichzeitig verfolgen Koppelungsgeschäfte auch den **Zweck**, Konkurrenten aus dem Markt zu drängen.

39 In der Praxis heikel ist die Abgrenzung, ob tatsächlich eine zusätzliche Leistung angenommen oder erbracht werden muss oder ob es sich nicht vielmehr um eine **einheitliche Leistung** handelt. Letzteres ist dann anzunehmen, wenn die «gekoppelten» Leistungen demselben sachlichen, räumlichen oder zeitlichen Markt angehören. Bestehen dagegen für die gekoppelten Leistungen unterschiedliche Märkte, ist eine Koppelung zu bejahen (ZÄCH, Kartellrecht 2005, N 703). Die Wettbewerbskommission bejahte ein unzulässiges Koppelungsgeschäft etwa im Fall Lokoop (RPW 2002/1, 72 ff. – Lokoop AG v. SBB AG), als die SBB Rangierleistungen in fünf Bahnhöfen nur als Gesamtpaket anbot, obwohl es sich um fünf verschiedene (räumliche) Märkte handelte.

40 Oftmals wird sich die Koppelung verschiedener Leistungen **sachlich rechtfertigen** lassen. So können namentlich Sicherheitsüberlegungen, aber auch zwingende technische (vgl. RPW 2003/2, 434 E. 5.3.4 a – Cablecom GmbH) oder wirtschaftliche Gründe eine Koppelung rechtfertigen (Botschaft KG 1995, 576). Ein Über-

blick der bisherigen Praxis der schweizerischen Wettbewerbsbehörden hinsichtlich von Koppelungsgeschäften findet sich in RPW 2005/1, 52 N 58 – TopCard-Angebot der Bergbahnen Lenzerheide-Valbella, Klosters-Davos und Flims-Laax-Falera.

Es erscheint zumindest fraglich, ob ein Koppelungsvertrag nur dann missbräuchlich ist, wenn der **Wettbewerb auch im gekoppelten Markt teilweise beschränkt** ist (so RPW 2005/1, 52 N 57 – TopCard-Angebot der Bergbahnen Lenzerheide-Valbella, Klosters-Davos und Flims-Laax-Falera). Es ist nicht zwingend, dass Koppelungsverträge nur zu Veränderungen in der Marktstruktur führen, indem Konkurrenten verdrängt werden, wenn der Wettbewerb auch im gekoppelten Markt teilweise beschränkt ist. So kann namentlich ein in einem grossen, bedeutsamen Markt marktbeherrschendes Unternehmen, das sich entschliesst, neu in einen benachbarten, kleinen Markt, der aber über intakte Wettbewerbsverhältnisse verfügt, einzusteigen, aufgrund seiner bedeutenden Stellung im ersten Markt durchaus in der Lage sein, Wettbewerber vom benachbarten Markt zu verdrängen. 41

3. Rechtsfolgen

Missbraucht ein Unternehmen seine marktbeherrschende Stellung, ist sein Verhalten unzulässig. Die **zivilrechtlichen Auswirkungen** eines solchen unzulässigen Verhaltens sind in Art. 12 f. festgehalten. Gleichzeitig führt der Missbrauch einer marktbeherrschenden Stellung zu **direkten Sanktionen** gemäss Art. 49a. 42

Art. 8 Ausnahmsweise Zulassung aus überwiegenden öffentlichen Interessen

Ausnahmsweise Zulassung aus überwiegenden öffentlichen Interessen

Wettbewerbsabreden und Verhaltensweisen marktbeherrschender Unternehmen, die von der zuständigen Behörde für unzulässig erklärt wurden, können vom Bundesrat auf Antrag der Beteiligten zugelassen werden, wenn sie in Ausnahmefällen notwendig sind, um überwiegende öffentliche Interessen zu verwirklichen.

Autorisation exceptionnelle fondée sur des intérêts publics prépondérants

Les accords en matière de concurrence et les pratiques d'entreprises ayant une position dominante dont l'autorité compétente a constaté le caractère illicite peuvent être autorisés par le Conseil fédéral à la demande des entreprises concernées si, à titre exceptionnel, ils sont nécessaires à la sauvegarde d'intérêts publics prépondérants.

Autorizzazione eccezionale per motivi preponderanti di interesse pubblico

Gli accordi in materia di concorrenza e le pratiche delle imprese che dominano il mercato, dichiarati illeciti dall'autorità competente, possono essere autorizzati dal Consiglio federale su richiesta degli interessati, se sono eccezionalmente necessari alla realizzazione di interessi pubblici preponderanti.

Inhaltsübersicht   Note

I. Einleitung 1
   1. Allgemeines 1
   2. Praxis 3
II. Formelle Voraussetzungen 5
   1. Vorliegen eines Entscheides 5
      a. Verwaltungsrechtliches Verfahren 6
      b. Zivilrechtliches Verfahren 7
   2. Verfahren vor dem Bundesrat 8
III. Entscheidgründe 9
   1. Allgemeines 9
   2. Notwendigkeit zur Verwirklichung überwiegender öffentlicher Interessen 11
IV. Entscheid und Rechtsfolgen 16
   1. Wirkung des Entscheides 16
      a. Im verwaltungsrechtlichen Verfahren 18
      b. Im zivilrechtlichen Verfahren 20
   2. Rechtsmittel 23

I. Einleitung

1. Allgemeines

Der Bundesrat kann nach Art. 8 Wettbewerbsabreden und Verhaltensweisen marktbeherrschender Unternehmen, die von der zuständigen Behörde für unzulässig erklärt wurden, **ausnahmsweise für eine begrenzte Zeit zulassen**, sofern sie für die Verwirklichung von überwiegenden öffentlichen Interessen notwendig sind. Ähnliches gilt gemäss Art. 11 für Unternehmenszusammenschlüsse. In Art. 31 finden sich die Angaben zur Zuständigkeit und den Fristen für den Antrag auf ausnahmsweise Zulassung einer Wettbewerbsbeschränkung. Der Bundesrat kann nicht nur nach Abschluss des verwaltungsrechtlichen Verfahrens gemäss Art. 30, sondern auch im Zivilverfahren (bzw. nach Abschluss desselben, s. dazu Kommentierung zu Art. 15 Abs. 2) angerufen werden, um eine Wettbewerbsbeschränkung ausnahmsweise zuzulassen.

Bei der ausnahmsweisen Zulassung handelt es sich um einen **politischen Entscheid**, der vom Bundesrat als der obersten politischen Exekutivbehörde gefällt wird (Botschaft KG 1995, 577). Damit soll die Möglichkeit geschaffen werden, in Ausnahmefällen negative Auswirkungen des Kartellgesetzes auf überwiegende andere öffentliche Interessen zu korrigieren (HANGARTNER/PRÜMMER, Zulassung, 1093). Die ausnahmsweise Zulassung bietet auf der dogmatischen Ebene aus wettbewerbsrechtlicher Sicht einige grundsätzliche Probleme, auf die an dieser Stelle jedoch nicht weiter eingegangen werden soll (vgl. dazu HANGARTNER/ PRÜMMER, Zulassung, 1098 ff.).

2. Praxis

In der Praxis zum neuen Kartellgesetz ist bislang einzig der **«Musikalienfall»** bekannt, in welchem sich der Bundesrat materiell geäussert hat (RPW 1998/3, 478 ff. – Gesuch des Schweizer Verbands der Musikalien-Händler und -Verleger [SVMHV]). Der Verband der Musikalien-Händler und -Verleger beantragte beim Bundesrat, die Preisbindung für Musikalien zuzulassen, da nur so das Ziel einer flächendeckenden Verbreitung eines breit gefächerten Angebotes an Musiknoten als Grundlage der musikalischen Kulturpflege zu erreichen sei. Der Bundesrat stellte in seinem Entscheid fest, dass die Preisbindung im vorliegenden Fall nicht notwendig (allenfalls nicht einmal geeignet) sei, um das öffentliche Interesse (Sicherstellung eines breiten und flächendeckenden Angebots an Musikalien im Sinne kulturpolitischer Überlegungen) zu verwirklichen.

Bezüglich des Begriffes des «öffentlichen Interesses», kann weiter auf die Rechtsprechung zu Art. 29 Abs. 3 des KG von 1985 zurückgegriffen werden. Der dort genannte Begriff des **«Gesamtinteresses»** liess bereits damals den Einbezug von ausserwettbewerbsrechtlichen Gesichtspunkten zu. Für den Begriff des «öffentlichen Interesses» wurde der Kern von Art. 29 KG 1985 übernommen (Botschaft KG 1995, 577; HANGARTNER/PRÜMMER, Zulassung, 1097; HOFFET, in: HOMBURGER, Kommentar 1996, Art. 8 N 21; zum öffentlichen Interesse im Einzelnen vgl. unten N 13).

II. Formelle Voraussetzungen

1. Vorliegen eines Entscheides

5   Erste **formelle Voraussetzung für das Stellen eines Antrages** um ausnahmsweise Zulassung einer Wettbewerbsbeschränkung ist, dass die betreffende Wettbewerbsabrede bzw. die Verhaltensweise marktbeherrschender Unternehmen von der zuständigen Behörde für unzulässig erklärt wurde. Da die materiellrechtlichen Bestimmungen des Kartellgesetzes sowohl durch die Wettbewerbsbehörden als auch durch die Zivilgerichte angewendet werden, können Entscheide, die eine Wettbewerbsbeschränkung für unzulässig erklären, sowohl im Zivilverfahren als auch im Verfahren der Wettbewerbsbehörden gefällt werden. Folglich gibt es, wenn der Bundesrat über eine ausnahmsweise Zulassung einer Wettbewerbsbeschränkung zu entscheiden hat, diesbezüglich Folgendes zu beachten:

a. Verwaltungsrechtliches Verfahren

6   Im **verwaltungsrechtlichen Verfahren** muss die Weko entschieden haben, dass eine Wettbewerbsbeschränkung unzulässig ist, d.h. einen die Beteiligten beschwerenden Entscheid gemäss Art. 30 getroffen haben (Art. 31), damit der Bundesrat um ausnahmsweise Zulassung angerufen werden kann. Die Genehmigung einer einvernehmlichen Regelung gemäss Art. 29 durch Verfügung (Art. 30 Abs. 1) oder der Entscheid, das Verfahren einzustellen, bzw. eine Zwischenverfügung der Weko können dem Bundesrat nicht vorgelegt werden (BIANCHI DELLA PORTA, in: TERCIER/BOVET, CR Concurrence, Art. 8 N 23 ff.). Um einen beschwerenden Entscheid überprüfen zu lassen, können die betroffenen Unternehmen wählen, ob sie sich zuerst an das Bundesverwaltungsgericht oder an den Bundesrat wenden wollen (HANGARTNER/PRÜMMER, Zulassung, 1103). Wird zuerst der Bundesrat angerufen, steht die Frist zur Anrufung des Bundesverwaltungsgerichts im wettbewerbsrechtlichen Verfahren still und beginnt erst mit dem Entscheid des Bundesrates wieder zu laufen (Art. 31 Abs. 1). Dies bietet in der Praxis Möglichkeiten zur Entwicklung von prozessualen Strategien, die im Einzelfall genau abzuwägen sind (vgl. dazu ZÄCH, KG-Praxis, 139; BIANCHI DELLA PORTA, in: TERCIER/BOVET, CR Concurrence, Art. 8 N 47).

b. Zivilrechtliches Verfahren

Im **zivilrechtlichen Verfahren** ist unklar, ob bereits ein Endentscheid des Richters vorliegen muss, worin er festhält, die in Frage stehende Wettbewerbsbeschränkung sei unzulässig, damit ein Antrag an den Bundesrat gestellt werden kann, oder ob auch ein Zwischenentscheid genügt; Art. 15 Abs. 2 schweigt sich darüber aus. Aus prozessökonomischen Überlegungen kann es sinnvoll sein, die Unzulässigkeit der Wettbewerbsbeschränkung in einem Zwischenentscheid festzuhalten, das Verfahren zu sistieren und den Entscheid des Bundesrates in den Endentscheid des Zivilrichters einfliessen zu lassen. Das Vorlegen eines Zwischenentscheides muss folglich zulässig sein (s. dazu Kommentierung zu Art. 15 Abs. 2; s. dazu auch anstelle vieler: HANGARTNER/PRÜMMER, Zulassung, 1104; HOFFET, in: HOMBURGER, Kommentar 1996, Art. 8 N 5; DROLSHAMMER, Wettbewerbsrecht, 57).

2. Verfahren vor dem Bundesrat

Vgl. hierzu Kommentierung zu Art. 31.

III. Entscheidgründe

1. Allgemeines

Der Entscheid des Bundesrates befasst sich nur mit der Frage, ob die Wettbewerbsbeschränkung notwendig ist, um **überwiegende öffentliche Interessen** zu verwirklichen. Die wettbewerbsrechtliche Beurteilung kann vor dem Bundesrat nicht mehr in Frage gestellt werden (Botschaft KG 1995, 606; MERCIER ET AL., Principes, 693; ZÄCH, Kartellrecht 2005, N 1012).

Entscheidungen nach Art. 8 sollen **Ausnahmecharakter** haben (Botschaft KG 1995, 577). Wettbewerbsbeschränkungen sollen nur in Ausnahmefällen zur Verwirklichung von überwiegenden öffentlichen Interessen notwendig sein können; der Bundesrat soll seine Befugnisse zurückhaltend ausüben (HANGARTNER/ PRÜMMER, Zulassung, 1108; HOFFET, in: HOMBURGER, Kommentar 1996, Art. 8 N 18).

2. Notwendigkeit zur Verwirklichung überwiegender öffentlicher Interessen

Die Zulassung der Wettbewerbsbeschränkung muss nicht nur geeignet sein, überwiegende öffentliche Interessen zu verwirklichen, sondern sie muss hiefür auch erforderlich sein. Sollten die zur Debatte stehenden, überwiegenden öffentlichen Interessen auch mit einer weniger gravierenden Massnahme als durch die ausnahmsweise Zulassung der Wettbewerbsbeschränkung verwirklicht werden können, kann der Bundesrat die Wettbewerbsbeschränkung nicht ausnahmsweise zulassen. Demzufolge hat der Bundesrat auch nach alternativen bzw. weniger gravierenden Möglichkeiten zu suchen (BIANCHI DELLA PORTA, in: TERCIER/ BOVET, CR Concurrence, Art. 8 N 91 ff.). Das Gesetz verlangt zudem vom Bundesrat, dass er eine **Verhältnismässigkeitsprüfung im engeren Sinn** vornimmt, in welcher er das Interesse am Verbot der unzulässigen Wettbewerbsbeschränkung gegen die vom Antragsteller geltend gemachten (angeblich überwiegenden) öffentlichen Interessen abwägt und so feststellt, ob Letztere überwiegen.

12 Für eine Zulassung der Wettbewerbsbeschränkung muss ein **Rechtfertigungsgrund** vorliegen, der «in der Wertordnung der öffentlichen Interessen einen bedeutenden Stellenwert» einnimmt (Botschaft KG 1995, 577) bzw. müssen öffentliche Interessen «mit einem hohen Stellenwert in der wirtschafts- und gesellschaftspolitischen Wertordnung vorliegen» (RPW 1998/3, 482 – Gesuch des Schweizer Verbands der Musikalien-Händler und -Verleger [SVMHV]). Grundsätzlich kommen alle öffentlichen Interessen in Frage, wobei in der Lehre strittig ist, ob nur die vom Bund zu wahrenden öffentlichen Interessen oder auch jene der Kantone einen Rechtfertigungsgrund darstellen können (vgl. dazu: HANGARTNER/PRÜMMER, Zulassung, 1107; CHABLOZ, L'autorisation exceptionnelle, N 582 ff.; a.M. SCHMID, Zulassung, 188). Nach der hier vertretenen Ansicht kann es keine Rolle spielen, auf welcher föderalen Stufe ein öffentliches Interesse normiert wird. Eine Einschränkung auf in der Bundesverfassung erwähnte öffentliche Interessen wird demzufolge abgelehnt, da sich keinerlei Hinweise finden lassen, die eine solche, für das Verwaltungsrecht atypische Einschränkung zulassen würde.

13 Als mögliche öffentliche Interessen werden in der Lehre bspw. genannt (anstelle vieler: MERCIER ET AL., Principes, 657; BIANCHI DELLA PORTA, in: TERCIER/BOVET, CR Concurrence, Art. 8 N 85 ff.; CHABLOZ, L'autorisation exceptionnelle, N 582 ff.):

– Energiepolitik;
– Kulturpolitik (z.B. Preisbindung der zweiten Hand für Bücher);
– Landwirtschaftspolitik;
– Minderheitenschutz;
– Sozialpolitik (z.B. Kampf gegen die Arbeitslosigkeit);
– Wohlfahrt;
– Wirtschaftspolitische Interessen (z.B. Konsumentenschutz und Strukturpolitik);
– Umweltschutz.

14 Das Kartellgesetz verzichtet auf eine **exemplifikatorische Enumeration von öffentlichen Interessen.**

Dieses öffentliche Interesse muss gewichtiger sein als das öffentliche Interesse, an einem funktionierenden Wettbewerb, d.h. es gilt ein **starkes Gegengewicht zu den Argumenten der Wettbewerbsbehörden** zu legen, mit denen ein Verbot der unzulässigen Wettbewerbsbeschränkungen erreicht werden soll.

15

IV. Entscheid und Rechtsfolgen

1. Wirkung des Entscheides

Der Entscheid des Bundesrates lautet auf ausnahmsweise Zulassung bzw. auf Abweisung des Antrages. Eine ausnahmsweise Zulassung, d.h. die **Gutheissung** des Antrages bewirkt den Wegfall der Unzulässigkeit der Wettbewerbsabrede bzw. der Verhaltensweise marktbeherrschender Unternehmen. Der Wegfall ist jedoch nur temporär: Die Zulassung ist **zeitlich zu beschränken** (Art. 31 Abs. 3). Auf Gesuch hin kann eine Zulassung vom Bundesrat verlängert werden, sofern die Voraussetzungen hiefür weiterhin gegeben sind (Art. 31 Abs. 4). Der Entscheid kann zudem mit **Bedingungen und Auflagen** versehen werden (Art. 31 Abs. 3). Bei einer **Abweisung** des Antrages bleibt die Wettbewerbsabrede unzulässig (vgl. zum Gesamten die Kommentierung zu Art. 31 Abs. 3).

16

Sowohl im verwaltungsrechtlichen als auch im zivilrechtlichen Verfahren wirkt der Entscheid des Bundesrates **ex tunc**. Dieser Entscheid bewirkt nämlich im Endeffekt nichts anderes als der Entscheid der Weko bzw. einer der nachfolgenden Instanzen. Der einzige Unterschied ist, dass die Begründung hierfür nicht im Wettbewerbsrecht, sondern in einem überwiegenden öffentlichen Interesse zu finden ist (BIANCHI DELLA PORTA, in: TERCIER/BOVET, CR Concurrence, Art. 8 N 97; PIAGET, Justification, 179; BÜRGI, Kartellrechtsverstösse, 256; HOFFET, in: HOMBURGER, Kommentar 1996, Art. 8 N 24; a.M.: STOFFEL, Neues Kartellrecht, 106 u. CHABLOZ, L'autorisation exceptionnelle, N 921 ff., welche beide der Ansicht sind, dass der Entscheid des Bundesrates ex nunc wirke; der Bundesrat könne seinem Entscheid jedoch rückwirkende Wirkung verleihen). Im Übrigen ist zu unterscheiden:

17

a. Im verwaltungsrechtlichen Verfahren

Bei einer **Abweisung des Antrags** ist zunächst nach dem Stand des Verfahrens zu unterscheiden. Wurde der Antrag nach einem Entscheid der Weko gestellt, so steht den Beteiligten gemäss Art. 31 Abs. 1 innerhalb einer Frist von 30 Tagen der Weg ans Bundesverwaltungsgericht offen (vgl. hierzu Kommentierung zu Art. 31 Abs. 1; CHABLOZ, L'autorisation exceptionnelle, N 936). Wird der Antrag jedoch erst nach einem Entscheid des Bundesverwaltungsgerichts gestellt und versäumen es die Antragsteller innerhalb der Frist von 30 Tagen, eine

18

Beschwerde beim Bundesgericht einzureichen und diese bis zum Abschluss des Verfahrens vor dem Bundesrat sistieren zu lassen, steht kein Rechtsmittel mehr gegen den Entscheid des Bundesverwaltungsgerichts zur Verfügung und das Verfahren findet seinen Abschluss (vgl. Kommentierung zu Art. 31 Abs. 2; CHABLOZ, L'autorisation exceptionnelle, N 937).

19 Bei einer **ausnahmsweisen Zulassung** können für die Zeit vor dem Entscheid des Bundesrates sowie für die Dauer der zeitlich limitierten Bewilligung keine Sanktionen gemäss Art. 49a verhängt werden (PIAGET, Justification, 179; BIANCHI DELLA PORTA, in: TERCIER/BOVET, CR Concurrence, Art. 8 N 97 ff.). Mit dem Entscheid des Bundesrates findet das administrative Verfahren seinen Abschluss (CHABLOZ, L'autorisation exceptionnelle, N 931).

b. Im zivilrechtlichen Verfahren

20 Vorauszuschicken ist, dass der Entscheid des Bundesrates für den Zivilrichter endgültig und bindend ist (STOFFEL, Neues Kartellrecht, 106; TERCIER, in: VON BÜREN/DAVID, SIWR V/2, 410). Im **zivilrechtlichen Verfahren** ist weiter zu unterscheiden, ob der Antrag inzidenter, d.h. während eines laufenden Verfahrens, gestellt wird oder erst nach einem endgültigen Urteil des Bundesgerichts.

21 Fällt der Bundesrat einen **abweisenden Entscheid** während eines laufenden Zivilverfahrens, nimmt das Zivilverfahren seinen weiteren Verlauf. Fällt der Bundesrat seinen Entscheid jedoch nach einem endgültigen Entscheid des Bundesgerichts, findet das Zivilverfahren damit seinen Abschluss (CHABLOZ, L'autorisation exceptionnelle, N 947 ff.).

22 Heisst der Bundesrat einen Antrag um **ausnahmsweise Zulassung** während eines laufenden Verfahrens gut, ist der Zivilrichter wie ausgeführt an diesen Entscheid gebunden und hat diesen bei seiner Entscheidung zu berücksichtigen. Durch die Gutheissung fällt die Unzulässigkeit der Wettbewerbsabrede bzw. der Verhaltensweise marktbeherrschender Unternehmen temporär dahin und der Zivilrichter muss geltend gemachte Ansprüche gemäss Art. 12 Abs. 1 abweisen (CHABLOZ, L'autorisation exceptionnelle, N 939 f.). Allerdings stehen dem Kläger allenfalls immer noch Ansprüche gemäss Art. 12 Abs. 3 zu (vgl. Kommentierung zu Art. 12 Abs. 3). Bei einer Gutheissung des Antrages nach Vorliegen einer rechtskräftigen Entscheidung des Bundesgerichts bzw. eines Gerichts einer unteren Instanz geht der Grossteil der Lehre davon aus, dass der Entscheid des Bundesrates einen Revisionsgrund darstellt (BORER, Kommentar 2005, Art. 8 N 16; WALTER, in: HOMBURGER, Kommentar 1996, Art. 8 N 67). Dem ist entgegenzuhalten, dass Tatsachen und Beweismittel, die erst nach dem Entscheid entstanden sind, gemäss Art. 123 BGG eindeutig von der Revision ausgenommen sind. Im Übrigen ist auch zweifelhaft, ob der Entscheid des Bundesrates überhaupt als Tatsache oder Beweismittel qualifiziert werden kann (vgl. für das alte Recht:

LANG, Ansprüche, 204). CHABLOZ plädiert für eine analoge Anwendung von Art. 122 BGG (CHABLOZ, L'autorisation exceptionnelle, N 943). Beiden Lösungen stellen sich allerdings grundsätzliche faktische Probleme entgegen: Der mittlerweile rechtskräftig gewordene Bundesgerichtsentscheid ist vollstreckbar. Insb. bildet dieser einen definitiven Rechtsöffnungstitel gemäss Art. 80 Abs. 1 SchKG, womit die obsiegende Partei des zivilrechtlichen Verfahrens bereits in der Lage ist, eine geldwerte Forderung durchzusetzen. Ob aber ein Entscheid des Bundesrates nach Vollstreckung dieser Forderung noch Sinn ergibt, ist zweifelhaft, können die Auswirkungen der Vollstreckung des Urteils ja durchaus gravierend sein. Demzufolge sollte im Zivilverfahren spätestens vor Bundesgericht ein Antrag auf die inzidente Durchführung des Verfahrens vor dem Bundesrat beantragt werden.

2. Rechtsmittel

Gegen den Entscheid des Bundesrates bestehen **keine Rechtsmittel** (BIANCHI DELLA PORTA, in: TERCIER/BOVET, CR Concurrence, Art. 8 N 96 ff.; CHABLOZ, L'autorisation exceptionnelle, N 1006 ff.). Insb. finden die Art. 6 Abs. 1 EMRK und Art. 14 Abs. 1 des Internationalen Paktes über bürgerliche und politische Rechte wohl keine Anwendung (HANGARTNER/PRÜMMER, Zulassung, 1105; CHABLOZ, L'autorisation exceptionnelle, N 1009 ff.).

2. Abschnitt: Unternehmenszusammenschlüsse

Art. 9 Meldung von Zusammenschlussvorhaben

Meldung von Zusammenschlussvorhaben

¹ Vorhaben über Zusammenschlüsse von Unternehmen sind vor ihrem Vollzug der Wettbewerbskommission zu melden, sofern im letzten Geschäftsjahr vor dem Zusammenschluss:

a. die beteiligten Unternehmen einen Umsatz von insgesamt mindestens 2 Milliarden Franken oder einen auf die Schweiz entfallenden Umsatz von insgesamt mindestens 500 Millionen Franken erzielten; und

b. mindestens zwei der beteiligten Unternehmen einen Umsatz in der Schweiz von je mindestens 100 Millionen Franken erzielten.

² ...

³ Bei Versicherungsgesellschaften treten an die Stelle des Umsatzes die jährlichen Bruttoprämieneinnahmen, bei Banken und übrigen Finanzintermediären die Bruttoerträge, sofern sie den Rechnungslegungsvorschriften gemäss dem Bankengesetz vom 8. November 1934 unterstellt sind.

⁴ Die Meldepflicht besteht ungeachtet der Absätze 1–3, wenn am Zusammenschluss ein Unternehmen beteiligt ist, für welches in einem Verfahren nach diesem Gesetz rechtskräftig festgestellt worden ist, dass es in der Schweiz auf einem bestimmten Markt eine beherrschende Stellung hat, und der Zusammenschluss diesen Markt oder einen solchen betrifft, der ihm vor- oder nachgelagert oder benachbart ist.

⁵ Die Bundesversammlung kann mit allgemeinverbindlichem, nicht referendumspflichtigem Bundesbeschluss:

a. die Grenzbeträge in den Absätzen 1–3 den veränderten Verhältnissen anpassen;

b. für die Meldepflicht von Unternehmenszusammenschlüssen in einzelnen Wirtschaftszweigen besondere Voraussetzungen schaffen.

Notification des opérations de concentration

¹ Les opérations de concentration d'entreprises doivent être notifiées avant leur réalisation à la Commission de la concurrence lorsque, dans le dernier exercice précédant la concentration:

a. les entreprises participantes ont réalisé ensemble un chiffre d'affaires minimum de 2 milliards de francs ou un chiffre d'affaires en Suisse d'au moins 500 millions de francs, et

b. au moins deux des entreprises participantes ont réalisé individuellement en Suisse un chiffre d'affaires minimum de 100 millions de francs.

² ...

³ Pour les sociétés d'assurances, il est tenu compte, au lieu du chiffre d'affaires, du montant total des primes brutes annuelles; pour les banques et les autres intermédiaires financiers soumis aux dispositions de la loi fédérale du 8 novembre 1934 sur les banques et les caisses d'épargne relatives à l'établissement des comptes, il est tenu compte du produit brut.

⁴ Nonobstant les al. 1 à 3, la notification est obligatoire lorsque, au terme d'une procédure engagée en vertu de la présente loi, une décision passée en force établit qu'une entreprise participante occupe en Suisse une position dominante sur un marché, et lorsque la concentration concerne soit ce marché, soit un marché voisin ou situé en amont ou en aval.

⁵ L'Assemblée fédérale peut, par voie d'arrêté de portée générale non soumis au référendum:

a. adapter aux circonstances les montants fixés aux al. 1 à 3;

b. assortir de conditions spéciales l'obligation de notifier des concentrations d'entreprises dans certaines branches de l'économie.

Annuncio di progetti di concentrazione

¹ I progetti di concentrazioni di imprese devono essere annunciati alla Commissione della concorrenza prima della loro esecuzione, sempreché durante l'ultimo esercizio prima della concentrazione:

a. le imprese partecipanti abbiano realizzato congiuntamente una cifra d'affari di almeno 2 miliardi di franchi o una cifra d'affari in Svizzera di almeno 500 milioni di franchi; e

b. almeno due delle imprese partecipanti abbiano realizzato in Svizzera una cifra d'affari di almeno 100 milioni di franchi ognuna.

² ...

³ Nel caso delle compagnie di assicurazione, al posto della cifra d'affari si tiene conto del totale lordo dei premi annui; nel caso delle banche e degli altri intermediari finanziari assoggettati alle regole sulla compilazione dei conti previste nella legge federale dell'8 novembre 1934 sulle banche e le casse di risparmio, si tiene conto dei ricavi lordi.

⁴ A prescindere dai capoversi 1 e 3, è dato obbligo di annuncio se risulta da una procedura fondata sulla presente legge e passata in giudicato che un'impresa partecipante alla concentrazione occupa in Svizzera una posizione dominante sul mercato e che la concentrazione concerne questo mercato oppure un mercato situato a monte o a valle o che le è prossimo.

⁵ Mediante decreti federali di obbligatorietà generale non sottoposti al referendum l'Assemblea federale può:

a. adeguare alle circostanze gli importi stabiliti dai capoversi 1–3;

b. vincolare a speciali esigenze l'obbligo dell'annuncio per le concentrazioni di imprese in determinati settori economici.

Inhaltsübersicht Note

I. Regelungsgegenstand, -zweck und -kontext 1
   1. Grundlagen 1
   2. Abgrenzung 4
   3. Anlehnung an das EU-Modell 5
II. Meldepflichtige Zusammenschlüsse 8
   1. Quantitatives Aufgreifkriterium 8
   2. Umsatzberechnung 13
      a. Beteiligte Unternehmen 13
      b. Berechnungsgrundlage 16
   3. Sonderanknüpfungen 20
   4. Qualitatives Aufgreifkriterium 25
III. Fusionskontrollmeldung 28
   1. Meldepflichtige Unternehmen 28
   2. Meldezeitpunkt 29
   3. Meldeinhalt 33

I. Regelungsgegenstand, -zweck und -kontext

1. Grundlagen

[1] Die wohl einschneidendste Neuerung (vgl. zur Entstehungsgeschichte DUCREY/DROLSHAMMER, in: HOMBURGER, Kommentar 1996, Vorbem. zu Art. 9 N 7 ff.) beim Erlass des Kartellgesetzes im Jahre 1995 war die Einführung einer vorgängigen **Meldepflicht für Unternehmenszusammenschlüsse** (Art. 4 Abs. 3), bei denen mit erheblichen Änderungen der bestehenden Marktstrukturen zu rechnen ist. Einerseits ist dies dann der Fall, wenn die am Zusammenschluss beteiligten Unternehmen erhebliche Umsätze in der Schweiz erzielen (Art. 9 Abs. 1 u. 3), womit grundsätzlich nur Strukturveränderungen durch Unternehmen mit grossem Umsatzpotenzial von der Fusionskontrolle erfasst werden, soweit sich dieses Potenzial wenn nicht bei den vom Zusammenschluss direkt betroffenen Unternehmen bzw. Unternehmensteilen selbst, so doch zumindest bei einer Konzernbetrachtung der am Vorhaben beteiligten Unternehmen aufgrund der Umsatzberechnung gemäss Art. 5 VKU ergibt; andererseits besteht die Meldepflicht ungeachtet des erzielten Umsatzes auch dann, wenn rechtskräftig festgestellt wurde, dass eines der am Zusammenschluss beteiligten Unternehmen auf einem bestimmten Markt eine beherrschende Stellung hat und der Zusammenschluss diesen oder einen vor- oder nachgelagerten oder benachbarten

Markt betrifft (Art. 9 Abs. 4; vgl. zum Regelungsgegenstand allg. ZÄCH, Kartellrecht 2005, N 716 ff.; DUCREY, in: VON BÜREN/DAVID, SIWR V/2, 233 ff.; HOFFET, in: ZÄCH, KG-Praxis, 45 ff.; BORER, in: ZÄCH, Neues Kartellrecht, 71 ff.; VON BÜREN/MARBACH, Wettbewerbsrecht, N 1346 ff.; VON BÜREN, Bestandesaufnahme, 559 ff.; ZURKINDEN, Fusionskontrolle, N 13 ff.).

Art. 4 Abs. 3 definiert den Begriff des Unternehmenszusammenschlusses. Art. 9 und Art. 10 enthalten die materiellen Vorschriften zum soeben dargestellten dritten Pfeiler moderner Wettbewerbspolitik neben den Vorschriften gegen Wettbewerbsabreden (Art. 5 f.) und den Bestimmungen gegen den Missbrauch marktbeherrschender Unternehmen (Art. 7). Im Rahmen der Zusammenschlusskontrolle ebenfalls massgeblich ist die in Art. 4 Abs. 2 niedergelegte Legaldefiniton des Begriffes des marktbeherrschenden Unternehmens: Art. 10 Abs. 1 hält fest, dass eine vertiefte Prüfung meldepflichtiger Zusammenschlussvorhaben nur dann erfolgen darf und muss, wenn sich in der Vorprüfung Indizien ergeben, dass die Realisierung des Vorhabens eine **marktbeherrschende Stellung** begründen oder verstärken würde. Die Art. 32–38 enthalten Vorschriften zum Prüfungsverfahren. Art. 11 und Art. 36 regeln die ausnahmsweise Zulassung eines nach Art. 10 untersagten Unternehmenszusammenschlusses. Für das Verständnis der Fusionskontrolle und deren Anwendung in der Praxis bedeutsam sind schliesslich die **Ausführungsvorschriften** zu den materiell- und verfahrensrechtlichen Vorschriften der Zusammenschlusskontrolle, die – gestützt auf Art. 60 – in der Verordnung zur Kontrolle von Unternehmenszusammenschlüssen (VKU) niedergelegt worden sind.

2

Art. 9 und Art. 10 dienen der **präventiven** Kontrolle von Unternehmenszusammenschlüssen. Art. 9 regelt die Voraussetzungen, unter denen ein Zusammenschlussvorhaben vor dem Vollzug der Weko zu melden ist **(Aufgreifkriterien)**. Wird ein Prüfungsverfahren eingeleitet (Art. 33), unterliegt das Vorhaben während der Prüfungsdauer gemäss Art. 34 einem **Vollzugsverbot**. Art. 10 legt die Kriterien **(Eingreifkriterien)** nieder, nach denen die Behörde beurteilt, ob ein gemeldetes Zusammenschlussvorhaben als unbedenklich zu genehmigen, nur unter Auflagen und Bedingungen zuzulassen oder gar zu untersagen ist. Dadurch steht den Wettbewerbsbehörden ein **repressives** Instrument zur Verfügung. Die erste Untersagung erfolgte allerdings erst im Jahre 2004 (RPW 2004/2, 582 – Berner Zeitung AG/20 Minuten (Schweiz) AG). Dieser Entscheid wurde am 4. Mai 2006 von der Rekurskommission für Wettbewerbsfragen aufgehoben, deren Entscheid wiederum beim Bundesgericht angefochten wurde.

3

2. Abgrenzung

Gestützt auf Art. 7 und Art. 49a Abs. 1 kann die missbräuchliche Ausnutzung einer durch endogenes oder exogenes **Wachstum** erlangten marktbeherrschenden Stellung i.S.v. Art. 4 Abs. 2 kontrolliert und sanktioniert werden (s. dazu Art. 4 N 26 ff.). Art. 7 erhellt, dass das **organische** Erlangen einer markt-

4

beherrschenden Stellung nicht unzulässig ist, und befindet sich damit im Einklang mit den Forderungen einer wettbewerbsorientierten Marktwirtschaftsordnung. Verpönt sind Verhaltensweisen, die zu Marktversagen führen oder ein solches ausnutzen. Die Vorschriften zur präventiven Kontrolle von Unternehmenszusammenschlüssen ergänzen die vorgenannten Regelungskomplexe, indem sie zwecks Vermeidung der Beseitigung wirksamen Wettbewerbs etwaige Umgehungen des Marktbeherrschungstatbestands bzw. der Missbrauchstatbestände durch Zusammenschlüsse vorgängig einer **Strukturkontrolle** unterziehen. Dabei darf aber gleichwohl die Verhaltenskontrolle des Art. 7 nicht antizipierend ausgehebelt werden: Bedingungen und Auflagen einer Genehmigung gemäss Art. 10 Abs. 2 wären so als Struktur-, nicht jedoch Verhaltensmassnahmen auszugestalten. Angesichts der Schwierigkeit dieser Abgrenzung in der Praxis, widerspräche eine darauf eingehende Lesart letztlich jedoch dem Verhältnismässigkeitsprinzip (vgl. ZÄCH, Kartellrecht 2005, N 834 m.w.H., PRÜMMER, Verhältnismässigkeitsaspekte, 48 ff. u. 156 ff.).

3. Anlehnung an das EU-Modell

5   Die Schweizer Fusionskontrolle entspricht auch nach der Revision der **EG-Fusionskontrolle** (Verordnung EG 139/2004 des Rates vom 20.01.2004 – EG Fusionskontrollverordnung, ABl EG Nr. L 24 vom 19.01.2004) weitgehend dem EG-Modell (dazu LÜSCHER, Rechtsvergleich, 467 ff.; SEITZ, Parallelverfahren, 126 ff.; ZURKINDEN, Fusionskontrolle, N 171 ff. u. 191). Die Meldepflicht richtet sich nicht nach in der Praxis oft nur schwierig ermittelbaren Marktanteilen, sondern wie in der EU nach Umsatzschwellenwerten, welche erreicht werden müssen. Selbst bei Fusionen mit Auslandsberührung ist stets erforderlich, dass auch in der Schweiz gewisse Umsatzschwellenwerte erreicht werden. Auch das Verfahren und die anwendbaren Fristen gleichen weitgehend denjenigen unter der EG-Fusionskontrolle; sie sind allerdings, nach der vorgenannten Revision, weniger flexibel ausgestaltet (s. dazu Art. 32 N 1).

6   Eine wesentliche Abweichung von der EG-Fusionskontrolle ergibt sich jedoch insb. bei der für ein Zusammenschlussverbot erforderlichen Marktkonzentration. Die Grenze der Marktkonzentration, bei der der Weko erlaubt ist, einen Zusammenschluss zu verbieten, ist im schweizerischen Recht höher angesetzt als im Recht der EG: Während Art. 10 Abs. 2 ein Verbot nur erlaubt, wenn eine marktbeherrschende Stellung, die wirksamen Wettbewerb **beseitigen kann,** begründet oder verstärkt wird (s. dazu Art. 10 N 25), genügt gemäss Art. 2 Abs. 3 EG-FKVO dafür bereits das Vorliegen einer wirksamen Wettbewerb **erheblich behindernden** Marktkonzentration.

7   Allerdings verwies die Weko im Falle paralleler Meldungen und Prüfverfahren bei internationalen Zusammenschlussvorhaben oft auf die **Beurteilungen der Europäischen Kommission**, insb. bei identischen Marktabgrenzungen bzw. hinsichtlich

von Zugeständnissen der Parteien (vgl. RPW 2000/3, 445 ff. – Nordic Capital/Hiag/ Nybron; RPW 2000/4, 637 – Vivendi SA/Canal+ SA/The Seagram Company Ltd.; RPW 2002/1, 172 N 41 – BP/E.ON; RPW 2002/2, 313 N 79 – Hewlett-Packard/ Compaq; RPW 2003/2, 356 N 127 – Pfizer Inc./Pharmacia Corp.; RPW 2004/3, 820 N 40 – Sanofi-Synthélabo SA/Aventis SA). Bei abweichenden Marktverhältnissen wich die Weko hingegen durchaus auch von der Praxis der Europäischen Kommission ab (vgl. RPW 1998/2, 310 ff. N 36, 49, 130 – UBS/SBV). Die Weko dürfte aufgrund des nunmehr unterschiedlichen materiellen Bewertungsmassstabs häufig eher differenzierte Marktbeurteilungen vornehmen. Wenn die Europäische Kommission einen Zusammenschluss jedoch zulässt, müsste die Weko dies wegen der höheren Eingriffsschwelle auch tun.

II. Meldepflichtige Zusammenschlüsse

1. Quantitatives Aufgreifkriterium

Eine Meldepflicht vor Vollzug eines Zusammenschlussvorhabens besteht gemäss Art. 9 Abs. 1 dann,

– wenn die beteiligten Unternehmen im dem Zusammenschluss vorangegangenen Geschäftsjahr einen weltweiten Gesamtumsatz von insgesamt mindestens CHF 2 Mia. oder (alternativ)
– einen schweizweiten Gesamtumsatz von insgesamt mindestens CHF 500 Mio. erzielt haben (lit. a), und kumulativ
– mindestens zwei der beteiligten Unternehmen einen schweizweiten Umsatz von jeweils mindestens CHF 100 Mio. erzielt haben (lit. b) (zu den Umsatzschwellen allg. DUCREY, in: von BÜREN/DAVID, SIWR V/2, 248 ff.; ZÄCH, Kartellrecht 2005, N 752 ff.; HOFFET, in: ZÄCH, KG-Praxis, 50 f. u. 56 ff.; DUCREY/ DROLSHAMMER, in: HOMBURGER, Kommentar 1996, Art. 9 N 34 ff.; VON BÜREN/MARBACH, Wettbewerbsrecht, N 1380 ff.; VON BÜREN, Bestandesaufnahme, 560 ff.; ZURKINDEN, Fusionskontrolle, N 49 ff.). Die Vorschriften in den Art. 3–8 VKU erklären, wie die Grenzbeträge gemäss Art. 9 Abs. 1–3 berechnet werden (s. dazu N 13 ff.).

Oft verhindert der **zweite Schwellenwert**, dass eine Meldepflicht ausgelöst wird, denn dieser wird ausser in Fällen gemeinsamen Kontrollerwerbs durch mehr als ein Unternehmen oft nicht erreicht. Wird hingegen ein Unternehmen von zwei Unternehmen übernommen, kann der Schwellenwert eher erreicht werden, denn angesichts der nicht weiter spezifizierten Definition in Art. 9 Abs. 1 genügt es, wenn bereits zwei ein Unternehmen erwerbende Unternehmen die Schwellenwerte erreichen, auch wenn das erworbene Unternehmen selber dies nicht tut. Umgekehrt kann es natürlich auch vorkommen, vorbehältlich des Sondertatbestands von Art. 9 Abs. 4, dass Zusammenschlussvorhaben, an denen ein mit Bezug auf die zweiten Schwellenwerte umsatzschwaches Unternehmen beteiligt ist, keine Meldepflicht auslösen, obwohl allenfalls bei einer qualitativen Betrachtungsweise, aufgrund hoher Marktanteile, eine Marktbeherrschung im relevanten Markt eintritt.

10 Der erste Schwellenwert in Art. 9 Abs. 1 lit. a stellt, soweit er sich auf **schweizweite** Gesamtumsätze bezieht, sicher, dass Unternehmen mit einem grossen Marktpotenzial in der Schweiz regelmässig der Meldepflicht unterliegen; mit dem in den meisten entwickelten Fusionskontrollsystemen ebenfalls anzutreffenden höheren Schwellenwert, der sich auf **weltweite Umsatzzahlen** bezieht (Art. 9 Abs. 1 lit. a), wird dafür gesorgt, dass multinationale Unternehmen mit im Konzernvergleich geringeren Umsätzen im Heimmarkt, aber umso stärkerem internationalen Marktpotenzial gleichwohl der Meldepflicht bei Zusammenschlüssen unterliegen, welche aufgrund des in der Schweiz erzielten Umsatzes (Art. 9 Abs. 1 lit. b, Art. 2 Abs. 2) Strukturveränderungen auf dem Schweizer Markt zeitigen können (vgl. BORER, Kommentar 2005, Art. 9 N 7; ZÄCH, Kartellrecht 2005, N 753 ff.).

11 Im sog. Merial-Entscheid (Entscheidserie der Weko, der Reko und des Bundesgerichts i.S. Merck/Rhône-Poulenc, BGE 127 III 219, 224, E. 3b und RPW 2001/2, 443 ff. – Rhône-Poulenc SA/Merck; vgl. auch RPW 1997/3, 350 ff. – Merial u. RPW 1998/1, 96 ff. – Merial) hat das Bundesgericht die damals noch nicht vollends geklärte Frage nach der **Unterstellungspflicht** eines ausländischen Beteiligungserwerbs unter die Fusionskontrolle des Schweizer Kartellrechts dahingehend beantwortet, dass der Sitz der am Zusammenschluss beteiligten Unternehmen und ebenso deren Präsenz in der Schweiz aufgrund des **Auswirkungsprinzips** unerheblich seien. Somit sei die nicht gemeldete Gründung eines Joint Venture durch zwei ausländische Gesellschaften, die über keine Niederlassung in der Schweiz verfügen, allein aufgrund der gleichwohl erreichten Umsatzschwellenwerte der Fusionskontrolle des Schweizer Kartellrechts unterstellt. Begründet wurde dies damit, dass die relativ hohen Aufgreifschwellen des Art. 9 Abs. 1 das Auswirkungsprinzip gemäss Art. 2 Abs. 2 genügend konkretisierten; denn falls diese Umsatzschwellenwerte erreicht seien, bestehe die Meldepflicht ausnahmslos, und die Beurteilung potenzieller schädlicher Auswirkungen auf den Wettbewerb müsse einer materiellen Prüfung vorbehalten sein, welche die formelle Meldepflicht voraussetze.

12 Das für ein erhebliches, eine Meldepflicht rechtfertigende **Marktpotenzial** massgebliche Kriterium ist demnach grundsätzlich ausschliesslich umsatzbezogen. Dies führt dazu, dass oftmals Akquisitionen von Finanzinvestoren, bspw. aus dem Private Equity Sektor, allein deshalb der Meldepflicht unterstehen, weil die kumulierten Umsätze der bereits von diesen kontrollierten Portfoliogesellschaften die massgeblichen Schwellenwerte erreichen (Art. 5 VKU), obschon keinerlei Überschneidungen in den relevanten Märkten vorliegen bzw. solche in diesen vor- oder nachgelagerten Märkten eher zufälliger Natur sind. Es ist immerhin positiv zu vermerken, dass die Weko in der Praxis unverdächtige, lediglich aufgrund der formellen Meldepflicht zu meldende Zusammenschlüsse zur erleichter-

ten Meldung gemäss Art. 12 VKU zulässt und deren Vollzug entsprechend oft bereits vor Ablauf der für die Vorprüfung gemäss Art. 32 Abs. 1 vorgesehenen Monatsfrist genehmigt (Art. 32 Abs. 2 i.V.m. Art. 16 Abs. 1 VKU).

2. Umsatzberechnung

a. Beteiligte Unternehmen

Es war bereits die Rede von den «beteiligten Unternehmen», welche einer Meldepflicht dann unterliegen, wenn sie die in Art. 9 Abs. 1 statuierten Schwellenwerte erreichen. Art. 3 VKU hält im Einklang mit der **Regelung in der EG-Fusionskontrolle** fest, was ein beteiligtes Unternehmen ist; bei Fusionen i.s.v. Art. 4 Abs. 3 lit. a sind es die fusionierenden Unternehmen, beim Kontrollerwerb i.S.v. Art. 4 Abs. 3 lit. b sind es die kontrollierenden und die kontrollierten Unternehmen (DUCREY, in: VON BÜREN/DAVID, SIWR V/2, 251 f.; HOFFET, in: ZÄCH, KG-Praxis, 56 f.; DUCREY/DROLSHAMMER, in: HOMBURGER, Kommentar 1996, Art. 9 N 13 ff.; ZURKINDEN, Fusionskontrolle, N 63). 13

Art. 5 VKU setzt bei der Umsatzberechnung den Grundsatz der wirtschaftlichen Einheit und somit eine eigentliche **Konzernbetrachtungsweise** um, indem nicht bloss die Umsätze der effektiv beteiligten Unternehmen, sondern auch die Umsätze der anderen, derselben Unternehmensgruppe zugehörigen Unternehmen zu berücksichtigen sind (vgl. RPW 2000/1, 14 – Berücksichtigung der Umsätze eines Schwesterunternehmens [Beratungen]). Demnach sind zu den Umsätzen der gemäss Art. 3 VKU beteiligten Unternehmen gemäss Art. 5 Abs. 1 VKU auch die **(externen)** Umsätze von deren Tochtergesellschaften (lit. a), Muttergesellschaften (lit. b), Schwestergesellschaften (lit. c) und Gemeinschaftsunternehmen (lit. d) zu addieren. Konzerninterne Umsätze sind gemäss Art. 5 Abs. 2 VKU hingegen vom Gesamtumsatz zu subtrahieren. Gemäss Art. 5 Abs. 3 VKU sind die Umsätze von **Gemeinschaftsunternehmen**, welche von den beteiligten Unternehmen gemeinsam kontrolliert werden, diesen zu gleichen Teilen anzurechnen, wobei wiederum gruppeninterne Umsätze zu subtrahieren sind. Gemeinschaftsunternehmen, die nicht unter einheitlicher Leitung i.S.v. Art. 2 Abs. 1 VKU stehen, fallen hingegen ausser Betracht, da sie nicht gemeinsam kontrolliert werden. 14

Bei der Gründung von **Gemeinschaftsunternehmen** (Art. 2 VKU; vgl. RPW 1997/2, 201 N 27 ff. – Diax/SBCIS) sind gestützt auf Art. 5 die Umsätze aller Muttergesellschaften bzw. der gesamten Unternehmensgruppen der Muttergesellschaften zu berücksichtigen. Beim Erwerb eines **Unternehmensteils** aus einer anderen Unternehmensgruppe ist gemäss Art. 3 Abs. 2 VKU als massgeblicher Umsatz nur der Umsatz des Zielobjektes mit einzubeziehen und nicht der gesamte Gruppenumsatz beim veräussernden Unternehmen; denn dieses wird ja nicht in die Strukturveränderung mit einbezogen. 15

b. Berechnungsgrundlage

16 Art. 4 VKU regelt konkret, wie die Umsatzberechnung zu erfolgen hat. Abgestellt wird gemäss Abs. 1 auf die Erlöse, die im letzten, dem Zusammenschluss vorausgehenden abgeschlossenen **Geschäftsjahr** von den beteiligten Unternehmen im normalen geschäftlichen Tätigkeitsbereich erzielt worden sind; unter Zusammenschluss wird das Verpflichtungsgeschäft verstanden (vgl. RPW 1998/1, 63 f. N 11 f. – Roche/Corange). Umfasste das vorangegangene Geschäftsjahr nicht zwölf Kalendermonate, ist gemäss Abs. 2 der erzielte Erlös anhand des Durchschnitts der tatsächlich erfassten Monate auf ein volles Jahr umzurechnen.

17 Erlösminderungen wie Skonti und Rabatte, Mehrwert- und andere Verbrauchs- oder unmittelbar auf den Umsatz bezogene Steuern sind gemäss Abs. 1 vom erzielten Erlös zu subtrahieren. Gemäss Abs. 2 sind in **ausländischen** Währungen erzielte Erlöse nach den in der Schweiz geltenden Grundsätzen ordnungsgemässer Rechnungslegung in Schweizer Franken umzurechnen. Dafür können die Durchschnittskurse für die Dauer der relevanten Rechnungslegungsperiode oder aber, bei nur geringen Wechselkursschwankungen, der Mittelkurs des Bilanzstichtages herangezogen werden (vgl. BORER, Kommentar 2005, Art. 9 N 10).

18 Abs. 3 sieht sodann zur Vermeidung von Umgehungen der Meldepflicht vor, dass bei mehreren strukturverändernden Vorgängen binnen zwei Jahren zwischen denselben beteiligten Unternehmen diese als ein Vorgang betrachtet werden, womit eine wirtschaftliche **Gesamtbetrachtung** des Zusammenschlusses vorgenommen wird und die Umsätze des Geschäftsjahres vor dem letzten Vorgang herangezogen werden. Umgekehrt sind zeitlich gestaffelte Zusammenschlüsse bereits nach dem ersten, die Strukturveränderung einleitenden Vorgang meldepflichtig, ohne dass der abschliessende Vorgang erneut meldepflichtig wäre (RPW 2004/2, 583 ff. – Tamedia AG/20 Minuten (Schweiz) AG).

19 Art. 9 Abs. 1 stellt sowohl auf weltweite als auch auf schweizweite Umsätze ab. Die **Allokation** der Umsätze zum Aus- bzw. Inland erfolgt nach dem Standort des jeweiligen Kunden, d.h. des Bezügers von Waren und Dienstleistungen und somit Nachfragers der von den jeweils konkurrierenden Anbietern vermarkteten Produkte (analog Art. 5 EG-FKVO; BORER, Kommentar 2005, Art. 9 N 12). Entsprechend müssen die betriebsintern oftmals nach Ländergesellschaften, und somit dem Standort des jeweiligen Lieferanten allozierten Umsätzen für Fusionskontrollzwecke neu zusammengefasst werden. Probleme stellen sich in der Praxis bei der Umsatzallokation dann, wenn in global und virtuell vernetzten Märkten die verschiedenen Schritte zwischen Vertragsanbahnung, Vertragsschluss und Vertragserfüllung an unterschiedlichen, teils durchaus beliebigen Orten vonstatten gehen. In solchen Fällen ist gewissermassen der **Schwerpunkt** der Vertragsbeziehung als massgeblicher Standort zu eruieren.

3. Sonderanknüpfungen

Mit der Revision des Kartellgesetzes 2003 sind die 20-mal tieferen Schwellenwerte für die Meldung von Unternehmenszusammenschlüssen im **Medienbereich** aufgehoben worden. Es gelten nunmehr auch hier die allgemeinen Aufgreifkriterien des Art. 9 Abs. 1. Die bisherigen Erfahrungen zeigten, dass die wirklich heiklen Zusammenschlüsse im Medienbereich auch mit den normalen Aufgreifkriterien hätten gemeldet werden müssen und die Aufhebung der besonderen Schwellenwerte die Weko fortan von der Prüfung unproblematischer Fälle entlastet. Zudem zeitigten die medienpolitisch motivierten Schwellenwerte nicht die gewünschten Wirkungen, zumal der im letzten Jahrzehnt zu beobachtenden und weiter anhaltenden Medienkonzentration auch nach wettbewerbsrechtlichen Gesichtspunkten nicht bzw. nur bedingt Einhalt geboten werden konnte (vgl. immerhin den von der Weko untersagten, von der Reko jedoch genehmigten und beim Bundesgericht angefochtenen Zusammenschluss in RPW 2004/2, 582 – Berner Zeitung AG/ 20 Minuten (Schweiz) AG; Botschaft KG 2003, BBl 2002, 2042 f.). [20]

Art. 9 Abs. 5 ermöglicht den **Erlass eines allgemeinverbindlichen, nicht referendumspflichtigen Bundesbeschlusses**, um entweder die Grenzbeträge der Abs. 1 und 3 den veränderten Verhältnissen anzupassen (lit. a) oder für die Meldepflicht in einzelnen Wirtschaftszweigen erneut besondere Voraussetzungen zu schaffen (lit. b). [21]

Bei **Versicherungsgesellschaften** treten gemäss Art. 9 Abs. 3 an die Stelle des Umsatzes die jährlichen Bruttoprämieneinnahmen (dazu im Einzelnen DUCREY/ DROLSHAMMER, in: HOMBURGER, Kommentar 1996, Art. 9 N 62; ZÄCH, Kartellrecht 2005, N 758; BORER, in: ZÄCH, Neues Kartellrecht, 80 f.). Diese umfassen gemäss Art. 6 VKU die verrechneten Prämien aus dem Erst- und Rückversicherungsgeschäft, einschliesslich der in Rückdeckung gegebenen Anteile, abzüglich der auf den Erstversicherungsprämien eingenommenen Steuern oder sonstigen Abgaben. Zur Berechnung des auf die Schweiz entfallenden Anteils wird dabei auf die Bruttoprämieneinnahmen abgestellt, die von in der Schweiz ansässigen Personen entrichtet werden (vgl. RPW 2003/2, 369 N 9 – Converium/ Northern States/Global Aerospace Underwriting Managers (GAUM)). [22]

Bei **Banken** und übrigen Finanzintermediären, welche den Rechnungslegungsvorschriften des Bankengesetzes (BankG) zu genügen haben, gelten seit der Revision des Kartellgesetzes 2003 nicht mehr die konsolidierte Bilanzsumme, sondern die jährlichen Bruttoerträge aus der ordentlichen Geschäftstätigkeit als relevante Umsatzgrösse (Art. 9 Abs. 3 i.V.m. Art. 8 VKU; vgl. die Definition der Bruttoerträge in Art. 25a BankV). Davon sind gemäss Art. 8 Abs. 2 VKU wiederum Mehrwertsteuern und andere unmittelbar auf die Bruttoerträge bezogene Steuern zu subtrahieren. Bei Finanzinstituten, welche der Rechnungslegung nach IFRS unterliegen, sind die Bruttoerträge gemäss Art. 8 Abs. 3 VKU analog zu errechnen. Diese Harmonisierung mit der in der EG geltenden Referenzgrösse [23] (beachte die Analogie zu Art. 5 Abs. 3 EG-FKVO) ist zu begrüssen, da sie bei grenzüberschreitenden und entsprechend nicht nur in der Schweiz meldepflichtigen Zusammenschlüssen die Arbeit für die involvierten Parteien nun im Gegensatz zu früher nicht mehr unnötig erschwert (dazu im Einzelnen MEIER-SCHATZ, in: ZÄCH, KG-Praxis, 185 ff.; SCHALLER/KELLER, méthodes, 13 ff.; DUCREY/ DROLSHAMMER, in: HOMBURGER, Kommentar 1996, Art. 9 N 60 f.; ZÄCH, Kartellrecht 2005, N 758; BORER, in: ZÄCH, Neues Kartellrecht, 80 f.).

24 Art. 8 Abs. 4 VKU statuiert schliesslich, dass bei am Zusammenschluss beteiligten Unternehmen, die nur teilweise Finanzinstitute (oder analog Versicherungsgesellschaften) sind oder nur z.T. solche Tätigkeiten im Bank- (oder analog Versicherungsbereich) betreiben, eine **Mischrechnung** aus Umsätzen, Bruttoerträgen und Bruttoprämieneinnahmen gemäss den jeweiligen Unternehmensteilen zu erfolgen hat (vgl. RPW 1997/4, 525 N 8 – Credit Suisse Group/Winterthur Versicherungen; RPW 1997/4, 573 N 6 ff. – Fastbox Ticketservice AG).

4. Qualitatives Aufgreifkriterium

25 Eine Meldepflicht besteht für beteiligte Unternehmen, deren **Marktbeherrschung** auf einem bestimmten Schweizer Markt (zum Kriterium der Marktbeherrschung vgl. ZÄCH, in: VON BÜREN/DAVID, SIWR V/2, 166 ff.; DUCREY, in: VON BÜREN/DAVID, SIWR V/2, 257 f.; VON BÜREN/MARBACH, Wettbewerbsrecht, N 1297 ff.; ZÄCH, in: ZÄCH, KG-Praxis, 12 ff.; HOFFET, in: ZÄCH, KG-Praxis, 51; DUCREY/DROLSHAMMER, in: HOMBURGER, Kommentar 1996, Art. 9 N 63 ff.; VON BÜREN/KINDLER, Kartellrecht, N 20 ff.) in einem Verfahren nach dem KG bereits rechtskräftig festgestellt wurde (als Schulbuchbeispiel gilt die Marktbeherrschung der heutigen Swisscom für die sog. «letzte Meile» auf dem Festnetz und den damit zusammenhängenden Märkten, vgl. RPW 1997/2, 166 f. N 37 ff. – Telecom PTT/Blue Window, und gestützt darauf RPW 1998/2, 344 N 13 – Swisskey AG; RPW 1998/3, 414 N 6 – Swisscom/UTA; RPW 1999/3, 509 – Swisscom/Debitel; RPW 2003/1, 206 N 7 – Swisscom Fixnet AG/WLAN AG; RPW 2006/2, 292 ff. N 18 ff. – Swisscom Eurospot AG/Core Communications Corporation), ungeachtet der vorgenannten Umsatzschwellenwerte, sofern sich ein Zusammenschluss unter Mitwirkung solcher Unternehmen auf diesen Markt direkt oder indirekt (über einen vor- oder nachgelagerten oder benachbarten Markt) auswirkt (Art. 9 Abs. 4; ZÄCH, Kartellrecht 2005, N 760). Die Marktbeherrschung kann in einem Verfahren nach Art. 7 oder Art. 10 festgestellt worden sein. Die Einführung des Sondertatbestandes von Art. 9 Abs. 4 war notwendig, da eine Meldung gemäss Art. 9 Abs. 1 und 3 ausschliesslich bei sehr hohen quantitativen Schwellenwerten zu erfolgen hat, ohne dass es auf die überragende Marktstellung eines beteiligten Unternehmens oder bereits bestehende Abhängigkeitsverhältnisse seiner Nachfrager ankäme (s. dazu Art. 4 N 36 ff.); da indes marktbeherrschende Unternehmen, die ein konkurrierendes Unternehmen übernehmen,

das eine Umsatzgrenze von CHF 100 Mio. noch nicht erreicht hat, dadurch die Marktstruktur ebenso erheblich beeinflussen können, wie dies bei Unternehmenszusammenschlüssen, die den Schwellenwert erreichen, der Fall ist, ist eine Meldepflicht aus Sicht des Gesetzgebers auch da sinnvoll. Die Tatsache, dass Art. 9 Abs. 4 so konzipiert ist, hat jedoch folgende Konsequenzen: Wird unter missbräuchlichem Verhalten marktbeherrschender Unternehmen gemäss Art. 7 Abs. 1 auch der **Marktstrukturmissbrauch** verstanden, d.h. die systematische Übernahme kleinerer aktuell oder potenziell konkurrierender Unternehmen, die diesfalls von der Zusammenschlusskontrolle (Art. 9 ff.) nicht erfasst sind (s. dazu ZÄCH, Kartellrecht 2005, N 645 ff.), und führt dies durch Marktkonzentration zu Beeinträchtigungen des Wettbewerbs, so kann dies, sofern das Unternehmen später einen Zusammenschluss plant, gemäss Art. 9 Abs. 4 zur Meldepflicht führen. Dass dies möglich ist, wird nicht nur begrüsst (ZÄCH, Kartellrecht 2005, N 647), sondern wohl zu Recht als letztlich verkappte Verhaltenskontrolle auch kritisiert (vgl. BORER, Kommentar 2005, Art. 9 N 19; HOFSTETTER/SCHILTKNECHT, Fusionskontrolle, 124 f.). Ein solcher Marktstrukturmissbrauch fällt daher folgerichtig in den Anwendungsbereich der Fusionskontrolle gemäss Art. 9 (s. dazu Art. 7 N 14).

Problematisch an diesem Sondertatbestand erscheint der Umstand, dass ein marktbeherrschendes Unternehmen, das im Laufe der Zeit aufgrund regulatorischer Änderungen oder dynamischer Marktentwicklungen seine Position als marktbeherrschendes Unternehmen verloren hat, von der Meldepflicht des Zusammenschlusses nicht befreit ist. Um die Einleitung eines Prüfungsverfahrens aus diesem Grunde zu verhindern, kann das betroffene Unternehmen wohl einen Antrag auf Erlass einer entsprechenden **Feststellungsverfügung** i.S.v. Art. 25 VwVG stellen (BORER, Kommentar 2005, Art. 9 N 20). 26

Es fragt sich, ob der Meldepflicht aufgrund des weiten sachlichen Anwendungsbereichs von Art. 9 Abs. 4, wonach diese selbst dann besteht, wenn nicht nur der beherrschte Markt selber, sondern auch ein diesem vor- oder nachgelagerter oder benachbarter Markt betroffen ist, auch dann nachzukommen ist, wenn nicht das vom Zusammenschluss betroffene Unternehmen selber, sondern ein mit diesem verbundenes oder gar bloss ein von diesem zusammen mit einem nicht marktbeherrschenden Unternehmen gehaltenes Gemeinschaftsunternehmen am Zusammenschluss beteiligt ist. Die Weko hat dies aufgrund des Gesetzeswortlauts bejaht (RPW 2006/2, 293 ff. N 25 ff. – Swisscom Eurospot AG/Core Communication Corporation). Richtigerweise müsste die Weko bei der Vorprüfung den konkreten Gegebenheiten bezüglich der **rechtlichen und wirtschaftlichen Willensbildung** Rechnung tragen (gl. M. BORER, Kommentar 2005, Art. 9 N 20; DUCREY, in: VON BÜREN/DAVID, SIWR V/2, 257 f.; zur Problematik allg. DUCREY/DROLSHAMMER, in: HOMBURGER, Kommentar 1996, Art. 9 N 67 ff.). 27

III. Fusionskontrollmeldung

1. Meldepflichtige Unternehmen

28 Besteht eine Meldepflicht gestützt auf Art. 9, muss eine entsprechende Meldung des Zusammenschlussvorhabens bei einer Fusion i.S.v. Art. 4 Abs. 3 lit. a von den fusionierenden Parteien gemeinsam (Art. 9 Abs. 1 lit. a VKU), bei einem Kontrollerwerb i.S.v. Art. 4 Abs. 3 lit. b von dem bzw. den kontrollierenden Unternehmen (Art. 9 Abs. 1 lit. b VKU) eingereicht werden. Keiner Meldepflicht unterliegen somit das kontrollierte sowie das veräussernde Unternehmen. Bei einer **gemeinsamen** Meldung haben die meldenden Unternehmen gemäss Art. 9 Abs. 2 VKU mindestens einen gemeinsamen Vertreter zu bestellen, der gegenüber der Weko als Zustellungsbevollmächtigter gilt. Gemäss Art. 9 Abs. 3 VKU haben **ausländische** Unternehmen bzw. deren ausländische Vertreter ein Schweizer Zustellungsdomizil zu bezeichnen.

2. Meldezeitpunkt

29 Die Meldung eines Zusammenschlussvorhabens hat gemäss Art. 9 Abs. 1 **vor Vollzug** desselben zu erfolgen. Meistens erfolgt die Meldung kurz nach Abschluss des Verpflichtungsgeschäfts (RPW 1997/2, 179 N 1, Publicitas – Gasser – Tschudi Druck). Wird trotz Meldepflicht keine Meldung vorgenommen und der Zusammenschluss vollzogen, wird gemäss Art. 35 das Vorprüfungsverfahren gemäss Art. 32 von Amtes wegen eingeleitet (s. dazu Art. 35 N 1; RPW 1997/2, 241 N 29 – BKW-AEK/Comtop). Bei Verletzung der Meldepflicht kann das betreffende Unternehmen gemäss Art. 51 Abs. 1 bzw. Art. 55 bestraft werden.

30 Die Rechtsfolgen einer Meldung bestehen gemäss Art. 34 darin, dass die zivilrechtliche Wirksamkeit des Zusammenschlusses unter Vorbehalt des Fristablaufs gemäss Art. 32 Abs. 1 und der Bewilligung zum vorläufigen Vollzug aufgeschoben bleibt (s. dazu Art. 34 N 2). Um jede Möglichkeit zu verhindern, dass zivilrechtliche Schadenersatzansprüche wegen eines nicht erfolgten Zusammenschlusses erfolgreich geltend gemacht werden können (z.B. aufgrund einer Zusicherung), ist es sinnvoll, dass die Parteien die Verpflichtungsgeschäfte, die den Zusammenschluss betreffen, explizit unter der **Suspensivbedingung** abschliessen, dass die Weko gegen den Zusammenschluss keinen Widerspruch erhebt oder der Zusammenschluss allenfalls unter Bedingungen oder Auflagen erfolgen kann.

31 Die Vornahme von den Vollzug bloss vorbereitenden Handlungen wie Gesellschaftsbeschlüssen ist zulässig (vgl. RPW 2002/2, 361 N 19 ff. – Ernst&Young/ Arthur Andersen). Eigentliche **Vollzugshandlungen** während des Prüfungsverfahrens, wie namentlich ein gemeinsames Auftreten der beteiligten Gesellschaften gegen Aussen hin (RPW 2002/2, 361 f. N 22 – Ernst & Young/Arthur Andersen) oder der bei der Fusion grundsätzlich konstitutive Handelsregistereintrag

(s. dazu Art. 22 FusG), bedürfen zur Rechtswirksamkeit jedoch der Genehmigung des vorzeitigen bzw. vorläufigen Vollzugs nach Art. 32 Abs. 2 oder Art. 33 Abs. 2 (DUCREY, in: VON BÜREN/DAVID, SIWR V/2, 265 f.; DUCREY, in: HOMBURGER, Kommentar 1996, Art. 34 N 1 ff.). Unter «Vollzug» des Unternehmenszusammenschlusses ist Folgendes zu verstehen: Massgeblich ist der Akt, der die effektive Änderung der Marktstrukturen herbeiführt (vgl. BORER, Kommentar 2005, Art. 9 N 23; RPW 2001/1, 150 N 27 – Banque Nationale de Paris (BNP)/Paribas; RPW 2002/2, 361 f. N 19 ff. – Ernst&Young/Arthur Andersen); dieser liegt dann vor, wenn die Möglichkeit besteht, rechtlich und/oder tatsächlich auf die Willensbildung des betroffenen Unternehmens unmittelbar und bestimmend Einfluss nehmen zu können.

Üblicherweise erfolgt eine Meldung erst nach Abschluss des Verpflichtungsgeschäfts, d.h. des Fusions- bzw. Kaufvertrags (DUCREY/DROLSHAMMER, in: HOMBURGER, Kommentar 1996, Art. 9 N 32). Neuerdings erlaubt es die Weko in Anlehnung an die Praxis der Europäischen Kommission den Parteien auch, ein Zusammenschlussvorhaben gestützt auf eine den **Transaktionswillen** in rechtsgenüglicher Weise zum Ausdruck bringende Grundsatz- oder Rahmenvereinbarung (sog. «Letter of Intent» bzw. «Memorandum of Understanding») zu melden. Dies birgt allerdings das Risiko in sich, dass die einer solchen vorzeitigen Meldung zugrunde liegenden Verhältnisse sich grundsätzlich ändern, weil die Vertragsverhandlungen in eine andere Richtung verlaufen; eine solche Änderung der Verhältnisse muss gemäss Art. 21 VKU umgehend und unaufgefordert dem Sekretariat der Weko gemeldet werden, woraufhin, falls diese Änderungen erhebliche Auswirkungen auf die Beurteilung zeitigen, das Sekretariat, bzw. je nach Verfahrensstadium die Weko alsdann beschliessen kann, dass die Vorprüffrist gemäss Art. 32 Abs. 1, bzw. die Prüffrist gemäss Art. 33 Abs. 3, erst am Tag nach Eingang der entsprechenden Mitteilung der neuen Verhältnisse zu laufen beginnt (BORER, Kommentar 2005, Art. 9 N 24). Wenn also erst die grundsätzlichen Parameter der Transaktion vereinbart wurden, während der Vertragsverhandlungen jedoch Änderungen an der Transaktionsstruktur und somit womöglich auch an der zu beurteilenden Marktstruktur denkbar sind, ist das Interesse an der durch eine vorzeitige Meldung gewährten zeitlichen Flexibilität im Transaktionszeitplan gegen dasjenige an einer gewissen Transaktionssicherheit abzuwägen.

3. Meldeinhalt

Der Inhalt der dem Sekretariat der Weko gemäss Art. 9 Abs. 1 vor Vollzug des Zusammenschlussvorhabens zu unterbreitenden Meldung und die dieser beizufügenden Unterlagen werden in Art. 11 VKU im Detail geregelt. Die Weko hat dazu gestützt auf Art. 13 Abs. 1 VKU ein **Formular** erstellt, welches im Vergleich zum Formular im Rahmen der EG-Fusionskontrolle weniger umfangreich ist und die Anmeldeerfordernisse näher erläutert; das Meldeformular vom 7. September 1998 wurde am 6. Mai 2004 im Nachgang zur Kartellgesetzrevision 2003 revidiert und am 16. Februar 2005 erneut geändert (vgl. auch DUCREY, in: VON BÜREN/DAVID, SIWR V/2, 259 ff.; DUCREY/DROLSHAMMER, in: HOMBURGER, Kommenar 1996, Art. 9 N 75 ff; ZURKINDEN, Fusionskontrolle, N 46 ff). Gestützt auf Art. 12 VKU können die beteiligten Unternehmen vorgängig mit dem Sekretariat der Weko den Meldeinhalt einvernehmlich festlegen. In der Praxis hat es sich eingebürgert, vor der definitiven Meldung dem Sekretariat auf informeller Basis einen Meldeentwurf zu unterbreiten, um das Risiko zu minimieren, eine unvollständige Meldung einzureichen.

34 Eine sog. **erleichterte Meldung** liegt dann vor, wenn das Sekretariat die Parteien von der Pflicht zur Vorlage gewisser Angaben oder Unterlagen gemäss Art. 11 Abs. 1 und 2 VKU entbindet. Dies geschieht dann, wenn es der Ansicht ist, dass diese für die Prüfung des Zusammenschlussvorhabens nicht notwendig sind, sei es, dass der betroffene Markt oder Teile davon hinlänglich bekannt sind oder kein betroffener Markt i.S.v. Art. 11 Abs. 1 lit. d VKU vorliegt und somit die Angaben gemäss lit. d und e nicht gemacht werden müssen. Die Pflicht zur Vorlage zusätzlicher Angaben und Unterlagen gemäss Art. 15 VKU bleibt aber auch in diesem Fall vorbehalten.

35 Die Meldung ist gemäss Art. 9 Abs. 1 VKU i.V.m. Art. 11 Abs. 4 VKU dem Sekretariat der Weko in fünffacher Ausfertigung und in einer der sodann regelmässig auch Verfahrenssprache bildenden **Amtssprachen** einzureichen. Beilagen zur Meldung können auch in englischer Sprache eingereicht werden, was insb. bei parallelen internationalen Meldungen eine Erleichterung darstellt. Gestützt auf Art. 13 Abs. 1 VKU kann die Weko denn auch festlegen, inwieweit eine bei einer ausländischen Wettbewerbsbehörde, insb. der Europäischen Kommission bereits eingereichte Meldung für die Meldung bei der Weko verwendet werden kann. Dies entbindet die Parteien nicht davon, sämtliche Angaben, die den Schweizer Markt betreffen und für die Beurteilung der Auswirkung des Zusammenschlusses auf denselben notwendig sind, gleichwohl zu machen.

36 Die Weko unterrichtet gestützt auf Art. 10 VKU die Eidgenössische Bankenkommission unverzüglich von der Meldung eines **Zusammenschlussvorhabens von Banken** i.S. des BankG.

37 Gemäss Art. 14 VKU hat das Sekretariat den meldenden Unternehmen binnen zehn Tagen nach Erhalt der Meldung schriftlich deren Eingang und **Vollständigkeit** zu bestätigen. Erachtet sie die Meldung noch in einem oder mehreren wesentlichen Punkten als unvollständig, hat sie die meldenden Unternehmen innert derselben Frist zur Ergänzung der Meldung aufzufordern. Die Vorprüffrist gemäss Art. 32 Abs. 1 beginnt gemäss Art. 20 Abs. 1 VKU erst am Tag nach Eingang der vollständigen bzw. ergänzten Meldung zu laufen. Für den Fall, dass die Weko zu Unrecht Unvollständigkeit annimmt, steht mangels Verfügungscharakter der Mitteilung wohl lediglich das Begehren um Erlass einer Feststellungsverfügung offen. Jedoch beansprucht dies mehr Zeit als die Vervollständigung der Meldung. Die Unvollständigkeit wird in der Praxis regelmässig dadurch vermie-

den, dass dem Sekretariat der Weko vorerst ein Meldeentwurf zugestellt und mit ihr abgesprochen wird.

Gemäss Art. 15 Abs. 1 VKU haben beteiligte Unternehmen und mit ihnen i.S.v. Art. 5 VKU verbundene Unternehmen sowie Unternehmen, die Beteiligungen veräussern, auch nach der Bestätigung der Vollständigkeit einer Meldung dem Sekretariat der Weko innert der von diesem gesetzten Frist allfällige **zusätzliche** Angaben zu machen und Unterlagen nachzureichen, welche für die Prüfung des Zusammenschlussvorhabens bedeutsam sind. Insb. müssen sie Auskunft über bisherige oder geplante Absatz- oder Umsatzzahlen sowie die **Marktentwicklung** und ihre Stellung im internationalen Wettbewerb erteilen, um der Weko eine Prüfung der bisherigen, der derzeitigen, aber auch der hypothetisch absehbaren Marktstruktur zu ermöglichen, was jedoch naturgemäss immer mit entsprechenden Unschärfen und Unsicherheiten behaftet ist.

Von betroffenen Dritten kann das Sekretariat der Weko gestützt auf Art. 15 Abs. 2 VKU ebenfalls Auskünfte einholen, soweit diese für die Beurteilung des Zusammenschlussvorhabens bedeutsam sind. Dabei kann es diesen in angemessener Weise vom Vorhaben Kenntnis geben, muss jedoch die **Geschäftsgeheimnisse** der beteiligten und mit ihnen verbundenen Unternehmen bzw. der Veräusserer wahren. Stellungnahmen Dritter haben im Rahmen des Prüfverfahrens (Art. 33 Abs. 1) gemäss Art. 19 VKU schriftlich zu erfolgen.

Sowohl der Beschluss der Weko, gestützt auf Art. 33 Abs. 1 eine Prüfung einzuleiten, als auch deren nach Abschluss der Prüfung getroffener Entscheid sind gemäss Art. 18 bzw. 23 VKU im Bundesblatt sowie im Schweizerischen Handelsamtsblatt (SHAB) zu **publizieren**. Die meisten Entscheide der Weko, oder zumindest Auszüge davon, werden sodann in deren quartalsweise erscheinenden Publikation «Recht und Politik des Wettbewerbs» (RPW) publiziert. Dabei wird den Parteien vorgängig Gelegenheit gegeben, im Publikationstext allfällige Geschäftsgeheimnisse zu eliminieren.

Art. 10 Beurteilung von Zusammenschlüssen

Beurteilung
von Zusammenschlüssen

[1] Meldepflichtige Zusammenschlüsse unterliegen der Prüfung durch die Wettbewerbskommission, sofern sich in einer vorläufigen Prüfung (Art. 32 Abs. 1) Anhaltspunkte ergeben, dass sie eine marktbeherrschende Stellung begründen oder verstärken.

[2] Die Wettbewerbskommission kann den Zusammenschluss untersagen oder ihn mit Bedingungen und Auflagen zulassen, wenn die Prüfung ergibt, dass der Zusammenschluss:

a. eine marktbeherrschende Stellung, durch die wirksamer Wettbewerb beseitigt werden kann, begründet oder verstärkt; und

b. keine Verbesserung der Wettbewerbsverhältnisse in einem anderen Markt bewirkt, welche die Nachteile der marktbeherrschenden Stellung überwiegt.

[3] Bei Zusammenschlüssen von Banken im Sinne des Bundesgesetzes über die Banken und Sparkassen vom 8. November 1934, die der Eidgenössischen Bankenkommission aus Gründen des Gläubigerschutzes als notwendig erscheinen, können die Interessen der Gläubiger vorrangig Berücksichtigung finden. In diesen Fällen tritt die Bankenkommission an die Stelle der Wettbewerbskommission; sie lädt die Wettbewerbskommission zur Stellungnahme ein.

[4] Bei der Beurteilung der Auswirkungen eines Zusammenschlusses auf die Wirksamkeit des Wettbewerbs berücksichtigt die Wettbewerbskommission auch die Marktentwicklung sowie die Stellung der Unternehmen im internationalen Wettbewerb.

Appréciation
des concentrations
d'entreprises

[1] Les concentrations d'entreprises soumises à l'obligation de notifier font l'objet d'un examen par la Commission de la concurrence lorsqu'un examen préalable (art. 32, al. 1) fait apparaître des indices qu'elles créent ou renforcent une position dominante.

[2] La Commission de la concurrence peut interdire la concentration ou l'autoriser moyennant des conditions ou des charges lorsqu'il résulte de l'examen que la concentration:

a. crée ou renforce une position dominante capable de supprimer une concurrence efficace, et

b. ne provoque pas une amélioration des conditions de concurrence sur un autre marché, qui l'emporte sur les inconvénients de la position dominante.

[3] Lorsqu'une concentration de banques au sens de la loi fédérale du 8 novembre 1934 sur les banques et les caisses d'épargne est jugée nécessaire par la Commission fédérale des banques pour protéger les

créanciers, il peut être tenu compte en priorité des intérêts de ces derniers. Dans ce cas, la Commission fédérale des banques se substitue à la Commission de la concurrence, qu'elle invite à donner son avis.

⁴En évaluant les effets d'une concentration d'entreprises sur l'efficacité de la concurrence, la Commission de la concurrence tient aussi compte de l'évolution du marché ainsi que de la position des entreprises dans la concurrence internationale.

Valutazione delle concentrazioni

¹Le concentrazioni sottoposte all'obbligo di annuncio sottostanno ad un esame da parte della Commissione della concorrenza sempreché da un esame preliminare (art. 32 cpv. 1) risulti l'indizio che esse creino o rafforzino una posizione dominante.

²La Commissione della concorrenza può vietare la concentrazione o vincolarla a condizioni e oneri, se dall'esame risulta che la concentrazione:

a. crea o rafforza una posizione dominante sul mercato che può sopprimere la concorrenza efficace, e

b. non provoca su un altro mercato un miglioramento delle condizioni di concorrenza tale da avere il sopravvento sugli svantaggi della posizione dominante.

³Nel caso di concentrazioni di banche ai sensi della legge federale sulle banche e le casse di risparmio che sono reputate necessarie della Commissione federale delle banche per motivi di protezione dei creditori, gli interessi di quest'ultimi possono essere considerati prioritariamente. In tali casi, la Commissione federale delle banche subentra al posto della Commissione della concorrenza e la invita a prendere posizione.

⁴Nella valutazione delle ripercussioni di una concentrazione sull'efficacia della concorrenza, la Commissione della concorrenza tiene parimenti conto dell'evoluzione del mercato nonché della posizione dell'impresa nella concorrenza internazionale.

Inhaltsübersicht   **Note**

I. Regelungsgegenstand und -zweck 1
    1. Grundlagen 1
    2. Interventionskriterien 3
II. Materielle Prüfung 6
    1. Vorprüfung 6
    2. Anhaltspunkte für eine marktbeherrschende Stellung 8
        a. Massgebliches Kriterium 8

b. Arten von Zusammenschlüssen 10
c. Beurteilungskriterien für das Vorliegen von Marktbeherrschung 12
3. Hauptprüfung 16
4. Vorliegen einer marktbeherrschenden Stellung, durch die wirksamer Wettbewerb beseitigt werden kann 21
   a. Prognose anhand der Diagnose 21
   b. Eignung zur Beseitigung wirksamen Wettbewerbs 25
   c. Dynamische Gesamtmarktbetrachtung 31
5. Zusammenschlüsse von Banken 34

I. Regelungsgegenstand und -zweck

1. Grundlagen

1 Art. 10 Abs. 2 und 4 legen die **materiellen Kriterien** fest, die die Weko bei Unternehmenszusammenschlüssen, die der Meldepflicht unterliegen (Art. 9), zum Eingriff berechtigen. Zeigt der Sachverhalt, dass die Eingriffsvoraussetzungen gegeben sind, berechtigt und verpflichtet das die Weko, die in Art. 10 Abs. 2 vorgesehenen Interventionsmittel einzusetzen: Die Weko kann ein Vorhaben entweder unter Bedingungen oder Auflagen zulassen oder es untersagen.

2 Art. 10 Abs. 1 ist zunächst eine blosse Verfahrensvorschrift; sie weist auf die **Zweiteilung** des Fusionskontrollverfahrens in eine einmonatige Vorprüfung (Art. 32 Abs. 1) sowie eine viermonatige Hauptprüfung (Art. 33 Abs. 3) hin.

2. Interventionskriterien

3 Sofern sich aufgrund einer Vorprüfung gemäss Art. 32 **Anhaltspunkte** ergeben, dass ein Zusammenschlussvorhaben eine marktbeherrschende Stellung begründet oder verstärkt, beschliesst die Weko die Durchführung einer Hauptprüfung gemäss Art. 33 (Art. 10 Abs. 1). Ergibt diese Prüfung, dass der Zusammenschluss tatsächlich eine marktbeherrschende Stellung begründet oder verstärkt, durch welche wirksamer Wettbewerb beseitigt werden kann, und steht fest, dass der Zusammenschluss nicht zugleich eine Verbesserung der Wettbewerbsverhältnisse in einem anderen Markt bewirkt, welche in einer **Gesamtmarktbetrachtung** die Nachteile dieser Marktstellung überwiegt, kann und soll die Weko den Zusammenschluss untersagen bzw. nur unter Bedingungen oder Auflagen zulassen.

4 Wird der Zusammenschluss nur unter einer Bedingung zugelassen, muss die Bedingung vor Genehmigung des Vollzugs erfüllt sein (Suspensivbedingung); denn es macht wenig Sinn, einen Zusammenschluss unter einer Resolutivbedingung zuzulassen, bedeutete die Nichterfüllung derselben doch, dass der Zusam-

menschluss rückgängig gemacht werden müsste. Zusagen, die erst nach dem Vollzug des Zusammenschlusses verwirklicht werden müssen, werden zum Gegenstand von Auflagen gemacht. Wird die Auflage nicht erfüllt, kann die Weko eine Zulassung gestützt auf Art. 38 Abs. 1 lit. c bei einer schwerwiegenden Missachtung widerrufen (dadurch wird die Auflage im Ergebnis zur Resolutivbedingung); der Verstoss wird ausserdem gemäss Art. 51 sanktioniert. Die Weko operiert in der Praxis vornehmlich mit **Suspensivbedingungen** und Auflagen.

Bedingungen und Auflagen werden von der Weko nicht etwa verfügt; dies ergibt sich aus dem Wortlaut des Art. 10 Abs. 2; die Weko ist gehalten, sich diesbezüglich **mit den Parteien abzusprechen**; die Bedingungen und Auflagen basieren letztlich auf Zusagen der Parteien. Können sich die Parteien nicht einigen, muss die Weko den Zusammenschluss untersagen (vgl. RPW 2006/2, 310 ff. – Swissgrid; ZÄCH, Kartellrecht 2005, N 835 f.). 5

II. Materielle Prüfung

1. Vorprüfung

Damit eine Hauptprüfung des Unternehmenszusammenschlusses i.S.v. Art. 10 Abs. 2 eingeleitet werden kann, müssen **Anhaltspunkte** vorliegen, wonach durch den Unternehmenszusammenschluss eine marktbeherrschende Stellung i.S.v. Art. 10 Abs. 1 (s. dazu Art. 4 N 31 ff.) begründet oder verstärkt wird. Diese Indizien ergeben sich anhand bereits bestehender Befunde oder aufgrund einer plausiblen, solche Indizien rechtfertigenden Marktabgrenzung (zur materiellen Prüfung allg. ZÄCH, Kartellrecht 2005, N 765 ff.; DUCREY, in: VON BÜREN/DAVID, SIWR V/2, 267 ff.; HOFFET, in: ZÄCH, KG-Praxis, 52 ff.; DUCREY/DROLSHAMMER, in: HOMBURGER, Kommentar 1996, Art. 10 N 7 ff.; VON BÜREN, Bestandesaufnahme, 564 ff.; ZURKINDEN, Fusionskontrolle, N 115 ff.). Dagegen hat in der Vorprüfung keine Untersuchung zu erfolgen, ob Anhaltspunkte bestehen, die darauf hinweisen, dass der Unternehmenszusammenschluss wirksamen Wettbewerb beseitigen kann (gl. M. BORER, Kommentar 2005, Art. 10 N 4; a.M. DUCREY/DROLSHAMMER, in: HOMBURGER, Kommentar 1996, Art. 10 N 8 f.). Damit zur Hauptprüfung geschritten werden kann, muss im Stadium der Vorprüfung mit Sicherheit letztlich einzig feststehen, dass die Tatsachen, die zur Meldung führen, d.h. der Zusammenschluss gemäss Art. 4 Abs. 3 und die Erfüllung der Aufgreifkriterien gemäss Art. 9, vorliegen. Dabei ist es zulässig und sinnvoll, bereits in diesem Stadium etwaige Bedenken gegen den Zusammenschluss mittels **Zusagen** der Parteien in Analogie zu Art. 10 Abs. 2 auszuräumen (ZÄCH, Kartellrecht 2005, N 839). 6

Art. 11 Abs. 1 lit. d VKU lässt darauf schliessen, dass nur die vom Zusammenschluss im Sinne dieser Bestimmung **betroffenen** sachlichen und räumlichen Märkte einer vertieften Prüfung auf kartellrechtlich bedeutsame Auswirkungen unterlie- 7 gen. Wird ein vom Zusammenschluss betroffener Markt identifiziert, sind für die letzten drei Jahre vor dem Zusammenschluss sowohl die Marktanteile der beteiligten Unternehmen als auch diejenigen der drei wichtigsten Konkurrenten beizubringen; dies unter Angabe der Berechnungsgrundlagen (Art. 11 Abs. 1 lit. e VKU). Märkte gelten dann als vom Zusammenschluss betroffen, wenn der in der Schweiz bestehende gemeinsame Marktanteil von mindestens zwei beteiligten Unternehmen 20% oder mehr beträgt bzw. der in der Schweiz bestehende Marktanteil eines beteiligten Unternehmens 30% oder mehr beträgt (Art. 11 Abs. 1 lit. d). Werden diese Schwellenwerte nicht erreicht, geht die Weko regelmässig von der Unbedenklichkeit des Vorhabens aus und verzichtet entsprechend auf eine Prüfung desselben (vgl. RPW 2002/2, 305 N 44 – Hewlett-Packard/Compaq; BORER, Kommentar 2005, Art. 10 N 4; DUCREY, in: VON BÜREN/DAVID, SIWR V/2, 270).

2. Anhaltspunkte für eine marktbeherrschende Stellung

a. Massgebliches Kriterium

8   Gemäss Art. 4 Abs. 2 gelten Unternehmen dann als marktbeherrschend, wenn sie auf einem bestimmten Markt entweder als Anbieter oder als Nachfrager in der Lage sind, sich von anderen Marktteilnehmern, d.h. Konkurrenten, Anbietern oder Nachfragern, **in wesentlichem Umfang unabhängig** zu verhalten (s. dazu Art. 4 N 36 ff.) Diese Definition der Marktbeherrschung wird sowohl Art. 7 Abs. 1 als auch Art. 10 Abs. 1 zugrunde gelegt. Das materielle Marktbeherrschungskriterium hat insoweit denselben Gehalt in Art. 7 Abs. 1 wie in Art. 10 Abs. 1, als es um die Beurteilung der Marktstellung eines Unternehmens und des diesem gestützt darauf möglichen Marktverhaltens geht. Dagegen weicht der Prüfungsmassstab in Art. 10 von demjenigen in Art. 7 Abs. 1 ab. Dies insofern als in Art. 7 Abs. 1 das Marktverhalten eines bereits marktbeherrschenden Unternehmens Prüfgegenstand bildet (Diagnose), während in Art. 10 die durch einen Zusammenschluss potenziell bewirkte strukturelle Veränderung auf einem bestimmten Markt analysiert wird (Prognose); ist die kartellrechtliche Schädlichkeit eines Unternehmenszusammenschlusses zu beurteilen, geht es im Rahmen der Hauptprüfung (Art. 33) darum abzuschätzen (Art. 10 Abs. 2 lit. a), ob diese es dem in dieser Form gewachsenen Marktteilnehmer erlaubt, qualifiziert marktbeherrschend zu werden oder eine solche bereits bestehende Marktstellung weiter auszubauen (ZÄCH, Kartellrecht 2005, N 767; RPW 2006/2, 319 f. – Swissgrid). Unter qualifizierter Marktbeherrschung ist Marktbeherrschung zu verstehen, bei der das in Art. 10 Abs. 2 zusätzlich statuierte Kriterium der **potenziellen Beseitigung wirksamen Wettbewerbs** ausgemacht werden kann. Diese Differenzierung verstärkt den Grundgedanken der (blossen) Strukturkontrolle.

9   Verpönt gemäss Art. 10 Abs. 2 ist mithin eine **Marktstrukturänderung** durch exogenes Wachstum, welche gemäss einer auf einer Hypothese beruhenden Prognose dazu geeignet ist, wirksamen Wettbewerb zu beseitigen. In Art. 7 geht es

hingegen im Sinne einer Diagnose darum zu prüfen, ob ein konkretes Marktverhalten einem Missbrauch einer marktbeherrschenden Stellung, ungeachtet deren Ursprungs, d.h. unabhängig davon, ob sie aufgrund von endogenem oder exogenem Wachstum entstanden ist, gleichkommt (BORER, Kommentar 2005, Art. 10 N 14).

b. Arten von Zusammenschlüssen

Die Marktmacht eines Unternehmens und deren Ausübung unterscheiden sich je nach Art des Zusammenschlusses. Bei **horizontalen** Zusammenschlüssen verbinden sich Unternehmen auf derselben Marktstufe, welche im selben relevanten Markt tätig sind: ein (aktueller oder potenzieller) Wettbewerber verschwindet, während ein anderer wächst, indem er dessen Marktanteile übernimmt. Bei **vertikalen** Zusammenschlüssen verbinden sich Unternehmen auf unterschiedlichen, d.h. vorgelagerten und/oder nachgelagerten Marktstufen; es geht um die Verbindung von Unternehmen, welche nicht im selben relevanten Markt tätig sind. Es kommt bei vertikalen Zusammenschlüssen zu keinem Marktanteilszuwachs; jedoch erlaubt es die Verknüpfung zweier Marktstufen den beteiligten Unternehmen allenfalls, Konkurrenten vom Beschaffungs- oder Absatzmarkt zu verdrängen, insb. beim Vorliegen von Schlüsseltechnologien oder -infrastrukturen. 10

Bei **konglomeralen** Zusammenschlüssen schliesslich verbinden sich Unternehmen, die weder auf derselben noch auf unterschiedlichen Marktstufen tätig sind (VON BÜREN/MARBACH, Wettbewerbsrecht, N 1357). Es kommt zu keinerlei Marktüberschneidungen, doch können sich allenfalls durch komplementäre Produkt- oder Dienstleistungspaletten, die sich ergänzen, oder durch die Zusammenführung von Marken sog. **Portfolio-Effekte** einstellen, welche es wiederum erlauben, den Wettbewerb in den betreffenden Märkten massgeblich zu beeinträchtigen (in folgenden Zusammenschlüssen wurde der Portfolio-Effekt für unbedenklich erklärt: RPW 2003/2, 354 N 117 – Pfizer Inc./Pharmacia Corp.; RPW 2002/4, 641 f. N 55 ff. – IBM Deutschland GmbH, Berlin, et PwC Consulting AG, Zurich; RPW 2001/4, 704 ff. N 20 ff. – Unilever/Bestfoods). Analoges gilt, wenn zwei Unternehmen sich zusammenschliessen, die auf nachgelagerten Märkten bereits marktmächtig sind und sich dadurch wechselseitig verstärken (vgl. RPW 2003/3, 594 f. N 140 ff. – Coop/Waro; ULRICH, Fusionskontrolle, 108). Konglomerale Zusammenschlüsse dürften i.d.R. wenig geeignet sein, Gefahren für den wirksamen Wettbewerb heraufzubeschwören (VON BÜREN/MARBACH, Wettbewerbsrecht, N 1357). 11

c. Beurteilungskriterien für das Vorliegen von Marktbeherrschung

Entscheidendes Kriterium bei der Beurteilung, ob eine marktbeherrschende Stellung vorliegt, bilden vorab bei horizontalen Zusammenschlüssen die **Markt-** 12

anteile; es geht also um die Frage, ob und in welchem Ausmass es durch den Zusammenschluss zu einer Addition derselben kommt. Die Bemessung und Gegenüberstellung der jeweiligen Marktanteile bedarf einer vorgängigen Bestimmung und Abgrenzung des sachlich und räumlich relevanten Marktes i.S.v. Art. 11 Abs. 3 VKU. Liegt bereits vor dem Zusammenschluss eine marktbeherrschende Stellung vor, muss durch den horizontalen Zusammenschluss eine spürbare Verstärkung derselben bewirkt werden (vgl. RPW 1997/3, 372 N 38 – Migros/Globus; RPW 2003/3, 543 f. N 74 ff. – Emmi Gruppe/Swiss Dairy Food [Sortenkäsegeschäft]). Führt ein (horizontaler) Zusammenschluss zu keiner spürbaren Marktanteilsaddition, gilt er i.d.r. als unproblematisch (vgl. RPW 2002/3, 500 N 20 – Zürcher Kantonalbank/BZ-Visionen; ULRICH, Fusionskontrolle, 54 f.). Doch können im Falle fehlender Marktanteilsaddition andere **Wettbewerbsparameterwerte** eine nähere Prüfung erfordern, namentlich die Steigerung der Finanzkraft des aus dem Zusammenschluss hervorgehenden Unternehmens oder mangelnde Ausweichkapazitäten; dabei sind die potenziellen Auswirkungen dieser Faktoren wenn nicht auf den aktuellen, so doch auf den potenziellen Wettbewerb zu analysieren (vgl. RPW 2000/4, 656 – Bertelsmann Springer GmbH/EMAP Deutschland Gruppe; RPW 2002/2, 350 f. N 21 – NOK/Watt).

13 Angesichts der Definition eines betroffenen Markts in Art. 11 Abs. 1 lit. d VKU sind **Marktanteile** bis zu 30% regelmässig unproblematisch (sofern keine weiteren Indizien vorliegen, die auf eine Verstärkung der Marktmacht hinweisen). Marktanteile zwischen 30% und 50% bilden i.d.R. beim Vorliegen disziplinierender Faktoren wie einer genügend grossen Anzahl und Stärke der Konkurrenten oder genügender Kapazitäten ebenso wenig Grund zur Intervention (vgl. RPW 2003/2, 312 N 28 – RAG/Degussa; RPW 2003/4, 784 N 25 ff. – Emmi Gruppe/Swiss Dairy Food [Betrieb Landquart – Raclettekäsegeschäft]; RPW 2003/4, 833 N 26 – Ringier AG/Bolero Zeitschriftenverlag AG). Bei Marktanteilen über 50% ist hingegen beim Fehlen korrigierender Faktoren von einer marktbeherrschenden Stellung auszugehen (vgl. ULRICH, Fusionskontrolle, 71 f.; s. zur Regelung in der EU, wo dem sog. Herfindahl-Hirschman-Index (HHI) zur Bemessung des Konzentrationsgrads des betroffenen Markts eine erhöhte Bedeutung zukommt, die Mitteilung der Kommission über Leitlinien zur Bewertung horizontaler Zusammenschlüsse gemäss der EG-FKVO, ABl EG 2004, C 31/03, N 16 ff. u. 19 ff.; HHI von der Weko berücksichtigt in RPW 2003/3, 525 N 51 – Crédit Suisse/Bank Linth; RPW 2006/1, 98 N 264 – Kreditkarten/Interchange Fee).

·14 Neben dem vorgenannten quantitativen Hauptkriterium werden insb. zur Beurteilung, ob eine vorbestehende marktbeherrschende Stellung vorhanden ist, weitere (qualitative) Kriterien herangezogen wie namentlich **Marktzutrittsschranken**. Diese können rechtlicher oder faktischer Natur sein und durch den Zusammenschluss begründet oder verstärkt werden (vgl. RPW 1997/4, 545 f. N 30 ff. – Siemens/Elektrowatt; RPW 1998/2, 326 f. N 96 ff. – Revisuisse Price Waterhouse/STG-Coopers&Lybrand, sowie zur Regelung in der EU die vorgenannte Mitteilung der Kommission über Leitlinien zur Bewertung horizontaler Zusammenschlüsse gemäss der EG-FKVO). Weiter werden zur Beurteilung der Marktbeherrschung die generellen Auswirkungen des Zusammenschlusses auf den potenziellen Wettbewerb prognostiziert (vgl. RPW 2003/2, 354 N 116 – Pfizer Inc./ Pharmacia Corp.; RPW 2004/2, 498 ff. N 82 ff. – NZZ/Espace/Bund). Damit genügender Wettbewerbsdruck prognostiziert werden kann, muss mit hinreichender Wahrscheinlichkeit gesagt werden können, dass ein oder mehrere Unternehmen durch den Marktzutritt in der Lage sein werden, rechtzeitig, d.h. binnen zwei bis drei Jahren, ein spürbares Gegengewicht zum zusammenschliessenden Unternehmen zu bilden (vgl. RPW 2004/2, 545 f. N 82 ff. – Berner Zeitung AG/ 20 Minuten (Schweiz) AG, von der Reko mit Entscheid vom 4. Mai 2006 wegen unzutreffender Marktabgrenzung und Beurteilung potenzieller Konkurrenz umgestossen; RPW 2002/1, 158 N 15 ff. – AZ Vertriebs AG). Weitere Kriterien, die die Marktmacht relativieren können, sind bspw. eine starke Marktgegenseite oder bestehende Ausweichkapazitäten (vgl. ULRICH, Fusionskontrolle, 146; RPW 2002/2, 365 N 37 ff. – Ernst&Young/Arthur Andersen; RPW 2003/4, 784 N 25 ff. – Emmi Gruppe/Swiss Dairy Food [Betrieb Landquart – Raclettekäsegeschäft]).

Bei **oligopolistischen** Märkten wird geprüft, ob das Unternehmen durch den Zusammenschluss eine **kollektive** marktbeherrschende Stellung begründet oder verstärkt (RPW 2003/2, 352 ff. N 112 ff. – Pfizer Inc./Pharmacia Corp.). Der Zusammenschluss muss diesfalls eine **koordinierende** Wirkung auf das Marktverhalten zeitigen. Dabei werden folgende Beurteilungselemente herangezogen (RPW 2003/3, 580 ff. N 80 ff. – Coop/Waro, wonach zunächst die Wettbewerbsparameter Preis, Qualität, Standort und Sortimente zu prüfen sind): die Anzahl der beteiligten Unternehmen, bestehende Symmetrien, stabile Marktverhältnisse, Markttransparenz, Sanktionsmechanismen, die Stellung der Marktgegenseite sowie potenzielle Konkurrenz. Bestehen entsprechende Anreize und Kontrollmechanismen zur Koordination, vermag nur genügende **Nachfragemacht** den Befund einer kollektiven Marktbeherrschung auszuschliessen (vgl. GANZ, Fusionen, 69 ff.; EMCH, Marktbeherrschung, 164 f.).

3. Hauptprüfung

Hat sich die Weko gestützt auf Art. 10 Abs. 1 dafür entschieden (dieser Entscheid stellt keine anfechtbare Zwischenverfügung i.S.v. Art. 5 Abs. 2 VwVG dar, vgl. dazu zum früheren Art. 44 CARRON, in: TERCIER/BOVET, CR Concurrence, Art. 44 N 13), eine Hauptprüfung gemäss Art. 33 einzuleiten, muss sie prüfen, ob sich die in der Vorprüfung gemäss Art. 32 aufgrund blosser Anhaltspunkte diagnostizierte Begründung oder Verstärkung einer marktbeherrschenden Stellung bestätigt. Sie muss insb. anhand einer dynamischen, die hypothetische Marktentwicklung prognostizierenden Analyse prüfen, ob im Rahmen einer **Gesamtmarktbetrachtung** aufgrund des Zusammenschlusses wirksamer Wettbewerb auf dem betroffenen Markt beseitigt werden kann und diese entsprechend nachhaltig negative marktstrukturelle Änderungen zeitigt. Wesentliche Änderungen der Verhältnisse während der Hauptprüfung, z.B. der Wegfall eines aktuellen Konkurrenten durch einen parallelen Zusammenschluss, können gemäss Art. 21 VKU dazu führen, dass die Prüfungsfrist nach Art. 20 VKU erneut zu laufen beginnt (vgl. RPW 2004/2, 611 f. N 127 – Tamedia AG/20 Minuten (Schweiz) AG).

17 Erhärten sich die **Anhaltspunkte aus der Vorprüfung**, sind mithin die Interventionskriterien des Art. 10 Abs. 2 erfüllt, muss die Weko den Zusammenschluss ganz oder teilweise untersagen bzw. kann sie ihn nur unter Bedingungen oder Auflagen zulassen (vgl. DUCREY/DROLSHAMMER, in: HOMBURGER, Kommentar 1996, Art. 10 N 46 ff.; RPW 1998/1, 59 f. N 96 – Le Temps; RPW 1998/2, 404 ff. N 163 ff. – UBS/SBV; RPW 1998/3, 410 f. N 70 ff. – Bell AG/SEG-Poulets AG; RPW 2001/2, 341 – Glaxo Wellcome PLC/SmithKline Beecham PLC; RPW 2004/2, 581 f. N 188 ff. – Berner Zeitung AG/20 Minuten (Schweiz) AG). Letztere ergeben sich aus Zusagen der Parteien, welche u.U. auch eine einvernehmliche Regelung gemäss Art. 10 Abs. 2 ermöglichen (vgl. RPW 2006/2, 310 ff. – Swissgrid).

18 Oft wird die Frage thematisiert, ob mit dem Ausdruck «Die Wettbewerbskommission *kann* den Zusammenschluss untersagen oder ihn mit Bedingungen und Auflagen zulassen» nur die Auswahl zwischen den zwei zur Verfügung stehenden Rechtsfolgen gemeint ist, oder ob es im Ermessen der Weko liegt, ob sie eingreift. Aufgrund des Sinnes und des Zweckes des Kartellgesetzes belässt Art. 10 Abs. 2 der Weko trotz des «Kann»-Wortlauts wohl keinen **Ermessensspielraum** hinsichtlich des «Ob» einer Intervention, sondern bloss, aber immerhin, bezüglich der Wahl des konkret einzusetzenden Interventionsmittels (BORER, Kommentar 2005, Art. 10 N 26; HOFSTETTER/SCHILTKNECHT, Fusionskontrolle, 127; ZÄCH, Kartellrecht 2005, N 821 ff.; DUCREY, in: VON BÜREN/DAVID, SIWR V/2, 300; a.M. DUCREY/DROLSHAMMER, in: HOMBURGER, Kommentar 1996, Art. 10 N 46).

19 Wenn sie zwischen Untersagung eines Zusammenschlusses und Zulassung desselben unter Bedingungen bzw. Auflagen zu wählen hat, hat die Weko streng nach dem im gesamten Verwaltungsrecht geltenden **Verhältnismässigkeitsprinzip** zu entscheiden (Botschaft KG 1995, BBl 1995, 586). Sie muss also stets die am wenigsten einschneidende Massnahme zur Erreichung des Gesetzeszweckes wählen (vgl. ZÄCH, Kartellrecht 2005, N 823; DUCREY, in: VON BÜREN/DAVID, SIWR V/2, 300). Die Weko hat von der Möglichkeit der Zulassung des Vorhabens unter Auflagen z.B. Gebrauch gemacht in den Fällen UBS/SBV (RPW 1998/2, 404 ff. N 163 ff.) und Bell/SEG (RPW 1998/3, 410 f. N 70 ff.) sowie Tamedia/Belcom (RPW 2001/4, 741 ff. N 76 ff.). Da sich der Aufwand für die Weko erhöht, wenn sie die Erfüllung von Auflagen zu kontrollieren hat, bzw. da das Risiko besteht, dass Auflagen nach dem Zusammenschluss nicht eingehalten werden, zieht es die Weko mittlerweile vor, Bedingungen vorzusehen, wenn die Parteien zu Bedingungen statt Auflagen Hand bieten.

Es ist analog der Regelung in Art. 37 Abs. 2 primär Sache der Parteien, **allfällig** 20
geeignete Bedingungen und Auflagen vorzuschlagen (vgl. ZÄCH, Kartellrecht 2005, N 824 ff.; DUCREY, in: VON BÜREN/DAVID, SIWR V/2, 301 f.; DUCREY/DROLSHAMMER, in: HOMBURGER, Kommentar 1996, Art. 10 N 49 ff.); dieser Ansicht sind sowohl die Weko als auch die Reko. Die Weko macht gemäss dieser Meinung keine Vorschläge. Ihre Rolle beschränkt sich im Prinzip darauf mitzuteilen, dass sie einen Zusammenschluss nur unter Bedingungen und Auflagen zulassen könne. Diese Ansicht dürfte derart absolut allerdings nicht gelten. Wie im allgemeinen verwaltungsrechtlichen Verfahren gelten auch im wettbewerbsrechtlichen Verfahren die Untersuchungsmaxime und das Prinzip von Treu und Glauben (ZÄCH; Kartellrecht 2005, N 824 ff.). Die Weko muss mithin den Beteiligten genau darlegen, wo ihrer Ansicht nach wettbewerbsrechtliche Probleme liegen, so dass es den Parteien ermöglicht wird, ihre Vorschläge für Auflagen und Bedingungen selber zu formulieren. In der Praxis funktioniert der Dialog mit der Weko aber i.d.R. dergestalt, dass die Frage nach der Vorschlagspflicht für Auflagen und Bedingungen letztlich in eine Einigung über die von den Parteien zu machenden Zugeständnisse und eine entsprechende Verfügung der Weko mündet.

4. Vorliegen einer marktbeherrschenden Stellung, durch die wirksamer Wettbewerb beseitigt werden kann

a. Prognose anhand der Diagnose

Gemäss Art. 10 Abs. 2 muss die Weko einen Zusammenschluss untersagen 21 oder darf ihn nur unter Bedingungen und Auflagen zulassen, wenn dieser eine **marktbeherrschende Stellung** (zum Begriff der marktbeherrschenden Stellung (s. dazu Art. 4 N 31 ff.; ZÄCH, in: VON BÜREN/DAVID, SIWR V/2, 166 ff.; DUCREY, in: VON BÜREN/DAVID, SIWR V/2, 269 ff.; SCHMIDHAUSER, in: HOMBURGER, Kommentar 1996, Art. 4 N 65 ff. u. Art. 7 N 28 ff.; DUCREY/ DROLSHAMMER, in: HOMBURGER, Kommentar 1996, Art. 10 N 26 ff.; VON BÜREN/KINDLER, Kartellrecht, N 20 ff.; RPW 1999/3, 416 ff. N 60 ff. – Bahnhofkioske [Untersuchung]), durch die **wirksamer Wettbewerb beseitigt** werden kann, begründet oder verstärkt (lit. a) und keine Verbesserung der Wettbewerbsverhältnisse in einem anderen Markt bewirkt, welche die Nachteile der marktbeherrschenden Stellung überwiegt (lit. b). Die materielle Beurteilung erfolgt somit in einem zweistufigen Verfahren und erheischt eine eingehende Marktanalyse anhand einer präzisen Marktabgrenzung. Der Zusammenschluss muss **kausal** für die bewirkte (verpönte) marktstrukturelle Änderung sein, um eine Intervention zu rechtfertigen (BORER, Kommentar 2005, Art. 10 N 16).

Für die Bestimmung des sachlich, räumlich und zeitlich relevanten Marktes für 22 die Beurteilung, ob ein Zusammenschluss den Wettbewerb darauf beseitigen kann, können grundsätzlich die Kriterien, wie sie bei der Frage nach der marktbeherrschenden Stellung im Zusammenhang mit dem Missbrauch einer solchen gemäss Art. 7 bestehen, übernommen werden (s. dazu Art. 7 N 13 ff.); es ist allerdings darauf hinzuweisen, dass die Wettbewerbsbehörden in ihrer bisherigen Praxis jeweils zu einer **engen Marktabgrenzung** tendierten. Folgendes gilt es zu beachten bei einer Beurteilung der Wettbewerbsrechtswidrigkeit eines Zusammenschlusses nach Art. 10 Abs. 2: Während bei der Frage nach dem Missbrauch einer Marktbeherrschung gemäss Art. 7 und der damit zusammenhängenden Marktabgrenzung stets ein bereits erfolgtes bzw. gegenwärtiges Verhalten zu beurteilen ist, muss die Marktabgrenzung im Rahmen der Prüfung von Zusammenschlüssen mit Blick in die Gegenwart und in die Zukunft erfolgen (vgl. ZÄCH, Kartellrecht 2005, N 796; DUCREY, in: VON BÜREN/DAVID, SIWR V/2, 269; DUCREY/DROLSHAMMER, in: HOMBURGER, Kommentar 1996, Art. 10 N 30 ff.; RPW 1999/3, 418 ff. N 71 ff. – Bahnhofkioske [Untersuchung]; VEIT, Simulation, 1270 ff.; vgl. allg. RAASS/KUMMER, Forum, 360 ff.).

23 Neben der **Nachfragesubstituierbarkeit** ist bei der Beurteilung von Unternehmenszusammenschlüssen v.a. auch der Angebotsubstituierbarkeit als einem weiteren **sachlichen** Abgrenzungskriterium entsprechendes Gewicht zuzumessen (vgl. ZÄCH, Kartellrecht 2005, N 801 ff.; DUCREY, in: VON BÜREN/DAVID, SIWR V/2, 271 ff.; RPW 2000/1, 61 N 24 – Gétaz Romang/Miauton). Diesem Erfordernis kommt die VKU nur ungenügend nach, wenn sie den sachlich relevanten Markt definiert als «alle Waren oder Leistungen, die von der Marktgegenseite hinsichtlich ihrer Eigenschaften und ihres vorgesehenen Verwendungszweckes als substituierbar angesehen werden» (sog. **funktionelle** Substituierbarkeit, Art. 11 Abs. 1 lit. a VKU). In der Praxis hat die Weko aber ohne weiteres auch die Angebotsubstituierbarkeit bei der Definition des relevanten Marktes mit berücksichtigt (RPW 1997/3, 367 N 18 – Migros/Globus).

24 Der **räumlich** relevante Markt umfasst gemäss Art. 11 Abs. 1 lit. b VKU das Gebiet, in welchem die Marktgegenseite die Waren und Leistungen, die Teil des sachlichen Marktes bilden, nachfragt oder anbietet. In der Praxis der Weko wird die räumliche Abgrenzung regelmässig aus der Sicht des Nachfragers vorgenommen. So kam die Weko z.B. zum Schluss, dass im Lebensmitteleinzelhandel regionale Märkte abzugrenzen seien, dies basierend auf einem Richtwert von 20 Autofahrminuten Entfernung vom jeweiligen Wohngebiet (RPW 1997/4, 369 N 25 – Migros/Globus). Es gilt sodann u.U. zu berücksichtigen, dass bestimmte Märkte nur während einer bestimmten Zeitdauer bestehen können, namentlich bei Submissionen (zeitliche Marktabgrenzung; vgl. VON BÜREN/KINDLER, Kartellrecht, N 24).

b. Eignung zur Beseitigung wirksamen Wettbewerbs

25 Dogmatische Schwierigkeiten in materieller Hinsicht bildet das in Art. 10 Abs. 2 lit. a statuierte Untersagungskriterium «marktbeherrschende Stellung,

durch die wirksamer Wettbewerb beseitigt werden kann» (vgl. ZÄCH, Kartellrecht 2005, N 779 ff.; zu den verschiedenen Lehrmeinungen GANZ, Fusionen, 75 ff.; ZÄCH, in: VON BÜREN/DAVID, SIWR V/2, 166 ff.; DUCREY, in: VON BÜREN/DAVID, SIWR V/2, 292 ff.; DUCREY/DROLSHAMMER, in: HOMBURGER, Kommentar 1996, Art. 10 N 26 ff.; BORER, in: ZÄCH, Neues Kartellrecht, 83 f.; VON BALLMOOS, Marktbeherrschung, 295 ff.; DROLSHAMMER/DUCREY, Kontrolle, 23). Ein Teil der Lehre argumentiert, dass eine marktbeherrschende Stellung ohnehin impliziere, dass damit wirksamer Wettbewerb beseitigt werden könne und die explizite Nennung des Kriteriums folglich bloss eine dynamische, die künftige Marktentwicklung berücksichtigende Betrachtungsweise verdeutlichen wolle (BORER, Kommentar 2005, Art. 10 N 17; WATTER/LEHMANN, Unternehmenszusammenschluss, 869). Die andere und wohl herrschende Meinung geht davon aus, dass es sich beim Kriterium der marktbeherrschenden Stellung und beim Kriterium der Möglichkeit der Beseitigung wirksamen Wettbewerbs um zwei verschiedene Kriterien handle. Ob eine marktbeherrschende Stellung vorliege, sei grundsätzlich nach den Kriterien von Art. 7 Abs. 1 (Art. 4 Abs. 2) zu beurteilen; bei der kartellrechtlichen Fusionskontrolle dürfe in ein Zusammenschlussvorhaben aber nur eingegriffen werden, wenn zusätzlich zur Marktbeherrschung die Möglichkeit der Beseitigung wirksamen Wettbewerbs gegeben sei, mithin eine **qualifizierte** Marktbeherrschung vorliege. Marktbeherrschung nach Art. 7 Abs. 1 und Marktbeherrschung nach Art. 10 Abs. 2 lit. a unterscheiden sich bezüglich des Marktbeherrschungsgrades. Eine Marktbeherrschung nach Art. 7 Abs. 1 liege bereits vor, wenn bestehende oder potenzielle Wettbewerber bei der Aufnahme oder Ausübung des Wettbewerbs erheblich behindert werden, während eine Marktbeherrschung im Sinne der kartellrechtlichen Fusionskontrolle erst bestehe, wenn ein Unternehmen bereits bestehende Konkurrenten bzw. wirksamen Wettbewerb beseitigen könne (ZÄCH, Kartellrecht 2005, N 781 ff.; bestätigt durch RPW 2006/2, 319 f. – Swissgrid). Wenn wirksamer Wettbewerb gar nicht besteht oder bereits beseitigt ist, kann der Zusammenschluss auch gar nicht erst kausal für eine verpönte Marktstrukturänderung sein (vgl. RPW 2006/2, 319 f. – Swissgrid, Entscheid der REKO/WEF, welcher die von der Weko in deren Entscheid vom 7. März 2005 verfügten Auflagen als unzulässige Intervention kassierte und beim Bundesgericht angefochten wurde); er kann allerdings für eine Zementierung der Struktur sorgen. Für die herrschende Meinung spricht, dass der Gesetzgeber ein Eingreifen der Weko bei Unternehmenszusammenschlüssen nur im Falle einer extrem hohen **Konzentration** auf dem betreffenden Markt zulassen wollte, welche aufgrund bestehender Marktzutrittsschranken nicht in absehbarer Zeit erodieren kann (Botschaft KG 1995, BBl 1995, 584; DUCREY/ DROLSHAMMER, in: HOMBURGER, Kommentar 1996, Art. 10 N 2 f.; BORER, Kommentar 2005, Art. 10 N 19).

Als weiteres Kriterium eingeführt wurde sodann dem Beispiel der EG folgend (vgl. das Urteil des EuGH vom 31.03.1998 – C-68/94 u. C-30/95, WuW 1998, 501 ff.), wie eingangs erwähnt, dasjenige der Gefahr einer **kollektiven Marktbeherrschung** (vgl. zum Begriff der kollektiven Marktbeherrschung Art. 4 N 35; 26

AMSTUTZ, FS Zäch, 193 ff.; VON BALLMOOS, Fusionskontrollrecht, 489 ff.; ZÄCH, in: VON BÜREN/DAVID, SIWR V/2, 182 ff.; DUCREY, in: VON BÜREN/ DAVID, SIWR V/2, 284 ff.; SAURER, in: ZÄCH, KG-Praxis, 168 ff. [Fallbeispiel Bell-SEG]; HEIZMANN; marktbeherrschende Unternehmen, N 680 ff.; in der Praxis verneint: RPW 1998/2, 334 ff. N 130 ff. – Revisuisse Price Waterhouse/STG-Coopers & Lybrand; offen gelassen: RPW 1998/2, 349 ff. N 144 ff. – UBS/SBV; bejaht: RPW 1998/3, 400 ff. N 37 ff. – Bell AG/SEG-Poulets AG; RPW 2006/2, 261 ff. N 119 ff. – Emmi AG/Aargauer Zentralmolkerei AG AZM). Die Möglichkeit der Oligopolbildung als Beurteilungskriterium ist jedoch umstritten (vgl. HOFFET, in ZÄCH: KG-Praxis, 67 f.).

27 Ob durch den Zusammenschluss die Beseitigung wirksamen Wettbewerbs möglich ist, beurteilt sich nach denselben Kriterien wie bei der entsprechenden Prüfung von Wettbewerbsabreden gemäss Art. 5 Abs. 1. Massgebend ist somit der **Fortbestand**, ungeachtet des Zusammenschlusses, der zentralen Wettbewerbsfunktionen der Allokation, Adaption und Innovation (s. dazu Art. 5 N 4 ff.).

28 Die Weko wendet bei der Prüfung, ob ein Unternehmenszusammenschluss den Wettbewerb beseitigen kann, gemeinhin das folgende Prüfungsraster an: Prüfung der **aktuellen** Konkurrenz (Konkurrenten, Marktvolumen, Marktanteile, Finanzkraft, Bedeutung von Forschung und Entwicklung), Prüfung der **potenziellen** Konkurrenz (Marktzutrittsschranken, Markteintritte und -austritte, Produktneueinführungen) sowie Prüfung der Stellung der Marktgegenseite bzw. der Nachfragebedingungen (vgl. aus der Entscheidpraxis: RPW 1997/4, 544 N 23 – Siemens/Elektrowatt; RPW 1998/1, 43 ff. N 21 ff. – Le Temps; RPW 1998/2, 371 ff. N 19 ff. – UBS/SBV; RPW 1998/2, 307 ff. N 24 ff. – Revisuisse Price Waterhouse/STG-Coopers & Lybrand).

29 Die Grösse der **Marktanteile** bildet regelmässig das wichtigste Kriterium bei der Beurteilung der Wettbewerbswirkungen von Zusammenschlüssen (vgl. ZÄCH, Kartellrecht 2005, N 797; HOFFET, in: ZÄCH, KG-Praxis, 62 f.; ZURKINDEN, Fusionskontrolle, N 130 ff.). So gilt als betroffener Markt, der einer genannten Prüfung unterzogen wird, wie erwähnt ein Markt, auf dem die betroffenen Parteien zusammen einen Marktanteil von mindestens 20% aufweisen oder auf dem eine Partei einen Marktanteil von mindestens 30% aufweist. Abgesehen von den absoluten Marktanteilen ist deren **Relation** entscheidend, d.h. wie hoch die Marktanteile der am Zusammenschluss beteiligten Unternehmen im Verhältnis zu denjenigen der Konkurrenten sind, unter Berücksichtigung der konkreten Marktstruktur. Weitere Kriterien bilden sodann die Finanzkraft, das Innovations- und Know-how-Potenzial (vgl. dazu BRECHBÜHL, Fusionskontrolle, 173 ff.), das Humankapital, sowie allgemein die Stellung der Marktgegenseite (vgl. ZÄCH, Kartellrecht 2005, N 800, 811; HOFFET, in: ZÄCH, KG-Praxis, 63 ff.). Die Weko bezieht bewusst auch den potenziellen Wettbewerb in ihre Überlegungen mit ein und untersucht deshalb Marktzutritts- und Marktaustrittsschranken. Mit Blick auf den Substitutionswettbewerb (vgl. ZÄCH, Kartellrecht 2005, N 801; DUCREY, in: VON BÜREN/DAVID, SIWR V/2, 279 ff.; HOFFET, in: ZÄCH, KG-Praxis, 65 f.) und

gemäss Art. 10 Abs. 4 zu berücksichtigende mögliche zukünftige Marktentwicklungen (vgl. ZÄCH, Kartellrecht 2005, N 807) liess die Weko gar Zusammenschlüsse zu, welche zu Marktanteilen von 75–95 % führten. So liess bspw. die Weko das Zusammenschlussvorhaben Siemens/Elektrowatt trotz gemeinsamer Marktanteile von teils bis zu 95% insb. mit der Begründung zu, dass die Marktanteilsaddition insgesamt sehr gering sei, in den betroffenen Märkten ein Trend zu wachsendem Wettbewerb und aufgrund erfolgter Neueintritte weiterhin ein grosser potenzieller Wettbewerb bestehe (vgl. RPW 1997/4, 557 N 22 u. 82 – Siemens/Elektrowatt).

Anerkannt ist ausdrücklich auch, dass die Weko nur dann eingreifen darf, wenn eine qualifizierte marktbeherrschende Stellung direkte Folge eines Unternehmenszusammenschlusses ist, diesbezüglich also ein **natürlicher und adäquater Kausalzusammenhang** besteht (vgl. ZÄCH, Kartellrecht 2005, N 812 ff.). Das führt dazu, dass bei Sanierungsfusionen die **failing company defense** anerkannt wird (RPW 1998/1, 54 ff. N 69 ff. – Le Temps; RPW 1999/1, 174 ff. – Batrec AG/Recymet SA; RPW 2002/2, 368 f. N 52 ff. – Ernst&Young/Arthur Andersen; RPW 2003/3, 547 f. N 84 ff. – Emmi Gruppe/Swiss Dairy Food (Sortenkäsegeschäft); RPW 2004/2, 518 ff. N 172 ff. – NZZ/Espace/Bund; RPW 2006/2, 287 ff. N 174 ff. – Emmi AG/Aargauer Zentralmolkerei AG AZM; vgl. ZÄCH, Kartellrecht 2005, N 814 ff.; DUCREY, in: VON BÜREN/DAVID, SIWR V/2, 297 f.; HOFFET, in: ZÄCH, KG-Praxis, 66 f.) und demzufolge ein Zusammenschluss dann zuzulassen ist, wenn

– der Marktaustritt des übernommenen Unternehmens absehbar ist,
– die entsprechenden oder zumindest ein Grossteil der Marktanteile ohnehin dem übernehmenden Unternehmen zuwachsen würden und
– keine wettbewerbsrechtlich weniger schädliche Lösungsalternative besteht, d.h. keine alternative Marktstruktur möglich ist.

c. Dynamische Gesamtmarktbetrachtung

Selbst wenn durch den Unternehmenszusammenschluss eine qualifizierte marktbeherrschende Stellung entsteht, so kann ein Zusammenschluss gemäss Art. 10 Abs. 2 lit. b im Sinne einer **Gesamtmarktbetrachtung** nur dann untersagt werden, wenn nicht gleichzeitig und gerade aufgrund des Zusammenschlusses (d.h. kausal) eine Verstärkung der Wettbewerbsverhältnisse auf einem anderen Markt erfolgt. Je nach Stand der Marktentwicklung bewirkt der Unternehmenszusammenschluss phasengemäss unterschiedliche Marktstrukturen. Bei einem Zusammenschluss auf dem Markt für Konsumkredite argumentierten die beteiligten Unternehmen erfolgreich, der Zusammenschluss führe auf dem Markt für Firmenkredite zu Innovationen und bewirke auf diesem Markt eine Verbesserung der Wettbewerbsverhältnisse (RPW 1999/1, 148 ff. N 23 ff. – General Electric Capital Corporation/Bank Prokredit; vgl. ZÄCH, Kartellrecht 2005, N 817 ff.; DUCREY, in: VON BÜREN/DAVID, SIWR V/2, 295 f.). Auf dem Zeitungsmarkt sind sodann nicht nur Auswirkungen auf den Lesermarkt, sondern z.B. auch auf den Werbemarkt zu prüfen (vgl. RPW 2004/2, 536 N 49 – Berner Zeitung AG/ 20 Minuten (Schweiz) AG).

32 Das Kartellgesetz schreibt zudem ausdrücklich vor, dass bei der Zusammenschlussprüfung auch die Stellung der Unternehmen im **internationalen** Wettbewerb zu beachten ist (Art. 10 Abs. 4; vgl. ZÄCH, Kartellrecht 2005, N 810; DUCREY, in: VON BÜREN/DAVID, SIWR V/2, 296 f.; HOFFET, in: ZÄCH, KG-Praxis, 65). Damit ist klargestellt, dass beim Vorliegen von internationalen Märkten auch ein weiter gefasster räumlicher Markt als die Schweiz zu betrachten ist, insb. auch was den potenziellen Wettbewerb anbetrifft. Dies darf jedoch nicht dazu führen, dass eine industriepolitisch allenfalls entsprechend tolerierte Grösse und Marktmacht auf dem Heimmarkt Schweiz usurpiert wird.

33 Schliesslich ist den von den beteiligten Unternehmen ins Feld geführten begründeten **Effizienzvorteilen**, welche etwaige nachteilige Auswirkungen auszugleichen vermögen, Rechnung zu tragen, wenn damit im Ergebnis wirksamer Wettbewerb nicht beseitigt werden kann. Im Rahmen der EG-Fusionskontrolle müssen solche Effizienzvorteile nachweislich den Konsumenten zugute kommen sowie fusionsspezifisch und überprüfbar sein (vgl. die Mitteilung der Kommission über Leitlinien zur Bewertung horizontaler Zusammenschlüsse gemäss der EG-FKVO, ABl EG 2004, C31/03, N 76 ff.).

5. Zusammenschlüsse von Banken

34 Art. 10 Abs. 3 statuiert, dass bei Zusammenschlüssen unter Beteiligung von Banken im Sinne des BankG, welche der Eidg. Bankenkommission aus Gründen des Gläubigerschutzes (z.B. bei Insolvenz einer Bank) als notwendig erscheinen, d.h. bei **Sanierungsfusionen**, die Interessen der jeweiligen Gläubiger gegenüber wettbewerbsrechtlichen Gesichtspunkten vorrangig berücksichtigt werden können. In diesen Fällen kehrt sich die in Art. 10 VKU reflektierte Kompetenzordnung um, indem die Eidg. Bankenkommission für die Prüfung zuständig wird und ihrerseits die Weko zur Stellungnahme einzuladen hat.

35 Gestützt auf Art. 17 VKU kann die Eidg. Bankenkommission sodann auf Ersuchen der beteiligten Banken hin oder von Amtes wegen zu jedem Zeitpunkt des Prüfverfahrens, bei **Dringlichkeit** nötigenfalls gar vor Eingang der betreffenden Meldung, den vorzeitigen bzw. vorläufigen Vollzug gemäss Art. 32 Abs. 2 bzw. Art. 33 Abs. 2 bewilligen. Die Rechtfertigung dieser Sondernorm ist mitunter darin begründet, dass zumindest bei einer echten Sanierungsfusion diese nicht kausal für die marktstrukturelle Änderung ist, diese mithin auch ohne Fusion, z.B. im Konkursfall, eintreten würde.

Art. 11 Ausnahmsweise Zulassung aus überwiegenden öffentlichen Interessen

Ausnahmsweise Zulassung aus überwiegenden öffentlichen Interessen	Unternehmenszusammenschlüsse, die nach Artikel 10 untersagt wurden, können vom Bundesrat auf Antrag der beteiligten Unternehmen zugelassen werden, wenn sie in Ausnahmefällen notwendig sind, um überwiegende öffentliche Interessen zu verwirklichen.
Autorisation exceptionnelle fondée sur des intérêts publics prépondérants	Une concentration d'entreprises qui a été interdite en vertu de l'art. 10 peut être autorisée par le Conseil fédéral à la demande des entreprises participantes si, à titre exceptionnel, elle est nécessaire à la sauvegarde d'intérêts publics prépondérants.
Autorizzazione eccezionale per motivi preponderanti di interesse pubblico	Le concentrazioni di imprese vietate ai sensi dell'articolo 10 possono essere autorizzate dal Consiglio federale su richiesta delle imprese partecipanti se sono eccezionalmente necessarie alla realizzazione di interessi pubblici preponderanti.

Inhaltsübersicht Note

I. Einleitung 1
   1. Allgemeines 1
   2. Praxis 3
II. Formelle Voraussetzungen 4
   1. Vorliegen eines Entscheides 4
   2. Verfahren vor dem Bundesrat 6
III. Entscheidgründe 7
   1. Allgemeines 7
   2. Notwendigkeit zur Verwirklichung überwiegender öffentlicher Interessen 9
IV. Entscheid und Rechtsfolgen 14
   1. Wirkung des Entscheides 14
   2. Rechtsmittel 17

I. Einleitung

1. Allgemeines

Art. 11 enthält eine Vorschrift, die analog zu Art. 8 dem Bundesrat die Befugnis gibt, eine wettbewerbsrechtlich unerwünschte Situation aus überwiegenden öffentlichen Interessen **ausnahmsweise auf Antrag hin zu erlauben**. Im Gegen- [1]

satz zur Vorschrift von Art. 8 geht es in Art. 11 um gemäss Art. 9 meldepflichtige Unternehmenszusammenschlüsse, die gestützt auf Art. 10 untersagt worden sind.

2 Bei der ausnahmsweisen Zulassung handelt es sich um einen **politischen Entscheid**, der vom Bundesrat als der obersten politischen Exekutivbehörde gefällt wird (Botschaft KG 1995, 577). Damit soll die Möglichkeit geschaffen werden, in Ausnahmefällen negative Auswirkungen des Kartellgesetzes auf überwiegende andere öffentliche Interessen zu korrigieren (HANGARTNER/PRÜMMER, Zulassung, 1093). Die ausnahmsweise Zulassung bietet aus wettbewerbsrechtlicher Sicht einige grundsätzliche Probleme auf der dogmatischen Ebene, auf die an dieser Stelle jedoch nicht weiter eingegangen werden soll (vgl. dazu HANGARTNER/PRÜMMER, Zulassung, 1098 ff.).

2. Praxis

3 Zu Art. 11 ist bislang noch **keine Praxis** bekannt. Der Artikel wird wohl auch kaum grosse Bedeutung erlangen (vgl. auch NORDMANN, Fusionskontrolle, 234).

II. Formelle Voraussetzungen

1. Vorliegen eines Entscheides

4 Voraussetzung für den Antrag an den Bundesrat ist, dass die Weko einen **Entscheid gemäss Art. 10 Abs. 2** (erster Teilsatz) gefällt hat, mit dem sie den Zusammenschluss von Unternehmen untersagt.

5 Entscheide auf **Zulassung unter Bedingungen und Auflagen** gemäss Art. 10 Abs. 2 können grundsätzlich vom Bundesrat nicht aufgehoben werden (DUCREY/ DROLSHAMMER, in: HOMBURGER, Kommentar 1996, Art. 11 N 3). Diverse Autoren vertreten jedoch die Ansicht, dass den beteiligten Unternehmen allerdings ermöglicht werden muss, an den Bundesrat zu gelangen, sollten diese Auflagen und Bedingungen so schwerwiegend sein, dass ein Zusammenschluss unter einem ökonomischen Blickwinkel sinnlos wird und der Entscheid damit faktisch einer Untersagung gleichkommen. Ansonsten hätten es die Wettbewerbsbehörden in der Hand, den Weg zum Bundesrat von vornherein abzuschneiden (BORER, Kommentar 2005, Art. 11 N 2; BIANCHI DELLA PORTA, in: TERCIER/BOVET, CR Concurrence, Art. 11 N 19). Dieser Ansicht ist jedoch entgegenzuhalten, dass die Weko gehalten ist, sich bezüglich Bedingungen und Auflagen mit den Parteien abzusprechen. Die Bedingungen und Auflagen basieren damit letztlich auf Zusagen der Parteien. Sollte die Weko mit den Parteien keine Einigung erzielen können, bleibt ihr einzig die Untersagung des Zusammenschlusses (vgl. Entscheid der Reko vom 1. Mai 2006 i.S. Swiss-grid). Wenn aber die Bedingungen und

Auflagen auf einer Einigung der Parteien beruhen, besteht nach der hier vertretenen Ansicht kein Raum mehr für einen Antrag um ausnahmsweise Zulassung, da sich die Parteien in diesem Fall widersprüchlich verhalten würden.

2. Verfahren vor dem Bundesrat

Vgl. hierzu die Kommentierung zu Art. 36. 6

III. Entscheidgründe

1. Allgemeines

Der Entscheid des Bundesrates befasst sich nur mit der Frage, ob der untersagte Unternehmenszusammenschluss notwendig ist, um **überwiegende öffentliche Interessen** zu verwirklichen. Die wettbewerbsrechtliche Beurteilung kann vor dem Bundesrat nicht mehr in Frage gestellt werden (Botschaft KG 1995, 606; MERCIER ET AL., Principes, 693; ZÄCH, Kartellrecht 2005, N 1012). 7

Entscheidungen nach Art. 11 sollen **Ausnahmecharakter** haben (Botschaft KG 1995, 577). Untersagte Unternehmenszusammenschlüsse sollen nur in Ausnahmefällen zur Verwirklichung von überwiegenden öffentlichen Interessen notwendig sein können; der Bundesrat soll seine Befugnisse zurückhaltend ausüben (HANGARTNER/PRÜMMER, Zulassung, 1108; HOFFET, in: HOMBURGER, Kommentar 1996, Art. 8 N 18). 8

2. Notwendigkeit zur Verwirklichung überwiegender öffentlicher Interessen

Die Zulassung der Wettbewerbsbeschränkung muss nicht nur geeignet sein, überwiegende öffentliche Interessen zu verwirklichen, sondern sie muss hiefür auch erforderlich sein. Sollten die zur Debatte stehenden, überwiegenden öffentlichen Interessen auch mit einer weniger gravierenden Massnahme als die ausnahmsweise Zulassung des untersagten Unternehmenszusammenschlusses verwirklicht werden können, kann der Bundesrat den untersagten Unternehmenszusammenschluss nicht ausnahmsweise zulassen. Demzufolge hat der Bundesrat auch nach alternativen bzw. weniger gravierenden Möglichkeiten zu suchen (BIANCHI DELLA PORTA, in: TERCIER/BOVET, CR Concurrence, Art. 8 N 91 ff.). Das Gesetz verlangt zudem vom Bundesrat, dass er eine **Verhältnismässigkeitsprüfung im engeren Sinn** vornimmt, in welcher er das Interesse am Verbot des Unternehmenszusammenschlusses gegen die vom Antragsteller geltend gemachten (angeblich überwiegenden) öffentlichen Interessen abwägt und so feststellt, ob Letztere überwiegen. 9

10 Für eine ausnahmsweise Zulassung des untersagten Unternehmenszusammenschlusses muss ein **Rechtfertigungsgrund** vorliegen, der «in der Wertordnung der öffentlichen Interessen einen bedeutenden Stellenwert» einnimmt (Botschaft KG 1995, 577) bzw. müssen öffentliche Interessen «mit einem hohen Stellenwert in der wirtschafts- und gesellschaftspolitischen Wertordnung vorliegen» (RPW 1998/3, 482 – Gesuch des Schweizer Verbands der Musikalien-Händler und -Verleger [SVMHV]). Grundsätzlich kommen alle öffentlichen Interessen in Frage, wobei in der Lehre strittig ist, ob nur die vom Bund zu wahrenden öffentlichen Interessen oder auch jene der Kantone einen Rechtfertigungsgrund darstellen können (vgl. dazu: HANGARTNER/PRÜMMER, Zulassung, 1107; CHABLOZ, L'autorisation exceptionnelle, N 582 ff.; a.M. SCHMID, Zulassung, 188). Nach der hier vertretenen Ansicht kann es keine Rolle spielen, auf welcher föderalen Stufe ein öffentliches Interesse normiert wird. Eine Einschränkung auf in der Bundesverfassung erwähnte öffentliche Interessen wird demzufolge abgelehnt, da sich keinerlei Hinweise finden lassen, die eine solche, für das Verwaltungsrecht atypische Einschränkung zulassen würde.

11 Als mögliche öffentliche Interessen werden bspw. genannt (anstelle vieler: MERCIER ET AL., Principes, 657; BIANCHI DELLA PORTA, in: TERCIER/BOVET, CR Concurrence, Art. 11 N 85 ff.; CHABLOZ, L'autorisation exceptionnelle, N 582 ff.):

– Energiepolitik;
– Kulturpolitik (z.B. Preisbindung der zweiten Hand für Bücher);
– Landwirtschaftspolitik;
– Minderheitenschutz;
– Sozialpolitik (z.B. Kampf gegen die Arbeitslosigkeit);
– Wohlfahrt;
– Wirtschaftspolitische Interessen (z.B. Konsumentenschutz und Strukturpolitik);
– Umweltschutz.

12 Das Kartellgesetz verzichtet auf eine **exemplifikatorische Enumeration von öffentlichen Interessen.**

13 Dieses **öffentliche Interesse** muss gewichtiger sein als das öffentliche Interesse an einem funktionierenden Wettbewerb, d.h. es gilt ein starkes Gegengewicht zu den Argumenten der Wettbewerbsbehörden zu legen, mit denen ein Verbot des Unternehmenszusammenschlusses erreicht werden soll.

IV. Entscheid und Rechtsfolgen

1. Wirkung des Entscheides

14 Der Entscheid des Bundesrates lautet auf ausnahmsweise Zulassung des Zusammenschlusses bzw. auf Abweisung des Antrages.

Eine ausnahmsweise Zulassung, d.h. die **Gutheissung** des Antrages bewirkt den 15 Wegfall der Untersagung des Unternehmenszusammenschlusses und damit den Abschluss des Verfahrens vor den Wettbewerbsbehörden (CHABLOZ, L'autorisation exceptionnelle, N 951). Die Zulassung kann **nicht zeitlich begrenzt** ausgesprochen werden. Trotz des Fehlens einer ausdrücklichen Bestimmung wird in der Lehre jedoch die Ansicht vertreten, dass der Entscheid des Bundesrates mit **Auflagen und Bedingungen** versehen werden kann. Dem ist zuzustimmen (im Einzelnen s. Art. 36). Mit der Eröffnung einer **Abweisung** des Antrages nach einem Entscheid der Weko beginnt die 30-tägige Rechtsmittelfrist für die Einreichung einer Beschwerde an das Bundesverwaltungsgericht zu laufen (Art. 36 Abs. 1 letzter Satz; CHABLOZ, L'autorisation exceptionnelle, N 953 f.). Sofern der Antrag auf ausnahmsweise Zulassung nach einem Entscheid des Bundesverwaltungsgerichts erfolgt, findet das Verwaltungsverfahren grundsätzlich sein Ende, es sei denn, die Parteien hätten beim Bundesgericht eine Beschwerde in öffentlich-rechtlichen Angelegenheiten eingereicht und diese wäre vom Gericht sistiert worden. Hat der Bundesrat den Entscheid gefällt, nachdem das Bundesgericht entschieden hat, findet das Verwaltungsverfahren mit dem Entscheid des Bundesrates seinen Abschluss (CHABLOZ, L'autorisation exceptionnelle, N 955).

Wie im Verfahren nach Art. 8 wirkt der Entscheid des Bundesrates **ex tunc**. Dieser Entscheid bewirkt nämlich im Endeffekt nichts anderes als der Entscheid der Weko bzw. einer der nachfolgenden Instanzen. Der einzige Unterschied ist, dass die Begründung hierfür nicht im Wettbewerbsrecht, sondern in einem überwiegenden öffentlichen Interesse zu finden ist (BIANCHI DELLA PORTA, in: TERCIER/BOVET, CR Concurrence, Art. 8 N 97; PIAGET, Justification, 179; BÜRGI, Kartellrechtsverstösse, 256; HOFFET, in: HOMBURGER, Kommentar 1996, Art. 8 N 24; a.M.: STOFFEL, Neues Kartellrecht, 106 u. CHABLOZ, L'autorisation exceptionnelle, N 921 ff., welche beide der Ansicht sind, dass der Entscheid des Bundesrates ex nunc wirke; der Bundesrat könne seinem Entscheid jedoch rückwirkende Wirkung verleihen). 16

2. Rechtsmittel

Gegen den Entscheid des Bundesrates stehen **keine Rechtsmittel** zur Verfügung (MERCIER ET AL., Principes, 669). Insb. finden die Art. 6 Abs. 1 EMRK und Art. 14 Abs. 1 des Internationalen Paktes über bürgerliche und politische Rechte wohl keine Anwendung (HANGARTNER/PRÜMMER, Zulassung, 1105; CHABLOZ, L'autorisation exceptionnelle, N 1009 ff.). 17

3. Kapitel: Zivilrechtliches Verfahren

Art. 12 Ansprüche aus Wettbewerbsbehinderung

Ansprüche aus Wettbewerbsbehinderung

¹ Wer durch eine unzulässige Wettbewerbsbeschränkung in der Aufnahme oder Ausübung des Wettbewerbs behindert wird, hat Anspruch auf:

a. Beseitigung oder Unterlassung der Behinderung;

b. Schadenersatz und Genugtuung nach Massgabe des Obligationenrechts;

c. Herausgabe eines unrechtmässig erzielten Gewinns nach Massgabe der Bestimmungen über die Geschäftsführung ohne Auftrag.

² Als Wettbewerbsbehinderung fallen insbesondere die Verweigerung von Geschäftsbeziehungen sowie Diskriminierungsmassnahmen in Betracht.

³ Die in Absatz 1 genannten Ansprüche hat auch, wer durch eine zulässige Wettbewerbsbeschränkung über das Mass hinaus behindert wird, das zur Durchsetzung der Wettbewerbsbeschränkung notwendig ist.

Actions découlant d'une entrave à la concurrence

¹ La personne qu'une restriction illicite à la concurrence entrave dans l'accès à la concurrence ou l'exercice de celle-ci, peut demander:

a. la suppression ou la cessation de l'entrave;

b. la réparation du dommage et du tort moral conformément au code des obligations;

c. la remise du gain réalisé indûment selon les dispositions sur la gestion d'affaires.

² Constituent en particulier une entrave à la concurrence le refus de traiter des affaires ou l'adoption de mesures discriminatoires.

³ Les actions prévues à l'al. 1 peuvent aussi être intentées par la personne qui, en raison d'une restriction licite à la concurrence, subit une entrave plus grave que ne l'exigerait l'application de ladite restriction.

Azioni per limitazioni della concorrenza

¹ Chiunque è impedito nell'accesso o nell'esercizio della concorrenza da una limitazione illecita della stessa può chiedere:

a. la soppressione o la cessazione dell'ostacolo;

b. il risarcimento del danno e la riparazione morale secondo il Codice delle obbligazioni;

c. la consegna dell'utile illecito conformemente alle disposizioni della gestione d'affari senza mandato.

² Si considerano in particolare ostacoli alla concorrenza il rifiuto di relazioni commerciali e le misure discriminanti.

³ Le azioni di cui al capoverso 1 competono anche alla persona che per causa di una limitazione lecita della concorrenza subisce un impedimento più grave di quello che esige l'attuazione della limitazione medesima.

Inhaltsübersicht   **Note**

I. Allgemeines 1
   1. Funktion und Hintergrund der zivilrechtlichen Ansprüche 1
   2. Zusammenhang mit dem verwaltungsrechtlichen Verfahren 3
   3. Bindungswirkung kartellrechtlicher Entscheide 7
II. Anwendungsbereich von Art. 12 9
   1. In sachlicher Hinsicht 9
   2. In persönlicher Hinsicht 12
      a. Aktivlegitimation 12
      b. Passivlegitimation 16
III. Ansprüche aus Art. 12 17
   1. Vorbemerkungen 17
   2. Zivilrechtliche Folgen der Kartellrechtswidrigkeit 21
   3. Anspruch auf Unterlassung und/oder Beseitigung 26
      a. Der Unterlassungsanspruch 27
      b. Der Beseitigungsanspruch 29
   4. Feststellung der Kartellrechtswidrigkeit 30
      a. Vorbemerkungen 30
      b. Allgemeine Feststellungsklage 31
      c. Kartellrechtliche Feststellungsklage mit Beseitigungsfunktion 33
   5. Schadenersatz und Genugtuung 35
      a. Die Widerrechtlichkeit der Wettbewerbsbeschränkung 35
      b. Schaden und Kausalität 36
      c. Verschulden 42
      d. Anspruch auf Genugtuung 44
      e. Verjährung 46
   6. Herausgabe eines unrechtmässig erzielten Gewinns 47
      a. Grundsatz 47
      b. Eigennützigkeit des Eingriffs 49
      c. Verschuldenserfordernis 51
      d. Umfang des Gewinnherausgabeanspruchs und Verjährung 52
      e. Abgrenzung gegenüber anderen zivilrechtlichen Ansprüchen 54

IV. Ansprüche bei zulässigen Wettbewerbsbeschränkungen 56
V. Anwendbares Recht und Durchsetzung im internationalen Verhältnis 59

I. Allgemeines

1. Funktion und Hintergrund der zivilrechtlichen Ansprüche

1 Die Art. 12–17 befassen sich mit den zivilrechtlichen Ansprüchen, die einzelne Wettbewerbsteilnehmer im Zusammenhang mit einer unzulässigen Wettbewerbsbeschränkung erheben können. Dieses sog. Kartellzivilrecht hat sich aus der Boykott-Rechtsprechung des Bundesgerichts (vgl. BGE 86 II 365 ff.) entwickelt und wurde traditionell als **Instrument zum Schutz der wirtschaftlichen Persönlichkeit** verstanden (vgl. STOFFEL, Neues Kartellrecht, 88 ff.). In der Revision von 1995 sollten die zivilrechtlichen Bestimmungen durch die Neuordnung in einem eigenen Kapitel grundsätzlich eine Aufwertung erfahren (vgl. Botschaft KG 1995, 587). Es wurde jedoch versäumt, wichtige Einzelpunkte wie etwa die Frage nach der Gültigkeit eines kartellwidrigen Vertrages im Gesetz zu klären. Ausserdem kommt dem Kartellzivilrecht wegen der zivilprozessualen Gegebenheiten, insb. der geltenden Beweislast- und Kostenregelung, aber auch wegen der Verschärfung der verwaltungsrechtlichen Untersuchungs- und Sanktionsmöglichkeiten nach wie vor geringe praktische Bedeutung zu (vgl. ZÄCH/HEIZMANN, Durchsetzung, 1062–1065; SPITZ, Zukunft, 114).

2 Nach der Konzeption des Kartellgesetzes sind die Art. 5–7 als **Doppelnormen** zu betrachten, d.h. ihre Verletzung kann sowohl auf dem Weg des Verwaltungsverfahrens als auch im Rahmen eines Zivilverfahrens festgestellt und sanktioniert werden (STOFFEL, Neues Kartellrecht, 92). Das Verwaltungsverfahren soll sowohl dem Schutz des Wettbewerbs als solchem (Institutionenschutz; Art. 96 Abs. 1 BV) als auch dem Schutz der individuellen Wirtschaftsfreiheit (Art. 27 Abs. 1 sowie Art. 35 Abs. 3 BV) dienen (ZÄCH, Kartellrecht 2005, N 345), während die Aufgabe der Zivilgerichte darin gesehen wird, einzelne Wettbewerbsteilnehmer vor unzulässigen Wettbewerbsbeschränkungen zu schützen bzw. die konkreten Auswirkungen derartiger Beschränkungen auszugleichen (vgl. BGE 129 II 24 E. 5.2.1; 130 I 156 E. 2.4; 130 II 529 E. 2.9; 130 II 156 E. 2.4; 130 II 529 E. 2.9; RPW 2003/3, 678 E. 3.3.2 – Sellita Watch Co. SA/ETA SA Manufacture Horlogère Suisse). Allerdings können zivilrechtliche Klagen durchaus den Schutz des Wettbewerbs insgesamt verstärken, indem sie dazu beitragen, dass wirksamer Wettbewerb nicht nur zum Nutzen des Klägers, sondern auch zum Nutzen der Allgemeinheit (wieder-)hergestellt wird (vgl. auch EuGH, C–453/99, COURAGE und CREHAN, Slg. 2001, I 6297; SPITZ, Haftung, N 6; sowie rechtsvergleichend AFFERNI/BULST, Schadenersatzansprüche, 143 ff.). Dieser Umstand hat in jüngerer Zeit v.a. in der EU verstärkt Beachtung gefunden. So hat die Europäische Kommission den Mitgliedstaaten Ende 2005 konkrete Vorschlä-

ge zur Erleichterung von Schadenersatzansprüchen wegen EG-Kartellrechtsverstössen unterbreitet (vgl. Green Paper on Damages Actions for Breach of the EC Antitrust Rules, Commission of the European Communities, COM [2005] 672 final; vgl. auch für das schweizerische Recht ZÄCH/HEIZMANN, Durchsetzung, 1065-1070).

2. Zusammenhang mit dem verwaltungsrechtlichen Verfahren

Grundsätzlich besteht eine **parallele Zuständigkeit der Weko und der Zivilgerichte** zur Beurteilung und Sanktionierung von KG-Verstössen (vgl. N 2). Der Einleitung eines Kartellzivilverfahrens kann somit nicht die Einrede der Rechtshängigkeit entgegengehalten werden, wenn die Weko zuvor schon eine Untersuchung in derselben Angelegenheit eröffnet hat. Umgekehrt führt auch die nachträgliche Einleitung einer verwaltungsrechtlichen Untersuchung grundsätzlich nicht zu einer Sistierung des Zivilverfahrens (vgl. TERCIER, in: VON BÜREN/DAVID, SIWR V/2, 323; LANG, Ansprüche, 206).

In der Praxis erleidet die Parallelität der Zuständigkeiten von Zivilgerichten und Weko allerdings **Einschränkungen**. Im – primär theoretischen – Fall, dass zuerst ein Zivilverfahren hängig gemacht wird, wird die Weko i.d.R. auf Einleitung einer Vorabklärung verzichten (vgl. Grundsätze über die Beziehungen zwischen den Zivilgerichten und der Wettbewerbskommission vom 27. August 1997, in: RPW 1997/4, 593 ff. – Die Beziehung zwischen den Zivilgerichten und der Weko). Umgekehrt besteht die Tendenz, auf den Zivilrechtsweg zu verweisen, wenn das Sekretariat der Weko annimmt, dass bei einem Fall private und nicht öffentliche Interessen im Vordergrund stehen (vgl. BGE 130 II 156 E. 2.4; 130 II 529 E. 2.9; kritisch dazu HANGARTNER, Wettbewerbsverfahren, 45 f.). Selbst wo das nicht der Fall ist, werden Schadenersatz- und Gewinnherausgabeansprüche häufig erst nach Abschluss einer Untersuchung durch die Weko geltend gemacht.

Dass in aller Regel keine parallelen zivil- und verwaltungsrechtlichen Verfahren geführt werden, ist auf die **unterschiedliche Funktion und Ausgestaltung der beiden Verfahrenswege** zurückzuführen: Die Weko hat den relevanten Sachverhalt von Amtes wegen abzuklären (vgl. Art. 39 i.V.m. Art. 12 VwVG), während die Beweislast für das Vorliegen einer unzulässigen Wettbewerbsbeschränkung im Zivilverfahren beim Kläger liegt, und er im Fall des Unterliegens die Verfahrenskosten tragen muss. Der Weko stehen ausserdem ggf. auch Zwangsmassnahmen wie Hausdurchsuchungen zur Verfügung (vgl. Art. 42), und sie verfügt als spezialisierte Verwaltungsbehörde über grössere Erfahrung in der Beurteilung von Wettbewerbsbeschränkungen. Aus diesen Gründen beschränkt sich die praktische Rolle der Zivilgerichte oft darauf, die zivilrechtlichen Folgen einer von der Weko festgestellten Wettbewerbsbeschränkung im Nachhinein zu regeln. Angesichts der Rolle der Weko als primärer Hüterin des Wettbewerbs und angesichts der ihr zur Verfügung stehenden Ressourcen ist diese Arbeitsteilung auch durchaus sinnvoll; ausserdem erlangen beeinträchtigte Personen oft erst durch Ausübung ihres Akteneinsichtrechts im Verwaltungsverfahren die zur Anstrengung eines Zivilverfahrens erforderlichen Informationen (vgl. JACOBS, Durchsetzung, 217). Dementsprechend wird in der Lehre z.T. gefordert, dass Parteien, die ein Begehren auf Vorabklärung behaupteter Wettbewerbsbeschränkungen stellen (Art. 26 Abs. 1), nur dann auf den Zivilrechtsweg verwiesen werden sollten, wenn in den zu beantwortenden Kartellrechtsfragen aufgrund früherer Entscheide, allgemeiner Bekanntmachungen oder allenfalls einer Verordnung des Bundesrates schon rechtliche Klarheit besteht (s. ZÄCH/HEIZMANN, Durchsetzung, 1068; HANGARTNER, Wettbewerbsverfahren, 46; vgl. hingegen JACOBS, Durchsetzung, 226, der sich für eine grössere Zurückhaltung der Weko ausspricht).

6   Wenn im Rahmen eines hängigen Zivilverfahrens die Zulässigkeit einer Wettbewerbsbeschränkung in Frage steht, muss das zuständige Zivilgericht überdies ein **Gutachten der Weko** einholen (Art. 15). Auch wenn dieses Gutachten für den Zivilrichter nicht bindend ist, kann und soll dadurch zumindest im Grundsatz gewährleistet werden, dass Wettbewerbsbeschränkungen, die auf dem Zivilrechtsweg beanstandet werden, nach einheitlichen und von der Weko entwickelten Kriterien beurteilt werden. Versäumt es der Zivilrichter, das Gutachten pflichtgemäss zu würdigen, oder erfolgt diese Würdigung nicht korrekt, so kann dies im Rahmen der Anfechtung des zivilrechtlichen Entscheids gerügt werden (HANGARTNER, Wettbewerbsverfahren, 49).

3. Bindungswirkung kartellrechtlicher Entscheide

7   Unabhängig davon, welche Instanz zuerst mit der Beurteilung einer Wettbewerbsbeschränkung befasst wird, ist es theoretisch denkbar, dass die Weko und das zuständige Zivilgericht die fragliche Abrede oder Verhaltensweise unterschiedlich beurteilen. Eine eigentliche Bindungswirkung, die bewirken würde, dass die später entscheidende Behörde sich an den früher ergangenen Entscheid in derselben Sache halten müsste, besteht dabei nicht, denn die Weko und die zuständigen Zivilgerichte gehören nicht nur **unterschiedlichen Zweigen der Rechtspflege** an, sondern sprechen auch unterschiedliche Anordnungen aus, so dass keine Verfahrensidentität vorliegt (vgl. auch LANG, Ansprüche, 208 f.). Trotzdem sollten Zivilgerichte, die eine Wettbewerbsbeschränkung nach Abschluss eines verwaltungsrechtlichen Verfahrens zu beurteilen haben, angesichts der im Verwaltungsverfahren geltenden Offizialmaxime und der Sachkompetenz der Weko (vgl. N 5) grundsätzlich nicht von den im Verwaltungsverfahren getroffenen rechtskräftigen Feststellungen abweichen. Ist also eine behauptete Wettbewerbsbeschränkung auf dem Verwaltungsweg rechtskräftig für zulässig erklärt worden, und ist diese Verfügung nicht offensichtlich nichtig, muss eine dagegen gerichtete Klage auf Beseitigung, Unterlassung oder Schadenersatz grundsätzlich abgewiesen werden (vgl. auch HANGARTNER, Wettbewerbsverfahren, 47, 49). Eine Bindung der Weko an ein zivilrechtliches Urteil, das sich zur Zulässigkeit ei-

ner Wettbewerbsbeschränkung äussert, ist, v.a. aufgrund der im Verwaltungsverfahren geltenden Untersuchungsmaxime hingegen abzulehnen (HANGARTNER, Wettbewerbsverfahren, 50).

Entsprechend allgemeinen prozessualen Grundsätzen ist die **Rechtskraftwirkung kartellzivilrechtlicher Entscheide** grundsätzlich auf die jeweiligen Verfahrensparteien beschränkt. Allerdings kann ein Zivilurteil, in dem eine Wettbewerbsbeschränkung als unzulässig qualifiziert wird, gegenüber Dritten, die von der Wettbewerbsbeschränkung in ähnlicher Weise wie der Kläger betroffen sind, eine faktische Präjudizwirkung entfalten (vgl. BGer 06.03.2001, 5C.263/2000 E. 4d, wo einer Versicherten erlaubt wurde, sich auf eine gegen ihre Krankenkasse gerichtete und von einem Dritten beantragte vorsorgliche Massnahme zu berufen, um die Übernahme von Behandlungskosten zu erreichen). 8

II. Anwendungsbereich von Art. 12

1. In sachlicher Hinsicht

Zivilrechtliche Ansprüche aus Wettbewerbsbehinderung richten sich nach dem Wortlaut von Art. 12 gegen unzulässige Wettbewerbsbeschränkungen, **d.h. gegen Wettbewerbsabreden und Verhaltensweisen**, die gegen Art. 5 und 7 verstossen. Sind diese Voraussetzungen erfüllt, muss das Gericht auf den Fall eintreten. Allerdings werden Verhaltensweisen, die sich zwar auf den Wettbewerb auswirken können, von ihrer Intention her jedoch nicht marktbezogen sind, nach der bundesgerichtlichen Rechtsprechung vom KG nicht erfasst und sind demnach auch vom Anwendungsbereich von Art. 12 ausgenommen (vgl. BGer 03.03.2003, 4C.353/2002, in: sic! 2003, 750, betr. eine querulatorische Baueinsprache). 9

Weithin anerkannt ist weiter, dass die Ansprüche aus Art. 12 nicht zur **Rückabwicklung oder Sanktionierung von Fusionen** zur Verfügung stehen, die entgegen einem Verbot der Weko realisiert wurden. Aus der Systematik des Gesetzes und aus dem Wortlaut von Art. 12 Abs. 1 ergibt sich, dass die Art. 12–17 allein auf die im ersten Abschnitt des zweiten Kapitels (Art. 5–7) beschriebenen unzulässigen Wettbewerbsbeschränkungen Anwendung finden sollen, während die vom zweiten Abschnitt desselben Kapitels erfassten Unternehmenszusammenschlüsse eine eigene Problematik mit eigenen Verfahrensregeln darstellen (vgl. TERCIER, in: VON BÜREN/DAVID, SIWR V/2, 339; LANG, Ansprüche, 82 f.; VENTURI, in: TERCIER/BOVET, CR Concurrence, vor Art. 9–10, N 33 u. 42). Eine Berufung auf die Art. 12 ff. ist somit nur – aber immerhin – zulässig, sofern im Zusammenhang mit einem Unternehmenszusammenschluss gleichzeitig eine unzulässige Wettbewerbsbeschränkung gemäss Art. 5 oder 7 auftritt (vgl. BGE 131 II 497 E. 5.5 sowie VENTURI, in: TERCIER/BOVET, CR Concurrence, vor Art. 9–10, N 33 ff. u. 42 ff.). 10

11 Art. 12 Abs. 2 nennt exemplarisch («insbesondere») zwei besonders wichtige Formen der Wettbewerbsbehinderung, gegen die zivilrechtliche Ansprüche zur Verfügung stehen: einerseits die Verweigerung von Geschäftsbeziehungen und andererseits die Diskriminierung einzelner Geschäftspartner. Es ist jedoch allgemein anerkannt, dass diese **Aufzählung nur Beispielcharakter** hat und die erfassten Tatbestände sich im Übrigen aus Art. 5–7 und nicht erst aus den prozessualen Bestimmungen von Art. 12 f. ergeben (REYMOND, in: TERCIER/BOVET, CR Concurrence, Art. 12 N 41).

2. In persönlicher Hinsicht

a. Aktivlegitimation

12   Zivilrechtliche Ansprüche gemäss Art. 12 f. können **von allen Wettbewerbsteilnehmern** erhoben werden, die durch eine unzulässige Wettbewerbsbeschränkung in der Aufnahme oder Ausübung des Wettbewerbs behindert werden (vgl. WALTER, in: HOMBURGER, Kommentar 1996, Art. 12 N 11 ff.; REYMOND, in: TERCIER/BOVET, CR Concurrence, Art. 12 N 7). Es ist nicht erforderlich, dass zwischen dem Kläger und dem Urheber der Wettbewerbsbeschränkung ein direktes Konkurrenzverhältnis besteht oder der Kläger durch die fragliche Abrede bewusst in seinen Handlungsalternativen eingeschränkt werden soll. Ansprüche gemäss Art. 12 f. stehen damit auch Wettbewerbsteilnehmern offen, die auf einer vor- oder nachgelagerten Marktstufe tätig sind. Hingegen geht die herrschende Praxis davon aus, dass Konsumenten keine kartellzivilrechtlichen Ansprüche geltend machen können, weil sie keine eigene Wettbewerbstätigkeit entfalten (TERCIER, in: VON BÜREN/DAVID, SIWR V/2, 334 f.; REYMOND, in: TERCIER/BOVET, CR Concurrence, Art. 12 N 10; WALTER, in: HOMBURGER, Kommentar 1996, Art. 12 N 29; LANG, Ansprüche, 72; Botschaft KG 1995, 533); diese enge Auffassung wird in der neueren Lehre zu Recht kritisiert (vgl. SPITZ, Zukunft, 119 f.).

13   Unklar ist die Aktivlegitimation von **Wirtschafts- und Branchenverbänden** sowie von **Konsumentenverbänden**. Im Gegensatz zum KG 1985 räumt das KG diesen Gruppierungen kein ausdrückliches Klagerecht mehr ein. Ein Teil der Lehre interpretiert dies im Sinn eines qualifizierten Schweigens und geht davon aus, dass die entsprechenden Verbände nur noch mit einer Anzeige auf Eröffnung einer verwaltungsrechtlichen Untersuchung hinwirken (Art. 26) oder ihre Beteiligung an einer Untersuchung anmelden (Art. 43 Abs. 1) können (vgl. WALTER, in: HOMBURGER, Kommentar 1996, Art. 12 N 36). Nach der zu befürwortenden Gegenmeinung können Verbände, die statutarisch mit der Wahrung der Interessen ihrer Mitglieder betraut werden, hingegen auch im Rahmen des KG anstelle ihrer direkt betroffenen Mitglieder Unterlassungs- oder Beseitigungsansprüche erheben, sofern diese selber klagelegitimiert sind (vgl. TERCIER, in: VON BÜREN/DAVID, SIWR V/2, 348; STOFFEL, Neues Kartellrecht, 101; vgl. auch RPW 1997/1,

79 E. 2 – Caisses maladies, exclusion de cliniques; BGE 121 III 176 E. 4b). Eine Klagebefugnis für Konsumentenverbände ergibt sich daraus aber nicht, denn Konsumenten können generell nicht gestützt auf Art. 12 f. vorgehen (vgl. N 12; LANG, Ansprüche, 74 f.).

Art. 12 f. spricht sich auch nicht darüber aus, ob zivilrechtliche Ansprüche von Wettbewerbsteilnehmern erhoben werden können, die **selbst an einer Kartellabrede beteiligt** sind oder waren. Die vom KG 1985 in diesem Zusammenhang getroffene Unterscheidung zwischen Kartellinnen- und Kartellaussenrecht, auf deren Grundlage den Teilnehmern an einer Wettbewerbsabrede und aussenstehenden Dritten unterschiedliche Rechtsbehelfe eingeräumt wurden, wurde im Zug der Revision von 1995 fallengelassen. Aus diesem Grund, und weil sich aus Art. 12 keinerlei Einschränkungen ergeben, können die Ansprüche nach Art. 12 f. grundsätzlich auch von Personen erhoben werden, die selbst an einer unzulässigen Abrede oder Verhaltensweise beteiligt sind oder waren (WALTER, in: HOMBURGER, Kommentar 1996, Art. 12 N 16 ff.; REYMOND, in: TERCIER/BOVET, CR Concurrence, Art. 12 N 22; ZURKINDEN/TRÜEB, Handkommentar, Art. 12 N 2; a.M. allerdings TERCIER, in: VON BÜREN/DAVID, SIWR V/2, 338). Für eine ähnlich breite Zulassung zivilrechtlicher Ansprüche im Zusammenhang mit Verletzungen des EU-Kartellrechts ausgesprochen hat sich auch der EuGH (vgl. EuGH, C-453/99, COURAGE und CREHAN, Slg. 2001, I 6297, N 26, wonach grundsätzlich «jedermann», der durch einen Art. 81 f. EGV verletzenden Vertrag geschädigt wird, einen Schadenersatzanspruch geltend machen kann). 14

Die Aktivlegitimation und materiellrechtlichen Ansprüche von Kartellteilnehmern stehen allerdings unter dem **Vorbehalt der Reduktionsgründe von Art. 43 Abs. 1 und Art. 44 Abs. 1 OR sowie unter dem Vorbehalt des Rechtsmissbrauchsverbots** (Art. 2 Abs. 2 ZGB). Die Aktivlegitimation sollte einem Kartellteilnehmer dabei nur in krassen Fällen ganz abgesprochen werden; im Übrigen sollte erst bei der Beurteilung der konkreten Ansprüche entschieden werden, ob und in welchem Umfang diese bestehen. Insb. können Schadenersatzforderungen daran scheitern, dass es an einer unfreiwilligen Vermögensverringerung fehlt, oder der Kläger selbst während eines längeren Zeitraums an einer wettbewerbswidrigen Abrede teilgenommen und von ihr profitiert hat (vgl. SPITZ, Zukunft, 115). Hingegen muss es einer Partei, die an einer unzulässigen Abrede beteiligt ist, möglich sein, eine Klage auf Feststellung der Kartellrechtswidrigkeit zu erheben und dadurch auf die Herstellung eines kartellrechtskonformen Zustands hinzuwirken. 15

b. Passivlegitimation

Die Ansprüche nach Art. 12 f. haben sich gegen diejenigen Parteien zu richten, die an der wettbewerbswidrigen Abrede oder dem unzulässigen Verhalten beteiligt sind. Entscheidend ist dabei, ob die Beklagte an dem Entschluss oder 16 zumindest in der Umsetzung der fraglichen Wettbewerbsbeschränkung involviert war. So ist denkbar, dass Ansprüche aus Art. 12 f. nicht nur gegen die einzelnen Mitglieder eines Verbandes erhoben werden, die ein wettbewerbswidriges Verhalten an den Tag legen, sondern auch gegen den Verband selbst, in dessen Rahmen ein entsprechender Beschluss gefasst wurde (vgl. LANG, Ansprüche, 87; RPW 1997/2, 293 E. 3e – Arzneimittelmarkt). Richten sich Ansprüche aus Art. 12 f. gegen mehrere Personen, besteht zwischen diesen **keine notwendige Streitgenossenschaft**. Es steht dem Betroffenen daher frei, ob er gleichzeitig mehrere oder alle Urheber der Wettbewerbsbeschränkung ins Recht fassen will (vgl. WALTER, in: HOMBURGER, Kommentar 1996, Art. 12 N 39; BGE 104 II 213 E. 2c).

III. Ansprüche aus Art. 12

1. Vorbemerkungen

17 Art. 12 und 13 gewähren dem von einer unzulässigen Wettbewerbsbeschränkung Beeinträchtigten einerseits Ansprüche auf Beseitigung eines andauernden wettbewerbsrechtswidrigen Verhaltens und auf Unterlassung eines künftigen wettbewerbswidrigen Verhaltens, andererseits aber auch Ansprüche auf Ersatz des erlittenen Schadens, auf Zahlung einer Genugtuung, auf Feststellung der Kartellrechtswidrigkeit und auf Abschöpfung des durch das wettbewerbsrechtswidrige Verhalten erzielten Gewinns. Die durch das KG geschützten individuellen Rechtspositionen werden mithin durch dieselben **negatorischen und reparatorischen Rechtsbehelfe** sanktioniert, die auch bei der Verletzung von Eigentums-, Immaterialgüter- und Persönlichkeitsrechten zur Verfügung stehen (vgl. TERCIER, in: VON BÜREN/DAVID, SIWR V/2, 343).

18 Diese **Gleichstellung mit absoluten Rechten** ist insofern konsequent, als das Kartellzivilrecht traditionell als Instrument zum Schutz der wirtschaftlichen Persönlichkeit einzelner Wettbewerbsteilnehmer verstanden wird (vgl. N 1). Wie sich v.a. am Beispiel des Gewinnherausgabeanspruchs zeigt (vgl. N 47 ff.), ist dieser Parallelismus allerdings nicht unproblematisch. Anders als etwa Eigentums- oder Immaterialgüterrechte weist das KG einzelnen Wettbewerbsteilnehmern keine monopolartig gesicherten Rechtspositionen zu, sondern setzt im Gegenteil einen dynamischen Prozess voraus, in dem zwar gewisse Verhaltensregeln zu beachten sind, in dem die Teilnehmer aber damit rechnen müssen, von ihrem Platz verdrängt zu werden (vgl. AMSTUTZ/REINERT, Preis- und Gebietsabrede, 75 f.; SPITZ, Haftung, N 8, 46). Gewinnherausgabeansprüche sollen kartellrechtlichen Verhaltensregeln jedoch als besonders griffige Rechtsbehelfe zum Durchbruch verhelfen und ihnen zugleich individuelle Schutzwirkung verleihen, wobei ihre praktische Relevanz bislang allerdings sehr beschränkt geblieben ist.

Neben den besonderen Voraussetzungen für die Erhebung der einzelnen Ansprüche (vgl. dazu N 26 ff.) muss der Kläger im Rahmen eines kartellrechtlichen Zivilprozesses v.a. nachweisen, dass und inwiefern er konkret durch eine unzulässige Wettbewerbsbeschränkung i.S.v. Art. 5–7 **behindert** wird (vgl. WALTER, in: HOMBURGER, Kommentar 1996, Art. 12 N 94). Dazu gehört der Nachweis, dass der Kläger durch eine wettbewerbsbeschränkende Abrede i.S.v. Art. 5 beeinträchtigt wird oder der Beklagte über eine marktbeherrschende Position verfügt und diese i.S.v. Art. 7 missbräuchlich ausgenutzt hat. Das Fehlen wirtschaftlicher Effizienzgründe i.S.v. Art. 5 Abs. 2 ist hingegen nicht anspruchsbegründend und ist vom Beklagten nachzuweisen.

Die Lage des Klägers wird dadurch etwas erleichtert, dass der Gesetzgeber in Art. 5 Abs. 3 und 4 verschiedene **Vermutungstatbestände** aufgestellt hat, bei deren Vorliegen grundsätzlich von einer unzulässigen Wettbewerbsbeschränkung auszugehen ist. Sobald der Kläger nachgewiesen hat, dass die von ihm beanstandete Wettbewerbsbeschränkung unter einen dieser Tatbestände fällt, kommt es auf zivilprozessualer Ebene zu einer Beweislastumkehr (vgl. WALTER, in: HOMBURGER, Kommentar 1996, Art. 12 N 95; JACOBS, Durchsetzung 215 f.), so dass der Urheber der Wettbewerbsbeschränkung nachweisen muss, dass diese nicht zu einer Beseitigung wirksamen Wettbewerbs führt (Beweis des Gegenteils). Der Nachweis einer erheblichen unzulässigen Abrede kann auch durch Verordnungen und Bekanntmachungen gemäss Art. 6 erleichtert werden (JACOBS, Durchsetzung, 216 f.) Abgesehen davon muss der Kläger nach der geltenden Regelung den vollen Beweis für das Vorliegen einer gemäss Art. 5–7 unzulässigen Wettbewerbsbeschränkung erbringen (vgl. ZÄCH/HEIZMANN, Durchsetzung, 1066 ff., die sich für die Einführung der Untersuchungsmaxime, eine Reduzierung des Beweismasses und zusätzliche Vermutungstatbestände aussprechen).

2. Zivilrechtliche Folgen der Kartellrechtswidrigkeit

Abreden, die den Wettbewerb erheblich beeinträchtigen und nicht durch Gründe der wirtschaftlichen Effizienz gerechtfertigt werden können, sowie missbräuchliche Verhaltensweisen marktbeherrschender Unternehmen werden in Art. 5 bzw. Art. 7 als unzulässig qualifiziert. Die zivilrechtlichen Folgen dieser kartellrechtlichen Unzulässigkeit sind im KG **nicht klar geregelt**. Art. 13 lit. a sieht zwar vor, dass das zuständige Gericht Verträge auf Antrag ganz oder teilweise für ungültig erklären kann; Anwendungsbereich und Tragweite dieser Bestimmung sind jedoch umstritten. Die wohl herrschende Meinung geht davon aus, dass unzulässige Vereinbarungen automatisch als widerrechtlich i.S.v. Art. 20 OR und damit als **ex tunc** nichtig zu qualifizieren sind (so TERCIER, in: VON BÜREN/ DAVID, SIWR V/2, 359; ebenso REYMOND, in: TERCIER/BOVET, CR Concurrence, vor Art. 12 ff. N 43, 45 ff.; STOFFEL, Neues Kartellrecht, 94 f.; BAUDENBACHER, Vertikalbeschränkungen, 831; LANG, Ansprüche, 66 f.); eine Mindermeinung nimmt hingegen an, dass die Nichtigkeit erst mit einem entsprechenden Feststellungsurteil eintritt und nur für die Zukunft wirkt (WALTER, in: HOMBURGER Kommentar 1996, Art. 13 N 12 f.; ZÄCH, Kartellrecht, Kommentar 1996, vor Art. 12 N 38 ff.; REICH/REINERT, Frankfurter Kommentar, N 66 ff.; DAVID, in: VON BÜREN/DAVID, SIWR I/2, 89, 98). Die Rechtsprechung hat zu dieser Frage bisher nicht klar Stellung bezogen; die wenigen Äusserungen deuten allerdings eher auf eine Nichtigkeit **ex nunc** hin (vgl. RPW 2003/2, 474 E. 9a/aa – Bestattungsinstitut).

22 Die Annahme einer Nichtigkeit **ex tunc** wird in der Literatur v.a. damit gerechtfertigt, dass die Rechtsordnung die Durchsetzbarkeit kartellrechtswidriger Vereinbarungen von Anfang an unterbinden sollte (vgl. REYMOND, in: TERCIER/BOVET, CR Concurrence, vor Art. 12 ff. N 45 ff.). Die Vertreter der Gegenmeinung berufen sich auf das verfassungsrechtliche Missbrauchsprinzip (vgl. Art. 96 BV; Botschaft KG 1995, 553), auf die praktischen Unsicherheiten und Schwierigkeiten, die mit einer Nichtigkeit **ex tunc** und einer Rückabwicklung verbunden wären, sowie auf die Tatsache, dass der Gesetzgeber in Art. 13 lit. a ausdrücklich die Möglichkeit einer richterlichen Nichtigerklärung vorgesehen hat. Als vermittelnde Lösung wird schliesslich vorgeschlagen, Art und Eintretenszeitpunkt der zivilrechtlichen Nichtigkeit von der Schwere der jeweiligen Kartellrechtswidrigkeit abhängig zu machen (vgl. BRECHBÜHL/DJALALI, Zivilrechtsfolgen, 106; REYMOND, in: TERCIER/BOVET, CR Concurrence, vor Art. 12 ff. N 67).

23 Widerrechtliche Vertragsbestimmungen sind grundsätzlich dann als anfänglich nichtig i.S.v. Art. 20 OR zu betrachten, wenn diese Rechtsfolge dem Sinn und Zweck der verletzten Norm entspricht (vgl. HUGUENIN, in: BS-Komm. OR I, Art. 19/20 N 54; BRECHBÜHL/DJALALI, Zivilrechtsfolgen, 105; aus der Rechtsprechung vgl. z.B. BGE 102 II 404 E. 2b). Dieses Argument spricht für **die Annahme einer Nichtigkeit ex tunc** kartellrechtswidriger Verträge. Das verfassungsrechtliche Missbrauchsverbot steht dem nicht entgegen; daraus ergibt sich vielmehr nur, welche Abreden als unzulässig zu betrachten sind, nicht aber, welche konkreten zivilrechtlichen Folgen diese Nichtigkeit nach sich zieht (vgl. Botschaft KG 1995, 500 ff.). Verträge mit Dritten, die in Durchführung einer unzulässigen Wettbewerbsabrede abgeschlossen werden **(Folgeverträge)**, sind hingegen grundsätzlich als gültig zu betrachten (vgl. ZÄCH, Kartellrecht 2005, N 870).

24 Der **Umfang** der **Nichtigkeit** kartellrechtswidriger Verträge hat sich nach den allgemeinen Grundsätzen von Art. 20 OR zu beurteilen. Betrifft die Kartellrechtswidrigkeit nur Teile des Vertrages, ist namentlich zu prüfen, ob die Parteien den Vertrag auch ohne diese Klauseln geschlossen hätten, so dass von einer blossen Teilnichtigkeit ausgegangen werden kann (Art. 20 Abs. 2 OR). Denkbar ist auch eine «Reduktion auf das zulässige Mass», indem einzelne unzulässige Klauseln durch das Gericht nach Massgabe des hypothetischen Parteiwillens so abgeändert werden, dass sie nicht länger kartellrechtswidrig sind (vgl. GAUCH/ SCHLUEP/SCHMID/REY, Obligationenrecht, N 702 ff.). Bei der Beurteilung der Frage, ob eine Teilnichtigkeit oder modifizierte Teilnichtigkeit in Betracht kommt, ist allerdings auch zu beachten, ob und inwiefern eine solche Regelung

mit dem öffentlichen Interesse an einer Wiederherstellung oder Erhaltung wirksamen Wettbewerbs vereinbar ist. So ist insb. bei der teilweisen Aufrechterhaltung von Verträgen, die gegen Art. 7 verstossen, mit Rücksicht auf allfällige Drittbetroffene Zurückhaltung geboten (vgl. JACOBS/BÜRGI, Auswirkungen, 154 f.).

Obwohl kartellrechtswidrige Verträge grundsätzlich ex tunc nichtig sind, wird diese Nichtigkeit meist erst dann festgestellt, wenn eine Partei sich weigert, einen entsprechenden Vertrag zu erfüllen und sich einredeweise auf seine Nichtigkeit beruft. In diesem Fall sind die **Rückabwicklungsmodalitäten** durch richterliches Urteil zu klären. Rückforderungsansprüche sind gemäss Art. 63 Abs. 1 OR grundsätzlich ausgeschlossen, wenn eine Partei von Anfang an wusste, dass die von ihr erbrachten Leistungen ihre Grundlage in einer nichtigen Vereinbarung fanden (vgl. dazu HAHN, in: Kommentar ZGB/OR, Art. 63 N 1 ff.). Ggf. kann die Rückforderung auch daran scheitern, dass die fraglichen Leistungen im Hinblick auf einen rechtswidrigen Erfolg i.S.v. Art. 66 OR erbracht wurden (vgl. dazu TERCIER, in: VON BÜREN/DAVID, SIWR V/2, 361 f.; REYMOND, in: TERCIER/BOVET, CR Concurrence, vor Art. 12 ff. N 56). In der Praxis dürften die Gerichte diesen Schwierigkeiten jedoch oft dadurch aus dem Weg gehen, dass sie die Parteien für die Vergangenheit so behandeln, als ob ihre Vereinbarung zulässig gewesen wäre, und somit von einer vollumfänglichen Rückabwicklung absehen (vgl. TERCIER, in: VON BÜREN/DAVID, SIWR V/2, 362; allg. HAHN, in: Kommentar ZGB/OR, Art. 62 N 39). Im Ergebnis dürften die praktischen Differenzen gegenüber der Annahme einer Nichtigkeit **ex nunc** daher meist beschränkt bleiben.

3. Anspruch auf Unterlassung und/oder Beseitigung

Art. 12 gewährt den betroffenen Wettbewerbsteilnehmern einen Anspruch auf Beseitigung einer bestehenden bzw. Unterlassung einer drohenden unzulässigen Wettbewerbsbeschränkung. Unterlassungs- und Beseitigungsansprüche können sich insb. gegen die Verweigerung von Geschäftsbeziehungen oder die Diskriminierung einzelner Geschäftspartner richten (vgl. auch Art. 13 N 5 ff.). Obschon Art. 12 lit. a von der Möglichkeit spricht, auf «Beseitigung **oder** Unterlassung» zu klagen, können beide Ansprüche ggf. auch miteinander kombiniert werden (vgl. WALTER, in: HOMBURGER, Kommentar 1996, Art. 12 N 61). Da das entsprechende Rechtsschutzinteresse nicht bloss bei Klageeinleitung, sondern auch noch im Zeitpunkt der Urteilsfällung vorhanden sein muss, sollte dem Kläger überdies erlaubt werden, ein Unterlassungsbegehren in ein Beseitigungsbegehren umzuwandeln, wenn eine ursprünglich bloss drohende Wettbewerbsbeschränkung zwischenzeitlich eingetreten ist, namentlich weil der Urheber von ihrer Zulässigkeit ausgeht (vgl. TERCIER, in: VON BÜREN/DAVID, SIWR V/2, 353).

a. Der Unterlassungsanspruch

27 Ein Anspruch auf Unterlassung einer drohenden Wettbewerbsbeschränkung setzt eine konkrete Begehungs- bzw. Wiederholungsgefahr voraus, die sich aufgrund äusserer Indizien, z.b. aufgrund von Äusserungen des Beklagten, feststellen lassen muss. Dabei ist namentlich zu berücksichtigen, ob in der näheren Vergangenheit unzulässige Handlungen nach Art. 5 ff. begangen wurden, oder ob für die Zukunft entsprechende Ankündigungen ausgesprochen wurden. Unzulässige Beschränkungshandlungen in der jüngeren Vergangenheit, von denen der Urheber sich nicht distanziert hat, begründen eine **natürliche Vermutung**, dass entsprechende Verhaltensweisen auch in Zukunft erfolgen werden (vgl. WALTER, in: HOMBURGER, Kommentar 1996, Art. 12 N 71; SCHENKER, Kartellrecht, 37 f.). Der **Nachweis einer erstmaligen Begehungsgefahr** ist hingegen i.d.R. schwerer zu erbringen. Der Kläger muss dafür Tatsachen nachweisen, die darauf schliessen lassen, dass eine gegen ihn gerichtete, unzulässige Wettbewerbshandlung konkret und unmittelbar bevorsteht. Eine Begehungsgefahr ist bspw. anzunehmen, wenn eine Verwarnung gegen eine konkret angekündigte unzulässige Wettbewerbsbeschränkung unbeantwortet blieb, oder wenn die Kartellrechtswidrigkeit des angekündigten Verhaltens ausdrücklich bestritten wurde (vgl. WALTER, in: HOMBURGER, Kommentar 1996, Art. 12 N 71 f.).

28 Ist die Begehungs- oder Wiederholungsgefahr glaubwürdig dargelegt worden, muss der Gesuchsgegner Umstände vorbringen, die darauf schliessen lassen, dass er wahrscheinlich von der (erneuten) Umsetzung einer in der Vergangenheit praktizierten oder für die Zukunft angekündigten unzulässigen Wettbewerbsbeschränkung absehen wird **(Gegenbeweis)**. Eine formlose Zusage, von entsprechenden Verhaltensweisen abzusehen, die keine Sanktionen vorsieht, dürfte dafür im Regelfall kaum genügen (vgl. SCHENKER, Kartellrecht, 39). Eine entsprechende Verpflichtung kann vielmehr nur dann als glaubwürdig betrachtet werden, und das Rechtsschutzinteresse für eine Unterlassungsklage sollte dementsprechend nur dann verneint werden, wenn dem potenziell unzulässig handelnden Wettbewerbsteilnehmer für den Fall der Widerhandlung konkrete Rechtsnachteile – typischerweise in Form einer **Konventionalstrafe** – drohen.

b. Der Beseitigungsanspruch

29 Die Erhebung eines Beseitigungsanspruchs setzt voraus, dass der Kläger nachweislich im Wettbewerb behindert ist, weil die unzulässige Handlung oder Unterlassung **andauert**, oder weil der dadurch geschaffene Zustand **nach wie vor Auswirkungen entfaltet** (vgl. WALTER, in: HOMBURGER, Kommentar 1996, Art. 12 N 67; REYMOND, in: TERCIER/BOVET, CR Concurrence, Art. 12 N 71). Dies kann namentlich dann der Fall sein, wenn eine Liefersperre oder ein Boykottaufruf nach wie vor im Raum stehen und weder ausdrücklich noch implizit

widerrufen wurden. Sind Boykottmassnahmen zeitlich befristet, z.B. auf die Dauer einer Messe, fällt das Rechtsschutzinteresse mit Ablauf der Befristung allerdings automatisch dahin.

4. Feststellung der Kartellrechtswidrigkeit

a. Vorbemerkungen

Im Gegensatz zum KG 1985 spricht sich das KG nicht darüber aus, ob neben Unterlassungs- und Beseitigungsansprüchen auch ein Anspruch auf Feststellung der Kartellrechtswidrigkeit besteht. Die Lehre sieht in dem Fehlen eines entsprechenden Hinweises jedoch kein qualifiziertes Schweigen, sondern geht davon aus, dass neben einem **allgemeinen Feststellungsanspruch** (dazu nachstehend b.) auch ein **besonderer kartellrechtlicher Feststellungsanspruch** (dazu nachstehend c.) gegeben ist (vgl. WALTER, in: HOMBURGER, Kommentar 1996, Art. 12 N 46 ff.; TERCIER, in: VON BÜREN/DAVID, SIWR V/2, 354 f.; REYMOND, in: TERCIER/BOVET, CR Concurrence, Art. 12 N 142 ff.). Während Ersterer der Beseitigung einer bestehenden rechtlichen Unsicherheit dient, soll Letzterer direkt die störenden Auswirkungen einer unzulässigen Wettbewerbsbeschränkung beseitigen. Das erforderliche Feststellungsinteresse muss in beiden Fällen noch im Zeitpunkt der Urteilsfällung bestehen. Der Feststellungsanspruch unterliegt keiner Verjährung, kann bei untätigem Zuwarten aber durch Verwirkung untergehen (vgl. WALTER, in: HOMBURGER, Kommentar 1996, Art. 12 N 55). 30

b. Allgemeine Feststellungsklage

Für Rechte und Rechtsverhältnisse, die ihre Grundlage im materiellen Bundesrecht finden, besteht kraft Bundesrechts ein allgemeiner Feststellungsanspruch zur Beseitigung einer unzumutbaren Rechtsunsicherheit (vgl. BGE 110 II 354 f. E. 1b; VOGEL/SPÜHLER, Grundriss, 193). Da sich die Unzulässigkeit von Wettbewerbsbeschränkungen nach Bundesrecht bestimmt, ist ein solcher Anspruch grundsätzlich auch unter dem KG gegeben (vgl. WALTER, in: HOMBURGER, Kommentar 1996, Art. 12 N 47; REYMOND, in: TERCIER/BOVET, CR Concurrence, Art. 12 N 143; ZURKINDEN/TRÜEB, Handkommentar, Art. 12 N 3). Die allgemeine Feststellungsklage ist allerdings gegenüber einer allenfalls möglichen Leistungsklage **subsidiär**. Daher kann eine solche Feststellungsklage nur erhoben werden, wenn folgende drei Voraussetzungen kumulativ erfüllt sind: 31

– die Rechtsstellung des Klägers ist ungewiss, unsicher oder gefährdet;
– die weitere Fortdauer dieser Rechtsunsicherheit ist unzumutbar;

– die bestehende Rechtsunsicherheit kann nur durch ein Feststellungsurteil beseitigt werden, während ein Leistungs- oder Gestaltungsurteil zumindest im gegenwärtigen Zeitpunkt nicht in Frage kommt (vgl. BGE 123 III 51 E. 1a; 120 II 147 E. 2a).

32 Angesichts dieser strengen Voraussetzungen kommt dem allgemeinen Feststellungsanspruch im Rahmen des KG neben dem besonderen kartellrechtlichen Feststellungsanspruch mit Beseitigungsfunktion (vgl. N 33) und der eigentlichen Beseitigungsklage, mit der namentlich die Ungültigerklärung von Verträgen oder einzelnen Vertragsbestimmungen beantragt werden kann (vgl. Art. 13 N 4), nur sehr beschränkte Bedeutung zu. Allenfalls können jedoch die Urheber potenziell unzulässiger Wettbewerbsbeschränkungen eine **negative Feststellungsklage** zur Klärung der Rechtslage erheben (vgl. WALTER, in: HOMBURGER, Kommentar 1996, Art. 12 N 50; REYMOND, in: TERCIER/BOVET, CR Concurrence, Art. 12 N 146 f.; vgl. auch BGE 129 III 545 ff.).

c. *Kartellrechtliche Feststellungsklage mit Beseitigungsfunktion*

33 In Analogie zu Art. 9 Abs. 1 lit. c UWG und Art. 28a Abs. 2 ZGB sowie Art. 8 Abs. 1 lit. a 1985 ist davon auszugehen, dass betroffene Wettbewerbsteilnehmer – trotz Fehlens eines ausdrücklichen Hinweises im Gesetz – eine «Leistungsklage im Gewande der Feststellungsklage» (vgl. VOGEL/SPÜHLER, Grundriss, 195) erheben können, indem sie die Unzulässigkeit einer beanstandeten Wettbewerbsbeschränkung gerichtlich feststellen lassen (vgl. WALTER, in: HOMBURGER, Kommentar 1996, Art. 12 N 53; REYMOND, in: TERCIER/BOVET, CR Concurrence, Art. 12 N 151; TERCIER, in: VON BÜREN/DAVID, SIWR V/2, 354 f.). Dieser besondere kartellrechtliche Feststellungsanspruch ist im Gegensatz zur allgemeinen Feststellungsklage nicht subsidiär zu Leistungsansprüchen, sondern kann **selbständig** neben oder anstelle von diesen erhoben werden (vgl. WALTER, in: HOMBURGER, Kommentar 1996, Art. 12 N 51).

34 Entsprechend der bundesgerichtlichen Rechtsprechung zum UWG ist davon auszugehen, dass das erforderliche Rechtsschutzinteresse für einen solchen Anspruch gegeben ist, wenn die fragliche Wettbewerbsbeschränkung **noch besteht**, oder zumindest **noch störende Wirkungen** entfaltet, die durch eine Feststellungsklage beseitigt werden können (vgl. BGE 120 II 373 E. 3; 123 III 388 E. 4a; vgl. auch BGE 127 III 481 E. 1). Wenn eine Wettbewerbsbeschränkung hingegen abgeschlossen ist und keine konkreten Folgen mehr zeitigt, fehlt es am nötigen Interesse für den besonderen Feststellungsanspruch (weitergehend im Zusammenhang mit Art. 28a ZGB u. Art. 9 UWG BGE 123 III 359 E. 1e).

5. Schadenersatz und Genugtuung

a. Die Widerrechtlichkeit der Wettbewerbsbeschränkung

Art. 12 gewährt den durch eine unzulässige Wettbewerbsbeschränkung betroffenen Personen Anspruch auf Schadenersatz und Genugtuung nach Massgabe des Obligationenrechts. Für entsprechende Ansprüche müssen die allgemeinen Voraussetzungen von Art. 41 bzw. Art. 49 OR erfüllt sein (vgl. STOFFEL, Neues Kartellrecht, 113). Das Erfordernis der Widerrechtlichkeit ergibt sich dabei grundsätzlich **aus der Kartellrechtswidrigkeit** der fraglichen Wettbewerbsbeschränkung; die Art. 5 und Art. 7 KG stellen insofern Schutznormen i.S.v. Art. 41 OR dar. Sofern die Absprache oder Verhaltensweise den Art. 5–7 widerspricht, ist sie als widerrechtlich i.S.v. Art. 41 bzw. Art. 49 OR zu betrachten (vgl. RPW 2003/2, 474 E. 9 – Bestattungsinstitut, wonach ein Verstoss gegen das KG Widerrechtlichkeit i.S.v. Art. 41 OR impliziert). Allerdings kann die Widerrechtlichkeit in einem zweiten Schritt ggf. infolge Einwilligung entfallen, wenn der Kläger selbst an der kartellrechtswidrigen Abrede beteiligt war. 35

b. Schaden und Kausalität

Während sich die Widerrechtlichkeit einer Wettbewerbsbeschränkung aus dem KG ergibt, beurteilen sich die anderen Anspruchsvoraussetzungen für die Geltendmachung eines Schadenersatz- oder Genugtuungsanspruchs nach allgemeinen deliktsrechtlichen Grundsätzen. Problematisch ist dabei v.a. der Nachweis eines kausal durch die Wettbewerbsbeschränkung verursachten Vermögensschadens. Entsprechend der **Differenztheorie** kann sich der Schaden grundsätzlich aus der Verringerung oder aus der Nichtvergrösserung des bestehenden Vermögens ergeben. Im Rahmen des KG geht es meist um Vermögensausfälle durch überhöhte Kosten sowie ausgebliebene Gewinne, die aufgrund einer Lieferverweigerung oder aufgrund einer anderweitigen Form der Marktverdrängung nicht realisiert werden konnten. Praktisch ist der Nachweis entsprechender Schadensposten allerdings oft schwierig, weil dem Kläger die relevanten Parameter (Marktanteile, Umsatzzahlen, Gewinnmargen etc.) meist nicht voll bekannt sind. 36

Wenn Grundsatz oder Höhe des Schadens nicht konkret nachweisbar sind, kann der Kläger eine **richterliche Schadenschätzung** gemäss Art. 42 Abs. 2 OR beantragen (vgl. BGE 132 III 379 E. 3.1). Auch in diesem Fall muss er jedoch konkrete Anhaltspunkte substanziieren und nachweisen, auf die sich eine entsprechende Schätzung stützen kann, so dass der Eintritt des geltend gemachten Schadens als annähernd sicher erscheint (BGE 122 III 219 E. 3a; ZR 105 [2006] Nr. 37, 168; grosszügiger demgegenüber das Handelsgericht Aargau in RPW 2003/2, 475 – Bestattungsinstitut). 37

38 Um seinen Schaden und den Kausalzusammenhang mit der von ihm beanstandeten Wettbewerbsbeschränkung nachzuweisen, muss der Kläger darlegen, **welche Einnahmen oder Kosteneinsparungen ihm möglich gewesen wären**, wenn sich die Gegenseite kartellrechtskonform verhalten hätte. Im Falle der Lieferverweigerung eines Zwischenhändlers muss der Kläger bspw. aufzeigen, wie viele der fraglichen Produkte er aller Voraussicht nach abgesetzt hätte, und welche Gewinnmarge dabei zur Anwendung gekommen wäre. Weiter ist zu berücksichtigen, ob die Gegenseite überhaupt die gesamte Nachfrage des Klägers hätte befriedigen können, oder ob dieser unabhängig von der Wettbewerbsbeschränkung zur Deckung eines Teils seines Bedarfs auf Produkte anderer Anbieter hätte ausweichen müssen.

39 Teilweise kann zum Schadensnachweis auf **Vergleichszahlen von Konkurrenten** zurückgegriffen werden, die unter ähnlichen wirtschaftlichen Bedingungen operieren, ohne durch eine vergleichbare Wettbewerbsbeschränkung behindert zu werden (vgl. RPW 2003/2, 475 E. 9a/bb – Bestattungsinstitut; zu den dabei zu berücksichtigenden Vergleichsfaktoren vgl. SPITZ, Haftung, N 33). Wenn nachweisbar ist, dass der Kläger ohne die Wettbewerbsbeschränkung einen Teil der vom Beklagten realisierten Umsätze hätte übernehmen können, kann ggf. auch der Gewinn der kartellrechtswidrig handelnden Partei(en) als Anhaltspunkt für die Ermittlung des vom Kläger erlittenen Gewinnausfalls dienen (vgl. REYMOND, in: TERCIER/BOVET, CR Concurrence, Art. 12 N 91); v.a., wenn der Kläger vor Beginn der beanstandeten Wettbewerbsbeschränkung noch gar nicht auf dem entsprechenden Markt etabliert war, zeigen sich die Gerichte gegenüber entsprechenden Schadenschätzungen allerdings oft skeptisch (vgl. ZR 105 [2006] Nr. 37 im Zusammenhang mit einer UWG-Verletzung).

40 Die Beweislage des Klägers wird auch dadurch erleichtert, dass er eine Stufenklage (vgl. BGE 116 II 351 E. 3c; 123 III 140; SPITZ, Haftung, N 123) erheben kann, indem er zunächst ein **unbeziffertes Forderungsbegehren** stellt und sich bis nach Abschluss des Beweisverfahrens die Entscheidung vorbehält, ob und in welchem Umfang er Schadenersatz verlangen oder stattdessen allenfalls Gewinnherausgabe begehren will (vgl. N 47 ff.). Mangels einer entsprechenden gesetzlichen Grundlage im KG (vgl. demgegenüber Art. 46 Abs. 2 OR für Personenschäden) ist jedoch umstritten, ob es daneben möglich ist, einen **Nachklagevorbehalt** für weitere Schäden anzubringen (vgl. SPITZ, Haftung, N 45). Dabei ist jedenfalls zu beachten, dass die Verjährung für den weitergehenden Schaden durch einen solchen Vorbehalt nicht unterbrochen wird (vgl. BGE 92 II 3 ff. E. 1a).

41 Im Rahmen der Schadenersatzbemessung ist weiter zu beachten, dass den Kläger eine **Schadenminderungsobliegenheit trifft**. Dementsprechend obliegt es einem Wettbewerbsteilnehmer, der durch eine Lieferverweigerung benachteiligt wird, sich um einen Vertragsschluss mit anderen Anbietern zu bemühen. Seine Schadenersatzforderungen gegenüber dem Beklagten beschränken sich somit auf die Differenz zwischen dem Preis, den ihm ein solcher Drittanbieter offeriert hat oder hätte, und dem (höheren) Preis, zu dem er einen entsprechenden Vertrag mit dem

Beklagten hätte abschliessen können. Die Obliegenheit zur Schadenminderung hat allerdings Grenzen; so führen Umsatzsteigerungen, die ein boykottierter Wettbewerbsteilnehmer durch Unterbietung der Kartellpreise realisiert, nach der Rechtsprechung nicht zu einer Reduktion seiner Schadenersatzansprüche gegenüber den Kartellteilnehmern, weil er nicht verpflichtet ist, seine Waren zum niedrigeren Preis anzubieten (vgl. BGE 99 II 238 E. 5). Ob die Abwälzbarkeit des Schadens auf Dritte, namentlich auf Kunden des Geschädigten, Schadenersatzansprüche Direktgeschädigter ausschliessen kann, ist umstritten, ist aber dann zu bejahen, wenn eine entsprechende Minderung des eingetretenen Schadens vom Beklagten konkret nachweisbar ist (vgl. SPITZ, Zukunft, 116; rechtsvergleichend dazu auch den amerikanischen Entscheid Hanover Shoe v. United Shoe Mach., 392 U.S. 481 [1968] sowie zu den neueren Auseinandersetzungen in Deutschland BENINCA, Schadensersatzansprüche, 604 ff.).

c. Verschulden

42 Zusätzlich zu Schaden und Kausalzusammenhang muss der Kläger auch ein Verschulden des Beklagten nachweisen. Entsprechend den allgemeinen Grundsätzen genügt bereits Fahrlässigkeit, d.h. die **Erkennbarkeit**, dass die praktizierten Abreden oder Verhaltensweisen gegen das KG verstossen und geeignet sind, einen Dritten zu schädigen (vgl. WALTER, in: HOMBURGER, Kommentar 1996, Art. 12 N 78; REYMOND, in: TERCIER/BOVET, CR Concurrence, Art. 12 N 98; wohl noch weitergehend TERCIER, in: VON BÜREN/DAVID, SIWR V/2, 381). Dabei ist davon auszugehen, dass die Kartellrechtswidrigkeit der in Art. 5 Abs. 3 und 4 aufgeführten Absprachen sowie von Boykotten durch marktbeherrschende Unternehmen (vgl. Art. 7 Abs. 2) grundsätzlich als bekannt vorausgesetzt werden darf, so dass Wettbewerbsteilnehmer, die entsprechende Verhaltensweisen an den Tag legen, auf eigene Gefahr handeln. Wenn die Rechtslage unklar ist, und der fragliche Wettbewerbsteilnehmer in guten Treuen Abklärungen über die Grenzen des zulässigen Verhaltens getroffen hat, dürften Schadenersatzansprüche demgegenüber am fehlenden Verschulden scheitern (vgl. SPITZ, Haftung, N 73).

43 Ob ein Unternehmen sich im Zusammenhang mit einer unzulässigen Wettbewerbsbeschränkung ein Verschulden vorwerfen lassen muss, bestimmt sich primär nach den Kenntnissen und dem Verhalten seiner **Organe** (vgl. z.B. Art. 55 Abs. 2 ZGB u. Art. 722 OR). Selbst wenn die Entscheidung zur Praktizierung unzulässiger Absprachen oder Verhaltensweisen nicht auf Verwaltungsrats- oder Geschäftsleitungsebene getroffen wurde, muss die Gesellschaft jedoch u.U. gemäss Art. 55 OR für das kartellrechtswidrige Verhalten ihrer Mitarbeiter einstehen (vgl. LANG, Ansprüche, 91). Entlasten kann sie sich nur dadurch, dass sie eine sorgfältige Auswahl, Instruktion und Überwachung ihrer Mitarbeiter nachweist.

d. Anspruch auf Genugtuung

44 Neben der Möglichkeit, Schadenersatzansprüche geltend zu machen, sieht Art. 12 Abs. 1 lit. b vor, dass die durch eine unzulässige Wettbewerbsbeschränkung beeinträchtigte Person auch Genugtuung nach Massgabe des Obligationenrechts verlangen kann. Damit wird auf Art. 49 OR verwiesen, wonach die Verletzung von Persönlichkeitsrechten einen Anspruch auf Leistung einer Geldsumme begründet, sofern die **Schwere der Verletzung** dies rechtfertigt und die fragliche Verletzung **nicht anders wieder gutgemacht** werden kann. Die Aufnahme dieses Rechtsbehelfs in das KG ist auf die traditionelle Konzeption des KG als persönlichkeitsschützender Erlass zurückzuführen. Dabei ist zu beachten, dass grundsätzlich auch juristische Personen Opfer einer Persönlichkeitsverletzung werden und infolgedessen Anspruch auf Zahlung einer Genugtuungssumme erlangen können (vgl. BGE 95 II 502 f. E. 12b).

45 Da Genugtuungsansprüche nach Art. 49 OR allerdings nur bei einer gewissen Schwere möglich und gegenüber anderen Behelfen subsidiär sind, haben sie im Rahmen des KG lediglich **beschränkte praktische Bedeutung** (vgl. RPW 2003/2, 451, 476 E. 9 – Bestattungsinstitut, betr. die Gewährung von Genugtuung als Ausgleich für einen Imageverlust). Sie kommen nur in Betracht, wenn ein Wettbewerbsteilnehmer durch eine unzulässige Wettbewerbsbeschränkung besonders intensiv beeinträchtigt wurde, etwa weil er völlig von einem bestimmten Markt verdrängt wurde oder seine Boykottierung von persönlichkeitsverletzenden oder unlauteren Äusserungen begleitet wurde, und diese Beeinträchtigung nicht durch eine Urteilspublikation oder individuelle Mitteilungen an Dritte korrigiert werden kann (vgl. Art. 13 N 9 f.).

e. Verjährung

46 Die Verjährung von Schadenersatz- und Genugtuungsansprüchen wegen KG-Verstössen unterliegt gemäss Art. 60 OR einer relativen Frist von einem Jahr ab Kenntnis von Schaden und Ersatzpflichtigem sowie einer absoluten Frist von zehn Jahren ab der schädigenden Handlung. Entscheidend ist dabei, wann der betroffene Wettbewerbsteilnehmer so **weitgehende Kenntnis** vom eingetretenen Schaden oder von der ihm zugefügten Persönlichkeitsverletzung hat, dass er seine Ansprüche vor Gericht substanziieren könnte (vgl. BREHM, in: BE-Komm., Art. 60 OR N 27 ff.). Wenn sich die schädigende Handlung nicht in einer einzelnen, unzulässigen Wettbewerbshandlung erschöpft, sondern sich über einen längeren Zeitraum erstreckt, ist im Regelfall von einem einheitlichen Schaden auszugehen. Die Verjährung beginnt daher erst zu laufen, wenn der Geschädigte Kenntnis von seinem gesamten Schaden hat, und nicht schon, wenn einzelne Teilschäden bekannt sind (vgl. BGE 92 II 4 f. E. 3).

6. Herausgabe eines unrechtmässig erzielten Gewinns

a. Grundsatz

Ähnlich wie Art. 9 Abs. 3 UWG und Art. 28a Abs. 3 ZGB sieht Art. 12 Abs. 1 lit. c vor, dass der durch eine unzulässige Wettbewerbsbeschränkung Behinderte «nach Massgabe der Bestimmungen» über die eigennützige Geschäftsführung ohne Auftrag (Art. 423 Abs. 1 OR) die Herausgabe des durch die unzulässige Wettbewerbsbeschränkung erzielten Gewinns verlangen kann. Anders als mit einem Schadenersatzanspruch kann der Kläger auf diesem Weg die Herausgabe von Gewinnen verlangen, **die er selbst gar nicht hätte realisieren können** (vgl. RPW 2003/2, 476 E. 9c – Bestattungsinstitut). Dahinter steht der Gedanke, potenziellen KG-Verstössen schon im Vorfeld durch die Androhung von Gewinnherausgabeansprüchen entgegenzutreten.

47

Die Tragweite des diesbezüglichen Verweises in Art. 12 Abs. 1 lit. c ist allerdings unklar. Dies gilt sowohl für die einzelnen Anspruchsvoraussetzungen als auch für die Frage, ob und wie entsprechende Ansprüche mit allenfalls parallel ergehenden **verwaltungsrechtlichen Sanktionen** nach Art. 49a ff. zu koordinieren sind (vgl. SPITZ, Zukunft, 116). Ausserdem drängt sich die Frage auf, ob die durch die Wettbewerbsbeschränkung erzielten Gewinne, namentlich die erzielten Monopolrenditen, wirklich einem einzelnen klagenden Wettbewerbsteilnehmer zufallen sollen, oder ob es nicht angemessener wäre, diese Gewinne der Gesamtheit der beeinträchtigten Marktteilnehmer (und damit auch den im Rahmen von Art. 12 nicht klageberechtigten Konsumenten) zukommen zu lassen. Der Gesetzgeber hat sich für die erste Variante entschieden, dabei aber verschiedene Fragen offen gelassen.

48

b. Eigennützigkeit des Eingriffs

Art. 12 Abs. 1 lit. c ist als Verweis auf die Regelung der eigennützigen (oder angemassten) Geschäftsführung ohne Auftrag gemäss Art. 423 OR zu verstehen. Für **das Erfordernis der Eigennützigkeit** («nicht mit Rücksicht auf das Interesse des Geschäftsherrn») nach Art. 423 OR wird es teilweise als ausreichend betrachtet, dass der Beklagte ohne Erlaubnis in einer fremden Rechtssphäre tätig geworden ist und damit widerrechtlich gehandelt hat (vgl. BGE 126 III 73 E. 2b, m.w.H.). Teilweise wird hingegen verlangt, dass der Beklagte Rechte verletzt hat, die einem anderen zur ausschliesslichen Veräusserung oder Verwertung zugewiesen sind und ihrem Träger insofern ein Nutzungs- oder Verwertungsmonopol einräumen, wie dies insb. für sachen- und immaterialgüterrechtliche Rechtspositionen der Fall ist (vgl. zur Diskussion SCHMID, in: ZH-Komm., Art. 423 OR N 44 f.; NIETLISPACH, Gewinnherausgabe, 108–112). Für die Verletzung von Verhaltensregeln, die im Allgemeininteresse aufgestellt wurden, ohne

49

einzelnen Geschäftsteilnehmern ein Verwertungsmonopol zuzuweisen, sollen entsprechende Ansprüche nach dieser Meinung demgegenüber nicht in Betracht kommen.

50 Mit der in Art. 12 Abs. 1 lit. c grundsätzlich vorgesehenen Möglichkeit zur Gewinnherausgabe ist die zweite Auffassung nur schwierig zu vereinbaren, da das KG einzelnen Wettbewerbsteilnehmern keine gefestigten Marktpositionen zuweist, sondern sich grundsätzlich darauf beschränkt, **allgemeine Spielregeln im Hinblick auf die Erhaltung wirksamen Wettbewerbs** festzulegen (vgl. SPITZ, Haftung, N 13; SPITZ, Gewinnherausgabe, N 25). Soll dem Anspruch auf Gewinnherausgabe unter dem KG überhaupt Bedeutung zukommen, muss daher davon ausgegangen werden, dass es – zumindest in diesem Zusammenhang – für den Gewinnherausgabeanspruch genügt, wenn der Kläger durch eine unzulässige Wettbewerbsbeschränkung des Beklagten beeinträchtigt wurde (vgl. auch SPITZ, Haftung, N 85 sowie RPW 2003/2, 477 E. 9c – Bestattungsinstitut). Damit stellt sich der Gewinnherausgabeanspruch theoretisch als besonders scharfe und präventiv wirkende Sanktion zur Durchsetzung von Verhaltensnormen dar, die primär im öffentlichen Interesse aufgestellt wurden und reflexartig auch private Interessen schützen (vgl. N 2); seine praktische Relevanz ist bislang allerdings sehr gering geblieben.

c. Verschuldenserfordernis

51 Die **Geltendmachung** von Gewinnherausgabeansprüchen ist mit der neueren Rechtsprechung (vgl. BGE 126 III 386 f. E. 4b/ee; 129 III 425 E. 4) und Lehre (vgl. SCHMID, in: ZH-Komm., Art. 423 OR N 23 f.) vom Nachweis eines Verschuldens des Verletzers abhängig zu machen. Gewinnherausgabeansprüche nach Art. 423 OR bestehen daher nur gegenüber solchen Wettbewerbsteilnehmern, die wissen oder zumindest wissen mussten, dass ihr Verhalten gegen das KG verstösst.

d. Umfang des Gewinnherausgabeanspruchs und Verjährung

52 Der Herausgabeanspruch richtet sich auf den **erzielten Nettogewinn**. Von den durch die Wettbewerbsbeschränkung erzielten (Mehr-)Gewinnen sind daher die Kosten der konkreten Beschränkungshandlung sowie ein angemessener Teil der Gemeinkosten abzuziehen (vgl. DAVID, in: VON BÜREN/DAVID, SIWR I/2, 120). Werden mehrere Personen durch dieselbe Wettbewerbsbeschränkung beeinträchtigt, besteht nach einem Entscheid des Handelsgerichts Aargau Solidargläubigerschaft für die Herausgabe des Verletzergewinns (vgl. RPW 2003/2, 478 E. 9c – Bestattungsinstitut). Dementsprechend kann sich der beklagte Wettbewerbsteilnehmer dadurch befreien, dass er den gesamten, von ihm erzielten Nettogewinn einer der

beeinträchtigten Personen herausgibt, ohne darauf Rücksicht nehmen zu müssen, wie dieser Betrag zwischen den verschiedenen Betroffenen aufzuteilen ist. Angemessener wäre es demgegenüber wohl, die Haftung gegenüber den verschiedenen beeinträchtigten Wettbewerbsteilnehmern von vornherein auf denjenigen Gewinnanteil zu beschränken, der ihnen persönlich zusteht (vgl. auch SPITZ, Haftung, N 86) – allerdings lässt sich dem Gesetz keine Antwort auf die Frage entnehmen, nach welchen konkreten Kriterien diese individuellen Anteile festgelegt sind. Auch die Frage, ob ein Wettbewerbsteilnehmer gleichzeitig von der Weko zur Zahlung einer Busse und von den Zivilgerichten zur Herausgabe seines Gewinns verpflichtet werden kann, wird vom KG offen gelassen. Immerhin muss dem Beklagten wohl der Nachweis offen stehen, dass der durch das kartellrechtswidrige Verhalten realisierte Gewinn durch eine Busse schon vollumfänglich abgeschöpft wurde.

Da es sich bei dem Gewinnherausgabeanspruch um einen deliktsähnlichen Anspruch handelt, richtet sich die **Verjährung nach den Regeln von Art. 60 OR** (vgl. BGE 126 III 387 E. 4b/ee sowie oben N 46). 53

e. Abgrenzung gegenüber anderen zivilrechtlichen Ansprüchen

Zusätzlich zur Gewinnherausgabe nach Art. 12 Abs. lit. c kann der Kläger Schadenersatz für Unkosten oder andere Vermögensnachteile verlangen, die ihm durch die unzulässige Wettbewerbsbeschränkung entstanden sind (TERCIER, in: VON BÜREN/DAVID, SIWR V/2, 387). Der Gewinnherausgabeanspruch kann hingegen nicht mit **Schadenersatzansprüchen für den eigenen Gewinnausfall** kumuliert werden: Der Kläger kann nur entweder den Ersatz seines eigenen Gewinnausfalles oder aber die Herausgabe des vom Beklagten realisierten Gewinns verlangen (vgl. RPW 2003/2, 477 E. 9c – Bestattungsinstitut; BGE 98 II 333 E. 5b; zum Ganzen auch SPITZ, Zukunft, 119 f.). Gewinnherausgabeansprüche dürften in der Praxis für den Kläger somit v.a. dann von Interesse sein, wenn er seinen eigenen Gewinnausfall nicht nachweisen kann (vgl. N 36 ff.), oder wenn der Beklagte dank der Wettbewerbsbeschränkung deutlich höhere Gewinne realisieren konnte, als es dem Kläger möglich gewesen wäre. 54

Grundsätzlich kann der durch eine unzulässige Wettbewerbsbeschränkung Beeinträchtigte, statt einen Gewinnherausgabeanspruch gemäss Art. 423 OR geltend zu machen, auch gestützt auf Art. 62 OR eine **Eingriffskondiktion** erheben (vgl. SPITZ, Haftung, N 8). In der Praxis dürfte bereicherungsrechtlichen Ansprüchen trotzdem nur geringe Bedeutung zukommen. Zunächst stellt sich ähnlich wie für Gewinnherausgabeansprüche gemäss Art. 423 OR die Frage, ob eine kartellrechtswidrig handelnde Partei allein schon deshalb ungerechtfertigt bereichert ist, weil sie gegen das KG verstossen hat, obwohl damit kein Eingriff in ein ausschliessliches Nutzungs- oder Verwertungsrecht des Klägers verbunden ist (vgl. dazu N 49). Selbst wenn man diese Frage bejaht, ist zu beachten, dass Art. 62 OR nach der herrschenden Praxis keinen Anspruch auf Gewinnherausgabe, sondern 55 nur auf Ausgleich des Marktwerts der beeinträchtigten oder entzogenen Rechtsposition verschafft, bspw. in Form eines marktüblichen Mietzinses oder einer marktüblichen Lizenzgebühr (vgl. HAHN, in: Kommentar ZGB/OR, Art. 62 N 33). Sofern es im Zusammenhang mit Kartellrechtsverstössen zu derartigen Einbussen kommt, dürften sie im Regelfall daher schon durch Schadenersatzansprüche gemäss Art. 41 OR abgedeckt sein. Eine Berufung auf Art. 62 OR wäre damit nur dann von Interesse, wenn der kartellrechtswidrig handelnden Partei kein Verschulden nachweisbar ist und somit weder Ansprüche nach Art. 41 noch nach Art. 423 OR in Frage kommen, was faktisch jedoch in den wenigsten Fällen zutreffen dürfte.

IV. Ansprüche bei zulässigen Wettbewerbsbeschränkungen

56   Gemäss Art. 12 Abs. 3 können zivilrechtliche Ansprüche aus Wettbewerbsbehinderung auch erhoben werden, wenn eine zulässige Wettbewerbsbeschränkung Dritte stärker behindert, als dies zur Durchsetzung der Beschränkung notwendig wäre. Die Tragweite dieser Bestimmung ist **unklar**. Nach ihrer ganzen Konzeption sind die Art. 12 und 13 auf die Sanktionierung unzulässiger Wettbewerbsbeschränkungen zugeschnitten. Schon bei der Beurteilung der Unzulässigkeit anhand der in Art. 5–7 definierten Kriterien wird dabei eine umfassende Interessenabwägung vorgenommen. Namentlich wird berücksichtigt, ob die von der Wettbewerbsbeschränkung ausgehende Behinderung allenfalls durch gesamtwirtschaftliche Vorteile aufgewogen wird, und ob die Beeinträchtigung einzelner Wettbewerbsteilnehmer insofern noch als verhältnismässig betrachtet werden kann (vgl. HOMBURGER, in: HOMBURGER, Kommentar 1996, Art. 5 N 97).

57   Vor diesem Hintergrund ist schwer vorstellbar, wie ein Gericht im Rahmen eines Zivilverfahrens zu dem Schluss kommen könnte, dass eine Wettbewerbsbeschränkung zwar zulässig ist, in der Intensität ihrer Behinderungswirkung jedoch über das zulässige Mass hinausgeht und deshalb zivilrechtlich zu sanktionieren ist. Die wohl einzig denkbare Konstellation ergibt sich aus Art. 8: Wenn der Bundesrat eine grundsätzlich unzulässige Abrede oder Verhaltensweise **aus überwiegenden öffentlichen Interessen** für zulässig erklärt hat, mag allenfalls die Notwendigkeit bestehen, die konkreten Auswirkungen einer solchen Wettbewerbsbeschränkung durch zivilrechtliche Ansprüche, insb. durch Schadenersatzansprüche, abzumildern; mangels Widerrechtlichkeit kann sich eine entsprechende Haftung jedoch nicht aus Art. 41 OR, sondern nur aus Billigkeitsüberlegungen ergeben (vgl. WALTER, in: HOMBURGER, Kommentar 1996, Art. 12 N 28; ZURKINDEN/TRÜEB, Handkommentar, Art. 12 N 8; vgl. auch BGE 114 II 230 im Zusammenhang mit Art. 679 ZGB).

58   Ein Teil der Lehre nimmt darüber hinaus an, dass Art. 12 Abs. 3 auch anwendbar sein soll, wenn eine **Wettbewerbsbeschränkung gemäss Art. 5 Abs. 2 durch Gründe der wirtschaftlichen Effizienz** gerechtfertigt ist (vgl. TERCIER, in:

VON BÜREN/DAVID, SIWR V/2, 351). Da eine derartige Wettbewerbsbeschränkung nach der Systematik von Art. 5 jedoch, im Gegensatz zu Fällen nach Art. 8, von vornherein als zulässig zu betrachten ist, und dem Urheber somit keinerlei Vorwurf gemacht werden kann, ist nicht einzusehen, warum in diesem Fall zivilrechtliche Ansprüche zur Verfügung stehen sollten.

V. Anwendbares Recht und Durchsetzung im internationalen Verhältnis

Gemäss dem in Art. 137 IPRG verankerten **Marktauswirkungsprinzip** 59 hängt die Bestimmung des anwendbaren Kartellrechts davon ab, auf welchem Markt sich die beanstandete Wettbewerbsbeschränkung auswirkt, und der Kläger dadurch unmittelbar betroffen wird. Entscheidend ist somit, auf welchem Staatsgebiet der Kläger im Angebot von oder in der Nachfrage nach Waren oder Dienstleistungen unmittelbar behindert wird (vgl. zum Erfordernis der unmittelbaren Betroffenheit, VISCHER, in: ZH-Komm., Art. 137 N 11). Das Marktauswirkungsprinzip kommt auch dann zur Anwendung, wenn zwischen Beteiligten ein Vertrag besteht, der einem anderen Recht unterliegt, denn anders als im Zusammenhang mit UWG-Tatbeständen (Art. 136 Abs. 3 IPRG) enthält Art. 137 IPRG keinen entsprechenden Vorbehalt für eine akzessorische Anknüpfung. Hingegen können ausländische Kartellrechtsnormen über Art. 19 IPRG auch auf Konstellationen Anwendung finden, die im Übrigen dem schweizerischen oder einem anderen ausländischen Recht unterliegen, sofern ein enger Zusammenhang mit dem zu beurteilenden Sachverhalt besteht und schützenswerte und offensichtlich überwiegende Interessen vorliegen (ZR 104 [2005] N 27).

Sofern das Marktauswirkungsprinzip zur **Anwendung einer ausländischen Kar-** 60 **tellrechtsordnung durch ein schweizerisches Gericht** führt, sind die verwaltungs- und strafrechtlichen Normen dieser Rechtsordnung in der Schweiz nicht unmittelbar anwendbar (vgl. VISCHER, in: ZH-Komm., Art. 137 N 4). Ausserdem können gemäss Art. 137 Abs. 2 IPRG keine weitergehenden Leistungen zugesprochen werden, als nach schweizerischem Recht möglich wäre. Aus dem Gesetzestext ist nicht ersichtlich, ob der schweizerische Richter dabei zwingend an die Anspruchskategorien des schweizerischen Kartellzivilrechts (insb. Schadenersatz, Gewinnherausgabe, Genugtuung) gebunden ist, oder ob er ggf. auch andere Ansprüche, wie namentlich Ansprüche auf Zahlung von *punitive damages* gutheissen kann, sofern sich der Gesamtbetrag im Rahmen dessen hält, was nach schweizerischem Recht möglich wäre (vgl. VISCHER, in: ZH-Komm., Art. 137 N 24, der sich für eine Bindung an die Anspruchskategorien des schweizerischen Rechts ausspricht).

Die **Zuständigkeit zur Durchsetzung kartellzivilrechtlicher Ansprüche** ergibt 61 sich im innerstaatlichen Verhältnis aus dem Gerichtsstandsgesetz; danach besteht abgesehen vom Sitz oder Wohnsitz des Beklagten (Art. 3 GestG) eine Zuständigkeit am Sitz oder Wohnsitz des Geschädigten sowie am Handlungs- oder Erfolgsort (Art. 25 GestG). Für euro-internationale Verhältnisse sieht das Lugano-Übereinkommen zusätzlich zur allgemeinen Zuständigkeit am (Wohn-)Sitz des Beklagten gemäss Art. 2 Abs. 1 LugÜ eine alternative Zuständigkeit am Handlungs- oder Erfolgsort (Art. 5 Ziff. 3 LugÜ) vor. Sofern das kartellrechtswidrige Verhalten im Rahmen einer Vertragsbeziehung auftritt, können zivilrechtliche Ansprüche auch am Erfüllungsort gemäss Art. 5 Ziff. 1 LugÜ erhoben werden. Da Art. 5 Ziff. 1 LugÜ auf Ansprüche aus freiwillig eingegangenen Verpflichtungen beschränkt ist (vgl. KROPHOLLER, Europäisches Zivilprozessrecht, Art. 5 N 16), steht diese Zuständigkeitsregel hingegen nicht offen, wenn die beanstandete Wettbewerbsbeschränkung darin besteht, die Aufnahme von Vertragsbeziehungen von vornherein zu verweigern. Für internationale Verhältnisse, die nicht vom Lugano-Übereinkommen erfasst werden, kommt schliesslich Art. 129 IPRG zur Anwendung; danach besteht nur dann eine Zuständigkeit der schweizerischen Gerichte am Handlungs- oder Erfolgsort, wenn der Beklagte weder Wohnsitz oder gewöhnlichen Aufenthalt noch eine Niederlassung in der Schweiz hat.

62 **Streitigkeiten** betreffend Ansprüche nach Art. 12 f. können schliesslich nicht bloss vor dem nach Art. 14 zuständigen staatlichen Gericht, sondern auch vor einem Schiedsgericht ausgetragen werden (vgl. WALTER, in: HOMBURGER, Kommentar 1996, Art. 12 N 70; einschränkend ZÄCH, Kartellrecht 2005, N 943–946). Dies gilt unabhängig davon, ob es sich um ein rein schweizerisches Schiedsverfahren oder um ein internationales Schiedsverfahren handelt (vgl. Art. 176 Abs. 1 IPRG). Für den ersten Fall bestimmt Art. 5 des Konkordats über die Schiedsgerichtsbarkeit, dass alle Ansprüche schiedsfähig sind, die der freien Verfügung der Parteien unterliegen, und für die keine ausschliessliche und zwingende Zuständigkeit eines staatlichen Gerichtes besteht; für den zweiten Fall bestimmt Art. 177 Abs. 1 IPRG noch weitergehend, dass jeder vermögensrechtliche Gegenstand schiedsfähig ist. Da kartellzivilrechtliche Ansprüche vermögensrechtlicher Natur sind, sie der Verfügung der Parteien unterliegen und sich aus dem KG keine ausschliessliche Zuständigkeit der staatlichen Gerichte zu ihrer Beurteilung ableiten lässt, sind sie somit sowohl in Binnenverhältnissen als auch in internationalen Verhältnissen als schiedsfähig zu betrachten (zur Anwendung der EU-Wettbewerbsregeln durch Schiedsgerichte vgl. auch BLESSING, Enforcement, 113 ff.).

Art. 13 Durchsetzung des Beseitigungs- und Unterlassungsanspruchs

Durchsetzung des Beseitigungs- und Unterlassungsanspruchs	Zur Durchsetzung des Beseitigungs- und Unterlassungsanspruchs kann das Gericht auf Antrag des Klägers namentlich anordnen, dass: a. Verträge ganz oder teilweise ungültig sind; b. der oder die Verursacher der Wettbewerbsbehinderung mit dem Behinderten marktgerechte oder branchenübliche Verträge abzuschliessen haben.
Exercice des actions en suppression ou en cessation de l'entrave	Afin d'assurer la suppression ou la cessation de l'entrave à la concurrence, le juge, à la requête du demandeur, peut notamment décider que: a. des contrats sont nuls en tout ou en partie; b. celui qui est à l'origine de l'entrave à la concurrence doit conclure avec celui qui la subit des contrats conformes au marché et aux conditions usuelles de la branche.
Esercizio dell'azione di soppressione e di cessazione	Per garantire il diritto alla soppressione o alla cessazione della limitazione della concorrenza, il giudice può, su richiesta dell'attore, ordinare in particolare che: a. i contratti sono in tutto o in parte nulli; b. il responsabile della limitazione della concorrenza deve concludere con la persona impedita contratti conformi al mercato e alle condizioni usuali del settore economico

Inhaltsübersicht

Note

I. Funktion und Hintergrund 1
II. Inhalt 4
   1. Feststellung der Ungültigkeit von Verträgen 4
   2. Abschluss von marktgerechten oder branchenüblichen Verträgen 5
   3. Weitere Ansprüche 8

I. Funktion und Hintergrund

Art. 13 enthält eine exemplarische Aufzählung («namentlich») von möglichen Klagebegehren, mit deren Hilfe Beseitigungs- und/oder Unterlassungsansprüche gemäss Art. 12 Abs. 1 lit. a umgesetzt werden können. Damit wollte der Gesetzgeber den betroffenen Wirtschaftsteilnehmern, aber auch den Gerichten, 1 die entsprechende Ansprüche zu beurteilen haben, eine **praktische Hilfestellung** im Hinblick auf die Formulierung eines genügend individualisierten Klagebegehrens bzw. Urteils geben (vgl. WALTER, in: HOMBURGER, Kommentar 1996, Art. 13 N 2).

2   Eine ähnliche Aufzählung fand sich auch schon in Art. 9 KG 1985 und wurde im Zuge der Revision in verkürzter Form übernommen. Dabei wurde allerdings auf den ausdrücklichen Hinweis verzichtet, dass mit einem Beseitigungs- oder Unterlassungsanspruch auch die **Aufnahme in einen Verband** oder die **Urteilspublikation** auf Kosten des Beklagten verlangt werden kann. Ungeachtet dieser redaktionellen Anpassung ist davon auszugehen, dass die Neuformulierung nicht im Sinne einer Einschränkung der möglichen Klagebegehren zu verstehen ist. Begehren auf Aufnahme in einen Verband, auf Urteilspublikation oder auf individuelle Mitteilung des Urteils an bestimmte Personen bleiben als Unterform des in Art. 13 lit. b vorgesehenen Kontrahierungszwangs bestehen (vgl. unten N 8 ff.). Allerdings kommt der unter dem alten Recht vorgesehene Anspruch auf Aufnahme in ein Kartell (Art. 9 Abs. 1 lit. b KG 1985) unter dem revidierten KG nur noch für Abreden in Frage, die aus Gründen der wirtschaftlichen Effizienz gerechtfertigt sind, etwa weil sie der Förderung von Forschung und Entwicklung dienen (vgl. dazu Art. 5 Abs. 2).

3   Geht eine unzulässige Wettbewerbsbeschränkung von mehreren Verursachern aus, können Begehren auf Abschluss marktgerechter oder marktüblicher Verträge gegen einen oder mehrere Beteiligte gerichtet werden, wie der Wortlaut von Art. 13 lit. b verdeutlicht. Zwischen den Urhebern besteht insofern **keine notwendige passive Streitgenossenschaft** (vgl. WALTER, in: HOMBURGER, Kommentar 1996, Art. 13 N 16).

II. Inhalt

1. Feststellung der Ungültigkeit von Verträgen

4   Die praktische Tragweite der in Art. 13 lit. a vorgesehenen Klage auf Ungültigerklärung von Verträgen oder einzelnen Vertragsbestimmungen hängt wesentlich davon ab, ob unzulässige Wettbewerbsabreden i.S.v. Art. 5 KG als **ex tunc** oder als **ex nunc** nichtig betrachtet werden. Nach der hier vertretenen Auffassung ist von einer **Nichtigkeit ex tunc** auszugehen (vgl. Art. 12). Dementsprechend dient die richterliche Ungültigerklärung nach Art. 13 lit. a nur der Feststellung der von Gesetzes wegen eintretenden Nichtigkeit einer unzulässigen Abrede; trotzdem kommt diesem Urteil aber grosse praktische Bedeutung zu, weil im Regelfall erst dadurch geklärt wird, ob und inwiefern vertragliche Leistungspflichten bestehen (vgl. TERCIER, in: VON BÜREN/DAVID, SIWR V/2, 359; REYMOND, in: TERCIER/BOVET, CR Concurrence, Art. 13 N 26 ff.; a.M. WALTER, in: HOMBURGER, Kommentar 1996, Art. 13 N 12; BRECHBÜHL/DJALALI, Zivilrechts-

folgen, 107; DAVID, in: VON BÜREN/DAVID, SIWR/I2 89 f.). Genauso wie die anderen in Art. 12 vorgesehenen zivilrechtlichen Ansprüche kann die Klage auf Feststellung der Ungültigkeit eines kartellrechtswidrigen Vertrags **nicht nur von behinderten Aussenseitern**, sondern auch von Personen erhoben werden, die an der fraglichen Wettbewerbsbeschränkung selbst beteiligt sind (vgl. WALTER, in: HOMBURGER, Kommentar 1996, Art. 13 N 16; a.M. TERCIER, in: VON BÜREN/ DAVID, SIWR V/2, 361). Ausserdem kann gestützt auf Art. 13 lit. a eine Klage auf Ungültigerklärung von Folgeverträgen erhoben werden, die an sich nicht wettbewerbswidrig sind, die mit dem Dahinfallen einer unzulässigen Wettbewerbsabrede jedoch ihre Existenzberechtigung verloren haben. Auf der Grundlage der allgemeinen Regeln zur modifizierten Teilnichtigkeit können derartige Folgeverträge gestützt auf Art. 13 auch einer richterlichen Anpassung unterzogen werden, namentlich indem der Preis für die von einer Partei bezogenen Leistungen angepasst wird (STÖCKLI, Wettbewerbsbehinderung, N 821 ff.; SPITZ, Haftung, N 67).

2. Abschluss von marktgerechten oder branchenüblichen Verträgen

Wenn die unzulässige Wettbewerbsbeschränkung in einer Boykottierung 5 oder in der Auferlegung diskriminierender Vertragsbedingungen besteht, können Unterlassungs- bzw. Beseitigungsansprüche gemäss Art. 13 lit. b dadurch umgesetzt werden, dass der Beklagte gerichtlich zum Abschluss eines marktgerechten oder branchenüblichen Vertrags verpflichtet wird. Das KG kann mithin einen **Kontrahierungszwang** begründen und einzelne Wettbewerbsteilnehmer unabhängig von ihrem Willen durch richterliches Urteil zum Abschluss von Verträgen verpflichten, denen sie vermutungsweise bei Vorliegen wirksamen Wettbewerbs zugestimmt hätten (ZÄCH, Kartellrecht 2005, N 888; vgl. auch BGE 129 III 35, wo ein Kontrahierungszwang auf der Grundlage des Verbots sittenwidrigen Verhaltens angenommen wurde, wobei die «starke Machtstellung des Anbieters» – in diesem Fall der Schweizerischen Post – als eines der Kriterien zur Feststellung der Sittenwidrigkeit berücksichtigt wurde). Die Klage richtet sich in diesem Fall auf Abgabe einer Willenserklärung, wobei das Sachurteil die Willenserklärung des Beklagten regelmässig ersetzt und der Vertrag damit auf den Urteilszeitpunkt als abgeschlossen gilt (VOGEL/SPÜHLER, Grundriss, 437). Falls der Beklagte sich danach weiterhin weigert, den Kläger zu den gerichtlich festgelegten Bedingungen zu beliefern, kann dieser direkt gemäss Art. 102 ff. OR vorgehen.

Der Kontrahierungszwang darf allerdings nicht dazu führen, dass dem Beklagten 6 eine Verpflichtung auferlegt wird, die er auch unter Bedingungen wirksamen Wettbewerbs nicht eingegangen wäre, etwa weil wirtschaftliche oder persönliche Gründe ihn dazu veranlassten, nicht mit dem Kläger zu kontrahieren. Dementsprechend ist eine Klage auf Abschluss eines Vertrags abzuweisen, wenn der Beklagte **kartellrechtlich zulässige Gründe** hatte, einen Vertragsabschluss mit dem Kläger abzulehnen, z.B. weil die vom Kläger verlangten Vertragsbedingungen nicht marktüblich sind, oder weil der Beklagte den fraglichen Vertrag gar nicht erfüllen könnte (vgl. REYMOND, in: TERCIER/BOVET, CR Concurrence, Art. 13 N 46; WALTER, in: HOMBURGER, Kommentar 1996, Art. 13 N 21; vgl. auch BGE 129 III 35 E. 64, wonach die Post die Beförderung von Publikationen verweigern darf, wenn ihr Inhalt rechtswidrig ist).

7 Ein Begehren auf Abschluss eines marktüblichen Vertrages muss zu einem Urteil führen, das **ohne weitere Sachverhaltsabklärungen vollstreckt** werden kann. Wenn jedoch vom Gesuchsteller verlangt wird darzulegen, zu welchen konkreten Bedingungen der Beklagte sich unter der Voraussetzung wirksamen Wettbewerbs und unter Berücksichtigung der Kreditwürdigkeit des Klägers, seiner Bestellmenge oder anderer, zulässiger Differenzierungen mit einem Vertragsschluss einverstanden erklärt hätte, dürfte ein derartiger Anspruch in der Praxis kaum je durchdringen, weil dem Gesuchsteller die erforderlichen Informationen fehlen. Insofern sollte dem Kläger die Möglichkeit gegeben werden, sein Rechtsbegehren nach Geltendmachung eines entsprechenden Auskunftsanspruchs (vgl. Art. 12 N 40) zu präzisieren (vgl. noch weitergehend ZÄCH/HEIZMANN, Durchsetzung, 1066 f.). im Übrigen sind das Begehren und dementsprechend auch das Urteil ggf. zeitlich zu befristen, um der Tatsache Rechnung zu tragen, dass der Kläger seinen Anspruch auf Belieferung zu den gerichtlich festgesetzten Konditionen bei einer Änderung der Marktverhältnisse allenfalls verliert. Wird eine derartige zeitliche Befristung nicht von vornherein in das Urteil aufgenommen, ist dem Beklagten die Möglichkeit zu geben, bei Änderung der Verhältnisse die richterliche Abänderung des Urteils zu verlangen, ohne dafür das aufwendige Verfahren einer Feststellungsklage (vgl. Art. 12 N 30 ff.) durchlaufen zu müssen.

3. Weitere Ansprüche

8 Neben der Ungültigerklärung von Verträgen und der Verpflichtung zum Abschluss markt- oder branchenüblicher Verträge können Unterlassungs- oder Beseitigungsansprüche durch richterliche **Feststellung der Unzulässigkeit einer bestimmten Wettbewerbsbeschränkung** umgesetzt werden (vgl. Art. 12 N 33 f.). Alternativ oder zusätzlich kommen **konkrete Handlungsanweisungen**, z.B. im Hinblick auf die Zulassung zu einer Messe, die Bekanntgabe von Produktinformationen oder die Unterlassung wettbewerbswidriger Aussagen, in Betracht.

9 Obwohl Art. 13 im Gegensatz zu Art. 9 KG 1985 keinen entsprechenden ausdrücklichen Hinweis mehr enthält, können die Parteien ausserdem die **Publikation eines sie betreffenden Urteils auf Kosten der Gegenpartei** verlangen. Auf diesem Weg können Dritte insb. über die Zulässigkeit oder Unzulässigkeit einer beanstandeten Wettbewerbsbeschränkung in Kenntnis gesetzt werden. Auf ein allfälliges Verschulden des Beklagten kommt es dabei nicht an (WALTER, in: HOMBURGER, Kommentar 1996, Art. 13 N 38). Die Publikation beschränkt sich

grundsätzlich auf das Dispositiv; wenn zu dessen Verständnis weitere Angaben erforderlich sind, können jedoch auch Angaben zum Sachverhalt und/oder den Rechtsbegehren veröffentlicht werden (vgl. WALTER, in: HOMBURGER, Kommentar 1996, Art. 13 N 34).

Wie andere Rechtsbegehren setzt auch der Antrag auf Urteilspublikation ein **konkretes Rechtsschutzinteresse** voraus. Dies ist als gegeben zu betrachten, wenn der Streit um die Zulässigkeit einer bestimmten Abrede oder Verhaltensweise von den Parteien selbst oder von den Medien an die Öffentlichkeit getragen wurde und es sich infolgedessen rechtfertigt, die Öffentlichkeit über den Ausgang des Verfahrens aufzuklären. Dies kann insb. dann der Fall sein, wenn der Kläger in der Öffentlichkeit gegenüber bestimmten Personen den Vorwurf kartellrechtswidriger Praktiken erhoben und sich dieser Vorwurf im Nachhinein als unhaltbar erwiesen hat (vgl. WALTER, in: HOMBURGER, Kommentar 1996, Art. 13 N 35). Hingegen besteht kein genereller, über die Medien- und Gerichtsberichterstattung hinausgehender Anspruch der Öffentlichkeit auf Information über abgeschlossene Kartellprozesse. Im Hinblick auf Form und Umfang einer gerichtlich angeordneten Bekanntgabe des Urteils ist im Übrigen das **Verhältnismässigkeitsprinzip** zu beachten (vgl. WALTER, in: HOMBURGER, Kommentar 1996, Art. 13 N 37). Unter diesem Blickwinkel kann statt einer eigentlichen Urteilspublikation auch eine Mitteilung an ausgewählte Personen, z.B. an Branchenverbände oder einzelne Mitglieder einer bestimmten Branche, angeordnet werden. Auch ohne eine derartige Anordnung steht es den am Zivilrechtsverfahren beteiligten Parteien frei, **Vertragspartner über den Ausgang des Verfahrens selbst zu informieren,** sofern dies im Hinblick auf ihre Geschäftsbeziehungen mit diesen Personen erforderlich oder sinnvoll ist (vgl. WALTER, in: HOMBURGER, Kommentar 1996, Art. 13 N 42).

Art. 14 Gerichtsstand

Gerichtsstand	Die Kantone bezeichnen für Klagen aufgrund einer Wettbewerbsbeschränkung ein Gericht, welches für das Kantonsgebiet als einzige kantonale Instanz entscheidet. Es beurteilt auch andere zivilrechtliche Ansprüche, wenn sie gleichzeitig mit der Klage geltend gemacht werden und mit ihr sachlich zusammenhängen.
For	Les cantons désignent pour leur territoire un tribunal chargé de connaître en instance cantonale unique des actions intentées pour restriction à la concurrence. Ce tribunal connaît également d'autres actions civiles lorsqu'elles sont intentées en même temps que l'action pour restriction à la concurrence et qu'elles lui sont connexes.
Foro	I Cantoni designano per il loro territorio un giudice competente per esaminare come istanza cantonale unica le azioni per limitazioni della concorrenza. Il giudice è anche competente per esaminare altre azioni civili proposte contemporaneamente all'azione per limitazione della concorrenza e connesse materialmente con quest'ultima.

Inhaltsübersicht Note

I. Überblick 1
II. Einzige kantonale Instanz 3
III. Anwendungsbereich 8
   1. Kartellzivilrechtliche Ansprüche 8
   2. Andere zivilrechtliche Ansprüche 9
IV. Örtliche Zuständigkeit 13
V. Schiedsgerichte 18

I. Überblick

1   Art. 14 regelt die sachliche Zuständigkeit für **Kartellklagen** nach Art. 12 und Art. 13 sowie für die damit **zusammenhängenden Klagen**. Die Kantone haben für solche Klagen eine einzige kantonale Instanz zu bezeichnen.

2   Bis zum Erlass des Gerichtsstandsgesetzes im Jahre 2001 enthielt Art. 14 auch eine Bestimmung betreffend die **örtliche Zuständigkeit**; der betreffende Abs. 2 von Art. 14, der die Zuständigkeit des Gerichtes am Wohnsitz oder am Sitz des Klägers oder des Beklagten vorsah, wurde mit dem Inkrafttreten des Gerichtsstandsgesetzes im Jahre 2001 aufgehoben.

II. Einzige kantonale Instanz

Art. 14 verpflichtet die Kantone, für Klagen aufgrund einer Wettbewerbsbeschränkung ein Gericht zu bezeichnen, das für das gesamte Kantonsgebiet als einzige kantonale Instanz entscheidet. Mit der ausschliesslichen Zuweisung der Kartellklagen an eine **einzige kantonale Instanz** soll sichergestellt werden, dass besonders kompetente Richter mit der Entscheidfindung in dieser oft komplexen Materie beauftragt werden (vgl. Botschaft KG 1995, 591).

Die **ausschliessliche Zuständigkeit** einer einzigen kantonalen Instanz entspricht der Regelung in den Immaterialgüterrechtsgesetzen: Auch nach den analogen Bestimmungen im Patent-, Marken-, Design-, Urheberrechts-, Topografien- und Sortenschutzgesetz ist in jedem Kanton nur eine einzige kantonale Instanz für die Klagen aufgrund dieser Gesetze zuständig (vgl. Art. 76 PatG, Art. 58 MSchG, Art. 37 DesG, Art. 64 URG, Art. 10 ToG, Art. 42 SoSchG; anders Art. 12 UWG). Von Bundesrechts wegen sind die Kantone allerdings nicht verpflichtet, dieselbe kantonale Instanz für sämtliche Klagen aufgrund der Immaterialgüterrechtsgesetze oder des Kartellgesetzes zu bezeichnen. So ist z.B. im Kanton Zürich für urheberrechtliche Klagen das Obergericht zuständig, während Klagen aufgrund des Patent-, Marken-, Design- und Kartellrechts in die Kompetenz des Handelsgerichtes fallen (§ 61 Ziff. 1 GVG ZH; vgl. WALTER, in: HOMBURGER, Kommentar 1996, Art. 14 N 4 u. 6).

Aus Art. 14 ergibt sich, dass die Kantone gegen Entscheide der einzigen kantonalen Instanz kein ordentliches Rechtsmittel vorsehen dürfen; zulässig ist einzig die Anfechtung des von der betreffenden kantonalen Instanz gefällten Entscheides mittels eines **ausserordentlichen Rechtsmittels**. So können z.B. im Kanton Zürich die Entscheide des Handelsgerichts Zürich über eine Kartellzivilklage gemäss § 281 ff. ZPO ZH mit der Nichtigkeitsbeschwerde an das Kassationsgericht weitergezogen werden (vgl. WALTER, in: HOMBURGER, Kommentar 1996, Art. 14 N 13).

Die **kantonalen Zivilprozessordnungen** haben als einzige kantonale Instanz nach Art. 14 folgende Gerichte für zuständig erklärt:

- Aargau: Handelsgericht
- Appenzell Ausserrhoden: Obergericht
- Appenzell Innerrhoden: Kantonsgericht
- Basel-Land: Obergericht
- Basel-Stadt: Appellationsgericht
- Bern: Handelsgericht
- Fribourg: Kantonsgericht
- Genf: Court de Justice
- Glarus: Obergericht
- Graubünden: Kantonsgericht

- Jura: Tribunal Cantonal
- Luzern: Obergericht
- Neuenburg: Tribunal Cantonal
- Nidwalden: Kantonsgericht
- Obwalden: Kantonsgericht
- St. Gallen: Handelsgericht
- Schaffhausen: Obergericht
- Schwyz: Kantonsgericht
- Solothurn: Obergericht
- Tessin: Tribunale d'Appello
- Thurgau: Obergericht
- Uri: Obergericht
- Waadt: Tribunal Cantonal
- Wallis: Kantonsgericht
- Zug: Kantonsgericht
- Zürich: Handelsgericht

7   Mit Inkrafttreten des BGG können Kartellzivilklagen nicht mehr direkt vor das **Bundesgericht** gebracht werden (vgl. Botschaft Bundesrechtspflege, 4225; Art. 71 Abs. 2 BGG).

III. Anwendungsbereich

1. Kartellzivilrechtliche Ansprüche

8   Der Anwendungsbereich von Art. 14 erstreckt sich auf sämtliche Klagen «aufgrund einer Wettbewerbsbeschränkung», d.h. sowohl für **Klagen behinderter Dritter** als auch für auf Art. 12 Abs. 1 gestützte **Klagen von Kartellmitgliedern** (vgl. WALTER, in: HOMBURGER, Kommentar 1996, Art. 14 N 6; REYMOND, in: TERCIER/BOVET, CR Concurrence, Art. 14 N 5; BORER, Kommentar 2005, Art. 14 N 3 u. 6; a.M.: STOFFEL, Neues Kartellrecht, 99 f.; STÖCKLI, Wettbewerbsbehinderung, N 1300). Die Anwendbarkeit von Art. 14 sowohl auf Kartellaussen- als auch auf Kartellinnenverhältnisse ergibt sich aus der Gesetzessystematik (vgl. WALTER, in: HOMBURGER, Kommentar 1996, Art. 14 N 6).

2. Andere zivilrechtliche Ansprüche

9   Die gemäss Art. 14 einzige kantonale Instanz ist auch für andere zivilrechtliche Ansprüche zuständig, sofern diese in **sachlicher Hinsicht** mit der Klage aufgrund einer Wettbewerbsbeschränkung **zusammenhängen** und **gleichzeitig** mit dieser geltend gemacht werden. Solche andere zivilrechtliche Ansprüche

können auch widerklageweise geltend gemacht werden (vgl. WALTER, in: HOMBURGER, Kommentar 1996, Art. 14 N 9).

Das Gericht entscheidet aufgrund der Klagebegründung, ob der sachliche Zusammenhang gegeben ist. Dies ist dann der Fall, wenn sich der Anspruch auf den gleichen Sachverhalt wie die Kartellzivilklage nach Art. 12 oder Art. 13 bezieht und zu dieser einen **materiellen Konnex** aufweist (vgl. dazu die Bsp. bei WALTER, in: HOMBURGER, Kommentar 1996, Art. 14 N 8; auch: BORER, Kommentar 2005, Art. 14 N 4; REYMOND, in: TERCIER/BOVET, CR Concurrence, Art. 14 N 25). So wird ein sachlicher Zusammenhang z.B. bei gleichzeitig geltend gemachten Ansprüchen aus UWG oder Persönlichkeitsrecht zu bejahen sein (vgl. WALTER, in: HOMBURGER, Kommentar 1996, Art. 14 N 8). Auch bei Vertragsklagen kann sich ein innerer Konnex ergeben, wenn sich gestützt auf die kartellrechtliche Beurteilung der Hauptfrage Vertragsansprüche begründen lassen (vgl. BORER, Kommentar 2005, Art. 14 N 4). 10

Nach **kantonalem Prozessrecht** bestimmt sich, bis zu welchem Zeitpunkt der mit der Kartellzivilklage zusammenhängende Anspruch geltend gemacht werden kann. Der Kläger kann die mit einer Kartellzivilklage zusammenhängenden Ansprüche indes auch separat beim sachlich und örtlich zuständigen Gericht einklagen (vgl. WALTER, in: HOMBURGER, Kommentar 1996, Art. 14 N 8). 11

Für **vorsorgliche Massnahmen**, die vor Anhebung einer ordentlichen Kartellzivilklage anbegehrt werden, gilt Art. 14 nicht (HOMBURGER, Kommentar 1990, Art. 13 N 49; WALTER, in: HOMBURGER, Kommentar 1996, Art. 14 N 10). Vielmehr bestimmt sich die sachliche Zuständigkeit nach dem anwendbaren kantonalen Prozessrecht. Allerdings ist in den meisten Kantonen die für Kartellzivilklagen gemäss Art. 14 vorgesehene Instanz auch für den Erlass vorsorglicher Massnahmen in Kartellsachen vor Anhängigmachung der Hauptklage zuständig (vgl. für den Kanton Zürich § 61 Abs. 2 GVG ZH i.V.m. § 222 Ziff. 3 ZPO ZH; für den Kanton Aargau vgl. § 416 ZPO AG; siehe zum Ganzen WALTER, in: HOMBURGER, Kommentar 1996, Art. 14 N 10). 12

IV. Örtliche Zuständigkeit

Entgegen der Marginalie («Gerichtsstand») regelt Art. 14 seit dem Inkrafttreten des Gerichtsstandsgesetzes die **örtliche Zuständigkeit** nicht mehr: Der betreffende Abs. 2 von Art. 14 wurde aufgehoben. Massgebend ist nunmehr **Art. 25 GestG**, der für Klagen aus unerlaubter Handlung – wozu Klagen aufgrund einer Wettbewerbsbehinderung gehören – vier mögliche Gerichtsstände zur Verfügung stellt: 13

Zuständig für Kartellzivilklagen sind zunächst die Gerichte am **Sitz** oder **Wohnsitz** des Klägers oder diejenigen am Wohnsitz oder Sitz des Beklagten. Daneben können Klagen auch am **Handlungs-** oder **Erfolgsort** erhoben werden, d.h. am 14

Ort, wo die Wettbewerbsbehinderung begangen wurde oder wo der Erfolg einer Wettbewerbsbehinderung eingetreten ist. Der Handlungsort wird dabei oft identisch sein mit dem Sitz oder Wohnsitz des Beklagten. Als Erfolgsort gilt der Ort, an dem das geschützte Rechtsgut verletzt wird (vgl. REYMOND, in: TERCIER/ BOVET, CR Concurrence, Art. 14 N 37).

15 Das nach Art. 25 GestG zuständige Gericht ist auch für **widerklageweise** geltend gemachte Ansprüche örtlich zuständig (Art. 6 Abs. 1 GestG), sofern die Ansprüche mit der Hauptklage sachlich zusammenhängen (vgl. Reymond, in: TERCIER/BOVET, CR Concurrence, Art. 14 N 44).

16 Sind **mehrere Personen** an einer Wettbewerbsbehinderung beteiligt, so kann der Kläger gegen alle bei einem Gericht klagen, das für eine von ihnen örtlich zuständig ist (Art. 7 GestG). Das zuerst angerufene Gericht ist für die Beurteilung der Ansprüche gegen sämtliche Beklagten zuständig (vgl. REYMOND, in: TERCIER/BOVET, CR Concurrence, Art. 14 N 37).

17 Das GestG regelt nur die innerschweizerische Zuständigkeit. Für **internationale Sachverhalte** kommen Art. 129 IPRG bzw. im Bereich der Vertragsstaaten Art. 2 LugÜ (im Allgemeinen) oder Art. 5 Nr. 3 LugÜ (im Speziellen) zur Anwendung. Primärer Gerichtsstand gemäss Art. 129 IPRG bzw. Art. 2 LugÜ ist am Sitz oder Wohnsitz bzw. am Aufenthaltsort oder am Ort der Niederlassung (Art. 20 f. IPRG) des Beklagten, sofern sich dieser in der Schweiz befindet. Andernfalls können Kartellzivilklagen am (schweizerischen) Handlungs- oder Erfolgsort angehoben werden, wobei diesbezüglich die Wahl dem Kläger zusteht (Art. 129 Abs. 2 IPRG bzw. Art. 5 Nr. 3 LugÜ). Falls mehrere Beklagte in der Schweiz belangt werden können und sich die Ansprüche im Wesentlichen auf die gleichen Tatsachen und rechtlichen Gründe stützen, so kann bei jedem zuständigen Gericht gegen alle geklagt werden; das zuerst angerufene Gericht ist ausschliesslich zuständig (Art. 129 Abs. 3 IPRG bzw. Art. 6 Nr. 1 LugÜ). Das Gericht, bei dem die Hauptklage anhängig ist, beurteilt auch die Widerklage, sofern zwischen Haupt- und Widerklage ein sachlicher Zusammenhang besteht (Art. 8 IPRG bzw. Art. 6 Nr. 3 LugÜ).

V. Schiedsgerichte

18 Art. 14 schliesst die Anrufung eines **Schiedsgerichts** nicht aus (vgl. WALTER, in: HOMBURGER, Kommentar 1996, Art. 14 N 21; ZÄCH, Kartellrecht 2005, N 894). Kartellrechtliche Streitigkeiten betreffen Rechte, welche der freien Verfügung der Parteien unterliegen oder vermögensrechtliche Ansprüche beinhalten (vgl. WALTER, in: HOMBURGER, Kommentar 1996, Vorbem. zu Art. 12–17 N 70; s. auch Art. 5 des Konkordates über die Schiedsgerichtsbarkeit bzw. Art. 177 IPRG). Das Kartellgesetz selbst enthält keine Bestimmungen betreffend die Schiedsgerichtsbarkeit. Demnach ist von der grundsätzlichen **Zulässigkeit** von Schiedsgerichtsverfah-

ren in Kartellstreitigkeiten aufgrund der Art. 5–7 bzw. gestützt auf Art. 12–13 auszugehen (vgl. STOFFEL, Neues Kartellrecht, 108; ZÄCH, Kartellrecht 2005, N 940). Die Zuständigkeit des Schiedsgerichts ergibt sich aus der Schiedsvereinbarung der Parteien.

Schiedsgerichte sind sowohl berechtigt als auch verpflichtet, das Kartellrecht der lex causa anzuwenden. Das schliesst insb. auch die Anwendung **ausländischen Kartellrechts** auf einen Vertrag, der ansonsten gemäss Rechtswahl der Parteien oder aufgrund objektiver Anknüpfung dem schweizerischen Recht unterliegt, mit ein (BGE 118 II 193 ff.; statt vieler: BLESSING, Schiedsverfahren, insb. 36 ff. sowie BAUDENBACHER/SCHNYDER, Schiedsgerichte, 1 ff.). [19]

Umstritten ist, ob auch Schiedsgerichte verpflichtet sind, über die Frage der Zulässigkeit einer Wettbewerbsbeschränkung ein **Gutachten** bei der Wettbewerbskommission einzuholen, so wie das von einem staatlichen Gericht nach Art. 15 Abs. 1 verlangt wird (vgl. dazu STOFFEL, Neues Kartellrecht, 108 ff.; WALTER, in: HOMBURGER, Kommentar 1996, Art. 15 N 50). Richtigerweise ist davon auszugehen, dass eine solche Pflicht nicht besteht (vgl. die Übersicht bei WALTER, in: HOMBURGER, Kommentar 1996, Art. 15 N 51 ff.; mit z.T. differenziert anderer Meinung: ZÄCH, Kartellrecht 2005, N 947 ff.; vgl. dazu hinten Art. 15 N 11). [20]

Art. 15 Beurteilung der Zulässigkeit einer Wettbewerbsbeschränkung

Beurteilung der Zulässigkeit einer Wettbewerbsbeschränkung

[1] Steht in einem zivilrechtlichen Verfahren die Zulässigkeit einer Wettbewerbsbeschränkung in Frage, so wird die Sache der Wettbewerbskommission zur Begutachtung vorgelegt.

[2] Wird geltend gemacht, eine an sich unzulässige Wettbewerbsbeschränkung sei zur Verwirklichung überwiegender öffentlicher Interessen notwendig, so entscheidet der Bundesrat.

Appréciation du caractère licite d'une restriction à la concurrence

[1] Lorsque la licéité d'une restriction à la concurrence est mise en cause au cours d'une procédure civile, l'affaire est transmise pour avis à la Commission de la concurrence.

[2] Lorsqu'une restriction à la concurrence en soi illicite est présentée comme étant nécessaire à la sauvegarde d'intérêts publics prépondérants, la question est transmise au Conseil fédéral, qui statue.

Valutazione della liceità di una limitazione della concorrenza

[1] Se nel caso di una procedura civile sorge una contestazione in merito alla liceità di una limitazione della concorrenza, la causa è trasmessa per parere alla Commissione della concorrenza.

[2] Se una limitazione della concorrenza solitamente considerata illecita è presentata come necessaria per la tutela di interessi pubblici preponderanti, la causa è trasmessa al Consiglio federale per decisione.

Inhaltsübersicht   Note

I. Einleitung 1
II. Begutachtung durch die Wettbewerbsbehörde (Abs. 1) 5
    1. Vorlagepflicht des Zivilrichters 5
       a. Umfang des Begriffs «zivilrechtliches Verfahren» 6
       b. Zum Begriff «In Frage stehen» 12
    2. Vorlagerecht 16
    3. Vorlage durch den Zivilrichter 17
    4. Begutachtung durch die Weko 21
       a. Pflicht zur Begutachtung 21
       b. Rechtsgutachten 23
    5. Keine Bindung des Zivilrichters an Gutachten 25
III. Überweisung an den Bundesrat (Abs. 2) 29
    1. Ausschliessliche Zuständigkeit des Bundesrates 29
    2. Verfahrensrechtliche Aspekte 36

I. Einleitung

Art. 15 betrifft eine Schnittstelle der Kartellgesetzrevision, indem er das 1
Verhältnis zwischen den kartellrechtlichen Verwaltungsbehörden – Weko bzw.
Bundesrat in den Fällen von Art. 8 und 11 – und den Zivilgerichten regelt. Dies
ist notwendig, weil die **materiellrechtlichen Bestimmungen des KG** sowohl
durch die kartellrechtlichen Verwaltungsbehörden wie auch durch die Zivilgerichte **in parallelen** und voneinander unabhängigen **Verfahren angewendet**
werden. Bei den Zivilgerichten ist dies bei der Beurteilung zivilrechtlicher Ansprüche der Fall, bei denen sich die Frage nach einer unzulässigen Wettbewerbsbeschränkung nach Art. 5 und Art. 7 stellt.

Die gleichzeitige Anwendung materiellrechtlicher Bestimmungen durch zwei 2
verschiedene und voneinander unabhängige Behörden birgt das Risiko, dass in
einer identischen oder zumindest ähnlich gelagerten Sache sich widersprechende
Entscheide gefällt werden. Dieses Risiko soll durch die in Art. 15 vorgesehene
Regelung ausgeschlossen bzw. zumindest minimiert werden. Zusätzlich soll
Art. 15 dazu dienen, eine möglichst **einheitliche Auslegung und Anwendung**
der materiellen Bestimmungen des Kartellrechts zu gewährleisten.

Art. 15 weist den kartellrechtlichen Wettbewerbsbehörden gegenüber den Zivil- 3
gerichten eine **übergeordnete Stellung** zu, indem er zulasten des Zivilrichters
zwei Überweisungssachverhalte festlegt:

– Vorlage an die Weko (Abs. 1, vgl. nachstehend Ziff. II); und
– Überweisung an den Bundesrat (Abs. 2, vgl. nachstehend Ziff. III).

Die übergeordnete Stellung der kartellrechtlichen Verwaltungsbehörden ist ge- 4
rechtfertigt, sind die **Hüter des Wettbewerbs** gemäss dem KG doch in erster
Linie die Wettbewerbsbehörden und nicht die Zivilgerichte. Die Kantone sehen
zwar spezielle Kartellgerichte vor; diese beschäftigen sich aber nur punktuell mit
dem KG und können eine einheitliche Anwendung der entsprechenden materiellrechtlichen Bestimmungen nicht gewährleisten. Die Wettbewerbsbehörden verfügen über mehr Fachkompetenz im Kartellrecht und prägen die massgebende Auslegung der materiellrechtlichen Bestimmungen (HANGARTNER, Wettbewerbsverfahren, 46). Sie sind deshalb im Vergleich zu den Zivilgerichten besser geeignet,
eine einheitliche Anwendung des materiellen Kartellrechts zu gewährleisten.

II. Begutachtung durch die Wettbewerbsbehörde (Abs. 1)

1. Vorlagepflicht des Zivilrichters

Art. 15 Abs. 1 statuiert unter den zwei folgenden kumulativen Vorausset- 5
zungen die **verfahrensrechtliche Pflicht des Zivilrichters**, ein Gutachten bei der
Weko einzuholen:

- Vorliegen eines hängigen zivilrechtlichen Verfahrens (vgl. nachstehend lit. a); und
- in Frage stehen der Zulässigkeit einer Wettbewerbsbeschränkung (vgl. nachstehend lit. b).

Wann ein «zivilrechtliches Verfahren» i.S.v. Art. 15 Abs. 1 vorliegt, wird im Gesetz nicht näher definiert und bedarf daher der Auslegung.

a. Umfang des Begriffs «zivilrechtliches Verfahren»

6 Die Vorlagepflicht ist ohne weiteres im Rahmen solcher Zivilverfahren zu bejahen, welche Ansprüche nach Art. 12 und 13 betreffen und die vor einer **einzigen kantonalen Instanz i.S.v. Art. 14** hängig sind (WALTER, in: HOMBURGER, Kommentar 1996, Art. 15 N 37; REYMOND, in: TERCIER/BOVET, CR Concurrence, Art. 15 N 30).

7 Gleiches hat auch für solche Zivilverfahren zu gelten, die nicht vor einer einzigen Instanz nach Art. 14 hängig sind und in denen sich die Frage der Zulässigkeit einer Wettbewerbsbeschränkung lediglich als **Vorfrage** stellt. Nur so kann dem Zweck von Art. 15 Abs. 1, eine möglichst einheitliche Anwendung des materiellen Kartellrechts zu gewährleisten, nachgekommen werden (ZÄCH, Kartellrecht 2005, N 903; BORER, Kommentar 2005, Art. 15 N 4; REYMOND, in: TERCIER/BOVET, CR Concurrence, Art. 15 N 31 f.; a.M. WALTER, in: HOMBURGER, Kommentar 1996, Art. 15 N 43).

8 Keine Vorlagepflicht besteht für das **Bundesgericht**. Dieses verfolgt die einheitliche Anwendung des materiellen Kartellrechts, weshalb dem Zweck von Art. 15 Abs. 1 bereits Genüge getan ist (REYMOND, in: TERCIER/BOVET, CR Concurrence, Art. 15 N 33).

9 Eine Vorlagepflicht ist sodann im **Verfahren zum Erlass von vorsorglichen Massnahmen** zu verneinen. Eine solche würde nämlich die rasche Umsetzung von vorsorglichen Massnahmen verunmöglichen. Der Massnahmeentscheid ist zudem nicht endgültig und kann in einem späteren Zeitpunkt des Verfahrens geändert werden, was das Absehen von einer Begutachtung durch die Weko ebenfalls rechtfertigt (REYMOND, in: TERCIER/BOVET, CR Concurrence, Art. 15 N 37; ZÄCH, Kartellrecht 2005, N 900; WALTER, in: HOMBURGER, Kommentar 1996, Art. 15 N 47; ZR 98 [1999] Nr. 38 169).

10 Keine Vorlagepflicht besteht sodann für das **Befehlsverfahren** für die «schnelle Handhabung klaren Rechts» (z.B. § 222 Ziff. 2 ZPO ZH; vgl. dazu WALTER, in: HOMBURGER, Kommentar 1996, Art. 15 N 40). Ein solches Verfahren setzt zwingend «klares Recht» voraus, weshalb sich die Frage nach der Zulässigkeit der Wettbewerbsbeschränkung für den Zivilrichter gar nicht stellt, ansonsten es gar nicht zum Befehlsverfahren kommen dürfte.

Ob **Schiedsgerichte** zur Vorlage an die Weko verpflichtet sind, ist in der Lehre umstritten (für eine Übersicht der verschiedenen Meinungen vgl. REYMOND, in: TERCIER/BOVET, CR Concurrence, Art. 15 N 143). Die Frage wurde in den Richtlinien der Weko, welche diese im Zusammenhang mit der Regelung der Beziehungen zwischen den Zivilrichtern und den Wettbewerbsbehörden im Zivilrechtsverfahren zuhanden der kantonalen Zivilgerichte herausgegeben hat, ausdrücklich offen gelassen (RPW 1997/4, 595 N 8 – Die Beziehung zwischen den Zivilgerichten und der Weko). Für eine Vorlagepflicht der Schiedsgerichte spricht der Zweck von Art. 15 Abs. 1, mithin die Gewährleistung der einheitlichen Anwendung des materiellen Kartellrechts. Ein Verneinen der Vorlagepflicht hätte zudem eine Bevorzugung der Schiedsgerichte gegenüber den staatlichen Zivilgerichten zur Folge (STOFFEL, Neues Kartellrecht, 108). Ungeachtet dessen ist eine Vorlagepflicht der Schiedsgerichte jedoch abzulehnen. Schiedsgerichte leiten ihre Zuständigkeit von privatrechtlich begründeten Schiedsabreden der Parteien ab und stehen damit ausserhalb der staatlichen Rechtsfindungsinstanzen. Dies entbindet die Schiedsgerichte zwar nicht davon, materielles Kartellrecht anzuwenden; Art. 15 Abs. 1 stellt aber keine materielle Bestimmung dar, sondern eine verfahrensrechtliche, die einzig für den staatlichen Zivilrichter verbindlich ist. Eine Vorlagepflicht für Schiedsgerichte könnte deshalb einzig durch eine entsprechende Parteiabrede begründet werden (in diesem Sinne auch WALTER, in: HOMBURGER, Kommentar 1996, Art. 15 N 54; BORER, Kommentar 2005, Art. 15 N 5; TERCIER, in: VON BÜREN/DAVID, SIWR V/2, 406; etwas differenzierter auch STOFFEL, Neues Kartellrecht, 108 f.; a.M. ZÄCH, Kartellrecht 2005, N 943, 948).

b. Zum Begriff «In Frage stehen»

Art. 15 Abs. 1 umschreibt nicht näher, unter welchen Umständen die **Zulässigkeit einer Wettbewerbsbeschränkung** im Sinne der Bestimmung **in Frage steht** und somit eine Vorlagepflicht begründet ist. Eine Vorlagepflicht sollte unter folgenden kumulativen Voraussetzungen bejaht werden (REYMOND, in: TERCIER/BOVET, CR Concurrence, Art. 15 N 48):

– Das in Frage stehende Verhalten der Partei fällt in den Anwendungsbereich des Kartellgesetzes;
– die Zulässigkeit einer Wettbewerbsbeschränkung steht in Frage;
– die Zulässigkeit der Wettbewerbsbeschränkung steht für den Zivilrichter objektiv nicht fest; und
– die Frage ist für den Verfahrensausgang wesentlich.

Für die Begründung einer Vorlagepflicht reicht es nicht aus, wenn die Zulässigkeit der Wettbewerbsbeschränkung lediglich unter den Parteien streitig ist bzw. von einer Partei in Frage gestellt wird. Vielmehr ist erforderlich, dass die Frage für den urteilenden Richter unklar ist. Es muss demnach eine **objektiv materiell begründete Unsicherheit** des Richters über die Antwort auf die Frage der Zuläs-

sigkeit bestehen (ZÄCH, Kartellrecht 2005, N 900; STOFFEL, Neues Kartellrecht, 104). Eine solche Unsicherheit liegt insb. vor, wenn (WALTER, in: HOMBURGER, Kommentar 1996, Art. 15 N 62 f.):
- Sie nicht durch eine Verordnung oder Bekanntmachung gemäss Art. 6 geregelt oder Gegenstand einer von der Weko genehmigten einvernehmlichen Regelung ist;
- keine entsprechende Praxis der Weko oder des Bundesgerichts besteht;
- kein analoger Entscheid einer kantonalen Instanz vorliegt, welcher auf einem Gutachten der Weko beruht;
- keine entsprechende herrschende Lehre besteht;
- keine EU-Gruppenfreistellungsverordnung die betreffende Abrede oder Verhaltensweise für unbedenklich erklärt bzw. freistellt;
- kein Gutachten der Weko in einer ähnlich gelagerten Sache besteht; und
- kein Vermutungstatbestand i.S.v. Art. 5 Abs. 3 vorliegt, sofern die tatsächlichen Verhältnisse klar sind (STOFFEL, Neues Kartellrecht, 104; teilweise a.M. WALTER, in: HOMBURGER, Kommentar 1996, Art. 15 N 63).

14 Aufgrund der obigen Ausführungen wird deutlich, dass den Zivilrichtern ein erhebliches **Ermessen** bei der Frage zukommt, ob die Sache der Weko zur Begutachtung vorzulegen ist. Verneint ein Zivilrichter die Vorlagepflicht zu Unrecht, so stellt dies eine Verletzung von Bundesrecht dar, welche beim Bundesgericht mit der Beschwerde in Zivilsachen gerügt werden kann. Da es sich dabei um einen Zwischen- oder Vorentscheid handelt, ist die Beschwerde in Zivilsachen regelmässig erst gegen den Endentscheid möglich (ZÄCH, Kartellrecht 2005, N 905).

15 Besteht beim urteilenden Zivilrichter Unklarheit über die Zulässigkeit der Wettbewerbsbeschränkung, so kann die Vorlagepflicht insb. folgende **Rechtsfragen** umfassen (ZÄCH, Kartellrecht 2005, N 901):
- Die Definition des relevanten Marktes hinsichtlich der wirksamen Wettbewerbsbeseitigung (Art. 5 Abs. 1) oder des Missbrauchs von Marktbeherrschung (Art. 7 Abs. 1);
- das Vorliegen von Rechtfertigungsgründen nach Art. 5 Abs. 1 bzw. Art. 6;
- das Vorliegen einer marktbeherrschenden Stellung nach Art. 7 und 4 Abs. 2; und
- das Vorliegen des Missbrauchs einer marktbeherrschenden Stellung gemäss Art. 7.

2. Vorlagerecht

16 Ist ein Zivilrichter nicht zur Vorlage gemäss Art. 15 Abs. 1 verpflichtet, so hat er nach Art. 47 das **Recht**, die Sache der Weko **zur Begutachtung vorzule-**

gen (REYMOND, in: TERCIER/BOVET, CR Concurrence, Art. 15 N 25). Einzige Ausnahme besteht bei Zivilrichtern, die über vorsorgliche Massnahmen nach Art. 17 zu befinden haben. In diesen Fällen würde eine Begutachtung durch die Wettbewerbsbehörde das Massnahmeverfahren seines Zwecks entleeren (WALTER, in: HOMBURGER, Kommentar 1996, Art. 15 N 66; vgl. dazu oben N 9).

3. Vorlage durch den Zivilrichter

Art. 15 Abs. 1 regelt nicht, wie die Vorlage im Zivilverfahren verfahrenstechnisch zu erfolgen hat. Dies bestimmt sich zur Hauptsache nach dem massgebenden kantonalen Zivilprozessrecht, wobei die Weko gewisse **Richtlinien zuhanden der kantonalen Zivilgerichte** publiziert hat (vgl. RPW 1997/4, 593 f. – Die Beziehung zwischen den Zivilgerichten und der Weko; vgl. dazu oben N 11). 17

Gemäss diesen Richtlinien hat das Gesuch des Zivilrichters um Erstellung eines Gutachtens durch die Weko eine bereinigte Darstellung des Sachverhalts, klar formulierte Fragen und, sofern nötig, sämtliche Zusatzinformationen, die für die Beantwortung der gestellten Fragen erforderlich sind, zu enthalten (RPW 1997/4, 595 N 9 – Die Beziehung zwischen den Zivilgerichten und der Weko; RPW 2005/2, 445 N 5 – TDC Switzerland AG/Swisscom Fixnet AG [Gutachten]). Die Weko nimmt **keine eigenen Sachverhaltsabklärungen** vor, weshalb bei ungenügender Sachverhaltsdarstellung entsprechende Vorbehalte im Gutachten anzubringen sind (RPW 2005/2, 445 N 5 – TDC Switzerland AG/Swisscom Fixnet AG [Gutachten]; RPW 1998/4, 621 N 3 – Grundsätze zu Gutachten nach Art. 15 Abs. 1 KG) oder der Sachverhalt zur Ergänzung an das Zivilgericht zurückgewiesen werden kann. Eine Rückweisung an das Gericht kann auch dann erfolgen, wenn die Vorlage des Zivilrichters die übrigen erwähnten Voraussetzungen nicht erfüllt (WALTER, in: HOMBURGER, Kommentar 1996, Art. 15 N 76). 18

Aus den Richtlinien der Weko folgt, dass ihr nicht eine abstrakte Rechtsfrage zur Begutachtung vorzulegen ist, sondern ein **konkreter Sachverhalt** (ZÄCH, Kartellrecht 2005, N 902). Da der Sachverhalt gemäss den Richtlinien bereinigt sein muss, hat der Zivilrichter bei bestrittenen tatsächlichen Verhältnissen zuerst ein entsprechendes Beweisverfahren durchzuführen, bevor er die Sache der Weko zur Begutachtung vorlegt (WALTER, in: HOMBURGER, Kommentar 1996, Art. 15 N 69; REYMOND, in: TERCIER/BOVET, CR Concurrence, Art. 15 N 71 f.; teilweise a.M. STOFFEL, Neues Kartellrecht, 103 f.). Um dem Anspruch der Parteien auf rechtliches Gehör gerecht zu werden, sollte den Parteien vorab Gelegenheit gegeben werden, zu der Weko vorzulegenden Rechtsfragen Stellung zu nehmen (REYMOND, in: TERCIER/BOVET, CR Concurrence, Art. 15 N 67). 19

Es ist Sache des Zivilrichters, gestützt auf das entsprechende kantonale Zivilprozessrecht zu entscheiden, ob er das **Verfahren** bis zum Erhalt des Gutachtens **einstellen will** (RPW 1997/4, 596 N 11 – Die Beziehung zwischen den Zivilgerichten und der Weko). Das Zivilverfahren sollte, um jede Verfahrensverzögerung mög- 20 lichst zu vermeiden, erst dann sistiert werden, wenn dies unumgänglich ist. Dies ist dann der Fall, wenn das Verfahren ohne Erhalt des Gutachtens sinnvollerweise nicht mehr weitergeführt werden kann. Der Zivilrichter ist insb. nicht berechtigt, ein Urteil zu fällen, bevor er das Gutachten der Weko erhalten und zur Kenntnis genommen hat (REYMOND, in: TERCIER/BOVET, CR Concurrence, Art. 15 N 74).

4. Begutachtung durch die Weko

a. Pflicht zur Begutachtung

21   Unterliegt der Zivilrichter der Vorlagepflicht nach Art. 15 Abs. 1, so ist die Weko verpflichtet, ein entsprechendes Gutachten abzugeben (REYMOND, in: TERCIER/BOVET, CR Concurrence, Art. 15 N 81; a.M. STOFFEL, Neues Kartellrecht, 104 f.). Diese Pflicht der Weko begründet hingegen **kein Recht, in das Zivilverfahren einzugreifen**, wenn der Richter nach Auffassung der Weko zu Unrecht von einer Vorlage an die Kommission abgesehen hat. Der Weko steht auch kein Rechtsmittel gegen einen Entscheid des Zivilrichters zu, welchen dieser trotz Vorlagepflicht gemäss Art. 15 Abs. 1 ohne vorgängige Einholung eines Gutachtens gefällt hat (WALTER, in: HOMBURGER, Kommentar 1996, Art. 15 N 77; vgl. dazu vorne N 15).

22   Der Weko steht es aber – ungeachtet eines bereits pendenten zivilrechtlichen Verfahrens nach Art. 15 Abs. 1 – jederzeit frei, eine Vorabklärung nach Art. 26 durchzuführen oder eine Untersuchung gemäss Art. 27 zu eröffnen. Tut sie dies, bestehen mit dem zivilrechtlichen Verfahren nach Art. 15 Abs. 1 und dem **verwaltungsrechtlichen Verfahren** gemäss Art. 26 bzw. 27 zwei parallele, voneinander unabhängige Verfahren (ZÄCH, Kartellrecht 2005, N 908). Dies birgt das Risiko in sich, dass der gleiche Rechtsstreit zwischen identischen Parteien unterschiedlich entschieden wird, zumal im verwaltungsrechtlichen Verfahren die Offizialmaxime zum Tragen kommt, während im zivilrechtlichen Verfahren die blosse Dispositionsmaxime gilt (WALTER, in: HOMBURGER, Kommentar 1996, Art. 15 N 83). Die Eröffnung eines verwaltungsrechtlichen Verfahrens entbindet die Weko nicht von der Pflicht, ihr Gutachten gestützt auf Art. 15 Abs. 1 abzugeben (REYMOND, in: TERCIER/BOVET, CR Concurrence, Art. 15 N 95). Abschliessend ist in diesem Zusammenhang darauf hinzuweisen, dass ein in einem verwaltungsrechtlichen Verfahren getroffener und rechtskräftiger Entscheid über die Zulässigkeit einer Wettbewerbsbeschränkung für das Zivilgericht bindend ist (HANGARTNER, Wettbewerbsverfahren, 47).

b. Rechtsgutachten

23   Die Weko erlässt im Rahmen von Art. 15 Abs. 1 keine Verfügung, sondern erstellt ein **Rechtsgutachten**. Sie gibt ihre Meinung zur rechtlichen Würdigung des

ihr vom Zivilrichter vorgelegten konkreten Sachverhalts ab. Die Weko nimmt, wie bereits erwähnt, keine eigenen Sachverhaltsermittlungen vor (vgl. dazu vorne N 18), sondern stellt auf den ihr vom Zivilrichter präsentierten Sachverhalt ab. Die Weko kann jedoch wirtschaftliche Gegebenheiten, die ihr aus ihrer Praxis oder aus laufenden Verfahren bekannt sind, berücksichtigen (ZÄCH, Kartellrecht 2005, N 907; REYMOND, in: TERCIER/BOVET, CR Concurrence, Art. 15 N 87 ff.; RPW 1998/4, 621 N 3 – Grundsätze zu Gutachten nach Art. 15 Abs. 1 KG; vgl. dazu oben N 18).

Da die Weko **keine anfechtbare Verfügung** erlässt, kann gegen das Gutachten als solches weder ein zivilrechtlicher noch ein verwaltungsrechtlicher Rechtsbehelf ergriffen werden. Anfechtbar ist lediglich der Entscheid des Zivilrichters. Dabei kann gerügt werden, das von der Weko erstattete Gutachten sei nicht korrekt, vorausgesetzt, der Zivilrichter hat die rechtliche Würdigung der Weko übernommen (REYMOND, in: TERCIER/BOVET, CR Concurrence, Art. 15 N 96 f.; RPW 1997/4, 596 N 16 – Die Beziehung zwischen den Zivilgerichten und der Weko). 24

5. Keine Bindung des Zivilrichters an Gutachten

Der Entwurf des Bundesrates für ein neues KG sah mit Bezug auf Art. 15 die ausschliessliche Zuständigkeit der Wettbewerbsbehörden für die Beurteilung der Zulässigkeit von Wettbewerbsbeschränkungen vor. Entsprechend hätte der Zivilrichter das Verfahren auszusetzen und den Entscheid der Wettbewerbsbehörde einholen müssen, welcher für den Zivilrichter bindende Wirkung gehabt hätte (Botschaft KG 1995, 592 f.). Im Verlaufe der parlamentarischen Beratungen wurde Art. 15 allerdings redigiert: Die ausschliessliche Zuständigkeit der Wettbewerbsbehörden wurde zugunsten der Zivilgerichte fallen gelassen, dafür aber neu eine **Vorlagepflicht für die Zivilgerichte** eingeführt. 25

Der Entscheid über die Zulässigkeit einer Wettbewerbsbeschränkung steht im Rahmen eines zivilrechtlichen Verfahrens ausschliesslich dem Richter zu. Dieser verliert also nicht seine Entscheidungskompetenz, wenn er einen konkreten Sachverhalt der Weko zur Begutachtung vorzulegen hat. An die von der Weko in ihrem **Gutachten** festgehaltene rechtliche Würdigung ist der Zivilrichter deshalb **nicht gebunden** (ZÄCH, Kartellrecht 2005, N 897; RPW 2003/2, 460 N 2 – Handelsgericht des Kantons Aargau, Allgemeines Bestattungsinstitut). 26

Der Zivilrichter hat indessen das **Gutachten pflichtgemäss zu würdigen**. Unterbleibt eine solche Würdigung des Gutachtens oder wird dieses nicht korrekt gewürdigt, so kann dies im Rahmen der Anfechtung des Entscheids des Zivilrichters gerügt werden (HANGARTNER, Wettbewerbsverfahren, 49). 27

Ob der Zivilrichter bei der Würdigung des Gutachtens eine gewisse Zurückhaltung auszuüben hat und nur in Ausnahmefällen von der Auffassung der Weko 28 abweichen soll (so genannte «nicht-ohne-Not-Praxis»), ist umstritten (HANGARTNER, Wettbewerbsverfahren, 49 m.w.H.). Gegen eine zivilrichterliche **«nicht-ohne-Not-Praxis»** in Kartellsachen spricht der Umstand, dass der Zivilrichter das Recht von Amtes wegen anzuwenden hat und dementsprechend z.B. bei der Auslegung unbestimmter Rechtsbegriffe von der Auffassung der Weko abweichen können soll (WALTER, in: HOMBURGER, Kommentar 1996, Art. 15 N 84; REYMOND, in: TERCIER/BOVET, CR Concurrence, Art. 15 N 99; HANGARTNER, Wettbewerbsverfahren, 49; BORER, Kommentar 2005, Art. 15 N 11). Faktisch ist von einer Bindung der Zivilrichter an das Gutachten auszugehen, werden doch die regelmässig überlasteten Gerichte schon wegen des Begründungsaufwandes der Auffassung der Weko folgen.

III. Überweisung an den Bundesrat (Abs. 2)

1. Ausschliessliche Zuständigkeit des Bundesrates

29 Art. 8 räumt dem Bundesrat die **ausschliessliche Zuständigkeit** ein, eine an sich unzulässige Wettbewerbsbeschränkung gemäss Art. 5 oder Art. 7 aufgrund überwiegender öffentlicher Interessen zuzulassen. Art. 15 Abs. 2 wiederholt diese Kompetenz für jene Fälle, in welchen eine Partei im zivilrechtlichen Verfahren geltend macht, eine an sich unzulässige Wettbewerbsbeschränkung sei zur Verwirklichung überwiegender öffentlicher Interessen notwendig. Diese Regelung gründet darin, dass Gerichte nicht geeignet und oftmals auch nicht gewillt sind, die politisch motivierten Entscheide betreffend die Erlaubnis von unzulässigen Wettbewerbsbeschränkungen zu fällen.

30 Art. 15 Abs. 2 sieht einen **Entscheidungsvorbehalt zugunsten des Bundesrates** vor. Der Zivilrichter ist deshalb nicht befugt, die Frage zu beurteilen, ob eine unzulässige Wettbewerbsbeschränkung ausnahmsweise zu erlauben ist. Der vom Bundesrat gefällte Entscheid ist für den Zivilrichter denn auch endgültig und bindend (STOFFEL, Neues Kartellrecht, 106; TERCIER, in: VON BÜREN/DAVID, SIWR V/2, 410).

31 Art. 15 Abs. 2 ist von sämtlichen kantonalen Gerichten, dem Bundesgericht sowie von Schiedsgerichten zu beachten. Einzige **Ausnahme** bilden Verfahren betreffend **vorsorgliche Massnahmen**, da eine Vorlage an den Bundesrat den Zweck des einstweiligen Rechtsschutzes vereiteln würde (WALTER, in: HOMBURGER, Kommentar 1996, Art. 15 N 89; vgl. dazu oben N 9).

32 Die **Überweisung an den Bundesrat** ist erst zulässig, wenn die folgenden zwei kumulativen Voraussetzungen erfüllt sind:
– Vorliegen eines Entscheides des Zivilrichters betreffend die Unzulässigkeit der Wettbewerbsbeschränkung; und

– Antrag einer Partei, in welchem die ausnahmsweise Zulassung der unzulässigen Wettbewerbsbeschränkung aufgrund von überwiegenden öffentlichen Interessen geltend gemacht wird.

Beruft sich eine Partei auf ein überwiegendes öffentliches Interesse, so muss der Zivilrichter von Amtes wegen – vorbehältlich offensichtlicher rechtsmissbräuchlicher Geltendmachung – die Sache dem Bundesrat überweisen (REYMOND, in: TERCIER/BOVET, CR Concurrence, Art. 15 N 110; STOFFEL, Neues Kartellrecht, 106). Sieht der Zivilrichter zu Unrecht von einer Überweisung an den Bundesrat ab, so kann dies mit **Beschwerde in Zivilsachen** beim Bundesgericht gerügt werden (zur altrechtlichen Berufung an das Bundesgericht, vgl. WALTER, in: HOMBURGER, Kommentar 1996, Vorbem. Art. 12–17 N 68; REYMOND, in: TERCIER/BOVET, CR Concurrence, Art. 15 N 127). 33

Sind die oben erwähnten Voraussetzungen erfüllt, so ist der **Bundesrat verpflichtet**, die Sache an die Hand zu nehmen und einen Entscheid betreffend die Zulassung der in Frage stehenden Wettbewerbsbeschränkung zu treffen (STOFFEL, Neues Kartellrecht, 106). 34

Es stellt sich die Frage, in **welchem Zeitpunkt,** nachdem der Zivilrichter die Unzulässigkeit der Wettbewerbsbeschränkung festgehalten hat, eine Partei geltend machen kann, es bestünden **überwiegende öffentliche Interessen.** Die von der Weko verfassten Richtlinien zuhanden der kantonalen Gerichte (vgl. dazu oben N 11 und 19) betonen, dass es einer Partei während des Verfahrens jederzeit offen steht, überwiegende öffentliche Interessen geltend zu machen. Sodann wird ausdrücklich festgehalten, dass die Geltendmachung selbst noch im Verfahren vor Bundesgericht erfolgen kann (RPW 1997/4, 597 N 21 – Die Beziehung zwischen den Zivilgerichten und der Weko). Der Antrag auf ausnahmsweise Zulassung einer Wettbewerbsbeschränkung durch den Bundesrat kann selbst noch innerhalb von 30 Tagen nach Eintritt der Rechtskraft eines Entscheides des Bundesgerichts gestellt werden (Art. 31 Abs. 2). 35

2. Verfahrensrechtliche Aspekte

Art. 15 Abs. 2 gibt keinen Aufschluss darüber, wie und wann die **Überweisung an den Bundesrat seitens des Zivilrichters** verfahrenstechnisch zu erfolgen hat. Entsprechend bestimmt sich dies nach dem massgebenden kantonalen Zivilprozessrecht. 36

Kommt der Zivilrichter zum Schluss, die in Frage stehende Wettbewerbsbeschränkung sei unzulässig, so kann er dies entweder in einem Zwischenentscheid festhalten oder damit bis zum Endentscheid zuwarten. Die **Fällung eines Zwischenentscheides** erweist sich aus prozessökonomischer Sicht als die bessere Lösung. Diesfalls setzt der Zivilrichter der betroffenen Partei in analoger Anwendung von Art. 31 Abs. 1 eine 30-tägige Frist zur Anrufung des Bundesrates an und sistiert 37 zwischenzeitlich das Verfahren (BORER, Kommentar 2005, Art. 15 N 15; ZURKINDEN/TRÜEB, Handkommentar, Art. 15 N 7; WALTER, in: HOMBURGER, Kommentar 1996, Art. 15 N 92). Der Entscheid des Bundesrates fliesst alsdann in den Endentscheid des Zivilrichters ein. Sieht der Zivilrichter hingegen von der Fällung eines Zwischenentscheides ab, so kann der vom Zivilrichter getroffene Endentscheid seine Wirkungen erst entfalten, wenn der Bundesrat ablehnend über die ausnahmsweise Zulassung der unzulässigen Wettbewerbsbeschränkung entschieden hat (STOFFEL, Neues Kartellrecht, 106).

Art. 16 Wahrung von Geschäftsgeheimnissen

Wahrung von Geschäftsgeheimnissen

¹ In Streitigkeiten über Wettbewerbsbeschränkungen sind die Fabrikations- und Geschäftsgeheimnisse der Parteien zu wahren.

² Beweismittel, durch die solche Geheimnisse offenbart werden können, dürfen der Gegenpartei nur so weit zugänglich gemacht werden, als dies mit der Wahrung der Geheimnisse vereinbar ist.

Sauvegarde des secrets d'affaires

¹ Dans les litiges en matière de restrictions à la concurrence, les secrets de fabrication ou d'affaires des parties seront sauvegardés.

² La partie adverse ne pourra avoir accès aux moyens de preuve propres à révéler de tels secrets que dans la mesure compatible avec la sauvegarde de ces derniers.

Tutela di segreti d'affari

¹ Nelle contestazioni per limitazioni della concorrenza devono essere tutelati i segreti di fabbricazione e d'affari delle parti.

² La parte avversa ha accesso ai mezzi di prova che potrebbero rivelare tali segreti soltanto nella misura compatibile con la tutela di questi ultimi.

Inhaltsübersicht

	Note
I. Normzweck	1
II. Anwendungsbereich	4
III. Fabrikations- und Geschäftsgeheimnisse	6
IV. Massnahmen zur Geheimniswahrung	9
V. Verfahren	16
VI. Haftung	18

I. Normzweck

Art. 16 soll verhindern, dass eine Partei einen **kartellzivilrechtlichen** oder damit **zusammenhängenden Anspruch** aus Furcht vor einer Preisgabe ihrer Fabrikations- und Geschäftsgeheimnisse nicht durchsetzt (Botschaft KG 1995, 126; ZURKINDEN/TRÜEB, Handkommentar, Art. 16 N 1). Umgekehrt soll auch die beklagte Partei nicht darauf verzichten müssen, sich wirksam verteidigen zu können in Fällen, in denen eine effiziente Verteidigung die Offenbarung relevanter und vertraulicher Unternehmensdaten erforderlich macht (vgl. WALTER, in: HOMBURGER, Kommentar 1996, Art. 16 N 3). 1

Gerade im Schadenersatzprozess fällt es dem Kläger oft schwer, seinen Schaden substanziiert darzulegen, wenn ihm nicht die Möglichkeit geboten wird, Einblick 2 in die Geschäftsbücher des Beklagten zu nehmen. Die Preisgabe von Kundenbeziehungen und von Informationen über mit diesen Kunden getätigte Geschäfte ist indes geeignet, massgeblich in die Wettbewerbsstellung der beklagten Partei einzugreifen. Aus diesem Grund sieht Art. 16 vor, dass bei Streitigkeiten über Wettbewerbsbeschränkungen die **Fabrikations-** und **Geschäftsgeheimnisse** der Parteien **zu wahren** sind.

3 Art. 16 stellt eine bundesrechtliche **Minimalvorschrift** dar. Die Kantone können in ihren Prozessgesetzen einen weitergehenden Schutz gewähren; vgl. WALTER, in: HOMBURGER, Kommentar 1996, Art. 16 N 10; ZURKINDEN/TRÜEB, Handkommentar, Art. 16 N 1).

II. Anwendungsbereich

4 Art. 16 gilt nicht nur für die in der Bestimmung ausdrücklich erwähnten «Streitigkeiten über Wettbewerbsbeschränkungen», d.h. Klagen i.S.v. Art. 12 und Art. 13, sondern auch für die mit solchen Klagen geltend gemachten und sachlich zusammenhängenden Ansprüche nach Art. 14 Abs. 1 Satz 2 (vgl. WALTER, in: HOMBURGER, Kommentar 1996, Art. 16 N 4; SCHLUEP, in: SCHÜRMANN/ SCHLUEP, Komm. KG PüG, 531). Art. 16 ist auch **anwendbar** auf das Verfahren zum Erlass vorsorglicher Massnahmen nach Art. 17 (vgl. BORER, Kommentar 2005, Art. 16 N 2; WALTER, in: HOMBURGER, Kommentar 1996, Art. 16 N 4).

5 Für das **Verfahren vor den Wettbewerbsbehörden** enthalten die Art. 25 und Art. 40 Bestimmungen, die sich mit der Berücksichtigung des Fabrikations- und Geschäftsgeheimnisses befassen. Dies gilt auch für die Gutachtertätigkeit der Wettbewerbskommission im Rahmen der Beurteilung der Zulässigkeit einer Wettbewerbsbeschränkung nach Art. 15 Abs. 1 (vgl. WALTER, in: HOMBURGER, Kommentar 1996, Art. 16 N 5).

III. Fabrikations- und Geschäftsgeheimnisse

6 Fabrikations- und Geschäftsgeheimnisse sind Tatsachen, die weder allgemein bekannt noch allgemein zugänglich sind und an deren Geheimhaltung der Geheimnisherr ein schutzwürdiges Interesse hat (vgl. ZURKINDEN/TRÜEB, Handkommentar, Art. 16 N 2; REYMOND, in: TERCIER/BOVET, CR Concurrence, Art. 16 N 7). Das können sämtliche im Zusammenhang mit einer unternehmerischen Tätigkeit stehenden Tatsachen sein, ungeachtet, wie diese niedergelegt oder erfasst sind (vgl. WALTER, in: HOMBURGER, Kommentar 1996, Art. 16 N 7). Damit die vorgenannten Tatsachen schutzwürdig sind, muss der Geheimnisherr diesbezüglich einen **subjektiven Geheimhaltungswillen** haben; überdies müssen die Geheimnisse von einer gewissen wirtschaftlichen **Relevanz** sein, so dass sich

eine Geheimhaltung auch aus **objektiver Sicht** rechtfertigt (s. dazu WALTER, in: HOMBURGER, Kommentar 1996, Art. 16 N 8; REYMOND, in: TERCIER/BOVET, CR Concurrence, Art. 16 N 14).

Der Begriff des «Fabrikations- und Geschäftsgeheimnisses» findet sich auch in anderen Bundesgesetzen, so insb. in Art. 68 PatG, Art. 4, 6 und 15 UWG sowie in Art. 162 StGB. Die Rechtsprechung zu diesen Bestimmungen ist für die **Auslegung von Art. 16** heranzuziehen (vgl. ZURKINDEN/TRÜEB, Handkommentar, Art. 16 N 2; WALTER, in: HOMBURGER, Kommentar 1996, Art. 16 N 6). 7

Fabrikationsgeheimnisse umfassen z.b. Konstruktionsideen, die Entwicklung eines Verfahrens, Herstellungsvorgänge oder Rezepte (vgl. WALTER, in: HOMBURGER, Kommentar 1996, Art. 16 N 8; ZURKINDEN/TRÜEB, Handkommentar, Art. 16 N 2; REYMOND, in: TERCIER/BOVET, CR Concurrence, Art. 16 N 15). **Geschäftsgeheimnisse** sind u.a. Kundenlisten, Preiskalkulationen, Lieferkonditionen oder Werbestrategien (vgl. WALTER, in: HOMBURGER, Kommentar 1996, Art. 16 N 8; REYMOND, in: TERCIER/BOVET, CR Concurrence, Art. 16 N 16 mit Verweisen auf Gerichtsentscheide). 8

IV. Massnahmen zur Geheimniswahrung

Art. 16 Abs. 2 nennt Massnahmen zur Wahrung von Fabrikations- und Geschäftsgeheimnissen. So dürfen **Beweismittel**, durch welche solche Geheimnisse offenbart werden können, der Gegenpartei nur so weit zugänglich gemacht werden, als dies mit der Wahrung der Geheimnisse vereinbar ist. Dementsprechend befreit Art. 16 Abs. 2 eine Partei, die sich auf ein Fabrikations- oder Geschäftsgeheimnis beruft, nicht davor, das betreffende Beweismittel einzureichen; beschränkt wird lediglich das Einsichtsrecht der Gegenpartei (vgl. SCHLUEP, in: SCHÜRMANN/SCHLUEP, Komm. KG PüG, 530; WALTER, in: HOMBURGER, Kommentar 1996, Art. 16 N 9). 9

Dieser **Geheimhaltungsanspruch** besteht indes nur gegenüber der Gegenpartei und Dritten, nicht jedoch gegenüber dem Gericht oder der Wettbewerbskommission im Rahmen einer Begutachtung nach Art. 15 Abs. 1 (vgl. WALTER, in: HOMBURGER, Kommentar 1996, Art. 16 N 9; ZURKINDEN/TRÜEB, Handkommentar, Art. 16 N 3). Auch gerichtlich bestellten Gutachtern dürfen solche Beweismittel nicht vorenthalten werden (vgl. dazu WALTER, in: HOMBURGER, Kommentar 1996, Art. 16 N 12; SCHLUEP, in SCHÜRMANN/SCHLUEP, Komm. KG PüG, 532; Pra 1988 Nr. 7). 10

Es ist grundsätzlich **Sache des Gerichtes** zu entscheiden, welche Massnahmen es zur Wahrung der Fabrikations- und Geschäftsgeheimnisse einer Partei treffen will; dabei hat das Gericht die Interessen beider Parteien angemessen zu berücksichtigen und gegeneinander abzuwägen. Konkret wird es darum gehen, die aus der Offenlegung der vertraulichen Daten entstehende potenzielle Schädigung der 11 einen Partei dem Anspruch der Gegenpartei auf Prüfung der Richtigkeit und Plausibilität der vorgebrachten Argumente gegenüberzustellen (vgl. WALTER, in: HOMBURGER, Kommentar 1996, Art. 16 N 11; BORER, Kommentar 2005, Art. 16 N 4).

12 Als **Massnahmen** in Frage kommen z.B. die Abdeckung und Anonymisierung von geschäftsrelevanten Informationen oder die Nichtbekanntgabe der Herkunft der Daten. Denkbar ist auch, dass die sich auf die Geheimniswahrung berufende Partei die Informationen nur mündlich bekanntgeben muss und die Gegenpartei keinen Einblick in die zugrunde liegenden schriftlichen Dokumente erhält.

13 **Weitere Massnahmen**, die das Gericht anwenden kann, sind der Ausschluss der Öffentlichkeit von mündlichen Verhandlungen oder der Verzicht auf eine Urteilspublikation. Auch möglich (aber oft nicht praktikabel) ist, dass das Gericht den Parteien auferlegt, im Prozess erhaltene Informationen über die jeweils andere Partei geheim zu halten (vgl. WALTER, in: HOMBURGER, Kommentar 1996, Art. 16 N 12; ZURKINDEN/TRÜEB, Handkommentar, Art. 16 N 3).

14 Umstritten ist die Frage, ob das Gericht geschäftsrelevante Daten, deren Offenlegung die eine Partei im Rahmen des Verfahrens verhindern will, für die **Entscheidfindung** berücksichtigen darf, ohne diese Informationen der anderen Partei wenigstens mündlich darzulegen (so z.B. DAVID, in: VON BÜREN/DAVID, SIWR I/2, 161, der die Kontrolle durch die Rechtsmittelinstanz für ausreichend hält). Das scheint allerdings mit den im Zivilprozess zu beachtenden Grundsätzen der Gleichbehandlung der Parteien und der Gewährung des rechtlichen Gehörs kaum vereinbar zu sein.

15 Ohne Kenntnis des Inhalts der als geheimhaltungswürdig erachteten Tatsachen ist es der anderen Partei nicht möglich, sich wirksam zu verteidigen und ggf. Gegenbeweismittel zu benennen, welche geeignet sind, die nun dem Gericht offengelegten Informationen zu widerlegen. Die Überprüfung des im Rahmen eines beweisrechtlichen «Geheimverfahrens» ergangenen Urteils durch die Rechtsmittelinstanz ist kein taugliches Mittel, um die **Waffengleichheit der Parteien** wiederherzustellen, besonders dann nicht, wenn die Rechtsmittelinstanz über eine nur beschränkte Kognition verfügt, wie das beim Kartellzivilprozess im Zusammenhang mit der Beschwerde in Zivilsachen an das Bundesgericht der Fall ist (vgl. WALTER, in: HOMBURGER, Kommentar 1996, Art. 16 N 13 u. Fn. 25).

V. Verfahren

16 Die Partei, welche sich auf den Geheimnischarakter bestimmter Tatsachen beruft, hat dies im Prozess zu **behaupten** und entsprechend zu **belegen**. Ohne ausdrückliche anders lautende Anordnung des Gerichts verpflichtet Art. 16 die Prozessparteien nicht per se, Fabrikations- und Geschäftsgeheimnisse der jeweils anderen Partei vertraulich zu behandeln, falls diese im Prozess offengelegt wer-

den. Art. 16 enthält auch keine Regel betreffend die Beweislastverteilung (vgl. WALTER, in: HOMBURGER, Kommentar 1996, Art. 16 N 14; ZURKINDEN/TRÜEB, Handkommentar, Art. 16 N 4).

Macht eine Partei im Rahmen des Beweisverfahrens geltend, die eingereichten Beweismittel würden geheimniswürdige Informationen enthalten, so kann sie gemäss den anwendbaren kantonalen Prozessvorschriften **Siegelung** der betreffenden Unterlagen verlangen. Bis zum Entscheid des Gerichts, ob ein Anspruch auf Geheimnisschutz besteht, und, falls ja, welches die geeignete Massnahme zur Geheimniswahrung ist, darf die andere Partei die Beweismittel nicht einsehen (vgl. WALTER, in: HOMBURGER, Kommentar 1996, Art. 16 N 15). 17

VI. Haftung

Aus Art. 16 ergibt sich eine **Pflicht des Gerichts**, Dokumente, welche von der einen Partei als geheimniswürdig bezeichnet werden, gerichtsintern so zu behandeln, dass der Geheimnischarakter erhalten bleibt; das kann durch eine entsprechende Kennzeichnung geschehen oder durch eine Ablage an einem Ort, zu dem der Zutritt eingeschränkt ist (vgl. WALTER, in: HOMBURGER, Kommentar 1996, Art. 16 N 6; DAVID, in: VON BÜREN/DAVID, SIWR I/2, 161 weist auf die oft mangelnde Sorgfalt der Gerichte mit geheimen Akten hin). 18

Missachtet das Gericht seine diesbezügliche Sorgfaltspflicht, so kann dies zur **Haftung des Staates** und/oder der **gerichtlichen Organe** führen (vgl. WALTER, in: HOMBURGER, Kommentar 1996, Art. 16 N 16; ZÄCH, Kartellrecht 2005, N 1708). 19

Verletzt eine **Partei** die gerichtliche Anordnung, die von der anderen Partei im Rahmen des Prozesses offengelegten geschäftsrelevanten Daten vertraulich zu behandeln und nicht an Dritte weiterzugeben, wird sie gegenüber der sich mit Erfolg auf Art. 16 berufenden Partei nach Massgabe von Art. 41 OR **schadenersatzpflichtig** (vgl. WALTER, in: HOMBURGER, Kommentar 1996, Art. 16 N 16). Erfahrungsgemäss ist es für die anspruchsberechtigte Partei allerdings oft schwierig, den Nachweis zu erbringen, dass sie durch die Verletzung der Geheimhaltungspflicht einen finanziell messbaren Schaden erlitten hat. 20

Art. 17 Vorsorgliche Massnahmen

Vorsorgliche Massnahmen

¹ Zum Schutze von Ansprüchen, die aufgrund einer Wettbewerbsbeschränkung entstehen, kann das Gericht auf Antrag einer Partei die notwendigen vorsorglichen Massnahmen anordnen.

² Auf vorsorgliche Massnahmen sind die Artikel 28c–28f des Schweizerischen Zivilgesetzbuches sinngemäss anwendbar.

Mesures provisionnelles

¹ Afin d'assurer l'exercice des prétentions découlant d'une restriction à la concurrence, le juge peut ordonner des mesures provisionnelles à la requête d'une partie.

² Les art. 28c à 28f du code civil suisse s'appliquent par analogie aux mesures provisionnelles

Misure cautelari

¹ Per garantire le pretese derivanti da una limitazione della concorrenza, il giudice può ordinare le misure cautelari necessarie, su richiesta di una delle parti.

² Gli articoli 28c a 28f del Codice civile svizzero1 si applicano per analogia alle misure cautelari

Inhaltsübersicht   Note

I. Allgemeines 1
II. Voraussetzungen für den Erlass vorsorglicher Massnahmen 5
  1. Glaubhaftmachung eines materiellen Anspruchs 6
  2. Glaubhaftmachung eines drohenden, nicht leicht wiedergutzumachenden Nachteils 9
III. Möglicher Inhalt vorsorglicher Massnahmen 14
IV. Verfahren 17
  1. Zuständigkeit 18
  2. Anhörung des Gesuchsgegners und Erlass superprovisorischer Massnahmen 21
  3. Fristansetzung zur Klage 24
  4. Rechtskraft und Vollstreckung 26
  5. Sicherheitsleistung und Haftung 29

I. Allgemeines

1   Schadenersatzansprüche, die nach Durchführung einer unzulässigen Wettbewerbsbeschränkung erhoben werden, sind oftmals nicht geeignet, die erlittene Beeinträchtigung effektiv auszugleichen, weil sich der erlittene Schaden entweder gar nicht beziffern oder nicht hinreichend nachweisen lässt (vgl. Art. 12). Aus

Sicht der (potenziell) beeinträchtigten Wettbewerbsteilnehmer ist es daher ratsam, unzulässige Wettbewerbsbeschränkungen schon im Vorfeld durch Unterlassungs- oder Beseitigungsansprüche abzuwehren. Vorsorgliche Massnahmen erlauben dem durch eine unzulässige Wettbewerbsbeschränkung Betroffenen dabei, seine materiellen Ansprüche noch **vor Einleitung des ordentlichen Verfahrens** geltend zu machen. Dadurch kann verhindert werden, dass durch eine unzulässige Wettbewerbsbeschränkung Fakten geschaffen werden, welche im Nachhinein nicht mehr korrigiert werden können.

Grundsätzlich können vorsorgliche Massnahmen danach unterschieden werden, ob sie auf die **Erhaltung eines bestehenden Zustands** im Hinblick auf die spätere Vollstreckung (Sicherungsmassnahmen), die **vorläufige Regelung eines Dauerrechtsverhältnisses** (Regelungsmassnahmen) oder die **vorläufige Vollstreckung von behaupteten Leistungsansprüchen** (Leistungsmassnahmen) gerichtet sind. Vorsorgliche Massnahmen im Kartellzivilverfahren fallen in die dritte Kategorie, denn der Gesuchsteller verlangt primär die vorläufige Unterlassung oder Beseitigung einer unzulässigen Wettbewerbsbeschränkung. In anderen Rechtsgebieten werden derartige Leistungsmassnahmen nur ausnahmsweise gewährt, weil sie faktisch das Urteil in der Hauptsache vorwegnehmen (vgl. VOGEL/SPÜHLER, Grundriss, 351). Im Bereich des gewerblichen Rechtsschutzes und im Kartellrecht stellen Leistungsmassnahmen hingegen die Regel dar, weil die gefährdeten Interessen des Gesuchstellers typischerweise nur durch ein vorsorgliches Verbot der unzulässigen Verhaltensweise geschützt werden können (vgl. RPW 2000/3, 482 f. E. 3 – Vorsorgliche Verfügung des Handelsgerichts des Kantons Aargau vom 14. April 2000 i.S. R.H. AG gegen A. AG; REYMOND, in: TERCIER/BOVET, CR Concurrence, Art. 17 N 95). Die Interessen des Gesuchsgegners werden dabei dadurch gewahrt, dass relativ hohe Anforderungen an die Hauptsachenprognose (N 6 ff.) und an die Nachteilsprognose (N 9 ff.) gestellt werden. 2

Unter dem KG können vorsorgliche Massnahmen sowohl im Rahmen einer verwaltungsrechtlichen Untersuchung (Art. 27 ff.) als auch im Rahmen eines zivilrechtlichen Verfahrens erlassen werden (vgl. Erläuterungen zu Art. 27 KG). Wie generell unter dem KG (vgl. Art. 12 N 3 ff.) stellt sich damit auch hier die Frage nach der **Abgrenzung zwischen dem zivilrechtlichen und dem verwaltungsrechtlichen Rechtsweg**. Im Rahmen des vorsorglichen Rechtsschutzes kommt dieser Abgrenzung sogar besondere praktische Bedeutung zu, weil betroffene Wettbewerbsteilnehmer oft versucht sein dürften, auf den Erlass vorsorglicher Massnahmen durch die Weko hinzuwirken, um ihr Kostenrisiko zu minimieren und zusätzliche Informationen für ein (zivilrechtliches) Hauptverfahren zu erlangen (vgl. SCHÄDLER, Kartellverwaltungsverfahren, 113 f.). Nach der Rechtsprechung der Rekurskommission und des Bundesgerichts kann die Weko vorsorgliche Massnahmen jedoch nur dann erlassen, wenn die beanstandete Wettbewerbsbeschränkung öffentliche Interessen beeinträchtigt. Es genügt daher nicht, dass bloss einzelne Wettbewerbsteilnehmer ein Interesse an der Unterlassung der frag- 3 lichen Beschränkung haben. Vielmehr ist nachzuweisen, dass der Wettbewerb insgesamt gefährdet ist, und dass eine besondere Dringlichkeit besteht, diese Gefährdung oder Beeinträchtigung schon vor Durchführung einer umfassenden Untersuchung zu beseitigen (vgl. RPW 1997/4, 602, E. 2.1 – Recymet SA [Vorsorgliche Massnahmen]; BGer 5. September 2003, 4C.149/2003, in: sic! 2004, 49; BGE 130 II 158 E. 3.3). Ist diese Voraussetzung nicht erfüllt, können vorsorgliche Massnahmen nur auf dem Zivilrechtsweg erwirkt werden.

4   Vorsorgliche Massnahmen dienen der Sicherung von Ansprüchen, die ihre Grundlage im materiellen Recht finden. Sofern es dabei – wie im Regelfall – um Ansprüche aus Bundeszivilrecht geht, haben sich sowohl ihre Zulässigkeit als auch ihr möglicher Inhalt **nach Bundesrecht** zu beurteilen. Im Kartellrecht hat der Bundesgesetzgeber darüber hinaus eine Reihe verfahrensrechtlicher Regeln erlassen, welche die Durchsetzung vorsorglicher Massnahmen erleichtern sollen. Diese Regeln sind nicht im KG selbst enthalten, sondern ergeben sich aus Art. 28c ff. ZGB, auf die in Art. 17 verwiesen wird. Das kantonale Prozessrecht ist insofern nur noch für die bundesrechtlich nicht geregelten Fragen, wie etwa die kantonalen Rechtsmittel, relevant (vgl. REYMOND, in: TERCIER/BOVET, CR Concurrence, Art. 17 N 8).

II. Voraussetzungen für den Erlass vorsorglicher Massnahmen

5   Gemäss Art. 17 Abs. 1 i.V.m. **Art. 28c Abs. 1 ZGB** hängt der Erlass vorsorglicher Massnahmen davon ab, dass der Gesuchsteller eine Beeinträchtigung durch eine unzulässige Wettbewerbsbeschränkung glaubhaft machen kann (1.), die ihm einen nicht leicht wieder gutzumachenden Nachteil zu verursachen droht (2.).

1. Glaubhaftmachung eines materiellen Anspruchs

6   Vorsorgliche Massnahmen können nur gewährt werden, wenn der Gesuchsteller im Hinblick auf die fragliche Wettbewerbsbeschränkung grundsätzlich einen **Unterlassungs- oder Beseitigungsanspruch** besitzt (Verfügungsanspruch), und ausserdem davon ausgegangen werden kann, dass er im Hauptverfahren mit einem entsprechenden Begehren wahrscheinlich Erfolg hätte (vgl. LANG, Ansprüche, 177, 182 f.). Dass er statt dieser Ansprüche auch Schadenersatz-, Genugtuungs- oder Gewinnherausgabeansprüche geltend machen könnte, ist hingegen nicht ausreichend, denn derartige, auf die Zahlung einer Geldsumme gerichtete Ansprüche können vor Anhebung des Hauptverfahrens nur mit Hilfe eines Arrests (Art. 271 SchKG) gesichert werden.

Um die **Begründetheit** des (vorsorglich) geltend gemachten Unterlassungs- oder Beseitigungsanspruchs darzulegen, muss der Gesuchsteller Elemente glaubhaft machen, die dafür sprechen, dass er durch eine unmittelbar bevorstehende unzulässige Wettbewerbsbeschränkung bedroht oder durch eine schon bestehende Beschränkung behindert wird. Diese Umstände müssen zwar nicht mit Gewissheit nachgewiesen werden, sie müssen dem Gericht aber immerhin aufgrund rasch verfügbarer Beweismittel und einer darauf gestützten summarischen Prüfung als zutreffend erscheinen (vgl. zum Begriff der Glaubhaftmachung LEUENBERGER, Glaubhaftmachen, 107 ff.; vgl. auch BGE 130 III 321 ff.). Dazu kann sich u.U. die Einreichung eines Kurzgutachtens anbieten (LANG, Ansprüche, 191).

7

Das Erfordernis der **Glaubhaftmachung** bezieht sich sowohl auf die dem Anspruch auf Beseitigung bzw. Unterlassung zugrunde liegenden Tatsachen als auch auf die daraus gezogenen rechtlichen Schlussfolgerungen (vgl. RPW 1997/1, 80 E. 3a – Caisses maladies, exclusion de cliniques). Tatsachen, die der Entlastung des Gesuchsgegners dienen, sind hingegen von diesem als wahrscheinlich darzulegen (vgl. RPW 2000/3, 489 f. E. 6b – Vorsorgliche Verfügung des Handelsgerichts des Kantons Aargau vom 14. April 2000 i.S. R.H. AG gegen A. AG, zum Nachweis von Rechtfertigungsgründen für den Abbruch bestehender Geschäftsbeziehungen).

8

2. Glaubhaftmachung eines drohenden, nicht leicht wiedergutzumachenden Nachteils

Die zweite, wesentliche Voraussetzung für den Erlass vorsorglicher Massnahmen besteht darin, dass dem Gesuchsteller aufgrund der beanstandeten Beschränkung ein Nachteil zu entstehen droht, der im Nachhinein nicht mehr leicht wieder gutgemacht werden könnte. Mit diesem Erfordernis wird das **besondere Rechtsschutzinteresse** für den Erlass vorsorglicher Massnahmen umschrieben. Es ergibt sich daraus, dass die Interessen des Gesuchstellers nur durch eine sofortige Unterlassung oder Beseitigung der beanstandeten Wettbewerbsbeschränkung gewahrt werden können, während ein im ordentlichen Verfahren erlassenes Urteil dafür zu spät käme (vgl. LANG, Ansprüche, 183).

9

Bei der Beurteilung dieser Frage ist einerseits zu berücksichtigen, wie gewichtig die vom Gesuchsteller geltend gemachten Interessen sind und wie unmittelbar diese Interessen bedroht sind, andererseits aber auch, welche Nachteile dem Gesuchsgegner entstünden, wenn sich die vom Gesuchsteller verlangten Massnahmen im Nachhinein als unberechtigt erweisen sollten (vgl. VOGEL/SPÜHLER, Grundriss, 355; LANG, Ansprüche, 186 f.; RPW 2000/3, 491 E. 7 – Vorsorgliche Verfügung des Handelsgerichts des Kantons Aargau vom 14. April 2000 i.S. R.H. AG gegen A. AG, zur Kündigung eines langjährigen Vertriebsvertrages durch ein marktbeherrschendes Unternehmen). Um die Unmittelbarkeit der Bedrohung einschätzen zu können, sind dabei das bisherige Verhalten des Gesuchsgegners wie auch allfällige,

10

in die Zukunft gerichtete Äusserungen zu beachten. Wie im ordentlichen Verfahren (vgl. Art. 12 N 20) können unzulässige Wettbewerbshandlungen in der jüngeren Vergangenheit dabei ebenso wie konkrete Ankündigungen künftiger Beschränkungen oder Behinderungen des Wettbewerbs eine **tatsächliche Vermutung einer Wiederholungs- bzw. Begehungsgefahr** begründen (vgl. RPW 1997/1, 80 E. 3 – Caisses maladies, exclusion de cliniques).

11 Im Rahmen der für den Erlass vorsorglicher Massnahmen erforderlichen Interessenabwägung ist insb. zu prüfen, ob die behauptete und glaubhaft dargelegte Wettbewerbsbeschränkung im Nachhinein **durch die Gewährung von Schadenersatz**, allenfalls in Verbindung mit Gewinnherausgabeansprüchen, ungeschehen gemacht werden könnte. Ob Schadenersatzansprüche in Frage kommen, hängt einerseits davon ab, ob sich ein entsprechender Schaden überhaupt beziffern bzw. nachweisen liesse (vgl. Art. 12), andererseits aber auch davon, ob die erlittene Beeinträchtigung durch Geldersatz effektiv ausgeglichen werden könnte. Dabei ist namentlich zu berücksichtigen, dass der Gesuchsteller für die Geltendmachung von Schadenersatz konkret belegen muss, dass er durch das Verhalten des Gesuchsgegners Umsatzeinbussen erlitten hat, oder dass ihm dadurch erhöhte Aufwendungen entstanden sind. Dieser Nachweis ist besonders schwierig zu erbringen, wenn der Gesuchsteller gar nicht erst Zutritt zu dem relevanten Markt erlangt hat und er seine finanzielle Beeinträchtigung daher nicht mit Hilfe von Vergleichszahlen aus den Vorjahren belegen kann (LANG, Ansprüche, 184). Die Gerichte, welche Begehren auf Erlass vorsorglicher Massnahmen zu beurteilen haben, sind sich dieser Schwierigkeiten im Regelfall bewusst und zeigen sich mit der Gewährung entsprechender Massnahmen daher relativ grosszügig, sofern in der Sache selbst ein Anspruch wahrscheinlich scheint (vgl. RPW 2003/4, 982 – Football Club Sion Association et Olympique des Alpes SA/Swiss Football League, wo dem FC Sion nach Verweigerung einer Lizenzerteilung durch die Swiss Football League auf dem Weg vorsorglicher Massnahmen die Erlaubnis erteilt wurde, in der Challenge League zu spielen, weil Gewinnausfälle aus fehlenden Sponsoringeinnahmen und ausbleibenden Besuchern nur schwer abzuschätzen gewesen wären; vgl. auch RPW 2001/3, 585 E. 6 – Entscheid Zivilabteilung des Bundesgerichts i.S. Kanton Aargau/Bestattungsinstitut A. betr. Artikel 9, 27 u. 29 BV; zurückhaltender demgegenüber RPW 2005/1, 211 E. 5c/bb – Switzernet Sàrl/TDC Switzerland AG). Hingegen genügt es für die Gewährung vorsorglicher Massnahmen normalerweise nicht, dass einem Wettbewerbsteilnehmer überhöhte Preise in Rechnung gestellt werden.

12 Teilweise wird angenommen, vorsorgliche Massnahmen sollten nicht nur dann möglich sein, wenn ein drohender Schaden wahrscheinlich nicht nachweisbar ist, sondern auch schon dann, wenn entsprechende **Schadenersatzansprüche voraussichtlich nicht durchgesetzt werden könnten**, weil der Beklagte im Zeitpunkt der Urteilsvollstreckung nicht (mehr) über ausreichende finanzielle Mittel verfügen dürfte (vgl. WALTER, in: HOMBURGER, Kommentar 1996, Art. 17 N 16; ablehnend hingegen TERCIER, in: VON BÜREN/DAVID, SIWR V/2, 368). Diese

Auffassung ist abzulehnen, läuft sie doch darauf hinaus, dass sich der durch eine unzulässige Wettbewerbsbeschränkung Beeinträchtigte schon vor Einleitung eines ordentlichen Prozesses gegen das Insolvenzrisiko des Gesuchsgegners absichern kann, indem er im vorsorglichen Verfahren Unterlassung oder Beseitigung verlangt, statt sich mit einem nachträglichen Schadenersatzbegehren zu begnügen, was eine ungerechtfertigte Privilegierung gegenüber anderen Verfahren darstellt.

Der Anspruch auf Erlass vorsorglicher Massnahmen kann durch **Verwirkung** untergehen. Das lange Zuwarten des Gesuchstellers führt mithin dazu, dass sich der Gesuchsteller nicht mehr auf die angebliche Dringlichkeit eines gerichtlichen Einschreitens berufen darf (vgl. RÜETSCHI, Verwirkung, 418 f.). Zu einer derartigen Verwirkung kommt es spätestens dann, wenn während derselben Zeit ein ordentlicher Prozess hätte durchgeführt werden können (LANG, Ansprüche, 185). Angesichts der relativ langen Dauer eines Kartellzivilprozesses, der im ordentlichen Verfahren durchgeführt und regelmässig durch umfangreiche Sachverhaltsabklärungen oder Gutachten ergänzt wird, zeigen sich die Gerichte dabei allerdings eher grosszügig und nehmen eine Verwirkung nicht vorschnell an (vgl. RPW 2000/3, 492 E. 8b – Vorsorgliche Verfügung des Handelsgerichts des Kantons Aargau vom 14. April 2000 i.S. R.H. AG gegen A. AG, wo sogar trotz Stillschweigens von 9½ Monaten keine Verwirkung angenommen wurde). 13

III. Möglicher Inhalt vorsorglicher Massnahmen

Grundsätzlich können im Rahmen des vorsorglichen Rechtsschutzes **dieselben Unterlassungsanordnungen** getroffen werden, die auch im ordentlichen Verfahren möglich sind (vgl. Art. 12). Voraussetzung ist dabei allerdings, dass die fraglichen Anordnungen geeignet und erforderlich sind, den Gesuchsteller vor einer unmittelbar drohenden Beeinträchtigung seiner Interessen zu bewahren (**Verhältnismässigkeitsgrundsatz**, vgl. REYMOND, in: TERCIER/BOVET, CR Concurrence, Art. 17 N 93). Vorsorgliche Begehren auf Feststellung der Unzulässigkeit einer Wettbewerbsbeschränkung kommen dabei jedoch nicht in Betracht, da solche Begehren einerseits eine vertiefte Abklärung von Sachverhalt und Rechtslage voraussetzen und sie andererseits für sich allein im Regelfall nicht genügen, um den Gesuchsteller vor einer drohenden Beeinträchtigung zu bewahren (vgl. BGer, 2. Dezember 1996, 4C.339/1996, in: sic! 1997, 40; REYMOND, in: TERCIER/BOVET, CR Concurrence, Art. 17 N 108; Lang, Ansprüche, 177). Dementsprechend kann im Massnahmeverfahren auch kein vorsorglicher Entscheid über die Gültigkeit eines angeblich wettbewerbswidrigen Vertrags gefällt werden (vgl. Art. 13), sondern es kann dem Gesuchsgegner nur vorsorglich untersagt werden, während der Dauer des Hauptverfahrens auf der Erfüllung des Vertrags zu beharren (REYMOND, in: TERCIER/BOVET, CR Concurrence, Art. 17 N 109). 14

15 Abgesehen vom Erfordernis der Geeignetheit müssen die verlangten Massnahmen auch **erforderlich** sein, um die Interessen des Gesuchstellers vor einer drohenden Beeinträchtigung zu schützen. Dabei ist allerdings darauf zu achten, dass die fraglichen Massnahmen **nicht zu einer definitiven Änderung der Marktstruktur führen** dürfen (LANG, Ansprüche, 193). So kann ein Wettbewerbsteilnehmer, der einen unzulässigen Boykott praktiziert oder eine bestehende Vertragsbeziehung in unzulässiger Weise auflöst, zwar grundsätzlich zur vorläufigen (Weiter-) Belieferung des Gesuchstellers verpflichtet werden (vgl. RPW 1997/1, 94 – Caisses maladies, exclusion de cliniques; RPW 2000/3, 489 E. 7b – Vorsorgliche Verfügung des Handelsgerichts des Kantons Aargau vom 14. April 2000 i.S. R.H. AG gegen A. AG; RPW 2005/1, 209 E. V – Switzernet Sàrl/TDC Switzerland AG, wo ein entsprechendes Gesuch wegen fehlender Glaubhaftmachung des Marktmissbrauchs im Ergebnis allerdings abgelehnt wurde). Derart einschneidende Anordnungen kommen jedoch nur in Betracht, wenn es in materieller Hinsicht deutliche Anzeichen für die Unzulässigkeit der beanstandeten Wettbewerbsbeschränkung gibt, und wenn eine mildere Massnahme zur Verhinderung des drohenden Schadens nicht ausreichend wäre. Unsicherheiten in der materiellrechtlichen Beurteilung gehen dabei zu Lasten des Gesuchstellers (vgl. BGer, 5. September 2003, 2A.142/2003, in: sic! 2004, 48, 54, im Zusammenhang mit vorsorglichen Kartellverwaltungsmassnahmen).

16 Es ist grundsätzlich denkbar, dass der Massnahmenentscheid auf Verlangen einer Partei publiziert wird; auch diese Massnahme wird das Gericht aber nur anordnen, wenn es keine weniger einschneidende Möglichkeit gibt, den Entscheid den interessierten Kreisen zur Kenntnis zu bringen (vgl. RPW 1997/1, 86 E. 11 – Caisses maladies, exclusion de cliniques). Ausserdem können Wettbewerbsteilnehmer, die durch eine unzulässige Wettbewerbsbeschränkung beeinträchtigt werden, schon vor Einleitung eines Hauptverfahrens Massnahmen zur Sicherung oder Erhaltung relevanter Beweismittel beantragen, und zwar auch im Hinblick auf die Durchsetzung späterer Schadenersatzansprüche (vgl. Art. 17 Abs. 2 KG i.V.m. Art. 28c Abs. 2 Ziff. 2 ZGB; LANG, Ansprüche, 178). Im Vordergrund steht dabei die Erstellung von Kopien relevanter Dokumente. Für den Erlass derartiger **Beweissicherungsmassnahmen** muss glaubhaft gemacht werden, dass die Beweismittel im Rahmen des späteren Hauptprozesses wahrscheinlich nicht mehr verfügbar wären (WALTER, in: HOMBURGER, Kommentar 1996, Art. 17 N 33). Wie vorsorgliche Massnahmen im eigentlichen Sinn können Beweissicherungsmassnahmen allerdings nur gegenüber dem Urheber einer unzulässigen Wettbewerbsbeschränkung und nicht auch gegenüber Dritten beantragt werden (vgl. TERCIER, in: VON BÜREN/DAVID, SIWR V/2, 370; BGE 122 III 356 E. 3b/bb). Bei der Anordnung von Beweissicherungsmassnahmen sind im Übrigen die Fabrikations- und Geschäftsgeheimnisse des Gesuchsgegners zu wahren (vgl. Art. 16 und die diesbezügliche Kommentierung).

IV. Verfahren

Entsprechend dem Verweis in Art. 17 Abs. 2 richtet sich das Verfahren zum Erlass vorsorglicher Massnahmen primär nach den **Art. 28c–28f ZGB**; ausserdem sind die besonderen Zuständigkeitsregeln des KG zu beachten. Für die Anwendung des kantonalen Verfahrensrechts bleibt nur insofern Raum, als die bundesrechtlichen Bestimmungen keine abschliessende Regelung enthalten; es ist daher v.a. für die sachliche Zuständigkeit und den kantonalen Rechtsmittelweg von Bedeutung.

17

2. Zuständigkeit

Seit dem Inkrafttreten des Gerichtsstandsgesetzes (GestG) ergibt sich die **örtliche Zuständigkeit** für den Erlass vorsorglicher Massnahmen im Rahmen des KG zwingend aus Art. 33 GestG. Nach dieser Bestimmung können vorsorgliche Massnahmen an dem Ort erlassen werden, an dem eine Zuständigkeit für die Hauptsache gegeben ist, oder aber an dem Ort, an dem die vorsorglichen Massnahmen vollstreckt werden sollen. Weitere Gerichtsstände können nicht durch Vereinbarung festgesetzt werden. Falls die Parteien sich allerdings für das ordentliche Verfahren auf einen Gerichtsstand geeinigt haben, besteht gemäss Art. 33 GestG am Ort des vereinbarten Gerichtsstands automatisch auch eine Zuständigkeit für den Erlass vorsorglicher Massnahmen.

18

Haben die Parteien keine Zuständigkeitsvereinbarung für das Hauptverfahren getroffen, führt der Verweis auf das Hauptsacheverfahren gemäss Art. 33 GestG dazu, dass die **in Art. 25 GestG vorgesehenen, alternativen Anknüpfungsorte** für Klagen aus unerlaubter Handlung (Wohnsitz oder Sitz der geschädigten Person; Wohnsitz oder Sitz der beklagten Partei; Handlungs- oder Erfolgsort, vgl. auch RPW 2005/1, 208 E. III.a – Switzernet Sàrl/TDC Switzerland AG) zur Anwendung kommen. Je nachdem, wo die vorsorglichen Massnahmen vollstreckt werden sollen, können sich weitere Zuständigkeiten aus Art. 33 GestG ergeben, z.B. am Ort einer Messe, von welcher der Gesuchsteller ausgeschlossen wurde, oder am Ort, an dem zu sichernde Beweismittel belegen sind (vgl. REYMOND, in: TERCIER/BOVET, CR Concurrence, Art. 17 N 23). Nach Einleitung des Hauptverfahrens können Begehren auf Erlass vorsorglicher Massnahmen hingegen nur noch am Ort gestellt werden, an dem dieses hängig ist, oder an dem die fraglichen vorsorglichen Massnahmen zu vollstrecken sind. Sobald ein Massnahmebegehren an einem Ort hängig ist, steht der Einleitung eines zweiten Massnahmebegehrens an einem anderen Gerichtsstand im Übrigen die Einrede der Rechtshängigkeit entgegen. Im internationalen Verhältnis können vorsorgliche Massnahmen gestützt auf Art. 24 LugÜ bzw. Art. 10 IPRG ggf. auch ausserhalb des für das Hauptsacheverfahren zuständigen Staates erlassen werden, sofern das jeweilige

19

innerstaatliche Recht (im Fall von Art. 10 IPRG also das schweizerische Recht) eine entsprechende Zuständigkeit vorsieht.

20 Die **sachliche Zuständigkeit** für den Erlass vorsorglicher Massnahmen ergibt sich aus dem kantonalen Recht. Art. 14 schreibt zwar für das Hauptsacheverfahren zwingend eine einzige kantonale Instanz vor; nach der bundesgerichtlichen Rechtsprechung zu ähnlichen Regelungen in anderen Gesetzen sind die Kantone jedoch nicht verpflichtet, diese Instanz auch mit dem Erlass vorsorglicher Massnahmen zu betrauen (vgl. BGE 104 II 121 E. 1). In der Praxis sehen die meisten kantonalen Regelungen jedoch vor, dass die für das Hauptsacheverfahren zuständige einzige kantonale Instanz – in den Kantonen St. Gallen, Zürich, Aargau und Bern handelt es sich um das Handelsgericht, in den anderen Kantonen um das obere kantonale Gericht – auch für die Beurteilung von Massnahmebegehren gemäss KG zuständig ist. Genauso wie für die örtliche Zuständigkeit ist im Übrigen davon auszugehen, dass sich die sachliche Zuständigkeit für den Erlass vorsorglicher Massnahmen mit der Einleitung des Hauptsacheverfahrens auf die gemäss Art. 14 zuständige Instanz einschränkt (vgl. REYMOND, in: TERCIER/BOVET, CR Concurrence, Art. 17 N 34).

2. Anhörung des Gesuchsgegners und Erlass superprovisorischer Massnahmen

21 Grundsätzlich ist das Begehren auf Erlass vorsorglicher Massnahmen dem Gesuchsgegner vorab zur Kenntnis zu bringen, damit dieser sich dazu äussern kann (vgl. Art. 28d Abs. 1 ZGB). Wenn eine Anhörung nicht mehr möglich ist, weil dem Gesuchsteller unmittelbar eine Beeinträchtigung droht, z.B. weil ihm die Zulassung zu einer schon laufenden Messe verweigert wird (vgl. RPW 1997/1, 99 E. 2b – Arzneimittelhandel), kann das Gericht jedoch unmittelbar nach Einreichung eines entsprechenden Gesuchs superprovisorische Massnahmen anordnen, ohne zuvor vom Standpunkt des Gesuchsgegners Kenntnis zu nehmen (Art. 28d Abs. 2 ZGB). Dies setzt allerdings voraus, dass in zeitlicher Hinsicht grosse **Dringlichkeit** herrscht, oder dass die akute Gefahr besteht, dass der Gesuchsgegner Beweismittel zerstören wird, sobald er über das Massnahmegesuch informiert ist (vgl. REYMOND, in: TERCIER/BOVET, CR Concurrence, Art. 17 N 116; vgl. auch RPW 1997/2, 273 E. I.2 – Arzneimittelmarkt). Wo immer möglich, ist der Gesuchsgegner indessen zumindest via Telefon oder Fax anzuhören (TERCIER, in: VON BÜREN/DAVID, SIWR V/2, 373). Die zeitliche Dringlichkeit für die verlangten Massnahmen oder die drohende Beweisvereitelung sind vom Gesuchsteller glaubwürdig zu machen. Ausserdem muss der Richter bei der Prüfung des Massnahmebegehrens **mögliche Einwendungen des Gesuchsgegners antizipieren**. Nur wenn diese Einwendungen – z.B. die allfällige Rechtfertigung der Wettbewerbsbeschränkung durch Gründe der wirtschaftlichen Effizienz – vom Gesuchsteller glaubwürdig widerlegt werden können, darf das Gesuch auf Gewährung superprovisorischer Massnahmen gutgeheissen wer-

den (vgl. WALTER, in: HOMBURGER, Kommentar 1996, Art. 17 N 35; REYMOND, in: TERCIER/BOVET, CR Concurrence, Art. 17 N 117; LANG, Ansprüche, 188 f.).

Teilweise versuchen Wettbewerbsteilnehmer, die eine superprovisorische Massnahme auf sich zukommen sehen, dem zuständigen Gericht ihre Sicht der Dinge schon vor Eingang des Massnahmebegehrens in einer **Schutzschrift** darzulegen oder zumindest ihre jederzeitige Bereitschaft zu einer Anhörung anzukündigen (vgl. zum Begriff BGE 119 Ia 56 ff. E. 4). In der Frage, ob derartige «vorbeugende Verteidigungsmittel» von den Gerichten anzunehmen sind, besteht keine einheitliche Praxis. Zwar ist das Bundesgericht im Rahmen einer staatsrechtlichen Beschwerde zum Schluss gekommen, dass die Nichtannahme einer Schutzschrift keine Verletzung des verfassungsrechtlich garantierten Grundsatzes der Petitionsfreiheit darstellt (BGE 119 Ia 58 E. 4). Nichtsdestotrotz sollte das Gericht zumindest zur Kenntnis nehmen, dass sich der Autor der Schutzschrift für eine Anhörung bereithält, und ihm dementsprechend die Möglichkeit geben, seinen Standpunkt darzulegen, bevor es über den Erlass vorsorglicher Massnahmen entscheidet (vgl. WALTER, in: HOMBURGER, Kommentar 1996, Art. 17 N 38; HGer ZH, ZR 96 [1997] Nr. 46).

22

Kann schon der allgemeine Anspruch auf vorsorgliche Massnahmen **durch Verwirkung** untergehen (vgl. N 13), gilt dies erst recht für den Anspruch auf superprovisorische Massnahmen. Massgeblich ist dabei, ob der Gesuchsteller so lange gewartet hat, dass der Gesuchsgegner in der Zwischenzeit hätte angehört werden können (vgl. RÜETSCHI, Verwirkung, 419; aus der Rechtsprechung ZR 95 [1996] Nr. 99; Appellationshof Bern, 12. Juni 1998, in: sic! 1998, 590 ff.). Sind die Voraussetzungen für den Erlass superprovisorischer Massnahmen hingegen erfüllt, ist die Anhörung des Gesuchsgegners so bald als möglich nachzuholen. In den meisten Fällen wird der Erlass superprovisorischer Massnahmen überdies von der Stellung einer Sicherheit abhängig zu machen sein (vgl. N 29).

23

3. Fristansetzung zur Klage

Art. 28e Abs. 2 ZGB sieht vor, dass vorsorgliche Massnahmen, die vor der Rechtshängigkeit des Hauptsacheverfahrens angeordnet werden, innert einer vom Gericht festzusetzenden Frist, jedoch spätestens innerhalb von 30 Tagen, durch Klage zu prosequieren sind. Die Nichteinhaltung dieser Frist führt dazu, dass die vorsorglichen Massnahmen dahinfallen. Wie für andere bundesrechtliche Klagefristen ist dabei entscheidend, dass der Gesuchsteller fristgerecht die nach der anwendbaren ZPO erforderlichen **prozesseinleitenden Handlungen** vornimmt, um für den fraglichen Anspruch richterlichen Schutz zu verlangen (vgl. WALTER, in: HOMBURGER, Kommentar 1996, Art. 17 N 43; aus der Rechtsprechung vgl. BGE 110 II 389 f. E. 2a). Ob für diese Form der Klageanhebung ein Sühnverfahren erforderlich ist oder die Klage stattdessen direkt einzuleiten ist, bestimmt sich nach dem anwendbaren kantonalen Prozessrecht. Die Anrufung der Weko oder

24

die Einleitung einer Untersuchung durch diese sind hingegen nicht geeignet, vorsorgliche Massnahmen im Zivilverfahren aufrechtzuerhalten.

25 Versäumt es der Gesuchsteller, innert der vom Gericht bestimmten oder der subsidiär nach Gesetz geltenden Frist von 30 Tagen das Hauptverfahren einzuleiten, **fallen die vorsorglichen Massnahmen automatisch dahin.** Es steht dem Gesuchsteller jedoch frei, seine zivilrechtlichen Ansprüche in einem späteren Hauptverfahren zu erneuern oder ggf. ein weiteres Massnahmebegehren zu stellen, wenn seine Ansprüche zu einem späteren Zeitpunkt erneut gefährdet sind.

4. Rechtskraft und Vollstreckung

26 Vorsorgliche Massnahmen können bei **Eintritt neuer Umstände oder bei Vorlage neuer Beweismittel** geändert werden (vgl. REYMOND, in: TERCIER/BOVET, CR Concurrence, Art. 17 N 122; WALTER, in: HOMBURGER, Kommentar 1996, Art. 17 N 44). Eine Änderung kommt auch in Frage, wenn die Vorlage eines Gutachtens der Weko im Hauptverfahren (vgl. Art. 15 Abs. 1) das zuständige Gericht zu einer anderen rechtlichen Einschätzung veranlasst (so WALTER, in: HOMBURGER, Kommentar 1996, Art. 17 N 44; a.M. REYMOND, in: TERCIER/BOVET, CR Concurrence, Art. 17 N 124; vgl. auch RPW 1999/2, 336 E. 10 – Handelsgericht des Kantons St. Gallen – Belieferung mit «Nintendo»-Videokonsolen). Die Zuständigkeit für die Anpassung vorsorglicher Massnahmen liegt vor Einleitung des Hauptverfahrens bei dem Gericht, welches das Massnahmebegehren erlassen hat, danach bei dem für die Hauptsache zuständigen Gericht.

27 Die Vollstreckung vorsorglicher Massnahmen richtet sich grundsätzlich nach kantonalem Recht. Da vorsorgliche Massnahmen im Rahmen des KG im Regelfall auf ein Tun oder Unterlassen gerichtet sind, können sie nur indirekt mittels **Androhung von Ordnungsbusse** oder **Bestrafung wegen Ungehorsams gemäss Art. 292 StGB** durchgesetzt werden (LANG, Ansprüche, 194). Damit eine Ungehorsamsstrafe durchgesetzt werden kann, muss schon in der vorsorglichen Massnahme selbst ein Hinweis auf die strafrechtlichen Folgen der Widerhandlung unter Angabe der möglichen Sanktionen (Busse oder Haft) enthalten sein.

28 Gemäss Art. 28e Abs. 1 ZGB müssen vorsorgliche Massnahmen, die im Rahmen des KG erlassen werden, in allen Kantonen **wie Urteile vollstreckt** werden. Damit wird auf Art. 122 Abs. 3 BV verwiesen, wonach rechtskräftige Zivilurteile in der ganzen Schweiz vollstreckbar sind. Dementsprechend sind Massnahmenentscheide, die den Gesuchsgegner zu einem Tun oder Unterlassen verpflichten, ohne weiteres in der ganzen Schweiz wirksam, ohne dass sie zuvor von einem Gericht am Aufenthaltsort des Gesuchsgegners anerkannt oder vollstreckt werden müssten (vgl. REYMOND, in: TERCIER/BOVET, CR Concurrence, Art. 17 N 141). Beweissicherungsmassnahmen, die ausserhalb des Gerichtskantons vollstreckt werden sollen, setzen hingegen die Mitwirkung der Behörden im Vollstreckungskanton voraus, wobei sich Voraussetzungen und Art der Mitwirkung nach dem

Konkordat über die Vollstreckung von Zivilurteilen vom 10. März 1977 richten (vgl. REYMOND, in: TERCIER/BOVET, CR Concurrence, Art. 17 N 142).

5. Sicherheitsleistung und Haftung

Gemäss Art. 17 Abs. 2 KG i.V.m. Art. 28d Abs. 3 ZGB kann das Gericht 29 die Gewährung vorsorglicher Massnahmen davon abhängig machen, dass der Gesuchsteller eine Sicherheit zur Deckung möglicher Schadenersatzansprüche des Gesuchgegners stellt. Dafür muss der Gesuchsgegner konkret darlegen, dass die von der Gegenseite beantragten vorsorglichen Massnahmen geeignet sind, ihm aufgrund der damit verbundenen Einschränkungen einen beträchtlichen Schaden zu verursachen (vgl. BGer 11. Juli 1988, SemJud 1989, 360). Sofern die verlangte Massnahme darauf gerichtet ist, den Gesuchsteller zu marktüblichen Konditionen zu beliefern, dürfte dies jedoch i.d.R. nicht der Fall sein (ZÄCH, Kartellrecht 2005, N 931). Selbst wenn der Gesuchsgegner einen entsprechenden Schaden als wahrscheinlich dargelegt hat, steht dem Gericht **breites Ermessen** im Hinblick auf die Anordnung einer Sicherheitsleistung zu (vgl. RPW 2001/3, 587 E. 8b – Entscheid Zivilabteilung des Bundesgerichts i.S. Kanton Aargau/ Bestattungsinstitut A. betr. Artikel 9, 27 u. 29 BV; vgl. auch ZÄCH/HEIZMANN, Durchsetzung, 1068).

Die **Form der Sicherheitsleistung** wird vom kantonalen Recht bestimmt. Im 30 Vordergrund stehen die Stellung einer Bankgarantie, einer Barkaution oder einer Bürgschaft. Die fragliche Sicherheit ist vom Gesuchsteller innerhalb der vom Gericht angesetzten Frist zu leisten. Versäumt der Gesuchsteller diese Frist, ist sein Begehren auf Erlass vorsorglicher Massnahmen abzuweisen. Über die **Freigabe** der geleisteten Sicherheit wird erst entschieden, wenn feststeht, dass keine Schadenersatzklage erhoben wird (vgl. Art. 28f Abs. 3 ZGB), wobei eine solche Klage immer dann in Frage kommt, wenn sich die angeordneten Massnahmen im Hauptsacheverfahren als unberechtigt erwiesen haben, und dem Gesuchsgegner daraus ein Schaden erwachsen ist (vgl. REYMOND, in: TERCIER/BOVET, CR Concurrence, Art. 17 N 165). Auf Begehren des Gesuchstellers sowie von Amtes wegen kann der Richter dem Gesuchsgegner eine Frist für die Erhebung einer Schadenersatzklage ansetzen; wird während dieser Frist keine Klage eingeleitet, wird die geleistete Sicherheit automatisch freigegeben.

Die materiellen Voraussetzungen für einen Schadenersatzanspruch wegen unbe- 31 rechtigter vorsorglicher Massnahmen ergeben sich aus Art. 28f Abs. 1 ZGB. Danach haftet der Gesuchsteller **grundsätzlich kausal**; das Gericht kann entsprechende Schadenersatzforderungen allerdings abweisen oder in der Höhe reduzieren, wenn den Gesuchsteller kein oder nur ein leichtes Verschulden trifft (vgl. LANG, Ansprüche, 196 f.). Erforderlich ist überdies in jedem Fall, dass sich die fraglichen Massnahmen als unberechtigt erwiesen haben, sei es, dass ein gegen sie gerichtetes Rechtsmittel gutgeheissen wurde, sei es, dass Ansprüche des Gesuchstellers im Hauptverfahren abgewiesen wurden. Die blosse Tatsache, dass die vorsorglichen Massnahmen nicht durch Einleitung eines ordentlichen Verfahrens prosequiert wurden, ist hingegen für sich allein nicht ausreichend (vgl. REYMOND, in: TERCIER/BOVET, CR Concurrence, Art. 17 N 165).

4. Kapitel: Verwaltungsrechtliches Verfahren

1. Abschnitt: Wettbewerbsbehörden

Art. 18 Wettbewerbskommission

Wettbewerbs-
kommission

[1] Der Bundesrat bestellt die Wettbewerbskommission und bezeichnet die Mitglieder des Präsidiums.

[2] Die Wettbewerbskommission besteht aus 11–15 Mitgliedern. Die Mehrheit der Mitglieder müssen unabhängige Sachverständige sein.

[2bis] Die Mitglieder der Wettbewerbskommission legen ihre Interessen in einem Interessenbindungsregister offen.

[3] Die Wettbewerbskommission trifft die Entscheide und erlässt die Verfügungen, die nicht ausdrücklich einer anderen Behörde vorbehalten sind. Sie gibt Empfehlungen (Art. 45 Abs. 2) und Stellungnahmen (Art. 46 Abs. 2) an die politischen Behörden ab und erstattet Gutachten (Art. 47 Abs. 1).

Commission
de la concurrence

[1] Le Conseil fédéral institue la Commission de la concurrence (commission) et nomme les membres de la présidence.

[2] La commission comprend entre onze et quinze membres. Ceux-ci sont en majorité des experts indépendants.

[2bis] Les membres de la commission signalent leurs intérêts dans un registre des intérêts.

[3] Elle prend toutes les décisions qui ne sont pas expressément réservées à une autre autorité. Elle adresse des recommandations (art. 45, al. 2) et des préavis (art. 46, al. 2) aux autorités politiques, et élabore des avis (art. 47, al. 1).

Commissione
della concorrenza

[1] Il Consiglio federale istituisce la Commissione della concorrenza e designa i membri della presidenza.

[2] La Commissione è composta di 11 a 15 membri. La maggioranza dei membri devono essere esperti indipendenti.

[2bis] I membri della Commissione della concorrenza rendono noti i loro interessi in un registro degli interessi.

[3] La Commissione prende tutte le decisioni che non sono espressamente riservate ad altre autorità. Emana raccomandazioni (art. 45 cpv. 2) e preavvisi (art. 46 cpv. 2) all'indirizzo delle autorità politiche e fornisce pareri (art. 47 cpv. 1).

Inhaltsübersicht Note

I. Allgemeines 1
II. Wahl und Mitglieder der Wettbewerbskommission (Abs. 1–2bis) 3
   1. Wahl der Mitglieder der Wettbewerbskommission 3
   2. «Abhängige» und «unabhängige» Sachverständige 4
   3. Interessenbindungsregister 6
III. Kompetenzen der Wettbewerbskommission (Abs. 3) 7

I. Allgemeines

1 Neben den Zivilgerichten sind die folgenden fünf **Behörden** mit der Umsetzung des Kartellgesetzes betraut: Die Weko, das Sekretariat, das Bundesverwaltungsgericht, das Bundesgericht sowie der Bundesrat. Art. 18–22 regeln die Aufgaben der Weko, Art. 23 und 24 diejenigen des ihr unterstellten Sekretariats.

2 Die Weko ist eine **Milizbehörde**, die durch das vollamtliche Sekretariat unterstützt wird. Eine duale Organisationsstruktur prägt die Zusammenarbeit der beiden Wettbewerbsbehörden: Das Sekretariat ist Untersuchungs- und Vollzugsbehörde (Art. 23 Abs. 1), während die Weko als erstinstanzliche Entscheidbehörde fungiert (Art. 18 Abs. 3). Das Sekretariat ist zudem eine wichtige Auskunfts- und Beratungsstelle im schweizerischen Wettbewerbsrecht.

II. Wahl und Mitglieder der Wettbewerbskommission (Abs. 1–2bis)

1. Wahl der Mitglieder der Wettbewerbskommission

3 Der **Bundesrat** wählt die Mitglieder und bezeichnet das Präsidium der Weko (Art. 18 Abs. 1). Zurzeit zählt die Weko 15 Mitglieder, wovon eines als Präsident und zwei als Vizepräsidenten amten. Alle Mitglieder sind nebenamtlich tätig.

2. «Abhängige» und «unabhängige» Sachverständige

4 Neben dem notwendigen Sachverstand hat zumindest die Mehrheit der Mitglieder die zusätzliche Wahlvoraussetzung der **Unabhängigkeit** zu erfüllen. Diese Unabhängigkeit nach Art. 18 Abs. 2 steht dabei im Gegensatz zur «Abhängigkeit» der übrigen Kommissionsmitglieder, die Vertreter der Wirtschaft und der Konsumenten sein können (Vertreter einzelner Unternehmen sind jedoch nicht zugelassen, vgl. BIZZOZERO, in: TERCIER/BOVET, CR Concurrence, Art. 18 N 24). Die Voraussetzung des unabhängigen Sachverständigen erfüllen dabei typischer-

weise Hochschullehrer der Wirtschafts- und Rechtswissenschaft. Die aktuelle Weko setzt sich aus acht Professoren und einem Botschafter («unabhängige» Mitglieder), einem Richter, der als Vertreter der Konsumentenorganisationen amtet und fünf Branchenvertretern (Schweizerischer Bauernverband, Schweizerischer Gewerbeverband, Schweizerischer Gewerkschaftsbund, economiesuisse, Schweizerischer Kaufhausverband) zusammen.

Durch die Zusammenführung von «abhängigen» und «unabhängigen» Mitgliedern in der Weko soll eine partnerschaftliche Zusammenarbeit von Staat und Wirtschaft in der Umsetzung des Wettbewerbsrechts erreicht werden. Es wird zudem argumentiert, die Wettbewerbsbehörde profitiere von der Praxiserfahrung und Fachkenntnis der **Verbandsvertreter** (vgl. RPW 2001/1, 194 – Revision Kartellrecht [Stellungnahme]). Gleichzeitig birgt diese Lösung jedoch die offensichtliche Gefahr wirtschaftspolitischer und – da nur einzelne Wirtschaftszweige vertreten sind – rechtsungleicher Rechtsanwendung. Dass gerade in der Behörde, welche dem freien Wettbewerb zum Durchbruch verhelfen soll, Interessenvertreter einzelner Wirtschaftsverbände vertreten sind, entbehrt nicht einer gewissen Ironie und stösst in der Lehre auf entsprechende Kritik (vgl. BILGER, Verwaltungsverfahren, 23; DÄHLER, in: VON BÜREN/DAVID, SIWR V/2, 556 f.). Bisherige Versuche, das Kartellgesetz insofern zu revidieren, als nur noch unabhängige Sachverständige in die Kommission gewählt werden können, stiessen bei den Verbänden erwartungsgemäss auf heftige Kritik (vgl. Art. 18 Abs. 2 VE u. Botschaft KG 2003, 2031 f.). Mit Erfolg verteidigte die Verbands-Lobby ihre als «wohlerworbenes Recht» betrachtete Stellung in der Weko (vgl. Bericht Standortbestimmung 2000, 3360 u. Botschaft KG 1995, 2031 f.).

3. Interessenbindungsregister

Das in Art. 2bis vorgeschriebene **Interessenbindungsregister** (auf der Homepage der Weko einsehbar: www.weko.admin.ch) kann Hinweise auf eine mögliche Befangenheit – auch eines an sich «unabhängigen» Mitglieds – liefern (vgl. auch Art. 22 nachfolgend zum Ausstand von Kommissionsmitgliedern).

III. Kompetenzen der Wettbewerbskommission (Abs. 3)

Gemäss Generalklausel in Art. 18 Abs. 3 ist die Weko für sämtliche wettbewerbsrechtlichen Entscheide und Verfügungen zuständig, die nicht ausdrücklich einer anderen Behörde, insb. dem Sekretariat (vgl. Art. 23), vorbehalten sind. Die Weko ist somit die allgemeine **erstinstanzliche Entscheidbehörde** in Wettbewerbssachen. Sie beurteilt insb. Wettbewerbsbeschränkungen nach Art. 5 und 7 sowie die Auswirkungen von Unternehmenszusammenschlüssen auf den Wettbewerb. Hierzu ist die Weko mit selbständiger Verfügungsbefugnis ausgestattet

(Art. 30 Abs. 1). Damit ist die faktische Unabhängigkeit vom Eidgenössischen Volkswirtschaftsdepartement gewährleistet (zur rechtlichen Stellung der Weko in der Bundesverwaltung vgl. Art. 19).

8 Die Weko kann zudem den politischen Behörden **Empfehlungen** (Art. 45 Abs. 2) sowie **Stellungnahmen** im Vernehmlassungsverfahren (Art. 46 Abs. 2) abgeben und **Gutachten** erstellen (Art. 47 Abs. 1). Der Weko obliegt die Information der Öffentlichkeit und des Bundesrats (Art. 49). Die Weko entscheidet überdies über Verwaltungssanktionen (Art. 53). Vgl. hierzu die Ausführungen zu den entsprechenden Artikeln.

Art. 19 Organisation

Organisation

¹ Die Wettbewerbskommission ist von den Verwaltungsbehörden unabhängig. Sie kann sich in Kammern mit selbständiger Entscheidungsbefugnis gliedern. Sie kann ein Mitglied des Präsidiums im Einzelfall ermächtigen, dringliche Fälle oder Fälle untergeordneter Bedeutung direkt zu erledigen.

² Die Wettbewerbskommission ist administrativ dem Eidgenössischen Volkswirtschaftsdepartement (Departement) zugeordnet.

Organisation

¹ La commission est indépendante des autorités administratives. Elle peut se composer de chambres dotées chacune du pouvoir de décision. Elle peut, dans des cas particuliers, charger un membre de sa présidence de régler des affaires urgentes ou d'importance mineure.

² La commission est rattachée administrativement au Département fédéral de l'économie (ci-après «le département»).

Organizzazione

¹ La Commissione è indipendente dalle autorità amministrative. Essa può strutturarsi in Camere dotate di competenze decisionali autonome. In singoli casi può autorizzare un membro della presidenza a sbrigare direttamente casi urgenti o di secondaria importanza.

² La Commissione è aggregata amministrativamente al Dipartimento federale dell'economia (Dipartimento).

Inhaltsübersicht   Note

I. Unabhängigkeit der Weko 1
II. Kammersystem 3
    1. Drei Kammern 3
    2. Organisation 4
    3. Kompetenzen 5
III. Präsidialverfahren 6
    1. Voraussetzungen 6
        a. Dringlichkeit oder untergeordnete Bedeutung 6
        b. Einzelfallermächtigung 7
        c. Besondere Dringlichkeit 8
    2. Kritik 9

I. Unabhängigkeit der Weko

1 Die Weko ist **unabhängig**, d.h. in ihrer Tätigkeit nicht an Weisungen des Bundesrats oder eines Departements gebunden und untersteht als Einheit der dezentralen Bundesverwaltung keiner direkten Aufsicht (Art. 19 Abs. 1 Satz 1, Art. 24 Abs. 3 RVOV u. Art. 8 RVOV i.V.m. Art. 6 Abs. 1 lit. e u. Abs. 4 RVOV). Entsprechend hat die Zuordnung der Weko zum Eidgenössischen Volkswirtschaftsdepartement rein administrative Bedeutung (Art. 19 Abs. 2).

2 Nicht zu unterschätzen ist jedoch die **faktische Einschränkung** der Autonomie der Weko, durch Wahlentscheide des Bundesrats sowie die Kompetenz des Bundesrats und des Parlaments über das Budget der Weko zu entscheiden. Budgetkürzungen können die Ressourcen und damit die «Schlagkraft» der Kommission erheblich vermindern (vgl. DÄHLER, in: VON BÜREN/DAVID, SIWR V/2, 562).

II. Kammersystem

1. Drei Kammern

3 Das Gesetz ermächtigt die Weko, sich in **Kammern** mit **selbständiger Entscheidungsbefugnis** zu gliedern (Art. 19 Abs. 1 Satz 2). Von dieser Möglichkeit hat die Weko Gebrauch gemacht und die folgenden drei Kammern gebildet: (i) Kammer **industrielle Produktion und Gewerbe**, (ii) Kammer **Dienstleistungen** und (iii) Kammer **Infrastruktur** (Medien, Kommunikation, Energie etc.) (Art. 1 Abs. 1 lit. b i.V.m. Art. 5 Abs. 1 Reglement). Die Zuteilung des Geschäfts an eine der Kammern erfolgt danach, welcher sachliche Markt bzw. Wirtschaftssektor von der Wettbewerbsbeschränkung oder vom Zusammenschluss schwergewichtig massgeblich betroffen ist (Art. 5 Abs. 1 Reglement).

2. Organisation

4 Jeder der drei Kammern steht ein **Präsidiumsmitglied** vor (Art. 7 Abs. 2 Reglement). Mindestens die Hälfte der je vier Mitglieder und Ersatzmitglieder jeder Kammer müssen **unabhängige Sachverständige** i.S.v. Art. 18 Abs. 2 sein (Art. 2 Abs. 1 Reglement).

3. Kompetenzen

5 Gemäss Reglement geniessen die Kammern in ihrem Bereich grundsätzlich selbständige Entscheidungsbefugnis und sind der Gesamtkommission insofern gleichgestellt (vgl. Art. 1 Reglement). In drei Fällen muss jedoch ausnahmsweise

die **Gesamtkommission** entscheiden, nämlich (i) wenn die betreffende Kammer dies beschliesst, (ii) wenn grundsätzliche Rechtsfragen, insb. Praxisänderungen, zu beurteilen sind, oder (iii) wenn mindestens drei Kommissionsmitglieder dies beantragen (Art. 6 Abs. 1 i.V.m. Art. 4 Abs. 2 Reglement, Art. 4 Abs. 4 Reglement). In der gegenwärtigen Praxis beurteilt die Kammer Zusammenschlüsse selbständig, während in Fällen nach Art. 5 und 7 die Gesamtkommission zuständig ist. Die Kammern bereiten in diesen Fällen die Geschäfte für die Gesamtkommission vor.

III. Präsidialverfahren

1. Voraussetzungen

a. Dringlichkeit oder untergeordnete Bedeutung

Die Weko oder eine einzelne Kammer kann ein Mitglied des Präsidiums (bzw. den Kammerpräsidenten) ermächtigen, ein Geschäft direkt zu erledigen. Voraussetzung ist, dass dies wegen **Dringlichkeit** geboten scheint **oder** das Geschäft von **untergeordneter Bedeutung** ist (Art. 19 Abs. 1 Satz 3 KG, Art. 7 Abs. 3 Reglement). Ob ein Fall «dringlich» oder «von untergeordneter Bedeutung» und damit an ein Präsidiumsmitglied delegierbar ist, entscheidet das Plenum (Gesamtkommission oder Kammer) (vgl. zu den Mindestanforderungen zur Beschlussfähigkeit die Ausführungen zu Art. 21). Mit Blick auf den Zweck und den Ausnahmecharakter der Bestimmung sollte ein Geschäft dann als **dringlich** betrachtet werden, wenn die Rechte der Betroffenen durch den Zeitverlust infolge eines ordentlichen Verfahrens gefährdet werden könnten. Umfang und Reichweite der präsidialen Anordnungen müssen entsprechend dieser Gefährdung auf das notwendige Mass beschränkt sein und alle weiteren Verfügungen müssen dem Plenum überlassen werden.

b. Einzelfallermächtigung

Die Ermächtigung darf **nur «im Einzelfall»**, d.h. auf ein konkretes Geschäft beschränkt, erfolgen. Blankovollmachten von der Weko (bzw. einer Kammer) an ein einzelnes Präsidiumsmitglied (bzw. an den Kammerpräsidenten) sind unzulässig.

c. Besondere Dringlichkeit

In ihrem Geschäftsreglement hat die Weko das Gesetz insofern ergänzt, als bei **«besonderer Dringlichkeit»** das zuständige Präsidiumsmitglied «das Nötige» anordnen kann, wobei die Kommission oder die Kammer sofort zu informieren sind (Art. 7 Abs. 3 Satz 2 Reglement). Unklar ist, wann «besondere Dringlichkeit» vorliegt und welche Anordnungen unter **«das Nötige»** im Sinne der Reglementsnorm fallen. Besondere Dringlichkeit kann jedenfalls nur dann vorliegen, wenn es nicht vertretbar erscheint, dass ein Zeitverlust infolge einer vorgängigen Erteilung der Ermächtigung nach Art. 19 Abs. 1 Satz 3 im Einzelfall die Interessen der Betroffenen beeinträchtigt. In der Praxis scheinen Anordnungen wegen besonderer Dringlichkeit selten zu sein.

2. Kritik

9   Obwohl das Gesetz mit den beschriebenen Delegationsvoraussetzungen einem ausufernden Präsidialsystem Grenzen setzt, bleibt insb. die Voraussetzung der Dringlichkeit **problematisch**. Denn es ist nicht auszuschliessen, dass der dringliche Fall gleichzeitig von grosser Bedeutung ist und die Rechte der Betroffenen im präsidialen Schnellverfahren nicht genügend berücksichtigt werden. Die Lehre fordert deshalb zu Recht, nur in besonderen Fällen anzunehmen, dass diese Delegationsvoraussetzung vorliegt (vgl. SCHMIDHAUSER, in: HOMBURGER, Kommentar 1996, Art. 20 N 12 u. 29).

10 Wo die Betroffenen eine Behandlung ihres Falls als dringliches oder gar besonders dringliches Präsidialgeschäft vermeiden möchten, empfiehlt sich eine entsprechende («nicht dringliche») Darstellung oder gar ein expliziter Antrag in der Eingabe. Damit ist die **besonders speditive Bearbeitung** im (vom Entscheidverfahren der Weko getrennten) Untersuchungsverfahren des Sekretariats nicht etwa ausgeschlossen, denn dieses kennt kein spezifisches Dringlichkeitsverfahren (vgl. SCHMIDHAUSER, in: HOMBURGER, Kommentar 1996, Art. 19 N 13).

Art. 20 Geschäftsreglement

Geschäftsreglement

¹ Die Wettbewerbskommission erlässt ein Geschäftsreglement; darin regelt sie insbesondere die Einzelheiten der Organisation, namentlich die Zuständigkeiten des Präsidiums, der einzelnen Kammern und der Gesamtkommission.

² Das Geschäftsreglement bedarf der Genehmigung durch den Bundesrat.

Règlement interne

¹ La commission édicte un règlement qui fixe les détails de son organisation et notamment ses propres compétences, celles des membres de sa présidence et de chacune des chambres.

² Le règlement interne est soumis à l'approbation du Conseil fédéral.

Regolamento interno

¹ La Commissione emana un regolamento interno che disciplina in particolare i dettagli organizzativi, segnatamente le competenze della presidenza, delle singole camere e del plenum.

² Il regolamento interno deve essere approvato dal Consiglio federale.

Inhaltsübersicht Note

I. Allgemeines 1
II. Inhalt des Geschäftsreglements 3
   1. Organisation der Wettbewerbskommission 3
   2. Tätigkeiten der Weko 4
   3. Informationspolitik, Publikationen, Rechnungswesen ... 5

I. Allgemeines

Art. 20 ermächtigt die Weko zum **Erlass** eines Geschäftsreglements, das [1] insb. die Zuständigkeiten des Präsidiums, der einzelnen Kammern und der Gesamtkommission regeln soll. Das Gesetz selber bestimmt hierzu nur die Grundsätze (vgl. Art. 18 u. 19) und gewährt der Weko damit weitgehende Organisationsautonomie. Das Geschäftsreglement tritt erst mit der (konstitutiven) Genehmigung des Bundesrats in Kraft (Art. 20 Abs. 2).

Die Weko hat am 1. Juli 1996 ein **Geschäftsreglement** erlassen (nachfolgend [2] Reglement). Dieses enthält (von den Übergangsbestimmungen abgesehen) die folgenden drei Kapitel: (i) Organisation der Wettbewerbskommission, (ii) Tätigkeiten der Wettbewerbskommission, (iii) Informationspolitik, Publikationen und Rechnungswesen.

II. Inhalt des Geschäftsreglements

1. Organisation der Wettbewerbskommission

3   Das erste Kapitel des Reglements (Art. 1–11 Reglement) regelt die **Zuständigkeiten** und die Organisation der vier Entscheidungsorgane der Weko: der Kommission als Ganzes, der einzelnen Kammern, des Präsidiums sowie der einzelnen Präsidiumsmitglieder. Zur Abgrenzung der Zuständigkeitsbereiche vgl. insb. die Ausführungen zu Art. 19. Das Sekretariat gilt nicht als Entscheidungsorgan, obwohl ihm eine gewisse Entscheidungsbefugnis zukommt (vgl. Art. 23).

2. Tätigkeiten der Weko

4   Im zweiten Kapitel des Reglements (Art. 12–20 Reglement) werden zunächst die Tätigkeiten des Sekretariats als Untersuchungsbehörde unter der Leitung des Direktors festgehalten (vgl. dazu die Ausführungen zu Art. 23). Sodann regelt dieses Kapitel vereinzelte Fragen der Tätigkeit der Weko und ihrer Kammern, so insb. die **Befugnisse** dieser Organe betreffend die vom Sekretariat durchzuführenden Vorabklärungen und Untersuchungen (Art. 17 Reglement; vgl. nähere Ausführungen zu Art. 27–30).

3. Informationspolitik, Publikationen, Rechnungswesen

5   Im dritten Kapitel des Reglements (Art. 21–24 Reglement) finden sich **konkretisierende Regelungen** zu Art. 28 Abs. 1, Art. 48 sowie Art. 49. So wird insb. festgehalten, dass die Eröffnung von Untersuchungen im Schweizerischen Handelsblatt publiziert wird (Art. 22 Abs. 1 Reglement) und Verfügungen «in der Regel» publiziert werden. Wichtigstes Publikationsorgan ist die Zeitschrift «Recht und Politik des Wettbewerbs» (RPW), welche die Entscheide und Verlautbarungen der Wettbewerbskommission enthält.

Art. 21 Beschlussfassung

Beschlussfassung

¹ Die Wettbewerbskommission und die Kammern sind beschlussfähig, wenn mindestens die Hälfte der Mitglieder, in jedem Fall aber mindestens drei Mitglieder, anwesend sind.

² Sie fassen ihre Beschlüsse mit dem einfachen Mehr der anwesenden Mitglieder; bei Stimmengleichheit gibt der Präsident oder die Präsidentin den Stichentscheid.

Décisions

¹ La commission et les chambres délibèrent valablement lorsque la moitié au moins des membres sont présents, ce nombre ne pouvant en aucun cas être inférieur à trois.

² Elles prennent leurs décisions à la majorité simple des membres présents; en cas d'égalité des voix, celle du président est prépondérante.

Decisioni

¹ La Commissione e le sue camere deliberano validamente se sono presenti almeno la metà dei membri, ma in ogni caso almeno tre membri.

² Le decisioni sono prese alla maggioranza semplice dei membri presenti; a parità di voti prevale quello del presidente.

Inhaltsübersicht Note

I. Allgemeines 1
II. Quorum 3
III. Mehrheit 6
IV. Folgen der Verletzung von Art. 21 8

I. Allgemeines

Art. 21 bestimmt das notwendige **Quorum** sowie die benötigte Mehrheit, [1] damit die Kommission und ihre Kammern gültig Beschlüsse fassen können. Die Bestimmung gilt für **sämtliche Entscheidungen** dieser Organe **im weitesten Sinne**. Sie umfasst End- und Zwischenentscheide sowie Entscheide, die (wie z.B. der Beschluss zur Eröffnung einer Untersuchung) nicht als Verfügungen i.S.v. Art. 5 VwVG qualifiziert werden können (vgl. BIZZOZERO, in: TERCIER/BOVET, CR Concurrence, Art. 21 N 4).

Für eine **formell gültige Beschlussfassung** sind jedoch noch weitere Bestim- [2] mungen zu beachten, so insb. die aufgrund der Verweisung in Art. 39 ebenfalls anwendbaren Bestimmungen des VwVG betreffend Eröffnung (Art. 34, 36 u. 38 VwVG), Begründung und Rechtsmittelbelehrung (Art. 35 VwVG) des Entscheids. Gemäss Art. 16 Abs. 1 Reglement sind die Verfügungen überdies vom zuständigen Präsidiumsmitglied und (für das Sekretariat) vom Direktor zu unterzeichnen.

II. Quorum

3   Gemäss Art. 21 Abs. 1 ist die Kommission oder eine ihrer Kammern beschlussfähig, wenn **mindestens die Hälfte**, im Fall der Kammern aber **mindestens drei Mitglieder**, anwesend sind. In ihrer aktuellen Zusammensetzung erfordert ein Beschluss der (Gesamt-)Kommission somit die Anwesenheit von mindestens acht Mitgliedern. Bei einem Beschluss einer **Kammer** müssen die Mehrheit der anwesenden Mitglieder zudem unabhängige Sachverständige sein (Art. 2 Abs. 2 Reglement). Ein Kammerentscheid erfordert somit die Anwesenheit von mindestens zwei unabhängigen Sachverständigen und eines weiteren Mitglieds.

4   Eine entsprechende **Quorumsregel** bezüglich der Eigenschaft der Mitglieder fehlt hingegen für die **Beschlüsse der Gesamtkommission**. Damit sind Kommissionsbeschlüsse unter beinahe ausschliesslicher Teilnahme abhängiger Mitglieder durchaus denkbar (setzt sich die 15-köpfige Kommission z.b. aus sieben abhängigen und acht unabhängigen Mitgliedern zusammen, könnten die sieben abhängigen Mitglieder und ein unabhängiges Mitglied bereits gültig Beschlüsse fassen). Ob ein solches Resultat jedoch vom Gesetzgeber bewusst in Kauf genommen wurde (die Botschaft äussert sich nicht dazu, vgl. Botschaft KG 1995, 598) und mit Blick auf Art. 18 Abs. 2 haltbar ist, ist fraglich. Entgegen der Meinung der Weko (vgl. RPW 2001/1, 194 – Revision Kartellgesetz) genügt diese Norm allein eben gerade nicht, um zu verhindern, dass die Praxis der Kommission von Verbandsvertretern bestimmt wird. Deshalb wäre eine zu Art. 2 Abs. 2 Reglement analoge Regelung auf Gesetzes- oder zumindest Reglementsstufe, welche auch für die Gesamtkommission ein Anwesenheitsquorum der unabhängigen Mitglieder vorsehen würde, zu begrüssen.

5   Mitglieder, die in den Ausstand treten (vgl. nachfolgend Art. 22), werden selbstverständlich nicht für das Quorum berücksichtigt und sind bereits aus der Beratung auszuschliessen (vgl. BIZZOZERO, in: TERCIER/BOVET, CR Concurrence, Art. 21 N 12). Die Quorumsregel ist aufgrund der nur nebenamtlichen Tätigkeit der Kommissionsmitglieder durchaus von praktischer Relevanz. Art. 10 Abs. 2 Reglement sieht die Möglichkeit der Beschlussfassung auf dem **Zirkulationsweg** vor. Von dieser Möglichkeit wir in der Praxis v.a. bei unproblematischen oder kleineren Geschäften Gebrauch gemacht.

III. Mehrheit

6   Art. 21 Abs. 2 bestimmt, dass Beschlüsse mit dem **einfachen Mehr** der anwesenden Mitglieder gefasst werden. Bei Stimmengleichheit gibt der Präsident

der Kommission bzw. der Kammerpräsident den Stichentscheid. Nur zustimmende oder ablehnende Stimmen sind für die Bestimmung der Mehrheit massgebend, **Enthaltungen** bleiben unberücksichtigt. Deshalb ist – zumindest rhetorisch – auch ein Entscheid aufgrund einer einzigen abgegebenen Stimme denkbar (vgl. BIZZOZERO, in: TERCIER/ BOVET, CR Concurrence, Art. 21 N 12).

Ob die anwesenden Stimmenden abhängige oder unabhängige Mitglieder sind, ist unerheblich. Dem unter dem Aspekt der Rechtsstaatlichkeit bestehenden Problem der **Vertretung von Partikularinteressen in der Kommission** (vgl. die Ausführungen zu Art. 18 Abs. 2) wird damit wie bereits mit der Quorumsregel von Art. 21 Abs. 1 nur ungenügend Rechnung getragen. Sind nicht sämtliche unabhängigen Mitglieder in der Kommission anwesend bzw. verpassen sie im Zirkulationsverfahren die fristgerechte Stimmabgabe, kann es zu Entscheiden kommen, die ausschliesslich von abhängigen Mitgliedern beschlossen werden. Immerhin dürfte dieser Fall in der Praxis kaum vorkommen. 7

IV. Folgen der Verletzung von Art. 21

Ergeht ein Beschluss ohne Einhaltung des Quorums oder ohne notwendige Mehrheit, ist er wegen schweren Formmangels als **nichtig** zu betrachten (vgl. BIZZOZERO, in: TERCIER/BOVET, CR Concurrence, Art. 21 N 22). 8

Aus praktischer Sicht ist die **externe Überprüfung** der Einhaltung der formellen Voraussetzungen eines Beschlusses der Weko jedoch **kaum möglich**. Die Verhandlungen der Kommission sind nicht öffentlich (Art. 10 Abs. 3 Reglement) und die Sitzungsprotokolle sind den betroffenen Privaten nicht zugänglich. Die Protokolle halten überdies regelmässig nur den Beschluss als Endergebnis fest, ohne die einzelnen Pro- und Contra-Stimmen bzw. Enthaltungen aufzulisten. Immerhin geht aus dem Protokoll die Liste der anwesenden Mitglieder hervorgeht, womit zumindest die Einhaltung des Quorums von Art. 21 Abs. 1 überprüfbar ist (vgl. BIZZOZERO, in: TERCIER/BOVET, CR Concurrence, Art 21 N 9 u. 16). 9

Art. 22 Ausstand von Kommissionsmitgliedern

Ausstand von Kommissionsmitgliedern

[1] Ein Mitglied der Wettbewerbskommission tritt in den Ausstand, wenn ein Ausstandsgrund nach Artikel 10 des Verwaltungsverfahrensgesetzes vom 20. Dezember 1968 vorliegt.

[2] Ein persönliches Interesse oder ein anderer Grund der Befangenheit ist in der Regel nicht gegeben, wenn ein Mitglied der Wettbewerbskommission einen übergeordneten Verband vertritt.

[3] Ist der Ausstand streitig, so entscheidet die Wettbewerbskommission oder die entsprechende Kammer unter Ausschluss des betreffenden Mitgliedes.

Récusation de membres de la commission

[1] Tout membre de la commission doit se récuser lorsqu'il existe un motif de récusation en vertu de l'art. 10 de la loi fédérale du 20 décembre 1968 sur la procédure administrative.

[2] En règle générale, un membre de la commission n'est pas réputé avoir un intérêt personnel dans l'affaire ni donner lieu à un autre motif de récusation du simple fait qu'il représente une association faîtière.

[3] Si la récusation est contestée, la commission ou la chambre concernée statue en l'absence du membre en cause.

Ricusazione di membri della Commissione

[1] I membri della Commissione devono ricusarsi qualora sussista un motivo di ricusazione secondo l'articolo 10 della legge federale sulla procedura amministrativa.

[2] Di norma non si considera che un membro della Commissione abbia interessi personali o che sussistano altri motivi di prevenzione se questi rappresenta un'associazione mantello.

[3] Se la ricusazione è contestata, la Commissione o la pertinente camera decidono in assenza del membro interessato.

Inhaltsübersicht   Note

I. Allgemeines 1
II. Anwendung von Art. 10 VwVG 2
III. Ausstandsgründe 4
    1. Überblick 4
    2. Persönliches Interesse 6
    3. Verwandtschaft und Schwägerschaft 9
    4. Vertretung und andere Tätigkeiten für eine Partei 10
    5. Andere Gründe der Befangenheit 16
        a. Freundschaft oder Feindschaft 18

b. Wirtschaftliche Interessen und Abhängigkeit 21
c. Beeinflussung durch Parteien oder Dritte 23
IV. Sonderfall der Vertretung übergeordneter Verbände 25
V. Ausstandsbegehren 27
VI. Folgen des Ausstands 30
VII. Streitiger Ausstand 33
VIII. Ausstand von Sekretariatsmitarbeitern und Sachverständigen 35

I. Allgemeines

Die **praktische Relevanz** von Art. 22 ist hoch, da die Mitglieder der Weko nur nebenamtlich tätig sind und deshalb regelmässig weitere Erwerbstätigkeiten ausüben. Ihre Unvoreingenommenheit kann deshalb durch Tätigkeiten im Wirtschaftsleben gefährdet sein. Dies gilt umso mehr für die abhängigen Mitglieder, die notwendigerweise mit einzelnen Wirtschaftsakteuren verbunden sind (vgl. BIZZOZERO, in: TERCIER/BOVET, CR Concurrence, Art. 22 N 2). Gerade weil die Weko als Milizbehörde konzipiert ist, gilt es, die Einhaltung der Ausstandsregeln von Art. 22 streng zu beachten (DÄHLER, in: VON BÜREN/DAVID, SIWR V/2, 557).

II. Anwendung von Art. 10 VwVG

Art. 22 fordert den Ausstand eines Kommissionsmitglieds, wenn ein **Ausstandsgrund** nach Art. 10 VwVG vorliegt. Dieser Grundsatz wird ergänzt durch eine Sonderregel für die Vertreter übergeordneter Verbände (Art. 22 Abs. 2; vgl. nachfolgend N 25). Art. 10 VwVG bleibt auch nach Inkrafttreten des neuen VGG und der damit einhergehenden Teilrevision des VwVG in gleicher Form bestehen.

Gemäss Art. 10 Abs. 1 VwVG müssen Kommissionsmitglieder in den Ausstand treten, wenn sie:
- in der Sache ein **persönliches Interesse** haben;
- mit einer Partei in gerader Linie oder in der Seitenlinie bis zum dritten Grade **verwandt** oder **verschwägert** oder durch Ehe, Verlobung oder Kindesannahme verbunden sind;
- **Vertreter** einer Partei sind oder für eine Partei in der gleichen Sache tätig waren;
- aus **anderen Gründen** in der Sache befangen sein könnten.

III. Ausstandsgründe

1. Überblick

4 Art. 10 Abs. 1 lit. a–c VwVG enthalten **explizite, typisierte Interessenkollisionen**. Liegen die beschriebenen Umstände (persönliches Interesse, Verwandt- oder Schwägerschaft, Vertretung einer Partei) vor, wird davon ausgegangen, dass das betreffende Kommissionsmitglied mit grösster Wahrscheinlichkeit befangen ist. Ein weiterer Nachweis der Befangenheit ist nicht notwendig und ein «Gegenbeweis» der Unbefangenheit ausgeschlossen. Das **unwiderlegbar** als befangen geltende Kommissionsmitglied muss somit zwingend in den Ausstand treten (vgl. SCHINDLER, Befangenheit, 90).

5 Art. 10 Abs. 1 lit. d VwVG ergänzt die vorangehenden Kategorien typischer Interessenkollisionen mit einem **Auffangtatbestand**, der jede weitere Befangenheit, die «aus anderen Gründen» bestehen könnte, erfasst. Diese Gründe müssen **objektiv** betrachtet Zweifel an der Unbefangenheit eines Kommissionsmitgliedes wecken. Können solche Gründe nachgewiesen werden, genügt dies für die Begründung des Ausstands. Wie bei den übrigen Ausstandsgründen ist ein (ohnehin kaum möglicher) Nachweis der tatsächlichen Befangenheit des betreffenden Behördenmitglieds nicht nötig (vgl. SCHINDLER, Befangenheit, 90). Die Gefahr, dass aufgrund einzelner Umstände Kommissionsmitglieder «befangen sein könnten», genügt bereits.

2. Persönliches Interesse

6 Hat ein Kommissionsmitglied **persönliche Interessen** in einer Sache, muss das Mitglied in den Ausstand treten (Art. 10 Abs. 1 lit. a VwVG). Das Interesse kann dabei in unmittelbaren und mittelbaren Vorteilen bestehen, seien diese rechtlicher, tatsächlicher, ideeller oder wirtschaftlicher Natur. Das persönliche Interesse des betreffenden Mitglieds muss dabei als **«Sonderinteresse»** gegenüber der Interessenlage eines beliebigen anderen Behördenmitglieds erscheinen, d.h. eine «besondere Intensität des Betroffenseins» offenbaren (SCHINDLER, Befangenheit, 99).

7 Wann eine solche besondere Betroffenheit vorliegt, lässt sich an den folgenden Beispielen illustrieren: Ein persönliches Interesse liegt auf der Hand, wenn das Mitglied vom Verfahren unmittelbar als **Partei** betroffen ist. Ist eine juristische Person Verfahrenspartei, so gelten Kommissionsmitglieder mit **Organstellung** ebenfalls als in ihren persönlichen Interessen betroffen und müssen in den Ausstand treten (so z.B. im Fall Valiant Holding, RPW 2002/4, 607 – Valiant Holding, IRB Interregio Bank und Luzerner Regiobank AG [Unternehmenszusammenschluss] sowie im Fall Tierarzneimittel, RPW 2004/4, 1049, N 23 – Vertrieb von Tierarzneimitteln [Untersuchung]; vgl. auch SCHINDLER, Befangenheit, 101 mit zahlrei-

chen Hinweisen). Ein persönliches Interesse kann aber auch ohne unmittelbare bzw. mittelbare Involvierung als Partei vorliegen. So bspw., wenn ein persönliches, wirtschaftliches Interesse an einem bestimmten Ausgang des Verfahrens besteht. Ein Kommissionsmitglied kann auch befangen sein, wenn es ein Interesse an den im Verfahren offenbarten wirtschaftsrelevanten Daten und Geschäftsgeheimnissen hat.

Zur **Sonderregelung betreffend Vertreter übergeordneter Verbände** gemäss Art. 22 Abs. 2 vgl. N 25 nachfolgend. 8

3. Verwandtschaft und Schwägerschaft

Die präzise Umschreibung in Art. 10 Abs. 1 lit. b VwVG der **verwandtschaftlichen und schwägerschaftlichen Bande**, die als Ausstandsgrund zu beachten sind, verhindert Zweifelsfälle. Gleichzeitig schliesst der klar auf natürliche Personen zugeschnittene Wortlaut eine Ausdehnung auf juristische Personen aus. Eine Organstellung oder kontrollierende Beteiligung eines Kommissionsmitglieds an einer als Partei betroffenen juristischen Person fällt damit unter dieser Klausel ausser Betracht. Diese Stellung ist jedoch allenfalls als persönliches Interesse (vgl. 2. weiter vorne) oder sonstige Befangenheit (vgl. 5. weiter hinten) zu würdigen (vgl. BIZZOZERO, in: TERCIER/BOVET, CR Concurrence, Art. 22 N 11). Die praktische Relevanz von Art. 10 Abs. 1 lit. b VwVG im kartellrechtlichen Verwaltungsverfahren ist deshalb gering. 9

4. Vertretung und andere Tätigkeiten für eine Partei

Der dritte Ausstandsgrund gemäss Art. 10 lit. c VwVG umfasst die **Tätigkeit für eine Partei als Vertreter oder in anderer Eigenschaft** und steht in der Praxis der Weko im Vordergrund. Er umfasst nicht nur die Vertretung einer Partei im konkreten Verfahren, sondern auch die vielfältige Berater- und Gutachtertätigkeit der unabhängigen und abhängigen Kommissionsmitglieder. 10

Bei **aktuell bestehendem Mandatsverhältnis** zu einer Partei muss das Kommissionsmitglied in jedem Fall in den Ausstand treten. Ob das Mandat mit dem zu beurteilenden Geschäft zusammenhängt, ist nicht zu prüfen. Anders verhält es sich hingegen bei **abgeschlossenen Mandaten**. Frühere Tätigkeiten im Interesse einer Partei sind nur dann als Ausstandsgrund zu beachten, wenn sich die Dienstleistung auf die zu beurteilende Sache bezog. Erfolgte die Beratung mit Blick auf eine andere Angelegenheit, ist eine Befangenheit gemäss Art. 10 Abs. 1 lit. c VwVG i.d.R. zu verneinen (SCHINDLER, Befangenheit, 108). Diese unterschiedliche Beurteilung von offenen und abgeschlossenen Mandaten legt bereits der Gesetzestext nahe (vergleiche die Formulierung «Vertreter sind» mit «in der gleichen Sache tätig waren»). Deshalb vermag ein «einzelnes abgeschlossenes Mandat (…) im Normalfall den Anschein der Befangenheit nicht zu begründen» (BGE 116 Ia 489 E. 3b). 11

Andererseits kann auch eine Jahre zurückliegende Dienstleistung, sofern sie mit dem aktuellen Verfahren in Zusammenhang steht, einen Ausstandsgrund begründen (DÄHLER, in: VON BÜREN/DAVID, SIWR V/2, 558).

12 Ungeachtet des Vorangehenden kann Art. 10 Abs. 1 lit. c VwVG **aufgrund der konkreten Umstände** einen Ausstand begründen, obwohl keine offenen Mandate mehr bestehen und die vorangehenden keinen Zusammenhang mit dem Wettbewerbsverfahren aufweisen. So führte das Bundesgericht aus: «Ein als Richter amtender Anwalt erscheint befangen, wenn [...] er für eine Partei in dem Sinne mehrmals anwaltlich tätig wurde, dass zwischen ihnen eine Art Dauerbeziehung besteht. [...] Dass die bisherigen Mandatsverhältnisse in keinem Sachzusammenhang mit dem aktuellen Streitgegenstand stehen und für dessen Beurteilung ohne präjudizielle Bedeutung sind, ist deshalb nicht entscheidend» (BGE 116 Ia 489 E. 3b). Im vom Bundesgericht beurteilten Fall hatte der betreffende als Richter amtende Anwalt angegeben, dass er für eine der Parteien «verschiedentlich» und «vor nicht langer Zeit» anwaltlich tätig gewesen sei (vgl. BGE 116 Ia 488 E. 3 u. 116 Ia 490 E. 3b). Dies genügte dem Bundesgericht, um eine Ausstandspflicht zu befürworten.

13 Für den besonderen Fall, dass ein grösseres **Gemeinwesen** Partei des Wettbewerbsverfahrens ist und ein Kommissionsmitglied für dieses anwaltlich tätig gewesen war, hielt das Bundesgericht im eben erwähnten Fall zudem Folgendes fest: Der Einwand, es liege keine Befangenheit vor, weil die Dienstleistung für eine spezifische Amtsstelle erbracht worden sei, sei nicht stichhaltig. Befangenheit liege selbst dann vor, wenn der Zuständigkeitsbereich dieser Amtsstelle mit dem Thema des Wettbewerbsverfahrens nichts gemein habe. Denn eine «unzulässige Rücksichtnahme wegen einer künftigen Mandatierung dieses Gemeinwesens» sei auch unter diesen Umständen nicht auszuschliessen. Dies auch vor dem Hintergrund, dass es sich dabei i.d.R. um interessante Mandate «mit einem gewissen Prestigewert» handle (vgl. BGE 116 Ia 490 E. 3b).

14 Der Anschein der Befangenheit eines Behördenmitglieds gegenüber einer Partei als ehemalige Mandantin wird nicht ohne weiteres dadurch aufgehoben, dass dasselbe Behördenmitglied auch **Gegenparteien** vertritt bzw. vertrat (vgl. BGE 116 Ia 490 E. 3b).

15 Die bundesgerichtliche Rechtsprechung in der zitierten Praxis ist begrüssenswert. Die Gefahr, dass **«latente Beziehungen»** zu den Wirtschaftsakteuren die **Glaubwürdigkeit** der Weko untergraben, gebietet eine strenge Handhabung von Art. 10 Abs. 1 lit. c VwVG.

5. Andere Gründe der Befangenheit

16 Der Ausstandsgrund der Befangenheit in der Sache aus «anderen Gründen» (Art. 10 Abs. 1 lit. d VwVG) umfasst die Vielfalt möglicher Umstände, die auch

nur den blossen **Anschein** der Voreingenommenheit wecken und nicht bereits unter Art. 10 Abs. 1 lit. a–c VwVG fallen. «Bei der Beurteilung des Anscheins der Befangenheit und der Gewichtung solcher Umstände kann **nicht** auf das **subjektive Empfinden einer Partei** abgestellt werden; das Misstrauen in die Unvoreingenommenheit muss vielmehr in **objektiver** Weise begründet erscheinen» (BGE 119 V 466 E. 5b; BGE 116 Ia 487 E. 2b; Hervorhebung durch die Autorin). «An den Nachweis der Befangenheit dürfen, da sie einen inneren Zustand betrifft, allerdings **keine allzu strengen Anforderungen** gestellt werden. Der Nachweis, dass tatsächliche Befangenheit besteht, ist nicht verlangt; es genügt der **Anschein** der Befangenheit oder die Gefahr der Voreingenommenheit» (BGer 15.09.2000, 8G.36/2000 E. 3c; Hervorhebung durch die Autorin).

Mögliche Umstände, die einen **Ausstand des Kommissionsmitgliedes** gemäss Art. 10 Abs. 1 lit. d VwVG begründen können, sind bspw.: 17

- Freundschaft oder Feindschaft zu einer Partei (vgl. nachfolgend a);
- wirtschaftliche Interessen und Abhängigkeiten (vgl. nachfolgend b);
- Beeinflussung durch Parteien oder Dritte (vgl. nachfolgend c).

a. Freundschaft oder Feindschaft

Eine bestehende Freundschaft oder Feindschaft mit einer Partei lässt ein Behördenmitglied als voreingenommen erscheinen und führt deshalb zum Ausstand desselben. Vorausgesetzt ist allerdings, dass die zwischenmenschliche Beziehung eine **gewisse, objektiv erkennbare Intensität** aufweist. Diese Intensität ergibt sich aus der Qualität und Dauer der Beziehung. 18

So reicht für den objektiven Anschein der Befangenheit wegen **Freundschaft** i.d.R. nicht, dass zwischen den betreffenden Personen eine Alltagsbekanntschaft besteht, die beiden Nachbarn, ehemalige Studien- oder Militärkollegen sind oder sich duzen (SCHINDLER, Befangenheit, 112, m.H.). Aufgrund der konkreten Umstände des Einzelfalles, insb. wenn sich die genannten Hinweise auf eine «informelle» Beziehung kumulieren, kann jedoch ein Anschein der Befangenheit begründet sein. Bei einer gemeinsamen Vereinsmitgliedschaft ist entgegen einigen Lehrmeinungen (vgl. Hinweise bei SCHINDLER, Befangenheit, 112 f.) nicht grundsätzlich davon auszugehen, dass eine solche Verbindung unbedenklich sei. Eine solche Annahme rechtfertigt sich in Anbetracht der Vielfalt möglicher Vereinszwecke und -aktivitäten nicht. Vielmehr ist zu prüfen, wie eng die einzelnen Mitglieder (auf einer persönlichen Ebene) durch die Vereinstätigkeiten verbunden sind und welchen Zweck der Verein verfolgt (vgl. Beispiele in SCHINDLER, Befangenheit, 113). 19

Entsprechend muss auch die **Feindschaft** zu einer Partei über eine blosse Antipathie hinausgehen, um den Anschein der Befangenheit zu begründen. So scheint ein Kommissionsmitglied i.d.R. befangen, wenn es einer Partei in einem anderen 20

Verfahren als Prozessgegner gegenübersteht. Frühere Prozesse begründen hingegen grundsätzlich für sich alleine noch nicht den Anschein der Voreingenommenheit (SCHINDLER, Befangenheit, 113). Diese Aussage ist insofern zu relativieren, als die zeitliche Nähe der Prozessbeendigung, das Prozessthema, der Ausgang des Verfahrens sowie weitere Umstände des früheren Prozesses durchaus den Anschein der Befangenheit eines Behördenmitglieds erwecken können. Erhebt eine Partei Zivilklage oder Strafanzeige gegen ein Kommissionsmitglied, so wird die Befangenheit desselben i.d.R. nicht bezweifelt, wenn die Klage bzw. Anzeige allein mit der amtlichen Tätigkeit zusammenhängt (BGer 25.09.2000, 8G.36/2000 E. 3c; BGer 23.08.2001, 1P.522/2001 E. 1 u. 2).

b. Wirtschaftliche Interessen und Abhängigkeit

21 Unmittelbare vermögenswerte Vor- und Nachteile eines Kommissionsmitglieds im Zusammenhang mit einem Wettbewerbsverfahren werden bereits als persönliche Interessen i.S.v. Art. 10 Abs. 1 lit. a VwVG erfasst. Sind die **wirtschaftlichen Interessen** nur **mittelbar** durch das Verfahren betroffen, ist die Befangenheit des Kommissionsmitglieds nach Art. 10 Abs. 1 lit. d VwVG zu prüfen.

22 Diese Betroffenheit muss wiederum eine **gewisse Intensität** aufweisen und aufgrund objektiver Anhaltspunkte nachvollziehbar sein. Diese Voraussetzungen sind i.d.R. erfüllt, wenn zwischen dem Behördenmitglied und der Partei ein **Arbeitsverhältnis** besteht. Diese Verbindung ist aufgrund der nebenamtlichen Tätigkeit der Kommissionsmitglieder durchaus denkbar. Auch **Geschäftsbeziehungen** zu den Verfahrensbeteiligten können ein Behördenmitglied voreingenommen erscheinen lassen. Heikel und deshalb i.d.R. als Ausstandsgrund zu beurteilen ist sodann ein **Konkurrenzverhältnis** zwischen einem Behördenmitglied bzw. ihm nahe stehenden Personen und einer Partei (vgl. BGE 119 V 456 ff.). Bei Fusionskontrollverfahren kann auch die Eigenschaft des Kommissionsmitglieds (oder einer ihm nahe stehenden Person) als **Aktionär** oder Genossenschafter der Verfahrenspartei problematisch sein. Die möglichen Auswirkungen des Verfahrensausgangs auf den Wert der Beteiligung müssen dabei von einer gewissen Bedeutung und wahrscheinlich sein. Soweit die Beteiligung an kotierten Gesellschaften überhaupt bekannt ist, gebietet auch die Gefahr des Insiderhandels (vgl. Art. 161 StGB) den Ausstand der betreffenden Behördenmitglieder (vgl. zum Ganzen SCHINDLER, Befangenheit, 114 ff.).

c. Beeinflussung durch Parteien oder Dritte

23 Kommissionsmitglieder, die im strafrechtlichen Sinne bestochen worden sind (vgl. Art. 322^{quater} StGB) oder Vorteile angenommen haben (Art. 322^{sexies} StGB),

müssen selbstverständlich wegen Befangenheit in den Ausstand treten. Anders ist die Situation zu beurteilen, wenn es sich bei den Leistungen einer Partei an ein Behördenmitglied lediglich um «dienstrechtlich erlaubte sowie geringfügige, sozial übliche Vorteile» (Art. 322^{octies} Ziff. 2 StGB) handelt, die straflos angenommen werden dürfen. Welche **Vorteile als geringfügig und sozial üblich** gelten können, ergibt sich aus der Gesamtheit der Umstände.

Bei der Beeinflussung durch Dritte ist vorab an die Berichterstattung durch die **Medien** zu denken. Die Praxis zeigt allerdings grösste Zurückhaltung bei der Bejahung eines solchen Einflusses. Im Allgemeinen wird angenommen, es erfolge keine Beeinflussung von Behördenentscheiden durch Medienkampagnen. Nicht jeder beliebige Einfluss, dem der Richter im täglichen Leben ausgesetzt ist, ist geeignet, einen Verdacht auf Parteilichkeit zu begründen (vgl. BGer 30.11.2005, 6P.51/2005). Weder das Bundesgericht noch der Europäische Gerichtshof für Menschenrechte haben bisher einen Fall unzulässiger Beeinflussung richterlicher Entscheide durch die Medien festgestellt (vgl. SCHINDLER, Befangenheit, 124 f. m.H.). 24

IV. Sonderfall der Vertretung übergeordneter Verbände

Für die sog. **abhängigen Mitglieder der Weko**, d.h. die Vertreter von Wirtschaftsverbänden (s. oben Art. 18), vermutet das Gesetz, dass «ein persönliches Interesse oder ein anderer Grund der Befangenheit i.d.R. nicht gegeben [ist], wenn ein Mitglied der Weko einen übergeordneten Verband vertritt» (Art. 22 Abs. 2). Die Vertretung der Interessen eines übergeordneten Verbands begründet damit für sich allein noch keine Befangenheit des betreffenden Kommissionsmitglieds wegen persönlicher Interessen oder aus anderen Gründen (Art. 10 Abs. 1 lit. a u. d VwVG). 25

Diese Sonderregelung ist jedoch in dreifacher Hinsicht zu **relativieren**: Erstens gibt es keine Sonderregelung für die Ausstandsgründe der Verwandtschaft und der Parteivertretung (Art. 10 Abs. 1 lit. b u. c VwVG), weshalb in diesen Fällen die allgemeinen Regeln zu beachten sind. Zweitens gilt die Sonderregelung nur bezüglich der Vertretung von Verbänden, welche über die Grenzen einzelner Branchen hinweg ganze Wirtschaftssektoren repräsentieren (vgl. BILGER, Verwaltungsverfahren, 559). Bei der aktuellen Zusammensetzung der Weko (vgl. die Ausführungen zu Art. 18) ist die überwiegende Mehrheit der vertretenen Verbände in diesem Sinne als übergeordnet zu qualifizieren (so der Schweizerische Bauernverband, der Schweizerische Gewerbeverband, der Schweizerische Gewerkschaftsbund und economiesuisse, nicht aber der Schweizerische Kaufhausverband). Drittens gilt die Vermutung zugunsten der abhängigen Mitglieder nicht absolut, sondern kann umgestossen werden. Im Einzelfall kann nämlich aufgrund besonderer Umstände durchaus ein ausstandsbegründendes persönliches Interesse oder eine Befangenheit «aus anderem Grund» vorliegen (vgl. Botschaft KG 1995, 26

599). Diese besonderen Umstände können etwa darin liegen, dass eine besondere geschäftliche oder persönliche Beziehung zum betroffenen Unternehmen besteht oder sich der vertretene Verband bereits öffentlich zum Fall geäussert hat (vgl. Praxisbeispiel bei SCHMIDHAUSER, in: HOMBURGER, Kommentar 1996, Art. 22 N 28).

V. Ausstandsbegehren

27 Die Ausstandsgründe müssen grundsätzlich **von Amtes wegen** berücksichtigt werden, d.h. nicht erst, wenn sie von einer Partei geltend gemacht werden. Deshalb muss das Mitglied der Kommission, das von einem Ausstandsgrund Kenntnis hat, die Kommission benachrichtigen. Den am Verfahren beteiligten Unternehmen steht es jedoch frei, aus eigener Initiative Ausstandsbegehren zu stellen (vgl. BORER, Kommentar 2005, Art. 22 N 5).

28 Ein Ausstandsbegehren setzt notwendigerweise voraus, dass sowohl Zusammensetzung der Behörde als auch der Ausstandsgrund bekannt sind. Die Parteien haben einen verfassungsmässigen Anspruch darauf, dass ihnen die **Zusammensetzung der Verwaltungsbehörde** mitgeteilt wird (vgl. Art. 29 Abs. 1 BV; BGE 114 Ia 280 E. 3b). Aus Gründen der Verfahrensökonomie ist deshalb zu fordern, dass bereits während des Untersuchungsverfahrens mit der Mitteilung der Eröffnung der Untersuchung auch das zuständige Gremium bezeichnet wird (Gesamtkommission oder eine der Kammern; vgl. BILGER, Verwaltungsverfahren, 123). Informationen über die genauere Zusammensetzung der Kommission und der einzelnen Kammern finden sich auf der Homepage der Weko (www.weko.admin.ch). Aufgrund dieser öffentlich zugänglichen Information erübrigt sich gemäss bundesgerichtlicher Rechtsprechung die ausdrückliche Nennung der einzelnen Mitglieder in Verfügungen der Kommission (vgl. BGE 114 Ia 280 E. 3c).

29 Grundsätzlich kann ein Ausstandsbegehren in jedem Verfahrensabschnitt gestellt werden. Der Ausstandsgrund sollte aber **nach Kenntnis unverzüglich** schriftlich geltend gemacht werden, am besten bereits bei Beginn des Verfahrens (SCHMIDHAUSER, in: HOMBURGER, Kommentar 1996, Art. 22 N 19 f.). Wird mit dem Begehren zugewartet, gilt dies nach dem **Grundsatz von Treu und Glauben** und des **Rechtsmissbrauchsverbots** als Verzicht, und der Anspruch auf den Ausstand des betreffenden Behördenmitglieds als **verwirkt** (vgl. BGE 114 Ia 280 E. 3e).

VI. Folgen des Ausstands

30 Wird die Ausstandspflicht bejaht, so wird das im Ausstand befindliche Mitglied durch ein **Ersatzmitglied** ersetzt (Art. 2 Abs. 4 Reglement). Das fragliche Kommissionsmitglied muss fortan vollständig vom Meinungsbildungs- und Ent-

scheidungsprozess **ausgeschlossen** werden. Dies bedeutet nicht nur, dass das fragliche Mitglied in Beratungen und Abstimmungen über den konkreten Fall nicht aktiv teilnehmen kann, sondern auch, dass es dabei gar nicht anwesend sein darf. Soweit es sich nicht um öffentlich zugängliche Informationen handelt, dürfen die fallbezogenen Akten dem betreffenden Mitglied nicht zugänglich gemacht werden (vgl. BILGER, Verwaltungsverfahren, 125; SCHMIDHAUSER, in: HOMBURGER, Kommentar 1996, Art. 22 N 24).

Hat ein Kommissionsmitglied an einem Entscheidverfahren teilgenommen, obwohl ein Ausstandsgrund vorlag, ist die entsprechende Verfügung **anfechtbar**. Ob der angefochtene Entscheid inhaltlich richtig oder falsch ist, ist dabei nicht massgebend. Der Anspruch auf eine unbefangene Entscheidinstanz ist nämlich **formeller Natur**, d.h. der Entscheid, der in Verletzung der Ausstandsvorschriften ergangen ist, ist ungeachtet der materiellen Rechtslage aufzuheben (BILGER, Verwaltungsverfahren, 123). In Ausnahmefällen nimmt die Praxis jedoch an, dass Verfahrensmängel **geheilt** werden können und damit die Aufhebung eines Entscheids nicht mehr gerechtfertigt ist (vgl. BGE 114 Ia 156 f. E. 3a/bb). Dies insb. dann, wenn der Verfahrensfehler geringfügig und deshalb für den Verfahrensausgang nicht ursächlich scheint. Solche Mängel sollen von der Rechtsmittelinstanz geheilt werden, sofern diese über dieselbe Prüfungsbefugnis verfügt wie die Vorinstanz. Kritische Lehrstimmen wollen eine Heilung des Mangels jedoch nur dann zulassen, wenn die tatsächliche Nichtursächlichkeit des Mangels mit Blick auf den Entscheid objektiv feststellbar ist. Als Beispiel wird der Fall angeführt, bei dem sich aus den Protokollen ergibt, dass das vermeintlich befangene Mitglied in den Abstimmungen überstimmt wurde und auch keinen weiteren Einfluss auf den Entscheid hatte (vgl. SCHINDLER, Befangenheit, 216 m.H.). 31

Wurden die Ausstandsregeln in besonders schwerwiegender Weise verletzt, ist der mit diesem Mangel behaftete Entscheid u.U. nicht nur anfechtbar, sondern absolut (und nicht heilbar) **nichtig**. Diese **Nichtigkeit** müsste von jeder Behörde zu jedem Zeitpunkt von Amtes wegen beachtet werden. Praxis und Lehre sind jedoch sehr zurückhaltend. Nichtigkeit liegt nur bei kumulativer Erfüllung der folgenden drei Voraussetzungen vor (sog. **Evidenztheorie**): (i) der Mangel muss besonders schwer wiegen, (ii) offensichtlich oder leicht erkennbar sein und (iii) durch die allfällige Nichtigkeit des Entscheids wird die Rechtssicherheit nicht ernsthaft gefährdet. Diese offen formulierten Voraussetzungen eröffnen einen weiten Ermessensspielraum der rechtsanwendenden Behörden und dürften nur in krassen Ausnahmefällen erfüllt sein (z.B. bei Einfluss strafbarer Handlungen; vgl. SCHINDLER, Befangenheit, 218 f.). 32

VII. Streitiger Ausstand

Nach Art. 22 Abs. 3 entscheidet die **Weko** oder die entsprechende **Kammer unter Ausschluss des betreffenden Mitglieds** über den streitigen Ausstand. Das 33

Gesetz lässt dabei offen, wann eine Kammer und wann die Gesamtkommission für den Entscheid zuständig ist. Gemäss allgemeiner Kompetenzregelung sind grundsätzlich die Kammern für Ausstandsfragen in den von ihnen behandelten Fällen zuständig. Die Gesamtkommission wird nur bei einem transferierten Geschäft (Art. 4 Abs. 4 Reglement) oder Ausstandsfragen grundsätzlicher Natur (Art. 6 Abs. 1 Reglement) entscheiden (vgl. BILGER, Verwaltungsverfahren, 127; SCHMIDHAUSER, in: HOMBURGER, Kommentar 1996, Art. 22 N 33 f.).

34 Der Entscheid der Gesamtkommission und der Kammern über den Ausstand ist ein **Zwischenentscheid** und als solcher beim Bundesverwaltungsgericht (Art. 29 lit. e VGG) und hiernach beim Bundesgericht **anfechtbar** (Art. 39 KG i.V.m. Art. 45 u. 50 VwVG; Art. 92 Abs. 1 BGG). Die Beschwerdemöglichkeit nach Art. 45 und 50 VwVG bleibt auch nach Inkrafttreten des neuen VGG und der damit einhergehenden Teilrevision des VwVG bestehen.

VIII. Ausstand von Sekretariatsmitarbeitern und Sachverständigen

35 Für den **Ausstand der Sekretariatsmitarbeiter** sieht das Kartellgesetz **keine besondere Regelung** vor, weshalb gemäss Art. 39 das VwVG und damit wiederum Art. 10 Abs. 1 VwVG zur Anwendung gelangt. Für die Ausstandsgründe kann deshalb sinngemäss auf die bereits gemachten Ausführungen verwiesen werden. Da die Personalien der Sekretariatsmitarbeiter nicht wie diejenigen der Kommissionsmitglieder öffentlich zugänglich sind und für sie auch kein Interessenbindungsregister (Art. 18 Abs. 2bis) besteht, ist es für die Parteien jedoch i.d.R. schwierig, allfällige Ausstandsgründe zu erkennen.

36 Ausstandsbegehren gegen Sekretariatsmitarbeiter sind beim Sekretariat einzureichen. Im Übrigen gelten die Ausführungen unter V. und VI. oben sinngemäss. Über den **streitigen Ausstand** entscheidet die Weko als Aufsichtsbehörde (Art. 10 Abs. 2 VwVG). Deren Entscheid ist wiederum beim Bundesverwaltungsgericht und beim Bundesgericht anfechtbar (vgl. VII. oben; BILGER, Verwaltungsverfahren, 130).

37 Der **Ausstand von Sachverständigen** wird weder von Art. 22 KG noch von Art. 10 VwVG erfasst, sondern richtet sich gemäss Art. 58 Abs. 1 BZP und Art. 38 VGG nach Art. 34 BGG. Die Parteien haben das Recht, vor der Ernennung des Sachverständigen durch das Sekretariat Einwendungen vorzubringen. Gegen die Ernennung eines befangenen Sachverständigen steht der Rechtsmittelweg an das Bundesverwaltungsgericht (Art. 45 VGG) und das Bundesgericht (Art. 92 Abs. 1 BGG) offen (vgl. VII. oben; BILGER, Verwaltungsverfahren, 129 f.).

Art. 23 Aufgaben des Sekretariats

Aufgaben des Sekretariats

¹ Das Sekretariat bereitet die Geschäfte der Wettbewerbskommission vor, führt die Untersuchungen durch und erlässt zusammen mit einem Mitglied des Präsidiums die notwendigen verfahrensleitenden Verfügungen. Es stellt der Wettbewerbskommission Antrag und vollzieht ihre Entscheide. Es verkehrt mit Beteiligten, Dritten und Behörden direkt.

² Es gibt Stellungnahmen ab (Art. 46 Abs. 1) und berät Amtsstellen und Unternehmen bei Fragen zu diesem Gesetz.

Tâches du secrétariat

¹ Le secrétariat prépare les affaires de la commission, mène les enquêtes et prend, avec un membre de sa présidence, les décisions de procédure. Il fait des propositions à la commission et exécute ses décisions. Il traite directement avec les intéressés, les tiers et les autorités.

² Le secrétariat établit des préavis (art. 46, al. 1) et conseille les services officiels et les entreprises sur des questions se rapportant à l'application de la loi.

Compiti della segreteria

¹ La segreteria prepara gli affari della Commissione, esegue le inchieste e emana unitamente a un membro della presidenza le necessarie decisioni di procedura. Essa presenta proposte alla Commissione e ne esegue le decisioni. Tratta direttamente con gli interessati, i terzi e le autorità.

² La segreteria allestisce preavvisi (art. 46 cpv. 1) e consiglia i servizi e le imprese su questioni concernenti la presente legge.

Inhaltsübersicht   Note

I. Allgemeines 1
II. Stellung des Sekretariats 2
III. Aufgaben des Sekretariats 4
IV. Aufgabenteilung zwischen Sekretariat und Kommission bei Verfahrensleitung und Untersuchungshandlungen 6
V. Würdigung 12

I. Allgemeines

Art. 23 regelt die Kompetenzen des Sekretariats der Weko und grenzt diese gegenüber denjenigen der Weko ab. Im Umfang der einzeln aufgeführten Aufgaben des Sekretariats wird die Generalkompetenz der Kommission verdrängt (vgl. Art. 18 Abs. 3). Das Gesetz geht dabei von der **Aufgabenteilung** zwischen dem

Sekretariat als Untersuchungsbehörde und der **Weko als Entscheidbehörde** aus. Dieser Grundsatz wird jedoch durch verschiedene Bestimmungen durchbrochen.

II. Stellung des Sekretariats

2   Das Sekretariat ist als Teil der Weko im weiteren Sinne von den Verwaltungsbehörden **unabhängig** (vgl. Art. 19; BORER, Kommentar 2005, Art. 19 N 2). Nicht jedoch von der Weko, deren Präsident die Geschäftsführung des Sekretariats beaufsichtigt (Art. 8 lit. d Reglement).

3   Das Sekretariat ist nicht lediglich eine administrative Stütze der Kommission. Im Rahmen seiner gesetzlichen Befugnisse fungiert das Sekretariat weitgehend als autonome Wettbewerbsbehörde. Insb. bei der Vorabklärung und der Untersuchung kommen dem Sekretariat **selbständige Kompetenzen** zu (BORER, Kommentar 2005, Art. 23 N 1 f.).

III. Aufgaben des Sekretariats

4   Die Hauptaufgaben des Sekretariats werden in Art. 23 Abs. 1 umschrieben:

- Selbständige Durchführung der wettbewerbsrechtlichen **Vorabklärungen und Untersuchungen**.
- Erlass der nötigen **verfahrensleitenden Verfügungen** zusammen mit einem Mitglied des Präsidiums.
- Selbständige **Antragstellung** an die Kommission aufgrund der Ergebnisse der Vorabklärungen und Untersuchungen (vgl. Art. 30 Abs. 1).
- **Vollzug** der hierauf gefällten Entscheide der Weko.
- **Vorbereitung** der Geschäfte der Weko, d.h. administrative Unterstützung der Kommission durch Protokollführung, Redaktion von Verfügungen etc.

5   Art. 23 Abs. 2 ergänzt den **Aufgabenkatalog** weiter und sieht vor, dass das Sekretariat Stellungnahmen nach Art. 46 Abs. 1 abgibt und Amtsstellen wie auch Unternehmen in kartellrechtlichen Fragen berät. U.U. kann das Sekretariat auch Gutachten für andere Behörden verfassen (Art. 47 Abs. 1). Überdies verfolgt das Sekretariat im Einvernehmen mit einem Mitglied des Präsidiums Widerhandlungen nach Art. 54 ff. (Art. 57 Abs. 2). Weitere Hinweise zu den Aufgaben des Sekretariats enthalten die Art. 12 ff. Reglement. Verstösse gegen unzulässige Wettbewerbsbeschränkungen (Art. 49a), gegen einvernehmliche Regelungen und behördliche Anordnungen (Art. 50), Verstösse im Zusammenhang mit Unternehmenszusammenschlüssen (Art. 51) sowie andere Verstösse (Art. 52) werden

gemäss Art. 53 Abs. 1 vom Sekretariat im Einvernehmen mit einem Mitglied des Präsidiums untersucht.

IV. Aufgabenteilung zwischen Sekretariat und Kommission bei Verfahrensleitung und Untersuchungshandlungen

Gestützt auf Art. 23 Abs. 1 besteht unter dem Vorbehalt einzelner Mitwirkungsbefugnisse der Kommission eine **Generalkompetenz** des Sekretariats zur selbständigen Durchführung von **Untersuchungshandlungen** (vgl. SCHMIDHAUSER, in: HOMBURGER, Kommentar 1996, Art. 23 N 26; BILGER, Verwaltungsverfahren, 103). **Vorbehaltene Kompetenzen der Weko** bestehen insb. in den folgenden Bereichen: 6

Erlass von **verfahrensleitenden Verfügungen**: Untersuchungshandlungen dürfen nur unter «Beizug», d.h. mit Zustimmung eines Präsidiumsmitglieds, angeordnet werden. Die Verfahrensleitung obliegt damit dem Sekretariat in Zusammenarbeit mit dem Präsidium (vgl. Art. 23 Abs. 1; SCHMIDHAUSER, in: HOMBURGER, Kommentar 1996, Art. 23 N 28; BILGER, Verwaltungsverfahren, 105 f.). Verfahrensleitende Verfügungen sind autoritative Anordnungen, welche die Erledigung des Verfahrens näher bringen, dieses aber im Gegensatz zu Endverfügungen nicht mit einem materiellen Entscheid beendigen (vgl. BGE 108 Ib 381 E. 1b; für den Verfügungsbegriff vgl. Art. 5 VwVG). Vorsorgliche Massnahmen gelten dabei nicht in jedem Fall als verfahrensleitende Verfügungen i.S.v. Art. 23 Abs. 1. Diese Bestimmung umfasst gemäss Rechtsprechung lediglich vorsorgliche Massnahmen, die der Durchführung der Untersuchung (z.B. Beweissicherung) dienen, nicht aber den materiellen Endentscheid präjudizieren. So können etwa vorsorgliche Behinderungs- und Beseitigungsansprüche nur durch Anordnung der Kommission nach Art. 30 vorsorglich gesichert werden (vgl. RPW 1997/2, 253 E. 3.2.3 – Künstliche Besamung [Vorsorgliche Massnahmen] u. RPW 1997/4, 622 E. 3b – Künstliche Besamung [Vorsorgliche Massnahmen]; ausführlich zum Ganzen: BILGER, Verwaltungsverfahren, 106 ff.). Gegen verfahrensleitende Verfügungen kann ebenso wie gegen Endverfügungen beim Bundesverwaltungsgericht Beschwerde erhoben werden, sofern ein nicht wieder gutzumachender Nachteil droht (Art. 45 Abs. 1 VGG; vgl. Ausführungen zu Art. 44). 7

Eröffnung einer Untersuchung: Laut Art. 27 Abs. 1 kann die Kommission das Sekretariat beauftragen, eine Untersuchung zu eröffnen. In diesem Fall darf das Sekretariat keine weiteren Voraussetzungen der Untersuchungseröffnung prüfen. Ungeachtet des allfälligen Ergebnisses einer Vorabklärung muss es unverzüglich eine Untersuchung eröffnen (vgl. Art. 4 Abs. 3 lit. a u. Art. 17 Abs. 1 Reglement). Will das Sekretariat von sich aus eine Untersuchung eröffnen, muss es hierfür (wie im Falle der verfahrensleitenden Verfügungen) die Zustimmung eines Präsidiumsmitglieds einholen. 8

9 **Prioritätenfestlegung:** Die Weko entscheidet nach Art. 27 Abs. 2 über die vorrangige Behandlung eröffneter Untersuchungen durch das Sekretariat.

10 **Anhörung der Verfahrensbeteiligten und Anordnung weiterer Untersuchungsmassnahmen**: Art. 30 Abs. 2 ermächtigt die Weko, die Anhörung der am Verfahren Beteiligten zu beschliessen und das Sekretariat mit weiteren Untersuchungsmassnahmen zu beauftragen.

11 **Teilnahme an Untersuchungshandlungen:** Nach Art. 17 Abs. 2 Reglement dürfen Kommissionsmitglieder «an den Untersuchungshandlungen des Sekretariates, insb. an Anhörungen und Zeugeneinvernahmen» teilnehmen. Dieses Recht beinhaltet aber keine aktiven Mitwirkungsbefugnisse der Kommissionsmitglieder. Die Selbständigkeit des Sekretariats bei der Untersuchung bleibt daher gewahrt (vgl. SCHMIDHAUSER, in: HOMBURGER, Kommentar 1996, Art. 23 N 15).

V. Würdigung

12 Wie einleitend bemerkt, wird das Konzept, wonach das Sekretariat als Untersuchungsbehörde und die Kommission als Entscheidbehörde fungieren, vom Gesetz nicht nahtlos umgesetzt. Die **Aufgabenbereiche der zwei Wettbewerbsbehörden überlappen sich** vielmehr gegenseitig. Einerseits kann die Weko in die grundsätzlich vom Sekretariat geführte Untersuchung eingreifen (vgl. IV. oben). Andererseits wird die materielle Rechtsanwendung auf Kommissionsebene wesentlich vom Sekretariat geprägt. Die Weko verfügt und entscheidet jeweils auf Antrag des Sekretariats, der regelmässig eine beschlussreife Begründung enthält (vgl. BILGER, Verwaltungsverfahren, 115). Die Bedeutung des Sekretariats wird durch die Tatsache, dass die Weko lediglich als Milizbehörde, das Sekretariat aber vollamtlich tätig ist, weiter gestärkt.

Art. 24 Personal des Sekretariats

Personal des Sekretariats

¹ Der Bundesrat wählt die Direktion, die Wettbewerbskommission wählt das übrige Personal des Sekretariats.

² Das Dienstverhältnis richtet sich nach der Personalgesetzgebung des Bundes.

Personnel du secrétariat

¹ Le Conseil fédéral désigne la direction du secrétariat, et la commission, le reste de son personnel.

² Les rapports de service sont régis par la législation applicable au personnel de l'administration fédérale.

Personale della segreteria

¹ Il Consiglio federale nomina la direzione e la Commissione il rimanente personale della segreteria.

² Il rapporto di servizio è disciplinato dalla legislazione sul personale della Confederazione.

Inhaltsübersicht   Note

I. Wahl des Sekretariatspersonals 1
II. Dienstverhältnis 2
III. Verantwortlichkeit 3

I. Wahl des Sekretariatspersonals

Gemäss Art. 24 wählt der **Bundesrat** die Direktion und die Weko das übrige Personal des Sekretariats. Verschiedene Reglementsbestimmungen sind hierzu ergänzend zu berücksichtigen. Der Bundesrat wählt auch die stellvertretenden Direktoren bzw. Direktorinnen (Art. 3 lit. b Reglement). Das Reglement bestimmt auch, dass die Kommission das Personal des Sekretariats erst ab Lohnklasse 18 (Art. 4 Abs. 3 lit. f Reglement) und – anders als im Gesetz vorgesehen – der Direktor das weitere Personal bis Lohnklasse 17 bestimmt (Art. 13 Abs. 1 lit. b Reglement).   1

II. Dienstverhältnis

Das **Dienstverhältnis des Sekretariatspersonals** untersteht der Personalgesetzgebung des Bundes, d.h. insb. dem Bundespersonalgesetz (BPG) und der Bundespersonalverordnung (BPV). Letztere legt die einzelnen Lohnklassen fest   2

(Art. 36 BPV). Das Sekretariatspersonal untersteht überdies dem Bundesgesetz über die Verantwortlichkeit des Bundes (VG).

III. Verantwortlichkeit

3   Bei Pflichtverletzung eines Sekretariatsmitarbeiters ist für die (interne) **disziplinarische Verantwortlichkeit** das BPG massgebend (Art. 25 BPG).

4   Unabhängig davon kann durch das fehlbare Verhalten eine **Haftung** des Bundes gegenüber dem Geschädigten nach dem **Verantwortlichkeitsgesetz** begründet werden (Art. 18 Abs. 1 u. Art. 3 VG). Der betreffende Mitarbeiter ist gegenüber dem Geschädigten nicht haftbar, wird aber, bei gegebenen Voraussetzungen, gegenüber dem Bund aufgrund eines Rückgriffs schadenersatzpflichtig (Art. 3 Abs. 3 i.V.m. Art. 8 VG). Eine entsprechende Schadenersatzklage ist aufgrund der administrativen Unabhängigkeit der Weko unmittelbar gegen den Bund selber zu richten (analog zu BGE 116 Ib 192 E. 5b betr. EBK).

5   Für die Prüfung der **strafrechtlichen Verantwortlichkeit** eines Sekretariatsmitarbeiters sind Art. 13 ff. VG und das StGB massgebend.

Art. 25 Amts- und Geschäftsgeheimnis

Amts- und Geschäftsgeheimnis

¹ Die Wettbewerbsbehörden wahren das Amtsgeheimnis.

² Sie dürfen Kenntnisse, die sie bei ihrer Tätigkeit erlangen, nur zu dem mit der Auskunft oder dem Verfahren verfolgten Zweck verwerten.

³ Dem Preisüberwacher dürfen die Wettbewerbsbehörden diejenigen Daten weitergeben, die er für die Erfüllung seiner Aufgaben benötigt.

⁴ Die Veröffentlichungen der Wettbewerbsbehörden dürfen keine Geschäftsgeheimnisse preisgeben.

Secret de fonction et secrets d'affaires

¹ Les autorités en matière de concurrence sont assujetties au secret de fonction.

² Les informations recueillies dans l'exercice de leurs fonctions ne peuvent être utilisées qu'à des fins de renseignement ou d'enquête.

³ Elles peuvent communiquer au Surveillant des prix toutes les données nécessaires à l'accomplissement de sa tâche.

⁴ Les publications des autorités en matière de concurrence ne doivent révéler aucun secret d'affaires.

Segreto d'ufficio e d'affari

¹ Le autorità in materia di concorrenza serbano il segreto d'ufficio.

² Quanto appreso nell'esercizio delle loro funzioni può essere utilizzato unicamente per gli scopi perseguiti dalla raccolta d'informazioni o dalla procedura.

³ Al Sorvegliante dei prezzi possono essere comunicate unicamente le informazioni necessarie allo svolgimento del suo compito.

⁴ Le pubblicazioni delle autorità della concorrenza non devono rivelare alcun segreto d'affari.

Inhaltsübersicht   **Note**

I. Übersicht 1
II. Die Wahrung des Amtsgeheimnisses 5
III. Die Weitergabe und Verwertung von Kenntnissen 9
IV. Keine Preisgabe von Geschäftsgeheimnissen 13

I. Übersicht

Art. 25 befasst sich mit dem **Amts- und Geschäftsgeheimnis** der Wettbewerbsbehörden. Adressaten der Norm sind die Weko und ihr Sekretariat. Für das

1

Bundesverwaltungsgericht, welches ab dem 1. Januar 2007 als Beschwerdeinstanz fungiert, gilt hingegen Art. 22 des Bundespersonalgesetzes.

2   Art. 25 Abs. 1–3 halten die **Wettbewerbsbehörden** an, das Amtsgeheimnis zu wahren, währenddem Art. 25 Abs. 4 sie verpflichtet, in ihren Veröffentlichungen keine Geschäftsgeheimnisse preiszugeben.

3   Nachdem sich die dem Kartellgesetz unterstehenden Personen gegenüber den Wettbewerbsbehörden mit einer weitgehenden **Auskunfts- und Informationspflicht** konfrontiert sehen, ist es von Bedeutung, dass die Wettbewerbsbehörden mit Bezug auf die derart erlangten Kenntnisse zur Geheimniswahrung angehalten werden. Dies ist umso wichtiger, wenn man bedenkt, dass die Weko sich aus Personen zusammensetzt, die einer anderen beruflichen (Haupt-)Tätigkeit nachgehen, und die im Rahmen einer Kartelluntersuchung durchaus in den Besitz von Kenntnissen gelangen können, welche für sie auch ausserhalb ihrer Stellung als Kommissionsmitglieder von Interesse sind (vgl. DÄHLER, in: VON BÜREN/DAVID, SIWR V/2, 584; ZURKINDEN/TRÜEB, Handkommentar, Art. 25 N 1; BIZZOZERO, in: TERCIER/BOVET, CR Concurrence, Art. 25 N 4).

4   Die Verletzung des Amtsgeheimnisses stellt einen **Straftatbestand** i.S.v. Art. 320 StGB dar. Für die Sanktionen bei der Missachtung des Geschäftsgeheimnisses durch Mitglieder der Wettbewerbsbehörden ist Art. 162 StGB massgebend.

II. Die Wahrung des Amtsgeheimnisses

5   Art. 25 Abs. 1 verpflichtet die Wettbewerbsbehörden zur **Wahrung des Amtsgeheimnisses**. Die genannte Bestimmung sagt indes nicht, was als Amtsgeheimnis zu betrachten ist. Die Umschreibung in Abs. 2 von Art. 25, wonach die Wettbewerbsbehörden Kenntnisse, die sie bei ihrer Tätigkeit erlangen, nur zu dem mit Auskunft oder dem Verfahren verfolgten Zweck verwerten dürfen, hilft diesbezüglich nicht weiter.

6   Nach Erlass des Kartellgesetzes von 1962 hatte die damalige Kartellkommission **«Richtlinien über die Wahrung des Amtsgeheimnisses»** erlassen. Diese bestimmten, welche Tatsachen nicht als vertraulich und demnach als nicht unter das Amtsgeheimnis fallend angesehen werden sollten. Für die Mitglieder der Weko und dessen Sekretariat in dieser Hinsicht problematisch waren insb. Anfragen der Presse, ob eine Vorabklärung oder Untersuchung in einem bestimmten Fall anhängig ist oder anhängig gemacht werden soll (s. dazu SCHMIDHAUSER, in: HOMBURGER, Kommentar 1996, Art. 25 N 7 f.).

7   Im geltenden Kartellgesetz ist der Inhalt der **Informationspflicht** der Wettbewerbsbehörde durch Art. 28, Art. 33 Abs. 1 i.V.m. Art. 18 VKU, sowie Art. 48 und Art. 49 vorgegeben. Darüber hinausgehende Informationen an die Öffent-

lichkeit dürfen nur sehr restriktiv erfolgen (ZURKINDEN/TRÜEB, Handkommentar, Art. 25 N 2; DÄHLER, in: VON BÜREN/DAVID, SIWR V/2, 584); im Zweifelsfall ist davon abzusehen.

Demnach dürfen die Wettbewerbsbehörden z.b. bekannt geben, dass sie eine Untersuchung beschlossen haben oder eine solche durchführen; dasselbe gilt mit Bezug auf eine Vorabklärung. Die im Rahmen der Ermittlungen gewonnenen **Ergebnisse**, insb. Aussagen der befragten Personen, eingereichte Dokumente, der Inhalt von Diskussionen, Protokolle der Sitzungen der Weko sowie Berichte der Weko fallen demgegenüber bis zu deren Publikation unter das Amtsgeheimnis. Offenkundig gemachte Tatsachen, die allgemein bekannt sind – z.b. solche, die in den Veröffentlichungen der Weko publiziert wurden –, werden vom Amtsgeheimnis hingegen nicht erfasst (BIZZOZERO, in: TERCIER/BOVET, CR Concurrence, Art. 25 N 16 ff.). 8

III. Die Weitergabe und Verwertung von Kenntnissen

Art. 25 Abs. 2 untersagt den Wettbewerbsbehörden die **Weitergabe** von Kenntnissen, die sie im Rahmen ihrer Tätigkeit erlangt haben, es sei denn, dies stehe im Zusammenhang mit dem mit der Auskunft oder dem Verfahren verfolgten Zweck. Das bedeutet zunächst, dass die Wettbewerbsbehörden die betreffenden Kenntnisse in einem neuen Verfahren, an dem die gleichen Unternehmen beteiligt sind, nicht verwenden dürfen, zumindest dann nicht, wenn das neue Verfahren auch einen neuen Sachverhalt betrifft (vgl. BORER, Kommentar 2005, Art. 25 N 7; ZURKINDEN/TRÜEB, Handkommentar, Art. 25 N 4). Hingegen darf das Sekretariat von den im Rahmen einer Marktbeobachtung gemäss Art. 45 KG gewonnenen Erkenntnissen Gebrauch machen, wenn es gestützt darauf ein Verfahren nach Art. 26 ff. eröffnet (ZURKINDEN/TRÜEB, Handkommentar, N 4). 9

Art. 25 Abs. 2 verbietet es den Wettbewerbsbehörden auch, die im Rahmen ihrer Tätigkeit erlangten Kenntnisse an **andere Bundesbehörden** (BIZZOZERO, in: TERCIER/BOVET, CR Concurrence, Art. 25 N 27) oder an **Zivilgerichte** (ZURKINDEN/TRÜEB, Handkommentar, Art. 25 N 6; a.M. BORER, Kommentar 2005, Art. 25 N 10; zum Verhältnis zwischen Bundesbehörden und Zivilgerichten vgl. Art. 15 und die Erläuterungen dazu) weiterzugeben. 10

Eine Ausnahme gilt gemäss Art. 25 Abs. 3 mit Bezug auf den **Preisüberwacher**: Die Wettbewerbsbehörden dürfen dem Preisüberwacher diejenigen Daten weitergeben, die er für die Erfüllung seiner Aufgaben benötigt. Es ist Sache der Wettbewerbsbehörden zu entscheiden, welche Daten der Preisüberwacher benötigt. Ggf. wird sie hierüber unter Beizug der betroffenen Unternehmen entscheiden (SCHMIDHAUSER, in: HOMBURGER, Kommentar 1996, Art. 25 N 21; BIZZOZERO, in: TERCIER/BOVET, CR Concurrence, Art. 25 N 33). 11

12 Grundsätzlich verpflichtet Art. 25 Abs. 2 die schweizerischen Wettbewerbsbehörden dazu, der Öffentlichkeit nicht zugängliche Kenntnisse auch nicht an **ausländische Wettbewerbsbehörden** weiterzugeben. Dies kann bei ausländischen Verfahren, welche die gleiche Sache betreffen, und die parallel zum schweizerischen Wettbewerbsverfahren laufen, von Bedeutung sein (ZURKINDEN/TRÜEB, Handkommentar, Art. 25 N 5). Im Übrigen richtet sich die Zusammenarbeit zwischen den schweizerischen und den ausländischen Wettbewerbsbehörden nach Art. 58 und Art. 59.

IV. Keine Preisgabe von Geschäftsgeheimnissen

13 Gemäss Art. 25 Abs. 4 dürfen die **Veröffentlichungen der Wettbewerbsbehörden** keine Geschäftsgeheimnisse preisgeben. Für das Kartellzivilverfahren enthält Art. 16 eine analoge Bestimmung. Da ein in einem Verwaltungsverfahren involviertes Unternehmen gegenüber den Wettbewerbsbehörden u.U. geschäftsrelevante innerbetriebliche Informationen oder Daten über das Geschäftsgebaren anderer Unternehmen offen legen muss, haben die Wettbewerbsbehörden sicherzustellen, dass solche Informationen nicht in Verfügungen, Entscheiden oder Urteilen enthalten sind, die der Öffentlichkeit zugänglich gemacht werden.

14 Unter den Begriff des «**Geschäftsgeheimnisses**» i.S.v. Art. 25 Abs. 4 fallen die in Art. 16 avisierten Fabrikations- und Geschäftsgeheimnisse. Demnach gelten als Geschäftsgeheimnis alle jene Informationen oder Dokumente, die nicht allgemein bekannt und der Öffentlichkeit nicht zugänglich gemacht worden sind und an denen das betroffene Unternehmen ein subjektiv gerechtfertigtes Interesse an der Geheimhaltung hat (ZURKINDEN/TRÜEB, Handkommentar, Art. 25 N 2). Zudem ist erforderlich, dass die besagten Daten auch objektiv gesehen als geheimniswürdig einzustufen sind (RPW 2006/1, 80 – Kreditkarten-Interchange Fee).

15 So kann sich ein Unternehmen z.B. nicht darauf berufen, dass die Wettbewerbsbehörde die **Tatsache des Vorliegens einer Wettbewerbsabrede** als Geschäftsgeheimnis behandeln müsse (vgl. dazu SCHMIDHAUSER, in: HOMBURGER, Kommentar 1996, Art. 25 N 18).

16 Hingegen wird sich ein Unternehmen mit Bezug auf Angaben über individuelle Marktanteile, das Marktverhalten oder die geplante Marktpolitik i.d.R. mit Erfolg auf den Geheimnischarakter der betreffenden Informationen berufen können, wenn es um die Frage geht, ob das Unternehmen über eine **marktbeherrschende Stellung** i.S.v. Art. 4 Abs. 2 und Art. 7 verfügt (SCHMIDHAUSER, in: HOMBURGER, Kommentar 1996, Art. 25 N 19).

17 Die in einem Kartellverwaltungsverfahren involvierten Unternehmen müssen dem Sekretariat jeweils mitteilen, welche Informationen oder welche Dokumente ihrer Ansicht nach als Geschäftsgeheimnisse zu behandeln sind. Das Sekretariat muss, sofern es mit der Einschätzung der Unternehmen nicht einverstanden ist,

eine **verfahrensleitende Verfügung** i.S.v. Art. 23 i.V.m. Art. 46 Abs. 1 VwVG erlassen (ZURKINDEN/TRÜEB, Handkommentar, Art. 25 N 3; RPW 2001/2, 373 ff. – Qualifizierung und Umschreibung von Geschäftsgeheimnissen).

Da der Weko neben unabhängigen Sachverständigen auch Vertreter der Wirtschaft angehören, muss ein Unternehmen auch verlangen können, dass gewisse von ihm preisgegebene Informationen auch **innerhalb der Weko** bestimmten Mitgliedern nicht zugänglich gemacht werden. Ggf. wird sich das Unternehmen diesbezüglich auch auf die Ausstandsregelung gemäss Art. 22 berufen können (vgl. SCHMIDHAUSER, in: HOMBURGER, Kommentar 1996, Art. 25 N 20).

18

2. Abschnitt: Untersuchung von Wettbewerbsbeschränkungen

Art. 26 Vorabklärung

Vorabklärung

¹ Das Sekretariat kann Vorabklärungen von Amtes wegen, auf Begehren von Beteiligten oder auf Anzeige von Dritten hin durchführen.

² Das Sekretariat kann Massnahmen zur Beseitigung oder Verhinderung von Wettbewerbsbeschränkungen anregen.

³ Im Verfahren der Vorabklärung besteht kein Recht auf Akteneinsicht.

Enquêtes préalables

¹ Le secrétariat peut mener des enquêtes préalables d'office, à la demande des entreprises concernées ou sur dénonciation de tiers.

² Il peut proposer des mesures pour supprimer ou empêcher des restrictions à la concurrence.

³ La procédure d'enquête préalable n'implique pas le droit de consulter les dossiers.

Inchiesta preliminare

¹ La segreteria può effettuare inchieste preliminari d'ufficio, su richiesta degli interessati o su denuncia di terzi.

² Essa può proporre misure per sopprimere o impedire limitazioni della concorrenza.

³ La procedura di inchiesta preliminare non dà diritto alla consultazione degli atti.

Inhaltsübersicht   Note

I. Zweck der Regelung 1
II. Einleitung/Eröffnung der Vorabklärung 4
III. Anregung von Massnahmen zur Beseitigung oder Verhinderung von Wettbewerbsbeschränkungen 9
IV. Verfahren der Vorabklärung 11
V. Vorsorgliche Verfügungen 12

I. Zweck der Regelung

1 Art. 26 räumt dem Sekretariat die Möglichkeit ein, Vorabklärungen zur Beurteilung von Wettbewerbsbeschränkungen, d.h. von unzulässigen Wettbewerbsabreden gemäss Art. 5 und unzulässigen Verhaltensweisen marktbeherrschender

Unternehmen gemäss Art. 7, durchzuführen. Zweck des Vorabklärungsverfahrens ist es, die **untersuchungswürdigen Fälle auszusondern.** Es geht darum festzustellen, ob genügend Anhaltspunkte vorhanden sind, die auf eine Wettbewerbsbeschränkung hindeuten, sodass eine Untersuchung gemäss Art. 27 Abs. 1 angebracht scheint (vgl. BORER, Kommentar 2005, Art. 26 N 1; DENOTH, VwVG, N 6). Unter Beteiligung der Betroffenen soll auf möglichst informelle Weise eine **Triage** zwischen untersuchungswürdigen und nicht untersuchungswürdigen Sachverhalten erfolgen (s. zur Triagefunktion der Vorabklärung RPW 1999/3, 525 ff. – X und Konsorten; statt vieler RICHLI, in: VON BÜREN/DAVID, SIWR V/2, 420). Allenfalls soll im gegenseitigen Einvernehmen rasch eine Lösung gefunden werden (vgl. BORER, Kommentar 2005, Art. 26 N 2). Wenn ein Sachverhalt für nicht untersuchungswürdig befunden wird, kann dies folglich bedeuten, dass vor Anhebung einer Untersuchung eine Einigung gefunden wird, oder dass nach Auffassung des Sekretariats keine erhebliche Beeinträchtigung des Wettbewerbs vorliegt.

Das KG von 1962 hatte im Gegensatz dazu mit Erhebungen und Sonderuntersuchungen (Art. 18 Abs. 1 u. Art. 20 KG 1962) zwei langwierige Untersuchungsformen vorgesehen. Das KG von 1985 sah erstmals Vorabklärungen im **Kompetenzbereich des Sekretariates** unter Aufsicht des Präsidenten vor; falls Präsident und Sekretariat keine einvernehmliche Lösung fanden, war zu entscheiden, ob der Fall an den Zivilrichter verwiesen oder zum Gegenstand einer Untersuchung der Weko gemacht werden sollte. Auch dieses Verfahren erwies sich allerdings als zeitintensiv (zur Entstehungsgeschichte der Vorabklärung s.a. DENOTH, VwVG, N 8). 2

Die Vorabklärung gemäss Art. 26 soll nicht nur zur Aussonderung der untersuchungswürdigen Fälle dienen, sondern auch die **Vorbereitung von eigentlichen Untersuchungen** ermöglichen (Botschaft KG 1995, 602). 3

II. Einleitung/Eröffnung der Vorabklärung

Das Sekretariat kann Vorabklärungen von sich aus, d.h. **von Amtes wegen**, auf Begehren von Beteiligten oder auf Anzeige von Dritten hin durchführen (Art. 26 Abs. 1). Von einem Fall Kenntnis erlangen kann das Sekretariat aufgrund von Informationen, über die einer ihrer Sekretäre verfügt, oder auch z.B. aufgrund einer Zeitungsmeldung (SCHMIDHAUSER, in: HOMBURGER, Kommentar 1996, Art. 26 N 8). 4

Gemäss den Materialien (WAK-NR vom 10./11. April 1995, S. 30) kann das Sekretariat auch aufgrund **anonymer Meldungen** eine Vorabklärung durchführen. In der Lehre wird allerdings kritisiert, dass dies der Praxis der Weko unter dem KG von 1962 und 1985 widerspreche (SCHMIDHAUSER, in: HOMBURGER, Kommentar 1996, Art. 26 N 11). Wer eine Meldung erstattet, kann sich darauf 5 verlassen, dass die Vertraulichkeit gewahrt wird (Art. 25 Abs. 1 u. 2). De facto wird dadurch aber nicht ausgeschlossen, dass das Sekretariat aufgrund anonymer Meldungen in einem bestimmten Sachverhalt hellhörig wird.

6   Art. 26 Abs. 1 sieht vor, dass eine Vorabklärung auch auf Begehren von «**Beteiligten**» hin durchgeführt werden kann. Damit sind Unternehmen (natürliche oder juristische Personen) gemeint, die von Wettbewerbsbeschränkungen unmittelbar betroffen sind, weil sie sich auf dem fraglichen Markt betätigen (SCHMIDHAUSER, in: HOMBURGER, Kommentar 1996, Art. 26 N 9). Dagegen soll der Begriff wohl nicht so verstanden werden, dass der «Beteiligte» derjenige ist, der an der Wettbewerbsbeschränkung verursachend mitwirkt, während der am Markt tätige Aussenseiter als Dritter i.S.v. Art. 26 Abs. 1 zu sehen wäre (ebenso SCHMIDHAUSER, in: HOMBURGER, Kommentar 1996, Art. 26 N 10; HANGARTNER, Wettbewerbsverfahren, 45 zieht den Begriff «Betroffener» dem Begriff «Beteiligter» vor).

7   In der dritten Konstellation melden «**Dritte**» dem Sekretariat angebliche Beschränkungen des Wettbewerbs (HANGARTNER, Wettbewerbsverfahren, 46 ist der Ansicht, dass eine Abklärung auf Anzeige von Dritten als Vorabklärung von Amtes wegen zu gelten habe). Ein spezielles Interesse wird vom Gesetz nicht vorausgesetzt, doch müssen die Dritten wohl «an den Marktergebnissen irgendwie interessiert» sein, z.b. als Branchen- oder Konsumentenorganisation oder als Einzelkonsument (SCHMIDHAUSER, in: HOMBURGER, Kommentar 1996, Art. 26 N 10). Eine besondere Qualifikation verlangt das Gesetz nur für einen Dritten, der sich am Verfahren beteiligen will (Art. 43).

8   In allen drei Konstellationen gilt, dass dann, wenn **ernsthaft Indizien für eine erhebliche Beschränkung oder Beseitigung wirksamen Wettbewerbs vorliegen**, das Sekretariat eine Pflicht zur Durchführung von Vorabklärungen trifft (SCHMIDHAUSER, in: HOMBURGER, Kommentar 1996, Art. 26 N 12; BORER, Kommentar 2005, Art. 26 N 5; grundlegend HANGARTNER, Wettbewerbsverfahren, 45). Demgegenüber besteht kein Anspruch auf Durchführung einer Vorabklärung (Botschaft KG 1995, 602) in jedem (Bagatell-)Fall (vgl. BORER, Kommentar 2005, Art. 26 N 5). Ferner gilt festzuhalten, dass bei Vorliegen eines hängigen Zivilverfahrens das Sekretariat nach gefestigter Praxis keine Vorabklärung eröffnet (s. dazu HANGARTNER, Wettbewerbsverfahren, 45). Die Weko hat keine Kompetenz, das Sekretariat zur Einleitung eines Vorabklärungsverfahrens zu verpflichten; sie kann indes die Einleitung einer Untersuchung nach Art. 27 anordnen (BORER, Kommentar 2005, Art. 26 N 7). Schliesslich ist zu bemerken, dass die Verweisung eines Beteiligten auf den Zivilweg nur dann zulässig ist, wenn folgende zwei Voraussetzungen kumulativ gegeben sind: Einerseits muss es sich um eine weniger wichtige Wettbewerbsbeschränkung handeln und andererseits muss zum betreffenden Problemkreis eine eindeutige allgemeine Praxis der Weko oder eine aufgrund einer bundesrätlichen Verordnung genügende Klarheit bestehen (vgl. HANGARTNER, Wettbewerbsverfahren, 46).

III. Anregung von Massnahmen zur Beseitigung oder Verhinderung von Wettbewerbsbeschränkungen

Gemäss Art. 26 Abs. 2 kann das Sekretariat Massnahmen zur Beseitigung und Verhinderung von Wettbewerbsbeschränkungen «anregen». Gemeint ist damit wohl das Erreichen einer **einvernehmlichen Regelung** schon im Stadium der Vorabklärung (Botschaft KG 1995, 602) im Gegensatz zur einvernehmlichen Regelung nach Art. 29, die erst im Rahmen der Untersuchung zustande kommt (vgl. dazu BORER, Kommentar 2005, Art. 26 N 8). Damit wirklich von einer einvernehmlichen Regelung gesprochen werden kann, müssen wohl Verhandlungen zwischen dem Sekretariat und den Beteiligten stattfinden. Die Formulierung des Gesetzes lässt aber auch zu, dass das Sekretariat im Sinn der bisher von der Weko praktizierten «Richtlinien» eine Regelung vorschlägt mit der Aussicht, dass, falls diese nicht angenommen wird, eine Untersuchung erfolgen wird. Gemäss der Botschaft (Botschaft KG 1995, 602) und der Lehre (SCHMIDHAUSER, in: HOMBURGER, Kommentar 1996, Art. 26 N 15) ist es der Regelfall, mit den Beteiligten nach einer einvernehmlichen Regelung zu suchen; Untersuchungen sollen erst in zweiter Linie erfolgen.

9

Kommt es während des Vorabklärungsverfahrens zu einer einvernehmlichen Regelung, wird dieses **nicht mit einem förmlichen Entscheid abgeschlossen** (vgl. BORER, Kommentar 2005, Art. 26 N 9). Weko und EVD können sich über die einvernehmliche Regelung bei ihrem Entscheid über die Einleitung einer Untersuchung ohne weiteres hinwegsetzen (Botschaft KG 1995, 135 f.). Dies im Gegensatz zur Situation bei der mittels Verfügung genehmigten einvernehmlichen Regelung i.S.v. Art. 29, welche nach Einleitung eines formellen Untersuchungsverfahrens geschlossen wird und welche Verfügung auch die Weko sowie das Sekretariat grundsätzlich bindet. Dieser Unterschied ist gerechtfertigt: Im Verfahren gemäss Art. 29 ist eine umfassende Abklärung erfolgt, womit sich eine grundsätzliche Unwiderrufbarkeit der Genehmigungsverfügung durchaus rechtfertigen lässt. Im Verfahren gemäss Art. 26 Abs. 2 erfolgt dagegen eine rasche einvernehmliche Regelung ohne umfassende Abklärungen; naturgemäss kann hier bei der Genehmigung nicht von derselben Verbindlichkeit ausgegangen werden (a.M. BORER, Kommentar 2005, Art. 26 N 9, der die Eröffnung einer Untersuchung im Nachgang an eine einvernehmliche Regelung gemäss Art. 26 Abs. 2 als Verstoss gegen das Vertrauensprinzip qualifiziert). Um eine **Bindungswirkung** zu erreichen, muss also die Eröffnung einer Untersuchung durch das Sekretariat provoziert werden; zweifelhaft ist, ob auf informellem Weg von der Weko eine Zusicherung erlangt werden kann, worin sich diese der vom Sekretariat geäusserten Rechtsauffassung anschliesst (BORER, Kommentar 2005, Art. 26 N 9; SCHMIDHAUSER, in: HOMBURGER, Kommentar 1996, Art. 26 N 16). Vom Sekretariat ist zu erwarten, dass es einvernehmliche Regelungen nur dann abschliessen lässt, wenn es sich vorgängig beim Präsidium der Weko erkundigt hat, ob dagegen allenfalls Einwendungen bestehen; dadurch wird das Verfahren demjenigen von Art. 29 etwas angenähert (SCHMIDHAUSER, in: HOMBURGER, Kommentar 1996, Art. 26 N 16).

10

IV. Verfahren der Vorabklärung

11   Art. 26 enthält keine ausdrückliche Regelung über die anwendbaren Verfahrensgrundsätze bei der Vorabklärung. Aus der Botschaft (Botschaft KG 1995, 603) folgt, dass auch für die Vorabklärungen die **Regeln des Verwaltungsverfahrensgesetzes** Anwendung finden. Allerdings besteht gemäss Art. 26 Abs. 3 kein Recht auf Akteneinsicht. Dadurch soll erreicht werden, dass das Sekretariat nicht verpflichtet wird, den Beteiligten bereits in diesem Vorstadium alle Akten zugänglich zu machen (allenfalls unter Einschluss der Namen der denunzierenden Marktteilnehmer) (BORER, Kommentar 2005, Art. 26 N 12). Zusätzlich soll wohl der informelle Charakter des Verfahrens betont werden (Botschaft KG 1995, 603). Hingegen gelten auch für Vorabklärungen die Vorschriften betreffend die Auskunftspflicht (Art. 40) und Amtshilfe (Art. 41) (SCHMIDHAUSER, in: HOMBURGER, Kommentar 1996, Art. 26 N 18). Die allgemeinen Verfahrensgrundsätze des VwVG (Art. 7 ff.) sind mit Ausnahme von Art. 26 Abs. 3 betreffend Akteneinsicht im Verfahren der Vorabklärung zu beachten (gl. M. SCHMIDHAUSER, in: HOMBURGER, Kommentar 1996, Art. 26 N 18; DENOTH, VwVG, N 14 m.w.H. zu den verschiedenen Lehrmeinungen zur Frage der Anwendbarkeit des VwVG auf das Verfahren der Vorabklärung).

V. Vorsorgliche Verfügungen

12   Das KG enthält keine Regelung über den **Erlass vorsorglicher Massnahmen** im Verfahren vor erstinstanzlichen Wettbewerbsbehörden. Einzig Art. 17 normiert unter dem Kapitel des zivilrechtlichen Verfahrens die Anordnung vorsorglicher Massnahmen (s. dazu Art. 17). Gegen vorsorgliche Massnahmen im Rahmen von Vorabklärungen spricht insbesondere, dass im Verfahren gemäss Art. 26 das Sekretariat keine Endverfügungen erlassen kann; umso weniger ist ersichtlich, dass es vorsorgliche Massnahmen treffen können soll (vgl. BORER, Kommentar 2005, Art. 26 N 11; s.a. DENOTH, VwVG, N 20). Allenfalls hat es aber die Möglichkeit, die Vorabklärungen abzuschliessen und im Untersuchungsverfahren notwendige Massnahmen zu treffen (SCHMIDHAUSER, in: HOMBURGER, Kommentar 1996, Art. 26 N 21; BORER, Kommentar 2005, Art. 26 N 11). Gemäss einschlägiger Praxis des Bundesgerichts zum VwVG (welche gemäss Art. 39 massgebend ist) besteht allerdings die Möglichkeit vorsorglicher Massnahmen seitens der Weko, nicht jedoch seitens des Sekretariates (BORER, Kommentar 2005, Art. 26 N 11 bzw. Art. 27 N 12; s. dazu Art. 27).

Art. 27 Eröffnung einer Untersuchung

Eröffnung einer Untersuchung

¹ Bestehen Anhaltspunkte für eine unzulässige Wettbewerbsbeschränkung, so eröffnet das Sekretariat im Einvernehmen mit einem Mitglied des Präsidiums eine Untersuchung. Eine Untersuchung wird in jedem Fall eröffnet, wenn das Sekretariat von der Wettbewerbskommission oder vom Departement damit beauftragt wird.

² Die Wettbewerbskommission entscheidet, welche der eröffneten Untersuchungen vorrangig zu behandeln sind.

Ouverture d'une enquête

¹ S'il existe des indices d'une restriction illicite à la concurrence, le secrétariat ouvre une enquête, d'entente avec un membre de la présidence de la commission. Il le fait dans tous les cas s'il y est invité par la commission ou par le département.

² La commission arrête l'ordre dans lequel les enquêtes qui ont été ouvertes doivent être traitées.

Apertura di un'inchiesta

¹ Se esistono indizi di una limitazione illecita della concorrenza, la segreteria apre un'inchiesta d'intesa con un membro della presidenza. L'inchiesta viene aperta in ogni caso se la segreteria vi è invitata dalla Commissione o dal Dipartimento.

² La Commissione decide quali delle inchieste aperte devono essere trattate prioritariamente.

Inhaltsübersicht   **Note**

I. Einleitung einer Untersuchung 1
II. Initiativrecht der Weko und des Eidgenössischen Volkswirtschaftsdepartementes 6
III. Erlass vorsorglicher Massnahmen im Untersuchungsverfahren 7

I. Einleitung einer Untersuchung

Normalerweise ist die Einleitung einer Untersuchung eine Folge der vom Sekretariat durchgeführten Vorabklärungen gemäss Art. 26. Dementsprechend ist ordentlicherweise das Sekretariat für die Einleitung einer Untersuchung zuständig (Art. 26 Abs. 2; BORER, Kommentar 2005, Art. 27 N 1). Damit jedoch die Untersuchung eingeleitet werden kann, muss ein Mitglied des Präsidiums der Weko damit einverstanden sein. Die Weko kann gemäss Art. 27 Abs. 2 die Prioritäten für die Reihenfolge der Behandlung der eröffneten Untersuchungen festlegen (zum **Opportunitätsprinzip** vgl. BORER, Kommentar 2005, Art. 27 N 10 f.). Das Sekretariat verfügt über kein Ermessen, wenn es um die Frage geht, ob eine Un- 1 tersuchung eröffnet werden soll: Liegen genügend Anhaltspunkte für eine Wettbewerbsbeschränkung vor und ist die Weko der Ansicht, dass eine Untersuchung zu eröffnen sei, ist das Sekretariat dazu verpflichtet (vgl. BORER, Kommentar 2005, Art. 27 N 3). Der Weko und dem EVD stehen das Initiativrecht zu (Art. 27 Abs. 1; s. dazu hinten N 6).

2 Der **Beschluss über Eröffnung oder Nicht-Eröffnung** einer Untersuchung stellt keine Verfügung i.S.v. Art. 5 VwVG dar. Gegen die Nicht-Eröffnung einer Untersuchung steht wohl mangels Anspruches auf Erlass einer Verfügung auch keine Rechtsverweigerungsbeschwerde gestützt auf Art. 46a VwVG zur Verfügung (vgl. BILGER, Verwaltungsverfahren, 182; a.M. GROSS, in: HOMBURGER, Kommentar 1996, Art. 44 N 102). Möglich ist aber auf jeden Fall eine Aufsichtsbeschwerde i.S.v. Art. 71 VwVG (sowie allenfalls zivilrechtliche Rechtsbehelfe i.S.v. Art. 12 ff., wenn auch nur gegen die Unternehmen) (vgl. DENOTH, VwVG, N 27).

3 Nach herrschender Lehre kann auch der **Entscheid zur Einleitung des Untersuchungsverfahrens** i.S.v. Art. 45 VwVG nicht selbständig mit Beschwerde angefochten werden (BORER, Kommentar 2005, Art. 27 N 6). Mit dem Entscheid werden noch keine Rechte und Pflichten der betroffenen Unternehmen verbindlich festgelegt, sondern es wird bloss eine Verfügung, welche allenfalls am Ende des Untersuchungsverfahrens ergeht, vorbereitet (vgl. SCHERRER, Fusionskontrollverfahren, 395; BORER, Kommentar 2005, Art. 27 N 6).

4 Da die Weko in Anwendung von Art. 19 Abs. 1 in verschiedenen Kammern organisiert wird, ist der Kontakt zum für die Kammer zuständigen Präsidiumsmitglied zu suchen (BORER, Kommentar 2005, Art. 27 N 8; SCHMIDHAUSER, in: HOMBURGER, Kommentar 1996, Art. 27 N 12). Sind Anhaltspunkte für eine erhebliche Wettbewerbsbeschränkung klar ersichtlich, würde der Verzicht auf eine Untersuchung einer eigentlichen **Rechtsverweigerung** gleichkommen. Es besteht jedoch kein Anspruch auf Durchführung einer Untersuchung. Das Sekretariat ist nur dann verpflichtet, eine solche durchzuführen, wenn seiner Ansicht nach hinreichende Indizien für eine unzulässige Beschränkung des Wettbewerbs gegeben sind. In einer Beschwerde müsste Überschreitung oder Missbrauch des Ermessens gerügt werden und auf einer Verfügung der Vorinstanz basieren (Art. 49 lit. a VwVG; SCHMIDHAUSER, in: HOMBURGER, Kommentar 1996, Art. 27 N 9). Eine Rechtsverweigerungsbeschwerde ist jedoch sicher dann möglich, wenn Aufträge der Weko oder des Departementes, die Untersuchung zu eröffnen, nicht befolgt wurden. Der Begriff «Einvernehmen» ist i.S.v. «Zustimmung» zu interpretieren; ohne **Zustimmung eines Mitglieds des Präsidiums** der Weko darf das Sekretariat keine Untersuchung eröffnen (SCHMIDHAUSER, in: HOMBURGER, Kommentar 1996, Art. 27 N 11 u. 12, sinnvollerweise wird das Einvernehmen jenes Kammerpräsidenten gesucht, der dann letztlich für den Entscheid zuständig ist). Durch die beschriebene Koordination wird sichergestellt, dass sich eine einheitliche Praxis bildet.

Nach dem neuen Art. 27 Abs. 1 können Verstösse gegen das KG nun im Gegensatz zum früheren Recht auch geahndet werden, wenn die Beteiligten ihre **Verhaltensweise vor oder während einer Untersuchung aufgegeben** haben (ZURKINDEN/TRÜEB, Handkommentar, Art. 27 N 1; Botschaft KG 2003, 2045).

II. Initiativrecht der Weko und des Eidgenössischen Volkswirtschaftsdepartementes

Die Weko und das EVD können gemäss Art. 27 Abs. 1 die **Initiative für die Einleitung einer Untersuchung** ergreifen und das Sekretariat verpflichten, die Untersuchung zu eröffnen (BORER, Kommentar 2005, Art. 27 N 5). Das Initiativrecht des EVD ist angesichts der in Art. 19 Abs. 1 statuierten Unabhängigkeit der Weko nicht unproblematisch, da das EVD durch sein Initiativrecht einen gewissen Einfluss auf die Weko ausüben kann (BORER, Kommentar 2005, Art. 27 N 5). Allerdings gilt auch für solche Untersuchungen, dass sie gemäss Art. 27 Abs. 2 von der Weko koordiniert werden und diese die Prioritäten betreffend die Reihenfolge der Behandlung setzt.

III. Erlass vorsorglicher Massnahmen im Untersuchungsverfahren

Art. 27 enthält keine ausdrückliche Regelung über den Erlass vorsorglicher Massnahmen im Untersuchungsverfahren. Allerdings ist nach einschlägiger Praxis des Bundesgerichts (BGE 130 II 154 E. 2.1) und nach herrschender Lehre (statt vieler vgl. BORER, Kommentar 2005, Art. 27 N 12) davon auszugehen, dass vorsorgliche Massnahmen im Rahmen einer Untersuchung nach Art. 27 erfolgen können. Allerdings sollte vor dem Erlass einer vorsorglichen Massnahme die Sach- oder Rechtslage abgeklärt werden, einschliesslich einer Prüfung, ob sachliche Gründe das untersuchte und angeblich kartellrechtswidrige Verhalten rechtfertigen (vgl. dazu RPW 2004/2, 636 f. – Cornèr Banca SA/Telekurs Multipay AG, Weko). Bei der **Beurteilung der Zulässigkeit einer vorsorglichen Massnahme** gelten die allgemeinen Grundsätze: Es muss, damit eine vorsorgliche Massnahme bewilligt wird, ein nicht leicht wieder gutzumachender Nachteil bestehen, es muss eine besondere Dringlichkeit, welche über das allgemeine Bestreben nach möglichst rascher Umsetzung gesetzlicher Vorgaben hinausgeht, vorliegen, die Anordnung der vorsorglichen Massnahme sollte verhältnismässig sein, und eine ganze oder teilweise Vorwegnahme des mutmasslichen Resultats des Untersuchungsverfahrens muss durch die Entscheidprognose gerechtfertigt sein (vgl. BORER, Kommentar 2005, Art. 27 N 13; RPW 2006/1, 63 – Teleclub AG u. RPW 2006/3, 545 – Cablecom GmbH/Teleclub AG, Weko).

In Bezug auf das **Verhältnis zwischen einem kartellrechtlichen Verwaltungsverfahren und einem zivilrechtlichen Verfahren** gilt es festzuhalten, dass nach bundesgerichtlicher Rechtsprechung zivilrechtlich i.S.v. Art. 12 ff. bzw. Art. 17 vorzugehen ist, wenn vorwiegend private Interessen verfolgt werden. Vorsorgliche Massnahmen sind dagegen im kartellrechtlichen Verwaltungsverfahren geltend zu machen, wenn dies dem öffentlichen Interesse am Schutz des wirksamen Wettbewerbs dient (vgl. BGE 130 II 154 E. 2.4 u. 160 E. 4.1). Dies bedeutet, dass eine vorsorgliche Massnahme von der Weko im Rahmen eines Untersuchungsverfahrens nur dann erlassen wird, wenn im konkreten Fall der wirksame Wettbewerb betroffen ist (vgl. REYMOND, in: TERCIER/BOVET, CR Concurrence, Art. 17 N 10; DUCREY, in: ZÄCH, KG-Praxis, 115 ff., 127; BORER, Kommentar 2005, Art. 27 N 14).

9 Entscheide der Weko über vorsorgliche Massnahmen ergehen als **Zwischenverfügungen**. Sofern die Zwischenverfügung der Weko einen nicht wieder gutzumachenden Nachteil bewirkt, kommt sie als selbständiges Anfechtungsobjekt in Frage. Das Vorliegen eines nicht wieder gutzumachenden Nachteils wird bereits bejaht, wenn ein tatsächliches, insb. ein wirtschaftliches Interesse vorliegt (BGE 130 II 253 E. 1.1; BORER, Kommentar 2005, Art. 27 N 15). Liegt kein nicht wieder gutzumachender Nachteil vor, kann erst die Endverfügung der Weko mit Beschwerde nach Art. 44 angefochten werden.

Art. 28 Bekanntgabe

Bekanntgabe

[1] Das Sekretariat gibt die Eröffnung einer Untersuchung durch amtliche Publikation bekannt.

[2] Die Bekanntmachung nennt den Gegenstand und die Adressaten der Untersuchung. Sie enthält zudem den Hinweis, dass Dritte sich innert 30 Tagen melden können, falls sie sich an der Untersuchung beteiligen wollten.

[3] Die fehlende Publikation hindert Untersuchungshandlungen nicht.

Communication

[1] Le secrétariat communique l'ouverture d'une enquête par publication officielle.

[2] Cette communication mentionne l'objet et les parties concernées par l'enquête. Elle contient en outre un avis invitant les tiers concernés à s'annoncer dans un délai de 30 jours s'ils désirent participer à l'enquête.

[3] L'absence de publication ne fait pas obstacle à la poursuite de l'enquête.

Comunicazione

[1] La segreteria comunica l'apertura dell'inchiesta mediante pubblicazione ufficiale.

[2] La comunicazione menziona l'oggetto e le persone inquisite e indica inoltre che i terzi devono annunciare entro 30 giorni se intendono partecipare all'inchiesta.

[3] L'omissione della pubblicazione non impedisce gli atti d'inchiesta.

Inhaltsübersicht   Note

I. Bekanntgabe durch amtliche Publikation 1
II. Inhalt der Publikation 3
III. Folgen bei Unterlassen der Publikation 5

I. Bekanntgabe durch amtliche Publikation

Das Sekretariat der Weko gibt die Eröffnung einer Untersuchung durch amtliche Publikation bekannt. Gemäss Art. 22 Abs. 1 des Geschäftsreglements der Weko sind amtliche Publikationsorgane das BBl wie auch das SHAB. Gemäss Art. 28 Abs. 2 kann auch ein anderes **Publikationsmittel** verwendet werden, wenn der Zweck der Untersuchung, d.h. wohl der Adressatenkreis, dies erfordert (vgl. BORER, Kommentar 2005, Art. 28 N 1).

2 Die Publikation soll Dritten insb. ermöglichen, sich i.S.v. Art. 42 an einer Untersuchung zu beteiligen (Unternehmer- und Konsumentenorganisationen sowie sonstige Verbände gemäss Art. 43). Deren **Beteiligung** sichert v.a. auch die umfassende Information der Wettbewerbsbehörden über für die Untersuchung relevante Fakten (vgl. BORER, Kommentar 2005, Art. 28 N 2). Die Publikation dient daher neben der Informationsversorgung Dritter durchaus auch dem Untersuchungszweck.

II. Inhalt der Publikation

3 Dieser ist in Art. 28 Abs. 2 umschrieben: Es müssen Gegenstand und Adressaten der Untersuchung genannt werden sowie der Hinweis, dass sich Dritte innerhalb von 30 Tagen bei der Weko zu melden hätten, falls sie sich i.s.v. Art. 43 an der Untersuchung beteiligen wollten. Nach Ablauf dieser Frist hat der Dritte sein Recht auf Beteiligung verwirkt, was die Wettbewerbsbehörden aber nicht daran hindern wird, **von Dritten herangetragene Informationen** bei der von Amtes wegen vorzunehmenden Sachverhaltsermittlung zu berücksichtigen (vgl. BORER, Kommentar 2005, Art. 28 N 3).

4 Um Dritten eine sinnvolle Entscheidung über eine **allfällige Beteiligung an der Untersuchung** zu ermöglichen, sollten wohl zumindest die Namen und die Adressen der von der Untersuchung betroffenen Unternehmen, die Art der angeblichen Wettbewerbsbeschränkung und die betroffenen Märkte genannt werden (BORER, Kommentar 2005, Art. 28 N 4).

III. Folgen bei Unterlassen der Publikation

5 Gemäss Art. 28 Abs. 3 hindert die **fehlende Publikation** Untersuchungshandlungen des Sekretariates nicht. Die Publikation hat demnach nur deklaratorische Bedeutung (BORER, Kommentar 2005, Art. 28 N 5). Dies führt dazu, dass Untersuchungshandlungen auch dann zulässig sind, wenn die Bekanntgabe der Untersuchung noch nicht erfolgt ist. Für jede Untersuchung hat jedoch zwingend eine Bekanntgabe während des Untersuchungsverfahrens zu erfolgen (SCHMIDHAUSER, in: HOMBURGER, Kommentar 1996, Art. 28 N 9; BORER, Kommentar 2005, Art. 28 N 8). Falls eine Untersuchung ohne Bekanntgabe abgeschlossen würde, könnten Dritte, die i.s.v. Art. 43 berechtigt sind, sich am Verfahren zu beteiligen, die Untersuchung und deren Resultat mit Beschwerde anfechten; sie müssen allerdings darlegen können, dass ihre Beteiligung am Verfahren dessen Abschluss hätte beeinflussen können (SCHMIDHAUSER, in: HOMBURGER, Kommentar 1996, Art. 28 N 9).

Eine **individuelle Mitteilung** der Eröffnung einer Untersuchung an die betroffe- 6
nen Unternehmen ist im Gesetz dagegen nicht vorgesehen; eine Pflicht zur individuellen Mitteilung ergibt sich jedoch wohl aus den Grundsätzen eines fairen Verfahrens gemäss Art. 42 (vgl. BORER, Kommentar 2005, Art. 28 N 7).

Art. 29 Einvernehmliche Regelung

Einvernehmliche Regelung

¹ Erachtet das Sekretariat eine Wettbewerbsbeschränkung für unzulässig, so kann es den Beteiligten eine einvernehmliche Regelung über die Art und Weise ihrer Beseitigung vorschlagen.

² Die einvernehmliche Regelung wird schriftlich abgefasst und bedarf der Genehmigung durch die Wettbewerbskommission.

Accord amiable

¹ Si le secrétariat considère qu'une restriction à la concurrence est illicite, il peut proposer aux entreprises concernées un accord amiable portant sur les modalités de la suppression de la restriction.

² L'accord requiert la forme écrite et doit être approuvé par la commission.

Conciliazione

¹ Qualora reputi illecita una limitazione della concorrenza, la segreteria della Commissione può proporre alle parti una conciliazione sulle modalità della sua soppressione.

² La conciliazione va redatta per scritto e necessita dell'approvazione della Commissione.

Inhaltsübersicht Note

I. Allgemeines 1
II. Voraussetzungen der einvernehmlichen Regelung 3
III. Gegenstand der einvernehmlichen Regelung 6
IV. Form und Genehmigung der einvernehmlichen Regelung 9

I. Allgemeines

1 Eine Untersuchung kann auf drei verschiedene Arten beendet werden: (1) Erscheint die untersuchte Wettbewerbsbeschränkung als unbedenklich, endet das Verfahren mit einer **Einstellungsverfügung**; (2) ist die Wettbewerbsbeschränkung unzulässig, ist die Möglichkeit einer **einvernehmlichen Regelung** nach Art. 29 zu prüfen; (3) ist keine einvernehmliche Regelung möglich, stellt das Sekretariat der Kommission Antrag auf Erlass **sachdienlicher Massnahmen** zur Beseitigung der Wettbewerbsbeschränkung (Art. 30 Abs. 1).

2 Die Möglichkeit der einvernehmlichen Regelung nach Art. 29 entspricht (wie Art. 26 Abs. 2) der Idee der **Selbstregulierung**. Autoritatives Staatshandeln, d.h. die einseitige Verfügung von Massnahmen durch die Weko, soll wenn möglich durch kooperatives Zusammenwirken zwischen dem Sekretariat und den Betroffenen ersetzt werden (vgl. BORER, Kommentar 2005, Art. 29 N 1; vgl. RPW 2004/2,

660 – EVD/Sellita Watch Co SA, Weko, REKO/WEF u. ETA SA Manufacture Horlogère Suisse). Die Verhandlungen zwischen dem Sekretariat und den an der Wettbewerbsbeschränkung beteiligten Unternehmen beschränken sich auf die Frage, wie eine unzulässige Wettbewerbsbeschränkung zu beseitigen ist (RPW 2004/2, 661 – EVD/Sellita Watch Co SA, Weko, REKO/WEF u. ETA SA Manufacture Hor-logère Suisse). Die Frage, ob eine Wettbewerbsbeschränkung zulässig sei, ist als Rechtsfrage aber nicht verhandelbar. Eine einvernehmliche Regelung setzt vielmehr voraus, dass das Sekretariat eine Wettbewerbsbeschränkung für unzulässig erachtet. Der Spielraum des Sekretariats bleibt damit beschränkt.

II. Voraussetzungen der einvernehmlichen Regelung

Eine einvernehmliche Regelung ist unter drei Voraussetzungen möglich: Als Erstes setzt sie voraus, dass das Sekretariat eine **Wettbewerbsbeschränkung** für **unzulässig** hält. Ein Vorschlag zur einvernehmlichen Regelung kann während der laufenden Untersuchung jederzeit erfolgen. Obwohl das Gesetz nur von einem Vorschlag des Sekretariats spricht, steht es den Parteien frei, die Behörde zu einem eines solchen anzuregen (CARRON, in: TERCIER/BOVET, CR Concurrence, Art. 29 N 7 f.).

Zweitens kann eine Regelung nur dann einvernehmlich sein, wenn die Behörde und die «Beteiligten», d.h. die Verursacher der Wettbewerbsbeschränkung, auf partnerschaftlicher und kooperativer Basis ihre Standpunkte erläutern und diese einander annähern. Hierfür ist auf beiden Seiten **«echte Verhandlungsbereitschaft»** vorauszusetzen (vgl. SCHMIDHAUSER, in: HOMBURGER, Kommentar 1996, Art. 29 N 12).

Schliesslich muss die einvernehmliche Regelung aus verwaltungsökonomischer Sicht **sinnvoll** erscheinen. Von einer Regelung ist deshalb abzusehen, wenn sie nicht innert nützlicher Frist möglich oder aufgrund der Umstände des Falls von vornherein ausgeschlossen scheint. Letzteres ist insb. dann der Fall, wenn wettbewerbspolitische Grundsatzfragen zu beantworten sind, die nicht durch einvernehmliche Regelungen umgangen werden sollen (vgl. SCHMIDHAUSER, in: HOMBURGER, Kommentar 1996, Art. 29 N 17).

III. Gegenstand der einvernehmlichen Regelung

Ziel der einvernehmlichen Regelung ist die Festlegung von **Massnahmen**, welche aus Sicht des Sekretariats notwendig sind, um die mutmasslich unzulässige Wettbewerbsbeschränkung zu beseitigen. Konkret kann die einvernehmliche Regelung bspw. den Umfang einer Wettbewerbsabrede so weit korrigieren, dass diese einer Rechtfertigung zugänglich gemacht werden kann. Oder ein marktbeherrschendes Unternehmen verpflichtet sich, künftig bestimmte Verhaltensweisen zu unterlassen, um die mutmassliche Unzulässigkeit nach Art. 7 zu beseitigen (vgl. SCHMIDHAUSER, in: HOMBURGER, Kommentar 1996, Art. 29 N 10 u. 18; BILGER, Verwaltungsverfahren, 343). So kann sich ein marktbeherrschendes Unternehmen zum Beispiel verpflichten, gewisse Kunden so lange weiter zu beliefern, bis substituierbare Produkte auf dem Markt verfügbar sind (vgl. den Fall ETA SA Manufacture Horlogère Suisse in RPW 2005/1, 140).

7 Seit der KG-Revision 2003 fragt sich, **wie sich die einvernehmliche Regelung zur Sanktionierung von Wettbewerbsverstössen nach Art. 49a Abs. 1 verhält.** Kann die einvernehmliche Regelung eine Vereinbarung über die Sanktion enthalten? Oder schliesst eine einvernehmliche Regelung eine Sanktionierung ohne weiteres aus? Beide Fragen müssen unserer Meinung nach verneint werden. Wie gezeigt, kann die Regelung nicht über die Zulässigkeit oder Unzulässigkeit einer Wettbewerbsbeschränkung urteilen. Eine solche Beurteilung ist aber für die Bestimmung der Sanktionierbarkeit eines Verhaltens nach Art. 49a Abs. 1 vorausgesetzt. Der Sanktionsanspruch des Staates ist nicht verhandelbar und kann damit nicht Gegenstand der einvernehmlichen Regelung sein. Für Tatbestände nach Art. 49a Abs. 1 (Abreden nach Art. 5 Abs. 3 u. 4, missbräuchliche Verhaltensweise nach Art. 7) führt die einvernehmliche Regelung damit nicht zu einer umfassenden Streitbeilegung und Einstellung des Verfahrens, denn die Frage, ob eine Wettbewerbsbeschränkung unzulässig war, kann nicht ohne Untersuchungsverfahren geklärt werden (ZÄCH/TAGMANN, Streitbeilegung, 1007). Die Sanktionsbestimmung von Art. 49a Abs. 1 hat den Spielraum für die einvernehmliche Regelung und deren prozessökonomischen Vorteile damit beschränkt (ZÄCH/TAGMANN, Streitbeilegung, 1011 f.; vgl. zum Ganzen auch TAGMANN, Sanktionen, 304 ff.). Allerdings kann ein Unternehmen nach wie vor an einer einvernehmlichen Regelung interessiert sein, da Dauer und Zeitpunkt der Beendigung der Wettbewerbsbeschränkung bei der Sanktionsbemessung berücksichtigt werden (Art. 2, 4 u. 6 Sanktionsverordnung; vgl. RPW 2006/4, 665 f. – Flughafen Zürich AG [Unique] – Valet Parking). Das Unternehmen mag auch ein Interesse daran haben, im Einvernehmen mit den Behörden zumindest für die Zukunft die Grenzen für wettbewerbskonformes Verhalten abzustecken (ZÄCH/TAGMANN, Streitbeilegung, 1008 f.).

8 Die Regelung verpflichtet einerseits die an der Wettbewerbsbeschränkung beteiligten Unternehmen, die vereinbarten Massnahmen umzusetzen und beinhaltet andererseits den Verzicht des Sekretariats, die Untersuchung weiterzuführen (BILGER, Verwaltungsverfahren, 343 f.). Doch erst mit der **Genehmigung durch die Weko** (Art. 30 Abs. 1) wird die einvernehmliche Regelung wirksam.

IV. Form und Genehmigung der einvernehmlichen Regelung

9 Die einvernehmliche Regelung muss schriftlich geschlossen werden. Erst mit der **Genehmigung** durch die Weko wird die Regelung wirksam. Vorher

bleibt die **Regelung suspensiv bedingt**. Verletzungen der einvernehmlichen Regelung vor erfolgter Genehmigung stellen deshalb keine Widerhandlung i.S.v. Art. 50 dar (CARRON, in: TERCIER/BOVET, CR Concurrence, Art. 29 N 14). Wird die Regelung nicht genehmigt, bleibt diese ohne jede Rechtswirkung. Möchte die Weko die ihr zur Genehmigung vorgelegte Regelung **ändern**, haben das Sekretariat und die beteiligten Unternehmen die Möglichkeit zur Stellungnahme. Kommt keine neue Regelung zustande, entscheidet die Weko ihrerseits über die zu treffenden Massnahmen sofern nicht ausnahmsweise eine Ergänzung der Untersuchung notwendig ist (CARRON, in: TERCIER/BOVET, CR Concurrence, Art. 29 N 16 f.).

Das Genehmigungsverfahren soll die **Kohärenz** der einvernehmlichen Regelung mit der Wettbewerbspolitik der Weko sicherstellen (vgl. SCHMIDHAUSER, in: HOMBURGER, Kommentar 1996, Art. 29 N 22). Zudem dient die Genehmigungspflicht der **Transparenz** und ermöglicht beteiligten Dritten, die Regelung mittels **Beschwerde** beim Bundesverwaltungsgericht **anzufechten** (Art. 31 i.V.m. Art. 33 lit. h VGG; vgl. BORER, Kommentar 2005, Art. 29 N 7). Voraussetzung ist allerdings, dass diese Dritten die allgemeinen **Legitimationsvoraussetzungen** von Art. 48 VwVG erfüllen (vgl. BGE 131 II 497 ff.; für den Fall der Konkurrentenbeschwerde: BGE 109 Ib 202 E. 4d). Der Beschwerdeentscheid des Bundesverwaltungsgerichtes kann beim Bundesgericht mit Beschwerde in öffentlichrechtlichen Angelegenheiten angefochten werden (Art. 82 lit. a i.V.m. Art. 86 Abs. 1 lit. a BGG).

Art. 30 Entscheid

Entscheid

¹ Die Wettbewerbskommission entscheidet auf Antrag des Sekretariats mit Verfügung über die zu treffenden Massnahmen oder die Genehmigung einer einvernehmlichen Regelung.

² Die am Verfahren Beteiligten können schriftlich zum Antrag des Sekretariats Stellung nehmen. Die Wettbewerbskommission kann eine Anhörung beschliessen und das Sekretariat mit zusätzlichen Untersuchungsmassnahmen beauftragen.

³ Haben sich die tatsächlichen oder rechtlichen Verhältnisse wesentlich geändert, so kann die Wettbewerbskommission auf Antrag des Sekretariats oder der Betroffenen den Entscheid widerrufen oder ändern.

Décision

¹ Sur proposition du secrétariat, la commission prend sa décision sur les mesures à prendre ou sur l'approbation de l'accord amiable.

² Les participants à l'enquête peuvent communiquer leur avis par écrit sur la proposition du secrétariat. La commission peut procéder à des auditions et charger le secrétariat de prendre des mesures supplémentaires pour les besoins de l'enquête.

³ Si l'état de fait ou la situation juridique se sont modifiés de manière importante, la commission peut, sur proposition du secrétariat ou des intéressés, révoquer ou modifier sa décision.

Decisione

¹ La Commissione decide su proposta della segreteria le misure da adottare o l'approvazione della conciliazione.

² Le parti alla procedura possono prendere posizione per scritto sulla proposta della segreteria. La Commissione può ordinare un'audizione e ordinare alla segreteria ulteriori misure di inchiesta.

³ Se le circostanze di fatto o giuridiche hanno subìto modificazioni essenziali, la Commissione può revocare o modificare la sua decisione su proposta della segreteria o degli interessati.

Inhaltsübersicht Note

I. Allgemeines 1
II. Antrag des Sekretariats.. 3
III. Stellungnahme der Verfahrensbeteiligung 6
IV. Zusätzliche Anhörung und Untersuchungshandlungen 8
V. Entscheid der Weko 10
VI. Widerruf und Änderung des Entscheids 15

I. Allgemeines

Art. 30 Abs. 1 enthält verglichen mit den Regelungen in den früheren Kartellgesetzen eine **wesentliche Erweiterung der Kompetenzen der Weko**: neu hat die Weko das Recht, Verfügungen zu erlassen. Vor dem Erlass des aktuellen KG vom 6. Oktober 1995 hatte die Weko lediglich die Befugnis, Empfehlungen abzugeben, während der Erlass verbindlicher Verfügungen dem Eidgenössischen Volkswirtschaftsdepartement vorbehalten war (Art. 32 u. 37 KG 1985).

Die **Verfügungen** der Weko erfolgen **auf Antrag des Sekretariats** (Abs. 1) und **nach Stellungnahme** der am Verfahren Beteiligten (Abs. 2). Schliesslich kann der Entscheid der Kommission unter gewissen Voraussetzungen geändert oder widerrufen werden (Abs. 3).

II. Antrag des Sekretariats

Mit der Stellung des Antrags an die Weko schliesst das Sekretariat das Untersuchungsverfahren ab. Dieser Antrag lautet entweder auf (i) **Einstellung** der Untersuchung, (ii) **Genehmigung** einer einvernehmlichen Regelung (vgl. Art. 29) oder (iii) Anordnung von **Massnahmen**, um eine unzulässige Wettbewerbsbeschränkung zu beseitigen (Abs. 1; vgl. CARRON, in: TERCIER/BOVET, CR Concurrence, Art. 30 N 10).

Ein Antrag des Sekretariats ist auch für die Anordnung **vorsorglicher Massnahmen** nötig. Je nach Zweck und Natur dieser Massnahmen ist für die Anordnung entweder das Sekretariat zusammen mit einem Präsidiumsmitglied (Art. 23 Abs. 1) oder die Weko nach Art. 30 zuständig. Geht die vorsorgliche Massnahme über die Sicherung von verfahrensleitenden Anordnungen hinaus (so insb. bei der Sicherung von Behinderungs- oder Beseitigungsansprüchen), ist die Kommission allein zuständig (vgl. IV. zu Art. 23 oben; BORER, Kommentar 2005, Art. 30 N 3).

Das Sekretariat hat seinen Antrag zu **begründen** (vgl. Art. 12 Abs. 1 lit. c Reglement). Wird ein materieller Entscheid in der Sache beantragt (Feststellung der Rechtswidrigkeit und Anordnung von Massnahmen), besteht der Antrag des Sekretariats in der Praxis aus einem Verfügungsentwurf (vgl. SCHMIDHAUSER, in: HOMBURGER, Kommentar 1996, Art. 30 N 7).

III. Stellungnahme der Verfahrensbeteiligung

Die am Verfahren Beteiligten werden von der Kommission zur schriftlichen **Stellungnahme** zum Antrag eingeladen (Abs. 2). Als **Beteiligte** gelten dabei die mutmasslichen Verursacher der Wettbewerbsbeschränkung, gegen welche sich die Untersuchung richtet, sowie Dritte i.S.v. Art. 43 (vgl. RICHLI, KG-Praxis, 436).

Die Weko bzw. das Sekretariat müssen dabei sicherstellen, dass die Beteiligten mit dem Verfügungsentwurf auch «ein vollständiges Verzeichnis der zu den Untersuchungsakten gehörenden Schriftstücke» erhalten, das festhält, ob diese einsehbar sind oder nicht (Art. 27 VwVG i.V.m. Art. 39; vgl. RPW 1998/4, 670 E. 3.2.2 – X-AG/Weko).

7   Das Recht zur Stellungnahme geht **über den verfassungsmässigen Anspruch auf rechtliches Gehör hinaus**. Ohne die ausdrückliche Bestimmung in Abs. 2 hätten die Beteiligten kein Recht, sich zum Antrag des Sekretariats zu äussern. Dieses Recht gilt jedoch nur für Anträge zu Endentscheiden, nicht zu Zwischenentscheiden (BGE 2.A.492/2002, 17.06.2003, in: RPW 2003/3, 700 E. 3.4 – Elektra Baselland Liestal (EBL)/Watt Suisse AG, Migros-Genossenschafts-Bund, Weko, REKO/WEF).

IV. Zusätzliche Anhörung und Untersuchungshandlungen

8   Abs. 2 erlaubt der Weko korrigierend in die Untersuchung des Sekretariats einzugreifen. Falls die Weko dies für notwendig hält, kann sie nach Überweisung des Antrags und Eingang der Stellungnahme eine weitere **Anhörung** der Beteiligten beschliessen (Abs 2). Ein Recht der Beteiligten auf eine solche Anhörung besteht jedoch nicht. Mit der Stellungnahme zum Antrag ist der Anspruch auf rechtliches Gehör erfüllt (vgl. SCHMIDHAUSER, in: HOMBURGER, Kommentar 1996, Art. 30 N 9).

9   Die Weko kann überdies **zusätzliche Untersuchungshandlungen** des Sekretariats anordnen (Abs. 2). Sie kann die Akten zur Ergänzung der Untersuchung an das Sekretariat überweisen und dieses bspw. mit der Anhörung der Beteiligten oder deren Vertreter beauftragen (vgl. CARRON, in: TERCIER/BOVET, CR Concurrence, Art. 30 N 13). Solche zusätzlichen Untersuchungshandlungen wird die Kommission insb. dann anordnen, wenn der **Anspruch auf rechtliches Gehör** während der Untersuchung nur ungenügend gewahrt wurde oder die Untersuchung unvollständig scheint. Die Beteiligten können in ihrer Stellungnahme Untersuchungshandlungen durch die Kommission beantragen, ohne jedoch ein Recht hierauf zu haben. Die Weko allein entscheidet darüber nach ihrem Ermessen (vgl. SCHMIDHAUSER, in: HOMBURGER, Kommentar 1996, Art. 30 N 11). Kann aber nur die zusätzliche Anhörung bzw. Untersuchungshandlung den Anspruch auf rechtliches Gehör rechtsgenüglich erfüllen, ist die Weko verpflichtet, diese anzuordnen (BORER, Kommentar 2005, Art. 30 N 6 u. 8).

V. Entscheid der Weko

10   Die Weko kann entscheiden, (i) die Untersuchung **einzustellen**, (ii) die zur Beseitigung der unzulässigen Wettbewerbsbeschränkung notwendigen **Mass-**

nahmen anzuordnen, (iii) eine einvernehmliche Regelung ganz oder teilweise zu **genehmigen**, oder (iv) eine **vorsorgliche Massnahme** anzuordnen (vgl. II. oben).

Die Weko wird das Verfahren mit einer **Einstellungsverfügung** abschliessen, 11
wenn sie zum Schluss kommt, dass keine unzulässige Wettbewerbsbeschränkung vorliegt und folglich auch keine Massnahmen zu treffen sind. Davon zu unterscheiden ist der Fall, dass die mutmasslich unzulässige Wettbewerbsbeschränkung im Laufe des Verfahrens aufgegeben wurde und der Untersuchungsgegenstand deshalb im Zeitpunkt des Entscheids nicht mehr vorhanden ist. Bei dieser Sachlage wird das Verfahren wegen **Gegenstandslosigkeit eingestellt** (zur Frage der Gebührenpflicht s. die Kommentierung zu Art. 53a). Denkbar ist auch eine bloss vorläufige Einstellung, d.h. eine **Sistierung** des Verfahrens (vgl. BILGER, Verwaltungsverfahren, 361 f. m.H.; SCHMIDHAUSER, in: HOMBURGER, Kommentar 1996, Art. 30 N 18).

Kommt die Weko zum Ergebnis, dass eine Wettbewerbsbeschränkung i.S.v. 12
Art. 5 oder 7 vorliegt und konnte keine einvernehmliche Regelung geschlossen werden, wird sie über die «zu treffenden Massnahmen befinden» (Abs. 1). Art und Inhalt der Massnahmen bestimmen sich nach den Umständen des konkreten Falls. Sie müssen aufgrund des **Verhältnismässigkeitsprinzips** geeignet sein, die rechtswidrige Wettbewerbsbeschränkung zu beseitigen und sich auf das hierfür Notwendige beschränken (vgl. BILGER, Verwaltungsverfahren, 360).

Die Verfügung hat sich darüber auszusprechen, wer die aufgelaufenen **Verfahrenskosten** trägt (vgl. Ausführungen zu Art. 53a zur Gebührenverordnung). Die **Rechtsmittelbelehrung** muss die Parteien und beteiligte Dritte (zu deren Legitimation vgl. Art. 48 VwVG) auf den Beschwerdeweg an das Bundesverwaltungsgericht hinweisen (Art. 31 i.V.m. 33 lit. h VGG). Der Beschwerdeentscheid des Bundesverwaltungsgerichts kann beim Bundesgericht mit **Beschwerde in öffentlich-rechtlichen Angelegenheiten** angefochten werden (Art. 82 lit. a i.V.m. Art. 86 Abs. 1 lit. a BGG). Stellt die Weko in ihrem Entscheid die Unzulässigkeit einer Wettbewerbsbeschränkung fest, so kann überdies ein Verfahren um ausnahmsweise Zulassung nach Art. 31 eingeleitet werden. 13

Die **Eröffnung** des Entscheids erfolgt nach den Bestimmungen von 14
Art. 34 ff. VwVG (vgl. BILGER, Verwaltungsverfahren, 371). Die Verfügungen werden zudem in der Zeitschrift RPW veröffentlicht (Art. 22 Abs. 1 Reglement).

VI. Widerruf und Änderung des Entscheids

Abs. 3 sieht vor, dass die Weko auf Antrag des Sekretariats oder der «Betroffenen» einen formell rechtskräftigen Entscheid in **Wiedererwägung** ziehen kann. Vorausgesetzt ist dabei, dass sich die tatsächlichen oder rechtlichen Verhältnisse **wesentlich geändert** haben. 15

16 Als **antragsberechtigte** Betroffene gelten die unmittelbaren Verfügungsadressaten, d.h. die Verursacher der gerügten Wettbewerbsbeschränkung bzw. die unmittelbar Beteiligten der einvernehmlichen Regelung. Das Sekretariat ist nicht berechtigt, in seinem Antrag eine Verschärfung des Entscheids zu verlangen. Eine **reformatio in peius** ist nach Abs. 3 ausgeschlossen. Dem Sekretariat bleibt es jedoch unbenommen, eine neue Untersuchung zur Prüfung der geänderten Sachlage einzuleiten (vgl. SCHMIDHAUSER, in: HOMBURGER, Kommentar 1996, Art. 30 N 23).

17 Machen die Betroffenen eine **wesentliche Änderung der Verhältnisse** seit Erlass der ersten Verfügung geltend, haben sie gemäss Art. 29 Abs. 1 BV einen Anspruch auf Behandlung des Wiedererwägungsgesuchs. Parallel dazu besteht eine Pflicht der Weko, bei gegebenen Voraussetzungen eine Verfügung auch ohne Antrag der Betroffenen zu ändern (vgl. BILGER, Verwaltungsverfahren, 376 mit zahlreichen Hinweisen auf die Praxis).

18 Die Weko prüft eine mögliche Wiedererwägung in zwei Schritten. In einem ersten Schritt prüft die Weko, ob sich die tatsächlichen oder rechtlichen Verhältnisse wesentlich geändert haben. Eine **tatsächliche Änderung** kann bspw. in veränderten Wettbewerbsverhältnissen auf dem relevanten Markt liegen (vgl. RICHLI, KG-Praxis, 437). Die Änderung ist jedoch erst dann wesentlich, wenn sie sich auf die rechtliche Beurteilung des ursprünglichen Verfahrens auswirkt (vgl. BILGER, Verwaltungsverfahren, 375). Unklar ist, was unter der **Veränderung rechtlicher Verhältnisse** zu verstehen ist. Denkbar ist, dass darunter nicht nur der Erlass neuer Rechtsvorschriften fällt, sondern auch Praxisänderungen, die auf bereits abgeschlossene Fälle ausgedehnt werden (RICHLI, KG-Praxis, 438).

19 Stellt die Weko eine wesentliche Veränderung fest, prüft sie in einem zweiten Schritt, ob die **Interessen** an der richtigen Rechtsanwendung im konkreten Fall höher zu werten sind als das Interesse an der Rechtssicherheit (d.h. das Vertrauen in das unveränderte Weiterbestehen des Entscheids). Hierbei sind auch die Interessen des Antragstellers gegenüber weiteren Betroffenen abzuwägen. Bei dieser Interessenabwägung steht der Weko ein Ermessensspielraum zu (vgl. BILGER, Verwaltungsverfahren, 376).

20 Tritt die Weko auf einen Antrag auf Wiedererwägung gar nicht ein, kann Beschwerde wegen **Rechtsverweigerung** erhoben werden. Wird der Antrag abgelehnt, kann beim Bundesverwaltungsgericht Beschwerde geführt werden (vgl. Art. 46a u. 47 Abs. 1 lit. b VwVG; Art. 31 u. 33 lit. h VGG). Gegen das unrechtmässige Verweigern eines anfechtbaren Entscheids kann Beschwerde am Bundesgericht erhoben werden (Art. 94 BGG). Das Sekretariat ist nicht zur Beschwerde legitimiert (vgl. SCHMIDHAUSER, in: HOMBURGER, Kommentar 1996, Art. 30 N 25; RICHLI, KG-Praxis, 438).

Art. 31 Ausnahmsweise Zulassung

Ausnahmsweise Zulassung

¹ Hat die Wettbewerbskommission entschieden, dass eine Wettbewerbsbeschränkung unzulässig ist, so können die Beteiligten innerhalb von 30 Tagen beim Departement eine ausnahmsweise Zulassung durch den Bundesrat aus überwiegenden öffentlichen Interessen beantragen. Ist ein solcher Antrag gestellt, so beginnt die Frist für die Einreichung einer Beschwerde beim Bundesverwaltungsgericht erst mit der Eröffnung des Entscheides des Bundesrates zu laufen.

² Der Antrag auf ausnahmsweise Zulassung durch den Bundesrat kann auch innerhalb von 30 Tagen nach Eintritt der Rechtskraft eines Entscheides des Bundesverwaltungsgerichts oder des Bundesgerichts gestellt werden.

³ Die Zulassung ist zeitlich zu beschränken; sie kann mit Bedingungen und Auflagen verbunden werden.

⁴ Der Bundesrat kann eine Zulassung auf Gesuch hin verlängern, wenn die Voraussetzungen dafür weiterhin erfüllt sind.

Autorisation exceptionnelle

¹ Lorsque la commission a rendu une décision reconnaissant le caractère illicite d'une restriction à la concurrence, les intéressés peuvent présenter dans les 30 jours au département une demande d'autorisation exceptionnelle du Conseil fédéral fondée sur des intérêts publics prépondérants. Si une telle demande est présentée, le délai pour former un recours devant le Tribunal administratif fédéral ne commence à courir qu'après la notification de la décision du Conseil fédéral.

² La demande d'autorisation exceptionnelle du Conseil fédéral peut également être présentée dans les 30 jours à compter de l'entrée en force d'une décision du Tribunal administratif fédéral ou du Tribunal fédéral.

³ L'autorisation exceptionnelle est de durée limitée et peut être assortie de conditions et de charges.

⁴ Le Conseil fédéral peut, à la demande des intéressés, prolonger l'autorisation exceptionnelle lorsque les conditions de son octroi demeurent remplies.

Autorizzazione eccezionale

¹ Qualora la Commissione della concorrenza abbia deciso che una limitazione della concorrenza è illecita, le parti possono chiedere entro 30 giorni per il tramite del Dipartimento un'autorizzazione eccezionale del Consiglio federale per motivi preponderanti di interesse pubblico. In caso di presentazione di una simile richiesta, il termine per interporre ricorso al Tribunale amministrativo federale decorre soltanto dalla notificazione della decisione del Consiglio federale.

² La richiesta di un'autorizzazione eccezionale da parte del Consiglio federale può anche essere presentata entro 30 giorni dal momento in

cui è passata in giudicato una decisione del Tribunale amministrativo federale o del Tribunale federale.

³ L'autorizzazione è limitata nel tempo; essa può essere vincolata a condizioni e oneri.

⁴ Su richiesta degli interessati, il Consiglio federale può prorogare l'autorizzazione se i requisiti del suo rilascio permangono adempiti.

Inhaltsübersicht Note

I. Allgemeines 1
II. Voraussetzungen 3
   1. Antrag an den Bundesrat, Verfahrensbeteiligte und Legitimation 3
      a. Antrag 3
      b. Verfahrensbeteiligte und Legitimation 5
   2. Fristen 8
      a. Nach dem Entscheid der Weko 8
      b. Nach dem Entscheid des Bundesverwaltungsgerichtes oder des Bundesgerichtes 9
III. Verfahren 11
IV. Entscheid 13
   1. Allgemeines 13
   2. Zeitliche Beschränkung und Verlängerung 17
   3. Auflagen und Bedingungen 20

I. Allgemeines

1 In Art. 31 wird das **Verfahren** für die ausnahmsweise Zulassung einer Wettbewerbsbeschränkung durch den Bundesrat gemäss Art. 8 geregelt. Das Verfahren ist im KG nur rudimentär geregelt; im Übrigen richtet sich das Verfahren nach dem VwVG (Art. 39).

2 Diese **Verfahrensregeln** gelten einzig für das verwaltungsrechtliche Verfahren. Das KG regelt das zivilgerichtliche Verfahren der ausnahmsweisen Zulassung ansatzweise in Art. 15 Abs. 2.

II. Voraussetzungen

1. Antrag an den Bundesrat, Verfahrensbeteiligte und Legitimation

a. Antrag

Die Eröffnung des Verfahrens um ausnahmsweise Zulassung wird durch einen Antrag an den Bundesrat anbegehrt (Art. 31 i.V.m. Art 19). Damit ist auch gleich ausgeführt, dass es dem Bundesrat verwehrt ist, von Amtes wegen tätig zu werden (CHABLOZ, L'autorisation exceptionnelle, N 816); es gilt die Dispositionsmaxime. Der Antrag ist schriftlich beim Eidgenössischen Volkswirtschaftsdepartement (**EVD**) einzureichen (Botschaft KG 1995, 611; SCHERRER, Fusionskontrollverfahren, 427). Der Antrag muss im Doppel versendet werden und hat die Begehren, deren Begründung mit Angabe der Beweismittel sowie die Unterschrift des Antragstellers bzw. seines Vertreters zu enthalten (CARRON, in: TERCIER/BOVET, CR Concurrence, Art. 31 N 30; Botschaft KG 1995, 144).

Dieser Antrag ist **keine Beschwerde** gegen den ablehnenden Entscheid der Wettbewerbsbehörden bzw. des Zivilrichters; der Bundesrat entscheidet vielmehr als einzige Instanz i.S.v. Art. 78 VwVG (HOFFET, in: HOMBURGER, Kommentar 1996, Art. 8 N 17).

b. Verfahrensbeteiligte und Legitimation

Art. 31 Abs. 1 nennt als antragsberechtigte Personen die «**Beteiligten**» (noch weiter der französische Text «les intéressés», wobei aber im Text von Art. 8 von den «entreprises concernées» gesprochen wird). Darunter werden die vom Entscheid der zuständigen Behörde unmittelbar betroffenen Personen verstanden, die ein schutzwürdiges Interesse an der ausnahmsweisen Zulassung einer Wettbewerbsbeschränkung haben. Dies sind die an der unzulässigen Wettbewerbsabrede beteiligten Personen oder das marktbeherrschende Unternehmen (HANGARTNER/PRÜMMER, Zulassung, 1104; HOFFET, in: HOMBURGER, Kommentar 1996, Art. 8 N 17). Damit sind sicher in erster Linie die Adressaten des Entscheides der Weko erfasst. Aufgrund von Art. 43 Abs. 3 und der weiten Formulierung des Gesetzes sind wohl auch beteiligte Dritte berechtigt, einen Antrag zu stellen (SCHMIDHAUSER, in: HOMBURGER, Kommentar 1996, Art. 31 N 9). Solche beteiligte Dritte müssen aber ein entsprechendes Rechtsschutzinteresse geltend machen können, wobei für die Beschwerdelegitimation Art. 48 VwVG Anwendung finden dürfte (BORER, Kommentar 1998, Art. 31 N 4; RICHLI, KG-Praxis, 138).

Am Verfahren beteiligen können sich weiter **Personen**, die aufgrund der Wettbewerbsbeschränkung in der Aufnahme oder in der Ausübung des Wettbewerbs behindert sind; Berufs- und Wirtschaftsverbände, die nach den Statuten zur Wahrung der wirtschaftlichen Interessen ihrer Mitglieder befugt sind, sofern sich auch

Mitglieder des Verbands oder eines Unterverbands an der Untersuchung beteiligen können sowie Organisationen von nationaler oder regionaler Bedeutung, die sich statutengemäss dem Konsumentenschutz widmen (Art. 43 Abs. 3).

7 Die Beteiligten können einzeln oder zusammen einen **Antrag auf ausnahmsweise Zulassung** stellen (ZURKINDEN/TRÜEB, Handkommentar, Art. 31 N 2).

2. Fristen

a. Nach dem Entscheid der Weko

8 Nach einem Entscheid der Weko haben die Antragsteller eine **Frist** von 30 Tagen zu beachten, um an den Bundesrat zu gelangen (Art. 31 Abs. 1 Satz 1). Ist ein solcher Antrag gestellt, beginnt die Frist für die Einreichung einer Beschwerde an das Bundesverwaltungsgericht erst mit der Eröffnung des Entscheides des Bundesrates zu laufen (Art. 31 Abs. 1 Satz 2).

b. Nach dem Entscheid des Bundesverwaltungsgerichtes oder des Bundesgerichtes

9 Die Antragsteller können allerdings auch zuerst den wettbewerbsrechtlichen Instanzenzug ausschöpfen, bevor sie an den Bundesrat gelangen und zunächst Beschwerde an das Bundesverwaltungsgericht führen sowie anschliessend Beschwerde beim Bundesgericht einreichen (Art. 31 Abs. 2). Der **Antrag an den Bundesrat** kann auch gleich nach der Beschwerde an das Bundesverwaltungsgericht gestellt werden. Zu beachten ist allerdings, dass diesfalls die Frist für die Beschwerde an das Bundesgericht nicht stillsteht, da eine Art. 31 Abs. 1 Satz 2 entsprechende Regelung fehlt. Der Antragsteller sollte daher vorsorglich Beschwerde an das Bundesgericht einreichen und diese bis zum Abschluss des Verfahrens vor dem Bundesrat sistieren lassen.

10 Diese Vielfalt an Möglichkeiten eröffnet einige **taktische Varianten** (vgl. dazu ZÄCH, KG-Praxis, 139; BIANCHI DELLA PORTA, in: TERCIER/BOVET, CR Concurrence, Art. 31 N 47; SCHMIDHAUSER, in: HOMBURGER, Kommentar 1996, Art. 31 N 15 f.).

III. Verfahren

11 Gemäss Art. 39 sind die Bestimmungen des **VwVG** anwendbar, soweit das KG davon nicht abweicht. Gemäss Art. 78 Abs. 3 VwVG finden die Art. 7–43 VwVG Anwendung (CARRON, in TERCIER/BOVET, CR Concurrence, Art. 31 N 16).

Das Verfahren wird vom EVD gemäss Art. 78 VwVG instruiert (Botschaft 12
KG 1995, 606; SCHMIDHAUSER, in: HOMBURGER, Kommentar 1996, Art. 31
N 10). Die Instruktion wird mit einem **Antrag an den Bundesrat** abgeschlossen
(Art. 78 Abs. 1 VwVG).

IV. Entscheid

1. Allgemeines

Der **Entscheid des Bundesrates** befasst sich nur mit der Frage, ob die 13
Wettbewerbsbeschränkung notwendig ist, um überwiegende öffentliche Interessen zu verwirklichen. Die wettbewerbsrechtliche Beurteilung kann vor dem Bundesrat nicht mehr in Frage gestellt werden (Botschaft KG 1995, 606; MERCIER ET AL., Principes, 693; ZÄCH, Kartellrecht 2005, N 1012).

Der Entscheid des Bundesrates lautet auf **ausnahmsweise Zulassung bzw. auf** 14
Ablehnung des Antrages und bewirkt im ersten Fall den Wegfall der Unzulässigkeit der Wettbewerbsabrede bzw. der Verhaltensweise marktbeherrschender Unternehmen.

Der Bundesrat entscheidet als **einzige Instanz**. Der Entscheid wird den Parteien 15
schriftlich eröffnet, wobei mit dem Einverständnis der Parteien die Eröffnung auf
dem elektronischen Weg erfolgen kann (vgl. Art. 34 Abs. 1 u. 1bis VwVG). Der
Entscheid ist endgültig, d.h. es bestehen **keine Rechtsmittel**, und tritt im Zeitpunkt der Mitteilung an die Antragsteller in Kraft (CARRON, in: TERCIER/BOVET,
CR Concurrence, Art. 31 N 20). Insb. finden die Art. 6 Abs. 1 EMRK und Art. 14
Abs. 1 des Internationalen Paktes über bürgerliche und politische Rechte wohl
keine Anwendung (HANGARTNER/PRÜMMER, Zulassung, 1105).

Die **Verfahrenskosten** werden gemäss Art. 63 VwVG verteilt; der Bundesrat 16
kann gemäss Art. 64 VwVG eine Parteientschädigung zusprechen.

2. Zeitliche Beschränkung und Verlängerung

Der Entscheid ist gemäss Art. 31 Abs. 3 **zeitlich zu beschränken**, wobei 17
gemäss Abs. 4 auf entsprechendes Gesuch hin die ausnahmsweise Zulassung
verlängert werden kann, sofern die Voraussetzungen dafür weiterhin erfüllt sind.

Über die **Dauer der Beschränkung** kann dem KG nichts entnommen werden. 18
Generell wird in der Lehre für eine eher kurze zeitliche Beschränkung Stellung
bezogen, wobei eine Dauer von über einem Jahr (RICHLI, KG-Praxis, 138) bis zu
einer Dauer von drei bis fünf Jahren (ZÄCH, Kartellrecht 2005, N 1012; CARRON,
in: TERCIER/BOVET, CR Concurrence, Art. 31 N 23; CHABLOZ, L'autorisation
exceptionnelle, N 844) als angemessen angesehen wird.

19 Mit Ablauf der Frist fällt die ausnahmsweise Zulassung ohne weiteres dahin und die Wettbewerbsbeschränkung wird kartellrechtswidrig, sofern kein **Verlängerungsgesuch** eingereicht worden ist oder ein solches abgelehnt wurde (BÜRGI, Kartellrechtsverstösse, 256). Über die Dauer einer solchen Verlängerung ist dem KG ebenfalls nichts zu entnehmen. Wie bei der ursprünglichen Beschränkung dürfte eine Dauer von drei bis fünf Jahren angemessen sein. Das Gesetz äussert sich weiter nicht über die Frage, ob eine mehrfache Verlängerung möglich ist. Dies muss zweifelsohne der Fall sein: Solange die Voraussetzungen für eine ausnahmsweise Zulassung gegeben sind, muss auch die Möglichkeit einer Verlängerung bestehen (CHABLOZ, L'autorisation exceptionnelle, N 848 ff., die aber noch darauf hinweist, dass die ausnahmsweise Zulassung eben die Ausnahme und nicht die Regel sein soll).

3. Auflagen und Bedingungen

20 Der Entscheid des Bundesrates kann mit **Auflagen und Bedingungen** versehen werden (Art. 31 Abs. 3). Als Beispiele werden in der Lehre angeführt (BORER, Kommentar 1998, Art. 31 N 8; ZÄCH, Kartellrecht 2005, N 1014):

– Periodische Berichterstattung der beteiligten Unternehmen über ihr Marktverhalten und die Marktsituation;
– Vorsehen einer Bedingung, dass die ausnahmsweise Zulassung entfällt, wenn bestimmte tatsächliche Verhältnisse nicht mehr vorliegen oder wenn bestimmte Marktbedingungen auf dem relevanten Markt eintreten;
– Überprüfung durch den Preisüberwacher.

3. Abschnitt: Prüfung von Unternehmenszusammenschlüssen

Art. 32 Einleitung des Prüfungsverfahrens

Einleitung des Prüfungsverfahrens

¹ Wird ein Vorhaben über einen Unternehmenszusammenschluss gemeldet (Art. 9), so entscheidet die Wettbewerbskommission, ob eine Prüfung durchzuführen ist. Sie hat die Einleitung dieser Prüfung den beteiligten Unternehmen innerhalb eines Monats seit der Meldung mitzuteilen. Erfolgt innerhalb dieser Frist keine Mitteilung, so kann der Zusammenschluss ohne Vorbehalt vollzogen werden.

² Die beteiligten Unternehmen dürfen den Zusammenschluss innerhalb eines Monats seit der Meldung des Vorhabens nicht vollziehen, es sei denn, die Wettbewerbskommission habe dies auf Antrag dieser Unternehmen aus wichtigen Gründen bewilligt.

Ouverture de la procédure d'examen

¹ A la réception de la notification d'une concentration d'entreprises (art. 9), la commission décide s'il y a lieu de procéder à un examen de l'opération de concentration. La commission communique, dans le délai d'un mois à compter de la notification de l'opération de concentration, l'ouverture de l'examen de la concentration aux entreprises participantes. Faute de communication dans ce délai, la concentration peut être réalisée sans réserve.

² Les entreprises participantes s'abstiennent de réaliser la concentration pendant le délai d'un mois suivant sa notification, à moins que, à leur requête, la commission ne les ait autorisées à le faire pour des motifs importants.

Avvio della procedura di esame

¹ Ricevuta la comunicazione di una concentrazione di imprese (art. 9), la Commissione della concorrenza decide in merito all'opportunità di un esame del progetto di concentrazione. Entro un mese dalla comunicazione del progetto di concentrazione la Commissione deve notificare alle imprese interessate l'avvio della procedura di esame. Se l'avvio della procedura di esame non viene notificato alle imprese interessate entro detto termine, la concentrazione può essere realizzata senza riserva.

² Le imprese partecipanti non possono effettuare la concentrazione durante il mese seguente la comunicazione del progetto di concentrazione, a meno che la Commissione la autorizzi per motivi importanti su loro richiesta.

Inhaltsübersicht

Note

I. Einleitung des Prüfverfahrens 1
   1. Grundsatz 1
   2. Meldeformular 3

II. Vorprüfung 4
   1. Kriterien 4
   2. Prüffrist 6
   3. Vollzugsverbot 11
   4. Vorzeitiger Vollzug 14

I. Einleitung des Prüfverfahrens

1. Grundsatz

1   Der **Verfahrensablauf der schweizerischen kartellrechtlichen Fusionskontrolle** ist grundsätzlich demjenigen der EG-Fusionskontrolle nachgebildet. Seit diese revidiert worden ist, ist das Verfahren nach Schweizer Recht im Vergleich zum EG-Recht indes eher weniger flexibel ausgestaltet (zum Fusionskontrollverfahren allg. ZÄCH, Kartellrecht 2005, N 1015 ff.; DUCREY, in: VON BÜREN/DAVID, SIWR V/2, 305 ff.; DIETRICH, in: ZÄCH, KG-Praxis, 75 ff. u. 109 ff.; BORER, in: ZÄCH, Neues Kartellrecht, 71 ff.; RICHLI, in: ZÄCH, KG-Praxis, 130 ff.; DUCREY, Vorbem. zu Art. 32–38, Art. 32 u. 33, in: HOMBURGER, Kommentar 1996, N 1 ff.; DIETRICH, Vorbem. zu Art. 39–44, Art. 39–42, in: HOMBURGER, Kommentar 1996, N 1 ff.; GROSS, Art. 43–44, in: HOMBURGER, Kommentar 1996, N 1 ff.; VON BÜREN/MARBACH, Wettbewerbsrecht, N 1519 ff.; VON BÜREN, Bestandesaufnahme, 566 ff.; ZURKINDEN, Fusionskontrolle, N 77 ff. u. 153 ff.; RPW 2000/3, 542 ff. – Rechtsgutachten von HANGARTNER YVO; RPW 1998/4, 655 ff. – X AG/Wettbewerbskommission (Entscheid der Rekurskommission); RPW 1998/4, 586 ff. – SMA; RPW 1997/4, 602 ff. – Recymet SA [vorsorgliche Massnahmen]; RPW 1997/4, 618 ff. – künstliche Besamung [vorsorgliche Massnahmen]). Es sind zwei Verfahrensstufen vorgesehen: Das Einleitungs- oder Vorprüfungsverfahren (Art. 32) und das Prüfungsverfahren (Art. 33).

2   Länderübergreifende Unternehmenszusammenschlüsse werden nicht besonders geregelt. Solche Unternehmenszusammenschlüsse müssen in aller Regel mehrere Kontrollverfahren in den betroffenen Ländern durchlaufen, bevor der Unternehmenszusammenschluss vollzogen werden kann. Art. 13 Abs. 1 VKU sieht aber immerhin vor, dass die Weko festlegen kann, inwieweit eine bei einer ausländischen Behörde bereits eingereichte Fusionskontrollmeldung zugleich für die Meldung eines Schweizer Zusammenschlussvorhabens verwendet werden kann. In der Praxis bedeutet dies bspw., dass das Meldeformular eines parallelen EG-Meldeverfahrens mitsamt Beilagen einer Schweizer Meldung beigefügt und gestützt auf Art. 12 VKU mit dem Sekretariat der Weko der Inhalt einer entsprechenden erleichterten Meldung einvernehmlich festgelegt werden kann. Dies schliesst jedoch nicht aus, dass, insb. mangels etablierter Kooperations- und Koordinationsmöglichkeiten (eine Ausnahme dazu bildet das Verfahren im Zusammenhang mit dem bilateralen Luftverkehrsabkommen [s. dazu Art. 42a N 1]) im

Endeffekt ein nicht oder ungenügend koordinierter, das jeweilige **Parallelverfahren** materiell gleichwohl präjudizierender Entscheid gefällt wird. Umso bedeutender wird vor diesem Hintergrund auch aus faktischen Gründen eine zeitliche Koordination von Zusammenschlussvorhaben mit Meldepflichten bei mehreren Wettbewerbsbehörden durch die Parteien, um etwaigen unliebsamen Überraschungen vorzubeugen; insb. auch angesichts zusehends unterschiedlicher **Fristenläufe**.

2. Meldeformular

Die für eine vollständige Fusionskontrollmeldung erforderlichen Angaben können Art. 11 VKU bzw. dem von der Weko publizierten Meldeformular (http://www.weko.admin.ch/imperia/md/images/weko/60.pdf) entnommen werden. Art. 12 VKU gewährt den Parteien die Möglichkeit, mit dem Sekretariat der Weko vorgängig den Inhalt einer Meldung abzusprechen und sich allenfalls einvernehmlich auf eine **erleichterte Meldung** zu einigen. Wollen die Parteien sicherstellen, dass ihre Meldung letztlich vollständig ist, sollten sie vorgängig zur definitiven formellen Meldung dem Sekretariat der Weko einen **Meldeentwurf** zur Stellungnahme unterbreiten. 3

II. Vorprüfung

1. Kriterien

Art. 32 regelt das bei der Vorprüfung eines Zusammenschlussvorhabens gemäss Art. 10 anwendbare Verfahren. Nach der Meldung eines gemäss Art. 9 meldepflichtigen Zusammenschlusses erfolgt eine **vorläufige** Prüfung durch die Weko (dazu näher ZURKINDEN, Fusionskontrolle, N 81 ff.). Bei dieser vorläufigen Prüfung geht es um die Frage, ob **Anhaltspunkte** für eine Begründung oder Verstärkung einer marktbeherrschenden Stellung gemäss Art. 10 Abs. 2 lit. a vorliegen; nur dann bestehen die Voraussetzungen für die Einleitung einer Prüfung gemäss Art. 10 und Art. 33. Ist dies nicht der Fall, gilt der Zusammenschluss als unbedenklich. Das Verfahren wird eingestellt. 4

Konsequenterweise müssen bereits in diesem Stadium Anhaltspunkte im Hinblick auf eine sog. **qualifizierte** marktbeherrschende Stellung i.S.v. Art. 10 Abs. 2 lit. a ersichtlich sein (gl. M. DUCREY/DROLSHAMMER, in: HOMBURGER, Kommentar 1996, Art. 10 N 9; a.M. ZÄCH, Kartellrecht 2005, N 1020; BORER, Kommentar 2005, Art. 10 N 6). Verfahrensökonomisch macht es nur Sinn, wenn bereits in diesem ersten Verfahrensstadium die Anhaltspunkte für eine qualifizierte marktbeherrschende Stellung geprüft werden und nicht bloss für eine sog. einfache marktbeherrschende Stellung gemäss Art. 4 Abs. 2 (so aber ZÄCH, Kartell- 5 recht 2005, N 1020), da Letztere noch kein Eingreifen zu rechtfertigen vermag (s. dazu Art. 10 N 6). Das Vorliegen von **Indizien** für eine qualifizierte marktbeherrschende Stellung rechtfertigt bereits die Prüfungseinleitung; es müssen demnach in der Vorprüfung noch keine Fakten abschliessend bewiesen werden. In dieser Vorprüfung muss sich aber bereits zeigen, dass ein Eingreifen der Weko möglicherweise angezeigt ist. Andernfalls sollte den betroffenen Unternehmen die lange Wartefrist, während der die eigentliche Hauptprüfung gemäss Art. 33 erfolgt, erspart bleiben. So kann auch die Vorprüfung mit der Zulassung des Zusammenschlusses unter Bedingungen oder Auflagen abgeschlossen werden (vgl. ZÄCH, Kartellrecht 2005, N 1029)

2. Prüffrist

6   Erhebt die Weko während der ihr in Art. 32 Abs. 1 für die Vorprüfung eingeräumten Monatsfrist seit Eingang der vollständigen Meldung keinen **Widerspruch** bzw. teilt sie den beteiligten Unternehmen innert dieser Frist nicht gemäss Art. 20 Abs. 2 VKU die Einleitung einer Prüfung gemäss Art. 33 mit, darf der Zusammenschluss vorbehaltlos vollzogen werden (Art. 32 Abs. 1). Regelmässig teilt die Weko den Parteien spätestens bei Fristablauf jedoch schriftlich mit, dass gegen das gemeldete Vorhaben nichts einzuwenden ist.

7   Die **Fristberechnung** erfolgt entgegen dem Grundsatz von Art. 39, wonach für das Verfahren die Regeln des VwVG zur Anwendung gelangen, sofern das KG keine anderweitige Regelung enthält, nicht nach Art. 20 ff. VwVG. Letztere Vorschriften beziehen sich auf Tagesfristen, während die bewusst davon abweichenden fusionskontrollrechtlichen Fristen **Monatsfristen** sind (DUCREY, in: HOMBURGER, Kommentar 1996, Art. 32 N 19; für eine analoge Anwendung der Art. 20 ff. VwVG SCHERRER, Fusionskontrollverfahren, 360 f.).

8   Art. 20 Abs. 1 VKU sieht vor, dass die Monatsfrist für die Einleitung des Vorprüfungsverfahrens gemäss Art. 32 Abs. 1 am Tag nach Eingang der **vollständigen** Meldung beim Sekretariat der Weko zu laufen beginnt. Gemäss Art. 14 VKU hat das Sekretariat den meldenden Unternehmen binnen zehn Tagen die Vollständigkeit der Meldung schriftlich zu bestätigen. Diesfalls, bzw. bei Ausbleiben einer solchen Mitteilung, wird der Fristenlauf entsprechend am Tag nach Eingang der Meldung ausgelöst. Teilt das Sekretariat den meldenden Unternehmen fristgerecht mit, dass und inwiefern es deren Meldung nicht als vollständig erachtet, müssen diese die notwendigen **Ergänzungen** derselben vornehmen und die dergestalt ergänzte Meldung nachreichen, um den Fristenlauf am Tag nach Eingang der vervollständigten Meldung auszulösen.

9   Gemäss Art. 20 Abs. 1 VKU endet sodann die einmonatige Vorprüffrist mit Ablauf des Tages im Folgemonat, dessen Datum dieselbe Tageszahl trägt wie der Tag des Fristbeginns. Fehlt dieser, so endet sie am letzten Tag des Folgemonats. Art. 20 Abs. 1 VKU schliesst sodann die Regelung des Fristenstillstands gemäss

Art. 22a VwVG aus. Angesichts der eingangs erläuterten **Sonderregelung** der fusionskontrollrechtlichen Prüffristen ist davon auszugehen, dass auch Art. 20 Abs. 3 VwVG über den Fristenlauf an Samstagen, Sonntagen oder Feiertagen auf diese Fristen keine Anwendung findet (BORER, Kommentar 2005, Art. 32 N 6).

Für die Vorprüfung eines Zusammenschlusses gem. Art. 32 erhebt die Weko gestützt auf Art. 4 Abs. 3 der KG-Gebührenverordnung eine **Pauschalgebühr** von CHF 5000. 10

3. Vollzugsverbot

Gemäss Art. 32 Abs. 2 darf ein gestützt auf Art. 9 gemeldeter Zusammenschluss von den beteiligten Unternehmen vor und während der Vorprüfungsfrist grundsätzlich nicht vollzogen werden, solange nicht die Weko den Zusammenschluss für unbedenklich hält und dies bereits vorgängig mittels «Comfort Letter» mitteilt (Art. 16 Abs. 1 VKU) bzw. auf Antrag der beteiligten Unternehmen den vorzeitigen Vollzug aus wichtigen Gründen bewilligt. Ein **Comfort Letter** ist z.B. in denjenigen Fällen angezeigt, in denen die Parteien selber etwaige Bedenken der Weko, d.h. Anhaltspunkte im Hinblick auf ein gestützt darauf allenfalls anzustrengendes Prüfverfahren, durch Zusagen ausräumen. Solche **Zusagen** können im Freigabeentscheid alsdann mit Bedingungen oder Auflagen abgesichert werden (DUCREY, in: HOMBURGER, Kommentar 1996, Art. 32 N 29). 11

Das Vollzugsverbot erfasst sämtliche **Handlungen**, die den Zusammenschluss **definitiv** vollziehen (z.B. Handelsregistereinträge, Bezahlung und Übertragung der erworbenen Aktien); jene Handlungen also, durch welche die Marktstrukturen definitiv verändert würden (s. dazu Art. 9 N 31; DUCREY, in: VON BÜREN/DAVID, SIWR V/2, 308; DUCREY, in: HOMBURGER, Kommentar 1996, Art. 32 N 23; RPW 2002/2, 361 N 19 ff. – Ernst & Young/Arthur Andersen). 12

Vollziehen die beteiligten Unternehmen einen meldepflichtigen Zusammenschluss **vor Ablauf der Monatsfrist bzw. Genehmigung des vorzeitigen Vollzugs**, unterstehen sie den Verwaltungssanktionen gemäss Art. 51 bzw. Strafsanktionen gemäss Art. 55 (vgl. BGE 127 III 219, 227, E. 4c; RPW 2002/2, 386 ff. – Rhône-Poulenc SA/Merck&Co., Inc.). Zudem ist zu berücksichtigen, dass in zivilrechtlicher Hinsicht das Verfügungsgeschäft (ex tunc) nichtig ist (s. dazu Art. 34 N 3 f.). 13

4. Vorzeitiger Vollzug

Im Rahmen der Vorprüfung ihres Zusammenschlussvorhabens können die beteiligten Unternehmen gemäss Art. 32 Abs. 2 bei der Weko den vorzeitigen 14

Vollzug aus **wichtigen Gründen** beantragen, allenfalls unter Bedingungen oder Auflagen (vgl. Art. 16 Abs. 2 VKU).

15 Als einen dieser wichtigen Gründe nennt Art. 16 Abs. 2 VKU das Zusammenschlussvorhaben in Verbindung mit einem **öffentlichen Übernahmeangebot**. Weiter in Frage kommen die **Sanierungsfusion**, d.h. wenn eines der fusionierenden Unternehmen ohne die Fusion vom relevanten Markt ausscheiden würde (vgl. hierzu VON BÜREN/MARBACH, Wettbewerbsrecht, N 1404 ff.; ZÄCH, Kartellrecht 2005, N 814 ff.), der Erhalt von Arbeitsplätzen, die bereits vorliegende Genehmigung einer (wesentlichen) ausländischen Wettbewerbsbehörde wie der Europäischen Kommission (RPW 2001/3, 564 N 12a – GE/Honeywell) und in der Natur des betroffenen Marktes liegende Gründe (z.b. eine genügend dynamische Entwicklung des betreffenden Marktes). Grundsätzlich liegt ein wichtiger Grund analog zu Art. 7 Abs. 6 EG-FKVO dann vor, wenn der Erfolg des Zusammenschlusses durch das Vollzugsverbot in Frage gestellt ist oder wenn den beteiligten Unternehmen oder Dritten dadurch schwerer **Schaden** droht. Die Weko hat dabei eine **Interessenabwägung** im konkreten Einzelfall zwischen dem «wichtigen Grund» und den möglichen Auswirkungen auf den wirksamen Wettbewerb vorzunehmen (vgl. RPW 2002/2, 362 ff. N 23 ff. – Ernst & Young/Arthur Andersen).

16 Die Weko kann gemäss Art. 16 Abs. 2 VKU den vorzeitigen Vollzug mit **Auflagen** und **Bedingungen** verbinden, um wirksamen Wettbewerb zu bewahren. Generell haben solche Auflagen und Bedingungen den Zweck, dass die Weko nach erfolgter Prüfung in ihren Interventionsmöglichkeiten nicht eingeschränkt ist (BORER, Kommentar 2005, Art. 33 N 7), bzw. dass bei nachträglich untersagten Zusammenschlüssen zur **Wiederherstellung** des wirksamen Wettbewerbs keine Entflechtungen vorgenommen werden müssen (vgl. Art. 37; RPW 2002/2, 371 N 62 – Ernst & Young/Arthur Andersen; RPW 1998/2, 273 N 28 – Schweizerische Post/BEVO). Im Zusammenhang mit dem Zusammenschluss, bei dem ein öffentliches Übernahmeangebot vorliegt, besagt Art. 16 Abs. 2 VKU ausdrücklich, die Weko könne insb. anordnen, «dass die durch die übernehmende Gesellschaft erworbenen **Stimmrechte** nur zur Erhaltung des Werts der getätigten Investition ausgeübt werden dürfen». In Frage kommen entsprechend auch die **Hinterlegung** der Aktien und/oder des Kaufpreises bei einer Hinterlegungsstelle («Escrow»).

17 Bei öffentlichen Übernahmeangeboten liegt der Grund für die Bewilligung eines vorzeitigen Vollzugs in der **unterschiedlichen** Länge der börsen- bzw. kartellrechtlichen **Fristen**. Während beim Übernahmeangebot die **Übereignung** der Aktien gemäss der börsenrechtlichen Vorschrift des Art. 14 UEV-UEK zu einem bestimmten Zeitpunkt zu erfolgen hat, ist die kartellrechtliche Prüfung der Fusion (und damit das Vollzugsverbot) erst nach diesem Termin abgeschlossen. Deshalb gestattet die Weko in einem solchen Fall den vorzeitigen Vollzug in der Vorprüfungsphase, jedoch nur soweit zur Vermeidung von derartigen Konflikten unbedingt nötig.

Bisher hat die Weko den vorzeitigen Vollzug aus wichtigen Gründen während der 18
Vorprüfung nur **ausnahmsweise** bewilligt (RPW 2004/1, 152 ff. N 1 ff. – NZZ/
Espace/Der Bund): Einmal waren Sanierungsgründe massgebend (RPW 1997/2,
179 N 8 – Publicitas-Gasser-Tschudi Druck), in einem andern Fall die drohende
Entlassung von 200 Arbeitnehmern (RPW 1998/2, 272 ff. N 24 ff. – Schweizerische Post/BEVO). Im letzteren Fall mussten der Kaufpreis und die Aktien bis
zum endgültigen Entscheid der Weko hinterlegt werden.

Art. 33 Prüfungsverfahren

Prüfungsverfahren

[1] Beschliesst die Wettbewerbskommission die Durchführung einer Prüfung, so veröffentlicht das Sekretariat den wesentlichen Inhalt der Meldung des Zusammenschlusses und gibt die Frist bekannt, innerhalb welcher Dritte zum gemeldeten Zusammenschluss Stellung nehmen können.

[2] Zu Beginn der Prüfung entscheidet die Wettbewerbskommission, ob der Zusammenschluss ausnahmsweise vorläufig vollzogen werden kann oder aufgeschoben bleibt.

[3] Sie führt die Prüfung innerhalb von vier Monaten durch, sofern sie nicht durch Umstände gehindert wird, die von den beteiligten Unternehmen zu verantworten sind.

Procédure d'examen

[1] Si la commission décide de procéder à un examen, le secrétariat publie le contenu essentiel de la notification de la concentration et indique le délai dans lequel des tiers peuvent communiquer leur avis sur la concentration notifiée.

[2] La commission décide, au début de l'examen, si la concentration peut être provisoirement réalisée à titre exceptionnel ou si elle reste suspendue.

[3] La commission doit achever l'examen dans les quatre mois, à moins d'en être empêchée pour des causes imputables aux entreprises participantes.

Procedura di esame

[1] Qualora la Commissione della concorrenza decida l'esecuzione di un esame, la segreteria pubblica il contenuto essenziale della comunicazione della concentrazione e rende noto il termine entro il quale i terzi possono prendere posizione in merito alla concentrazione.

[2] All'inizio dell'esame, la Commissione decide se la concentrazione può essere effettuata eccezionalmente a titolo provvisorio o se va mantenuta in sospeso.

[3] La Commissione esegue l'esame entro quattro mesi sempreché non ne venga impedita da circostanze imputabili alle imprese partecipanti.

Inhaltsübersicht Note

I. Grundlage.. 1
    1. Auslöser.. 1
    2. Publikation.. 2
II. Prüfung... 3
    1. Verfahren.. 3
    2. Prüffrist... 6

3. Vollzugsverbot 10
4. Vorläufiger Vollzug 11

I. Grundlage

1. Auslöser

Liegen nach vorläufiger Prüfung gemäss Art. 32 **Anhaltspunkte** für die Begründung oder Verstärkung einer marktbeherrschenden Stellung vor (s. dazu Art. 32 N 4 f.), so führt die Weko innerhalb von vier Monaten ihre eigentliche Prüfung durch (ZURKINDEN, Fusionskontrolle, N 107 ff.). 1

2. Publikation

Die Weko hat gemäss Art. 33 Abs. 1 i.V.m. Art. 18 VKU ihren Beschluss, eine Prüfung gemäss Art. 33 durchzuführen, zusammen mit einer kurzen Beschreibung des Zusammenschlussvorhabens, der Angabe der beteiligten Unternehmen und der Fristsetzung für Stellungnahmen betroffener Dritter gemäss Art. 43 im **Bundesblatt** und im **Schweizerischen Handelsamtsblatt** zu veröffentlichen. Zu beachten ist dabei, dass solchen Dritten im kartellrechtlichen Fusionskontrollverfahren gestützt auf die ausdrückliche Regelung von Art. 43 Abs. 4 keine Parteirechte zukommen (DUCREY, in: HOMBURGER, Kommentar 1996, Art. 33 N 13; BGE 131 II 497). 2

II. Prüfung

1. Verfahren

Sinn und Zweck der Hauptprüfung ist es, die im Rahmen der Vorprüfung gemäss Art. 32 eruierten Anhaltspunkte zu erhärten, wonach eine marktbeherrschende Stellung, durch die wirksamer Wettbewerb beseitigt werden kann, verstärkt oder begründet wird (s. dazu Art. 32 N 4 f.). Dem Anspruch der beteiligten Unternehmen auf **rechtliches Gehör** gilt dabei ein besonderes Augenmerk. Aufgrund einer analogen Anwendung von Art. 30 Abs. 2 sind die Parteien vor dem Prüfentscheid anzuhören, und zwar gestützt auf einen vom Sekretariat der Weko zu verfassenden Entscheidantrag (Art. 30 Abs. 1 analog), der in Form eines Verfügungsentwurfs den Parteien zu unterbreiten ist und die wesentlichen Aspekte der materiellrechtlichen Beurteilung des Zusammenschlussvorhabens gemäss Art. 10 Abs. 2 zu enthalten hat. 3

4 I.d.R. wird den betroffenen Unternehmen innerhalb von sechs bis acht Wochen mitgeteilt, wie der Zusammenschluss vorläufig beurteilt wird, und (bei voraussichtlich abschlägigem Entscheid) auf die Möglichkeit hingewiesen, Änderungsvorschläge bzw. Vorschläge für Bedingungen und Auflagen in Form von möglichen **Zusagen** zu unterbreiten. Diese werden im Dialog mit der Weko bereinigt (RPW 2006/2, 334 f., E.5 – Swissgrid) und, falls sie von der Behörde und den Parteien akzeptiert werden, Teil der Zusammenschlussverfügung; diese kann von betroffenen Dritten nicht angefochten werden (Art. 43 Abs. 4; vgl. dazu BGE 131 II 497, 508 f. E. 5; BGE 124 II 499, 503 f. E. 3a; BORER, Kommentar 2005, Art. 43 N 14; DIETRICH, in: ZÄCH, KG-Praxis, 95 ff.).

5 Die **Untersagung** eines Zusammenschlusses als ultima ratio entspricht letztlich auch der ratio legis von Art. 10 Abs. 2, wonach insb. eine derartige, u.U. tiefgreifende Intervention der Weko ebenfalls dem verwaltungsrechtlichen **Verhältnismässigkeitsprinzip** zu genügen hat (s. dazu Art. 10 N 19). Massgebend ist allein die Gewähr der Aufrechterhaltung wirksamen Wettbewerbs auf den vom Zusammenschluss betroffenen Märkten (s. dazu Art. 10 N 19; BORER, Kommentar 2005, Art. 33 N 13).

2. Prüffrist

6 Falls die Weko innerhalb der in Art. 33 Abs. 3 statuierten **Frist von vier Monaten** den Zusammenschluss nicht gestützt auf Art. 10 Abs. 2 untersagt, gilt er als genehmigt (Art. 34).

7 Gemäss Art. 20 Abs. 3 VKU beginnt die **viermonatige Prüffrist** gemäss Art. 33 Abs. 3 am Tage nach der Zustellung des entsprechenden Beschlusses der Weko, wonach sie eine solche Prüfung einleite, zu laufen. Gemäss Art. 20 Abs. 1 VKU endet die viermonatige Prüffrist mit Ablauf des Tages im letzten Monat, dessen Datum dieselbe Tageszahl trägt wie der Tag des Fristbeginns. Fehlt dieser, so endet sie am letzten Tag der Viermonatsfrist.

8 Die viermonatige Entscheidfrist kann gemäss Art. 33 Abs. 3 dann **verlängert** werden, wenn die Weko durch von den beteiligten Unternehmen zu verantwortende Umstände an einem fristgerechten Entscheid gehindert wird (bspw. verlängerte die Weko die Frist, weil die Parteien nicht in der Lage waren, fristgerecht die verlangten Auskünfte zu erteilen, RPW 1998/2, 215 f. N 10 f. – Revisuisse Price Waterhouse/StG – Coopers & Lybrand). Kapazitätsbedingte Schwierigkeiten der Weko, das gemeldete Vorhaben fristgerecht zu prüfen und darüber einen Entscheid zu fällen, fallen folglich nicht darunter. Ebenso wenig berechtigt die Wahrnehmung von Parteirechten durch die beteiligten Unternehmen zu einer solchen Verlängerung. Der Beschluss der Verfahrensverlängerung stellt eine **Zwischenverfügung** gemäss Art. 46 VwVG (Art. 45 altVwVG) dar, die neu mittels Beschwerde an das Bundesverwaltungsgericht angefochten werden kann (vgl. BORER, Kommentar 2005, Art. 33 N 6 m.w.H.).

Gestützt auf Art. 53a Abs. 1 lit. b und Abs. 2 erhebt die Weko eine **Prüfgebühr** 9
bemessen nach dem Zeitaufwand.

3. Vollzugsverbot

Ein der Hauptprüfung gemäss Art. 33 unterliegender Zusammenschluss 10
bleibt bis zum Prüfentscheid von einem umfassenden **Vollzugsverbot** erfasst,
sofern die Weko nicht zu Beginn ihrer Prüfung gemäss Art. 33 Abs. 2 den vorläufigen Vollzug bewilligt.

4. Vorläufiger Vollzug

Vorsorgliche Massnahmen können von Amtes wegen oder auf Parteibe- 11
gehren hin erlassen werden (s. dazu Art. 39 N 29). Primär geht es dabei um die
Bewilligung des vorläufigen Vollzugs unter Auflagen oder Bedingungen gemäss
Art. 33 Abs. 2, deren Regelungswirkung mit Erlass des Prüfentscheids wieder
dahinfällt. Meldepflichtige Zusammenschlussvorhaben können somit **ausnahmsweise** schon vor dem endgültigen Abschluss der Prüfung vorläufig vollzogen werden, solange sichergestellt bleibt, dass die Weko gemäss Art. 10 Abs. 2
abschliessend intervenieren kann bzw. bei einer etwaigen Untersagung des Zusammenschlusses die vorläufig bereits miteinander verbundenen Unternehmen
wieder **entflochten** werden können. Der vorläufige Vollzug kann u.U. auch nur
Teilbereiche des geplanten Unternehmenszusammenschlusses betreffen. In der
Praxis sind diese Fälle selten.

Im Rahmen des Entscheides über die Durchführung eines Prüfungsverfahrens muss 12
die Weko gemäss Art. 33 Abs. 2 von sich aus dazu Stellung nehmen, ob der Zusammenschluss ausnahmsweise vorläufig vollzogen werden kann oder aufgeschoben bleibt. Anders als beim vorzeitigen Vollzug gemäss Art. 32 Abs. 2 müssen von
den Parteien keine wichtigen Gründe, die für einen vorläufigen Vollzug sprechen,
vorgebracht werden. Da aber auch in diesem Falle ein vorläufiger Zusammenschluss nur ausnahmsweise zu genehmigen ist, haben die Parteien der Weko
gleichwohl gute **Gründe** anzugeben und ein entsprechendes **schutzwürdiges Interesse** nachzuweisen (vorläufiger Vollzug mangels schutzwürdigem Interesse abgelehnt in RPW 2001/3, 563 f. N 7 ff. – GE/Honeywell), das zeigt, weshalb der Zusammenschluss bereits vor Abschluss der Prüfung vollzogen werden sollte (von
einer analogen Anwendung von Art. 32 Abs. 2 ausgehend BORER, Kommentar 2005, Art. 33 N 7; ebenso RPW 2004/1, 155 N 19 – NZZ-Espace – Der Bund:
Vorläufiger Vollzug).

Für einen vorläufigen Vollzug können einerseits dieselben Gründe genannt wer- 13
den, die schon im Zusammenhang mit Art. 32 Abs. 2 dargestellt worden sind
(s. dazu Art. 32 N 15), andererseits kann aber auch bspw. die Genehmigung des

Zusammenschlusses für diejenigen Unternehmensbereiche bzw. geographischen **Gebiete** beantragt werden, wo sich nach der Vorabklärung durch die Weko keine wettbewerbsrechtlichen Bedenken ergeben. Ein entsprechendes Gesuch kann auch noch während des laufenden Prüfungsverfahrens aufgrund **veränderter Verhältnisse** eingereicht werden (ZÄCH, Kartellrecht 2005, N 1023 m.w.H.). Auch in einem solchen Fall kann die Genehmigung des vorläufigen Vollzugs mit Auflagen und Bedingungen gemäss Art. 16 Abs. 2 VKU versehen werden, die eine etwaige spätere Entflechtung sicherstellen sollen, d.h. eine irreversible Zusammenführung verhindern.

14 Spätestens im Zeitpunkt des Entscheides über die Durchführung einer Prüfung hat die Weko die etwaigen wettbewerbsrechtlichen **Problemfelder** eines geplanten Unternehmenszusammenschlusses erkannt. Werden nebst problematischen auch unproblematische Bereiche festgestellt, kann dem vorläufigen Vollzug in den unproblematischen Bereichen – schon aufgrund des Verhältnismässigkeitsgrundsatzes – nichts im Wege stehen, sofern sie sich genügend und auch sinnvoll von denjenigen abgrenzen lassen, die einer Prüfung unterzogen werden sollen. Strenge Auflagen und Bedingungen gemäss Art. 32 Abs. 2 aus der Vorprüfungsphase können überdies gelockert oder aufgehoben werden. Die Weko kann auch im Verlauf des Prüfverfahrens den vorläufigen Vollzug aufgrund veränderter Verhältnisse gewähren, z.B. wenn die finanzielle Situation eines beteiligten Unternehmens diesen erheischt oder dramatische Entwicklungen auf dem relevanten Markt wie bspw. plötzliche, anhaltende Überkapazitäten eine weitere Verzögerung des Zusammenschlusses als ökonomisch nicht sinnvoll erscheinen lassen (BORER, Kommentar 2005, Art. 33 N 8).

15 Die Weko hat allerdings bisher nur sehr **zurückhaltend** einen vorläufigen Vollzug gestützt auf Art. 33 Abs. 2 zugelassen. Im Fall UBS/SBV konnte der Zusammenschluss in Bezug auf die nicht die Schweiz betreffende Geschäftstätigkeit bereits vor Abschluss der Prüfung vollzogen werden (RPW 1998/2, 370 N 10 – UBS/SBV). Ob ein vorläufiger Vollzug zugelassen wird, wird letztlich davon abhängen, ob die Weko ernsthafte, begründete Bedenken gegen den Zusammenschluss hat, sowie von der Bereitschaft der Parteien, mit der Weko zu kooperieren.

16 Auch wenn die Weko den vorläufigen Vollzug unter **Bedingungen** erlaubt, dürfen die Beteiligten keine präjudiziellen Entscheide fällen oder Handlungen vornehmen, welche die Interventionsmöglichkeiten der Weko nach erfolgter Prüfung einschränken oder entsprechende faits accomplis schaffen würden. Denn es gilt sicher zu sein, dass bei einer etwaigen nachträglichen Untersagung des Zusammenschlusses der wirksame Wettbewerb ohne Schwierigkeiten wiederhergestellt werden könnte.

Art. 34 Rechtsfolgen

Rechtsfolgen Die zivilrechtliche Wirksamkeit eines meldepflichtigen Zusammenschlusses bleibt, unter Vorbehalt des Fristablaufs gemäss Artikel 32 Absatz 1 und der Bewilligung zum vorläufigen Vollzug, aufgeschoben. Trifft die Wettbewerbskommission innerhalb der in Artikel 33 Absatz 3 genannten Frist keine Entscheidung, so gilt der Zusammenschluss als zugelassen, es sei denn, die Wettbewerbskommission stelle mit einer Verfügung fest, dass sie bei der Prüfung durch Umstände gehindert worden ist, die von den beteiligten Unternehmen zu verantworten sind.

Effets juridiques Les effets de droit civil d'une concentration soumise à l'obligation de notifier sont suspendus, sous réserve de l'écoulement du délai selon l'art. 32, al. 1, et de l'autorisation de réalisation provisoire. Faute de décision de la commission dans le délai imparti à l'art. 33, al. 3, la concentration est réputée autorisée, à moins que la commission constate dans une décision qu'elle a été empêchée de conduire l'examen pour des causes imputables aux entreprises participantes.

Effetti giuridici Fatti salvi il decorso del termine ai sensi dell'articolo 32 capoverso 1 e l'autorizzazione dell'esecuzione provvisoria, gli effetti di diritto civile di una concentrazione soggetta ad autorizzazione rimangono sospesi. La concentrazione è considerata autorizzata se la Commissione non decide in merito entro i termini stabiliti dall'articolo 33 capoverso 3, a meno che constati mediante decisione che è stata impedita ad effettuare l'esame da circostanze imputabili alle imprese partecipanti.

Inhaltsübersicht Note
I. Regelungsgegenstand und -zweck 1
II. Regelungsinhalt 3
   1. Bedeutung des Aufschubs der zivilrechtlichen Wirksamkeit 3
   2. Aufhebung der schwebenden zivilrechtlichen Unwirksamkeit 5

I. Regelungsgegenstand und -zweck

Das Fusionsgesetz vom 3. Oktober 2003 (FusG), in Kraft seit dem 1. Juli 2004, regelt die Anpassung der rechtlichen Strukturen verschiedener Gesellschaftsformen bzw. deren Umstrukturierung in Form von Fusionen, Spaltungen, Umwandlungen und Vermögensübertragungen. Art. 1 Abs. 4 FusG hält fest, dass die Vorschriften des Kartellgesetzes betreffend die Beurteilung von Unternehmenszusammenschlüssen vorbehalten bleiben (dazu im Einzelnen REICH, Handkommentar, Art. 34 N 17 ff.). Folglich sind die unterschiedlichen Verfahren und Fristen gemäss FusG und KG von den Parteien bei der **Planung** solcher **Um-**

strukturierungen aufeinander abzustimmen, zumal gemäss Art. 34 die zivilrechtliche Wirksamkeit und somit der Vollzug eines meldepflichtigen Zusammenschlusses bis zu dessen Zulassung grundsätzlich aufgeschoben bleibt (ZÄCH, Kartellrecht 2005, N 1037; DUCREY, in: VON BÜREN/DAVID, SIWR V/2, 265 f.).

2   Die bis zur Zulassung des Vollzuges **schwebende Unwirksamkeit** eines Zusammenschlusses gilt nicht nur für gemeldete, sondern ebenso für nicht gemeldete, jedoch effektiv meldepflichtige und somit ebenfalls bis zum Zeitpunkt der Zulassung dem Vollzugsverbot unterliegende Zusammenschlüsse, bei welchen die Weko nach Massgabe von Art. 35 von Amtes wegen ein Fusionskontrollverfahren durchzuführen hat.

II. Regelungsinhalt

1. Bedeutung des Aufschubs der zivilrechtlichen Wirksamkeit

3   Gemäss Art. 34 bleibt die **zivilrechtliche Wirksamkeit** eines meldepflichtigen Zusammenschlusses während der Dauer des Vollzugsverbots aufgeschoben. Dieser Zustand schwebender Unwirksamkeit (vgl. Botschaft KG 1995, BBl 1995, 609 f.) endet erst mit der Zulassung des Zusammenschlusses bzw. dem Wegfall des Vollzugsverbots durch Fristablauf und beschlägt nicht das Verpflichtungsgeschäft selber, sondern genau betrachtet nur das **Verfügungsgeschäft**. Die Rechtsbeziehung zwischen den Parteien ist mithin nicht nichtig, sie vermittelt vielmehr bereits vertragliche Verhaltenspflichten und entsprechende Rechte im Hinblick auf die Zulassung des Unternehmenszusammenschlusses. Die beteiligten Unternehmen haben nach Treu und Glauben darauf hinzuwirken, dass der **Schwebezustand** aufgehoben wird. In analoger Anwendung von Art. 152 Abs. 1 OR dürfen während des Schwebezustandes denn auch keine Handlungen vorgenommen werden, welche den Vollzug des Verfügungsgeschäfts, d.h. dessen zivilrechtliche Wirksamkeit, beeinträchtigen (vgl. BORER, Kommentar 2005, Art. 34 N 6 f. m.w.H.).

4   Nach Massgabe von Art. 32 Abs. 2 bzw. Art. 33 Abs. 2 dürfen eigentliche **Vollzugshandlungen** bezüglich eines gültig abgeschlossenen Verpflichtungsgeschäfts, insb. die Eintragung eines solchen Zusammenschlusses im Handelsregister, vor dessen Zulassung bzw. dem Ablauf der Prüfungsfristen gemäss Art. 32 Abs. 1 bzw. Art. 33 Abs. 3 nicht erfolgen. Vorbehalten bleibt die Möglichkeit zur Bewilligung des vorzeitigen Vollzugs gemäss Art. 32 Abs. 2 bzw. des vorläufigen Vollzugs gemäss Art. 33 Abs. 2.

2. Aufhebung der schwebenden zivilrechtlichen Unwirksamkeit

5   Der Schwebezustand, während dem das Verfügungsgeschäft zivilrechtlich unwirksam ist, wird entweder mit der abschliessenden oder vorläufigen **Zulassung** des Vollzugs des Zusammenschlusses durch die Weko oder dem **Ablauf** der

Prüfungsfristen gemäss Art. 32 Abs. 1 bzw. Art. 33 Abs. 3 aufgehoben. Trotz Ablaufes der letztgenannten Prüfungsfrist gilt die Zulassungsfiktion indes dann nicht, wenn die Weko mittels Verfügung feststellt, sie sei bei der Hauptprüfung durch Umstände an einem fristgerechten Entscheid gehindert worden, die von den beteiligten Unternehmen zu verantworten sind (s. dazu Art. 33 N 8). Bereits abgeschlossene Rechtsgeschäfte, d.h. auf dem Zusammenschluss zugrunde liegenden Verpflichtungsgeschäft gestützte sowie allenfalls im Hinblick auf den Vollzug desselben bereits vorgenommene Handlungen erlangen somit ihre volle Rechtswirksamkeit.

Ergeht ein rechtskräftiger Untersagungsentscheid, ist das Verfügungsgeschäft als ex tunc **nichtig** zu betrachten. Und die Parteien sind bei einem ungeachtet des endgültigen Vollzugsverbots vorgenommenen Vollzug des untersagten Zusammenschlusses verpflichtet, nach Massgabe von Art. 37 die für die Wiederherstellung wirksamen Wettbewerbs erforderlichen Massnahmen zu treffen. Zudem unterstehen sie diesfalls den Sanktionsandrohungen von Art. 51 bzw. Art. 55 (ZÄCH, Kartellrecht 2005, N 1023; DUCREY, in: VON BÜREN/DAVID, SIWR V/2, 264). Die **Rückabwicklung** aufgrund eines an sich gültig abgeschlossenen Rechtsgeschäfts vorgenommener Handlungen hat nach Massgabe der von den Parteien im Verpflichtungsgeschäft getroffenen oder noch zu treffenden Regelungen zu erfolgen. 6

Art. 35 Verletzung der Meldepflicht

Verletzung der Meldepflicht

Wurde ein meldepflichtiger Unternehmenszusammenschluss ohne Meldung vollzogen, so wird das Verfahren nach den Artikeln 32–38 von Amtes wegen eingeleitet. In einem solchen Fall beginnt die Frist nach Artikel 32 Absatz 1 zu laufen, sobald die Behörde im Besitz der Informationen ist, die eine Meldung enthalten muss.

Violation de l'obligation de notifier

Lorsqu'une concentration d'entreprises a été réalisée sans la notification dont elle aurait dû faire l'objet, la procédure selon les art. 32 à 38 sera engagée d'office. Le délai selon l'art. 32, al. 1, commence dans ce cas à courir lorsque l'autorité de concurrence est en possession des informations que doit contenir une notification.

Violazione dell'obbligo di autorizzazione

Se una concentrazione di imprese soggetta ad autorizzazione viene effettuata senza comunicazione, la procedura giusta gli articoli 32 a 38 è avviata d'ufficio. In questo caso il termine di cui all'articolo 32 capoverso 1 decorre dal momento in cui l'autorità è in possesso delle informazioni che devono essere contenute nella comunicazione.

Inhaltsübersicht Note
I. Regelungsgegenstand und -zweck 1
II. Regelungsinhalt 2
   1. Prüfungsvoraussetzungen 2
   2. Prüffristen 6

I. Regelungsgegenstand und -zweck

1   Art. 35 ermächtigt die Weko, **von Amtes wegen** ein kartellrechtliches Fusionskontrollverfahren gemäss den Art. 32–38 einzuleiten, falls ein Zusammenschluss meldepflichtig war, jedoch ohne Meldung vollzogen wurde. Damit wird sichergestellt, dass ein Fusionskontrollverfahren in jedem Fall durchgeführt wird, in dem die **Meldevoraussetzungen** gemäss Art. 9 erfüllt sind.

II. Regelungsinhalt

1. Prüfungsvoraussetzungen

2   Das Vorliegen einer Meldepflicht i.S.v. Art. 9 bildet eine notwendige Voraussetzung für die Einleitung des Fusionskontrollverfahrens gemäss den Art. 32 ff. Sodann ist erforderlich, dass die beteiligten Unternehmen eine Mel-

dung des Zusammenschlusses ungeachtet des Vorliegens einer Meldepflicht unterlassen haben. Schliesslich müssen die Parteien bereits **Vollzugshandlungen** vorgenommen haben, da eine Meldung vor Vollzug des Zusammenschlusses theoretisch jederzeit noch möglich wäre (BORER, Kommentar 2005, Art. 35 N 3; DUCREY in: VON BÜREN/DAVID, SIWR V/2, 264).

Das Verfahren sieht wie folgt aus: Die Weko erlässt eine **Verfügung**, in welcher sie das Vorliegen einer Meldepflicht und die Vornahme von Vollzugshandlungen trotz Ausbleibens der erforderlichen Meldung festhält. Genauso wenig wie das Einleiten eines Untersuchungsverfahrens gemäss Art. 27 bildet die Einleitung eines Fusionskontrollverfahrens gemäss Art. 35 i.V.m. Art. 32 ff. eine anfechtbare Zwischenverfügung i.S.v. Art. 46 VwVG (Art. 45 altVwVG). Denn die Rechtsstellung der beteiligten Unternehmen wird nicht bereits aufgrund der blossen Verfahrenseinleitung, sondern erst durch eine Verfügung, in welcher vorsorgliche Massnahmen erlassen werden bzw. durch einen (negativen) Untersuchungs- bzw. Prüfungsentscheid nachhaltig beeinträchtigt (BORER, Kommentar 2005, Art. 35 N 4; a.m. ZURKINDEN/TRÜEB, Handkommentar, Art. 35 N 1; BOVET, in: TERCIER/BOVET, CR Concurrence, Art. 35 N 4). 3

Die Weko kann, muss aber nicht einen etwaigen Untersagungsentscheid mit dem autoritativen Erlass von Massnahmen, welche zur **Wiederherstellung** wirksamen Wettbewerbs notwendig sind, nach Massgabe von Art. 37 Abs. 4 verbinden (s. dazu Art. 37 N 5). 4

Die Einleitung und Durchführung eines Fusionskontrollverfahrens gemäss Art. 35 bildet Voraussetzung für die Verhängung von **Verwaltungs-** bzw. **Strafsanktionen** nach Massgabe von Art. 51 bzw. 55, da die Weko bei Vorliegen einer Meldepflicht von Amtes wegen einschreiten muss und nur der Vollzug eines nicht gemeldeten, tatsächlich jedoch meldepflichtigen Zusammenschlusses sanktioniert werden kann. 5

2. Prüffristen

Die Monatsfrist für das Vorprüfungsverfahren gemäss Art. 32 Abs. 1 beginnt wie bei einer erfolgten Meldung erst mit Vorliegen der für eine **vollständige** Meldung i.S.v. Art. 11 VKU erforderlichen Informationen beim Sekretariat der Weko zu laufen (vgl. Botschaft KG 1995, BBl 1995, 610). Das Sekretariat hat alsdann in analoger Anwendung von Art. 14 VKU den beteiligten Unternehmen binnen zehn Tagen die Vollständigkeit der Angaben zu bestätigen bzw. sie bei Unvollständigkeit derselben zu deren Ergänzung aufzufordern. 6

Das von der Weko gemäss Art. 35 von Amtes wegen eingeleitete Fusionskontrollverfahren unterliegt den **Vorschriften von Art. 32 ff.** 7

Art. 36 Verfahren der Ausnahmegenehmigung

Verfahren der Ausnahmegenehmigung

¹ Hat die Wettbewerbskommission den Zusammenschluss untersagt, so können die beteiligten Unternehmen innerhalb von 30 Tagen beim Departement eine ausnahmsweise Zulassung durch den Bundesrat aus überwiegenden öffentlichen Interessen beantragen. Ist ein solcher Antrag gestellt, so beginnt die Frist für die Einreichung einer Beschwerde beim Bundesverwaltungsgericht erst mit der Eröffnung des Entscheides des Bundesrats zu laufen.

² Der Antrag auf ausnahmsweise Zulassung durch den Bundesrat kann auch innerhalb von 30 Tagen nach Eintritt der Rechtskraft eines Entscheides des Bundesverwaltungsgerichts oder des Bundesgerichts gestellt werden.

³ Der Bundesrat entscheidet über den Antrag möglichst innerhalb von vier Monaten seit Eingang des Antrages.

Procédure d'autorisation exceptionnelle

¹ Si la commission a interdit la concentration, les entreprises participantes peuvent présenter dans les 30 jours au département une demande d'autorisation exceptionnelle du Conseil fédéral fondée sur des intérêts publics prépondérants. Si une telle demande est présentée, le délai pour former un recours devant le Tribunal administratif fédéral ne commence à courir qu'après la notification de la décision du Conseil fédéral.

² La demande d'autorisation exceptionnelle du Conseil fédéral peut également être présentée dans les 30 jours à compter de l'entrée en force d'une décision du Tribunal administratif fédéral ou du Tribunal federal.

³ Le Conseil fédéral prend sa décision si possible dans les quatre mois suivant la réception de la demande.

Procedura di autorizzazione eccezionale

¹ Qualora la Commissione della concorrenza abbia vietato la concentrazione, le imprese partecipanti possono chiedere entro 30 giorni per il tramite del Dipartimento un'autorizzazione eccezionale del Consiglio federale per motivi preponderanti di interesse pubblico. In caso di presentazione di una simile richiesta, il termine per interporre ricorso al Tribunale amministrativo federale decorre soltanto dalla notificazione della decisione del Consiglio federale.

² La richiesta di un'autorizzazione eccezionale da parte del Consiglio federale può anche essere presentata entro 30 giorni dal momento in cui è passata in giudicato una decisione del Tribunale amministrativo federale o del Tribunale federale.

³ Il Consiglio federale decide in merito alla richiesta possibilmente entro quattro mesi dalla sua presentazione.

Inhaltsübersicht   Note

I. Allgemeines 1
II. Voraussetzungen 2
   1. Antrag an den Bundesrat, Verfahrensbeteiligte und Legitimation 2
      a. Antrag 2
      b. Verfahrensbeteiligte und Legitimation 3
   2. Fristen 5
      a. Nach dem Entscheid der Weko 5
      b. Nach dem Entscheid des Bundesverwaltungsgerichtes oder
         des Bundesgerichtes 6
III. Verfahren 8
IV. Entscheid 10
   1. Allgemeines 10
   2. Zeitliche Beschränkung und Verlängerung sowie Auflagen und Bedingungen 14
   3. Ordnungsfrist 16

I. Allgemeines

In Art. 36 wird das **Verfahren** für die ausnahmsweise Zulassung gemäss 1
Art. 11 geregelt. Die Bestimmungen im KG zum Verfahren sind nur sehr rudimentär; im Übrigen richtet sich das Verfahren nach dem VwVG (Art. 39).

II. Voraussetzungen

1. Antrag an den Bundesrat, Verfahrensbeteiligte und Legitimation

a. Antrag

Der Antrag ist beim Eidgenössischen Volkswirtschaftsdepartement (**EVD**) 2
einzureichen (Art. 36 i.V.m. Art. 19). Der Bundesrat kann nicht von Amtes wegen tätig werden; es gilt die Dispositionsmaxime. Der Antrag ist schriftlich im Doppel einzureichen und hat die Begehren, deren Begründung mit Angabe der Beweismittel und die Unterschrift des Antragstellers bzw. seines Vertreters zu enthalten (Botschaft KG 1995, 611; SCHERRER, Fusionskontrollverfahren, 427). Dieser Antrag ist **keine Beschwerde** gegen den ablehnenden Entscheid der Wettbewerbsbehörden; der Bundesrat entscheidet vielmehr als einzige Instanz i.S.v. Art. 78 VwVG (HOFFET, in: HOMBURGER, Kommentar 1996, Art. 8 N 17).

b. Verfahrensbeteiligte und Legitimation

3 Art. 36 Abs. 1 nennt als antragsberechtigte Personen die «**beteiligten Unternehmen**». Damit sind die fusionierenden Unternehmen und bei der Erlangung der Kontrolle die kontrollierenden sowie die kontrollierten Unternehmen erfasst (Art. 3 VKU; BORER, Kommentar 1998, Art. 36 N 2; BOVET, in: TERCIER/ BOVET, CR Concurrence, Art. 36 N 5 f.). In der Lehre wird zudem die Meinung vertreten, dass in Ausdehnung von Art. 3 VKU auch der Veräusserer einer Beteiligung ein Interesse an einem Antrag an den Bundesrat haben kann (BORER, Kommentar 1998, Art. 36 N 2). Dies scheint sachgerecht, wobei wohl hinsichtlich der Legitimation Art. 48 VwVG anzuwenden wäre.

4 Die Beteiligten können **einzeln oder zusammen** einen Antrag auf ausnahmsweise Zulassung stellen (ZURKINDEN/TRÜEB, Handkommentar, Art. 36 N 2).

2. Fristen

a. Nach dem Entscheid der Weko

5 Nach einem Entscheid der Weko haben die Antragsteller eine **Frist** von 30 Tagen, um an den Bundesrat zu gelangen (Art. 36 Abs. 1 Satz 1). Ist ein solcher Antrag gestellt, beginnt die Frist für die Einreichung einer Beschwerde an das Bundesverwaltungsgericht erst mit der Eröffnung des Entscheides des Bundesrates zu laufen (Art. 36 Abs. 1 Satz 2).

b. Nach dem Entscheid des Bundesverwaltungsgerichtes oder des Bundesgerichtes

6 Die Antragsteller können allerdings auch zunächst den **wettbewerbsrechtlichen Instanzenzug** ausschöpfen. Der Antrag an den Bundesrat kann nämlich auch innert 30 Tagen nach Eintritt der Rechtskraft eines Entscheides des Bundesverwaltungsgerichts gestellt werden (Art. 36 Abs. 2; DUCREY/DROLSHAMMER, in: HOMBURGER, Kommentar 1996, Art. 11 N 4). Zu beachten ist allerdings, dass diesfalls die Frist für die Beschwerde an das Bundesgericht nicht stillsteht, da eine Art. 36 Abs. 1 Satz 2 entsprechende Regelung fehlt (vgl. AMANN, Zeitungsfusionskontrolle, 85 f.). Dieses Problem kann dadurch gelöst werden, dass die Antragsteller Beschwerde an das Bundesgericht einreichen und bis zum Abschluss des Verfahrens vor dem Bundesrat sistieren lassen. Der Antrag an den Bundesrat kann aber auch innert 30 Tagen nach Eintritt der Rechtskraft eines Entscheides des Bundesgerichtes gestellt werden (Art. 36 Abs. 2; DUCREY/ DROLSHAMMER, in: HOMBURGER, Kommentar 1996, Art. 11 N 4). Die Rechtsmit-

tel gegen den Entscheid der Weko können unabhängig von einem vorgängigen Antrag an den Bundesrat ergriffen werden.

Diese **Vielfalt an Möglichkeiten** eröffnet taktisch einige Varianten (vgl. dazu ZÄCH, KG-Praxis, 139; BIANCHI DELLA PORTA, in: TERCIER/BOVET, CR Concurrence, Art. 36 N 47; SCHMIDHAUSER, in: HOMBURGER, Kommentar 1996, Art. 31 N 15 f.). 7

III. Verfahren

Gemäss Art. 39 sind die Bestimmungen des **VwVG** anwendbar, soweit das KG davon nicht abweicht. Gemäss Art. 78 Abs. 3 VwVG finden die Art. 7–43 VwVG Anwendung (DUCREY, in: HOMBURGER, Kommentar 1996, Art. 36 N 6). 8

Das Verfahren wird vom EVD gemäss Art. 78 VwVG instruiert (DUCREY, in: HOMBURGER, Kommentar 1996, Art. 36 N 6 f.). Die Instruktion wird mit **einem Antrag an den Bundesrat** abgeschlossen (Art. 78 Abs. 1 VwVG). 9

IV. Entscheid

1. Allgemeines

Der **Entscheid des Bundesrates** befasst sich lediglich mit der Frage, ob der wettbewerbsrechtlich unzulässige Zusammenschluss notwendig ist, um überwiegende öffentliche Interessen zu verwirklichen. Die wettbewerbsrechtliche Beurteilung kann vor dem Bundesrat nicht mehr in Frage gestellt werden (DROLSHAMMER, Wettbewerbsrecht, 11). 10

Der Entscheid des Bundesrates lautet auf **ausnahmsweise Zulassung bzw. auf Ablehnung des Antrages** und bewirkt im ersten Fall den Wegfall der Unzulässigkeit des Zusammenschlusses. Dieser wird rückwirkend auf den Zeitpunkt des Abschlusses des zugrunde liegenden Verpflichtungsgeschäfts rechtsgültig und kann ohne weiteres vollzogen werden (DUCREY, in: HOMBURGER, Kommentar 1996, Art. 36 N 9). 11

Der Bundesrat entscheidet als **einzige Instanz**. Der Entscheid wird den Parteien schriftlich eröffnet, wobei mit dem Einverständnis der Parteien die Eröffnung auf dem elektronischen Weg erfolgen kann (vgl. Art. 34 Abs. 1 und 1bis VwVG). Der Entscheid ist endgültig, d.h. es bestehen **keine Rechtsmittel** und er tritt im Zeitpunkt der Mitteilung an die Antragsteller in Kraft (ZURKINDEN/TRÜEB, Handkommentar, Art. 36 N 5; Botschaft KG 1995, 611). Insb. finden die Art. 6 Abs. 1 EMRK und Art. 14 Abs. 1 des Internationalen Paktes über bürgerliche und politische Rechte wohl keine Anwendung (HANGARTNER/PRÜMMER, Zulassung, 1105). 12

13 Die **Verfahrenskosten** werden gemäss Art. 63 VwVG verteilt; der Bundesrat kann gemäss Art. 64 VwVG eine Parteientschädigung aussprechen.

2. Zeitliche Beschränkung und Verlängerung sowie Auflagen und Bedingungen

14 In der Lehre wird die Ansicht vertreten, dass trotz des Fehlens einer ausdrücklichen Bestimmung der Entscheid des Bundesrates mit **Auflagen und Bedingungen** versehen werden kann (BORER, Kommentar 1998, Art. 36 N 3; GANZ, Fusionen, 165; vgl. dazu auch die Kommentierung zu Art. 10 Abs. 2). Diese Ansicht verdient Zustimmung. Die Möglichkeit des Bundesrates, solche Auflagen und Bedingungen zu erlassen, ergibt sich implizit auch aus Art. 38 Abs. 1 lit. c i.V.m. Art. 38 Abs. 2. Dort wird festgehalten, dass der Bundesrat eine ausnahmsweise Zulassung aus denselben Gründen widerrufen kann wie die Weko. Demzufolge muss der Bundesrat eine ausnahmsweise Zulassung widerrufen können, wenn die beteiligten Unternehmen einer Auflage in schwerwiegender Weise zuwiderhandeln. Folglich muss der Bundesrat das Recht haben, solche Auflagen und Bedingungen zu erlauben (s. dazu im Weiteren die Kommentierungen zu Art. 31 Abs. 3).

15 Klar ist hingegen, dass der Entscheid des Bundesrates **nicht zeitlich beschränkt** werden kann (BORER, Kommentar 1998, Art. 36 N 3). In der Praxis wäre ein zeitlich beschränkter Zusammenschluss sinnlos.

3. Ordnungsfrist

16 Gemäss Art. 36 Abs. 3 entscheidet der Bundesrat über den Antrag möglichst innerhalb von vier Monaten seit Eingang des Antrages. Bei dieser Frist handelt es sich um eine **reine Ordnungsfrist**, die dem Bundesrat einen gewissen Zeitrahmen vorgeben soll (Botschaft KG 1995, 611; BOVET, in: TERCIER/BOVET, CR Concurrence, Art. 36 N 19; DÄHLER, Fusionskontrolle, 31).

Art. 37 Wiederherstellung wirksamen Wettbewerbs

Wiederherstellung wirksamen Wettbewerbs

¹ Wird ein untersagter Zusammenschluss vollzogen oder ein vollzogener Zusammenschluss untersagt und für den Zusammenschluss keine ausnahmsweise Zulassung beantragt oder erteilt, so sind die beteiligten Unternehmen verpflichtet, die Massnahmen durchzuführen, die zur Wiederherstellung wirksamen Wettbewerbs erforderlich sind.

² Die Wettbewerbskommission kann die beteiligten Unternehmen auffordern, verbindliche Vorschläge darüber zu machen, wie wirksamer Wettbewerb wiederhergestellt wird. Sie setzt dafür eine Frist fest.

³ Billigt die Wettbewerbskommission die Vorschläge, so kann sie verfügen, wie und innert welcher Frist die beteiligten Unternehmen die Massnahmen durchführen müssen.

⁴ Machen die beteiligten Unternehmen trotz Aufforderung der Wettbewerbskommission keine Vorschläge oder werden diese von der Wettbewerbskommission nicht gebilligt, so kann die Wettbewerbskommission folgende Massnahmen verfügen:

a. die Trennung der zusammengefassten Unternehmen oder Vermögenswerte;

b. die Beendigung des kontrollierenden Einflusses;

c. andere Massnahmen, die geeignet sind, wirksamen Wettbewerb wiederherzustellen.

Rétablissement d'une concurrence efficace

¹ Lorsqu'une concentration interdite est réalisée ou qu'une concentration est interdite après sa réalisation et qu'une autorisation exceptionnelle n'a pas été demandée ni octroyée pour la concentration, les entreprises participantes sont tenues de prendre les mesures rendues nécessaires par le rétablissement d'une concurrence efficace.

² La commission peut exiger des entreprises participantes qu'elles fassent des propositions qui les lient en vue du rétablissement d'une concurrence efficace. Elle leur impartit un délai à cette fin.

³ Si la commission accepte les mesures proposées, elle peut décider comment et dans quel délai les entreprises participantes devront les mettre en oeuvre.

⁴ Si la commission ne reçoit pas les propositions demandées ou qu'elle les rejette, elle peut décider:

a. la séparation des entreprises ou des actifs regroupés;

b. la cessation des effets du contrôle;

c. d'autres mesures à même de rétablir une concurrence efficace.

Ripristino della concorrenza efficace	¹ Se viene effettuata una concentrazione di imprese vietata oppure viene vietata una concentrazione già effettuata e se ai fini della stessa non viene richiesta o rilasciata un'autorizzazione eccezionale, le imprese partecipanti hanno l'obbligo di prendere i provvedimenti necessari al ripristino della concorrenza efficace.
² La Commissione può esigere dalle imprese partecipanti proposte vincolanti in merito al ripristino della concorrenza efficace. Essa impartisce un termine all'uopo.
³ Se accetta le proposte, la Commissione può ordinare in che modo ed entro quale termine le imprese partecipanti devono eseguire i provvedimenti.
⁴ Se nonostante diffida le imprese partecipanti non presentano proposte o se queste ultime non sono accettate, la Commissione può ordinare:
a. la separazione delle imprese o degli attivi concentrati;
b. la cessazione degli effetti di controllo;
c. ulteriori provvedimenti idonei al ripristino della concorrenza efficace.

Inhaltsübersicht Note

I. Regelungsgegenstand und -zweck 1
II. Regelungsinhalt 3
  1. Voraussetzungen 3
  2. Festsetzung von Massnahmen 4

I. Regelungsgegenstand und -zweck

1 Die **Verpflichtung** der an einem Zusammenschluss beteiligten Parteien zur Wiederherstellung wirksamen Wettbewerbs gemäss Art. 37 entsteht, wenn ein untersagter Zusammenschluss in Missachtung der Untersagung vollzogen oder ein bereits vollzogener Zusammenschluss nachträglich in einem Verfahren gemäss Art. 32 ff. untersagt wird (Botschaft KG 1995, BBl 1995, 611 ff.).

2 Ähnlich der einvernehmlichen Regelung gemäss Art. 29 stellt auch Art. 37 die **Mitwirkung** der Parteien in den Vordergrund, da diese am besten in der Lage sein dürften, sinnvolle Massnahmen zur Erreichung des Normzwecks, nämlich des Fortbestands wirksamen Wettbewerbs, vorzuschlagen. Die Weko hat entsprechend gemäss Abs. 4 erst dann einzugreifen, wenn solche Vorschläge ausbleiben oder in den Augen der Weko dem vorgenannten Normzweck nicht gerecht werden. Dabei ist zu beachten, dass jegliche Massnahmen ausschliesslich **marktstruktureller** Natur sein dürfen, bspw. im Sinne einer Entflechtung; die Kontrol-

le des konkreten Marktverhaltens der beteiligten Unternehmen kann grundsätzlich nur gestützt auf Art. 7 erfolgen (BORER, Kommentar 2005, Art. 37 N 4; DUCREY, in: VON BÜREN/ DAVID, SIWR V/2, 316; a.M. ZÄCH, Kartellrecht 2005, N 1038 f.).

II. Regelungsinhalt

1. Voraussetzungen

Art. 37 bezieht sich einerseits auf Zusammenschlüsse, bei denen sich die Parteien über eine ergangene Untersagungsverfügung hinweggesetzt haben, und andererseits auf solche, die ungeachtet einer Meldepflicht gemäss Art. 9 ohne Vornahme einer Meldung umgesetzt wurden. Sinngemäss findet Art. 37 aufgrund seines Normzwecks auch Anwendung auf Zusammenschlüsse, deren **definitiver** Vollzug nach Massgabe von Art. 32 Abs. 2 im Rahmen des Vorprüfungsverfahrens bewilligt wurde, welche aber nachträglich dennoch untersagt werden; diese unterstehen dann jedoch nicht der Sanktionsandrohung von Art. 51. Dagegen bedarf es bei der Bewilligung des bloss **vorläufigen** Vollzugs nach Massgabe von Art. 33 Abs. 2 im Rahmen des Hauptprüfungsverfahrens nicht dieses Umwegs über Art. 37. Denn die Wiederherstellung wirksamen Wettbewerbs kann direkt im Rahmen des Untersagungsentscheids verfügt werden. Sinnvollerweise sollte die Weko die Bewilligung des vorläufigen Vollzugs bereits mit entsprechenden, nötigenfalls die Wiederherstellung wirksamen Wettbewerbs begünstigenden Bedingungen oder Auflagen verbinden (BORER, Kommentar 2005, Art. 37 N 6). In diesem Sinne bewilligte die Weko den vorläufigen Zusammenschluss der Schweizerischen Post und der BEVO mit der Auflage, dass der Verkaufserlös und die Aktien, welche Gegenstand des Zusammenschlussvertrags bildeten, von einer Hinterlegungsstelle verwahrt werden, bis die Weko den Vollzug definitiv bewilligt (RPW 1998/2, 273 N 28 f. – Schweizerische Post/BEVO [Vorzeitiger Vollzug]).

2. Festsetzung von Massnahmen

Die Weko fordert die Parteien gemäss Abs. 2 zur Eingabe **verbindlicher** **Vorschläge** zur Wiederherstellung wirksamen Wettbewerbs auf und setzt ihnen dafür eine Frist. Falls die Weko die vorgeschlagenen Massnahmen genehmigt, setzt sie den Parteien gemäss Abs. 3 mit einer die konkreten Umsetzungsmodalitäten regelnden Verfügung eine Umsetzungsfrist an (DUCREY, in: VON BÜREN/ DAVID, SIWR V/2, 316; ZÄCH, Kartellrecht 2005, N 1039).

Bleiben Parteivorschläge aus oder können diese nicht genehmigt werden, kann die Weko gemäss Abs. 4 nach **Ermessen** die Trennung der zusammengeschlossenen

Unternehmen oder Vermögenswerte, die Beendigung des kontrollierenden Einflusses oder andere für die Wiederherstellung wirksamen Wettbewerbs geeignete Massnahmen anordnen. Bei der Wahl der Massnahme hat die Weko den Grundsatz der **Verhältnismässigkeit** zu wahren, d.h. sie hat diejenige Massnahme zu wählen, welche das notwendige und zugleich geeignete Mittel darstellt, um das Ziel der Wiederherstellung wirksamen Wettbewerbs zu erreichen (DUCREY, in: VON BÜREN/DAVID, SIWR V/2, 316 f.; ZÄCH, Kartellrecht 2005, N 1038 f.). Deshalb kann die eigentliche Entflechtung bloss eine ultima ratio darstellen (so bereits die Botschaft KG 1995, BBl 1995, 611 ff.).

6   Eine gemäss Art. 37 ergangene **Verfügung** der Weko ist gemäss Art. 33 lit. f VGG mit Beschwerde an das Bundesverwaltungsgericht anfechtbar. Die Weko kann, wenn die Parteien dazu nicht oder nur ungenügend Hand bieten, die zur Wiederherstellung wirksamen Wettbewerbs erforderlichen Massnahmen auch bereits im Rahmen eines nachträglichen, von Amtes wegen eingeleiteten Fusionskontrollverfahrens gemäss Art. 35 anordnen. Die entsprechende Untersagungsverfügung ist selbstredend ihrerseits ebenso gemäss Art. 33 lit. f VGG anfechtbar.

Art. 38 Widerruf und Revision

Widerruf und Revision

¹ Die Wettbewerbskommission kann eine Zulassung widerrufen oder die Prüfung eines Zusammenschlusses trotz Ablauf der Frist von Artikel 32 Absatz 1 beschliessen, wenn:

a. die beteiligten Unternehmen unrichtige Angaben gemacht haben;

b. die Zulassung arglistig herbeigeführt worden ist; oder

c. die beteiligten Unternehmen einer Auflage zu einer Zulassung in schwerwiegender Weise zuwiderhandeln.

² Der Bundesrat kann eine ausnahmsweise Zulassung aus denselben Gründen widerrufen.

Révocation et révision

¹ La commission peut rapporter une autorisation ou décider l'examen d'une concentration malgré l'écoulement du délai de l'art. 32, al. 1, lorsque:

a. les entreprises participantes ont fourni des indications inexactes;

b. l'autorisation a été obtenue frauduleusement;

c. les entreprises participantes contreviennent gravement à une charge dont a été assortie l'autorisation.

² Le Conseil fédéral peut rapporter une autorisation exceptionnelle pour les mêmes motifs.

Revoca dell'autorizzazione

¹ La Commissione della concorrenza può revocare un'autorizzazione o decidere l'esame di una concentrazione nonostante la scadenza del termine di cui all'articolo 32 capoverso 1 se:

a. le imprese partecipanti hanno fornito indicazioni inesatte;

b. l'autorizzazione è stata ottenuta fraudolentemente; oppure

c. le imprese partecipanti contravvengono gravemente ad un onere vincolato all'autorizzazione.

² Il Consiglio federale può revocare per i medesimi motivi un'autorizzazione eccezionale.

Inhaltsübersicht   **Note**

I. Regelungsgegenstand und -zweck 1
II. Regelungsinhalt 3
     1. Revisionsgründe 3
     2. Widerrufskompetenz des Bundesrats 7

I. Regelungsgegenstand und -zweck

1 Gestützt auf Art. 38 kann die Weko bei Vorliegen eines der in Abs. 1 genannten **Revisionsgründe** eine bedingungslose oder aber mit Auflagen oder Bedingungen verbundene Zulassung widerrufen bzw. trotz Ablaufs der Prüfungsfristen erneut ein Vorprüfungsverfahren gemäss Art. 32 bzw. ein Prüfungsverfahren gemäss Art. 33 einleiten, je nachdem, in welchem Prüfstadium die Zulassung erteilt wurde. Damit soll erneut dem der präventiven Fusionskontrolle innewohnenden Normzweck der Erhaltung bzw. Wiederherstellung wirksamen Wettbewerbs Nachachtung verschafft werden.

2 Über die in Art. 38 Abs. 1 genannten Revisionsgründe hinaus kann bloss, aber immerhin, bei Vorliegen eines der allgemeinen verwaltungsverfahrensrechtlichen Revisionsgründe die **Wiedererwägung** eines Entscheids der Weko mittels Feststellungsverfügung gemäss Art. 25 Abs. 2 VwVG anbegehrt werden (vgl. BORER, Kommentar 2005, Art. 38 N 2 m.V.; BOVET, in: TERCIER/BOVET, CR Concurrence, Art. 38 N 12).

II. Regelungsinhalt

1. Revisionsgründe

3 Als ersten Revisionsgrund nennt Art. 38 Abs. 1 lit. a den Umstand, dass die Parteien der Weko gegenüber **unrichtige Angaben** gemacht haben, sei dies bei der Meldung ihres Zusammenschlusses oder bei der Beantwortung von Zusatzfragen im Rahmen des Prüfungsverfahrens (vgl. Art. 15 Abs. 1 VKU). Selbstverständlich müssen die unrichtigen Angaben den Entscheid der Weko beeinflusst haben, um einen Widerruf zu rechtfertigen (BORER, Kommentar 2005, Art. 38 N 4).

4 Als zweiten Revisionsgrund nennt Art. 38 Abs. 1 lit. b die **arglistige Herbeiführung** einer Zulassung durch die Parteien. Damit wird jegliches Verhalten der Parteien, das im Verlaufe des Prüfungsverfahrens zu Tage tritt, erfasst, welches die Weko dazu verleitet, faktenwidrig eine Zulassung zu erteilen, welche ansonsten nicht oder jedenfalls nicht bedingungslos erteilt werden dürfte. Dazu gehört namentlich die seitens der Parteien erfolgte Anstiftung Dritter, gegenüber der Weko unrichtige Angaben auf deren Auskunftsbegehren hin zu machen (vgl. Art. 15 Abs. 2 VKU; BORER, Kommentar 2005, Art. 38 N 5; DUCREY, in: VON BÜREN/DAVID, SIWR V/2, 317).

5 Als dritten Revisionsgrund nennt Art. 38 Abs. 1 lit. c schliesslich den **schwerwiegenden Verstoss** gegen eine mit der Zulassung verbundene **Auflage**. Die Zuwiderhandlung muss einen gewissen Schweregrad erreichen, um einen Widerruf zu rechtfertigen. Dieser liegt namentlich dann vor, wenn der Verstoss bewirkt,

dass die Auflage ihren Zweck der Erhaltung wirksamen Wettbewerbs nicht mehr erfüllen kann (BORER, Kommentar 2005, Art. 38 N 6; DUCREY, in: VON BÜREN/ DAVID, SIWR V/2, 317). Der einfache Verstoss führt zur Sanktionierung gemäss Art. 51 Abs. 1. Der wiederholte Verstoss gegen eine solche Auflage unterliegt der qualifizierten Sanktionsdrohung von Art. 51 Abs. 2 (s. dazu Art. 51 N 5).

Zu beachten ist, dass eine blosse Änderung der tatsächlichen Verhältnisse keinen Widerrufsgrund darstellt (BORER, Kommentar 2005, Art. 38 N 7). Ein Markt ist naturgemäss **Änderungen** unterworfen, welche selbst bei der für die Prüfung geforderten dynamischen Betrachtung im Rahmen der Fusionskontrolle oft nicht verlässlich antizipiert werden können. In solchen Fällen kann, sofern die Tatbestandsmerkmale erfüllt sind, allenfalls die Verhaltenskontrolle gemäss Art. 7 zu einer Korrektur führen (BOVET, in: TERCIER/BOVET, CR Concurrence, Art. 38 N 23).

2. Widerrufskompetenz des Bundesrats

Eine gemäss Art. 36 beim Bundesrat nachgesuchte **ausnahmsweise Zulassung** eines untersagten Zusammenschlusses (vgl. dazu allg. ZÄCH, Kartellrecht 2005, N 844 f. u. 1043 ff.; DUCREY, in: VON BÜREN/DAVID, SIWR V/2, 303 f. u. RICHLI, in: VON BÜREN/DAVID, SIWR V/2, 439 ff.; DUCREY/DROLSHAMMER, in: HOMBURGER, Kommentar 1996, Art. 11 N 1 ff.; DUCREY, in: HOMBURGER, Kommentar 1996, Art. 36 N 1 ff.; ZURKINDEN, Fusionskontrolle, N 155 ff.), die allenfalls unter Auflagen oder Bedingungen gewährt wird, kann vom Bundesrat gestützt auf Art. 38 Abs. 2 widerrufen werden.

Bisher wurde von der Möglichkeit einer ausnahmsweisen Zulassung von Unternehmenszusammenschlüssen noch nie Gebrauch gemacht (ZÄCH, Kartellrecht 2005, N 1042). Es ist gut möglich, dass der Bundesrat auch in Zukunft kaum jemals einen untersagten Unternehmenszusammenschluss aufgrund überwiegender öffentlicher Interessen zulassen wird. Denn die Beteiligten werden über ihre Pläne, einen Unternehmenszusammenschluss durchzuführen, relativ rasch Gewissheit haben wollen. Und da normalerweise zuerst mit der Weko über vernünftige Auflagen oder Bedingungen bzw. entsprechende Zusagen verhandelt wird und bis zum Entscheid der Weko immerhin fünf Monate vergehen können und der Bundesrat sich mindestens vier weitere Monate für seinen Entscheid nimmt, um zur Ausnahmebewilligung Stellung zu nehmen, werden die Parteien mit ihrem Anliegen gar nicht erst beim Bundesrat vorsprechen. Umso weniger dürfte sich dann die **Frage eines Widerrufes der erteilten Ausnahmegenehmigung** stellen.

4. Abschnitt: Verfahren und Rechtsschutz

Art. 39 Grundsatz

Grundsatz	Auf die Verfahren sind die Bestimmungen des Verwaltungsverfahrensgesetzes vom 20. Dezember 1968 anwendbar, soweit dieses Gesetz nicht davon abweicht.
Principe	La loi fédérale du 20 décembre 1968 sur la procédure administrative est applicable aux procédures, dans la mesure où il n'y est pas dérogé dans les dispositions qui suivent.
Principio	La legge federale sulla procedura amministrativa è applicabile alle procedure nella misura in cui la presente legge non vi deroghi.

Inhaltsübersicht   **Note**

I. Verfahren, auf die das VwVG anwendbar ist 1
    1. Allgemeines 1
    2. Anwendbarkeit des VwVG auf die verschiedenen Verfahren 3
    3. Anwendbarkeit des VwVG auf die Vorabklärung im Besonderen ... 5
II. Kartellverwaltungsrechtliche Verfahrensgrundsätze 9
    1. Untersuchungsgrundsatz 10
    2. Anspruch auf rechtliches Gehör 11
    3. Recht auf Akteneinsicht 13
    4. Recht auf Äusserung und Stellungnahme 15
    5. Beweisabnahme, Beweiswürdigung und Entscheidbegründung .. 17
    6. Anspruch auf Erlass einer Feststellungsverfügung 18
III. Ausnahmen 20
IV. Vorsorgliche Massnahmen 22
    1. Rechtsgrundlagen 22
    2. Voraussetzungen 24
    3. Erlass vorsorglicher Massnahmen auf Antrag und von Amtes wegen ... 29
    4. Verfahren 30

I. Verfahren, auf die das VwVG anwendbar ist

1. Allgemeines

1   Nach Art. 39 sind die **Bestimmungen des VwVG** auf kartellrechtliche Verwaltungsverfahren grundsätzlich anwendbar.

Die Anwendbarkeit des VwVG auf die Kartellverwaltungsverfahren ergäbe sich 2
unabhängig von Art. 39 aufgrund der **Verfügungskompetenz der Weko** gemäss
Art. 18 Abs. 3 und dem Anwendungsbereich des VwVG gemäss dessen Art. 1 ff.
Jedes durch Verfügung gem. Art. 5 VwVG abzuschliessende Verfahren des KG
unterstünde danach grundsätzlich dem Verfahren nach VwVG.

2. Anwendbarkeit des VwVG auf die verschiedenen Verfahren

Unbestritten dürfte sein, dass das **VwVG** für die Untersuchung von Wett- 3
bewerbsbeschränkungen nach Eröffnung einer Untersuchung gem. Art. 27, einschliesslich das Verfahren, das zum Abschluss einer einvernehmlichen Regelung führen soll, gilt. Das VwVG findet neben der VKU zudem Anwendung auf das Verfahren zur Prüfung von Unternehmenszusammenschlüssen. Auf das Verfahren der ausnahmsweisen Zulassung von Wettbewerbsbeschränkungen gem. Art. 31 KG und der Ausnahmegenehmigung gem. Art. 36 sowie beim Entscheid über eine im Zivilverfahren geltend gemachte Ausnahme gem. Art. 15 Abs. 2 ist das VwVG ebenfalls anzuwenden. Selbst dann, wenn Verwaltungssanktionen gem. Art. 49a ff. ausgesprochen werden sollen, die an sich Strafcharakter haben (LANG, Untersuchungsmassnahmen, N 7), ist das VwVG und nicht das VStrR anwendbar. Lediglich für die Strafsanktionen gem. Art. 54 f. gilt gem. Art. 57 das VStrR. Es ist zudem nicht erforderlich, das VStrR auch bei den Sanktionen nach Art. 49a ff. anzuwenden, weil es möglich ist, das Verfahren nach VwVG erhöhten Anforderungen an den Schutz der Parteien anzupassen (im Ergebnis gl. M. BILGER, Verwaltungsverfahren, 93; a.A. DIETRICH, in: HOMBURGER, Kommentar 1996, Art. 39 N 27). Zusätzlicher Schutz wird bisweilen direkt im KG vorgesehen (vgl. etwa Art. 42 Abs. 2).

Dagegen findet das VwVG nach der hier vertretenen Auffassung auf die **Verfah-** 4
ren zur Erstattung von Gutachten gem. Art. 15 Abs. 1 keine Anwendung. Die Tätigkeit der Weko bleibt vollständig in den Zivilprozess eingebettet (a.A. DIETRICH, in: HOMBURGER, Kommentar 1996, Art. 39 N 47).

3. Anwendbarkeit des VwVG auf die Vorabklärung im Besonderen

Besonders umstritten ist die Frage, ob das VwVG auf das **Vorabklärungs-** 5
verfahren gem. Art. 26 KG Anwendung findet. Dagegen wird v.a. vorgebracht, dass das Verfahren der Vorabklärung nicht mit einer Verfügung abgeschlossen werde, was sich nicht mit dem formalisierten Verfahren, so wie es das VwVG vorsehe, vertrage (Beschwerdeentscheid REKO/WEF vom 22.12.2003 i.S. Cornèr Bank SA v. Telekurs Multiplay AG, RPW 2004/2, 625 ff., 636; BILGER, Verwaltungsverfahren, 142 ff.; RICHLI, in: VON BÜREN/DAVID, SIWR V/2, 424 f.).

6 Nach der Vorstellung des Gesetzgebers sollen durch die Vorabklärung die **untersuchungswürdigen Fälle** ausgesondert werden (Botschaft KG 1995, 602). Die Botschaft erwähnt auch, dass dadurch das Untersuchungsverfahren vorbereitet werden könne. Das Sekretariat kann nach Art. 26 Abs. 2 Massnahmen zur Beseitigung oder Verhinderung von Wettbewerbsbeschränkungen anregen, was die Weko jedoch nicht bindet.

7 Damit kann beim Vorverfahren aber nicht von **kooperativem Staatshandeln** gesprochen werden, wie dies einzelne Autoren vertreten und als weiteren Grund für die Nichtanwendung des VwVG vorbringen (a.A. BILGER, Verwaltungsverfahren, 147). Dass die Vorabklärung kooperatives Staatshandeln darstelle, erwähnt weder die Botschaft noch wird dies von den Betroffenen so aufgefasst. Die Vorabklärung ist auf das Untersuchungsverfahren ausgerichtet, das förmlichen Charakter hat. Dass die Vorabklärung nicht kooperatives Staatshandeln darstellt, zeigt sich auch darin, dass die Auskunftspflicht gemäss Art. 40 bereits in der Vorabklärung besteht (vgl. BILGER, Verwaltungsverfahren, 152, 160) und auch die Untersuchungsmassnahmen nach Art. 42 KG nicht einfach ausgeschlossen werden können (vgl. auch DIETRICH, in: HOMBURGER, Kommentar 1996, Art. 42 N 16, der eine Hausdurchsuchung und Beschlagnahmung in der Vorabklärung bloss als mit dem Verhältnismässigkeitsprinzip unvereinbar betrachtet). Ein Ausschluss des VwVG rechtfertigt sich auch nicht deshalb, weil das Vorverfahren dazu dient, die untersuchungswürdigen Fälle auszusondern, was es erforderlich machen kann, die Rechte der Parteien stark einzuschränken, um zu verhindern, dass relevante Beweismittel später nicht mehr greifbar sind oder Personen sich absprechen. Die Beweissicherung kann über Art. 26 Abs. 3 (kein Auskunftsrecht) und Art. 18 Abs. 2 VwVG (Beschränkung des Rechts, bei Zeugeneinvernahmen mitzuwirken) erreicht werden. Für die Anwendung des VwVG spricht zudem, dass es auch in der Vorabklärung ein Bedürfnis geben kann, Rechtsmittel zu ergreifen. Dies kann etwa bei der Frage nach dem Ausstand einer Person des Sekretariats relevant werden. Weshalb dies aber nur über den Weg der Aufsichtsbeschwerde oder eine hilfsweise Heranziehung der EMRK gelöst werden soll, ist nicht verständlich (so aber BILGER, Verwaltungsverfahren, 152 f., 160 f.). Dass im Vorverfahren vorsorgliche Massnahmen nicht zulässig sind, vermag ebenfalls nicht für die Unanwendbarkeit des VwVG zu sprechen (in diese Richtung aber BILGER, Verwaltungsverfahren, 149). Solche Massnahmen sind weder im VwVG noch im KG vorgesehen, so dass es ohnehin der Rechtsprechung obliegt, über diese Frage zu entscheiden. Nach der hier vertretenen Auffassung sollte das VwVG somit auch für die Vorabklärung nach Art. 26 KG gelten (ebenso DIETRICH, in: HOMBURGER, Kommentar 1996, Art. 39 N 21).

8 Sollte sich in der Rechtsprechung die Auffassung durchsetzen, dass das VwVG auf das Verfahren der Vorabklärung nicht zur Anwendung gelangt, so wäre zu verlangen, dass in der Vorabklärung getroffene Untersuchungsmassnahmen immerhin in einen Rahmen zu stellen sind, der den entsprechenden Vorschriften des VwVG gleichkommt (vgl. RICHLI, in: VON BÜREN/DAVID, SIWR V/2, 427

m.w.H.). Es muss möglich sein, nachträglich die Befangenheit eines an der Vorabklärung beteiligten Mitarbeiters zu rügen. Nur dadurch lässt sich verhindern, dass unter Umgehung der Verfahrensgarantien des VwVG die Rechte der Parteien geschmälert werden; die **Grenze zwischen Vorabklärung und Untersuchung** sind nämlich, wie die Botschaft mit dem Hinweis auf das Vorbereiten der Untersuchung richtig ausführt (Botschaft KG 1995, 602), fliessend.

II. Kartellverwaltungsrechtliche Verfahrensgrundsätze

Die Verweisung auf das VwVG ist nicht umfassend, sondern wird durch **im KG statuierte Ausnahmen** eingeschränkt (BORER, Kommentar 2005, Art. 39 N 1). Denn die Besonderheiten im verwaltungsrechtlichen Kartellverfahren lassen eine uneingeschränkte Anwendung des VwVG nicht zu. Insb. die Beteiligung von Dritten, von denen Informationen beschafft werden sollen, bedingt Sondernormen für das Kartellverwaltungsrecht, die vom VwVG abweichen. Auch wird der Kreis von den am Verfahren möglicherweise Beteiligten von Art. 43 KG weit gezogen, so dass ohne die Einschränkungen in Art. 43 Abs. 2 KG das Verfahren beeinträchtigt würde. Abgesehen davon gelten die wesentlichen Grundsätze des allgemeinen Verwaltungsverfahrensrechts aber auch im Kartellrecht (BORER, Kommentar 2005, Art. 39 N 2 ff.; DIETRICH, in: HOMBURGER, Kommentar 1996, Art. 39 N 49).

9

1. Untersuchungsgrundsatz

Der **Untersuchungsgrundsatz gemäss Art. 12 VwVG** beherrscht auch das kartellrechtliche Verwaltungsverfahren. Die Wettbewerbsbehörden sind deshalb u.a. verpflichtet, von Amtes wegen Sachverhalte zu suchen, die Unternehmen entlasten, die von einem kartellrechtlichen Verfahren betroffen sind (bspw. nach Gründen der wirtschaftlichen Effizienz nach Art. 5 Abs. 2) (DIETRICH, in: HOMBURGER, Kommentar 1996, Art. 39 N 66). Gleichzeitig werden den Parteien aber in Art. 13 VwVG i.V.m. Art. 40 KG auch bedeutende Mitwirkungsobliegenheiten auferlegt. Nur so ist es den Wettbewerbsbehörden oft überhaupt möglich, an die für eine Untersuchung unerlässlichen Marktdaten zu gelangen (BORER, Kommentar 2005, Art. 39 N 6).

10

2. Anspruch auf rechtliches Gehör

Die Parteien im Kartellverwaltungsverfahren haben Anspruch auf rechtliches Gehör. Nach ständiger Praxis des BGer ist dieser **Anspruch formeller Natur**, d.h. seine Verletzung führt unabhängig von den Erfolgsaussichten einer all-

11

fälligen Beschwerde in der Sache selbst zur Aufhebung des angefochtenen Entscheides (BGE 102 Ib 383 E. 3a). Die Heilung der Verletzung des rechtlichen Gehörs ist nur ausnahmsweise möglich (BORER, Kommentar 2005, Art. 39 N 7).

12 Die **zweiteilige Organisationsstruktur der Weko** mit ihrem Sekretariat kann zu erheblichen Problemen bei der Sicherstellung des Anspruches auf rechtliches Gehör führen. Der Gehörsanspruch gilt deshalb nicht nur im Rahmen der vorbereitenden und untersuchenden Handlungen des Sekretariats, sondern ist auch von der Weko als blosser Entscheidungsbehörde beim Fällen ihrer Entscheide zu beachten (BORER, Kommentar 2005, Art. 39 N 9). Dies ist v.a. dann wesentlich, wenn die Weko einen Entscheid ins Auge fasst, den die Parteien so nicht erwarten konnten oder aber sie sich auf Sachverhaltsteile abstützen möchte, zu denen die Parteien nicht genügend Stellung beziehen konnten. Allerdings schliesst der Anspruch auf rechtliches Gehör die antizipierte Beweiswürdigung nicht aus.

3. Recht auf Akteneinsicht

13 Mit dem Anspruch auf rechtliches Gehör geht das **Recht auf Akteneinsicht gemäss Art. 26 VwVG** am Sitz der zuständigen Wettbewerbsbehörden einher. Es besteht grundsätzlich kein Anspruch auf Zustellung von Akten; eine solche erfolgt nur auf Antrag hin, gemäss Art. 26 Abs. 1bis VwVG u.a. auch auf elektronischem Weg. Im Kartellrecht dürften die Parteien allerdings erwarten, dass sie über die Entwicklung des Aktenstandes informiert werden. Die Weko bzw. ihr Sekretariat lassen deshalb den Parteien im Untersuchungsverfahren gleichzeitig mit ihrem Verfügungsentwurf ein vollständiges Verzeichnis der verwendeten Schriftstücke zukommen, wobei jeweils vermerkt ist, welche Akten einsehbar sind und welche nicht (BORER, Kommentar 2005, Art. 39 N 8).

14 Die Akteneinsicht ist für Unternehmen, die von einer kartellrechtlichen Untersuchung betroffen sind, von zentraler Bedeutung. Kartellrechtliche Sondernormen, wie etwa Art. 25, Art. 26 Abs. 3 oder Art. 43 Abs. 4, schützen aber die **Geheimhaltungsinteressen von Dritten**. Gemäss Art. 27 VwVG kann die Einsichtnahme verweigert werden, wenn private Interessen z.B. einer Gegenpartei die Geheimhaltung erforderlich machen (BORER, Kommentar 2005, Art. 39 N 8).

4. Recht auf Äusserung und Stellungnahme

15 Neben dem Recht auf Akteneinsicht umfasst der Anspruch auf rechtliches Gehör auch das **Recht auf Äusserung und Stellungnahme**. Die vom kartellrechtlichen Verfahren Betroffenen müssen sich zu allen für den Entscheid relevanten Tatsachen äussern können, wobei grundsätzlich kein Anspruch auf Äusserungen zur rechtlichen Beurteilung von Tatsachen besteht. Ebenso wenig ist eine Teilnahme an der Einvernahme von Auskunftspersonen möglich. Eine nachträgli-

che Stellungnahme auf der Grundlage der Akteneinsicht genügt (BORER, Kommentar 2005, Art. 39 N 10). Immerhin ist zu beachten, dass dies bei einer Untersuchung, die in einer Massnahme mit Strafcharakter mündet, nicht ausreicht.

Weiter können die Parteien im Rahmen ihres Anspruches auf rechtliches Gehör 16 an der **Erhebung wesentlicher Beweise** mitwirken oder sich zur Beweiserhebung äussern, falls die Beweiserhebung geeignet ist, den Entscheid zu beeinflussen. Bei Entscheidungen **zu vorsorglichen Massnahmen** (s.a. N 22 ff.) können sich die Wettbewerbsbehörden üblicherweise auf die Akten allein abstützen, und weitere Sachverhaltsabklärungen sind nicht notwendig. Die Entscheidungen ergehen prima facie, so dass auf die Erhebung von Beweisen verzichtet werden kann. Es muss lediglich glaubhaft erscheinen und hinreichend wahrscheinlich sein, dass sich aus den Beweisen, die nicht erhoben wurden, nicht das Gegenteil ergeben wird (BORER, Kommentar 2005, Art. 39 N 11).

5. Beweisabnahme, Beweiswürdigung und Entscheidbegründung

Im Anschluss an die Beweiserhebung – dazu zählen auch informelle Befragungen (Hearings), sofern die Mitwirkungsrechte der Betroffenen gewahrt werden – obliegt den Wettbewerbsbehörden als Konkretisierung des Untersuchungsgrundsatzes die **Pflicht zur Beweisabnahme und Beweiswürdigung**. Ermittlung und Würdigung des Beweisergebnisses müssen gestützt auf den kartellrechtlichen Entscheid nachvollziehbar sein; andernfalls liegt eine Verletzung des rechtlichen Gehörs vor. Die Wettbewerbsbehörden müssen aus diesem Grund ihre Entscheidungsbegründungen so abfassen, dass eine sachgerechte Anfechtung durch die Betroffenen möglich ist (BORER, Kommentar 2005, Art. 39 N 12; DIETRICH, in: HOMBURGER, Kommentar 1996, Art. 39 N 70).

6. Anspruch auf Erlass einer Feststellungsverfügung

Gemäss Art. 25 VwVG besteht grundsätzlich Anspruch auf Feststellung 18 über Bestand, Nichtbestand oder Umfang öffentlich-rechtlicher Pflichten oder Rechte, falls ein schutzwürdiges Interesse des Gesuchstellers gegeben ist. Die Zuständigkeit für **Feststellungsverfügungen im Kartellrecht** liegt bei der Weko.

Der Feststellungsanspruch ist nicht auf alle Kartellsachverhalte nach KG anwendbar, sondern erfährt Einschränkungen. So beschränkt das zweistufige Kartellverwaltungsverfahren mit Vorabklärung und Untersuchung den Feststellungsanspruch, weil grundsätzlich kein Anspruch auf Eröffnung einer Untersuchung besteht, diese aber auch in vielen Fällen für den Erlass einer Feststellungsverfügung unerlässlich ist (s. Beispiele bei RICHLI, in: VON BÜREN/DAVID, SIWR V/2, 479 ff.). Bejaht wird ein Feststellungsanspruch insb. bei der Beurteilung der Meldepflicht von Fusionsvorhaben gemäss Art. 9 Abs. 1, wo ein **Feststellungsinteresse** der beteiligten

Unternehmen bestehen kann. Bei einer Fusion, die bereits vollzogen wurde, die Weko aber eine Meldepflicht bejaht, ist keine Feststellungsverfügung mehr möglich, sondern die Weko muss gemäss Art. 35 von Amtes wegen ein Fusionskontrollverfahren einleiten (BORER, Kommentar 2005, Art. 39 N 15 ff.).

III. Ausnahmen

20 Ausnahmen von der grundsätzlichen Anwendbarkeit des VwVG ergeben sich aufgrund von **Besonderheiten des verwaltungsrechtlichen Kartellverfahrens** wie insb. die umfassende Beteiligung von Dritten und die Notwendigkeit zur Aufbereitung von sensiblen Marktdaten. Solche Ausnahmen müssen im KG ausdrücklich vorgesehen sein (DIETRICH, in: HOMBURGER, Kommentar 1996, Art. 39 N 83). Die Auslegung von Ausnahmebestimmungen zum VwVG im KG muss mit Blick auf die entsprechenden kartellrechtlichen Sonderanliegen erfolgen (BORER, Kommentar 2005, Art. 39 N 18 ff.).

21 Zu den **Abweichungen vom VwVG im KG** zählen u.a. die besonderen Ausstandsregeln für Mitglieder der Weko als Vertreter von Spitzenverbänden (Art. 22 Abs. 2) – Mitglieder des Sekretariats hingegen unterstehen den gewöhnlichen Ausstandsregeln von Art. 10 VwVG –, die gewollte Zweiteilung der Wettbewerbsbehörden und die entsprechend verteilten Zuständigkeiten (Art. 27 u. 30), das nicht bestehende Akteneinsichtsrecht im Verfahren der Vorabklärung (Art. 26 Abs. 3) und die Prüfung von Unternehmenszusammenschlüssen mit weitgehend eigenständiger Regelung im KG (v.a. Art. 32 f. mit einer spezifisch kartellrechtlichen Fristenregelung, wobei Art. 20 VKU für die Fristenberechnung anwendbar ist). Weiter gehören dazu die über Art. 12 VwVG weit hinausreichenden Untersuchungskompetenzen der Wettbewerbsbehörden (Art. 42) und die mögliche Beschränkung der Beteilung von Dritten auf Anhörungen durch das Weko-Sekretariat, um unüberblickbare Massenkartellverfahren zu vermeiden, sowie letztlich die Verfahrensbeschleunigung bei Unternehmenszusammenschlüssen durch die Einschränkung der Rechtsstellung betroffener Dritter, denen die Parteirechte ausdrücklich entzogen werden (Art. 43 Abs. 4).

IV. Vorsorgliche Massnahmen

1. Rechtsgrundlagen

22 Das KG enthält keine Norm, die im kartellrechtlichen Verwaltungsverfahren die Wettbewerbsbehörden zum Erlass von vorsorglichen Massnahmen ermächtigt (für vorsorgliche Massnahmen im zivilrechtlichen Kartellverfahren, s. Art. 17). Das Verfahrensrecht gemäss VwVG ist zwar grundsätzlich anwendbar, doch regelt das VwVG in Art. 55 f. den Erlass vorsorglicher Massnahmen nur für das Beschwerde-

verfahren. Da Art. 39 aber generell auf das VwVG verweist, wird dieser Hinweis in der herrschenden Lehre und Rechtsprechung dahingehend interpretiert, dass die Wettbewerbsbehörden im kartellrechtlichen Verwaltungsverfahren vorsorgliche Massnahmen erlassen dürfen und **zur Sicherung von Sachentscheiden** befugt sind (RPW 2003/3, 674 E. 3.1.1 – Sellita Watch Co. SA/ ETA SA Manufacture Horlogère Suisse; BORER, Kommentar 2005, Art. 39 N 29 f.; RICHLI, in: VON BÜREN/ DAVID, SIWR V/2, 468).

Im kartellrechtlichen Verwaltungsverfahren hat im Grundsatz die Weko die **Aufgabe, vorsorgliche Massnahmen zu erlassen** (RPW 1997/4, 618 ff. – Künstliche Besamung [Vorsorgliche Massnahmen]; BGE 130 II 156; RICHLI, in: VON BÜREN/DAVID, SIWR V/2, 469). Massnahmen bei der Durchführung von Untersuchungshandlungen, die auf den Sachentscheid bezogen sind, kann das Sekretariat der Weko nicht anordnen. Das Sekretariat darf hingegen zur Sicherung von Untersuchungshandlungen, die in seinen Bereich fallen, vorsorgliche Massnahmen anordnen (BORER, Kommentar 2005, Art. 39 N 31 f.). Solche vorsorglichen Massnahmen sind ihrer Natur nach beschränkt. 23

2. Voraussetzungen

Voraussetzungen für den **Erlass vorsorglicher Massnahmen** sind, dass eine günstige Entscheidprognose gestellt werden kann, ein nicht leicht wieder gutzumachender Nachteil droht, rasches Handeln geboten ist und dass das Prinzip der Verhältnismässigkeit gewahrt wird (vgl. RICHLI, in: VON BÜREN/DAVID, SIWR V/2, 474). 24

Für den Erlass vorsorglicher Massnahmen genügt grundsätzlich die Glaubhaftmachung der **günstigen Entscheidprognose**; ein strikter Beweis ist nicht erforderlich (bedeutete das Erfordernis eines solchen doch, dass der Entscheid in der Sache vorweggenommen würde) und i.d.R. auch gar noch nicht möglich. Da vorsorgliche Massnahmen nur auf einer summarischen Prüfung der Sach- und Rechtslage beruhen können, darf nach Ansicht des Bundesgerichts (BGE 130 II 149 ff.) die Hauptsachenprognose nur dann für den Entscheid über den Erlass vorsorglicher Massnahmen berücksichtigt werden, wenn sie eindeutig ist. Zurückhaltung bei der Anordnung vorsorglicher Massnahmen ist dann geboten, wenn in tatsächlicher oder rechtlicher Hinsicht Unklarheiten bestehen und die erforderlichen Entscheidgrundlagen damit erst noch im Hauptverfahren beschafft werden müssen. Nur dann, wenn die Entscheidprognose eindeutig ausfällt, rechtfertigt sich die ganze oder teilweise Vorwegnahme des mutmasslichen Resultats des Untersuchungsverfahrens. Je zweifelhafter aber der Verfahrensausgang erscheint, umso höhere Anforderungen sind an den zu beseitigenden Nachteil, die Dringlichkeit und die Verhältnismässigkeit der Anordnung zu stellen. In jedem Fall darf die vorsorgliche Massnahme den durch die Endverfügung zu regelnden Umstand **weder präjudizieren noch verunmöglichen** (BGE 130 II 149 ff.). 25

26 Auch der **drohende, nicht leicht wieder gutzumachende Nachteil** ist vom Gesuchsteller glaubhaft zu machen. Ein nicht leicht wieder gutzumachender Nachteil ist dann glaubhaft gemacht, wenn wahrscheinlich scheint, dass auf dem betroffenen Markt ohne vorsorgliches Einschreiten gravierende und irreversible Strukturveränderungen oder -zementierungen drohen (RPW 2004/1, 107 ff. − Flughafen Zürich AG (Unique) − Valet Parking [Vorsorgliche Massnahmen]). Der nicht leicht wieder gutzumachende Nachteil muss gerade aufgrund des fraglichen Verhaltens einzutreten drohen (RPW 2003/3, 509 N 36 − ETA SA Fabriques d'Ebauches; RPW 2002/4, 585 ff. N 82 ff. − Teleclub AG/Cablecom GmbH [Vorsorgliche Massnahmen]). Erleidet bloss ein einziger Privater, nicht aber der wirksame Wettbewerb einen nicht leicht wieder gutzumachenden Nachteil, dürfte eine vorsorgliche Massnahme im Kartellverwaltungsverfahren in vielen Fällen ausgeschlossen sein (vgl. RPW 2003/3, 690 E. 5.3.2 u. 5.3.3 − Sellita Watch Co. SA/ETA SA Manufacture Horlogère Suisse). Dies bedeutet nicht, dass Individual- mit Institutionsschutz kollidieren würde (dazu ZÄCH/KÜNZLER, Juristentag 2006, 294 f.), sondern nur, dass die Gefährdung der Institution Wettbewerb nicht als ausreichend betrachtet wird.

27 Erforderlich für das Treffen vorsorglicher Massnahmen ist weiter die **Dringlichkeit**, d.h., dass glaubhaft gemacht wird, dass sich der nicht leicht wieder gutzumachende Nachteil vor dem Erlass des Entscheides in der Hauptsache verwirklichen wird (RPW 2002/4, 601 N 28 − ETA SA Fabriques d'Ebauches; RPW 2003/3, 512 N 46 − ETA SA Fabriques d'Ebauches). Da es im Kartellverwaltungsrecht neben dem Schutz der Wirtschaftsfreiheit des Einzelnen auch um den Schutz wirksamen Wettbewerbs geht, sind die Verhaltensweisen der betroffenen Unternehmen − anders als im Zivilverfahren − unerheblich (RPW 2004/3, 873 ff. − Unique (Flughafen Zürich AG)/Sprenger Autobahnhof AG, Alternative Parking AG, Weko). Ein Zuwarten mit einer Anzeige schliesst damit eine vorsorgliche Massnahme nicht aus.

28 Die vorsorgliche Massnahme muss letztlich **geeignet** und **notwendig** sein, um den nicht leicht wieder gutzumachenden Nachteil für den wirksamen Wettbewerb zu beseitigen. Überdies muss das Interesse an den vorsorglichen Massnahmen die entgegenstehenden Interessen überwiegen (RPW 2003/3, 512 N 49 − ETA SA Fabriques d'Ebauches; RPW 2002/4, 601 N 29 − ETA SA Fabriques d'Ebauches).

3. Erlass vorsorglicher Massnahmen auf Antrag und von Amtes wegen

29 Der Erlass von vorsorglichen Massnahmen erfolgt **von Amtes wegen** sowie auf Antrag der Parteien. Vorsorgliche Massnahmen von Amtes wegen stehen im Vordergrund, da die zuständigen Wettbewerbsbehörden einzuschreiten haben, wenn der Schutz des wirksamen Wettbewerbs dies erfordert. Die Wettbewerbsbehörden geniessen dabei aber wegen des kartellrechtlichen Opportunitätsprinzips Ermessensspielraum. Nach der Rechtsprechung der REKO/WEF ist vor

Eröffnung einer Untersuchung kein privater Anspruch auf Erlass vorsorglicher Massnahmen gegeben. Nach Eröffnung einer Untersuchung ist der Rechtsanspruch Privater nur subsidiär und höchstens insoweit gegeben, als die Wahrung des öffentlichen Interesses ein Einschreiten der Wettbewerbsbehörden verlangt und diese die vorsorglichen Massnahmen auch von Amtes wegen angeordnet hätten (BORER, Kommentar 2005, Art. 39 N 34; RICHLI, in: VON BÜREN/DAVID, SIWR V/2, 471). Die vorsorglichen Massnahmen im Verwaltungsverfahren sind damit nur unter besonderen Voraussetzungen eine scharfe Waffe gegen marktmächtige Unternehmen. Dies ist zu bedauern, denn wenn Privaten als «Agents of the Government» zur Durchsetzung des Kartellrechts gestärkt werden sollen, aber der zivilrechtliche Weg kaum Erfolg verspricht (vgl. ZÄCH/HEIZMANN, Durchsetzung, 1062 ff.), dann müssten vorsorgliche Massnahmen im Verwaltungsverfahren erleichtert gewährt werden.

4. Verfahren

Vorsorgliche Massnahmen setzen kein eröffnetes Verfahren nach Art. 26 ff. voraus. Ist zum Zeitpunkt des Erlasses vorsorglicher Massnahmen noch kein **Untersuchungsverfahren** eingeleitet worden, muss gleichzeitig mit dem Erlass eine Untersuchung gemäss Art. 27 eingeleitet werden (RPW 2004/1, 102 ff. – Flughafen Zürich AG (Unique) – Valet Parking [Vorsorgliche Massnahmen]; BORER, Kommentar 2005, Art. 39 N 35). 30

In analoger Anwendung von Art. 29 ist auch bezüglich vorsorglicher Massnahmen eine **einvernehmliche Regelung** grundsätzlich möglich. Voraussetzung dafür ist, dass das Sekretariat der Weko eine Wettbewerbsbeschränkung für unzulässig erachtet und sich die einvernehmliche Regelung ausschliesslich mit der Art und Weise der Beseitigung dieser Wettbewerbsbeschränkung befasst, nicht aber mit der Wettbewerbsbeschränkung selbst (BORER, Kommentar 2005, Art. 39 N 36). 31

Entscheide über vorsorgliche Massnahmen im erstinstanzlichen Verfahren wie auch im Beschwerdeverfahren gelten als Zwischenverfügung. Sie können demnach gemäss Art. 45 f. VwVG **selbständig angefochten** werden, sofern ein nicht wieder gutzumachender Nachteil droht. Nicht anfechtbar hingegen ist die ausserhalb eines Untersuchungsverfahrens getroffene Ablehnung eines Gesuches um vorsorgliche Massnahmen (BORER, Kommentar 2005, N 37). 32

Art. 40 Auskunftspflicht

Auskunftspflicht

Beteiligte an Abreden, marktmächtige Unternehmen, Beteiligte an Zusammenschlüssen sowie betroffene Dritte haben den Wettbewerbsbehörden alle für deren Abklärungen erforderlichen Auskünfte zu erteilen und die notwendigen Urkunden vorzulegen. Das Recht zur Verweigerung der Auskunft richtet sich nach Artikel 16 des Verwaltungsverfahrensgesetzes vom 20. Dezember 1968.

Obligation de renseigner

Les parties à des ententes, les entreprises puissantes sur le marché, celles qui participent à des concentrations d'entreprises ainsi que les tiers concernés sont tenus de fournir aux autorités en matière de concurrence tous les renseignements utiles et de produire toutes les pièces nécessaires. Le droit de refuser de fournir des renseignements est régi par l'art. 16 de la loi fédérale du 20 décembre 1968 sur la procédure administrative.

Obbligo di fornire informazioni

Le persone che partecipano a intese, le imprese che dominano il mercato, quelle che partecipano a concentrazioni di imprese nonché i terzi interessati devono fornire alla autorità in materia di concorrenza tutte le informazioni utili alle inchieste e presentare i documenti necessari. Il diritto di non fornire informazioni è disciplinato dall'articolo 16 della legge federale sulla procedura amministrativa.

Inhaltsübersicht Note

I. Allgemeines 1
II. Auskunftspflichtige Personen 3
III. Verfahren, ohne Auskunftspflicht 4
IV. Gegenstand der Auskunftspflicht 5
V. Verweigerung der Auskunft 7
VI. Verfahren 11

I. Allgemeines

1 Das kartellrechtliche Verwaltungsverfahren wird gemäss Art. 39 i.V.m. Art. 12 VwVG vom Untersuchungsgrundsatz beherrscht, d.h. die Wettbewerbsbehörden müssen einen kartellrechtlichen Sachverhalt von Amtes wegen abklären. Gleichzeitig sind Sachverhalte im Kartellrecht häufig komplex und die entsprechenden Abklärungen setzen spezifisches Wissen über den jeweiligen Markt voraus, welches i.d.R. bei den Wettbewerbsbehörden nicht vorhanden ist. Aus diesem Grund sind die Wettbewerbsbehörden zur Befolgung ihrer Sachverhaltsermittlungspflicht auf die Mitwirkung der am Verfahren beteiligten Unternehmen

sowie der auf dem betreffenden Markt tätigen weiteren Unternehmen angewiesen. Art. 40 ergänzt deshalb den allgemeinen verwaltungsverfahrensrechtlichen Untersuchungsgrundsatz und die Mitwirkungspflicht gemäss Art. 13 VwVG durch eine **umfassende Auskunftspflicht** für unmittelbar an einem Untersuchungs- oder Prüfungsverfahren beteiligten Unternehmen sowie betroffene Dritte (BORER, Kommentar 2005, Art. 40 N 1 f.; RICHLI, in: VON BÜREN/DAVID, SIWR V/2, 484 f.).

Im Gegensatz zu Art. 13 VwVG beschränkt sich die kartellrechtliche Verpflichtung zur Mitwirkung nicht auf die Parteien; es ist vielmehr ein **grosser Kreis von betroffenen juristischen und natürlichen Personen** zur Mitwirkung an Sachverhaltsabklärungen verpflichtet, die für die Zwecke des KG notwendig sind. Grenzen dieser umfassenden kartellverwaltungsrechtlichen Auskunftspflicht bilden insb. das Zeugnisverweigerungsrecht gemäss Art. 16 VwVG sowie generell das Verhältnismässigkeitsprinzip (vgl. für weitere Schranken der Auskunftspflicht v.a. die Komm. zu Art. 52).

II. Auskunftspflichtige Personen

Die Auskunftspflicht im Kartellverwaltungsverfahren erstreckt sich einerseits auf Beteiligte an Abreden (s. Art. 5), marktmächtige Unternehmen (s. Art. 7) und Beteiligte an Zusammenschlüssen (s. Art. 9 Abs. 1 i.V.m. Art. 3 VKU) sowie andererseits auf **Dritte**, die von den erwähnten Abreden und Zusammenschlüssen in irgendeiner Art und Weise betroffen sind. Indizien, die auf das Vorliegen einer Wettbewerbsbeschränkung und die Beteiligung an einer solchen hindeuten, genügen, um die Auskunftspflicht zu begründen. An die Betroffenheit von Dritten stellt das KG keine besonderen Anforderungen, d.h. es genügt, wenn die Dritten auf dem gleichen Markt wie ein unmittelbar beteiligtes Unternehmen tätig sind oder mit einem unmittelbar beteiligten Unternehmen in irgend einer Form eine Marktbeziehung pflegen (BORER, Kommentar 2005, Art. 40 N 3). Es ist ausreichend, wenn eine Person durch die Wettbewerbsbeschränkung oder den Unternehmenszusammenschluss nach summarischer Prüfung als berührt erscheint (DIETRICH, in: HOMBURGER, Kommentar 1996, Art. 40 N 11 u. 13). Ansonsten könnte der Zweck von Art. 40 nicht erreicht werden.

III. Verfahren ohne Auskunftspflicht

Art. 40 gilt im **Verfahren** der Vorabklärung (Art. 26), bei der Untersuchung von Wettbewerbsbeschränkungen (Art. 27), im Verfahren auf ausnahmsweise Zulassung von Wettbewerbsbeschränkungen (Art. 31) und im Verfahren auf Erteilung einer Ausnahmegenehmigung (Art. 36) (DIETRICH, in: HOMBURGER, Kommentar 1996, Art. 40 N 15). Ebenso gilt Art. 40 bei Verfahren, die auf das Verhängen von Verwaltungssanktionen abzielen (a.A. DIETRICH, in: HOMBURGER, Kommentar 1996, Art. 40 N 16). Keine Geltung hat Art. 40 dagegen bei den Verfahren, die auf eine Strafsanktion abzielen (Art. 54 ff.), bei der Erstattung von Gutachten im Zivilverfahren (Art. 15 Abs. 1) und – mangels Beteiligten und betroffenen Dritten – bei der Erledigung der Aufgaben gemäss Art. 45–49 (DIETRICH, in: HOMBURGER, Kommentar 1996, Art. 40 N 16).

IV. Gegenstand der Auskunftspflicht

5 Gegenstand der Auskunftspflicht sind ausschliesslich solche Auskünfte und Urkunden, die in einem nahe liegenden Zusammenhang mit einem im KG vorgesehen Verfahren stehen und für die Durchführung eines solchen Verfahrens **erforderlich** sind. Die Wettbewerbsbehörden dürfen nicht ohne einen direkten Zusammenhang zu einem kartellrechtlichen Verfahren Auskunftsbegehren stellen und so bspw. im Sinn einer «fishing expedition» unsystematisch Informationen sammeln. Dies gebietet das Verhältnismässigkeitsprinzip, aus dem sich zudem ergibt, dass die Auskunftspflicht der direkt Beteiligten weiter geht als diejenige bloss berührter Dritter (RICHLI, in: VON BÜREN/DAVID, SIWR V/2, 485 f.). Die Auskunftspflicht im Rahmen der Vorabklärung geht weniger weit als in der nachfolgenden Untersuchung (DIETRICH, in: HOMBURGER, Kommentar 1996, Art. 40 N 20; BILGER, Verwaltungsverfahren, 245).

6 Die Wettbewerbsbehörden müssen zur **Begründung einer geltend gemachten Auskunftspflicht** transparent darlegen, welcher nahe liegende Zusammenhang mit einem kartellrechtlichen Verfahren besteht. Die um Auskunft ersuchten juristischen und natürlichen Personen können ansonsten nicht beurteilen, ob sie sich auf ein Aussageverweigerungsrecht berufen können oder die von den Wettbewerbsbehörden eingeforderten Informationen für das entsprechende Verfahren tatsächlich notwendig sind und der Grundsatz der Verhältnismässigkeit eingehalten wird (BORER, Kommentar 2005, Art. 40 N 7 f.; BILGER, Verwaltungsverfahren, 249; DIETRICH, in: HOMBURGER, Kommentar 1996, Art. 40 N 13; Pra 1985 Nr. 170 E. 5; Verfügung des Sekretariats vom 28.02.2000, in: RPW 2000/1, 87 ff. E. 16 [Obligation de renseigner]).

V. Verweigerung der Auskunft

7 Für das Recht zur **Verweigerung der Auskunft** verweist Art. 40 auf Art. 16 VwVG, der wiederum auf Art. 42 BZP verweist. Eine Auskunftsverweigerung ist danach v.a. möglich zu Fragen, deren Beantwortung den um Auskunft Angegangenen, seinen Ehegatten oder bestimmte Verwandte oder Verschwägerte der Gefahr strafgerichtlicher Verfolgung oder einer schweren Beeinträchtigung der Ehre aussetzen kann oder einen unmittelbaren vermögensrechtlichen Schaden

verursachen würde (Art. 42 Abs. 1 lit. a BZP). Neben natürlichen Personen muss das Zeugnisverweigerungsrecht auch juristischen Personen zustehen, da diese inzwischen genauso einer unmittelbaren Strafbarkeit unterliegen. Eine juristische Person als Unternehmensträgerin, Verfahrensbeteiligte oder potenziell zu Bestrafende muss deshalb die Auskunft verweigern können, wenn diese für sie entsprechende negative Folgen haben kann wie für Privatpersonen (BORER, Kommentar 2005, Art. 40 N 4; LANG, Untersuchungsmassnahmen, N 17; a.A. DIETRICH, in: HOMBURGER, Kommentar 1996, Art. 40 N 31, RICHLI, in: VON BÜREN/DAVID, SIWR V/2, 487).

Kann das Verfahren zudem in einer Sanktion mit Strafcharakter enden, müssen **verfahrensrechtliche Minimalanforderungen** eingehalten werden (LANG, Untersuchungsmassnahmen, N 17); dies ist namentlich bei der Sanktion nach Art. 49a der Fall. Die Auskunftspflicht nach Art. 40 ist demnach durch verfassungsmässige Auslegung zu beschränken. Auch ein Unternehmensträger muss sich demnach nicht selbst belasten. 8

Die Auskunft kann gemäss Art. 16 Abs. 2 i.V.m. Art. 42 Abs. 2 BZP ebenfalls aufgrund eines **Berufsgeheimnisses** verweigert werden. Dies ist im Kartellverwaltungsverfahren für Rechtsanwälte von besonderer Bedeutung. Ein Rechtsanwalt, der ein Unternehmen in kartellrechtlichen Angelegenheiten berät, kann als Träger eines Berufsgeheimnisses nicht zur Auskunft über das von ihm beratene Unternehmen verpflichtet werden. Das Auskunftsverweigerungsrecht erfasst auch Dokumente, die der Rechtsanwalt im Rahmen der Mandatsbeziehung aufbewahrt (BORER, Kommentar 2005, Art. 40 N 5; DIETRICH, in: HOMBURGER, Kommentar 1996, Art. 40 N 33 f.; RICHLI, in: VON BÜREN/DAVID, SIWR V/2, 487). Keinen Schutz gegen Beschlagnahme geniessen dagegen Schreiben des beratenden Rechtsanwalts, die nicht bei ihm, sondern beim Klienten liegen (abweichend Kommentierung zu Art. 57 N 19). 9

Ein **Geschäftsgeheimnis** hingegen berechtigt auskunftspflichtige juristische und natürliche Personen nicht zur Zeugnisverweigerung. Sie können sich zum Schutz von Geschäftsgeheimnissen nur auf Art. 25 berufen, der aber keine Zeugnisverweigerung zulässt (BORER, Kommentar 2005, Art. 40 N 6; DIETRICH, in: HOMBURGER, Kommentar 1996, Art. 40 N 35; RICHLI, in: VON BÜREN/DAVID, SIWR V/2, 488). 10

VI. Verfahren

Bestreiten betroffene Personen oder Unternehmen das Bestehen einer Auskunftspflicht, müssen die zuständigen Wettbewerbsbehörden eine **verfahrensleitende Verfügung** erlassen, in der zur Auskunft aufgefordert wird (BILGER, Verwaltungsverfahren, 248). Die Verfügung ist als selbständig eröffnete Zwi- 11 schenverfügung nach Art. 46 Abs. 1 VwVG anfechtbar. Ohne eine solche Verfügung kann die Auskunftsverweigerung nicht sanktioniert werden.

12 Die Nichterfüllung oder nicht richtige Erfüllung der Auskunftspflicht ist mit **Verwaltungs- bzw. Strafsanktionen** gemäss Art. 52 bzw. 55 bedroht. Das entsprechende Verfahren richtet sich nach Art. 53 bzw. 57.

Art. 41 Amtshilfe

Amtshilfe	Amtsstellen des Bundes und der Kantone sind verpflichtet, an Abklärungen der Wettbewerbsbehörden mitzuwirken und die notwendigen Unterlagen zur Verfügung zu stellen.
Entraide administrative	Les services de la Confédération et des cantons sont tenus de coopérer aux recherches des autorités en matière de concurrence et de mettre à leur disposition les pièces nécessaires.
Assistenza amministrativa	I servizi della Confederazione e dei Cantoni hanno l'obbligo di collaborare alle inchieste delle autorità in materia di concorrenza e di mettere a disposizione i documenti necessari.

Inhaltsübersicht Note

I. Allgemeines 1
II. Amtsstellen des Bundes und der Kantone 2
III. Umfang der Amtshilfe 5
IV. Grenzen der Amtshilfe 8
V. Verpflichtung zur Amtshilfe 11
VI. Verfahren 12

I. Allgemeines

Art. 41 regelt die **Amtshilfe** im Rahmen der Abklärungen der Wettbewerbsbehörden. Grund für die Einführung dieser Bestimmung im Rahmen des KG 1995 war, dass Wettbewerbsbeschränkungen meist auf nationaler Ebene koordiniert, jedoch auf kantonaler resp. regionaler Ebene organisiert werden (Botschaft KG 1995, 615). Aufgrund dessen wendet sich Art. 41 an Amtsstellen des Bundes und der Kantone, nicht jedoch an Organisationen der Wirtschaft (RICHLI, KG–Praxis, 163). Art. 41 ergänzt Art. 40, welcher vorsieht, dass Beteiligte an Abreden, marktmächtige Unternehmen, Beteiligte an Zusammenschlüssen sowie betroffene Dritte den Wettbewerbsbehörden alle erforderlichen Auskünfte zu erteilen und die notwendigen Urkunden vorzulegen haben. 1

II. Amtsstellen des Bundes und der Kantone

Als **Amtsstellen des Bundes** gelten sowohl die Behörden der Zentralverwaltung der Schweizerischen Eidgenossenschaft wie auch deren ausgegliederte 2

Körperschaften und Anstalten (GROSS, in: HOMBURGER, Kommentar 1996, Art. 41 N 4). Soweit solche allerdings Beteiligte an Abreden, marktmächtige Unternehmen, Beteiligte an Zusammenschlüssen oder betroffene Dritte sind, kommt Art. 40 zur Anwendung. Dasselbe hat mit Bezug auf gemischtwirtschaftliche oder private Rechtsträger zu gelten, welche öffentliche Aufgaben zu erfüllen haben.

3   Auch **Amtsstellen der Kantone** sind zur Amtshilfe verpflichtet. Die Verpflichtung trifft dabei sämtliche Stellen der kantonalen Verwaltungen, soweit sie im Rahmen ihrer Aufgaben liegt. Nicht von Relevanz für das Bestehen der Verpflichtung zur Amtshilfe ist die Bezeichnung oder Organisation der Amtsstelle. Gleich wie bei den Amtsstellen des Bundes unterstehen auch externe Verwaltungseinheiten wie etwa Körperschaften oder Anstalten der Amtshilfepflicht. Ebenfalls erfasst von Art. 41 werden die Gemeinden. Soweit es sich bei den Amtsstellen der Kantone um Unternehmen des öffentlichen Rechts handelt, ist massgeblich, ob diese als Untersuchungsadressaten oder betroffene Dritte in ein Untersuchungsverfahren nach KG involviert sind. Ist dies der Fall, kommt Art. 40 zur Anwendung.

4   **Gerichtliche Behörden**, weder auf Bundes- noch auf kantonaler Ebene, trifft im Rahmen von Art. 41 keine Verpflichtung zur Mitwirkung an Abklärungen der Wettbewerbsbehörden.

III. Umfang der Amtshilfe

5   Gemäss Art. 39 sind auf die kartellrechtlichen **Verfahren** die Bestimmungen des VwVG anwendbar, soweit das KG nicht davon abweicht. Das VwVG kennt keine Art. 41 entsprechende Norm. Insb. enthält das VwVG keine allg. Bestimmung, welche die Amtshilfe zwischen den Behörden regelt. Art. 39 ist im Vergleich mit dem VwVG aufgrund dessen als weitergehend zu betrachten (BILGER, Verwaltungsverfahren, 252). Dies gewährleistet die umfassende Abklärung eines wettbewerbsrechtlichen Sachverhalts.

6   Art. 41 definiert den Umfang der Amtshilfepflicht zunächst als **Mitwirkung** an Abklärungen der Wettbewerbsbehörden. Bei den Wettbewerbsbehörden handelt es sich primär um die Weko (Art. 18) und das Sekretariat der Weko (Art. 23). Sofern ein Sachverhalt im Verfahren vor dem Bundesverwaltungsgericht bzw. vor dem Bundesrat noch weiterer Abklärung bedarf, können sich aber auch diese Behörden auf die Bestimmung berufen. Die Abklärungen i.S.v. Art. 41 können verfahrensmässig somit im Rahmen von Vorabklärungen (Art. 26), Untersuchungen (Art. 27 ff.), im Verfahren der ausnahmsweisen Zulassung von Wettbewerbsbeschränkungen (Art. 31), im Verfahren der Prüfung von Unternehmenszusammenschlüssen (Art. 32 ff.), im Verfahren der Beschwerde an das Bundesverwal-

tungsgericht (Art. 31 ff. VGG), bei der Prüfung von Verwaltungssanktionen (Art. 49a ff.) wie auch bei der Prüfung von Verletzungen von internationalen Abkommen (Art. 58) getätigt werden. Weiter kann die Amtshilfe bei Empfehlungen, Stellungnahmen und Gutachten der Wettbewerbsbehörden im Rahmen ihrer übrigen Aufgaben (Art. 45 ff.) von Relevanz sein.

Das Gesetz konkretisiert den Begriff der Mitwirkung nicht. Es hält schlicht fest, dass die notwendigen Unterlagen zur Verfügung zu stellen sind. Um dem Zweck einer umfassenden **Abklärung** gerecht zu werden, muss die Norm jedoch nebst der Herausgabe von Dokumenten auch etwa die Beantwortung von spezifischen Fragen seitens der Wettbewerbsbehörden, die Hilfestellung bei Untersuchungsmassnahmen sowie die Bereitstellung von Personal umfassen. 7

IV. Grenzen der Amtshilfe

Art. 41 nennt keine Beschränkung der Amtshilfe. Es dürfte sich jedoch von selbst verstehen, dass die Amtshilfe **Grenzen** unterliegt. Zunächst können die Wettbewerbsbehörden die Mitwirkung von Amtsstellen nur dann beanspruchen, wenn diese sachlich geboten ist. Hauptschranke der Amtshilfe ist darüber hinaus allg. das Verhältnismässigkeitsprinzip. Gemäss diesem müssen die Amtshilfe und die konkret in Frage stehende Mitwirkungshandlung sowohl geeignet wie auch erforderlich sein, um das angestrebte Untersuchungsziel zu erreichen. Ebenfalls muss das Interesse an der Abklärung einer bestimmten Sachverhaltsfrage die allfälligen entgegenstehenden schutzwürdigen öffentlichen oder privaten Interessen überwiegen. 8

Sodann stellt das **Datenschutzgesetz** eine Schranke für die Gewährung von Amtshilfe im Rahmen von Art. 41 dar. Gemäss diesem ist für die Bekanntgabe von Personendaten eine gesetzliche Grundlage erforderlich (Art. 19 DSG). Eine solche liegt mit Art. 41 vor, allerdings ist dem Verhältnismässigkeitsgrundsatz Rechnung zu tragen (Art. 4 Abs. 2 DSG). Daneben kann die Weitergabe von Personendaten gegen Treu und Glauben verstossen, falls die um Amtshilfe angegangene Behörde die betreffende Information unter dem Vorbehalt der Vertraulichkeit bzw. aufgrund eines spezifischen Vertrauensverhältnisses erhalten hat (GROSS, in: HOMBURGER, Kommentar 1996, Art. 41 N 13). 9

Das **Amtsgeheimnis** nach Art. 320 StGB stellt keine Schranke für die Amtshilfe dar. Art. 41 erlaubt eine Durchbrechung desselbigen. Eine Einschränkung der Mitwirkungspflicht kann sich allerdings aus spezialgesetzlichen Geheimhaltungspflichten, etwa dem Post- oder Bankgeheimnis, ergeben (ZURKINDEN/TRÜEB, Handkommentar, Art. 41 N 3). 10

V. Verpflichtung zur Amtshilfe

11 Art. 41 normiert eine **Verpflichtung zur Amtshilfe** von Seiten der Amtsstellen des Bundes und der Kantone, falls ein Gesuch der Wettbewerbsbehörden vorliegt. Ein Melderecht dürfte ebenfalls zu bejahen sein. Dies jedenfalls dann, wenn die entsprechende Behörde bei Vorliegen eines Gesuches der Wettbewerbsbehörden der Mitwirkungspflicht unterstünde (GROSS, in: HOMBURGER, Kommentar 1996, Art. 41 N 16).

VI. Verfahren

12 Da Art. 41 keine Sanktionen bei Verstoss gegen die Amtshilfepflicht vorsieht, handelt es sich um eine **Lex Imperfecta** (TERCIER, in: TERCIER/BOVET, CR Concurrence, Art. 41 N 15). Bei einer Verweigerung der Amtshilfe durch die mitwirkungspflichtige Behörde besteht aufgrund der fehlenden Verfügungskompetenz der Wettbewerbsbehörden einzig die Möglichkeit, bei der Behörde, die die mitwirkungspflichtige Behörde beaufsichtigt, eine Anzeige zu erstatten. Diese Behörde muss sodann darüber entscheiden, ob das Interesse an einer vollumfänglichen Sachverhaltsabklärung oder dasjenige am Geheimnisschutz überwiegt.

Art. 42 Untersuchungsmassnahmen

Untersuchungsmassnahmen

[1] Die Wettbewerbsbehörden können Dritte als Zeugen einvernehmen und die von einer Untersuchung Betroffenen zur Beweisaussage verpflichten. Artikel 64 des Bundesgesetzes vom 4. Dezember 1947 über den Bundeszivilprozess ist sinngemäss anwendbar.

[2] Die Wettbewerbsbehörden können Hausdurchsuchungen anordnen und Beweisgegenstände sicherstellen. Für diese Zwangsmassnahmen sind die Artikel 45–50 des Bundesgesetzes vom 22. März 1974 über das Verwaltungsstrafrecht sinngemäss anwendbar. Hausdurchsuchungen und Beschlagnahmen werden auf Grund eines Antrages des Sekretariats von einem Mitglied des Präsidiums angeordnet.

Mesures d'enquête

[1] Les autorités en matière de concurrence peuvent entendre des tiers comme témoins et contraindre les parties à l'enquête à faire des dépositions. L'art. 64 de la loi fédérale de procédure civile fédérale du 4 décembre 1947 est applicable par analogie.

[2] Les autorités en matière de concurrence peuvent ordonner des perquisitions et saisir des pièces à conviction. Les art. 45 à 50 de la loi fédérale du 22 mars 1974 sur le droit pénal administratif sont applicables par analogie à ces mesures de contrainte. Les perquisitions et saisies sont ordonnées, sur demande du secrétariat, par un membre de la présidence.

Misure di inchiesta

[1] Le autorità in materia di concorrenza possono procedere all'audizione di terzi come testimoni e costringere le parti all'inchiesta a deporre. L'articolo 64 della legge federale del 4 dicembre 1947 di procedura civile è applicabile per analogia.

[2] Le autorità in materia di concorrenza possono ordinare perquisizioni e sequestrare mezzi di prova. A questi provvedimenti coercitivi sono applicabili per analogia gli articoli 45–50 della legge federale del 22 marzo 1974 sul diritto penale amministrativo. Le perquisizioni domiciliari e i sequestri sono ordinati, su domanda della segreteria, da un membro della presidenza.

Inhaltsübersicht Note

I. Einleitung 1
II. Zeugeneinvernahme 4
III. Beweisaussage 9
IV. Hausdurchsuchungen 11
V. Beschlagnahme von Beweisgegenständen 16
VI. Verwertung widerrechtlich erlangter Beweismittel 21

I. Einleitung

1 Art. 42 gibt den Wettbewerbsbehörden die erforderlichen Mittel, um den massgebenden **Sachverhalt festzustellen**. Vorgesehen sind namentlich die folgenden Massnahmen:

- Einvernahme von Dritten als Zeugen (s. unten N 4 ff.);
- Beweisaussage der Parteien (s. unten N 9 f.);
- Hausdurchsuchungen (s. unten N 11 ff.); sowie
- Beschlagnahme von Gegenständen (s. unten N 16 ff.).

2 Beweismittel können gemäss Art. 12 VwVG auch Urkunden, Augenschein oder Sachverständigengutachten bilden. Dagegen sind weitere **Untersuchungsmassnahmen** wie namentlich eine Personendurchsuchung oder eine Telefonüberwachung unzulässig (BANGERTER/TAGMANN in: ZÄCH, KG-Praxis 2006, 168), da die für einen solch schweren Eingriff in die durch Art. 13 Abs. 1 BV geschützte Privatsphäre erforderliche gesetzliche Grundlage (Art. 36 Abs. 1 BV) fehlt.

3 Der **Verhältnismässigkeitsgrundsatz** gebietet, dass Untersuchungsmassnahmen nur dann durchgeführt werden, wenn sich der Sachverhalt auf anderem Wege nicht erstellen lässt und Anhaltspunkte für das Vorliegen einer unzulässigen Wettbewerbsbeschränkung bestehen (DIETRICH, in: HOMBURGER, Kommentar 1996, Art. 42 N 7). Aus diesem Grunde sind Untersuchungsmassnahmen nach Art. 42 erst nach Eröffnung einer Untersuchung, nicht aber im Rahmen einer Vorabklärung zulässig (ZURKINDEN/TRÜEB, Handkommentar, Art. 42 N 2; DIETRICH, in: HOMBURGER, Kommentar 1996, Art. 42 N 16; vgl. auch CARRON, in: TERCIER/BOVET, CR Concurrence, Art. 42 N 21).

II. Zeugeneinvernahme

4 Im **Gegensatz zum Kartellgesetz von 1985**, welches die Zeugeneinvernahme von Beteiligten und Dritten vorsah, unterscheidet das Kartellgesetz von 1995 zwischen der Zeugeneinvernahme Dritter und der Beweisaussage der Betroffenen.

5 Die Abgrenzung, wer als **Zeuge** und wer als Partei zu befragen ist, dürfte in der Praxis nicht immer einfach vorzunehmen sein. Organe der Unternehmen, gegen die sich die Untersuchung richtet, können nicht als Zeugen, sondern nur als Partei befragt werden. Massgebend ist dabei nicht allein der formelle Organbegriff: Nicht bloss diejenige Person, die im Handelsregister etwa als Verwaltungsrätin oder Geschäftsführerin eingetragen ist, sondern auch diejenige, die materiell Organstellung hat, indem sie wesentliche Entscheidungsbefugnisse besitzt und damit den Geschäftsgang des Unternehmens wesentlich beeinflusst, hat als faktisches Organ zu gelten und kann einzig als Partei, nicht aber auch als Zeugin, befragt werden (ebenso SOMMER/RAEMY, Hausdurchsuchungen, 764; BRUNNSCHWEILER/CHRISTEN,

Hausdurchsuchungen, N 30). Dagegen sind Arbeitnehmer eines Unternehmens, die keine Organstellung aufweisen, als Zeugen einzuvernehmen.

Die **Zeugeneinvernahme** erfolgt grundsätzlich durch das Sekretariat (Art. 23 Abs. 1), wobei Mitglieder der Weko der Zeugeneinvernahme beiwohnen können (Art. 17 Abs. 2 Reglement). Rechtlich zulässig wäre auch die Zeugeneinvernahme durch den Bundesrat gemäss Art. 31 sowie allenfalls – unter Wahrung des Verhältnismässigkeitsgrundsatzes – gemäss Art. 36 oder durch das Bundesverwaltungsgericht (vgl. CARRON, in: TERCIER/BOVET, CR Concurrence, Art. 42 N 20). Diese Behörden dürften jedoch i.d.R. den Fall an die Weko mit der Weisung, den Sachverhalt zu ergänzen, zurückweisen (Art. 61 Abs. 1 VwVG; vgl. Art. 67 Abs. 3 BZP).

6

Die Parteien haben das Recht, der Zeugeneinvernahme beizuwohnen und **Ergänzungsfragen** zu stellen (Art. 38 und 46 BZP; Art. 18 Abs. 1 VwVG).

7

Das **Zeugnisverweigerungsrecht** bestimmt sich nach Art. 42 BZP. Danach kann das Zeugnis verweigert werden über Fragen, deren Beantwortung die Zeugen oder gewisse Verwandte der Gefahr strafrechtlicher Verfolgung oder einer schweren Benachteiligung der Ehre aussetzen oder ihnen einen unmittelbaren vermögensrechtlichen Schaden verursachen würde. Auf dieses beschränkte Zeugnisverweigerungsrecht könnten sich namentlich Arbeitnehmer berufen, die selbst in eine unzulässige Wettbewerbsbeschränkung involviert waren (a.M. SOMMER/RAEMY, Hausdurchsuchungen, 764). Denn sie müssen aufgrund ihres Verhaltens damit rechnen, dass ihr Arbeitgeber Ersatz des Schadens verlangt, der ihm aufgrund des weisungswidrigen Verhaltens des Arbeitnehmers entstanden ist (a.M. BRUNNSCHWEILER/CHRISTEN, Hausdurchsuchungen, N 69, wonach es an der Unmittelbarkeit des Vermögensschadens fehle, so dass die Voraussetzungen einer Zeugnisverweigerung nicht erfüllt seien). Auf das Zeugnisverweigerungsrecht können sich namentlich auch Anwälte berufen, soweit ihre Aussage unter das Anwaltsgeheimnis fallende Tatsachen betrifft und der Geheimnisberechtigte sie nicht vom Anwaltsgeheimnis entbunden hat. Dagegen dürfte der in Art. 42 Abs. 2 BZP vorgesehene Erlass der Offenbarung eines Geschäftsgeheimnisses bei überwiegenden Geheimhaltungsinteressen trotz möglicher Sicherungsmassnahmen kaum je zum Tragen kommen, da das öffentliche Interesse an der Aufdeckung allfälliger unzulässiger Wettbewerbsbeschränkungen regelmässig schwerer wiegen wird als das private Interesse an der Geheimhaltung von Geschäftsgeheimnissen, zumal die Wettbewerbsbehörden nach Art. 25 zur Geheimhaltung verpflichtet sind. In Frage kommen könnten dagegen Sicherungsmassnahmen (so etwa Kenntnisnahme von Beweismitteln unter Ausschluss der betroffenen Parteien zum Schutz von Geschäftsgeheimnissen) gemäss Art. 38 BZP, indem vermieden wird, dass Geschäftsgeheimnisse erst auf dem Weg der Zeugenaussage Konkurrenten bekannt werden und so zu einer ungewollten Wettbewerbsverzerrung führen könnten.

8

III. Beweisaussage

9 Gemäss Art. 42 Abs. 1 können die Wettbewerbsbehörden die von einer Untersuchung Betroffenen zur **Beweisaussage** verpflichten. Die Aussage erfolgt unter der Strafdrohung von Art. 306 StGB (falsche Aussage). Von einer Untersuchung betroffen sind regelmässig juristische Personen. Das Gesetz regelt damit nicht explizit, welcher Vertreter der betroffenen juristischen Person die Beweisaussage tätigen soll. In Frage kommen kann einzig eine Person, die nicht auch als Zeuge befragt werden könnte, mithin einzig ein Organ des betroffenen Unternehmens. Welches Organ auszusagen hat, kann seitens der Wettbewerbsbehörden festgelegt werden (Art. 63 Abs. 2 BZP; a.M. LANG, Untersuchungsmassnahmen, N 23, der postuliert, dass das betroffene Unternehmen die Wahl habe).

10 Die **Verweigerung der Beweisaussage** kann auf die Sanktionierung keinerlei Einfluss haben (LANG, Untersuchungsmassnahmen, N 24). Dies ergibt sich aus dem verfassungsmässigen Recht eines Angeschuldigten, sich nicht selber belasten zu müssen und die Auskunft verweigern zu können (BGE 131 IV 40 ff. E. 3.1). Macht ein Beschuldigter vom Recht der Aussageverweigerung Gebrauch, dürfen ihm daraus keine Nachteile erwachsen (BGE 131 IV 40 E. 3.1). Auf dieses sich aus Art. 6 Ziff. 1 EMRK ergebende Recht der Aussageverweigerung kann sich auch ein Unternehmen berufen, das nunmehr ja direkt sanktioniert werden kann (LANG, Untersuchungsmassnahmen, N 17; BRUNNSCHWEILER/CHRISTEN, Hausdurchsuchungen, N 67; REINERT in: ZÄCH, KG-Praxis 2006, 152). Art. 40 BZP, der die freie richterliche Beweiswürdigung statuiert und namentlich vorsieht, dass der Richter das Verweigern der Beantwortung von Fragen oder das Vorenthalten angeforderter Beweismittel berücksichtigt, findet im Kartellverfahren vor den Wettbewerbsbehörden folglich keine Anwendung (a.M. CARRON, in: TERCIER/ BOVET, CR Concurrence, Art. 42 N 11).

IV. Hausdurchsuchungen

11 Hausdurchsuchungen stellen einen sehr gravierenden Eingriff in das Verfassungsrecht der persönlichen Freiheit sowie der Achtung der Wohnung und des Postverkehrs dar (Art. 10 Abs. 2 u. Art. 13 Abs. 1 BV sowie Art. 8 EMRK). Zur **Wahrung des Verhältnismässigkeitsprinzips** erlaubt Art. 48 Abs. 1 VStrR eine Hausdurchsuchung nur dann, wenn ein hinreichender, objektiv begründeter Tatverdacht vorliegt (BANGERTER/TAGMANN in: ZÄCH, KG-Praxis 2006, 171) und es wahrscheinlich ist, dass sich Gegenstände oder Vermögenswerte, die der Beschlagnahme unterliegen, oder Spuren der Widerhandlung in den zu untersuchenden Räumlichkeiten befinden. Erforderlich sind mithin *konkrete* Anhaltspunkte dafür, dass sich in den zu durchsuchenden Räumlichkeiten Unterlagen befinden, welche die unzulässige Wettbewerbsbeschränkung, die Gegenstand der Untersuchung bildet, nachweisen lassen. Auch dürfen Dokumente nur durchsucht wer-

den, wenn anzunehmen ist, dass sich Unterlagen darunter finden, die für die Untersuchung von Bedeutung sind (Art. 50 Abs. 1 VStrR; BBl 2002, 2047).

Zuständig für die Anordnung von Hausdurchsuchung und Beschlagnahme ist einzig ein Mitglied des Präsidiums der Weko aufgrund eines Antrages des Sekretariates. Gegen die Anordnung dieser Zwangsmassnahmen kann beim Bundesverwaltungsgericht Beschwerde erhoben werden (Art. 33 lit. d VGG). 12

Vor Beginn der Untersuchung haben sich die untersuchenden Beamten auszuweisen (Art. 49 Abs. 1 VStrR). Dabei muss das Original der Verfügung vorgelegt werden, welche die Hausdurchsuchung anordnet. Der **Durchsuchungsbefehl** muss die Gründe der Zwangsmassnahme nennen (BGE 120 IV 198 f. E. 3d) und sowohl die zu durchsuchenden Räumlichkeiten als auch die zu durchsuchenden Gegenstände möglichst genau beschreiben (SOMMER/RAEMY, Hausdurchsuchungen, 760). Ein Doppel des Durchsuchungsbefehles ist auf Verlangen dem beteiligten Unternehmen auszuhändigen (Art. 49 Abs. 4 VStrR). 13

Bei der Hausdurchsuchung hat jeweils ein **Polizeiorgan** oder eine andere von der zuständigen kantonalen Behörde bezeichnete Amtsperson anwesend zu sein (Art. 49 Abs. 2 VStrR). Diese Person ist gemäss Art. 41 verpflichtet, bei Hausdurchsuchungen und Beschlagnahmen mitzuwirken. 14

Das von einer Hausdurchsuchung betroffene Unternehmen hat das Recht, einen **Anwalt** beizuziehen. Gemäss dem Merkblatt zur Vorgehensweise bei Hausdurchsuchungen, welches das Sekretariat der Weko am 5. April 2005 veröffentlicht hat und welchem in der Praxis auch gefolgt wird, warten jedoch die mit der Durchsuchung beauftragten Mitarbeiter des Sekretariates dessen Ankunft nicht ab, sondern beginnen sogleich mit der Durchsuchung von Büroräumen oder der Beschlagnahme von Dokumenten und elektronischen Dateien. Die während der Abwesenheit des Anwalts gefundenen Beweismittel werden gesammelt und zur Seite gelegt, so dass der Anwalt sie nach seinem Eintreffen einsehen, sich zu deren Inhalt aussprechen und allenfalls eine Siegelung verlangen kann. Das Sekretariat der Weko ist damit unverständlicherweise restriktiver als die Europäische Kommission, die in ständiger Praxis eine angemessene Wartezeit einhält, bevor sie mit der Durchsuchung beginnt. 15

V. Beschlagnahme von Beweisgegenständen

Dritte sind grundsätzlich verpflichtet, Dokumente herauszugeben, die sich in ihrem Besitz befinden (Art. 51 Abs. 1 BZP), sofern sich diese Dokumente nicht auf Tatsachen beziehen, hinsichtlich derer der betreffenden Person ein Zeugnisverweigerungsrecht zusteht. Die **Beschlagnahme** von Gegenständen kommt mithin nur zum Tragen, soweit diese Gegenstände seitens der Besitzer nicht freiwillig ausgehändigt wurden und derer die Wettbewerbsbehörden im Rahmen einer Hausdurchsuchung habhaft werden. Beschlagnahmt werden können namentlich 16 auch Geschäftsakten in elektronischer Form. Sämtliche beschlagnahmten Gegenstände sind im Beschlagnahmeprotokoll zu verzeichnen (Art. 47 Abs. 2 VStrR), also einzeln aufzulisten.

17 Da sich ein Unternehmen **nicht selbst belasten** muss (BGE 131 IV 40 ff. E. 3.1), ist es auch nicht verpflichtet, die Behörden bei der Suche nach bestimmten Dokumenten zu unterstützen (SCHALLER/BANGERTER, Hausdurchsuchungen, 1226). Auch können gestützt auf das VStrR keine Zwangsmassnahmen gegenüber einem Unternehmen angeordnet werden, welches die Edition verweigert (HOFFET/ SECKLER, Anwaltsgeheimnis, 335).

18 Die Durchsuchung von Dokumenten ist mit grösster **Schonung der Privatsphäre** durchzuführen. Aus diesem Grunde hat der Inhaber der Räumlichkeiten das Recht, sich über den Inhalt der während der Hausdurchsuchung gefundenen Dokumente auszusprechen, *bevor* die Behörden in diese Einblick nehmen. Die Einblicknahme darf in jedem Fall erst erfolgen, nachdem der Anwalt des Unternehmens eingetroffen ist. Erhebt der Inhaber der Räumlichkeiten gegen die Durchsuchung bestimmter Dokumente Einsprache, müssen diese versiegelt und verwahrt werden (Art. 50 Abs. 3 VStrR). Die Siegelung ist spätestens im Zeitpunkt der Unterzeichnung des Beschlagnahmeprotokolls am Ende der Hausdurchsuchung zu verlangen (BGE 114 Ib 360 E. 4). Über die Zulässigkeit der Durchsuchung und die Entsiegelung entscheidet das Bundesverwaltungsgericht (Art. 33 lit. d VGG).

19 In seinem Merkblatt zur Vorgehensweise bei Hausdurchsuchungen vom 5. April 2005 vertritt das Sekretariat der Weko unter Berufung auf das Urteil des Bundesgerichts 1P.133/2004 vom 13. August 2004 die Auffassung, dass **Anwaltskorrespondenz**, die sich ausserhalb der Anwaltskanzlei befindet, grundsätzlich beschlagnahmt werden könne. Einzig bezüglich der beim Unternehmen aufgefundenen Verteidigerkorrespondenz, welche die Verteidigung in einem bereits laufenden aktuellen Verfahren zum Inhalt hat, sei die Beschlagnahme ausgeschlossen. Diese Ansicht beruht auf der Überlegung, dass das Anwaltsgeheimnis lediglich den Klienten schütze und dieser im Rahmen eines Strafverfahrens gerade nicht schützenswert sei. Diese Ansicht greift aber zu kurz: Schutzobjekt des Anwaltsgeheimnisses ist das Vertrauensverhältnis zwischen dem Rechtsanwalt und dem Klienten (BGE 125 I 50). Eine Person muss in der Lage sein, sich anwaltlich beraten zu lassen, ohne zu befürchten, dass ihr gerade diese Beratung letztlich zum Verhängnis wird. Die seitens der Weko vertretene Ansicht führte dazu, dass alle schriftlichen Anwaltsunterlagen in den Kanzleiräumlichkeiten aufbewahrt würden und seitens des Klienten dort einzusehen wären. Dies erwiese sich als ein schwerwiegendes Kommunikationshindernis, das nicht bloss ineffizient wäre, sondern in vielen Fällen faktisch auch eine umfassende und nachhaltige Instruktion des Klienten durch dessen Anwalt verunmöglichen würde. Da Anwaltskorrespondenz, wenn sie sich beim Anwalt befindet, unbestrittenermassen einer Beschlagnahme entzogen ist (BGE 130 II 198 E. 4.4), erscheint es umso unverhältnismässiger, die Beschlagnahmemöglichkeit vom Lageort des betref-

fenden Dokuments abhängig zu machen. Die Beschlagnahmung von Anwaltskorrespondenz beim Klienten erscheint damit als unverhältnismässiger Eingriff in die Privatsphäre und das Briefgeheimnis (HOFFET/NEFF, Fragen, 133; LANG, Untersuchungsmassnahmen, N 40 f.). Auch eine Beschränkung des Verbots der Beschlagnahme auf Anwaltskorrespondenz, die im Hinblick auf ein konkretes, bereits eröffnetes Verfahren erstellt wurde, überzeugt nicht, da das Verhältnis des Unternehmens zum Anwalt in kartellrechtlichen Verfahren regelmässig vor der Eröffnung eines Verfahrens beginnt (HOFFET/SECKLER, Anwaltsgeheimnis, 337). Damit stellt die Ansicht des Sekretariates der Weko Unternehmen, die sich um ein möglichst kartellrechtskonformes Verhalten bemühen und bspw. einen Kartellrechts-Audit durchführen oder aufgrund von Zweifeln an der Rechtmässigkeit eines praktizierten Verhaltens dieses anwaltlich prüfen lassen, schlechter als Unternehmen, die sich nicht um kartellrechtskonformes Verhalten kümmern, da in der Anwaltskorrespondenz bspw. Aussagen von Mitarbeitern oder von Organen, hinsichtlich derer gar ein Aussageverweigerungsrecht geltend gemacht werden könnte, enthalten sein können. Dass das Ergebnis der durch den Anwalt durchgeführten Prüfung beschlagnahmt werden soll, befriedigt daher nicht.

Gemäss Ansicht des Sekretariats der Weko ist die Korrespondenz innerhalb des Unternehmens, selbst wenn es den **internen Rechtsdienst** betrifft, einer Beschlagnahme erst recht nicht entzogen. Diese Ansicht stützt sich auf die Annahme, dem Unternehmensjuristen fehle die notwendige Unabhängigkeit zum Unternehmen (SCHALLER/BANGERTER, Hausdurchsuchungen, 1229). Diese Ansicht überzeugt nicht, zumal auch Anwaltsjuristen grundsätzlich dem Anwaltsgeheimnis unterstehen (NIGGLI, Unternehmensjuristen; a.M. allerdings PFEIFER, Berufsgeheimnis). Die Auffassung des Sekretariates der Weko führte zudem zum unerwünschten Ergebnis, dass der interne Rechtsdienst gar nicht mehr kontaktiert würde (ebenso BÖNI, Dawn Raids, N 25).

VI. Verwertung widerrechtlich erlangter Beweismittel

Aus Art. 32 Abs. 2 BV und Art. 6 EMRK folgt, dass **Beweismittel** dann **nicht verwendet** werden dürfen, wenn gegen eine Vorschrift verstossen wurde, welche die Erlangung des Beweismittels gerade verhindern will (DIETRICH, in: HOMBURGER, Kommentar 1996, Art. 42 N 20). So kann nicht auf eine Zeugenaussage oder eine Urkunde abgestellt werden, wenn der Zeuge oder die die Urkunde vorlegende Person nicht auf das Zeugnisverweigerungsrecht aufmerksam gemacht wurde und ein solches Recht hätte geltend machen können (BGE 96 I 440 f. E. 3b; SOMMER/RAEMY, Hausdurchsuchung, 765). Ebenso wenig können Dokumente verwertet werden, die aufgrund einer ohne hinreichen den Tatverdacht durchgeführten Hausdurchsuchung beschlagnahmt wurden (SCHALLER/BANGERTER, Hausdurchsuchungen, 1224).

22 Wurde lediglich gegen eine Formvorschrift verstossen oder hätte das Beweismittel auch rechtmässig beschafft werden können, kann das **Beweismittel** dann **verwertet** werden, wenn das öffentliche Interesse an der Wahrheitsfindung das private Interesse an der Einhaltung der Beweisregeln überwiegt (SOMMER/RAEMY, Hausdurchsuchung, 765; DIETRICH, in: HOMBURGER, Kommentar 1996, Art. 42 N 21; vgl. auch BGE 126 II 505).

Art. 42a Untersuchungen in Verfahren nach dem Luftverkehrsabkommen Schweiz–EG

Untersuchungen in Verfahren nach dem Luftverkehrsabkommen Schweiz–EG

¹Die Wettbewerbskommission ist die schweizerische Behörde, die für die Zusammenarbeit mit den Organen der Europäischen Gemeinschaft nach Artikel 11 des Abkommens zwischen der Schweizerischen Eidgenossenschaft und der Europäischen Gemeinschaft vom 21. Juni 1999 über den Luftverkehr zuständig ist.

²Widersetzt sich ein Unternehmen in einem auf Artikel 11 des Abkommens gestützten Verfahren der Nachprüfung, so können auf Ersuchen der Kommission der Europäischen Gemeinschaft Untersuchungsmassnahmen nach Artikel 42 vorgenommen werden; Artikel 44 ist anwendbar.

Enquêtes lors de procédures engagées au titre de l'accord sur le transport aérien entre la Suisse et la CE

¹La commission est l'autorité suisse qui collabore avec les institutions de la Communauté européenne selon l'art. 11 de l'accord du 21 juin 1999 entre la Confédération suisse et la Communauté européenne sur le transport aérien.

²Si, lors d'une procédure engagée selon l'art. 11 de cet accord, une entreprise s'oppose à la vérification, des mesures d'enquête au sens de l'art. 42 peuvent être engagées à la demande de la Commission de la Communauté européenne; l'art. 44 est applicable.

Inchieste nelle procedure secondo l'Accordo sul trasporto aereo tra la Svizzera e la CE

¹La Commissione della concorrenza è l'autorità svizzera competente per la cooperazione con gli organi della Comunità europea secondo l'articolo 11 dell'Accordo del 21 giugno 1999 tra la Confederazione Svizzera e la Comunità europea sul trasporto aereo.

²Un'impresa che si oppone alla verifica effettuata nell'ambito di una procedura basata sull'articolo 11 dell'Accordo può essere sottoposta, su richiesta della Commissione della Comunità europea, a misure di inchiesta secondo l'articolo 42; è applicabile l'articolo 44.

Inhaltsübersicht

Note

I. Regelungsgegenstand 1
II. Regelungsinhalt 2
   1. Materiellrechtliche Bestimmungen 2
   2. Verfahrensrechtliche Bestimmungen 4

I. Regelungsgegenstand

Da ein allgemeines bilaterales Kooperationsabkommen zwischen den EG- und den Schweizer Wettbewerbsbehörden fehlt, das zu einer effizienteren Koordi- 1 nation paralleler Untersuchungs- und Prüfverfahren führen würde, bedarf die Kooperation zwischen den mit einem konkreten Fall befassten Behörden der ausdrücklichen vorgängigen Einwilligung der von einer Vorabklärung bzw. Untersuchung bzw. Prüfung betroffenen Parteien (sog. «**Waiver**») (RPW 1998/2, 368 ff. – UBS/SBV; RPW 2004/3, 813 N 3 – Sanofi-Synthélabo SA/Aventis SA; vgl. hierzu mit weiteren Beispielen ZÄCH, Kartellrecht 2005, N 1062). Immerhin ist am 1. Juni 2002 das LVA in Kraft getreten, das im Zuge der zunehmenden Liberalisierung und Harmonisierung der Regeln des internationalen Luftverkehrs abgeschlossen wurde und aufgrund seines Regelungsinhalts grundsätzlich eine vollständige **Integration** der Schweiz in den europäischen Luftverkehrsraum bezweckt. Die wettbewerbsrechtlichen Bestimmungen des LVA sind direkt anwendbar und bedürfen keiner weiteren materiellen Ausführungsgesetzgebung.

II. Regelungsinhalt

1. Materiellrechtliche Bestimmungen

2   Art. 8 und 9 LVA entsprechen inhaltlich den Art. 81 und 82 EGV. Art. 8 LVA verbietet sämtliche Vereinbarungen zwischen Unternehmen, Beschlüsse von Unternehmensvereinigungen sowie aufeinander abgestimmte Verhaltensweisen, welche geeignet sind, im Sinne der ständigen Rechtsprechung des EuGH über die Beeinträchtigung des Handels zwischen den EU-Mitgliedsstaaten, den Handel zwischen den Vertragsparteien zu beeinträchtigen, und die eine Verhinderung, Einschränkung oder Verfälschung des Wettbewerbs im räumlichen Geltungsbereich des LVA bezwecken oder bewirken. Solche **Absprachen** können jedoch dann für zulässig erklärt werden, wenn sie zur Verbesserung der Güterproduktion oder -distribution oder zur Förderung des technischen oder wirtschaftlichen Fortschritts beitragen und die Konsumenten am dadurch entstehenden Gewinn angemessen beteiligt werden (BORER, Kommentar 2005, Art. 42a N 2). Dabei dürfen den beteiligten Unternehmen jedoch nicht Beschränkungen auferlegt werden, die für die Verwirklichung der vorgenannten Ziele entbehrlich sind; ebenso wenig darf ihnen die Möglichkeit eröffnet werden, für einen wesentlichen Teil der betreffenden Güter den Wettbewerb auszuschalten, wiederum im Sinne der ständigen Rechtsprechung des EuGH zu Art. 81 EGV.

3   Art. 9 LVA verbietet die missbräuchliche Ausnutzung einer marktbeherrschenden Stellung im **räumlichen Geltungsbereich des LVA** oder in einem wesentlichen Teil desselben durch ein oder mehrere (d.h. kollektiv handelnde) Unternehmen, soweit dadurch der Handel zwischen den Vertragsparteien beeinträchtigt werden kann, erneut im Sinne der ständigen Rechtsprechung des EuGH zu Art. 82 EGV.

2. Verfahrensrechtliche Bestimmungen

Die Art. 10 ff. LVA regeln das Verfahren zur Prüfung der Einhaltung der 4
materiellrechtlichen Bestimmungen des LVA. Gemäss Art. 42a Abs.
1 ist die Weko die schweizerische Behörde, die für die Zusammenarbeit mit den Funktionsträgern der Europäischen Gemeinschaft nach Art. 11 LVA zuständig ist. Auf Seiten der EG zuständig für die Untersuchung von Sachverhalten, welche von den Art. 8 und 9 LVA erfasst werden, sowie zur Kontrolle von Unternehmenszusammenschlüssen im räumlichen Geltungsbereich des LVA sind gemäss Art. 11 Abs. 1 LVA die Gemeinschaftsorgane, d.h. in erster Linie die Europäische Kommission. Die Behörden haben **eng zusammenzuarbeiten**. Sofern kartell- und fusionskontrollrechtliche Sachverhalte betroffen sind, welche sich nur auf den Handel innerhalb der Schweiz oder zwischen der Schweiz und Drittstaaten auswirken, ist gemäss Art. 10 bzw. 11 Abs. 2 LVA weiterhin allein die Weko zuständig (BORER, Kommentar 2005, Art. 42a N 3; BREITENMOSER/SEITZ, Luftverkehrsbereich, 200).

Art. 19 LVA ermöglicht den **Informationsaustausch** zwischen der Weko und 5
der Europäischen Kommission im Rahmen des Anwendungsbereichs des LVA; gestützt auf diese Norm kann auf Ersuchen auch die Vornahme von Untersuchungsmassnahmen koordiniert werden (HIRSBRUNNER, Luftverkehr, 475). Aufgrund der einschlägigen Verfahrensregeln des Gemeinschaftsrechts (Verordnung Nr. 1/2003 des Rates vom 16. Dezember 2002, in Kraft getreten am 1. Mai 2004, zur Durchführung der in den Art. 81 und 82 EGV niedergelegten Wettbewerbsregeln [ABl EG Nr. L1 vom 4.1.2003, 1 ff.], welche die im Anhang zum LVA genannten Verordnungen Nr. 17/62 u. Nr. 3975/87 ersetzte) ist die Europäische Kommission zu weit reichenden **Untersuchungsmassnahmen** befugt; das gilt auch im Zusammenhang mit dem LVA (Zusatzbotschaft KG 2003, 5508 ff.). So dürfen innerhalb der Schweiz zu einem Untersuchungsverfahren ermächtigte Kommissionsbeamte der EG grundsätzlich sämtliche Grundstücke, Räumlichkeiten und Transportmittel des eines Wettbewerbsverstosses konkret verdächtigten Unternehmens betreten und durchsuchen, Geschäftsdokumente und -daten prüfen und Kopien davon anfertigen sowie mündliche Stellungnahmen vor Ort einholen (BORER, Kommentar 2005, Art. 42a N 5). Bei der Untersuchung eines Unternehmens in der Schweiz ist die Weko vorgängig davon zu unterrichten und über das geplante Vorgehen anzuhören (HIRSBRUNNER, Luftverkehr, 475). Mitarbeiter des Sekretariats der Weko können sich an der Untersuchung beteiligen, insb. wenn sich das betroffene Unternehmen dieser widersetzt (vgl. hierzu BREITENMOSER/ SEITZ, Luftverkehrsbereich, 199 f.). Einen ersten Anwendungsfall für die Vorschriften des LVA bildete die gemeinsame Durchsuchung diverser Luftfrachtgesellschaften im Rahmen einer international koordinierten Untersuchung am 13. Februar 2006 (vgl. hierzu Pressemitteilung der Weko vom 16. Februar 2006).

Die Weko kann auf Ersuchen der Europäischen Kommission gestützt auf Art. 42a 6
Abs. 2 Untersuchungsmassnahmen gemäss Art. 42 vornehmen, wenn sich ein

Unternehmen in einem auf Art. 11 LVA gestützten Verfahren der Nachprüfung widersetzt. Hausdurchsuchungen und Beschlagnahmen bedürfen da der Anordnung durch ein Mitglied des Präsidiums der Weko (BORER, Kommentar 2005, Art. 42a N 8). Damit ist im Gegensatz zur Situation bei einer rein schweizerischen Untersuchung allein massgebend, ob das **Prüfungsersuchen** der Europäischen Kommission den formellen Anforderungen des LVA genügt und die anbegehrten Untersuchungsmassnahmen nicht willkürlich oder unverhältnismässig sind (Zusatzbotschaft KG 2003, 5511). Gegen Untersuchungsmassnahmen, welche die Weko solchermassen anordnet, steht der gemeinschaftsrechtliche **Rechtsmittelweg** offen (BORER, Kommentar 2005, Art. 42a N 9), d.h. die Beschwerde an das Gericht erster Instanz bzw. an den Europäischen Gerichtshof. Anstelle der aufgrund des Verweises in alt Art. 44 zulässigen Beschwerde an die Reko hat m.E. auch die Beschwerde an das Bundesverwaltungsgericht offen zu stehen.

Art. 43 Beteiligung Dritter an der Untersuchung

Beteiligung Dritter an der Untersuchung

¹ Ihre Beteiligung an der Untersuchung einer Wettbewerbsbeschränkung können anmelden:

a. Personen, die aufgrund der Wettbewerbsbeschränkung in der Aufnahme oder in der Ausübung des Wettbewerbs behindert sind;

b. Berufs- und Wirtschaftsverbände, die nach den Statuten zur Wahrung der wirtschaftlichen Interessen ihrer Mitglieder befugt sind, sofern sich auch Mitglieder des Verbands oder eines Unterverbands an der Untersuchung beteiligen können;

c. Organisationen von nationaler oder regionaler Bedeutung, die sich statutengemäss dem Konsumentenschutz widmen.

² Das Sekretariat kann verlangen, dass Gruppen von mehr als fünf am Verfahren Beteiligten mit gleichen Interessen eine gemeinsame Vertretung bestellen, falls die Untersuchung sonst übermässig erschwert würde. Es kann in jedem Fall die Beteiligung auf eine Anhörung beschränken; vorbehalten bleiben die Parteirechte nach dem Verwaltungsverfahrensgesetz vom 20. Dezember 1968.

³ Die Absätze 1 und 2 gelten sinngemäss auch im Verfahren der ausnahmsweisen Zulassung einer unzulässigen Wettbewerbsbeschränkung durch den Bundesrat (Art. 8).

⁴ Im Verfahren der Prüfung von Unternehmenszusammenschlüssen haben nur die beteiligten Unternehmen Parteirechte.

Participation de tiers à l'enquête

¹ Peuvent s'annoncer afin de participer à l'enquête concernant une restriction à la concurrence:

a. les personnes qui ne peuvent accéder à la concurrence ou l'exercer du fait de la restriction à la concurrence;

b. les associations professionnelles ou économiques que leurs statuts autorisent à défendre les intérêts économiques de leurs membres, pour autant que des membres de l'association ou de l'une de ses sections puissent participer à l'enquête;

c. les organisations d'importance nationale ou régionale qui se consacrent statutairement à la protection des consommateurs.

² Le secrétariat peut exiger que les groupes de plus de cinq participants à l'enquête, ayant des intérêts identiques, désignent un représentant commun lorsque, à défaut, l'enquête s'en trouverait compliquée à l'excès. Il peut si nécessaire limiter la participation à une audition; les droits des parties découlant de la loi fédérale du 20 décembre 1968 sur la procédure administrative sont réservés.

³ Les al. 1 et 2 sont applicables par analogie à la procédure d'octroi par le Conseil fédéral de l'autorisation exceptionnelle d'une restriction illicite à la concurrence (art. 8).

⁴ Dans la procédure d'examen des concentrations d'entreprises, seules les entreprises participantes ont qualité de parties.

Partecipazione di terzi all'inchiesta

¹ Possono annunciare la loro partecipazione all'inchiesta su una limitazione della concorrenza:

a. le persone che a motivo della limitazione della concorrenza sono impedite nell'accesso o nell'esercizio della concorrenza;

b. le associazioni professionali ed economiche autorizzate per statuto a difendere gli interessi economici dei loro membri, sempreché anche i membri dell'associazione o di una sezione possano partecipare all'inchiesta;

c. le organizzazioni di importanza nazionale o regionale che per statuto si dedicano alla difesa dei consumatori.

² La segreteria può esigere che i gruppi di sei o più partecipanti ad un'inchiesta aventi un identico interesse designino un rappresentante comune se l'inchiesta ne dovesse altrimenti risultare eccessivamente complicata. Essa può in ogni caso limitare la partecipazione a un'audizione; sono fatti salvi i diritti di parte giusta la legge sulla procedura amministrativa.

³ I capoversi 1 e 2 si applicano per analogia alla procedura di autorizzazione eccezionale di una limitazione della concorrenza da parte del Consiglio federale (art. 8).

⁴ Nella procedura di esame delle concentrazioni di imprese la qualità di parte è riservata alle sole imprese partecipanti.

Inhaltsübersicht Note

I. Allgemeines 1
II. Drittbeteiligte 5
    1. Direktbetroffene 5
    2. Berufs- und Wirtschaftsverbände 8
    3. Konsumentenschutzorganisationen 9
III. Gemeinsame Vertretung und Beschränkung der Beteiligungsrechte 10
IV. Beschränkung der Parteirechte auf die beteiligten Unternehmen
    im Unternehmenszusammenschlussverfahren 13

I. Allgemeines

Art. 43 verfolgt mehrere **Ziele**. Einerseits will die Bestimmung bestimmten Personen, welchen bei Eröffnung der Untersuchung keine Parteiqualität zukommt, die Möglichkeit einräumen, sich an Untersuchungen von Wettbewerbsbeschränkungen, an Untersuchungen von Unternehmenszusammenschlüssen wie auch im Verfahren der ausnahmsweisen Zulassung von Wettbewerbsbeschränkungen zu beteiligen. Die Norm soll zudem dafür sorgen, dass das Sekretariat der Weko in gewissen Fällen die an einer Untersuchung Beteiligten verpflichten kann, einen gemeinsamen Vertreter zu bestellen. Schliesslich erlaubt sie dem Sekretariat der Weko auch, die Rechte Dritter auf das Recht zur blossen Teilnahme an einer Anhörung zu beschränken.

Gemäss Art. 39 sind auf die kartellgesetzlichen **Verfahren** die Bestimmungen des VwVG anwendbar, soweit das KG nicht davon abweicht. Spezielle kartellgesetzliche Regelungen gehen den Bestimmungen des VwVG somit vor. Art. 43 stellt eine solche spezielle kartellgesetzliche Abweichung vom VwVG dar, da es diesem weder terminologisch noch inhaltlich folgt. Das VwVG kennt nur zwei Formen der Beteiligung an einem Verfahren: entweder als Partei oder als Dritter. Als Parteien im Sinne des VwVG gelten nach dessen Art. 6 einerseits Personen, deren Rechte oder Pflichten eine Verfügung berühren soll, andererseits sind Parteien auch Personen, Organisationen oder Behörden, denen ein Rechtsmittel gegen eine Verfügung zusteht. Alle weiteren Personen sind «Dritte», wobei dieser Begriff nicht durch das Gesetz definiert wird, sondern sich aus Art. 48 VwVG betreffend Beschwerdelegitimation ergibt. Art. 48 VwVG ist im Rahmen der Revision der Bundesrechtspflege revidiert worden (RIVA/OLING, Totalrevision). Seit dem 1. Januar 2007 ist nun für die Stellung als Dritter nicht mehr nur erforderlich, dass jemand durch die angefochtene Verfügung berührt ist und ein schutzwürdiges Interesse an deren Aufhebung oder Änderung hat. Zusätzlich ist nun erforderlich, dass die betreffende Person vor der Vorinstanz am Verfahren teilgenommen hat oder keine Möglichkeit zur Teilnahme erhalten hat. Dies stellt im Vergleich mit dem Rechtszustand vor der Revision eine Einschränkung dar. Alternativ besteht nach Art. 48 Abs. 2 VwVG immerhin noch die Möglichkeit, dass ein Bundesgesetz die Ermächtigung zur Beschwerde beinhaltet. Der terminologischen Dichotomie des **Verwaltungsverfahrensgesetzes** (VwVG) in Parteien und Dritte folgt das KG nicht. Es nennt eine Vielzahl von Verfahrensbeteiligten, wobei die Begriffe «Beteiligte», «beteiligte Unternehmen», «Unternehmen», «Dritte», «betroffene Dritte» und auch «Betroffene» verwendet werden. Diese Vielzahl von Begriffen erschwert die Auslegung des KG und erfordert eine Deutung der verwendeten Termini jeweils aus dem Kontext heraus (RICHLI, KG-Praxis, 140). Dies trifft auch auf den Begriff des «Dritten» i.S.v. Art. 43 zu. Dieser Terminus ist als Sammelbegriff für all diejenigen Personen zu verstehen, die bei Eröffnung einer Untersuchung nicht als Parteien gelten und aufgrund dessen auch nicht Verfügungsadressaten sind, deren schützenswerte Interessen jedoch durch Verfügungen der Weko betroffen sein können. Diese Beteiligung soll Gewähr für eine umfassende Sachverhaltsabklärung und damit einhergehend korrekte Entscheide sein (RICHLI, KG-Praxis, 153). Damit sind jedoch auch Verfahrensverzögerungen verbunden, weshalb Art. 43 Abs. 2 als Korrektiv vorsieht, dass das Sekretariat der Weko die Beteiligung der Dritten auf eine Anhörung beschränken sowie verlangen kann, dass Gruppen von mehr als fünf am Verfahren Beteiligten mit gleichen Interessen eine gemeinsame Vertretung bestellen, falls ansonsten die Gefahr einer übermässigen Erschwerung der Untersuchung droht.

3 Art. 43 gilt nach Wortlaut und Systematik nur für **Untersuchungen**, nicht jedoch für Vorabklärungen i.S.v. Art. 26 (BGE 130 II 527).

4 Art. 43 verlangt, dass **Dritte**, die sich an einer Untersuchung beteiligen wollen, sich anzumelden haben. Damit die interessierten Kreise überhaupt Kenntnis von einer Untersuchung haben, sieht Art. 28 vor, dass die Eröffnung einer Untersuchung durch amtliche Publikation bekannt zu machen ist, worauf sich Dritte innert 30 Tagen melden können, falls sie sich an einer Untersuchung beteiligen wollen. Diese Bestimmung bezieht sich auf die in Art. 43 genannten Dritten (BGE 130 II 527). Im Anschluss an eine solche Bekanntmachung können sich Dritte innert 30 Tagen melden, falls sie sich an der Untersuchung beteiligen wollen. Die gesetzliche Frist von 30 Tagen gewährleistet, dass bereits zu Beginn einer Untersuchung Sicherheit betreffend der Zahl der beteiligten Personen besteht. Die Untersuchung ist allerdings kein Popularverfahren, was sich aus Abs. 1 von Art. 43 ergibt. Die Bestimmung sieht explizit vor, dass die Beteiligungsmöglichkeit lediglich gewissen Kreisen zusteht. Die Umschreibung der teilnahmeberechtigten Dritten in Art. 43 Abs. 1 ist abschliessend.

II. Drittbeteiligte

1. Direktbetroffene

5 Das Gesetz nennt als **Dritte**, welche sich an einer Untersuchung beteiligen können, zunächst Personen, die aufgrund einer Wettbewerbsbeschränkung in der Aufnahme oder in der Ausübung des Wettbewerbs behindert sind (Art. 43 Abs. 1 lit. a). Solche Dritte müssen eine bestimmte Beziehungsnähe zur in Frage stehenden Wettbewerbsbeschränkung haben. Der Dritte muss stärker als jedermann betroffen sein und in einer besonderen, beachtenswerten, nahen Beziehung zur Streitsache stehen (BORER, Kommentar 2005, Art. 43 N 6). Damit dürfte i.d.R. ein aktuelles und direktes wirtschaftliches Interesse an der in Frage stehenden Wettbewerbsbeschränkung gefordert sein, was insb. auf Konkurrenten, Abnehmer und Lieferanten von Unternehmungen, welche an einer Wettbewerbsbeschränkung unmittelbar beteiligt sind, zutreffen wird.

6 Der Umfang der «**Behinderung**» wird vom Gesetz nicht näher erläutert. Gemeinhin ist darunter jedoch eine Schranke zu verstehen, welche stärker ist als bei

anderen am Wirtschaftsgeschehen Beteiligten. Aufgrund des Wortlautes keine Rolle spielen kann, ob der «behinderte» Dritte sich bereits auf dem in Frage stehenden Markt betätigt hat oder erst beabsichtigt, sich auf diesem zu betätigen. Das Gesetz nennt ausdrücklich auch Personen, die den Wettbewerb auf dem in Frage stehenden Markt erst aufnehmen wollen. Damit allerdings das Kriterium der besonderen Beziehungsnähe als Voraussetzung der Beteiligung an einer Untersuchung nicht bedeutungslos wird, muss gefordert werden, dass Personen, welche den Wettbewerb erst aufnehmen wollen, spezifisch darlegen, inwiefern das wettbewerbsbeschränkende negative Verhalten Auswirkungen auf sie zeigt.

Konsumenten sind von einer Beteiligung an einer Untersuchung i.S.v. Art. 43 Abs. 1 lit. a ausgeschlossen, da sie sich nicht am Wettbewerb beteiligen und daher auch nicht in der Aufnahme oder Ausübung des Wettbewerbs behindert werden können (BILGER, Verwaltungsverfahren, 252). Interessen der Konsumenten im Rahmen einer Untersuchung sollen gemäss Art. 43 Abs. 1 lit. c einzig von Konsumentenschutzorganisationen wahrgenommen werden können (s. dazu Art. 12 N 12 f.). 7

2. Berufs- und Wirtschaftsverbände

Berufs- und Wirtschaftsverbände, die nach den Statuten zur Wahrung der wirtschaftlichen Interessen ihrer Mitglieder befugt sind, dürfen sich laut Art. 43 Abs. 1 lit. b ebenfalls an Untersuchungen beteiligen, wobei vorausgesetzt wird, dass sich auch Mitglieder des Verbandes selbst oder eines Unterverbandes an der Untersuchung beteiligen können. Diese Voraussetzung zeigt die Nähe zur Rechtsprechung des BGer in Zusammenhang mit der **egoistischen Verbandsbeschwerde** nach Art. 48 lit. a altVwVG. Das BGer verlangt im Rahmen der egoistischen Verbandsbeschwerde als Voraussetzung für die Legitimation eines Verbandes, dass dieser als juristische Person konstituiert ist, nach den Statuten dazu verpflichtet ist, die in Frage stehenden Interessen der Mitglieder zu vertreten und schliesslich, dass die Mehrheit der Mitglieder oder doch eine Grosszahl der Mitglieder des Verbandes selbst zur Einreichung einer Beschwerde legitimiert wäre (BGE 127 V 82). Im Unterschied zur egoistischen Verbandsbeschwerde ist jedoch laut Art. 43 Abs. 1 lit. b nicht notwendig, dass die Interessen einer Mehrzahl oder zumindest einer grossen Anzahl legitimierter Mitglieder vertreten werden (BILGER, Verwaltungsverfahren, 222). Somit ist die Beteiligung von Verbänden möglich, ohne dass eines ihrer Mitglieder tatsächlich an der Untersuchung teilnimmt. In Ergänzung dazu erlaubt der Wortlaut von Art. 43 Abs. 1 lit. b, welcher von «Verbänden» und «Unterverbänden» spricht, auch die Beteiligung von Spitzenverbänden. Dies, um die Interessen der den Spitzenverbänden untergeordneten Verbände zu wahren, wobei nicht geprüft werden muss, ob die Einzelmitglieder der untergeordneten Verbände selbst zur Teilnahme berechtigt wären (BORER, Kommentar 2005, Art. 43 N 9). 8

3. Konsumentenschutzorganisationen

9 Eine Beteiligung an der Untersuchung einer Wettbewerbsbeschränkung anmelden können schliesslich «Organisationen von nationaler oder regionaler Bedeutung, die sich statutengemäss dem Konsumentenschutz widmen». Dies stellt eine Erweiterung im Vergleich mit dem VwVG dar, da nach dem VwVG individuellen Konsumenten und somit auch deren Organisationen im Rahmen der egoistischen Verbandsbeschwerde keine Beschwerdelegitimation zukommt. Im Gegensatz dazu statuiert nun Art. 43 Abs. 1 lit. c eine Rechtsgrundlage für eine Beteiligung an einer Untersuchung. Dies, obwohl der Geltungsbereich des KG weder die **Konsumenten** noch deren Organisationen erfasst (BILGER, Verwaltungsverfahren, 222).

III. Gemeinsame Vertretung und Beschränkung der Beteiligungsrechte

10 Neben der Regelung bezüglich Dritten, welche sich an einer Untersuchung einer Wettbewerbsbeschränkung beteiligen können, gewährt Art. 43 dem Sekretariat auch gewisse Kompetenzen bei Verfahren mit einer **Vielzahl von Beteiligten**. Besteht Gefahr, dass eine Untersuchung durch die Anzahl der am Verfahren beteiligten Dritten übermässig erschwert würde, erlaubt Art. 43 Abs. 2 dem Sekretariat der Weko, von den beteiligten Dritten die Bestellung einer gemeinsamen Vertretung zu verlangen. Vorausgesetzt ist dabei allerdings, dass gleiche Interessen bei zumindest sechs Verfahrensbeteiligten vorliegen. Die Bestimmung ist Art. 11a Abs. 1 VwVG nachgebildet, sieht aber eine tiefere Schwelle hinsichtlich der Anzahl der Verfahrensbeteiligten vor. Zweck von Art. 43 Abs. 4 ist eine effiziente Untersuchungsdurchführung, wobei allerdings vom Sekretariat im Rahmen einer Interessenabwägung entschieden werden muss, ob der Zweck der Norm die Aufhebung des Rechts auf individuelle Vertretung rechtfertigt. Sollten sich die Verfahrensbeteiligten nicht auf einen gemeinsamen Vertreter einigen können, besteht die Möglichkeit auf Seiten des Sekretariats, einen Vertreter zu bestellen (Art. 39 KG i.V.m. Art. 11 Abs. 2 VwVG).

11 Gemäss Art. 43 Abs. 2 Satz 2 hat das Sekretariat die Möglichkeit, die **Teilnahme** am Verfahren durch Dritte auf eine Anhörung zu beschränken. Diese Bestimmung hat keine grössere praktische Bedeutung, da gemäss Satz 3 von Abs. 2 die Parteirechte nach dem VwVG vorbehalten bleiben (BORER, Kommentar 2005, Art. 43 N 12).

12 Aufgrund des Verweises in Abs. 3 von Art. 43 gelten die Bestimmungen betreffend Bezeichnung eines gemeinsamen Vertreters sowie der Beschränkung auf eine Anhörung sinngemäss auch im **Verfahren der ausnahmsweisen Zulassung** von unzulässigen Wettbewerbsbeschränkungen durch den Bundesrat.

IV. Beschränkung der Parteirechte auf die beteiligten Unternehmen im Unternehmenszusammenschlussverfahren

Art. 43 Abs. 4 schreibt vor, dass im Verfahren der Prüfung von Unternehmenszusammenschlüssen lediglich den beteiligten Unternehmen **Parteirechte** zustehen. Der Begriff der beteiligten Unternehmen ergibt sich dabei aus Art. 3 VKU und umfasst bei der Fusion die fusionierenden Unternehmen und bei der Kontrollerlangung sowohl die kontrollierenden als auch die kontrollierten Unternehmen (s. dazu Art. 4 N 53 ff.).

Die Einschränkung von Art. 43 Abs. 4 soll der **Beschleunigung und Vereinfachung** des Verfahrens bei Unternehmenszusammenschlüssen dienen. Dritte haben dabei lediglich das Recht, gestützt auf Art. 33 Abs. 1 Stellung zu einem geplanten Zusammenschluss zu nehmen (BGE 124 II 503).

Art. 43 Abs. 4 bezieht sich gemäss Wortlaut lediglich auf das **Verfahren der Prüfung von Unternehmenszusammenschlüssen** und enthält keine Aussage zur Frage der Beschwerdelegitimation im Verfahren der Fusionskontrolle. Gemäss bundesgerichtlicher Rechtsprechung findet jedoch Art. 43 Abs. 4 aufgrund teleologischer und historischer Auslegung auch auf das Beschwerdeverfahren Anwendung. Dritte und insb. Konkurrenten sind somit von der Beschwerdeführung gegen zustimmende oder verweigernde Entscheide der Wettbewerbsbehörden in Zusammenhang mit Zusammenschlüssen ausgeschlossen (BGE 131 II 513; RPW 2006/2, 299 ff. – Cablecom GmbH/Swisscom AG, CT Cinetrade AG, Weko). Allenfalls können sie im Falle von zulässigen Wettbewerbsbeschränkungen jedoch auch die zuständige Behörde unterrichten und eine Anzeige einreichen. Bei der Eröffnung einer anschliessenden Untersuchung können die Dritten dann teilnehmen und ihre Parteirechte ausüben (BGE 131 II 513).

Art. 44 Beschwerde an die Rekurskommission

Beschwerde an die Rekurskommission	**Aufgehoben**
Recours	Abrogé
Ricorso alla Commissione di ricorso	Abrogati

Art. 44 wurde im Rahmen der **Revision** der Bundesrechtspflege aufgehoben (s. hierzu KOLLER, Bundesrechtspflege, 57 ff.). Da die REKO/WEF im Bundesverwaltungsgericht aufgegangen ist, ist die Notwendigkeit einer besonderen Bestimmung über den Rechtsschutz im KG entfallen. Die Anfechtung von Verfügungen der Weko oder des Sekretariats folgt den allgemeinen Bestimmungen über die Bundesrechtspflege (Botschaft Bundesrechtspflege, 4419), wobei der Rechtsmittelweg im Rahmen des Kartellrechts nach wie vor zweistufig ausgestaltet ist. Zunächst ist gegen Verfügungen der Weko oder des Sekretariats eine Beschwerde an das Bundesverwaltungsgericht (Art. 31 VGG) zu ergreifen, welches volle Kognition hat (Prüfung von Sachverhalts-, Rechts- und Ermessensfragen). Gegen Entscheide des Bundesverwaltungsgerichts steht anschliessend die Beschwerde an das Bundesgericht offen (Art. 82 BGG i.V.m. Art. 86 BGG). Dessen Kognition ist auf die Prüfung hinsichtlich Rechtsverletzungen beschränkt.

5. Abschnitt: Übrige Aufgaben und Befugnisse der Wettbewerbsbehörden

Vorbemerkungen zu Art. 45 bis 49

Die gesetzlichen Bestimmungen im 5. Abschnitt bezüglich der «übrigen Aufgaben und Befugnisse der Wettbewerbsbehörden» haben durch die Kartellgesetzrevision von 2003 **keine wesentlichen Neuerungen** erfahren. Lediglich Art. 47 Abs. 2 betreffend die Kostenregelung bei Gutachtertätigkeit der Wettbewerbsbehörden wurde aufgehoben und durch eine allgemeingültige Bestimmung in Art. 53a ersetzt.

1

Die Art. 45 bis 49 geben den Wettbewerbsbehörden **zusätzliche Instrumente** in die Hand, um die Verwirklichung der wettbewerbspolitischen Ziele auch ausserhalb von Vorabklärungen (Art. 26) und Untersuchungen (Art. 27) mitzugestalten. Zu diesen Instrumenten gehören die Abgabe von Empfehlungen an Behörden (Art. 45), die Abgabe von Stellungnahmen (Art. 46), das Verfassen von Gutachten (Art. 47), die Publikation von Entscheiden und Urteilen (Art. 48) sowie die Information des Bundesrats und der Öffentlichkeit über die Tätigkeit der Wettbewerbsbehörden (Art. 49). Damit tragen die Wettbewerbsbehörden massgeblich zur Vereinheitlichung der Wettbewerbsrechtsordnung bei und stellen einen gewichtigen Faktor in der schweizerischen Wettbewerbspolitik dar (vgl. DROLSHAMMER, Wettbewerbsrecht, 212 f.).

2

Art. 45 Empfehlungen an Behörden

Empfehlungen an Behörden	[1] Die Wettbewerbskommission beobachtet laufend die Wettbewerbsverhältnisse. [2] Sie kann den Behörden Empfehlungen zur Förderung von wirksamem Wettbewerb unterbreiten, insbesondere hinsichtlich der Schaffung und Handhabung wirtschaftsrechtlicher Vorschriften.
Recommandations aux autorités	[1] La commission observe de façon suivie la situation de la concurrence. [2] Elle peut adresser aux autorités des recommandations visant à promouvoir une concurrence efficace, notamment en ce qui concerne l'élaboration et l'application des prescriptions de droit économique.
Raccomandazioni alle autorità	[1] La Commissione osserva continuamente le condizioni di concorrenza. [2] Può sottoporre alle autorità raccomandazioni per il promovimento di una concorrenza efficace, in particolare tramite l'elaborazione e l'applicazione di prescrizioni giuridico–economiche.

Inhaltsübersicht   **Note**

I. Laufende Beobachtung der Wettbewerbsverhältnisse durch die Weko (Abs. 1) 1
II. Empfehlungen der Weko zur Förderung von wirksamem Wettbewerb (Abs. 2) 5
   1. Allgemeines 5
   2. Behördenbegriff 7
   3. Besondere Bedeutung der Empfehlungen im Verhältnis zu Art. 3 Abs. 1 8
   4. Beispiele 10
   5. Empfehlungen der Weko in Anwendung des Bundesgesetzes über
      den Binnenmarkt 11

I. Laufende Beobachtung der Wettbewerbsverhältnisse durch die Weko (Abs. 1)

1 Die laufende Beobachtung der Wettbewerbsverhältnisse durch die Weko ist volkswirtschaftlich bedeutungsvoll, bildet doch die dadurch gewonnene Übersicht den Ausgangspunkt für die Durchführung einer **systematischen Wettbewerbspolitik** in der Schweiz (Botschaft KG 1995, BBl 1995, 617). Die Weko soll nicht nur in konkreten Einzelfällen als Hüterin einer marktwirtschaftlichen Ordnung tätig werden, sondern allgemein die wettbewerbspolitischen Anliegen in die Wirtschaftspolitik einfliessen lassen (BORER, Kommentar 2005, Art. 45 N 1).

2 Eine entsprechende Pflicht zur laufenden Marktbeobachtung obliegt aber nicht nur der Weko, sondern auch dem **Sekretariat** (ZURKINDEN/TRÜEB, Handkommentar, Art. 45 N 1).

3 Durch die laufende Beobachtung der Wettbewerbsverhältnisse werden die Weko und das Sekretariat auch in die Lage versetzt, frühzeitig Probleme zu erkennen und **in kritischen Situationen rasch zu reagieren**, sei dies mittels Empfehlungen an die Behörden gemäss Art. 45 Abs. 2, sei dies im Zusammenhang mit Vorabklärungen oder Untersuchungen gemäss Art. 26 und Art. 27 (SCHMIDHAUSER, in: HOMBURGER, Kommentar 1996, Art. 45 N 11).

4 Dass die Weko einen Auftrag hat, die Wettbewerbsverhältnisse laufend zu beobachten, versteht sich eigentlich von selbst. In Art. 26 Abs. 1 wird dem Sekretariat der Weko die Kompetenz eingeräumt, Vorabklärungen von Amtes wegen durchzuführen. Zudem kann die Weko gemäss Art. 27 Abs. 1 das Sekretariat mit der Eröffnung einer Untersuchung – bei Bestehen von Anhaltspunkten für eine unzulässige Wettbewerbsbeschränkung – beauftragen. Ohne die laufende Pflicht zur Beobachtung der Wettbewerbsverhältnisse wären solche **Behördeninitiativen** kaum denkbar (BORER, Kommentar 2005, Art. 45 N 2). Es darf diesbezüglich aber nicht übersehen werden, dass die Weko in zahlreichen Fällen durch **Anfragen oder Beschwerden von Marktteilnehmern**, die von gewissen Wettbewerbsverhältnissen nachteilig betroffen sind, informiert wird (vgl. die illustrativen Beispiele in RPW 2006/1,

183 ff. – Wettbewerbsverzerrungen in der Nachführung der Amtlichen Vermessung; RPW 2005/4, 657 ff. – Ungleichbehandlung von Restwegschreibern und Datenaufzeichnungsgeräten u. RPW 2000/3, 457 ff. – Treueprämien der Post bei der Beförderung von Zeitungen und Zeitschriften).

II. Empfehlungen der Weko zur Förderung von wirksamem Wettbewerb (Abs. 2)

1. Allgemeines

Für die Wettbewerbspolitik ist weiter Art. 45 Abs. 2 von Bedeutung, wonach die Weko den Behörden Empfehlungen zur Förderung wirksamen Wettbewerbs unterbreiten kann. Es besteht damit für die Weko die Möglichkeit, den Behörden im Rahmen von **Revitalisierungs- und Deregulierungsbemühungen Vorschläge** zu machen (Botschaft KG 1995, BBl 1995, 617). Diese Empfehlungen der Weko sind aber für die Behörden **rechtlich nicht verbindlich** (ZURKINDEN/TRÜEB, Handkommentar, Art. 45 N 2). 5

Nach dem Gesetzeswortlaut soll die Weko ihre Empfehlungen insb. im Bereich der **wirtschaftsrechtlichen Vorschriften** abgeben. Obwohl die Empfehlungen der Weko schwerpunktmässig auf wirtschaftsrechtliche Vorschriften ausgerichtet sind, kann die Weko auch in jedem anderen gesetzgeberischen Sachbereich Empfehlungen abgeben (BORER, Kommentar 2005, Art. 45 N 3; DROLSHAMMER, Wettbewerbsrecht, 214). 6

2. Behördenbegriff

Die Empfehlungen der Weko richten sich an Behörden. Unter den Begriff der Behörden fallen nicht etwa nur der Bundesrat, sondern auch dem **Bundesrat untergeordnete Instanzen und jede Behörde auf kantonaler und kommunaler Ebene** (Botschaft KG 1995, BBl 1995, 617). Die Weko hat bspw. Empfehlungen an die kantonalen Aufsichtsbehörden und die eidgenössische Vermessungsdirektion (RPW 2006/1, 183 ff. – Wettbewerbsverzerrungen in der Nachführung der Amtlichen Vermessung) sowie an die sankt-gallischen Behörden betreffend Werberestriktionen für die Berufe des Gesundheitswesens (RPW 2001/4, 772 ff.) unterbreitet. 7

3. Besondere Bedeutung der Empfehlungen im Verhältnis zu Art. 3 Abs. 1

Eine besondere Bedeutung kommt Art. 45 Abs. 2 im Zusammenhang mit Art. 3 Abs. 1 zu. Die Kompetenz der Weko, unverbindliche Empfehlungen ab- 8 zugeben, bildet zusammen mit dem Recht zur Stellungnahme (Art. 46 Abs. 2) die **einzige Möglichkeit, Einfluss auf die Gestaltung derjenigen öffentlichrechtlichen Vorschriften zu nehmen,** die eine staatliche Markt- oder Preisordnung begründen oder einzelne Unternehmen zur Erfüllung öffentlicher Aufgaben mit besonderen Rechten ausstatten, und die dementsprechend gemäss Art. 3 Abs. 1 **von der Anwendung des Kartellgesetzes ausgeschlossen sind.** Ist die Weko in den Bereichen von Art. 3 Abs. 1 von Gesetzes wegen daran gehindert, entsprechend den Bestimmungen von Art. 26 ff. autoritativ einzugreifen, so soll sie wenigstens den zuständigen Behörden für eine möglichst wettbewerbskonforme Rechtsanwendung oder Gesetzgebung Empfehlungen abgeben können (BORER, Kommentar 2005, Art. 45 N 4; SCHMIDHAUSER, in: HOMBURGER, Kommentar 1996, Art. 45 N 18).

9   Die Durchsicht der in den letzten sechs Jahren von der Weko unterbreiteten Empfehlungen zeigt eindrücklich, dass sie ihr Empfehlungsrecht in der Hauptsache auf die in Art. 3 Abs. 1 umschriebenen Bereiche, d.h insb. solche, die eine staatliche Markt- oder Preisordnung begründen oder solche, die ein einzelnes Unternehmen zur Erfüllung öffentlicher Aufgaben mit besonderen Rechten ausstatten, konzentriert (vgl. RPW 2005/4, 657 ff. – Ungleichbehandlung von Restwegschreibern und Datenaufzeichnungsgeräten; RPW 2001/4, 772 ff. – Werberestriktionen für die Berufe des Gesundheitswesens im Kanton St. Gallen u. RPW 2000/3, 459 ff. – Treueprämien der Post bei der Beförderung von Zeitungen und Zeitschriften). Dies sind auch die Bereiche, die einen **erheblichen Einfluss auf den Wettbewerb** entfalten können. Durch das Empfehlungsrecht der Weko soll verhindert werden, dass die sich aus der marktwirtschaftlichen Ordnung ergebenden Anliegen durch staatliche Regulierungen vernachlässigt werden (BORER, Kommentar 2005, Art. 45 N 5).

4. Beispiele

10 Die Weko hat von ihrem Recht, den zuständigen Behörden Empfehlungen zu unterbreiten, in einigen Fällen Gebrauch gemacht. Die nachfolgend aufgeführten Beispiele sollen als Illustration dienen: **Empfehlungen an den Bundesrat** über die Ungleichbehandlung von Restwegschreibern und Datenaufzeichnungsgeräten (RPW 2005/4, 657 ff.) , über Parallelimporte und Patentrecht (RPW 2003/1, 212 ff.), über den Bezug von medizinischen Produkten (inkl. Medikamenten) im Ausland (RPW 2000/4, 678 ff.), über Treueprämien der Post bei der Beförderung von Zeitungen und Zeitschriften (RPW 2000/3, 457); **Empfehlungen an verschiedene Kantonsregierungen** über staatliche Honorartarife in kantonalen Anwaltsgesetzgebungen (statt vieler RPW 2001/3, 572 ff. [Kanton Schaffhausen]), über Werberestriktionen für die Berufe des Gesundheitswesens im Kanton St. Gallen (RPW 2001/4, 772 ff.), über Pachtverträge betreffend die Aussenwerbung (RPW 2000/1, 94 ff.). Ferner erging eine Empfehlung an eine kantonale

Aufsichtsbehörde und die eidgenössische Vermessungsdirektion über die Nachführung der amtlichen Vermessung (RPW 2006/1, 183 ff.).

5. Empfehlungen der Weko in Anwendung des Bundesgesetzes über den Binnenmarkt

Die Weko überwacht die Einhaltung des BGBM durch Bund, Kantone und Gemeinden sowie durch andere Träger öffentlicher Aufgaben (Art. 8 Abs. 1 BGBM). Demzufolge hat die Weko bei **öffentlich-rechtlichen Wettbewerbsbeschränkungen keine Entscheidkompetenz** (Botschaft BGBM 1995, BBl 1995, 1275). Allerdings kann die Weko gemäss Art. 8 Abs. 3 BGBM branchenspezifische Untersuchungen durchführen und anschliessend gestützt darauf Empfehlungen an die betreffenden Behörden abgeben. Bei diesen Untersuchungen wirken die Amtsstellen des Bundes, der Kantone und der Gemeinden auf Anfrage hin mit und stellen die notwendigen Unterlagen zur Verfügung (Art. 8a BGBM). Ferner sind nach Art. 8b BGBM die betroffenen Personen verpflichtet, der Weko alle für deren Abklärungen erforderlichen Auskünfte zu erteilen und die notwendigen Unterlagen zur Verfügung zu stellen. Als betroffene Personen gelten natürliche und juristische Personen, die durch Marktzugangsbeschränkungen belastet oder begünstigt werden (Botschaft BGBM 2005, BBl 2005, 488 f.). Diese Mitwirkungspflichten ermöglichen es der Weko, sachgerechte und repräsentative Empfehlungen abzugeben.

Ausserdem räumt Art. 8 Abs. 2 BGBM der Weko die Möglichkeit ein, **Bund, Kantonen und Gemeinden Empfehlungen** zu vorgesehenen und bestehenden Erlassen abzugeben. Dadurch kann die Weko bereits im Vorfeld präventiv oder im Nachhinein korrigierend auf unerwünschte Wettbewerbsverzerrungen hinweisen. Von dieser Möglichkeit hat die Weko bspw. im Bereich des öffentlichen Beschaffungswesens Gebrauch gemacht und dem Kanton Genf Änderungen am Reglement vom 19. November 1997 bezüglich des öffentlichen Beschaffungswesens bei Bauvorhaben empfohlen (RPW 2004/4, 1180 ff. – Marchés publics Genève [Stellungnahme]).

Art. 46 Stellungnahmen

Stellungnahmen

¹Entwürfe von wirtschaftsrechtlichen Erlassen des Bundes oder andern Bundeserlassen, die den Wettbewerb beeinflussen können, sind dem Sekretariat vorzulegen. Es prüft diese auf Wettbewerbsverfälschungen oder übermässige Wettbewerbsbeschränkungen hin.

²Die Wettbewerbskommission nimmt im Vernehmlassungsverfahren Stellung zu Entwürfen von rechtsetzenden Erlassen des Bundes, die den Wettbewerb beschränken oder auf andere Weise beeinflussen. Sie kann zu kantonalen rechtsetzenden Erlassesentwürfen Stellung nehmen.

Préavis

¹Le secrétariat examine les projets d'actes normatifs de la Confédération, notamment en matière de droit économique, qui sont à même d'influencer la concurrence. Il détermine s'ils n'ont pas pour effet d'introduire des distorsions ou des restrictions excessives de celle-ci.

²Dans la procédure de consultation, la commission se détermine sur les projets d'actes normatifs de la Confédération qui limitent ou influencent de quelque manière la concurrence. Elle peut émettre des préavis sur les projets d'actes normatifs de droit cantonal.

Preavvisi

¹I disegni di atti normativi della Confederazione in materia economica o di altri atti normativi federali che possono influenzare la concorrenza devono essere sottoposti alla segreteria. Questa li esamina dal profilo delle distorsioni e delle limitazioni eccessive della concorrenza.

²Nelle procedure di consultazione la Commissione dà il suo preavviso sui disegni di atti normativi della Confederazione che limitano la concorrenza o la influenzano altrimenti. Può dare il suo preavviso sui disegni di atti normativi cantonali.

Inhaltsübersicht   Note

I. Allgemeines 1
II. Stellungnahmen des Sekretariats der Weko (Abs. 1) 2
III. Stellungnahmen der Weko im Vernehmlassungsverfahren (Abs. 2) 3
    1. Stellungnahmen zu Bundesgesetzen und Verordnungen des Bundes ... 3
    2. Stellungnahmen zu kantonalen Erlassen 5

I. Allgemeines

[1] In Ergänzung zur Bestimmung von Art. 45 ist in Art. 46 vorgesehen, dass die Wettbewerbsbehörden (Sekretariat und Weko) **im Gesetzgebungsverfahren**

auf Bundesebene – ggf. auch auf Kantonsebene – Stellungnahmen aus wettbewerbspolitischer Sicht abgeben können (vgl. ZURKINDEN/TRÜEB, Handkommentar, Art. 46 N 1). Im Unterschied zu Art. 45 ist im Verfahren nach Art. 46 ein Gesetzgebungsverfahren oder der Erlass einer Verordnung bereits im Gange. Damit sich die Wettbewerbsbehörden rechtzeitig zu Wort melden können, müssen sie von solchen Vorgängen rechtzeitig von den zuständigen Stellen in Kenntnis gesetzt werden (SCHMIDHAUSER, in: HOMBURGER, Kommentar 1996, Art. 46 N 4).

II. Stellungnahmen des Sekretariats der Weko (Abs. 1)

Nach Art. 46 Abs. 1 ist das Sekretariat zuständig, Entwürfe von wirtschaftsrechtlichen Bundeserlassen, die den Wettbewerb beeinflussen können, auf Wettbewerbsverfälschungen oder übermässige Wettbewerbsbeschränkungen zu überprüfen. Bei der Überprüfung dieser Entwürfe durch das Sekretariat und die anschliessende Stellungnahme handelt es sich um die wettbewerbsrechtliche Überprüfung von Bundeserlassen im Rahmen von verwaltungsinternen Gesetzgebungsprozessen, d.h. im Rahmen von sog. **Mitberichtsverfahren** (BORER, Kommentar 2005, Art. 46 N 2; SCHMIDHAUSER, in: HOMBURGER, Kommentar 1996, Art. 46 N 5). Mit Ausnahme der in einem Vernehmlassungsverfahren abzugebenden Stellungnahmen erfolgt die Überprüfung von Entwürfen zu wirtschaftsrechtlichen Bundeserlassen somit durch das Sekretariat der Weko (Botschaft KG 1995, 618). Damit soll sichergestellt werden, dass der Wettbewerb durch die entsprechenden Bundeserlasse nicht mehr als absolut notwendig eingeschränkt wird (ZURKINDEN/TRÜEB, Handkommentar, Art. 46 N 2).

III. Stellungnahmen der Weko im Vernehmlassungsverfahren (Abs. 2)

1. Stellungnahmen zu Bundesgesetzen und Verordnungen des Bundes

Im **Vernehmlassungsverfahren** nimmt die Weko Stellung zu Entwürfen von rechtsetzenden Erlassen des Bundes (Gesetzes- und Verordnungsentwürfe), die den Wettbewerb beschränken oder auf andere Weise beeinflussen können. Entsprechende Erlasse des Bundes sind **zwingend** der Weko zur Prüfung zu unterbreiten (BORER, Kommentar 2005, Art. 46 N 3). Einschränkend ist aber darauf hinzuweisen, dass es nicht immer einfach ist, im Voraus zu bestimmen, ob einzelne Bestimmungen wettbewerbsrelevant sind oder nicht. Es besteht damit die Gefahr, dass der Weko einzelne Entwürfe nicht vorgelegt werden, da die entsprechenden wettbewerbspolitischen Komponenten übersehen wurden (SCHMIDHAUSER, in: HOMBURGER, Kommentar 1996, Art. 46 N 8).

4 Die Weko hat in den letzten Jahren zahlreiche Stellungnahmen zu wettbewerbsrechtlich relevanten rechtsetzenden Erlassen des Bundes in den entsprechenden Vernehmlassungsverfahren abgegeben. Zur Illustration sollen folgende **Beispiele von Stellungnahmen der Weko** dienen: Zu den Entwürfen betr. Teilrevision der Verordnung vom 27. Juni 1995 über die Krankenversicherung (RPW 2006/1, 195 ff.); betr. Bundesgesetz über die Krankenversicherung (Teilrevision)/Verbesserung des Risikoausgleiches (RPW 2005/4, 660 ff.); betr. Agrarpolitik 2011 (RPW 2005/4, 661 ff.); betr. Beseitigung staatlicher technischer Handelshemmnisse im Sinne des «Cassis de Dijon»-Prinzips und Anpassung des Bundesgesetzes über technische Handelshemmnisse (THG) (RPW 2005/1, 3 f.); betr. Änderungen der technischen Verordnung über Abfälle (RPW 2004/4, 1174 ff.); betr. Krankenversicherung (RPW 2004/3, 852 ff.); betr. Ausführungsbestimmungen zum Landwirtschafts- und zum Tierseuchengesetz (RPW 2003/3, 611 ff.); betr. Landwirtschaftsgesetz (RPW 2002/1, 174 ff.); betr. Elektrizitätsmarktverordnung (RPW 2001/4, 786 ff.); betr. RTVG (RPW 2001/1, 196 ff.); betr. Revision des KG (RPW 2001/1, 193 ff.); betr. Revision des VVG und des VAG (RPW 1998/4, 634 ff.); betr. Gesetzesentwurf und Botschaft zu einem Bundesgesetz über Arzneimittel und Medizinprodukte (Heilmittelgesetz; RPW 1998/3, 436 ff.) und betr. das Elektrizitätsmarktgesetz (RPW 1998/2, 410 ff.).

2. Stellungnahmen zu kantonalen Erlassen

5 Die kantonalen Gesetzgeber sind entsprechend dem Wortlaut von Art. 46 Abs. 2 **nicht verpflichtet**, ihre allenfalls wettbewerbsbeschränkenden Erlasse der Weko zur Stellungnahme zu unterbreiten. Mit dieser Ausnahme soll u.a. dem Föderalismusprinzip Nachachtung verschafft werden (DROLSHAMMER, Wettbewerbsrecht, 216). Der Weko steht es jedoch gestützt auf Art. 46 Abs. 2 frei, den Kantonen von sich aus Stellungnahmen bezüglich kantonaler Gesetzesentwürfe aus wettbewerbsrechtlicher Sicht zu unterbreiten.

6 Die Weko hat **bspw. Stellung genommen** betr. einen Vorentwurf für ein Advokaturgesetz im Kanton Basel Stadt (RPW 2002/2, 375 ff.); betr. einen Vorentwurf für ein Anwaltsgesetz im Kanton Zürich (RPW 2002/2, 378 ff.) und betr. die Revision der Tarifordnung für Advokaten im Kanton Basel Landschaft (RPW 1999/4, 616 ff.).

Art. 47 Gutachten

Gutachten — Die Wettbewerbskommission verfasst für andere Behörden Gutachten zu Wettbewerbsfragen von grundsätzlicher Bedeutung. Sie kann das Sekretariat in Fällen von untergeordneter Bedeutung beauftragen, an ihrer Stelle Gutachten zu erstatten.

Avis — La commission élabore des avis à l'intention d'autres autorités sur des questions de principe touchant la concurrence. Dans des cas d'importance mineure, elle peut charger le secrétariat de cette tâche.

Pareri — La Commissione redige pareri per altre autorità su questioni di concorrenza di importanza sostanziale. Nelle questioni di importanza secondaria può incaricarne la segreteria.

Inhaltsübersicht

Note

I. Allgemeines ... 1
II. Zum Begriff «andere» Behörden ... 2
III. Anspruch auf Gutachtertätigkeit der Weko? ... 3
IV. Bedeutung der Unterscheidung in Wettbewerbsfragen von grundsätzlicher und solchen von untergeordneter Bedeutung ... 4
V. Weitere Gutachterzuständigkeit der Weko ... 5
VI. Beispiele von Gutachten der Weko ... 6
VII. Aufhebung von Art. 47 Abs. 2 ... 7

I. Allgemeines

Die gutachterliche Tätigkeit der Weko hat in der Praxis **keine besondere Bedeutung** erlangt. Die Weko hat in den Jahren 1998 bis 2006 lediglich eine geringe Anzahl von Gutachten erstellt (s. Art. 47 N 6). Dies rührt insb. daher, dass sich die Weko laufend zu aktuellen Wettbewerbsfragen im Rahmen ihrer Entscheidpraxis äussert und auch Empfehlungen nach Art. 45 Abs. 2 oder Stellungnahmen nach Art. 46 Abs. 2 abgibt (ZÄCH, Kartellrecht 2005, N 960).   1

II. Zum Begriff «andere» Behörden

Gemäss Art. 47 verfasst die Weko für andere Behörden (also nicht für Private) Gutachten zu Wettbewerbsfragen von grundsätzlicher Bedeutung. Als «andere» Behörden gelten Gerichte und Verwaltungsbehörden, und zwar insb. auf den Stufen des Bundes und der Kantone und allenfalls auch auf der Gemeinde-   2 ebene (SCHMIDHAUSER, in: HOMBURGER, Kommentar 1996, Art. 47 N 9). In der Hauptsache erstellt die Weko Gutachten für **Gerichte und Verwaltungsbehörden des Bundes**. Lediglich zwei der unten in Art. 47 N 6 aufgeführten Gutachten betreffen kantonale Behörden, zum einen das Gesundheitsdepartement des Kantons Aargau (RPW 2004/4, 1293 ff.) und zum anderen die Justiz- und Polizeidirektion des Kantons Zug (RPW 1998/4, 639 ff.).

III. Anspruch auf Gutachtertätigkeit der Weko?

3   Gemäss dem Wortlaut von Art. 47 verfasst die Weko Gutachten zu Wettbewerbsfragen von grundsätzlicher Bedeutung. Ob eine Wettbewerbsfrage von grundsätzlicher Bedeutung vorliegt und ob die Weko überhaupt ein Gutachten erstellt, entscheidet sie nach pflichtgemässem Ermessen. Es besteht somit **kein Anspruch auf die Gutachtertätigkeit der Weko** (ZURKINDEN/TRÜEB, Handkommentar, Art. 47 N 1). Gegen den Entscheid der Weko, auf die Erstellung eines Gutachtens zu verzichten, steht kein Rechtsmittel zur Verfügung. Davon sind Fälle ausgenommen, in welchen die Weko ihr Ermessen überschreitet oder missbraucht (SCHMIDHAUSER, in: HOMBURGER, Kommentar 1996, Art. 47 N 8).

IV. Bedeutung der Unterscheidung in Wettbewerbsfragen von grundsätzlicher und solchen von untergeordneter Bedeutung

4   Nur Gutachten zu Wettbewerbsfragen von grundsätzlicher Bedeutung sind von der Weko zu verfassen (Art. 47 erster Satz). Die Gutachtertätigkeit zu Fällen mit untergeordneter Bedeutung kann von der Weko an das Sekretariat delegiert werden (Art. 47 zweiter Satz). Diese **Unterscheidung** ist in der **Praxis lediglich von geringer Bedeutung**, da die Entwürfe für die Gutachten der Weko ebenfalls im Sekretariat ausgearbeitet werden (SCHMIDHAUSER, in: HOMBURGER, Kommentar 1996, Art. 47 N 17). Es ist daher nicht zu befürchten, dass sich aus dieser Zweiteilung der Kompetenzen zur Erstellung von Gutachten grundlegende Widersprüchlichkeiten ergeben könnten (BORER, Kommentar 2005, Art. 47 N 2).

V. Weitere Gutachterzuständigkeit der Weko

5   Die Weko hat auch die Kompetenz zur Erstattung von Gutachten für die Verwaltungsbehörden sowie für die Rechtsprechungsorgane des Bundes, der Kantone und Gemeinden betreffend die **Anwendung des Binnenmarktgesetzes** (Art. 10 BGBM). Daneben sind Gutachten der Weko auch gestützt auf folgende Gesetzesbestimmungen vorgesehen: Art. 5 Abs. 4 PüG, Art. 11 Abs. 3 FMG und Art. 15. Muss ein Zivilgericht über die Zulässigkeit konkreter Wettbewerbsbe-

schränkungen entscheiden, so hat es gemäss Art. 15 Abs. 1 das Recht bzw. die Pflicht, die Sache an die Weko vorzulegen. Möchte jedoch ein Gericht einschlägige wettbewerbsrechtliche Fragen, die nicht Art. 15 Abs. 1 betreffen, begutachten lassen, steht es diesem frei, gestützt auf Art. 47 an die Weko zu gelangen (vgl. ZÄCH, Kartellrecht 2005, N 960). Die Beurteilung der Zulässigkeit einer Wettbewerbsbeschränkung nach Art. 15 Abs. 1 führt demnach nicht zu einem «Gutachten» i.S.v. Art. 47 (DROLSHAMMER, Wettbewerbsrecht, 217).

VI. Beispiele von Gutachten der Weko

Die Weko hat in den letzten Jahren insb. im Bereich der Telekommunikation 6 **mehrere Gutachten** verfasst, wie aus der nachfolgenden Aufzählung ersichtlich wird: Gutachten der Weko i.s. Cablecom GmbH v. Swisscom Fixnet AG betr. Portierung von Einzelnummern (RPW 2005/3, 589 ff.); betr. wettbewerbsrechtliche Zulässigkeit des Klimarappens (RPW 2005/1, 239 ff.); betr. TDC Switzerland AG/ Swisscom Fixnet AG hinsichtlich Bistrom-Zugang (RPW 2004/4, 1263 ff.); betr. TCD Switzerland AG/Swisscom Fixnet AG hinsichtlich Mietleitungen (RPW 2004/4, 1248 ff.); betr. Festsetzung und Genehmigung von Tarifen im Bereich der Versicherung «allgemein ganze Schweiz» (RPW 2004/4, 1293 ff.); betr. Cablecom i.s. Marktstellung und wirksamer Wettbewerb (RPW 2004/4, 1277 ff.); betr. Auslegung von Art. 33 des Bundesgesetzes über Arzneimittel und Medizinprodukte, Heilmittelgesetz (RPW 2003/3, 623 ff.); betr. Vergabe zusätzlicher GSM 1008 Frequenzen (RPW 2003/3, 617 ff.); betr. Interconnectionsverfahren MCI Worldcom v. Swisscom AG und diAx v. Swisscom AG bezüglich Beurteilung der Marktstellung (RPW 2001/2, 360 ff.); betr. Interconnectionsverfahren diAx v. Swisscom AG bezüglich Beurteilung der Marktstellung (RPW 2001/2, 348 ff.) und betr. Missbräuche im Zinswesen/Vereinbarkeit des interkantonalen Konkordats mit den entsprechenden Bundesgesetzen BGBM/KG (RPW 1998/4, 639 ff.).

VII. Aufhebung von Art. 47 Abs. 2

Der frühere Abs. 2 von Art. 47, wonach die Weko und das Sekretariat für 7 die Verfassung von Gutachten eine nach dem Aufwand bemessene Gebühr verlangen konnten, wurde im Rahmen der Kartellgesetzrevision 2003 im Interesse der Transparenz und zwecks Beseitigung gewisser Unklarheiten, die aus der Anwendung des bisherigen Rechts entstanden waren, gestrichen (vgl. Botschaft KG 2003, 2045 ff.). Die **Erhebung von Gebühren** durch die Wettbewerbsbehörden wird nunmehr neu in Art. 53a in allgemeiner Weise geregelt (s. dazu Art. 53a N 1 ff.).

Art. 48 Veröffentlichung von Entscheiden und Urteilen

Veröffentlichung von Entscheiden und Urteilen

¹ Die Wettbewerbsbehörden können ihre Entscheide veröffentlichen.

² Die Gerichte stellen dem Sekretariat die Urteile, die in Anwendung dieses Gesetzes gefällt werden, unaufgefordert und in vollständiger Abschrift zu. Das Sekretariat sammelt diese Urteile und kann sie periodisch veröffentlichen.

Publication de décisions et de jugements

¹ Les autorités en matière de concurrence peuvent publier leurs décisions.

² Les tribunaux doivent transmettre au secrétariat, sans en être requis, une version complète des jugements qu'ils ont rendus en vertu de la présente loi. Le secrétariat rassemble ces jugements et peut les publier périodiquement.

Pubblicazione delle decisioni e delle sentenze

¹ Le autorità in materia di concorrenza possono pubblicare le loro decisioni.

² I tribunali trasmettono spontaneamente alla segreteria una copia completa delle sentenze emesse in virtù della presente legge. La segreteria raccoglie queste sentenze e può pubblicarle periodicamente.

Inhaltsübersicht   Note

I. Veröffentlichung von Entscheiden der Wettbewerbsbehörden (Abs. 1) 1
II. Veröffentlichung von Gerichtsurteilen in Anwendung des Kartellgesetzes (Abs. 2) 2

I. Veröffentlichung von Entscheiden der Wettbewerbsbehörden (Abs. 1)

1   Art. 48 Abs. 1 ist eine Kann-Vorschrift, d.h. die Wettbewerbsbehörden (Weko und Sekretariat) *können* ihre Entscheide veröffentlichen, sind dazu aber nicht verpflichtet. Seit 1997 publizieren die Wettbewerbsbehörden ihre Entscheide im eigens dafür geschaffenen Publikationsorgan **«Recht und Politik des Wettbewerbs» (RPW)**. Mit Hilfe dieses Publikationsorgans der Wettbewerbsbehörden soll sichergestellt werden, dass die Praxis der Wettbewerbsbehörden transparent wird. Damit wird für Rechtssicherheit gesorgt. Die Wettbewerbsbehörden sind bemüht, in dieser Publikationsreihe ihre gesamte Praxis möglichst umfassend darzulegen und zu publizieren (vgl. BORER, Kommentar 2005, Art. 48 N 1). Im Gegensatz zu dieser Kann-Vorschrift besteht mit Art. 23 VKU eine Vorschrift, die die Wettbewerbsbehörden dazu verpflichtet, die im Verfahren der

Fusionskontrolle ergangenen förmlichen Entscheide nach Abschluss der Prüfung im Bundesblatt und im Schweizerischen Handelsamtsblatt zu veröffentlichen.

II. Veröffentlichung von Gerichtsurteilen in Anwendung des Kartellgesetzes (Abs. 2)

Nach Abs. 2 dieser Bestimmung stellen die Gerichte dem Sekretariat die Urteile, die in Anwendung des Kartellgesetzes ergehen, unaufgefordert und in vollständiger Abschrift zu. Diese Urteile der kantonalen Gerichte und des Bundesgerichts werden vom Sekretariat gesammelt und von diesem **periodisch veröffentlicht**. Die Veröffentlichung der Urteile der Gerichte erfolgt ebenfalls in der Publikationsreihe der Wettbewerbsbehörden «Recht und Politik des Wettbewerbs» (RPW). Die Publikationsreihe RPW erscheint viermal pro Jahr, sodass eine periodische Veröffentlichung der Gerichtsentscheide in Anwendung des Kartellgesetzes gewährleistet sein sollte.

Art. 49 Informationspflichten

Informations-
pflichten

[1] Das Sekretariat und die Wettbewerbskommission orientieren die Öffentlichkeit über ihre Tätigkeit.

[2] Die Wettbewerbskommission erstattet dem Bundesrat jährlich einen Tätigkeitsbericht.

Devoir d'informer

[1] Le secrétariat et la commission informent le public de leurs activités.

[2] La commission établit à l'intention du Conseil fédéral un rapport annuel d'activité.

Obbligo di informare

[1] La segreteria e la Commissione informano il pubblico circa la loro attività.

[2] La Commissione riferisce annualmente al Consiglio federale circa le sue attività.

Inhaltsübersicht
Note
I. Orientierung der Öffentlichkeit über die Tätigkeit der Wettbewerbsbehörden (Abs. 1) 1
 1. Grundsätzliches 1
 2. Orientierung der Öffentlichkeit mittels Publikationen in der Zeitschrift «Recht und Politik des Wettbewerbs» oder mittels Pressemitteilung 2
 3. Informationspflicht der Weko gemäss Art. 22 VKU 4
II. Jährliche Erstattung eines Tätigkeitsberichts an den Bundesrat (Abs. 2) 5

I. Orientierung der Öffentlichkeit über die Tätigkeit der Wettbewerbsbehörden (Abs. 1)

1. Grundsätzliches

[1] Damit die **schweizerische Wettbewerbspolitik transparenter** gestaltet wird, werden die Weko und das Sekretariat verpflichtet, die Öffentlichkeit über ihre Tätigkeit zu orientieren (Art. 49 Abs. 1; Botschaft KG 1995, 619).

2. Orientierung der Öffentlichkeit mittels Publikationen in der Zeitschrift «Recht und Politik des Wettbewerbs» oder mittels Pressemitteilung

[2] Dieser Pflicht zur Orientierung der Öffentlichkeit über ihre Tätigkeit kommen die Wettbewerbsbehörden mit den entsprechenden Publikationen in der Zeitschrift «Recht und Politik des Wettbewerbs» (RPW) nach. In dieser Zeitschrift werden

nicht nur die **formellen Entscheide** der Wettbewerbsbehörden, sondern auch die **informellen Empfehlungen und Stellungnahmen** der Wettbewerbsbehörden regelmässig (vierteljährlich) publiziert. Die Veröffentlichungen im RPW dienen dazu, alle wichtigen Publikationen der mit der Anwendung und der Durchsetzung des Wettbewerbsrechts beauftragten Behörden zu vereinigen (SCHMIDHAUSER, in: HOMBURGER, Kommentar 1996, Art. 49 N 6). Bei ihrer Öffentlichkeitsarbeit sind die Wettbewerbsbehörden dazu verpflichtet, das Amts- und Geschäftsgeheimnis zu wahren (Art. 25; DROLSHAMMER, Wettbewerbsrecht, 219).

Die Publikationen der Weko und des Sekretariats in der RPW sind sehr **umfangreich und detailliert**. Es stellt sich somit kaum mehr die Frage, ob die Weko und das Sekretariat darüber hinaus noch zusätzliche Öffentlichkeitsarbeit erbringen sollen. Art. 49 Abs. 1 schliesst angesichts des Gesetzeswortlautes Pressemitteilungen zu einzelnen hängigen Verfahren nicht aus. Weitere Detailregelungen über die Öffentlichkeitsarbeit der Weko und des Sekretariates finden sich überdies in Art. 21 ff. des Geschäftsreglements der Weko.

3. Informationspflicht der Weko gemäss Art. 22 VKU

Die Weko ist neben der in Art. 49 umschriebenen Informationspflicht gemäss Art. 22 VKU auch verpflichtet, dem Eidgenössischen Volkswirtschaftsdepartement laufend Bericht über die von ihr als **unbedenklich erachteten Zusammenschlüsse** zu erstatten. Die Weko bezeichnet dabei die beteiligten Unternehmen und begründet in kurzer Form, warum hinsichtlich eines meldepflichtigen Zusammenschlusses kein Prüfungsverfahren eingeleitet wurde bzw. weder eine Untersagung noch eine Zulassung mit Bedingungen oder Auflagen ausgesprochen wurde.

II. Jährliche Erstattung eines Tätigkeitsberichts an den Bundesrat (Abs. 2)

Ausfluss der allg. Pflicht zur Information der Öffentlichkeit (s. dazu Art. 49 N 1) ist auch die Pflicht der Weko, dem Bundesrat **jährlich einen Tätigkeitsbericht** zu erstatten. Diese Jahresberichte enthalten jeweils einen Überblick über die Tätigkeiten der Weko in den einzelnen Wirtschaftsbereichen, Angaben zur Organisation und Statistik (z.B. personelle Besetzung, bearbeitete Untersuchungen) der Weko und des Sekretariats, sowie einen Ausblick auf allfällige bevorstehende Gesetzesrevisionen im Umfeld des Wettbewerbsrechts. Die Berichte sind im Internet abrufbar unter www.weko.admin.ch/publikationen.

6. Abschnitt: Verwaltungssanktionen

Art. 49a Sanktion bei unzulässigen Wettbewerbsbeschränkungen

Sanktion bei unzulässigen Wettbewerbsbeschränkungen

¹ Ein Unternehmen, das an einer unzulässigen Abrede nach Artikel 5 Absätze 3 und 4 beteiligt ist oder sich nach Artikel 7 unzulässig verhält, wird mit einem Betrag bis zu 10 Prozent des in den letzten drei Geschäftsjahren in der Schweiz erzielten Umsatzes belastet. Artikel 9 Absatz 3 ist sinngemäss anwendbar. Der Betrag bemisst sich nach der Dauer und der Schwere des unzulässigen Verhaltens. Der mutmassliche Gewinn, den das Unternehmen dadurch erzielt hat, ist angemessen zu berücksichtigen.

² Wenn das Unternehmen an der Aufdeckung und der Beseitigung der Wettbewerbsbeschränkung mitwirkt, kann auf eine Belastung ganz oder teilweise verzichtet werden.

³ Die Belastung entfällt, wenn:

a. das Unternehmen die Wettbewerbsbeschränkung meldet, bevor diese Wirkung entfaltet. Wird dem Unternehmen innert fünf Monaten nach der Meldung die Eröffnung eines Verfahrens nach den Artikeln 26–30 mitgeteilt und hält es danach an der Wettbewerbsbeschränkung fest, entfällt die Belastung nicht;

b. die Wettbewerbsbeschränkung bei Eröffnung der Untersuchung länger als fünf Jahre nicht mehr ausgeübt worden ist;

c. der Bundesrat eine Wettbewerbsbeschränkung nach Artikel 8 zugelassen hat.

Sanction en cas de restrictions illicites à la concurrence

¹ L'entreprise qui participe à un accord illicite aux termes de l'art. 5, al. 3 et 4, ou qui se livre à des pratiques illicites aux termes de l'art. 7, est tenue au paiement d'un montant pouvant aller jusqu'à 10 % du chiffre d'affaires réalisé en Suisse au cours des trois derniers exercices. L'art. 9, al. 3, est applicable par analogie. Le montant est calculé en fonction de la durée et de la gravité des pratiques illicites. Le profit présumé résultant des pratiques illicites de l'entreprise est dûment pris en compte pour le calcul de ce montant.

² Si l'entreprise coopère à la mise au jour et à la suppression de la restriction à la concurrence, il est possible de renoncer, en tout ou en partie, à une sanction.

³ Aucune sanction n'est prise si:

a. l'entreprise annonce la restriction à la concurrence avant que celle-ci ne déploie ses effets; toutefois une sanction peut tout de même être prise si, dans un délai de cinq mois à compter de l'annonce, l'ouverture d'une procédure au sens des art. 26 à 30 est communiquée à l'entreprise et que celle-ci maintient la restriction;

b. la restriction à la concurrence a cessé de déployer ses effets plus de cinq ans avant l'ouverture de l'enquête;

c. le Conseil fédéral a autorisé une restriction à la concurrence en vertu de l'art. 8.

Sanzione in caso di limitazioni illecite della concorrenza

¹ All'impresa che partecipa a un accordo illecito secondo l'articolo 5 capoversi 3 e 4 o attua una pratica illecita secondo l'articolo 7 è addossato un importo sino al 10 per cento della cifra d'affari realizzata in Svizzera negli ultimi tre esercizi. L'articolo 9 capoverso 3 è applicabile per analogia. L'importo è calcolato in funzione della durata e della gravità delle pratiche illecite. Nella determinazione dell'importo è tenuto adeguatamente conto del presunto guadagno che l'impresa ha conseguito con le pratiche illecite.

² Se l'impresa collabora a rilevare e a eliminare la limitazione della concorrenza, si può rinunciare in tutto o in parte alla sanzione.

³ Non vi è sanzione se:

a. l'impresa annuncia la limitazione della concorrenza prima che questa esplichi i suoi effetti; se nei cinque mesi dall'annuncio le viene comunicata l'apertura di una procedura secondo gli articoli 26–30, la sanzione non decade qualora l'impresa mantenga la limitazione;

b. la limitazione della concorrenza ha cessato di esplicare i suoi effetti da oltre cinque anni prima dell'apertura dell'inchiesta;

c. il Consiglio federale ha autorizzato una limitazione della concorrenza in virtù dell'articolo 8.

Inhaltsübersicht Note

I. Einleitung 1
II. Rechtsnatur der Sanktionen 3
III. Sanktionsbewehrte Wettbewerbsabreden 8
IV. Sanktionsbemessung 9
V. Sanktionserlass (Abs. 2) 18
VI. Reduktion der Sanktion (Abs. 2) 26
VII. Meldeverfahren (Abs. 3 lit. a) 28
VIII. Aufgabe der Wettbewerbsbeschränkung (Abs. 3 lit. b) 36
IX. Ausnahmsweise Zulassung einer Wettbewerbsbeschränkung (Abs. 3 lit. c) 38
X. Verfahren 39

I. Einleitung

1   Die Einführung der direkten Sanktionen bei gewissen qualifizierten Wettbewerbsbeschränkungen bildete den **Kerngehalt der Kartellgesetzrevision vom 20. Juni 2003**.

2   Da die Bundesverfassung den Bund lediglich ermächtigt, Massnahmen gegen die volkswirtschaftlich oder sozial schädlichen Auswirkungen von Kartellen zu treffen, ohne aber diese generell für unzulässig zu erklären, war die **verfassungsrechtliche Zulässigkeit** der Einführung direkter Sanktionen gegenüber unzulässigen Wettbewerbsabreden umstritten. Das vom EVD in Auftrag gegebene Rechtsgutachten RHINOW/GUROVITS (Sanktionen, 592 ff.) kam zum Ergebnis, dass die Einführung direkter Sanktionen zwar grundsätzlich zulässig sei, jedoch nur bei qualifizierten Wettbewerbsbeschränkungen. Das Gesetz sieht nun im Einklang mit dem Gutachten Sanktionen bei sog. harten Kartellen nach Art. 5 Abs. 3 und 4 sowie beim Missbrauch einer marktbeherrschenden Stellung gemäss Art. 7 vor.

II. Rechtsnatur der Sanktionen

3   Art. 49a findet sich im 4. Kapitel des Kartellgesetzes über das verwaltungsrechtliche Verfahren und dort wiederum im sechsten Abschnitt über die Verwaltungssanktionen. Auch die Botschaft des Bundesrates ging davon aus, es handle sich bei den Sanktionen um Verwaltungsstrafen (Botschaft KG 1995, 608). Diese Auffassung wurde damit begründet, juristische Personen seien nicht deliktsfähig, da ihnen strafrechtlich keine subjektive Schuld zugewiesen werden könne. Der Gesetzgeber selbst hat aber durch Erlass von Art. 102 StGB und Art. 102a StGB (Art. 100^{quater} und 100^{quinquies} aStGB) und somit aufgrund der damit verbundenen Einführung von Strafsanktionen für Unternehmen diese Position aufgegeben. Die herrschende Lehre (HANGARTNER, in: STOFFEL/ZÄCH, Kartellgesetzrevision 2003, 269; SPITZ, Anwendung, 566; KOBEL, Sanctions, 1353; REINERT, in ZÄCH, KG-Praxis 2006, 149; ähnl. TAGMANN, Sanktionen, 105) vertritt deshalb die Ansicht, bei den Sanktionen handle es sich um **Strafnormen**.

4   Aufgrund der Sanktionshöhe sowie des präventiven und repressiven Zwecks der Sanktionsnormen (Botschaft KG 2003, 2033 f.) liegt im Falle von Art. 49a eine **strafrechtliche Anklage i.S.v. Art. 6 EMRK** vor; folglich finden die von dieser Norm statuierten Verfahrensbestimmungen Anwendung (HANGARTNER, in: STOFFEL/ZÄCH, Kartellgesetzrevision 2003, 269; SPITZ, Anwendung, 556; REINERT, in ZÄCH, KG-Praxis 2006, 149 f.).

5   Art. 6 Ziff. 2 EMRK verlangt für eine Sanktion ein **Verschulden** (ebenso für Sanktionen gemäss Art. 51: RPW 2002/2, 394 ff. E. 3.3 – Rhône-Poulenc S.A., Merck & Co. Inc.; RPW 2002/3, 533 f. N 48 f. – Zusammenschluss Schweizerische National-Versicherungs-Gesellschaft/Coop Leben; anders jedoch noch Bot-

schaft KG 2003, 2034). Dem Unternehmen muss daher eine Sorgfaltspflichtsverletzung angelastet werden können (RPW 2002/3, 534, N 51 – Zusammenschluss Schweizerische National-Versicherungs-Gesellschaft/Coop Leben). Eine Sanktionierung ist somit nur bei schuldhaftem Verhalten von Organen oder bei Vorliegen eines Organisationsverschuldens möglich (HANGARTNER, in: STOFFEL/ZÄCH, Kartellgesetzrevision 2003, 275; gemäss TAGMANN, Sanktionen, 74, sollen durch Mitarbeiter ohne Organstellung begangene Sorgfaltspflichtsverletzungen genügen). Ein Verschulden wird bei den gemäss Art. 49a sanktionierbaren Tatbeständen regelmässig vorliegen; im Einzelfall kann es jedoch sein, dass kein Verschulden vorliegt. Dies ist etwa dann der Fall, wenn ein Mitarbeiter ohne (auch faktische) Organstellung für den Kartellrechtsverstoss verantwortlich war, diese Verstösse innerhalb des Unternehmens nicht bekannt waren und auch mit einer zweckmässigen Organisation und Kontrolle nicht hätten bekannt werden können und das Unternehmen zudem sämtliche zumutbaren Massnahmen getroffen hat, um Kartellrechtsverstösse zu verhindern.

Die Anwendbarkeit von Art. 6 Ziff. 2 EMRK führt weiter zur **Unschuldsvermutung** und dem daraus abgeleiteten Prinzip in dubio pro reo, das sich auch aus Art. 32 BV ergibt (BGE 128 I 86 E. 2; BGE 129 I 58 E. 4). Entsprechend hat nicht das Unternehmen seine Unschuld, sondern es haben die Wettbewerbsbehörden die Schuld des betroffenen Unternehmens nachzuweisen (vgl. BGE 127 I 40 E. 2a). Ein Kartellrechtsverstoss muss daher verneint werden, wenn bei objektiver Betrachtung erhebliche und nicht zu unterdrückende Zweifel bestehen, ob sich der Sachverhalt tatsächlich so verwirklicht hat, wie die Wettbewerbsbehörden dies behaupten.

Der verfassungsrechtliche (BGE 125 II 404 E. 1b) Grundsatz **ne bis in idem** verlangt, dass niemand wegen der gleichen Tat zweimal verfolgt werden kann. Allerdings gilt diese Garantie grundsätzlich nur innerhalb eines einzigen Staates und verbietet die zweimalige Bestrafung in verschiedenen Staaten nicht (BGE 123 II 466 E. 2b). Immerhin muss in der Schweiz der ausländischen Sanktion Rechnung getragen werden und es darf nicht zu einer verkappten Doppelbestrafung kommen (BGE 128 II 136 E. 3b.bb): Wird also ein Unternehmen im Ausland wegen eines Wettbewerbsverstosses sanktioniert, muss diese Sanktion bei der schweizerischen Sanktionsbemessung mitberücksichtigt werden, sofern sich das im Ausland sanktionierte Wettbewerbsverhalten auf einen Markt bezieht, der auch die Schweiz umfasst (a.M. HANGARTNER, in: STOFFEL/ZÄCH, Kartellgesetzrevision 2003, 276 f.). Eine Ausnahme könnte allenfalls dann greifen, wenn die ausländische Sanktionsberechnung den in der Schweiz erzielten Umsatz nicht mitberücksichtigte. In jedem Fall kann die Weko im Rahmen ihres weiten Ermessungsspielraums der im Ausland für dieselbe Zuwiderhandlung verhängten Busse Rechnung tragen (Erläuterungen zur SVKG, Art. 2). Ein Verstoss gegen den Grundsatz ne bis in idem läge auch vor, wenn ein Unternehmen wegen eines Verstosses gegen eine Massnahmeverfügung oder eine einvernehmliche Regelung und überdies wegen eines Verstosses gegen Art. 5 Abs. 3 oder 4 oder Art. 7

sanktioniert würde, der gerade Gegenstand der Massnahmeverfügung bzw. der einvernehmlichen Regelung bildete (offen gelassen in RPW 2006/4, 664 N 259 f. – Flughafen Zürich AG (Unique) – Valet Parking; gleich wie hier: TAGMANN, Sanktionen, 212).

III. Sanktionsbewehrte Wettbewerbsabreden

8 Umstritten ist, ob eine Sanktion nur dann ausgesprochen werden kann, wenn die gesetzliche Vermutung von Art. 5 Abs. 3 und 4 nicht beseitigt werden kann oder auch dann, wenn die Gesetzesvermutung zwar umgestossen werden kann, die Wettbewerbsabrede den Wettbewerb aber weiterhin erheblich beeinträchtigt und sich nicht durch Gründe der wirtschaftlichen Effizienz rechtfertigen lässt. Aufgrund des Gesetzeswortlautes, aber auch der Entstehungsgeschichte (vgl. insb. Botschaft KG 2003, 2037, Ziff. 2.1.3) **genügt das Umstossen der Gesetzesvermutung gemäss Art. 5 Abs. 3 und 4 nicht für die Sanktionsbefreiung**. Vielmehr ist erforderlich, dass die Preis-, Mengen- oder Gebietsabrede kartellrechtlich zulässig ist, also entweder keine erhebliche Wettbewerbsbeschränkung herbeiführt oder sich durch Gründe der wirtschaftlichen Effizienz rechtfertigen lässt (ZÄCH, in: STOFFEL/ZÄCH, Kartellgesetzrevision 2003, 34 ff.; ZÄCH, Kartellrecht 2005, N 501 u. 1119–1123; REINERT, Entwicklungen 2003/ 2004, 110 f.; KRAUSKOPF/SENN, Teilrevision, 9; KRAUSKOPF/CARRON, Kartellrechtsnovelle, 498; DÄHLER/KRAUSKOPF, Kartellgesetz, 10; Botschaft KG 2003, 2037; a.M. HOFFET/NEFF, Fragen, 130; JACOBS/ BÜRGI, Auswirkungen, 149). Ansonsten wäre etwa eine Preisabsprache nie sanktionierbar, wenn auf dem relevanten Markt nebst dem Preis noch andere relevante Wettbewerbsparameter bestehen, hinsichtlich derer Wettbewerb besteht, da in diesen Fällen die Gesetzesvermutung der Beseitigung wirksamen Wettbewerbs widerlegt werden kann (vgl. Art. 5 N 24 u. 38). Dies war klarerweise nicht die Absicht des Gesetzgebers. Wird eine Wettbewerbsabrede nicht vollzogen, dürfte eine Sanktionierung mangels Erheblichkeit der Abrede unzulässig sein (TAGMANN, Sanktionen, 286 f.)

IV. Sanktionsbemessung

9 Das Gesetz sieht als maximal zulässige Sanktion den Einzug von 10% des in den letzten drei Geschäftsjahren in der Schweiz erzielten Umsatzes vor. Aufgrund des klaren Gesetzeswortlautes ist auch bei einem relevanten Markt, der über das Gebiet der Schweiz hinausgeht, die Sanktion auf den Umsatz im schweizerischen Teilmarkt beschränkt. Der Unternehmensumsatz berechnet sich sinngemäss nach den Kriterien der **Umsatzberechnung** bei Unternehmenszusammenschlüssen (Botschaft KG 2003, 2037). Damit sind Art. 4 und 5 VKU analog anwendbar (RPW 2006/1, 176 N 247 u. RPW 2006/4, 662 N 244 – beide Flughafen Zürich AG [Unique] – Valet Parking). Konzerninterne Umsätze sind damit

für die Sanktionsberechnung ebenso wenig zu berücksichtigen (Art. 5 Abs. 2 VKU analog; RPW 2006/1, 177 N 248 – Flughafen Zürich AG [Unique] – Valet Parking) wie ausserordentliche Erträge, die bspw. durch den Verkauf eines Geschäftsbereichs anfallen (Art. 4 Abs. 1 VKU analog).

Das Gesetz hält nicht explizit fest, welcher **Zeitpunkt** massgebend ist, um die für die Sanktionsfestsetzung massgebenden letzten drei Geschäftsjahre zu bestimmen. In Frage käme der Zeitpunkt, bis zu dem die unzulässige Wettbewerbsabrede ausgeübt wurde, der Zeitpunkt, in dem eine Untersuchung eröffnet wird oder der Zeitpunkt der Entscheidfällung durch die Weko. Ein späterer Zeitpunkt erscheint schon deshalb nicht sachgerecht, weil es das Unternehmen durch Erhebung eines Rechtsmittels in der Hand hätte, seinen in der Schweiz erzielten Umsatz und damit auch die Höhe der Sanktion zu beeinflussen. Diese Überlegungen sprechen an sich auch gegen den Zeitpunkt der Entscheidung durch die Weko. Aufgrund des Gesetzeswortlautes muss aber gleichwohl davon ausgegangen werden, dass der Zeitpunkt, in dem die Weko entscheidet, für die Sanktionsberechnung massgebend sein muss. Zudem wird bei der Sanktionsberechnung auf den während einer längeren Zeitspanne erzielten Umsatz abgestellt, nämlich auf den während der letzten drei Jahre in der Schweiz erzielten Umsatz, um so den beteiligten Unternehmen die Einflussmöglichkeit zumindest erheblich einzuschränken. Die hier vertretene Auffassung, wonach der massgebliche Zeitraum ab Entscheidfällung durch die Wettbewerbsbehörden zu berechnen ist (ebenso: TAGMANN, Sanktionen, 232), entspricht im Übrigen auch der Praxis der Europäischen Kommission; dies fällt deshalb ins Gewicht, weil die schweizerische Gesetzgebung die europäische Regelung weitgehend übernommen hat (weiterführend: REINERT, in ZÄCH, KG-Praxis 2006, 158).

Aus den oben dargestellten Erwägungen ergibt sich auch, dass **Umstrukturierungen** keine Abweichung von den allgemeinen Grundsätzen der Sanktionsbemessung erlauben. Veräussert also ein Unternehmen, das sich kartellrechtswidrig verhalten hat, einen Betriebsteil, wird der Umsatz dieses Betriebsteils nur für den Zeitraum mit berücksichtigt, während dessen er noch zum Unternehmen gehörte. Immerhin können die Wettbewerbsbehörden den durch Umstrukturierungen veränderten Umständen, also etwa des durch Veräusserung von Betriebsteilen reduzierten Umsatzes, im Rahmen des weiten, bei der Sanktionsbemessung bestehenden Ermessensspielraums Rechnung tragen. Eine Ausnahme gilt einzig dann, wenn das Unternehmen die Geschäftstätigkeit ganz einstellt. In diesem Fall ist – in Analogie zur Rechtsprechung des europäischen Gerichts erster Instanz – auf die letzten drei Geschäftsjahre mit voller Geschäftstätigkeit abzustellen (Urteil vom 29. November 2005 in Rs. T33/02 – Britannia Alloys & Chemicals Ltd., N 50 f., 74). Die Weko stellte in RPW 2006/1, 177 N 252 – Flughafen Zürich AG (Unique) – Valet Parking ebenfalls auf den Durchschnitt der letzten erfassten Monate ab.

Adressat der bei einer unzulässigen Wettbewerbsbeschränkung verhängten Sanktion ist dasjenige Unternehmen, das an einer unzulässigen Abrede nach Art. 5

Abs. 3 und 4 beteiligt ist oder sich nach Art. 7 unzulässig verhält. Massgebend ist der Unternehmensbegriff nach Art. 2 Abs. 1bis. Da es sich nach Art. 49a jedoch um eine Sanktionsnorm handelt und auch im Verwaltungsstrafverfahren der Grundsatz «nulla poena sine lege» zur Anwendung gelangt (Art. 1 StGB i.V.m. Art. 2 VStrR sowie Art. 7 EMRK), ist der **Unternehmensbegriff** restriktiv auszulegen. Namentlich kann einzig der Umsatz derjenigen Gesellschaften für die Sanktionsbemessung massgebend sein, die selbst an der unzulässigen Wettbewerbsbeschränkung partizipierten. Umsätze von Konzerngesellschaften, die an der unzulässigen Wettbewerbsbeschränkung nicht beteiligt waren, haben somit bei der Sanktionsbemessung ausser Betracht zu bleiben (BORER, Kommentar 2005, Art. 49a N 15).

13 Wirken verschiedene **Konzerngesellschaften** zusammen an einer unzulässigen Wettbewerbsbeschränkung mit, ist zunächst für alle daran beteiligten Konzerngesellschaften, welche ein Verschulden trifft, eine einzige Busse festzulegen, da Art. 49a das Unternehmen sanktioniert, sämtliche Konzerngesellschaften zusammen aber nur ein einziges Unternehmen i.S.v. Art. 2 Abs. 1bis bilden (s. oben, Art. 2 N 12 f.). Da es sich bei Art. 49a um eine Strafnorm handelt (s. oben, N 3) und eine Strafe immer höchstpersönlicher Natur ist (TRECHSEL, Kurzkommentar, zu Art. 48 StGB N 3), ist eine solidarische Haftung für den gesamten Sanktionsbetrag ausgeschlossen (a.M. MOREILLON, CR Concurrence, Art. 50 N 7; DUCREY, in: HOMBURGER, Kommentar 1996, Art. 50 N 8). Daher muss die zunächst für sämtliche beteiligten Konzerngesellschaften insgesamt festgesetzte Sanktion anschliessend nach Massgabe der allgemeinen Sanktionsbemessungskriterien, namentlich nach Massgabe des Verschuldens und des relevanten Umsatzes, von den Wettbewerbsbehörden auf die beteiligten Konzerngesellschaften aufgeteilt werden.

14 Die **Bemessungskriterien** bei der Verhängung der Sanktionen sind in der SVKG näher dargelegt. Massgebend sind namentlich Dauer und Schwere des unzulässigen Verhaltens sowie der mutmassliche Gewinn, den das Unternehmen dadurch erzielt hat (Art. 2 Abs. 1 SVKG). Überdies ist bei der Festsetzung der Sanktion das Verhältnismässigkeitsprinzip zu wahren (Art. 2 Abs. 2 SVKG). Diese Prinzipien verbieten es namentlich, einem Unternehmen eine derart hohe Geldstrafe aufzuerlegen, dass diese zum Konkurs des betroffenen Unternehmens führen würde. Eine Ausnahme gilt da, wo das Unternehmen lediglich aufgrund seines unzulässigen Verhaltens überhaupt lebensfähig war. Ziel des Kartellgesetzes und der darin verankerten Sanktionsregelung kann es nämlich nicht sein, an sich konkurrenzfähige Unternehmen aus dem Markt zu nehmen und damit den Wettbewerb zu schwächen (Erläuterungen zur SVKG, zu Art. 2 Abs. 2). Auch der Gleichbehandlungsgrundsatz schränkt den Ermessensspielraum der Weko ein (RPW 2006/4, 661 N 236 – Flughafen Zürich AG [Unique] – Valet Parking).

15 Ausgangspunkt der Sanktionsbemessung bildet der **Basisbetrag**, der je nach Schwere und Art des Verstosses bis zu 10% des Umsatzes beträgt, den das betreffende Unternehmen in den letzten drei Geschäftsjahren *auf den relevanten Märkten*

in der Schweiz erzielt hat. Dieser Basisbetrag erhöht sich, wenn der Wettbewerbsverstoss mehr als ein Jahr gedauert hat, je zusätzliches Jahr um einen Zuschlag von bis zu 10%, wobei bei einem Wettbewerbsverstoss zwischen einem und fünf Jahren der Basisbetrag generell um bis zu 50% erhöht werden kann. Die Weko scheint auch hier eine stufenweise Erhöhung von 10% pro Jahr anwenden zu wollen (RPW 2006/1, 179 N 264 – Flughafen Zürich AG [Unique] – Valet Parking). Dies dürfte nicht im Sinne der SVKG sein, hätte doch Art. 4 SVKG ansonsten nicht zwischen den ersten fünf Jahren eines Verstosses und den nachfolgenden Jahren differenzieren müssen, sondern hätte generell pro Jahr eine Erhöhung von bis zu 10% vorsehen können. Aufgrund des Rückwirkungsverbotes verbietet sich die Berücksichtigung jeglicher vor dem 1. April 2004 erfolgten Kartellrechtsverletzung (RPW 2006/4, 659 N 213 f. u. 664 N 258 – Flughafen Zürich AG [Unique] – Valet Parking). Die Sanktionsbemessung nach Art. 49a stellt eine vom Strafgesetzbuch abweichende Strafzumessungsregel dar, die nicht an das neue Tagessatzsystem, welches mit der Teilrevision des Allgemeinen Teils des Strafgesetzbuches eingeführt wird, angepasst werden muss (s. Art. 52 N 13).

Art. 5 SVKG sieht sodann **erschwerende Umstände** vor wie den wiederholten 16 Verstoss gegen das Kartellgesetz, Anstiftung, Anordnung oder Durchführung von Vergeltungsmassnahmen zur Durchsetzung einer Wettbewerbsabrede gegenüber anderen an der Wettbewerbsbeschränkung Beteiligten. Auch ein besonders hoher Gewinn führt zu einer Erhöhung der Sanktion, soll diese doch zumindest die Kartellrente abschöpfen und dazu führen, dass sich ein Verstoss gegen das Kartellgesetz nicht lohnt (Botschaft KG 2003, 2033; RPW 2006/4, 665 N 264 f. – Flughafen Zürich AG [Unique] – Valet Parking). Heikel ist der Erschwerungsgrund von Art. 5 Abs. 1 lit. c SVKG, wonach die Sanktion auch dann erhöht wird, wenn die Zusammenarbeit mit den Behörden verweigert oder versucht wird, die Untersuchungen in anderer Weise zu verhindern. Aufgrund von Art. 6 Abs. 1 EMRK, der einem Beschuldigten das Recht zur Aussageverweigerung gewährt (BGE 131 IV 40 ff. E. 3.1), trifft ein Unternehmen keine Verpflichtung, aktiv mit den Behörden zusammenzuarbeiten. Eine Sanktionserhöhung rechtfertigt sich damit nicht schon dann, wenn sich ein Unternehmen weigert, von sich aus Auskünfte zu erteilen oder wenn seine Organe von ihrem Aussageverweigerungsrecht Gebrauch machen (vgl. BGE 131 IV 40 E. 3.1; restriktiver TAGMANN, Sanktionen, 263). Eine Sanktionserhöhung ist erst dann angebracht, wenn das Unternehmen Unterlagen beiseiteschafft, die Untersuchung also aktiv behindert.

Nebst den erschwerenden Umständen sind auch **mildernde Umstände** zu be- 17 rücksichtigen, welche eine Reduktion der Sanktion rechtfertigen können, so namentlich die Beendigung der Wettbewerbsbeschränkung vor Eröffnung eines Verfahrens, nach dem ersten Eingreifen des Sekretariates sowie dann, wenn das Unternehmen bei harten Kartellen eine ausschliesslich passive Rolle spielte oder vereinbarte Vergeltungsmassnahmen nicht durchführte. Auch ein kooperatives Verhalten, das etwa in Abschluss einer einvernehmlichen Regelung bestehen kann, kann strafmildernd berücksichtigt werden (RPW 2006/4, 665 N 264 f. –

Flughafen Zürich AG [Unique] – Valet Parking). Zu den Auswirkungen einer im Ausland ausgefällten Sanktion s. oben N 7.

V. Sanktionserlass (Abs. 2)

18 Nach positiven Erfahrungen im Ausland wurde im Rahmen der Kartellgesetzrevision von 20. Juni 2003 auch eine **Kronzeugenregelung** in das Gesetz aufgenommen. Dabei wird zwischen einem vollständigen Erlass (Art. 8 ff. SVKG) und der Reduktion der Sanktion (Art. 12 ff. SVKG) unterschieden. In den Genuss eines vollständigen Erlasses der Sanktion kann nur eines der am Wettbewerbsverstoss beteiligten Unternehmen gelangen. Für einen vollständigen Sanktionserlass qualifiziert nur das Unternehmen, das als Erstes Informationen liefert, welche die Eröffnung einer Untersuchung ermöglichen oder – selbst wenn eine Untersuchung bereits eröffnet wurde – das als Erstes Beweismittel vorlegt, welche es der Wettbewerbsbehörde ermöglichen, einen Wettbewerbsverstoss gegen Art. 5 Abs. 3 oder 4 festzustellen.

19 Umstritten ist, ob ein Unternehmen noch im Zeitpunkt einer **Hausdurchsuchung** durch unaufgeforderte Vorlage sämtlicher in seinem Einflussbereich liegender erforderlicher Beweismittel für einen vollständigen Sanktionserlass in Frage kommen kann. Gegen einen Sanktionserlass in einem solchen Falle wird geltend gemacht, die Wettbewerbsbehörde habe ja im Zeitpunkt der Hausdurchsuchung bereits einen dringenden Tatverdacht, so dass die Selbstanzeige sich nur auf bereits bekannte Sachverhalte beziehen könne (BRUNNSCHWEILER/CHRISTEN, Hausdurchsuchungen, N 36). Für eine Sanktionsbefreiung spricht aber, dass das Unternehmen lediglich eine Duldungspflicht hat und die Wettbewerbsbehörden noch nicht über genügend Beweismittel für den Beweis des Kartellrechtsverstosses verfügen können, da sonst gar keine Hausdurchsuchung mehr notwendig wäre (SCHALLER/BANGERTER, Hausdurchsuchungen, 1237; BANGERTER/TAGMANN, in ZÄCH, KG-Praxis 2006, 174). Ein Sanktionserlass kann daher grundsätzlich auch einem im Zeitpunkt der Hausdurchsuchung kooperierenden Unternehmen gewährt werden. In der Praxis dürfte aber kaum ein Unternehmen im Zeitpunkt einer Hausdurchsuchung je in der Lage sein, sämtliche in seinem Einflussbereich liegenden relevanten Informationen und Beweismittel vorzulegen und daher in diesem Zeitpunkt eine Selbstanzeige zu erstatten. Immerhin ist ein vollständiger oder teilweiser Sanktionserlass auch nach einer erfolgten Hausdurchsuchung noch möglich, namentlich wenn zusätzliche, den Wettbewerbsbehörden trotz Hausdurchsuchung noch unbekannte Beweismittel vorgelegt oder Aussagen gegenüber den Wettbewerbsbehörden gemacht werden.

20 Von vorneherein nicht für einen vollständigen Sanktionserlass in Frage kommt ein Unternehmen, das andere Unternehmen zur Teilnahme am Wettbewerbsverstoss gezwungen oder angestiftet hat oder beim Wettbewerbsverstoss sonst eine **führende Rolle** einnahm.

21 Art. 8 SVKG sieht **keinen Sanktionserlass für Verstösse gegen Art. 7** vor, obwohl Art. 49a Abs. 2 keine Einschränkung bezüglich der Sanktionsbefreiung enthält. Aus diesem Grund wird teilweise eine analoge Anwendung von Art. 8 SVKG auch auf Fälle des Missbrauches einer marktbeherrschenden Stellung postuliert (HOFFET/NEFF, Fragen, 131). Dies erscheint mit Bezug auf den Missbrauch einer kollektiv marktbeherrschenden Stellung ohne weiteres als gerechtfertigt, da sich dieser Fall von der Ausgangslage her kaum von einer unzulässigen Wettbewerbsabrede unterscheidet. Dagegen erscheint es zumindest fraglich, ob die Selbstanzeige eines marktbeherrschenden Unternehmens selbst im Falle der Übernahme straflos bleiben kann. Würde diese Frage bejaht, hätte es ein marktbeherrschendes Unternehmen in der Hand, durch eine Selbstanzeige die Kartellrente, die es erzielte, zu behalten, da die privatrechtlichen Rechtsbehelfe – gerade wo die Nachfrage stark fragmentiert ist – nur einen ungenügenden Ausgleich bilden. Immerhin kann ein marktbeherrschendes Unternehmen statt einer Selbstanzeige seine Missbrauchshandlungen einstellen. Eine Einstellung des Missbrauchs der marktbeherrschenden Stellung müsste bei der Strafzumessung stark sanktionsmildernd berücksichtigt werden, da das Verschulden vermindert wäre.

22 Ein Unternehmen kann überdies nur dann vom vollständigen Sanktionserlass profitieren, wenn es während der gesamten Dauer des Verfahrens ununterbrochen, uneingeschränkt und ohne Verzug **mit der Wettbewerbsbehörde zusammenarbeitet** und seine Beteiligung am Wettbewerbsverstoss spätestens zum Zeitpunkt der Selbstanzeige oder auf erste Anordnung der Wettbewerbsbehörde hin einstellt (Art. 8 Abs. 2 SVKG). Art. 8 Abs. 2 lit. d SVKG verlangt nicht in jedem Fall die automatische Einstellung der Beteiligung. Denn die Wettbewerbsbehörde kann zwecks Nachweises eines Wettbewerbsverstosses daran interessiert sein, dass das meldende Unternehmen sein Verhalten fortsetzt, um zu verhindern, dass die anderen teilnehmenden Unternehmen Verdacht schöpfen; die Wettbewerbsbehörde kann so weitere Beweismittel sammeln und die Untersuchung ungestört beenden.

23 Da nur das Unternehmen, das die Anzeige als Erstes macht, von der Sanktionsbefreiung profitieren kann, herrscht bei den Unternehmen, die sich kartellrechtswidrig verhalten, diesbezüglich oftmals Zeitdruck. Beschränkt sich das unzulässige Wettbewerbsverhalten nicht bloss auf die Schweiz, ist für ein Unternehmen eine **Koordination** der verschiedenen nationalen Meldungen und Verhaltensweisen unumgänglich. Zu beachten ist insb., dass in gewissen Ländern (wie etwa in England oder in den USA) die handelnden Organe gar einer strafrechtlichen Verantwortlichkeit unterworfen sein können, was aufgrund der Möglichkeit, auch den Strafverfolgungsbehörden gegenüber eine Selbstanzeige mit entsprechenden Vorteilen bei der Sanktionsbemessung zu machen, zusätzlichen Koordinierungsbedarf ergibt.

24 Lediglich von der Sanktion gemäss Art. 49a kann befreit werden. Eine **Befreiung** von einer allfällig später auszufällenden Sanktion gestützt auf Art. 50 ist nicht möglich. Zivilrechtliche Ansprüche (s. dazu Art. 12) entfallen bei einer Sanktionsbefreiung ebenfalls nicht.

25 Das **Verfahren der Selbstanzeige** wird in Art. 9 SVKG geregelt. Die Wettbewerbskommission hat zudem am 1. April 2005 ein Meldeformular «Bonusregelung» veröffentlicht. Von der Möglichkeit, eine mündliche Selbstanzeige zu Protokoll geben zu dürfen, dürfte in all denjenigen Fällen Gebrauch gemacht werden, in denen mit einem Zivilprozess in den USA zu rechnen ist, da schriftliche Eingaben an die Wettbewerbsbehörden, nicht aber Protokolle der Weko im Pre-Trial-Discovery-Verfahren herausverlangt werden können. In diesem namentlich in US-amerikanischen Zivilprozessen anwendbaren Verfahren kann die Gegenseite die Herausgabe aller prozessrelevanten Dokumente verlangen. Der Eingang der Selbstanzeige wird seitens des Sekretariates unter Angabe der Eingangszeit bestätigt (Art. 9 Abs. 3 SVKG; sog. «Marker-System»). Das Sekretariat hat überdies im Einvernehmen mit einem Mitglied des Präsidiums dem anzeigenden Unternehmen mitzuteilen, ob es für einen vollständigen Sanktionserlass in Frage kommt und welche zusätzlichen Informationen das anzeigende Unternehmen allenfalls einzureichen hat, um in den Genuss des vollständigen Sanktionserlasses zu gelangen (Art. 9 Abs. 3 lit. a u. b SVKG). Diese Mitteilung hat rasch nach dem Eingang der Selbstanzeige zu erfolgen. Definitiv entscheidet erst die Weko über die Gewährung des vollständigen Sanktionserlasses (Art. 11 Abs. 1 SVKG). Die Weko kann von der Mitteilung des Sekretariates allerdings nur abweichen, wenn ihr nachträglich Tatsachen bekannt werden, die dem Erlass der Sanktion entgegenstehen (Art. 11 Abs. 2 SVKG). Zu denken ist hier namentlich an die ungenügende Zusammenarbeit des meldenden Unternehmens mit den Wettbewerbsbehörden oder die spätere Feststellung, dass das meldende Unternehmen im Kartell eine führende Rolle einnahm.

VI. Reduktion der Sanktion (Abs. 2)

26 Neben dem vollständigen Erlass der Sanktion sieht die SVKG auch die Möglichkeit vor, die **Sanktion zu reduzieren**. Im Gegensatz zum Sanktionserlass können beliebig viele Unternehmen in den Genuss der Reduktion einer Sanktion kommen. Die Weko ist verpflichtet, die Sanktion zu reduzieren, wenn ein Unternehmen unaufgefordert an einem Verfahren mitwirkt und im Zeitpunkt der Vorlage der Beweismittel die Teilnahme am betreffenden Wettbewerbsverstoss eingestellt hat (Art. 12 Abs. 1 SVKG). Eine Sanktionsreduktion muss – entgegen dem zu engen Wortlaut der SVKG – auch einem Unternehmen gewährt werden, das eine Beweisaussage tätigt, da es zu einer solchen nicht verpflichtet ist und daher freiwillig Beweismittel liefert (SPITZ, Anwendung, 557). Entscheidend ist, ob ein Unternehmen freiwillig mitwirkt und nicht, ob es zur Mitwirkung aufgefordert wurde. Der Gesetzestext lässt denn auch die Mitwirkung als solche für die Sanktionsreduktion genügen. Die Sanktion kann bis zu maximal 50% reduziert werden, wobei der Umfang der Reduktion von der Wichtigkeit des Beitrages des

Unternehmens zum Verfahrenserfolg abhängt (Art. 12 Abs. 2 SVKG). Ob diese maximale Reduktion um 50% genügend attraktiv ist, um ein Unternehmen zur Offenlegung von Beweismitteln zu bewegen, wird sich in der Praxis erst noch weisen müssen. Eine grössere Flexibilität wäre zweifellos sinnvoll gewesen (HOFFET/NEFF, Fragen, 132). Immerhin beträgt die Reduktion bis zu 80% des Sanktionsbetrages, wenn ein Unternehmen unaufgefordert Informationen liefert oder Beweismittel vorlegt über Wettbewerbsverstösse, von denen die Wettbewerbsbehörden keine Kenntnisse hatten (Art. 12 Abs. 3 SVKG). Betreffen diese der Weko noch unbekannten Wettbewerbsverstösse einen anderen Markt als den bereits durch eine frühere Meldung betroffenen, kommt m.E. aber für diesen konkreten Verstoss ein vollständiger Sanktionserlass und nicht bloss eine Sanktionsreduktion in Frage. Namentlich darf der in diesem Markt erzielte Umsatz für die Berechnung des Basisbetrages nicht berücksichtigt werden, wenn die Voraussetzungen von Art. 8 SVKG erfüllt sind.

27 Im Gegensatz zur Situation beim vollständigen Sanktionserlass (s. dazu Art. 9 Abs. 3 lit. a SVKG u. Art. 11 Abs. 2 SVKG) teilt das Sekretariat den betroffenen Unternehmen nicht mit, ob die Voraussetzungen für die Reduktion der Sanktion gegeben sind und in welchem Ausmass eine solche Reduktion erfolgen könnte. Dieser **Entscheid** fällt erst zusammen mit dem Endentscheid, was höchst unbefriedigend ist, da potenziell kooperationswillige Unternehmen im Unklaren darüber belassen werden, ob sich eine Kooperation für sie überhaupt lohnt (SOMMER, Bonusregelung, N 36). Die Weko entscheidet gemäss Art. 14 Abs. 1 SVKG im Rahmen des Gesetzes ohne Vorgaben durch das Sekretariat frei darüber, ob und in welchem Ausmass eine Sanktion reduziert werden soll.

VII. Meldeverfahren (Abs. 3 lit. a)

28 Als Folge des Gutachtens RHINOW, welches **aus verfassungsrechtlichen Gründen** forderte, dass die Unternehmen Sicherheit darüber haben müssen, ob ein bestimmtes Verhalten strafbar sei, sieht Art. 49a Abs. 3 lit. a ein Meldeverfahren vor. Gemeldet werden können sowohl Abreden, die möglicherweise gegen Art. 5 Abs. 3 und 4 verstossen, als auch mögliche Missbräuche einer marktbeherrschenden Stellung gemäss Art. 7. Die Wettbewerbskommission hat für diese Meldung ein spezielles Formular entwickelt (RPW 2005/1, 213 ff. – Formular vom 20. Dezember 2004 [BBl 2005 738] für die Meldung einer möglicherweise unzulässigen Wettbewerbsbeschränkung).

29 Gemäss Art. 49a Abs. 3 lit. a entfällt eine Sanktion, wenn ein Unternehmen die Wettbewerbsbeschränkung meldet, bevor diese **Wirkung entfaltet**. Hat eine Wettbewerbsbeschränkung bereits Wirkung gezeitigt, kann die Sanktion damit trotz Meldung nicht entfallen (RPW 2005/4, 711, E. 3.4 – EVD/Swisscom AG, Swisscom Solutions AG, Swisscom Mobile AG, Weko, REKO/WEF). Eine solche Wirkung tritt nicht schon mit Abschluss der entsprechenden Abrede ein,

sondern erst mit deren Umsetzung. Erforderlich ist also, dass sich die Absprache spürbar im Markt auswirkt (BRAUCHLIN, Wettbewerbsbeschränkungen, N 11). Immerhin kann die Meldung einer Wettbewerbsabrede oder einer Verhaltensweise eines marktbeherrschenden Unternehmens, die erst erfolgt, nachdem diese Wirkung entfaltete, unter die Bonusregelung fallen (DUCREY, in: STOFFEL/ZÄCH, Kartellgesetzrevision 2003, 160).

30 Von der Sanktionsbefreiung erfasst ist nicht bloss das meldende, sondern sind sämtliche in die Abrede **involvierten Unternehmen** (BRAUCHLIN, Wettbewerbsbeschränkungen, N 19; Botschaft KG 2003, 2040).

31 **Trotz Meldung entfällt die Sanktionsbefreiung** dann, wenn dem Unternehmen innert fünf Monaten nach der Meldung die Eröffnung eines Verfahrens nach den Art. 26–30 mitgeteilt wird und es danach an der Wettbewerbsbeschränkung festhält (Art. 49a Abs. 3 lit. a Satz 2). Diese Bestimmung ist in verschiedener Hinsicht problematisch: Gemäss dem klaren Gesetzeswortlaut kann die Sanktionsbefreiung bereits dann entfallen, wenn eine Vorabklärung gemäss Art. 26 eröffnet wird. Gerade in heikleren Fällen, bspw. bei der Prüfung, ob Gründe der wirtschaftlichen Effizienz gemäss Art. 5 Abs. 2 bestehen oder ob eine marktbeherrschende Stellung gemäss Art. 7 vorliegt, wird eine nähere Prüfung des relevanten Marktes durch die Wettbewerbsbehörden allerdings unabdingbar und folglich eine Vorabklärung gemäss Art. 26 notwendig sein. Ob die Untersuchung des Sekretariates bereits als Vorabklärung gemäss Art. 26 qualifiziert, ist überdies nicht leicht abzuschätzen. Denn beim Verfahren der Vorabklärung handelt es sich nach Ansicht der Rekurskommission für Wettbewerbsfragen (RPW 2004/2, 625 ff. – Cornèr Banca SA/Telekurs Multipay AG, Weko) um ein formloses Verfahren; es ist folglich nur schwer ersichtlich, worin sich das Vorabklärungsverfahren von blossen Marktbeobachtungen oder vom Sammeln von Marktdaten durch die Wettbewerbsbehörden unterscheidet. Die Sanktionsbefreiung kann aber erst dann entfallen, wenn dem meldenden Unternehmen die Eröffnung der Vorabklärung bzw. Untersuchung angezeigt wurde. Es ist im Hinblick auf den Wunsch der Parteien, durch eine Meldung möglichst schnell Gewissheit über die Zulässigkeit ihres Verhaltens zu erhalten, zu hoffen, dass das Sekretariat der Weko seine Abklärungen zum relevanten Markt soweit möglich ohne formelle Ankündigung der Eröffnung einer Vorabklärung vornimmt. Denn sobald die Wettbewerbsbehörden darauf angewiesen sind, Beteiligte nicht bloss informell zu befragen, sondern auf die Auskunftspflicht gemäss Art. 40 hinzuweisen, wird die Einleitung zumindest einer Vorabklärung unabdingbar sein und sich die Untersuchung in die Länge ziehen. In heiklen Fällen wird daher das Meldeverfahren für die Parteien, die zumeist auf eine rasche Klärung der Zulässigkeit eines geplanten Vorhabens angewiesen sind, von geringem Nutzen sein.

32 Aufgrund des klaren Gesetzeswortlautes können sich die Wettbewerbsbehörden nicht damit begnügen, die Zulässigkeit einer bestimmten Verhaltensweise unter der Annahme des Vorliegens einer marktbeherrschenden Stellung zu prüfen. Vielmehr verlangt die verfassungsrechtliche Ordnung, dass ein Unternehmen im

konkreten Fall weiss, ob es sich auf eine bestimmte Weise verhalten darf. Dies bedingt letztlich auch die **Prüfung des Bestehens einer marktbeherrschenden Stellung** durch die Wettbewerbsbehörden.

33 Unbefriedigend und nicht dem Sinn und Zweck des Gesetzes entsprechend ist es zudem, wenn die Weko bzw. deren Sekretariat auf eine Meldung hin eine Untersuchung bzw. Vorabklärung eröffnet und diese in der Folge einstellt, ohne **materiell über die Zulässigkeit der gemeldeten Wettbewerbsbeschränkung** zu **befinden** (so aber RPW 2005/3, 458 ff. – Reorganisation des Biomilchmarktes; auch DUCREY, in: STOFFEL/ZÄCH, Kartellgesetzrevision 2003, 167, geht davon aus, dass das Verfahren ohne Weiteres eingestellt werden könne, falls die Parteien ihr Verhalten aufgeben). Der Zweck der Meldung besteht ja gerade darin, dem meldenden Unternehmen Rechtssicherheit über die Zulässigkeit eines bestimmten Verhaltens oder einer Wettbewerbsabrede zu geben.

34 Ungeklärt ist, welche **Zeitspanne** dem meldenden Unternehmen eingeräumt wird, um eine bereits **bestehende Wettbewerbsbeschränkung aufzugeben**, nachdem ihm die Eröffnung eines Verfahrens nach Art. 26–30 mitgeteilt wurde. Auch wenn das Gesetz die sofortige Einstellung der Wettbewerbsbeschränkung verlangt, wird die Weko dem meldenden Unternehmen u.U. eine – wenn auch sehr kurz bemessene – Frist zur Beendigung der Wettbewerbsbeschränkung einräumen müssen (BRAUCHLIN, Wettbewerbsbeschränkungen, N 40).

35 Eine **Änderung der Verhältnisse auf dem relevanten Markt**, die oftmals schleichend vor sich gehen wird, kann m.E. keinerlei Auswirkungen auf die Sanktionsbefreiung haben. So wäre bspw. denkbar, dass ein zwar marktmächtiges, aber nicht marktbeherrschendes Unternehmen eine Verhaltensweise meldet, die zwar missbräuchlich gemäss Art. 7 unzulässig wäre, mangels Marktbeherrschung aber nicht unzulässig ist und daher nicht beanstandet werden kann. Erlangt das Unternehmen in der Folge eine marktbeherrschende Stellung, ist es in seinem Vertrauen auf die Sanktionsbefreiung zu schützen. Die Auffassung, die Sanktionsbefreiung entfalle bereits dann, wenn eine abweichende Beurteilung durch die Wettbewerbsbehörde möglich erscheine (BRAUCHLIN, Wettbewerbsbeschränkungen, N 24), lässt ausser Acht, dass das Meldeverfahren eben gerade die für eine Strafnorm erforderliche Rechtssicherheit und Bestimmtheit sicherstellen will. Eine Ausnahme von der Sanktionsbefreiung trotz geänderter Verhältnisse gilt einzig dann, wenn das Unternehmen selbst, namentlich durch Erwerb eines weiteren auf dem relevanten Markt tätigen Unternehmens, aktiv zur Veränderung der Marktverhältnisse beiträgt und deshalb nicht mehr weiter in guten Treuen auf die Zulässigkeit des zuvor gemeldeten Verhaltens vertrauen darf. Ein Schutz der meldenden Unternehmen vor Sanktionen muss auch gegeben sein, wenn gewisse Effizienzgründe, welche die gemeldete Wettbewerbsabrede zulässig erscheinen liessen, infolge der Veränderung der Marktverhältnisse dahinfallen. Der Weko, die die entsprechenden Abreden und Verhaltensweisen aufgrund der Meldung kennt, ist es aber selbstverständlich unbenommen, jederzeit eine Untersuchung einzuleiten, um so die entsprechende Verhaltensweise in Zukunft zu unterbinden

und im Falle einer Zuwiderhandlung nach Art. 50 – nicht aber nach Art. 49a – zu sanktionieren.

VIII. Aufgabe der Wettbewerbsbeschränkung (Abs. 3 lit. b)

36 Eine Sanktionierung entfällt dann, wenn die Wettbewerbsbeschränkung bei Eröffnung der Untersuchung gemäss Art. 27 länger als fünf Jahre nicht mehr ausgeübt worden ist. Der Zeitpunkt der Eröffnung einer Vorabklärung ist damit für die Berechnung dieser **Fünfjahresfrist** unerheblich. Massgebend ist allein der Zeitpunkt der Eröffnung einer Untersuchung gemäss Art. 27.

37 Sind zwischen der **Aufgabe der Wettbewerbsbeschränkung** und der Eröffnung einer Untersuchung weniger als fünf Jahre vergangen, ist eine Sanktionierung möglich. Die Einstellung der Wettbewerbsbeschränkung stellt aber einen mildernden Umstand dar. Wenn Art. 6 Abs. 1 SVKG die Einstellung einer Wettbewerbsbeschränkung nach dem ersten Eingreifen des Sekretariates als mildernden Umstand bezeichnet, muss dies erst recht dann gelten, wenn das Unternehmen aus freien Stücken und vor einem solchen Eingreifen die Wettbewerbsbeschränkung einstellt. Insb. dann, wenn die Einstellung der Wettbewerbsbeschränkung aus freiem Willen erfolgte, ist der Basisbetrag ganz erheblich zu reduzieren.

IX. Ausnahmsweise Zulassung einer Wettbewerbsbeschränkung (Abs. 3 lit. c)

38 Hat der Bundesrat eine Wettbewerbsbeschränkung nach Art. 8 zugelassen, um überwiegend öffentliche Interessen zu verwirklichen, liegt gar keine unzulässige Abrede nach Art. 5 Abs. 3 und 4 bzw. kein unzulässiges Verhalten nach Art. 7 vor, weshalb schon allein gestützt auf den Wortlaut von Art. 49a Abs. 1 eine **Sanktion unzulässig** wäre. Art. 49a Abs. 3 lit. c stellt diesen Umstand nochmals klar.

X. Verfahren

39 Gemäss herrschender Lehre (vgl. etwa MOREILLON, in: TERCIER/BOVET, CR Concurrence, Art. 53 N 4 ff.; ZÄCH, Kartellrecht 2005, N 1141; a.M: DIETRICH, in: HOMBURGER, Kommentar 1996, Art. 39 N 27) und Praxis (RPW 2006/1, 146 f., N 40 ff. – Flughafen Zürich AG [Unique] – Valet Parking) soll auf die Verwaltungssanktionen nach Art. 49a ff. grundsätzlich das **Verfahren nach VwVG** und nicht nach VStrR zur Anwendung gelangen. Diese Ansicht kann sich nebst einer entsprechenden Aussage in der Botschaft (Botschaft KG 1995, 622) auch auf Art. 57 stützen, der im 5. Kapitel über die Strafsanktionen (Art. 54 ff.) steht und für die Verfolgung und Beurteilung der strafbaren Handlung das VStrR für anwendbar

erklärt. Da das Gesetz die Strafsanktionen von den Verwaltungssanktionen (Art. 49a ff.) unterscheidet, war es wohl tatsächlich der Wille des Gesetzgebers, dass auf die Verwaltungssanktionen gestützt auf Art. 39 VwVG Anwendung findet. Wie oben (Art. 49a N 3) dargestellt wurde, stellen die Sanktionen nach Art. 49a ff. aber Strafnormen dar, weshalb die Anwendung des VStrR an sich sachgerecht wäre, da die entsprechenden Verfahrensrechte zu wahren sind. Da die Weko aber die im VStrR enthaltenen Verfahrensgarantien, die über die im VwVG enthaltenen Garantien hinausgehen, zu Recht wenigstens sinngemäss anwenden will (RPW 2006/1, 147 N 42 f. – Flughafen Zürich AG [Unique] – Valet Parking), ist die Frage letztlich von untergeordneter praktischer Relevanz. Die Anwendung des VwVG verhindert zudem eine unsinnige Gabelung des Rechtsmittelweges (vgl. N 40).

Eine Sanktion kann mit **Beschwerde beim Bundesverwaltungsgericht** angefochten werden (Art. 33 lit. d VGG). Da sich die Sanktion auf öffentliches Recht des Bundes stützt, liegt eine Verfügung i.S.v. Art. 5 VwVG vor, so dass das gemäss Art. 31 VGG erforderliche Anfechtungsobjekt gegeben ist (die in BGE 129 III 109 E. 1.1 vertretene Auffassung, das öffentliche Bundesrecht i.S.v. Art. 5 Abs. 1 VwVG beschränke sich auf das Bundesverwaltungsrecht, widerspricht dem Gesetzestext und ist zu eng; das Bundesgericht hat denn auch selbst in BGE 122 IV 371 zu Recht festgehalten, eine auf das StGB gestützte Strafverfügung stelle eine Verfügung i.S.v. Art. 5 VwVG dar). Würde davon ausgegangen, es läge keine Verfügung i.S.v. Art. 5 VwVG vor oder es finde das VStrR Anwendung (dazu oben, N 39), führte dies dazu, dass gegen die Sanktionsverfügung der Weko zunächst bei dieser Einsprache (Art. 67 ff. VStrR) und anschliessend beim ordentlichen Strafgericht das Begehren um gerichtliche Beurteilung (Art. 72 VStrR) zu stellen wäre. Da die Verfügung der Weko hinsichtlich der Frage, ob überhaupt ein Kartellgesetzverstoss vorliegt, beim Bundesverwaltungsgericht angefochten werden muss, würde dies zu einer unerwünschten Gabelung des Rechtsmittelwegs führen. Eine solche Gabelung war vom Gesetzgeber klarerweise nicht beabsichtigt, zumal dieser die Sanktionen nach Art. 49a bis 52 (wenn auch fälschlicherweise) als Verwaltungssanktionen und gerade nicht als Strafsanktionen qualifizierte und damit nicht von der Anwendung des VStrR ausging (vgl. oben, N 39).

Art. 50 Verstösse gegen einvernehmliche Regelungen und behördliche Anordnungen

Verstösse gegen einvernehmliche Regelung und behördliche Anordnungen	Verstösst ein Unternehmen zu seinem Vorteil gegen eine einvernehmliche Regelung, eine rechtskräftige Verfügung der Wettbewerbsbehörden oder einen Entscheid der Rechtsmittelinstanzen, so wird es mit einem Betrag bis zu 10 Prozent des in den letzten drei Geschäftsjahren in der Schweiz erzielten Umsatzes belastet. Artikel 9 Absatz 3 ist sinngemäss anwendbar. Bei der Bemessung des Betrages ist der mutmassliche Gewinn, den das Unternehmen durch das unzulässige Verhalten erzielt hat, angemessen zu berücksichtigen.
Inobservation d'accords amiables et de décisions administratives	L'entreprise qui contrevient à son profit à un accord amiable, à une décision exécutoire prononcée par les autorités en matière de concurrence ou à une décision rendue par une instance de recours est tenue au paiement d'un montant pouvant aller jusqu'à 10 % du chiffre d'affaires réalisé en Suisse au cours des trois derniers exercices. L'art. 9, al. 3, est applicable par analogie. Le profit présumé résultant des pratiques illicites de l'entreprise est dûment pris en compte pour le calcul de ce montant.
Infrazioni in relazione con conciliazioni e decisioni dell'autorità	All'impresa che a proprio vantaggio contravviene a una conciliazione, a una decisione passata in giudicato delle autorità in materia di concorrenza o a una decisione di un'autorità di ricorso è addossato un importo sino al 10 per cento della cifra d'affari realizzata in Svizzera nei tre ultimi esercizi. L'articolo 9 capoverso 3 è applicabile per analogia. Nella determinazione dell'importo è tenuto adeguatamente conto del presunto guadagno che l'impresa ha conseguito con le pratiche illecite.

Inhaltsübersicht Note

I. Einleitung 1
II. Tatbestand 2
III. Verschulden 9
IV. Sanktionen 10

I. Einleitung

1   Art. 50 stellte bis zur Einführung der direkten Sanktionen durch Art. 49a die einzige Sanktionsnorm für bestimmte kartellrechtswidrige Abreden und Verhaltensweisen dar. Allerdings war bei Sanktionen gemäss Art. 50 die Kartellrechtswidrigkeit bereits zuvor rechtskräftig oder durch einvernehmliche Regelung fest-

gestellt worden. Art. 50 findet nunmehr Anwendung bezüglich Wettbewerbsbeschränkungen, die **nicht der Sanktionsdrohung von Art. 49a unterworfen** sind. Namentlich findet – sofern die Tatbestandsmerkmale erfüllt sind – bezüglich derjenigen Wettbewerbsbeschränkungen, die der Weko gestützt auf die Übergangsbestimmungen oder gestützt auf Art. 49a Abs. 3 lit. a (Letztere, sofern innerhalb der Fünfmonatsfrist kein Verfahren eröffnet wurde) gemeldet wurden, nur Art. 50 Anwendung. Wie die Sanktionen gemäss Art. 49a sind auch die Sanktionen gemäss Art. 50 als Strafen i.S.v. Art. 6 EMRK zu qualifizieren (s. oben, Art. 49a N 4 ff.; ZURKINDEN/TRÜEB, Handkommentar, Art. 50 N 5).

II. Tatbestand

Sanktioniert wird ein Verstoss gegen eine **einvernehmliche Regelung** (Art. 29 f.), gegen eine rechtskräftige Verfügung der Wettbewerbsbehörden (Art. 30) oder gegen einen rechtskräftigen Entscheid der Rechtsmittelinstanzen. 2

Der verfassungsrechtliche Grundsatz *nulla poena sine lege* erlaubt nur dann eine Sanktionierung, wenn die einvernehmliche Regelung, die Verfügung der Weko oder die Entscheide der Rechtsmittelinstanzen **genügend bestimmt** sind (RPW 2006/1, 152 N 83 – Flughafen Zürich AG [Unique] – Valet Parking; DUCREY, in: HOMBURGER, Kommentar 1996, Art. 50 N 7). So genügte etwa die einem marktbeherrschenden Unternehmen auferlegte Verpflichtung, seine marktbeherrschende Stellung nicht zu missbrauchen, nicht. Vielmehr müssen dem Verfügungsadressaten die Rechtslage und die verbotenen bzw. gebotenen Handlungen klar sein (RPW 2006/1, 152 N 83 – Flughafen Zürich AG [Unique] – Valet Parking). Nicht erforderlich ist dagegen, dass die Sanktion in der Verfügung oder im Entscheid angedroht wird. 3

Sanktioniert wird nur der Verstoss eines **Unternehmens** zu seinem Vorteil (zum Unternehmensbegriff vgl. Art. 2 Abs. 1 u. 1bis). Auch natürliche Personen können ausnahmsweise als Unternehmen i.S.v. Art. 2 qualifiziert werden, wenn etwa ein Unternehmer verschiedene Gesellschaften beherrscht. Sollte ein solcher Unternehmer ausnahmsweise nach Art. 50 sanktioniert werden, entfiele gestützt auf den Grundsatz «ne bis in idem» eine Bestrafung nach Art. 54, die normalerweise auf Individualpersonen zur Anwendung gelangt (ausführlich dazu hinten, vor Art. 54–57, N 31). 4

Sanktionierbar ist nur ein Verstoss durch ein Unternehmen zu dessen eigenem **Vorteil**. Die Natur des Vorteils ist für die Frage der Sanktionierung ebenso unerheblich wie dessen Höhe (RPW 2006/1, 169 N 191 – Flughafen Zürich AG [Unique] – Valet Parking); allerdings kann die Tatsache, dass der Verstoss für das Unternehmen nur einen geringen Vorteil gebracht hat, bei der Sanktionsbemessung berücksichtigt werden (DUCREY, in: HOMBURGER, Kommentar 1996, Art. 50 N 10). Handelt ein Unternehmen zum Vorteil einer verbundenen Gesellschaft gegen eine einvernehmliche Regelung oder einen rechtskräftigen Entscheid 5 der Wettbewerbsbehörden oder der Rechtsmittelinstanzen, dürfte darin regelmässig auch ein eigener Vorteil liegen, da die Konzernunternehmen kartellrechtlich regelmässig als ein einziges Unternehmen qualifizieren und sich gesunde finanzielle Verhältnisse der Konzerngesellschaften (namentlich der Mutter- bzw. der Tochtergesellschaften) positiv auf das handelnde Unternehmen selbst auswirken. Aufgrund der höchstpersönlichen Natur der Strafen (s. oben Art. 49a N 13) können die Konzerngesellschaften, selbst wenn sie ihr Verhalten untereinander abstimmen, nicht solidarisch für eine Busse nach Massgabe des jeweiligen Verschuldens sowie des relevanten Umsatzes haften (a.M. MOREILLON, in: TERCIER/BOVET, CR Concurrence, Art. 50 N 7). Vielmehr ist die dem Unternehmen i.S.v. Art. 2 Abs. 1bis auferlegte Busse auf die einzelnen beteiligten Konzerngesellschaften, welche dieses Unternehmen bilden, aufzuteilen (s. dazu Art. 49a N 13).

6 Art. 50 findet einzig auf Verstösse gegen Verfügungen, Entscheide bzw. einvernehmliche Regelungen Anwendung, die in **Verfahren nach Art. 26 ff.** ergangen sind (ZURKINDEN, in: VON BÜREN/DAVID, SIWR V2, 517) und namentlich nicht auf Verstösse gegen Verfügungen, Entscheide und einvernehmliche Regelungen im Zusammenhang mit der Prüfung von Unternehmenszusammenschlüssen i.S.v. Art. 32 ff. Diese werden abschliessend durch Art. 51 geregelt. Die nicht (richtige) Erfüllung der Auskunftspflicht sowie der Pflicht zur Vorlage von Urkunden wird durch Art. 52 sanktioniert (s. dazu hinten Art. 52).

7 Während der deutsche und italienische Gesetzestext die **Rechtskraft** der Verfügung der Wettbewerbsbehörden verlangt, lässt der französische Text die Vollstreckbarkeit genügen. Eine Verfügung ist dann vollstreckbar, wenn sie formell rechtskräftig ist, also nicht mit einem ordentlichen Rechtsmittel angefochten werden kann oder dem Rechtsmittel keine aufschiebende Wirkung zukommt oder dieselbe entzogen wurde. Die Weko stellt sich auf den Standpunkt, um die Wirkung namentlich vorsorglicher Massnahmen sicherzustellen, müsse die Vollstreckbarkeit für eine Sanktionierung genügen (RPW 2006/1, 149 ff., N 63 ff. – Flughafen Zürich AG [Unique] – Valet Parking). Dieser Auffassung kann nicht gefolgt werden: Vielmehr kann die Vollstreckung vorsorglicher Massnahmen durch eine an die Organe des betroffenen Unternehmens gerichtete Androhung der Bestrafung wegen Ungehorsams gegen amtliche Verfügungen gemäss Art. 292 StGB sichergestellt werden. Es ist damit nicht erforderlich, auch schon den Verstoss gegen eine zwar vollstreckbare, aber noch nicht rechtskräftige Verfügung oder Entscheidung nach Art. 50 zu sanktionieren. Auch die Botschaft verlangt klarerweise das Vorliegen einer rechtskräftigen Verfügung (Botschaft KG 1995, 620). Selbst wenn man der von der Weko vertretenen Auffassung folgen würde, müsste im Übrigen eine Bestrafung entfallen, wenn die Verfügung, gegen welche verstossen wurde, im Rechtsmittelverfahren aufgehoben wird, da alsdann gar keine gültige Verfügung vorlag, gegen die hätte verstossen werden können. Insofern wäre selbst dann die materielle Rechtskraft der Verfügung bzw. Gerichtsentscheidung Strafbarkeitsvoraussetzung. Ein Verstoss gegen einen Ent-

scheid einer Rechtsmittelinstanz ist ebenfalls nur sanktionierbar, wenn dieser in formelle Rechtskraft erwächst.

Im Sanktionsverfahren nach Art. 50 kann die **Gültigkeit** der rechtskräftigen Verfügung der Wettbewerbsbehörden, des rechtskräftigen Entscheids der Rechtsmittelinstanzen oder der einvernehmlichen Regelung, gegen welche verstossen wird, grundsätzlich **nicht überprüft** werden (vgl. MOREILLON, in: TERCIER/BOVET, CR Concurrence, Art. 50 N 2; ZURKINDEN/TRÜEB, Handkommentar, Art. 50 N 4). Es muss dem Betroffenen aber m.e. möglich sein, im Sanktionsverfahren geltend zu machen, die tatsächlichen oder rechtlichen Verhältnisse hätten sich wesentlich geändert, so dass gestützt auf Art. 30 Abs. 3 der Entscheid, gegen den verstossen wurde, hätte widerrufen oder geändert werden sollen. Zwar hätte das Unternehmen formell gegen einen rechtskräftigen Entscheid verstossen, doch hätte dieser materiell aufgehoben werden müssen. In einem solchen Falle gebietet kein Interesse die Strafbarkeit. Immerhin hat das Unternehmen, das selbst ja ohne weiteres den Widerruf oder die Änderung des Entscheides hätte beantragen können, die wesentlich geänderten Verhältnisse nachzuweisen, und es kann keine Überprüfung der früheren Ermessensentscheide oder Rechtsauslegungen vorgenommen werden. 8

III. Verschulden

Wie die Sanktionen gemäss Art. 49a und Art. 51 hat auch die Sanktion gemäss Art. 50 Strafcharakter (RPW 2002/2, 394 ff. E. 3.3 – Rhône-Poulenc S.A., Merck & Co. Inc.; RPW 2002/3, 533 f. N 48 f. – Zusammenschluss Schweizerische National-Versicherungs-Gesellschaft/Coop Leben; s. oben, Art. 49a N 3). Erforderlich ist damit auch hier ein **Verschulden**. Dem Unternehmen muss also mindestens eine Sorgfaltspflichtverletzung zur Last gelegt werden können (RPW 2002/3, 534, Ziff. 51 – Zusammenschluss Schweizerische National-Versicherungs-Gesellschaft/ Coop Leben). Die Weko erkannte darin, dass ein Unternehmen den ihm durch eine Verfügung auferlegten Pflichten nicht so nachkam, wie es diese nach Treu und Glauben verstehen musste, eine zumindest fahrlässige Sorgfaltspflichtverletzung bzw. ein Organisationsverschulden (RPW 2006/1, 169 f. N 197 ff. – Flughafen Zürich AG [Unique] – Valet Parking) 9

IV. Sanktionen

Das Kartellgesetz von 1995 sah als Sanktion noch eine Belastung bis zur dreifachen **Höhe** des durch den Verstoss erzielten Gewinns vor. Lediglich für den Fall, dass kein Gewinn festgestellt oder geschätzt werden konnte, statuierte das Kartellgesetz von 1995 eine Belastung von bis zu 10% des letzten in der Schweiz erzielten Jahresumsatzes. Die in Art. 50 vorgesehene Sanktion wurde mit der Revision vom 20. Juni 2003 an diejenige gemäss Art. 49a angepasst. Die Sanktionen 10 betragen nun bis zu 10% des in den letzten drei Geschäftsjahren in der Schweiz erzielten Umsatzes.

11 Grundsätzlich können die in der SVKG festgehaltenen Grundsätze für die Bussenberechnung daher auch für die Sanktionsbemessung gemäss Art. 50 angewendet werden (ZURKINDEN/TRÜEB, Handkommentar, Art. 50 N 2; RPW 2006/1, 176 N 241 – Flughafen Zürich AG [Unique] – Valet Parking), auch wenn die SVKG gemäss ihrem Art. 1 lediglich auf die Sanktionen gemäss Art. 49a Anwendung findet. Die **Grundsätze der Sanktionsbemessung** sind aber dieselben (s. oben Art. 49a N 9 ff.), was sich nicht zuletzt auch aus der Angleichung der Sanktionshöhe ergibt. Massgebend für die Sanktionsbemessung ist damit neben dem Verschulden sowie allenfalls der Dauer des Verstosses namentlich der mutmassliche Gewinn, den das Unternehmen durch das unzulässige Verhalten erzielt hat (vgl. zur Sanktionsbemessung RPW 2006/1, 175 ff., N 239 ff. – Flughafen Zürich AG [Unique] – Valet Parking). Zu bezweifeln ist, dass die Bussen gemäss Art. 50 deutlich tiefer liegen dürften als diejenigen, mit denen Abreden nach Art. 5 Abs. 3 und 4 zu sanktionieren sind (so aber ZURKINDEN/TRÜEB, Handkommentar, Art. 50 N 2), da das Verschulden bei Verstössen gemäss Art. 50 i.d.R. ungleich grösser sein dürfte als bei solchen gemäss Art. 49a, weiss doch das Unternehmen bei einem Verstoss gegen eine Verfügung, einen Entscheid oder eine einvernehmliche Regelung aufgrund des Bestimmtheitsgebots genau, dass sein Verhalten unzulässig ist.

12 Im Gegensatz zu Art. 49a, wo Abs. 2 eine Sanktionsbefreiung statuiert, ist eine solche bei Art. 50 grundsätzlich **ausgeschlossen** (RPW 2006/1, 181 N 285 – Flughafen Zürich AG [Unique] – Valet Parking).

13 Art. 333 Abs. 5 StGB findet auf die Sanktion **keine Anwendung** (s. Art. 52 N 13).

Art. 51 Verstösse im Zusammenhang mit Unternehmenszusammenschlüssen

Verstösse im Zusammenhang mit Unternehmenszusammenschlüssen

¹ Ein Unternehmen, das einen meldepflichtigen Zusammenschluss ohne Meldung vollzieht oder das vorläufige Vollzugsverbot missachtet, gegen eine mit der Zulassung erteilte Auflage verstösst, einen untersagten Zusammenschluss vollzieht oder eine Massnahme zur Wiederherstellung wirksamen Wettbewerbs nicht durchführt, wird mit einem Betrag bis zu einer Million Franken belastet.

² Bei wiederholtem Verstoss gegen eine mit der Zulassung erteilte Auflage wird das Unternehmen mit einem Betrag bis zu 10 Prozent des auf die Schweiz entfallenden Gesamtumsatzes der beteiligten Unternehmen belastet. Artikel 9 Absatz 3 ist sinngemäss anwendbar.

Cas d'inobservation liés à une concentration d'entreprises

¹ L'entreprise qui aura réalisé une concentration sans procéder à la notification dont elle aurait dû faire l'objet ou n'aura pas observé l'interdiction provisoire de réaliser la concentration, ou aura contrevenu à une charge dont a été assortie l'autorisation, aura réalisé une concentration qui a été interdite ou n'aura pas mis en oeuvre une mesure destinée à rétablir une concurrence efficace, sera tenue au paiement d'un montant de 1 million de francs au plus.

² En cas de récidive concernant une charge dont a été assortie l'autorisation, l'entreprise sera tenue au paiement d'un montant de 10 pour cent au plus du chiffre d'affaires total réalisé en Suisse par l'ensemble des entreprises participantes. L'art. 9, al. 3, est applicable par analogie.

Infrazioni in relazione con concentrazioni di imprese

¹ All'impresa che effettua senza comunicazione una concentrazione soggetta a comunicazione, non osserva il divieto temporaneo di esecuzione, contravviene ad un onere vincolato all'autorizzazione, realizza una concentrazione vietata o non esegue un provvedimento per il ripristino di una concorrenza efficace è addossato un importo sino a un milione di franchi.

² In caso di recidiva inerente a un onere connesso all'autorizzazione, l'importo addossato all'impresa ammonta sino al dieci per cento della cifra d'affari totale realizzata in Svizzera dall'insieme delle imprese partecipanti. L'articolo 9 capoverso 3 è applicabile per analogia.

Inhaltsübersicht   Note

I. Regelungsgegenstand und -zweck 1
II. Regelungsinhalt 2
    1. Tatbestand 2
    2. Sanktionen 6

I. Regelungsgegenstand und -zweck

1   Art. 51 stellt eine **Spezialnorm** zur Ahndung von Verstössen gegen die Vorschriften der kartellrechtlichen Fusionskontrolle dar. Art. 51 soll die Präventivwirkung der kartellrechtlichen Fusionskontrolle verstärken (RPW 1998/1, 94 E.19 ff. – Druckerei Wetzikon AG/Anzeiger von Uster AG). Art. 51 ist lex specialis zu Art. 50. Soweit die von Art. 51 erfassten Verstösse auch einem Verstoss gegen behördliche Anordnungen i.s.v. Art. 50 gleichkommen – d.h. bei einem Verstoss gegen eine mit der Zulassung des Zusammenschlusses erlassene Auflage, dem Vollzug eines untersagten Zusammenschlusses sowie der Missachtung einer angeordneten Massnahme zur Wiederherstellung wirksamen Wettbewerbs – gilt mithin die besondere Sanktionsordnung von Art. 51. Dahingegen werden die weiteren in Art. 51 genannten Tatbestände des Vollzugs eines meldepflichtigen Zusammenschlusses ohne Vornahme einer Meldung sowie der Missachtung des vorläufigen Vollzugsverbots nicht bereits von Art. 50 erfasst.

II. Regelungsinhalt

1. Tatbestand

2   **Normadressaten** von Art. 51 sind die an einem Zusammenschluss gemäss Art. 9 beteiligten Unternehmen i.S.v. Art. 3 VKU. Bei einer Fusion sind es die fusionierenden Unternehmen, bei einem Kontrollerwerb die kontrollierenden und die kontrollierten Unternehmen. Bei einem ebenfalls von der Fusionskontrolle erfassten neu gegründeten Gemeinschaftsunternehmen (s. dazu Art. 4 N 57 ff.) gelten im Gegensatz zum Kontrollerwerb über ein bestehendes Gemeinschaftsunternehmen naturgemäss bloss die kontrollierenden Unternehmen als beteiligte Unternehmen (vgl. RPW 1998/3, 468 f. E.3.1. – BKW/AEK).

3   Art. 51 sanktioniert einerseits den Verstoss gegen rechtskräftige Entscheide der Wettbewerbsbehörden bzw. verwaltungsrechtliche Verträge. Es geht um **Verstösse gegen Auflagen**, die bei der Durchführung des Zusammenschlusses zu beachten sind, um den Vollzug eines untersagten Zusammenschlusses sowie die Missachtung einer angeordneten Massnahme zur Wiederherstellung wirksamen Wettbewerbs. Anderseits werden gesondert der Vollzug eines meldepflichtigen Zusammenschlusses ohne Vornahme einer Meldung (vgl. RPW 1997/2 237 ff. – BKW-AEK/Comtop; RPW 2001/2, 443 ff. – Rhône-Poulenc S.A./Merck & Co. Inc.) sowie die Missachtung des vorläufigen Vollzugsverbots (vgl. RPW 1998/4, 613 ff. – Curti & Co. AG) sanktioniert (vgl. dazu auch DUCREY/DROLSHAMMER, in: HOMBURGER, Kommentar 1996, Art. 9 N 93 f.; DUCREY, in: HOMBURGER, Kommentar 1996, Art. 35 N 1 ff.). Wird bekannt, dass ein meldepflichtiger Unternehmenszusammenschluss ohne Meldung vollzogen wird, so wird das kartellrechtliche Fusionskontrollverfahren von Amtes wegen eingeleitet (Art. 35). Während dieses

Verfahrens gilt ein vorläufiges Vollzugsverbot (Art. 32 Abs. 2). Wenn die Parteien einen meldepflichtigen Unternehmenszusammenschluss ohne Meldung vollziehen und erst danach ein Prüfungsverfahren eingeleitet wird, könnte man denken, dass nicht nur der Verstoss gegen die Meldepflicht, sondern zusätzlich auch die Missachtung des Vollzugsverbotes sanktioniert werden könnten. Dies ist allerdings nicht der Fall, es liegt keine echte Konkurrenz vor. Die Missachtung des vorläufigen Vollzugsverbotes wird nur gesondert sanktioniert, wenn das Vollzugsverbot gemäss Art. 32 Abs. 2 im Rahmen eines bereits laufenden Verfahrens nicht beachtet wird (s. dazu Art. 32 N 1 ff.).

Werden die Meldepflicht oder das Vollzugsverbot missachtet, so bleibt der Unternehmenszusammenschluss zivilrechtlich unwirksam (s. dazu Art. 34 N 3 f.). Als **Vollzug** gilt bereits die blosse Möglichkeit, bestimmend Einfluss auf das Unternehmen zu nehmen, das den Gegenstand des Kontrollerwerbs bildet, und nicht erst die Ausübung desselben, bspw. durch Eintrag im Aktienbuch (vgl. RPW 2002/3, 528 ff. N 26 ff. – Schweizerische National-Versicherungs-Gesellschaft/Coop Leben). Entsprechend hat die Meldung bei Vorliegen einer Meldepflicht jedenfalls nach Abschluss des Verpflichtungsgeschäfts bzw. der Abgabe einer Offerte bei einem öffentlichen Übernahmeangebot zu erfolgen (s. dazu Art. 9 N 29 ff.). 4

Art. 51 Abs. 2 hält als qualifizierten Tatbestand den **wiederholten** Verstoss gegen eine mit der Zulassung des Zusammenschlusses erlassene Auflage fest. Falls die beteiligten Unternehmen wiederholt und in schwerwiegender Weise einer mit einer Zulassung verknüpften Auflage zuwiderhandeln, kann die Weko die Zulassung gemäss Art. 38 Abs. 1 lit. c widerrufen (s. dazu Art. 38 N 5). 5

2. Sanktionen

Beim Vorliegen eines der vorgenannten Verstösse kann die Weko **Administrativbussen** in Höhe von bis zu CHF 1 Mio. (Abs. 1) oder im qualifizierten Wiederholungsfalle gemäss Abs. 2 bis zu 10% des auf die Schweiz entfallenden Gesamtumsatzes der beteiligten Unternehmen aussprechen (vgl. allg. ZÄCH, Kartellrecht 2005, N 1104 ff., 1111 u. 1138 ff.; DUCREY, in: VON BÜREN/DAVID, SIWR V/2, 264 f. u. ZURKINDEN, in: VON BÜREN/DAVID, SIWR V/2, 517 ff.; DUCREY, in: HOMBURGER, Kommentar 1996, Art. 51 N 1 ff., Art. 37 N 1 ff. u. Art. 52 N 1 ff.; VON BÜREN/MARBACH, Wettbewerbsrecht, N 1592 ff.; ZURKINDEN, Fusionskontrolle, N 158 ff.). Dabei ist die Höhe der Busse im Ermessen der Weko primär anhand objektiver Kriterien, wegen ihres Charakters als Strafsanktion jedoch verschuldensabhängig (s. zum Verschuldenserfordernis Art. 49a N 5 ff.) festzusetzen. 6

Als **Kriterien** für die Bussenbemessung gelten in der Praxis neben der Schwere der Zuwiderhandlung sinngemäss die wirtschaftliche Bedeutung des den Verstoss begehenden Unternehmens, die potenzielle Gefahr des Zusammenschlusses für den Wettbewerb – diese wird bereits beim Vorliegen der in Art. 11 Abs. 1 lit. d für die 7

Frage des Vorliegens eines betroffenen Markts statuierten Marktanteile von 20% gemeinsam bzw. 30% einzeln vermutet – sowie die Möglichkeit der Beseitigung wirksamen Wettbewerbs gemäss Art. 10 Abs. 2 (s. dazu Art. 10 N 25 ff.; s. zur Sanktionsbemessung Art. 49a N 9 ff.; RPW 2001/1, 152 f. N 34 ff. – Banque Nationale de Paris (BNP)/Paribas, m.w.H.; RPW 2002/2, 402 E.4.1. – Rhône-Poulenc S.A./Merck & Co. Inc.; RPW 2002/3, 535 f. N 55 ff. – Schweizerische National-Versicherungs-Gesellschaft/Coop Leben). Die Weko hat bei der Bussenberechnung jedenfalls den Grundsatz der **Verhältnismässigkeit** zu wahren.

Art. 52 Andere Verstösse

Andere Verstösse Ein Unternehmen, das die Auskunftspflicht oder die Pflichten zur Vorlage von Urkunden nicht oder nicht richtig erfüllt, wird mit einem Betrag bis zu 100 000 Franken belastet.

Autres cas d'inobservation L'entreprise qui n'aura pas exécuté son obligation de renseigner ou de produire des documents, ou ne l'aura fait qu'en partie, sera tenue au paiement d'un montant de 100 000 francs au plus.

Altre infrazioni All'impresa che non adempie o adempie solo in parte il suo obbligo di fornire informazioni o di presentare i documenti è addossato un importo sino a 100 000 franchi.

Inhaltsübersicht   Note

I.   Anwendungsbereich 1
II. Objektiver Tatbestand 4
III. Subjektiver Tatbestand 10
IV. Sanktion 12
V.   Konkurrenzfragen 14

I. Anwendungsbereich

Gemäss Art. 40 haben Beteiligte an Wettbewerbsabreden und Zusammenschlüssen, marktmächtige Unternehmen sowie betroffene Dritte den Wettbewerbsbehörden grundsätzlich alle für deren Abklärungen notwendigen Auskünfte zu erteilen und die benötigten Urkunden vorzulegen. Art. 15 konkretisiert die Auskunftspflichten im Zusammenhang mit Unternehmenszusammenschlüssen. Kommen Unternehmen ihrer Auskunfts- und Dokumentationspflicht nicht oder nur ungenügend nach, kann dieses Verhalten grundsätzlich mit einer Verwaltungssanktion gemäss Art. 52 belegt werden. Die Sanktion kann ausschliesslich im Zusammenhang mit der Nichterfüllung von Auskunftspflichten im **verwaltungsrechtlichen Untersuchungsverfahren vor den Wettbewerbsbehörden** ausgefällt werden; sie ist auch zulässig bei der Missachtung der Aufschlusspflichten gemäss Art. 15 VKU (wie hier: DUCREY, in: HOMBURGER, Kommentar 1996, Art. 52 N 1 m.w.H. auf die Botschaft KG 1995; a.M. – jedoch ohne nähere Begründung – ZURKINDEN/TRÜEB, Handkommentar, Art. 52 N 4). Art. 52 kommt dagegen nicht zur Anwendung, wenn Auskünfte im kartellzivilprozessualen Verfahren im Zusammenhang mit Art. 12–17 verweigert werden (MOREILLON, in: TERCIER/BOVET, CR Concurrence, Art. 52 N 1).

1

2 Eine Sanktion gestützt auf Art. 52 fällt in einer Untersuchung zu einem nach Art. 5 Abs. 3 u. 4 oder aber nach Art. 7 mutmasslich unzulässigen Verhalten ausser Betracht. Denn bei solchen Fällen steht eine mögliche Verwaltungssanktion nach Art. 49a im Raum, welche materiellrechtlich als Strafe i.S.v. Art. 6 EMRK gilt (HANGARTNER, in: STOFFEL/ZÄCH, Kartellgesetzrevision 2003, 269 m.w.H. auf Botschaft KG 2003, 2033 f.; ZÄCH, Kartellrecht 2005, N 1105 u. N 1108). Alsdann kann das Unternehmen gemäss Art. 6 Abs. 1 EMRK das Recht in Anspruch nehmen, sich nicht selbst strafrechtlich belasten (und folglich keine Informationen herausgeben) zu müssen (siehe dazu *mutatis mutandis* das Urteil des EGMR vom 3. Mai 2001 i.S. J.B. v. Schweizerische Eidgenossenschaft). Die gegenteilige Auffassung (MOREILLON, in: TERCIER/BOVET, CR Concurrence, Art. 52 N 12 m.H. BGE 121 II 257), wonach der Anspruch, sich selbst nicht belasten zu müssen, als rein prozessualer Behelf vor einer materiellrechtlichen Informationspflicht zurückzuweichen habe, überzeugt nicht: Das **Recht zu schweigen** ist ein fundamentales verfassungsmässiges Recht, das überdies völkerrechtlich garantiert ist und folglich gemäss Art. 191 BV *jedem* Landesrecht – egal welcher Natur oder Stufe – grundsätzlich vorgeht (gl. M. HANGARTNER, in: STOFFEL/ZÄCH, Kartellgesetzrevision 2003, 273 f.).

3 Bei Informationen mit Geschäftsgeheimnisqualität i.S.v. Art. 162 StGB ist zu differenzieren: Das Unternehmen kann sich bei Informationen über *sich selbst* so oder anders nicht auf das **Geschäftsgeheimnis** gemäss Art. 162 StGB berufen; denn nur ein *Dritter* (nicht aber der Geheimnisträger selbst) kann verpflichtet sein, ein Geschäftsgeheimnis zu wahren (BGE 118 Ib 547 ff., MOREILLON, in: TERCIER/BOVET, CR Concurrence, Art. 52 N 11). Wird aber das betreffende Unternehmen aufgefordert, Informationen über einen Dritten offen zu legen bzw. zu dokumentieren, könnte das Unternehmen dadurch grundsätzlich sehr wohl Art. 162 StGB verletzen. Beherrschte Konzerngesellschaften werden nach hier vertretener Auffassung angesichts des wirtschaftlichen Unternehmensbegriffes im Straf- und Kartellrecht nur dann als Dritte gelten können, wenn die Informationspreisgabe durch die beherrschende Gesellschaft eine vertragliche oder ausserhalb des StGB begründete gesetzliche Geheimhaltungspflicht verletzen würde, d.h. mit anderen Worten, wenn das aufgeforderte Unternehmen wirklich nicht über die betreffende Information verfügen darf. Freilich ist in Art. 52 eine rechtfertigende Gesetzespflicht i.S.v. Art. 14 StGB (Art. 34 altStGB) zu sehen, soweit die angeordnete Informationspflicht im konkreten Fall verhältnismässig (d.h. geeignet, erforderlich und als tunliches Mittel zu einem erlaubten Zweck) erscheint (BGE 94 IV 8; 96 IV 20; 99 IV 255; 101 IV 316; 111 IV 116; 121 IV 212). Unverhältnismässig wäre eine Informationspflicht etwa dann, wenn das Unternehmen infolge der Aufschlusserteilung Gefahr liefe, im Ausland wegen einer mit Art. 273 StGB vergleichbaren Bestimmung (wirtschaftlicher Nachrichtendienst) strafrechtlich verfolgt zu werden und ungewiss ist, ob es sich im Verfahren vor den ausländischen Behörden durch den Hinweis auf die in der Schweiz nach Art. 52 bestehende Aufschlusspflicht entlasten kann.

II. Objektiver Tatbestand

Ein Verstoss gegen Art. 52 setzt eine **individuell-konkrete Verfügung** einer Wettbewerbsbehörde voraus, die die Herausgabe von hinreichend bestimmten Dokumenten und/oder Informationen anordnet. Die verpflichtete Unternehmung muss genau wissen, welche Informationen bzw. Dokumente angefordert werden; andernfalls ist die Verfügung nicht im Sinne des strafrechtlichen Legalitätsprinzips (Art. 1 StGB, Art. 7 Abs. 1 EMRK, Art. 15 Abs. 1 UNO-Pakt II) hinreichend bestimmt. In zeitlicher Hinsicht muss sich aus der Anordnung ergeben, bis wann der verlangte Aufschluss spätestens zu erteilen ist. Fehlt ein solcher Termin, stellt eine blosse Verzögerung der Aufschlusserteilung noch kein strafbares Handeln i.S.v. Art. 52 dar; alsdann setzt die Strafbarkeit eine Mahnung und den Ablauf einer Nachfrist voraus (wie hier: MOREILLON, in: TERCIER/BOVET, CR Concurrence, Art. 52 N 8). Die Verfügung muss dem Unternehmen nachweislich zugestellt worden sein. Mit Blick auf den subjektiven Tatbestand muss sie ausserdem zur Kenntnis des für die Informationserteilung verantwortlichen Organs gelangt sein (dazu unten N 10), wobei in aller Regel der Generaldirektor («CEO») als für die Informationserteilung bzw. die Kommunikation mit den Wettbewerbsbehörden verantwortlich gilt. 4

Die Editions-/Informationsverfügung der Wettbewerbsbehörde muss **vollstreckbar** und überdies rechtmässig, aber nicht unbedingt rechtskräftig sein (zur Begründung siehe sinngemäss hinten N 23 vor Art. 54–57). Nach herrschender Auffassung (DUCREY, in: HOMBURGER, Kommentar 1996, Art. 52 N 15; MOREILLON, in: TERCIER/BOVET, CR Concurrence, Art. 52 N 4) darf bei der Beurteilung der Frage, ob das Unternehmen die Tatbestandsvoraussetzungen von Art. 52 erfüllt hat, die Rechtmässigkeit der zugrunde liegenden Anordnung zur Edition/Information nicht überprüft werden, soweit dem Unternehmen die gerichtliche Anfechtung möglich war; diese Möglichkeit ist bei Anordnungen i.S.v. Art. 40/Art. 15 VKU stets gegeben (Beschwerde an das Bundesverwaltungsgericht gemäss Art. 33 lit. f. VGG). Richtigerweise muss es aber in jedem Fall zulässig sein, vorfrageweise die Rechtmässigkeit der dem inkriminierten Verhalten zugrunde liegenden Anordnung zu überprüfen. Denn gemäss Art. 52 soll die Unternehmung ja nicht deswegen bestraft werden, weil es ein Rechtsmittel gegen die betreffende Editions-/Informationsverfügung versäumt, sondern weil sie gegen eine *rechtskonform* angeordnete Informationspflicht verstossen hat. Auf jeden Fall aber muss es der Unternehmung erlaubt sein, veränderte tatsächliche und rechtliche Verhältnisse geltend zu machen, ohne gegen die Editions-/Informationsverfügung ein formelles Revisionsverfahren anstrengen zu müssen. Die Rechtmässigkeit der Editions-/Informationsverfügung der Wettbewerbsbehörden richtet sich nach Art. 40 bzw. Art. 15 VKU und dem einschlägigen Verfassungs- bzw. Völkerrecht (dazu vorn N 2). Die Wettbewerbsbehörden dürfen nicht alle erdenklichen, sondern lediglich erforderliche bzw. bedeutsame Informationen bzw. Aufschlüsse anfordern, die mit dem Untersuchungsgegenstand konnex sind (DUCREY, in: HOMBURGER, Kommentar 1996, Art. 52 N 17 f.; s.a. N 5 zu Art. 40 hiervor). 5

6 Die Verletzungshandlung besteht typischerweise in einer **Unterlassung**: Die angeordneten Auskünfte werden entweder überhaupt nicht oder nur unvollständig erteilt, wobei mit Blick auf das strafrechtliche Legalitätsprinzip (Art. 1 StGB, Art. 7 Abs. 1 EMRK, Art. 15 Abs. 1 UNO-Pakt II) die Vollständigkeit ausschliesslich an dem in der Editions-/Informationsverfügung ausdrücklich verlangten Informationsumfang zu messen und nicht etwa aufgrund eines objektiven Informationsbedarfs zu beurteilen ist. Die Verletzungshandlung kann aber auch in einem aktiven Tun bestehen, indem bspw. zu edierende Urkunden vernichtet oder – für die Behörden unauffindbar – bei Seite geschafft werden. So kann etwa das Wegschaffen von relevanten Urkunden in das Ausland objektiv-tatbestandsmässig sein, soweit mangels einschlägiger Rechtshilfeübereinkommen diese Dokumente nicht leicht in die Schweiz zurückgeschafft werden können und für die Auslagerung der Urkunden keine geschäftsmässige Begründung (z.B. eine im Konzern zentralisierte Dokumentenverwaltung) vorliegt. Schliesslich erfüllt auch die Erteilung falscher Auskünfte bzw. eine Irreführung der Wettbewerbsbehörden objektiv den Tatbestand von Art. 52 (s. dazu MOREILLON, in: TERCIER/BOVET, CR Concurrence, Art. 52 N 7).

7 Der mögliche **Täterkreis** ist auf Unternehmen beschränkt, die zum Adressatenkreis von Anordnungen gemäss Art. 40 bzw. Art. 15 VKU zählen (DUCREY, in: HOMBURGER, Kommentar 1996, Art. 52 N 4 ff., siehe ferner die Kommentierung zu Art. 40 hiervor); zum massgeblichen Unternehmensbegriff siehe die Kommentierung zu Art. 2 Abs. 1bis. Im *konkreten* Fall ergibt sich der mögliche Täterkreis aus der betreffenden Editions-/Informationsverfügung der Wettbewerbsbehörde. Gehilfenschaft, Anstiftung oder Mittäterschaft ist ausserhalb dieses engen Adressatenkreises ausgeschlossen (MOREILLON, in: TERCIER/BOVET, CR Concurrence, Art. 52 N 3).

8 **Bestreitet** das betroffene Unternehmen trotz rechtskräftiger Editions-/Informationsverfügung seine Aufschlusserteilungspflicht, ist eine erneute Anordnung der Auskunft bzw. eine Sanktionsandrohung entbehrlich; die Anordnung der Informationserteilung gemäss Art. 40/Art. 15 VKU ist bereits *ex lege* strafbewehrt.

9 Entgegen dem Anschein, den die Überschrift zu Art. 52 erzeugt, sind **andere Kooperationsverweigerungen** als die soeben erläuterten bzw. im Text von Art. 52 wörtlich erwähnten *nicht strafbar*; alles andere würde dem strafrechtlichen Legalitätsprinzip (Art. 1 StGB, Art. 7 Abs. 1 EMRK, Art. 15 Abs. 1 UNO-Pakt II) widersprechen.

III. Subjektiver Tatbestand

10 Eine Sanktion nach Art. 52 setzt mindestens eventualvorsätzliches Handeln voraus (RPW 2002/2, 386 – Rhône-Poulenc S.A., Merck & Co. Inc. sowie RPW 2002/3, 524 f. – Zusammenschluss Schweizerische National-Versicherungs-

Gesellschaft/Coop Leben [Sanktion]). **Eventualvorsätzliches Handeln** der betreffenden Organpersonen wird dem Unternehmen zugerechnet; es geht hier also im Gegensatz zu Art. 102 StGB (100^{quater} altStGB) nicht um ein Organisationsverschulden innerhalb des Unternehmens, sondern um die Zurechnung von individuellem vorsätzlichen Handeln einer natürlichen Person (scheinbar a.M. – freilich nur rechtsvergleichend begründet – MOREILLON, in: TERCIER/BOVET, CR Concurrence, vor Art. 50–53 N 19; in Art. 52 N 19 verlangt dieser Autor dennoch vorsätzliches Handeln, also gerade nicht Organisationsverschulden). Der genannte individuelle Vorsatz bzw. Eventualvorsatz muss zum Zwecke der Zurechnung *ermittelt und nachgewiesen* werden; gelingt dies nicht, ist der Tatbestand nicht erfüllt; eine Sanktion nach Art. 52 fällt ausser Betracht. Ein individueller Vorsatz kann nur nachgewiesen werden, wenn die betreffende Organperson erwiesenermassen die fragliche Editions-/Informationsverfügung der Wettbewerbsbehörden zur Kenntnis genommen hat; Kenntnisnahme durch den Anwalt des Unternehmens reicht nicht aus, da die zivilrechtliche Wissensvertretung keinen strafrechtlich relevanten Vorsatz zu begründen vermag.

Die Feststellung und **Bemessung des Unternehmensverschuldens**, indem individuelles Verschulden der involvierten Organpersonen dem Unternehmen zugerechnet wird, ist unbefriedigend, denn dieselben Organpersonen werden für dasselbe individuelle Verschulden auch noch nach Art. 54 f. bestraft. Dies führt im Ergebnis zur Doppelbestrafung ein und desselben Unrechts, ohne dass dies gestützt auf das Doppelbestrafungsverbot («ne bis in idem») verhindert werden könnte; denn in aller Regel liegt keine Täteridentität vor (s. dazu ZÄCH, Kartellrecht 2005, N 1106 sowie auch hinten vor Art. 54–57 N 30 f.). Sachgerechter wäre eine Sanktionierung des Unternehmens für Organisationsverschulden, wie dies im Rahmen der Unternehmensstrafbarkeit nach Art. 102 StGB (Art. 100^{quater} altStGB) vorgesehen ist. *De lege lata* kommt dies aber nicht in Frage, weil die primäre Unternehmensstrafbarkeit gestützt auf Organisationsverschulden auf die in Art. 102 Abs. 2 StGB abschliessend aufgezählten Delikte beschränkt ist und eine Analogie zulasten des Beschuldigten im Strafrecht unzulässig ist (strafrechtliches Legalitätsprinzip gemäss – u.a. – Art. 1 StGB; s. dazu TRECHSEL, Kurzkommentar, Art. 1 StGB N 24). Es bleibt somit nichts anderes übrig, als gemäss Art. 12 Abs. 1 StGB (Art. 18 Abs. 1 altStGB) i.V.m. Art. 333 Abs. 1 StGB für die Strafbarkeit des Unternehmens nach Art. 52 Vorsatz vorauszusetzen und, mangels Alternative, denjenigen der Organpersonen dem Unternehmen zuzurechnen. Art. 333 Abs. 7 StGB, wonach bei Übertretungen Fahrlässigkeit für die Strafbarkeit ausreicht, ist nicht anwendbar: Im Falle von Art. 52 liegt gerade *keine* Übertretung vor, da es sich um eine Verwaltungssanktion mit Kriminalcharakter gegen ein Unternehmen – und damit materiell um eine Unternehmenskriminalstrafe – handelt, und da im Unternehmensstrafrecht die hier massgebliche Sanktionsart der Busse nicht eo ipso zur Qualifikation des jeweiligen Straftatbestandes als Übertretung führt, wie sich aus der Lehre zu Art. 102 StGB ergibt: FORSTER, Verantwortlichkeit, 262 ff. *De lege ferenda* sollte aus den erwähnten Gründen die Bestrafung nach Art. 52 in Analogie zu Art. 102 Abs. 2 StGB ein Organisationsverschulden des Unternehmens voraussetzen. Auch ist schwer einzusehen, warum die Teilhaber des Unternehmens, die wirtschaftlich die Sanktion letztlich zu tragen haben, im Ergebnis für individuelles Fehlverhalten einstehen müssen. Sachgerecht erscheint es einzig, wenn die Unternehmensteilhaber wirtschaftlich für einen Vorgang einstehen, der dem Unternehmen *als marktmässig auftretender wirtschaftlicher Einheit* vorwerfbar ist; ein solches *dem Unternehmen* vorwerfbares Unrecht kann nur ein Organisationsverschulden bzw. (mit FORSTER, Verantwortlichkeit, 65 gesprochen) eine «organisierte Unverantwortlichkeit» in Analogie zu Art. 102 StGB (Art. 100^{quater} altStGB) sein.

IV. Sanktion

12   Dem Unternehmen, das Art. 52 zuwiderhandelt, wird eine **Busse** bis CHF 100 000 angedroht. Die Bemessung im Einzelfall hängt von den konkreten Umständen ab, insb. von der Schwere der Verletzung (bzw. dem Ausmass der Abweichung von den Vorgaben in der Informations-/Editionsverfügung), von den Auswirkungen der Informationsverweigerung auf den Gang des Verfahrens und vom Schädigungspotenzial des untersuchten Vorganges bzw. der untersuchten Wettbewerbsbeschränkung (ZÄCH, Kartellrecht 2005, N 1139).

13   Bei Art. 52 handelt es sich materiell um *Nebenstrafrecht*. Gemäss *Wortlaut* von Art. 333 Abs. 5 StGB wäre bei dieser Sachlage mit Inkrafttreten des neuen Allgemeinen Teils des StGB ausschliesslich Art. 34 StGB für die Sanktionsbemessung anwendbar; alsdann würde anstelle der vorerwähnten Busse die neurechtliche, *nach Tagessätzen bemessene* **Geldstrafe** treten, es sei denn, Art. 52 wäre (entgegen der hier vertretenen Meinung) eine blosse Übertretung, womit gemäss Art. 333 Abs. 3 i.V.m. Art. 106 Abs. 1 StGB die *Busse* nach bisherigem *Gesamtsummen-* (und eben nicht Tagessatzsystem) als Sanktion beibehalten werden dürfte. Die Frage, ob Art. 52 eine blosse Übertretung ist und *deshalb* gemäss Art. 333 Abs. 3 StGB übergangsrechtlich die Busse als Sanktion weitergilt, braucht im *hier* interessierenden Zusammenhang letztlich nicht diskutiert zu werden: Auch wenn man Art. 52 (richtigerweise) *nicht* als Übertretung qualifiziert, ist die Anwendung von Art. 333 Abs. 5 StGB und damit die Sanktionierung des Unternehmens nach dem neurechtlichen Geldstrafen- bzw. Tagessatzsystem ausgeschlossen. Denn die Geldstrafe bzw. das Tagessatzsystem wurden ganz offensichtlich auf *natürliche* Personen ausgerichtet; bspw. wäre bei Unternehmen die Tagessatzbemessung unter Berücksichtigung von «Lebensaufwand, familiären Unterstützungspflichten bzw. dem Existenzminimum» (so der Wortlaut von Art. 34 Abs. 3 StGB) wenig tunlich, und die gesetzlich vorgesehene Ersatzfreiheitsstrafe für den Fall der Nichteinbringung der Geldstrafe fällt für Unternehmungen ausser Betracht (FORSTER, Verantwortlichkeit, 263 f.). Art. 34 StGB ist mit anderen Worten teleologisch auf natürliche Personen zu reduzieren. Auch finden sich in den Materialien keine Hinweise, wonach der Gesetzgeber die neurechtliche Geldstrafe hätte auf Unternehmungen ausdehnen wollen (FORSTER,

Verantwortlichkeit, 264). Im Gegenteil lässt die ausdrückliche Einführung der *Unternehmensbusse* in Art. 102 StGB eher darauf schliessen, dass diese – nach dem Gesamtsummensystem (und nicht nach Tagessätzen) bemessene – Sanktion die einzig angezeigte Bestrafungsform für Unternehmungen darstellt (im Ergebnis gleich: FORSTER, Verantwortlichkeit, 264). Es besteht daher kein Anlass, die in Art. 52 vorgesehene Sanktion durch eine Geldstrafe nach Art. 34 StGB zu ersetzen.

V. Konkurrenzfragen

Werden nicht bloss Informationen verweigert, sondern gleichzeitig auch Dokumente zerstört bzw. dauerhaft dem Zugriff der Untersuchungsbehörde entzogen oder werden solche Dokumente gar verfälscht, können möglicherweise die handelnden natürlichen Personen gemäss Art. 254 StGB/Art. 16 VStrR (Urkundenunterdrückung) und/oder Art. 251 StGB/Art. 15 VStrR (Urkundenfälschung) zur Verantwortung gezogen werden. Insoweit ist auch eine subsidiäre Unternehmensverantwortlichkeit gemäss Art. 102 Abs. 1 StGB (Art. 100^{quater} altStGB) denkbar. Gleiches gilt für eine mögliche subsidiäre Unternehmensverantwortlichkeit bei Irreführung der Wettbewerbsbehörde gestützt auf Art. 102 Abs. 1 StGB (Art. 100^{quater} Abs. 1 altStGB) i.V.m. Art. 146 (oder Art. 151) StGB/Art. 14 Abs. 1 VStrR (wobei in Bagatellfällen das Unternehmen gestützt auf Art. 7 VStR i.V.m. Art. 14 VStr *primär* belangt werden kann, FORSTER, Verantwortlichkeit, 257 ff.). Nach hier vertretener Auffassung stehen diese Unternehmensverantwortlichkeiten zu Art. 52 weder im Verhältnis der Spezialität noch der Konsumption, sondern vielmehr der **echten Konkurrenz**: Denn keine der soeben erwähnten Normen zielt darauf ab, die Autorität der Verwaltung oder den funktionierenden Wettbewerb schützen. Diese sind aber gerade die hauptsächlichen (wenn auch nicht einzigen) Schutzobjekte von Art. 52 (siehe dazu *mutatis mutandis* hinten vor Art. 54–57 N 14). Zu beachten bleibt Art. 9 (i.V.m. Art. 1) VStrR, wonach trotz echter Konkurrenz die Ausfällung einer Gesamtstrafe i.S.v. Art. 43 StGB (Art. 68 altStGB) ausser Betracht fällt, soweit die konkurrierenden Straftatbestände von unterschiedlichen Behörden zu beurteilen sind (s. HAURI, VStrR, Art. 9 N 1).

14

Art. 53 Verfahren

Verfahren

¹ Verstösse werden vom Sekretariat im Einvernehmen mit einem Mitglied des Präsidiums untersucht. Sie werden von der Wettbewerbskommission beurteilt.

² Aufgehoben

Procédure et voies de droit

¹ Les cas d'inobservation sont instruits par le secrétariat, d'entente avec un membre de la présidence. La commission statue.

² Abrogé

Procedura e rimedi giuridici

¹ Le infrazioni sono istruite dalla segreteria d'intesa con un membro della presidenza e giudicate dalla Commissione.

² Abrogati

Inhaltsübersicht Note

I. Allgemeines 1
II. Anwendbares Recht 2
III. Untersuchung durch das Sekretariat der Wettbewerbskommission 3
IV. Beurteilung durch die Wettbewerbskommission 4
V. Beschwerde an das Bundesverwaltungsgericht 5
VI. Verjährung von Verwaltungssanktionen 6

I. Allgemeines

1 Art. 53 regelt die Aufteilung der **Kompetenzen** zwischen dem Sekretariat der Weko und der Weko im Zusammenhang mit der Untersuchung und Beurteilung von Verstössen im Sinn der Art. 50–52. Dabei ist das Sekretariat im Einvernehmen mit einem Mitglied des Präsidiums für die Untersuchung zuständig, die Weko hingegen für die Entscheidfällung. Diese Kompetenzaufteilung in einerseits Instruktions- und andererseits Entscheidbehörde entspricht der allg. Kompetenzaufteilung im Rahmen des KG. Sie ist auch in den Regelungen von Art. 18 ff. sowie in den Ausführungsbestimmungen des Reglements der Weko (Art. 4 Abs. 3 lit. h u. Art. 12 Abs. 1 lit. b) zu finden. Dieselbe Kompetenzordnung wird auch für den Bereich der Strafsanktionen in Art. 57 Abs. 2 statuiert.

II. Anwendbares Recht

Art. 39 sieht vor, dass auf die Verfahren die Bestimmungen des **Verwaltungsverfahrensgesetzes (VwVG)** zur Anwendung kommen, falls das KG nicht davon abweicht. Da die Art. 49a–52 keine anderslautenden Normen bzw. in dieser Hinsicht gar keine Regelungen enthalten, käme an und für sich das VwVG zur Anwendung. Nun bestimmt jedoch Art. 57, dass in prozessualer Hinsicht bei der Verfolgung und Beurteilung von strafbaren Handlungen das VStrR gilt. Da unbestritten sein dürfte, dass Verwaltungssanktionen in ihrer Schwere strafrechtlichen Sanktionen gleichkommen können, und die Art. 50–52 strafrechtlichen Charakter aufweisen (DAVID, in: VON BÜREN/DAVID, SIWR V/2, 517 ff.), erscheint dies nicht in jeglicher Hinsicht als sachgerecht. Es ist nicht einleuchtend, das Verwaltungsverfahrensgesetz für anwendbar zu erklären. Dies umso mehr, als mit der Revision des KG nun Art. 49a auch direkte Sanktionen erlaubt. Zumindest wird diese gesetzgeberische Ungereimtheit jedoch dadurch relativiert, dass in materieller Hinsicht auch das VwVG die Verfahrensgarantien für ein strafrechtliches Prozedere sämtlich berücksichtigen dürfte (ZURKINDEN/TRÜEB, Handkommentar, Art. 53 N 2), und die Weko in Verfahren betreffend Verwaltungssanktionen auch die allfällig weitergehenden Grund- und Verfahrensrechte beachtet, welche sich aus dem VStrR ergeben (RPW 2006/1, 147 – Flughafen Zürich AG (Unique) – Valet Parking).

2

III. Untersuchung durch das Sekretariat der Wettbewerbskommission

Als Grundsatz legt Art. 53 fest, dass Verstösse gegen Art. 50–52 vom **Sekretariat der Weko** untersucht werden. Dies hat «im Einvernehmen mit einem Mitglied des Präsidiums» zu erfolgen. «Einvernehmen» muss dabei im gleichen Sinne wie in Art. 27 Abs. 1 ausgelegt werden, da jene Bestimmung sich ebenfalls auf die Untersuchung bezieht (s. dazu Art. 27 N 4). Der Begriff «Einvernehmen» ist somit i.S.v. «Zustimmung» zu verstehen, was bedeutet, dass ohne Zustimmung eines Präsidiumsmitglieds der Weko keine Untersuchungshandlungen vorgenommen werden dürfen. Das Gesetz nennt nun jedoch keine Untersuchungshandlungen, auf die sich das Einvernehmen beziehen muss. Dies kann allerdings nicht bedeuten, dass bei jeder Untersuchungshandlung eine explizite Zustimmung vorliegen muss. Im Zusammenspiel mit Art. 23 Abs. 1 und Art. 27 Abs. 1 ist davon auszugehen, dass bei Vorliegen der Zustimmung zur Eröffnung einer Untersuchung auch den damit notwendigerweise verbundenen Untersuchungshandlungen, wie etwa Einvernahmen, zugestimmt wird. Einzig eine solche Interpretation wird der generellen durch das Gesetz in Art. 23 Abs. 1 vorgesehenen Aufgabenaufteilung gerecht, welche eine Generalkompetenz des Sekretariats zur Durchführung von Untersuchungshandlungen vorsieht (s. dazu Art. 23 N 6 ff.). Die Weko kann sich allerdings auch selbst an der Untersuchung beteiligen, was durch verschiedene Bestimmungen manifestiert wird. So sieht Art. 17 des Reglements der

3

Weko vor, dass die Kommissionsmitglieder an den Untersuchungshandlungen des Sekretariats teilnehmen (Abs. 2) und das Sekretariat mit zusätzlichen Untersuchungsmassnahmen beauftragen können (Abs. 3). Weiter kann die Kommission aber auch die Verfahrensbeteiligten selbst anhören (Abs. 4). Aus diesen Normen ergibt sich, dass die Weko sich immer dann in eine Untersuchung einschalten kann, wenn sie es aufgrund der Bedeutung für notwendig hält.

IV. Beurteilung durch die Wettbewerbskommission

4   Nach Abschluss der Untersuchung und Aufbereitung des Sachverhaltes durch das Sekretariat fällt die Weko auf Antrag des Sekretariats einen **Entscheid** (Art. 12 Abs. 1 Reglement). Dieser Entscheid hat sich inhaltlich insb. mit der Frage zu beschäftigen, ob ein Tatbestand gemäss Art. 49a–52 vorliegt und in welcher Höhe eine Sanktion auszusprechen ist. Kommt die Weko zur Auffassung, dass die in der Untersuchung gesammelten Fakten nicht ausreichen, um diese Fragen zu beantworten, hat sie die Möglichkeit, die Akten zur Ergänzung des Sachverhalts an das Sekretariat zurückzuweisen (DUCREY, in: HOMBURGER, Kommentar 1996, Art. 53 N 12).

V. Beschwerde an das Bundesverwaltungsgericht

5   Im Rahmen der **Totalrevision der Bundesrechtspflege** ist Abs. 2 von Art. 53 aufgehoben worden. Gegen Entscheide der Weko steht nun die Beschwerde an das Bundesverwaltungsgericht zur Verfügung (Art. 31 i.V.m. Art. 33 lit. f VGG). Dessen Entscheid unterliegt der Beschwerde ans BGer (Art. 82 i.V.m. Art. 86 BGG).

VI. Verjährung von Verwaltungssanktionen

6   Weder die Verfolgungs- noch die Vollstreckungsverjährung ist im KG im Zusammenhang mit Verwaltungssanktionen ausdrücklich geregelt. Die Botschaft zum KG verweist insofern auf die allg. verwaltungsrechtlichen Grundsätze (Botschaft KG 1995, 155). Dieser Verweis ist jedoch wenig hilfreich, da im Verwaltungsrecht oftmals Lücken bei der Frage der **Verjährung** bestehen. Angemessen erscheint es jedoch in Anlehnung an Art. 49a Abs. 3 lit. b, eine Verjährungsfrist von fünf Jahren anzunehmen (so BORER, Kommentar 2005, Art. 53 N 4). Obwohl es sich bei der Frist von Art. 49a Abs. 3 lit. b in Zusammenhang mit den direkten Sanktionen um eine Verwirkungsfrist handelt (SPITZ, Anwendung, 563), spricht aus Gründen der Rechtssicherheit und der Systematik nichts gegen die analoge Anwendung dieser Fünfjahresfrist. Im Übrigen haben für diese Verjährungsfrist

die allgemeinen, von der Rechtsprechung entwickelten Grundsätze über die Verjährung betreffend öffentlich-rechtliche Ansprüche zu gelten (DUCREY, in: HOMBURGER, Kommentar 1996, Art. 53 N 16).

7. Abschnitt: Gebühren

Art. 53a

¹ Die Wettbewerbsbehörden erheben Gebühren für:

a. Verfügungen über die Untersuchung von Wettbewerbsbeschränkungen nach den Artikeln 26–31;

b. die Prüfung von Unternehmenszusammenschlüssen nach den Artikeln 32–38;

c. Gutachten und sonstige Dienstleistungen.

² Die Gebühr bemisst sich nach dem Zeitaufwand.

³ Der Bundesrat legt die Gebührensätze fest und regelt die Gebührenerhebung. Er kann vorsehen, dass für bestimmte Verfahren oder Dienstleistungen, namentlich bei der Einstellung der Verfahren, keine Gebühren erhoben werden.

¹ Les autorités en matière de concurrence prélèvent des émoluments pour:

a. les décisions relatives aux enquêtes concernant des restrictions à la concurrence aux termes des arts. 26 à 31;

b. l'examen des concentrations d'entreprises aux termes des arts. 32 à 38;

c. les avis et autres services.

² Les émoluments sont calculés en fonction du temps consacré à l'affaire.

³ Le Conseil fédéral fixe le taux des émoluments et en règle les modalités de perception. Il peut déterminer les procédures et prestations non soumises aux émoluments, notamment lorsque la procédure est classée sans suite.

¹ Le autorità in materia di concorrenza riscuotono emolumenti per:

a. le decisioni relative a inchieste concernenti limitazioni della concorrenza ai sensi degli articoli 26–31;

b. l'esame delle concentrazioni di imprese ai sensi degli articoli 32–38;

c. i pareri e altri servizi.

² Gli emolumenti sono calcolati in funzione del tempo impiegato.

³ Il Consiglio federale stabilisce il tasso degli emolumenti e ne disciplina la riscossione. Esso può esentare da emolumenti talune procedure o prestazioni, in particolare in caso di sospensione delle procedure.

Inhaltsübersicht   **Note**

I. Einleitung 1
II. Gegenstand der Gebühr (Abs. 1) 4
   1. Allgemein 4
   2. Verfügungen über die Untersuchung von Wettbewerbsbeschränkungen (lit. a) 5
   3. Prüfung von Unternehmenszusammenschlüssen (lit. b) 9
   4. Gutachten und sonstige Dienstleistungen (lit. c) 10
III. Bemessung und Höhe der Gebühr (Abs. 2 und 3) 11
IV. Gebührenfreiheit (Abs. 3) 12

I. Einleitung

Die Revision 2003 des Kartellgesetzes brachte mit dem neuen Art. 53a eine **1** **klare gesetzliche Grundlage** für die Gebührenerhebung durch die Wettbewerbsbehörden. Unter dem früheren Recht erhoben die Wettbewerbsbehörden Gebühren für Verwaltungsverfahren, Gutachten und sonstige Dienstleistungen gestützt auf das Kartellgesetz (früherer Art. 47 Abs. 2 KG, der die gesetzliche Grundlage für die Gebührenerhebung für Gutachten bildete und durch die Revision aufgehoben wurde), das Bundesgesetz über Massnahmen zur Verbesserung des Bundeshaushalts (Bundesgesetz vom 4. Oktober 1974 über Massnahmen zur Verbesserung des Bundeshaushalts, SR 611.010) und die Verordnung vom 25. Februar 1998 über die Gebühren zum Kartellgesetz (GebV-KG). Zwecks Beseitigung gewisser Unklarheiten, welche aus der Anwendung des bisherigen Rechts entstanden sind (vgl. BGE 128 II 247 ff.; BGer 25.04.2002, 2A.481/2001), wurde die Gebührenfrage in einer einzigen spezialgesetzlichen Norm geregelt (Botschaft KG 2003, 2045 f.).

Art. 53a Abs. 1 legt dem Legalitätsprinzip entsprechend den Gegenstand der **2** Gebühr fest und Abs. 2 regelt deren Bemessungsgrundlage. Abs. 3 dieser Bestimmung ermächtigt den Bundesrat, die Gebührensätze festzulegen und die Gebührenerhebung zu regeln, wobei er vorsehen kann, dass für bestimmte Verfahren oder Dienstleistungen, namentlich bei der Einstellung von Verfahren, keine Gebühren erhoben werden. Der Bundesrat hat von seiner Kompetenz mit der **Gebührenverordnung-KG** Gebrauch gemacht.

Gebührenpflichtig ist, wer Verwaltungsverfahren verursacht oder Gutachten und **3** sonstige Dienstleistungen veranlasst. Das Verursacherprinzip wird jedoch durch das Unterliegerprinzip eingeschränkt (BGE 128 II 257 ff. E. 6, gemäss diesem Entscheid kann eine Person, deren wettbewerbsbeschränkendes Verhalten sich aufgrund von Art. 3 als zulässig erweist, nicht als unterliegend betrachtet und mit Kosten belegt werden; vgl. auch ZÄCH, Kartellrecht 2005, N 1149; BORER, Kommentar 2005, N 3).

II. Gegenstand der Gebühr (Abs. 1)

1. Allgemein

4   Absatz 1 umschreibt den Gegenstand der Gebühr. Danach erheben die Wettbewerbsbehörden, d.h. die Weko und ihr Sekretariat, Gebühren für die im Kartellgesetz vorgeschriebenen **Verwaltungsverfahren** (Vorabklärungs- und Untersuchungsverfahren bei Wettbewerbsbeschränkungen, Vorprüfungs- und Prüfungsverfahren bei Unternehmenszusammenschlüssen) sowie die im Zusammenhang mit dem Kartellrecht erbrachten **Gutachten** und **sonstigen Dienstleistungen**. Die Gebühren für Strafverfahren gemäss den Art. 54 und 55 richten sich nach den Bestimmungen der Verordnung vom 25. November 1974 über Kosten und Entschädigungen im Verwaltungsstrafverfahren (SR 313.32; Art. 1 Abs. 2 GebV-KG).

2. Verfügungen über die Untersuchung von Wettbewerbsbeschränkungen (lit. a)

5   Die Wettbewerbsbehörden erheben **Gebühren für Verfügungen** über die Untersuchung von Wettbewerbsbeschränkungen nach den Art. 26–31.

6   Beantragen Dritte die Durchführung einer **Vorabklärung**, handeln sie als Anzeiger. Sie haben keine Parteistellung und keinen Anspruch auf eine förmliche Verfügung (BGer 19.12.2003, 2A.415/2003 E.2.3.4 u. 2.3.5). Aus diesem Grund werden sie auch nicht kostenpflichtig (BGE 130 II 528 E. 2.7.2). Gegenüber Beteiligten, die eine Vorabklärung veranlasst haben, gilt Gebührenfreiheit, sofern sich aus der Vorabklärung keine Anhaltspunkte für eine unzulässige Wettbewerbsbeschränkung ergeben (Art. 3 Abs. 2 lit. b GebV-KG). Unternehmen, die ihr möglicherweise unzulässiges Verhalten während der Vorabklärung ändern und damit dafür sorgen, dass das Verfahren als gegenstandslos eingestellt wird, können trotzdem gebührenpflichtig werden (BGE 128 II 247 E. 6.1; ZURKINDEN/TRÜEB, Handkommentar, 440).

7   Wird die **Untersuchung eröffnet**, gehen Beteiligte, die eine Untersuchung veranlasst haben, gebührenfrei aus, sofern sich die zu Beginn vorliegenden Anhaltspunkte nicht erhärten und das Verfahren aus diesem Grund eingestellt wird (Art. 3 Abs. 2 lit. c GebV-KG). Wird das Verfahren jedoch eingestellt, weil das Unternehmen sein rechtswidriges Verhalten aufgrund der eingeleiteten Untersuchung angepasst hat, wird dieses von der Gebühr nicht befreit (BGer 2A. 492/2002, E. 2.2; ZURKINDEN/TRÜEB, Handkommentar, 440). Beteiligte, die einem Vorschlag des Sekretariats zur einvernehmlichen Beseitigung einer als unzulässig erachteten Wettbewerbsbeschränkung zustimmen (vgl. Art. 29) und als Folge davon ihr Verhalten massgeblich ändern, werden ebenfalls kostenpflichtig (BGer 2A.415/2003, E.2.2). Dritte, auf deren Anzeige hin eine

Untersuchung durchgeführt wird, bezahlen keine Gebühren (Art. 3 Abs. 2 lit. a GebV-KG).

Hält die Weko eine Wettbewerbsbeschränkung für unzulässig, heisst der Bundesrat einen Antrag der Beteiligten auf eine **ausnahmsweise Zulassung** aus überwiegenden Interessen jedoch gut (vgl. Art. 31), sind diesfalls Gebühren geschuldet (BGer 2A. 492/2002, E. 2.2). 8

3. Prüfung von Unternehmenszusammenschlüssen (lit. b)

Für die vorläufige Prüfung im Rahmen der Fusionskontrolle gemäss Art. 32 erhebt das Sekretariat statt der Gebühr nach Zeitaufwand eine **Pauschalgebühr** (Art. 4 Abs. 3 GebV-KG). 9

4. Gutachten und sonstige Dienstleistungen (lit. c)

Unter dem Begriff «sonstige Dienstleistungen» sind etwa **Rechtsauskünfte** zu verstehen. 10

III. Bemessung und Höhe der Gebühr (Abs. 2 und 3)

Die Gebühren werden nach dem **Zeitaufwand** bemessen. Die Höhe des Stundenansatzes richtet sich insb. nach der Dringlichkeit des Geschäfts und der Funktionsstufe des ausführenden Personals (Art. 4 Abs. 2 GebV-KG). Für die vollständige Prüfung von Unternehmenszusammenschlüssen erhebt das Sekretariat statt der Gebühren nach Zeitaufwand eine Pauschalgebühr von CHF 5000 (Art. 4 Abs. 3 GebV-KG). 11

IV. Gebührenfreiheit (Abs. 3)

Art. 53a Abs. 3, der dem Bundesrat ausdrücklich erlaubt, für bestimmte Verfahren oder Dienstleistungen, namentlich bei der Einstellung der Verfahren, von Gebühren abzusehen, wurde in Art. 3 GebV-KG konkretisiert. Die in Art. 3 Abs. 2 GebV-KG aufgeführten **Fälle von Gebührenfreiheit** sind nicht abschliessend (BGE 128 II 258 E. 6.2). 12

5. Kapitel: Strafsanktionen

Vorbemerkungen zu Art. 54–57

Inhaltsübersicht Note

I. Entstehungsgeschichte 1
II. Art. 54 f. im System des Strafrechts 4
   1. Nebenstrafrecht i.S.v. Art. 333 ff. StGB 4
   2. Verhältnis zu Art. 292 StGB 6
   3. Sonderdelikte, Geschäftsherrenhaftung und Unternehmensstrafrecht 7
   4. Versuch, Teilnahme und Tätermehrheit 11
III. Ratio legis und geschützte Rechtsgüter 12
IV. Anforderungen an die strafbewehrte Anordnung 17
   1. Individuell-konkreter Charakter 17
      a. Bestimmte Verhaltensanordnung 18
      b. Bestimmte Adressaten 20
   2. Kenntnisnahme durch die Adressaten 21
   3. Rechtskraft 22
   4. Rechtmässigkeit 24
V. Örtlicher Anwendungsbereich von Art. 54 f. 26
   1. Auswirkungsgrundsatz 26
   2. Bei Adressaten im Ausland 27
   3. Konzerne, Joint Ventures und Outsourcings 29
VI. Art. 54 f. und das Doppelbestrafungsverbot 30
   1. Allgemeines zu «ne bis in idem» 30
   2. «Ne bis in idem» im Verhältnis zwischen Art. 54 f. und 50 ff. 31
   3. «Ne bis in idem» bei Mehrfachverstoss gegen Art. 54 f. 33

I. Entstehungsgeschichte

1   Das KG von 1962 enthielt keine Strafbestimmungen. Nach dem damaligen Gesetz hätte eine **Bestrafung fehlbarer natürlicher Personen** nur gestützt auf **Art. 292 StGB** erfolgen können (DROLSHAMMER, Wettbewerbsrecht, 233). Dazu ist es rechtstatsächlich nie gekommen.

2   Im Vorfeld der KG-Revision 1985 wurde die Haftandrohung nach Art. 292 StGB als **übermässige Pönalisierung** kartellrechtswidrigen Verhaltens empfunden. Deshalb führte der Gesetzgeber im Rahmen der KG-Revision 1985 mit Art. 39–

41 ein Strafregime ein, das die Strafandrohungen auf Bussen beschränkte und im Wesentlichen den heutigen Art. 54, 55 und 57 entsprach. Auch Art. 39 ff. KG 1985 blieben Papiertiger; es kam zu keiner einzigen Verurteilung. Die Bestimmungen wurden dennoch ohne relevante Veränderungen (sogar mit identischen Bussrahmen) in das geltende KG übernommen. Sie gaben bei den Gesetzgebungsberatungen zu keinerlei Kontroversen Anlass. Sie wurden mit Art. 55, zweiter Teilsatz, ergänzt, um die Bestrafung des Verstosses gegen die Meldepflicht gemäss dem neu geschaffenen Art. 9 bei besonders bedeutsamen Zusammenschlüssen von Unternehmen einzuführen.

Zusammenfassend reflektiert die Entstehungsgeschichte des Kartellgesetzes eine augenfällige **Zurückhaltung des Gesetzgebers**, kartellrechtliche Verfehlungen von **Individuen** zu kriminalisieren. Diese Grundeinstellung trat auch bei den Beratungen zur KG-Teilrevision 2003 zu Tage, als die zuständige Nationalratskommission eine dem neuen Art. 49a entsprechende *direkte* Bestrafung für *natürliche Personen* wegen besonders gravierender wettbewerbsschädigender Handlungen ablehnte. Direkt wäre eine solche Sanktion insofern gewesen, als für die Bestrafung – im Gegensatz zu den Art. 54 f. des geltenden KG – keine Widerhandlung gegen einvernehmliche Regelungen oder behördliche Anordnungen erforderlich gewesen wäre, sondern die besonders gravierende wettbewerbsschädigende Handlung an sich genügt hätte (Protokoll der Kommission des Nationalrates [WAK] vom 2./3. September 2002, 53 f.). Aus dieser generellen Attitüde der gesetzgebenden Gremien lässt sich freilich für die Auslegung der Art. 54 ff. nichts Wesentliches ableiten.

II. Art. 54 f. im System des Strafrechts

1. Nebenstrafrecht i.S.v. Art. 333 ff. StGB

Die **Strafsanktionen** des fünften Kapitels betreffen *natürliche Personen*; im Gegensatz dazu richten sich die *Verwaltungssanktionen* des sechsten Abschnittes im vierten Kapitel gegen fehlbare *Unternehmungen*. Die Differenzierung zwischen Strafsanktionen gegen Individuen und Verwaltungssanktionen gegen Unternehmen (trotz weitgehend gleicher objektiver Tatbestandsmerkmale) stammt aus der Zeit vor Inkraftsetzung der Unternehmensstrafbarkeit (Art. 100^{quater} altStGB, am 1. Oktober 2003 in Kraft getreten, bzw. Art. 102 StGB); der Gesetzgeber glaubte damals, sich gegenüber fehlbaren Unternehmungen mit *verschuldensunabhängigen* Verwaltungssanktionen behelfen zu müssen. Daraus, dass in der Literatur die unterschiedliche Rechtsnatur von Verwaltungssanktionen einerseits und Strafsanktionen anderseits betont wird, lassen sich für die Auslegung von Art. 54 ff. allerdings keine wesentlichen Erkenntnisse gewinnen.

Bei Art. 54 f. handelt es sich um **Nebenstrafrecht** *i.S.v. Art. 333 ff. StGB*, zumal Art. 57 auf das VStrR und dieses in Art. 2 auf die allg. Bestimmungen des StGB (und damit auch auf Art. 333 ff. StGB) verweist (gl. M. DUCREY, in: HOMBURGER, Kommentar 1996, Vorbem. Art. 50–57 N 19; a.M. SPITZ, Anwendung, 564). Gemäss Art. 333 Abs. 1 StGB i.V.m. Art. 2 VStrR und Art. 57 findet indes der Allgemeine Teil des schweizerischen Strafgesetzbuches nur insoweit Anwendung, als sich aus dem KG nichts Gegenteiliges ergibt. Bei der Anwendung von Art. 54 f. sind in jedem Fall die einschlägigen strafrechtlichen und strafprozessualen Garantien (insb. das Legalitätsprinzip bzw. Bestimmtheitsgebot nach Art. 1 StGB/Art. 7 EMRK, das Verschuldensprinzip gemäss Art. 6 Abs. 3 EMRK sowie die Verfahrensgarantien nach Art. 31 f. BV bzw. Art. 5 f. EMRK) zu berücksichtigen (s. dazu HANGARTNER, in: STOFFEL/ZÄCH, Kartellgesetzrevision 2003, 267 ff.).

2. Verhältnis zu Art. 292 StGB

6   Art. 54 f. stellen mit Ausnahme von Art. 55, zweiter Teilsatz, *Ungehorsamsstrafrecht* dar; sie sanktionieren ebenso wie die Art. 289, 290, 294, 295 und insb. 292 StGB den Ungehorsam gegen amtliche Anordnungen. Art. 54 und 55 sind (mit Ausnahme der Bestimmung, die den Vollzug meldepflichtiger Zusammenschlüsse ohne Meldung gemäss Art. 55 sanktioniert) *Blankettstrafnormen* wie Art. 292 StGB. Bei Blankettstrafnormen ergibt sich das strafbare Verhalten nicht schon aus dem Gesetz; es wird erst durch den individuell-konkreten Akt (Verfügung oder einvernehmliche Regelung) umschrieben, der unter (ggf. ex lege impliziertem) Hinweis auf die Ungehorsamkeitsstrafe begründet wurde. Angesichts dieser Gemeinsamkeiten zwischen den hier kommentierten Bestimmungen und Art. 292 StGB erscheint es bei der Auslegung von Art. 54 f. gerechtfertigt, ergänzend auf die Materialien und Kommentierungen zu Art. 292 StGB Bezug zu nehmen. Art. 54 und 55 sind im Verhältnis zu Art. 292 StGB *leges speciales posteriores*; sie schliessen in ihrem Anwendungsbereich die Bestrafung nach Art. 292 StGB gänzlich aus (DUCREY, in: HOMBURGER, Kommentar 1996, Art. 54 N 2; zur Subsidiarität von Art. 292 StGB im Allgemeinen s. BGE 106 IV 279).

3. Sonderdelikte, Geschäftsherrenhaftung und Unternehmensstrafrecht

7   Die Art. 54 und 55 sind *echte Sonderdelikte*: Strafbar sind nur die Adressaten der verletzten behördlichen Anordnung. Diese können denknotwendig nur *Entscheidungsträger* der betreffenden Unternehmung im Sinne des zivilrechtlichen *materiellen Organbegriffs* sein (s. dazu Botschaft KG 1995, Ziff. 272.1, 622; DUCREY, in: HOMBURGER, Kommentar 1996, Art. 54 N 4). Auch die Bussgeldandrohung wegen Vollzugs eines meldepflichtigen Zusammenschlusses ohne Meldung gemäss Art. 55 richtet sich nur gegen Organe.

An sich tatbestandsmässiges Verhalten nicht sonderpflichtiger (d.h. nicht durch 8
eine Anordnung nach Art. 54 f. verpflichteter) Mitarbeiter wird den sonderpflichtigen Organen gemäss Art. 6 Abs. 2 VStrR i.V.m. Art. 57 Abs. 1 zugerechnet, falls diese es *vorsätzlich* in *Verletzung einer Rechtspflicht* unterlassen haben, die Mitarbeiter vom tatbestandsmässigen Verhalten abzubringen oder die Wirkungen dieses Verhaltens aufzuheben (**Geschäftsherrenhaftung**; ebenso MOREILLON, in: TERCIER/BOVET, CR Concurrence, vor Art. 54 N 18 ff.; DUCREY, in: HOMBURGER, Kommentar 1996, Art. 54 N 5). Die Organe bleiben aber bei bloss *fahrlässigem* Nichteinschreiten entgegen dem Wortlaut von Art. 6 Abs. 2 VStrR straflos, weil die Grunddelikte gemäss Art. 54 f. nur bei Vorsatz strafbar sind (HAURI, VStrR, Art. 6 N 14b m.w.H.). Strafbar ist anderseits *eventualvorsätzliches* Nichteinschreiten der Organe; dieses setzt beim betreffenden Organ mindestens positive Kenntnis von hinreichend dichten Indizien voraus, die darauf hindeuten, dass sich ein Untergebener i.S.v. Art. 54 f. wahrscheinlich tatbestandsmässig verhalten wird. Die *Rechtspflicht, Widerhandlungen von Mitarbeitern abzuwenden*, kann sich bei den Ungehorsamstatbeständen einerseits aus der betreffenden amtlichen Anordnung ergeben; ihr Adressat ist auch ohne ausdrückliche Anweisung im Anordnungstext nach den für behördliche Verfügungen geltenden Auslegungsgrundsätzen verpflichtet, gegen Zuwiderhandlungen Untergebener einzuschreiten (ähnl. HAURI, VStrR, Art. 6 N 8 f.). Anderseits kann der betreffende Entscheidungsträger insb. aus dem Anstellungsverhältnis zum Unternehmen bzw. den einschlägigen gesetzlichen Bestimmungen verpflichtet sein, seine Mitarbeiter an der fraglichen Widerhandlung zu hindern. Diese Interventionspflicht kann sich gemäss ständiger Praxis des Bundesgerichts auch aus der beherrschenden Stellung des Organs in Verbindung mit dessen faktischer Möglichkeit, das tatbestandsmässige Verhalten zu verhindern, ergeben (BGE 96 IV 155; 100 IV 40; 105 IV 172; 110 IV 15; 120 IV 300; 121 IV 10; 122 IV 103; 125 IV 9; 126 IV 13; 6S.717/2001). Eine *allg. Aufsichtspflicht des Organs* (wie etwa Art. 716a Abs. 1 Ziff. 5 OR sie vorsieht) reicht für die Strafbarkeit nach Art. 6 Abs. 2 VStrR nicht aus; verlangt ist eine *besondere, für den fraglichen Fall massgebende Handlungspflicht*: Das Organ muss demnach verpflichtet sein, *gerade die zu beurteilenden Verhaltensweisen* des Mitarbeiters durch Instruktion, Überwachung oder Intervention zu verhindern (HAURI, VStrR, Art. 6 N 8d m.H.). Folglich können nur diejenigen Organe nach Art. 6 Abs. 2 VStrR bestraft werden, *in deren Kompetenz die Kontrolle über den betreffenden Aufgabenbereich des Unternehmens tatsächlich fällt* (STRATENWERTH, Strafrecht Teil I, § 14 N 28). Die geschäftsführende Tätigkeit dieser Organe muss überdies eine gewisse Intensität aufweisen; richtigerweise können daher nur operativ tätige (und nicht bloss in Überwachungsgremien amtierende) Organe gestützt auf die Geschäftsherrenhaftung zur Verantwortung gezogen werden.

Gemäss Art. 7 VStrR kann freilich das Unternehmen direkt für Zuwiderhandlungen seiner Organe gegen behördliche Anordnungen (bzw. für das Nichteinschreiten dieser Organe gegen Zuwiderhandlungen von Untergebenen) geahndet werden, wenn eine Busse von nicht mehr als CHF 5000 gegen den Fehlbaren in Aus- 9 sicht steht. Mit anderen Worten brauchen die Strafverfolgungsbehörden in Bagatellfällen nicht gegen natürliche Personen zu ermitteln, sondern können stattdessen nach dem *Opportunitätsprinzip* direkt die Unternehmung belangen, wenn sich dadurch die Ermittlungen weniger aufwändig gestalten lassen. Die Ermittlungsbehörden müssen aber auch in solchen Fällen sämtliche objektiven und subjektiven Tatbestandsmerkmale von Art. 54 bzw. 55 nachweisen (ungenau HAURI, VStrR, Art. 7 N 5, der ein «Verschulden» des Täters voraussetzt; dieses – nämlich die Zurechnungsfähigkeit – wird aber bei Anwendung von Art. 7 VStrR gerade nicht ermittelt). Denkbar ist etwa, dass aufgrund der Aktenlage *grundsätzlich* ausser Zweifel steht, dass gegen eine amtliche Anordnung i.S.v. Art. 54 oder 55 mit Wissen und Willen verstossen wurde, dass aber der an sich feststehende Vorsatz nur aufgrund von langwierigen Vernehmungen einem von mehreren in Frage kommenden Verdächtigen eindeutig zugeordnet werden kann (so wohl auch sinngemäss HAURI, VStrR, Art. 7 N 5b). Denkbar ist bspw. auch der Fall, dass bei einem Beschuldigten, der des objektiv und subjektiv tatbestandsmässigen Verhaltens bereits überführt worden ist, noch ausführliche gutachterliche Untersuchungen zur strafrechtlichen Verschuldensfähigkeit notwendig wären, oder aber dass etwa bei einem objektiv und subjektiv tatbestandsmässig sowie schuldhaft handelnden Beschuldigten weitläufige Abklärungen im Zusammenhang mit einem geltend gemachten Rechtfertigungsgrund im Raum stehen. In all diesen Fällen dürfen die Strafverfolgungsbehörden angesichts der Geringfügigkeit der Sanktion i.S.v. Art. 7 VStrR «kurzen Prozess» machen. Dies führt zwar im Ergebnis zu einer strafrechtlichen Kausalhaftung des Unternehmens. Weil aber die mögliche Höchstsanktion geringfügig ist, ist Art. 7 VStrR verhältnismässig und nicht im Widerspruch zum Verschuldensprinzip von Art. 6 Abs. 3 EMRK (HANGARTNER, in: STOFFEL/ZÄCH, Kartellgesetzrevision 2003, 277). Die Anwendung von Art. 7 VStrR dürfte anderseits nicht selten aufgrund des Doppelbestrafungsverbotes («ne bis in idem») ausgeschlossen sein, siehe dazu hinten N 29.

10 Gemäss Art. 105 Abs. 1 StGB sind die Bestimmungen über die **Verantwortlichkeit des Unternehmens** (Art. 102 und 102a StGB) auf Übertretungen nicht anwendbar (FORSTER, Verantwortlichkeit, 150). Bei den hier zur Debatte stehenden Widerhandlungen handelt es sich durchwegs um Übertretungen; die subsidiäre Verantwortlichkeit des Unternehmens gemäss Art. 102 StGB entfällt damit im Bereich von Art. 54 f., bzw. jenseits der Anwendung von Art. 7 VStrR gibt es für Verstösse gegen Art. 54 f. keine strafrechtliche Unternehmensverantwortlichkeit (sieht man einmal von Art. 50–52 ab, die *materiell* im Wesentlichen auf eine primäre strafrechtliche Unternehmensverantwortlichkeit für Verstösse gegen Art. 54 f. hinauslaufen).

4. Versuch, Teilnahme und Tätermehrheit

11 Art. 54 f. sind *Übertretungen*, da die darin genannten Handlungen allein mit Busse bedroht werden (Art. 101 altStGB bzw. Art. 103 StGB). Anstiftung

und Gehilfenschaft sind strafbar, sofern der *Haupttäter* die Sondereigenschaften von Art. 54 f. aufweist oder i.S.v. Art. 6 Abs. 2 VStrR verantwortlich gemacht werden kann (Art. 57 Abs. 1 i.V.m. Art. 5 VStrR). Versuch bleibt straflos (Art. 104 Abs. 1 altStGB bzw. Art. 105 Abs. 1 StGB). Kommen mehrere Organpersonen als (unechte) Unterlassungstäter nach Art. 6 Abs. 2 VStrR i.V.m. Art. 57 Abs. 1 in Frage, bestimmt sich ihre Strafbarkeit nach den allg. Regeln über die Teilnahme, wobei es in praxi bei Unterlassungsdelikten generell schwerfallen dürfte, zwischen Mittäterschaft und Gehilfenschaft zu unterscheiden (STRATENWERTH, Strafrecht Teil I, § 15 N 14 ff. m.H.). Soweit zwischen mehreren mutmasslich strafbaren Organen kein Einverständnis (bzw. im Fall von Art. 6 Abs. 2 VStrR kein konzertiertes Nichteinschreiten) besteht, handelt jedes einzelne Organ als Täter (STRATENWERTH, Strafrecht Teil I, § 15 N 11).

III. Ratio legis und geschützte Rechtsgüter

Legt man Art. 54 f. historisch-teleologisch aus, so scheint es, dass der Gesetzgeber von 1995 die **generalpräventive Effizienz** der kartellrechtlichen Sanktionsordnung erhöhen wollte. Es sollte verhindert werden, dass die in Art. 50 ff. gegen Unternehmungen vorgesehenen Geldbussen von der Unternehmensführung als finanzielle Aufwandpositionen hingenommen und folglich wenig wirksam bleiben würden. Deshalb sollten auch die unternehmerischen Entscheidungsträger für ihr kartellrechtliches Fehlverhalten als Individuen bestraft werden können (Botschaft KG 1995, N 271, 620; DUCREY, in: HOMBURGER, Kommentar 1996, Vorbem. Art. 50–57 N 12).

In der Tat entspricht es dem aktuellen internationalen Erfahrungsstand, dass Geldbussen gegen natürliche Personen effektiver sind als Bussen gegen Unternehmen (Protokoll der Kommission des Nationalrates [WAK] vom 8./9. Juli 2002, 7). Auch zeitgemäss-teleologisch ausgelegt sollen folglich die Art. 54 f. die **Abschreckungswirkung** des gegen Unternehmungen gerichteten Sanktionssystems erhöhen und so den Anliegen des materiellen Kartellrechts effektiver zum Durchbruch verhelfen. Dafür spricht auch die systematische Anordnung der Art. 54 ff. unmittelbar *nach* den Unternehmenssanktionen gemäss Art. 49a ff. Zu beachten ist in diesem Zusammenhang, dass die nach Art. 54 f. ausgefällten Geldbussen nicht etwa vom Unternehmen übernommen werden dürfen. Dies wäre erstens – jedenfalls im hier interessierenden Zusammenhang und nach hier vertretener Auffassung – eine strafbare *Vollzugsbegünstigung gemäss Art. 305 StGB* (STRATENWERTH, Strafrecht Teil II, § 54 N 10; TRECHSEL, Kurzkommentar, Art. 305 StGB N 4; a.M. DELNON/RÜDY, BS-Komm. StGB II, Art. 305 N 20 – die Auffassung von DELNON/RÜDY ist wohl aber höchstens bezüglich geringfügiger Ordnungsbussen nachvollziehbar, die nach standardisierten Busstarifen und nicht ad personam ausgefällt werden). Zweitens wäre eine solche Bussenzahlung ein nicht geschäftsmässig begründeter Aufwand der Gesellschaft mit den entsprechenden Steuerfolgen für Unternehmen und Individuum (s. im Einzelnen DUCREY, in: HOMBURGER, Kommentar 1996, Vorbem. Art. 50–57 N 12).

14 *Geschütztes Rechtsgut* der Ungehorsamstatbestände von Art. 54 f. sind vordergründig – analog zu Art. 292 StGB – die **Funktionsfähigkeit und Autorität der Verwaltung** (a.A. RIEDO, BS-Komm. StGB II, Art. 292 N 13), hier der Wettbewerbsbehörden. Es geht dabei aber logischerweise nicht um einen Selbstzweck. Denn die fraglichen Anordnungen der Wettbewerbsbehörden dienen der Durchsetzung des Kartellrechts. Der *funktionsfähige Wettbewerb* ist deshalb das von Art. 54 f. primär geschützte Rechtsgut.

15 Nach einer im Ergebnis abweichenden, mit Bezug auf die hier kommentierten Bestimmungen wenig überzeugenden Auffassung (RIEDO, BS-Komm. StGB II, Art. 292 N 14 f. m.H.) sei die materielle Grundlage einer strafbewehrten Verfügung durch den Ungehorsamstatbestand nicht geschützt; denn die materielle Grundlage wende sich nicht an den Verfügungsadressaten, sondern an die Behörden und Gerichte, sodass nur diese die Verfügungsgrundlage verletzen könnten. Nun wenden sich aber die materiellen Grundlagen von Anordnungen i.S.v. Art. 54 f. gerade nicht nur an die Wettbewerbsbehörden, sondern *eben an alle unternehmensseitigen Teilnehmer des Wirtschaftsverkehrs* (Art. 2). Eine Anordnung der Wettbewerbsbehörde (mit Ausnahme eines Auskunftsbefehls i.S.v. Art. 55 erster Teilsatz) schafft letztlich nur Rechtssicherheit darüber, dass ein bestimmtes Verhalten dem materiellen Kartellrecht widerspricht. Es ist bei dieser Sachlage nicht einzusehen, warum das Anliegen des materiellen Kartellrechts (den funktionsfähigen Wettbewerb als Institution zu erhalten und die Wirtschaftsfreiheit des Einzelnen zu gewährleisten, ZÄCH, Kartellrecht 2005, N 237 u. Fn. 371 sowie N 345) nicht Schutzobjekt von Art. 54 f. sein sollte.

16 Dazu kommt: Der funktionsfähige Wettbewerb hat zum Ziel, die Konsumenten, ja die Volkswirtschaft schlechthin vor den schädigenden Auswirkungen von Kartellen und anderen Wettbwerbsabreden zu schützen. Konsumenten sollen nicht überhöhte Preise bezahlen, Produzenten sollen nicht infolge hochpreisbedingten rückläufigen Kaufverhaltens unter Produktionsrückgängen und den damit verbundenen Gewinneinbussen leiden etc. Die Art. 54 f. bezwecken somit auch den **Schutz des Vermögens von Kartellopfern** (ebenso ZÄCH, Kartellrecht 2005, N 237). Ungehorsame riskieren folglich, für ihr kartellrechtswidriges Verhalten *nach Art. 41 ff. OR zivilrechtlich gegenüber Kartellopfern (und das sind wie erwähnt u.U. nicht nur Konsumenten) haftbar* zu werden (freilich wird sich etwa bei der Missachtung der Auskunftspflicht i.S.v. Art. 55 erster Teilsatz in aller Regel kaum ein adäquater Kausalzusammenhang zum Schaden eines Kartellopfers nachweisen lassen).

IV. Anforderungen an die strafbewehrte Anordnung

1. Individuell-konkreter Charakter

Strafbewehrt i.S.v. Art. 54 f. kann nur eine behördliche Verfügung oder einvernehmliche Regelung, d.h. ein *individuell-konkreter* **Akt** sein. Ein Akt ist individuell-konkret, wenn er eine bestimmte Verhaltensanordnung erhält (dazu unten N 17 f.) und sich an einen bestimmten Adressatenkreis richtet (dazu unten N 19). 17

a. Bestimmte Verhaltensanordnung

Die Art. 54 f. umschreiben als blosse Blankettstrafnormen (mit Ausnahme von Art. 55, zweiter Halbsatz) das strafbare Verhalten nicht selbst; deshalb muss die Verhaltensanordnung in der behördlichen Verfügung oder einvernehmlichen Regelung so bestimmt sein, dass der Adressat genau erkennen kann, wie er sich zu verhalten hat. Dies ergibt sich aus dem strafrechtlichen **Legalitätsprinzip** bzw. Bestimmtheitsgebot (Art. 1 StGB, Art. 7 Abs. 1 EMRK). Ob eine Verhaltensanordnung hinreichend bestimmt ist, ergibt sich aus den allg. anerkannten Grundsätzen für die Auslegung von behördlichen Verfügungen, insb. aus dem Prinzip von Treu und Glauben. 18

Hinreichend bestimmt ist bspw. das Verbot der Weko an die Swisscom, eine Rabattgestaltung, durch die die Swisscom-Tochter Bluewin bevorzugt und damit die Marktmacht der Swisscom missbraucht wird, in ADSL-Zugangsverträgen mit Internet-Service-Providern («ISP») «i.S.v. Ziff. 2 in den bestehenden Verträgen mit den ISP oder anderweitig durchzusetzen» (s. RPW 2004/2, 407 ff., 408 – Swisscom ADSL [Untersuchung]). Der Zusatz «anderweitig» bezieht sich nach einschlägigen Auslegungsprinzipien vernünftigerweise auf die *faktische* Durchsetzung des Rabattsystems. *Nicht genügend bestimmt* ist hingegen nach hier vertretener Auffassung eine einvernehmliche Regelung, in der sich ein Lebensmittelgrossverteiler verpflichtet, seinen Lieferanten rückwirkend abgezogene Skonti zurückzuerstatten, *soweit die Lieferanten glaubhaft darlegen,* keine äquivalente Gegenleistung für die Skonti erhalten zu haben (so die getroffene Regelung in RPW 2005/1, 146 ff., 169 ff. – Coop Forte [Untersuchung]). Denn die vorausgesetzte *Glaubhaftmachung* lässt denknotwendig zu viel Ermessensspielraum offen, als dass jemals die Skontorückerstattungspflicht hinreichend unzweideutig begründet würde. *Nicht genügend bestimmt* (bzw. gänzlich unbestimmt) ist sodann z.B. das Verbot der Weko an zwei Unternehmen, «künftig unter sich oder mit Dritten in offenen oder selektiven Submissionsverfahren Angebotspreise i.S.v. Art. 5 aufeinander abzustimmen» (s. RPW 2005/1, 183 ff., 184 – Betosan AG, Hela AG, Renesco AG, Weiss+Appetito AG/Weko). Diese Anordnung bezieht sich überhaupt nicht auf eine voraussehbare *konkrete* Verhaltensweise; sie 19 ist individuell-*abstrakt*: Die Weko hält darin lediglich fest, dass Art. 5 Abs. 3 lit. a (Verbot wettbewerbsschädlicher Preisabsprachen) erstens für die betreffenden Unternehmungen gilt und zweitens bei Submissionsverfahren zu beachten ist. Die Weko hat damit im beschriebenen Fall im Ergebnis eine *direkte* Sanktion gegen die *Organe* der betreffenden Unternehmungen für die künftige Missachtung von Art. 5 Abs. 3 lit. a in Submissionsverfahren schlechthin (und nicht in einem konkreten Fall) eingeführt, was jedoch der Gesetzgeber durch die Beschränkung der direkten Sanktionen auf Unternehmungen im neuen Art. 49a KG gerade ausgeschlossen hat. Die zitierte Anordnung der Weko ist damit keine rechtsgenügliche Grundlage für eine Bestrafung nach Art. 54.

b. Bestimmte Adressaten

Die strafbewehrte Verhaltensanordnung hat sich an eine oder mehrere Personen zu richten; die Anordnung ist andernfalls nicht individuell. Die Personen brauchen in der Anordnung nicht namentlich genannt zu sein; es reicht, wenn sie aufgrund der einschlägigen **Auslegungsprinzipien** aus der Anordnung erkennbar sind. Sind juristische Personen von der Anordnung betroffen, richten die Kartellbehörden in praxi die Anordnungen an die juristische Person und nicht etwa an Individuen innerhalb des Unternehmens. Unter dem Gesichtspunkt einer Bestrafung nach Art. 54 f. kann sich die Anordnung freilich nicht an die juristische Person richten, da die subsidiäre Unternehmensstrafbarkeit bei Art. 54 f. ausgeschlossen ist bzw. lediglich bei Bagatellen eine primäre Unternehmensstrafe nur gestützt auf das Opportunitätsprinzip (Art. 7 VStrR) in Frage kommt. Als Adressaten der Anordnung müssen alsdann aufgrund der einschlägigen Auslegungsregeln die Organe der Gesellschaft gelten, die für den betroffenen Bereich verantwortlich sind. Daraus, dass in der Anordnung nicht individuelle Organpersonen einzeln als Adressaten aufgeführt werden, wird sich i.d.R. kein Konflikt mit dem strafrechtlichen Bestimmtheitsgebot ergeben. Denn für die Organe der betreffenden juristischen Person wird gewöhnlich unzweifelhaft feststehen, wer für den inkriminierten Bereich verantwortlich ist und demzufolge die Anordnung persönlich umzusetzen bzw. deren Umsetzung sicherzustellen hat. Im Zweifel werden hier die Grundsätze analog heranzuziehen sein, die zur Bestimmung des strafrechtlich verantwortlichen Organs nach dem Grundsatz der Geschäftsherrenhaftung entwickelt worden sind: Beherrschende Stellung im Unternehmen, operative Tätigkeit, Zuständigkeit für den betreffenden Bereich (s. dazu WIPRÄCHTIGER, Strafbarkeit, 75 f.). Bei Gesellschaften mit unklaren organisatorischen Strukturen ist freilich denkbar, dass die Anordnung an namentlich genannte Organpersonen (und nicht bloss an die juristische Person) zu richten ist, damit sie eine gültige Grundlage für eine Bestrafung von Art. 54 f. bilden kann.

2. Kenntnisnahme durch die Adressaten

Die Anordnung bzw. einvernehmliche Regelung muss von den Adressaten tatsächlich zur Kenntnis genommen worden sein. Es genügt demnach nicht, wenn die Anordnung bloss im Kontrollbereich eines Adressaten eingetroffen ist. Denn der Verstoss gegen Art. 54 f. ist nur bei Vorsatz strafbar, und der Adressat kann nur vorsätzlich gegen die Anordnung oder einvernehmliche Regelung verstossen, wenn er sie auch tatsächlich kennt (RIEDO, BS-Komm. StGB II, Art. 292 N 47 m.H., auch auf abweichende Ansichten). Auch bei öffentlicher Bekanntmachung («Ediktaleröffnung») einer Verfügung an Personen im Ausland gemäss Art. 36 lit. b VwVG i.V.m. Art. 39 muss diese durch die Adressaten tatsächlich zur Kenntnis genommen werden, ebenso bei Zustellung der Verfügung an einen Vertreter. Die Bestrafung eines Verfügungsadressaten wegen Zuwiderhandlung gegen Art. 54 f. entfällt mangels **Kenntnisnahme** der behördlichen Anordnung selbst dann, wenn der Adressat die Kenntnisnahme der Anordnung vorsätzlich verhindert. In diesem Fall hat sich der Adressat lediglich einer behördlichen Anordnung *entzogen* (und nicht gegen diese Anordnung verstossen), was freilich nicht nach Art. 54 f. strafbar ist.

3. Rechtskraft

Sämtliche in Art. 54 genannten *Anordnungen* der Wettbewerbsbehörden müssen **rechtskräftig** sein, um eine Strafsanktion auszulösen. Dies ergibt sich explizit aus dem deutschen und italienischen Wortlaut von Art. 54; in Anwendung des strafrechtlichen Legalitätsprinzips (Art. 1 StGB) bleibt bei dieser Sachlage kein Raum für eine Sanktion nach Art. 54 bei Verstössen gegen nicht rechtskräftige, aber vollstreckbare Anordnungen (einstweilige Verfügungen). Daran vermag der abweichende französische Gesetzeswortlaut nichts zu ändern (wonach die Anordnung «exécutoire», also wohl nur vollstreckbar sein muss). Denn nichts deutet darauf hin, dass dieser Wortlaut den wahren Willen des Gesetzgebers reflektiere (in der Botschaft KG 1995 ist auf S. 622 jedenfalls explizit von «rechtskräftig verhängten Massnahmen zur Beseitigung von Wettbewerbsbeschränkungen» die Rede). Dieses grammatikalische und historische Auslegungsresultat ist auch unter teleologischen Aspekten sachgerecht, da eine einstweilige Anordnung stets mit einer Strafandrohung i.S.v. Art. 292 StGB verbunden werden kann; die Durchsetzung der einstweiligen Verfügung ist so hinreichend sichergestellt. Die von der Weko neuerdings in RPW 2006/1, 141 ff., N 57 – Flughafen Zürich AG (Unique) – Valet Parking (Sanktion) vertretene (aber nicht weiter begründete) These, wonach auch ein Verstoss gegen eine einstweilige Anordnung nach Art. 54 bestraft werden könne, vermag angesichts des Ausgeführten nicht zu überzeugen.

23 Das Gesagte gilt nach hier vertretener Auffassung allerdings nicht für Anordnungen i.S.v. Art. 55: Zum einen nennt hier der Gesetzeswortlaut nicht die Voraussetzung der Rechtskraft; zum anderen wäre es wenig sachgerecht, bei oftmals nur verfahrensleitenden Anordnungen Rechtskraft vorauszusetzen. Anordnungen i.S.v. Art. 55 sind daher (entsprechend der Praxis zu Art. 292 StGB; BGE 90 IV 79 ff. E. 3) schon strafbewehrt, sobald sie **vollstreckbar** sind (d.h. wenn einem dagegen gerichteten Rechtsmittel keine aufschiebende Wirkung zukommt).

4. Rechtmässigkeit

24 Das Bundesgericht hat eine differenzierte Rechtsprechung zur Frage entwickelt, ob die strafbewehrte Verfügung materiell rechtmässig sein muss, um Grundlage für eine Ungehorsamsstrafe zu sein. Das Bundesgericht setzt Rechtmässigkeit zwar voraus, unterscheidet aber hinsichtlich der Befugnis des Strafrichters, diese Rechtmässigkeit zu überprüfen: Ist oder war die Anordnung gerichtlich überprüfbar, darf sie der Strafrichter nur auf offensichtliche Unrechtmässigkeit, einschliesslich Ermessensmissbrauch und -überschreitung überprüfen. Wurde von der **Möglichkeit gerichtlicher Überprüfung** Gebrauch gemacht, ist der Strafrichter an den Entscheid des Gerichts vollumfänglich gebunden (BGE 98 IV 106 ff.).

25 Diese Rechtsprechung ist im Ergebnis unbefriedigend. Denn die Art. 54 f. sollen Ungehorsam gegen eine rechtmässige Anordnung oder einvernehmliche Regelung bestrafen; die Tatsache, dass versäumt wurde, ein Rechtsmittel bei einer gerichtlichen Instanz zu ergreifen, muss unbeachtlich bleiben. Selbst wenn eine Anordnung durch ein Gericht bestätigt wird, vermag dies am Umstand nichts zu ändern, dass nach Art. 54 f. lediglich derjenige bestraft werden kann, der gegen eine *gesetzeskonforme* Anordnung verstossen hat. So ist etwa denkbar, dass das vorbefasste Gericht bspw. nicht alle relevanten Sachverhaltselemente berücksichtigen konnte, weil der Anordnungsadressat bspw. seinen Standpunkt nicht zureichend substanziiert hatte. Es ist aber nicht Sinn und Zweck von Art. 54 f., einen Verfügungsadressaten für frühere prozessuale Versäumnisse zu bestrafen (RIEDO, BS-Komm. StGB II, Art. 292 N 77 m.w.H.). Zu folgen ist daher im Ergebnis der Auffassung, wonach das Strafgericht die strafbewehrte Anordnung mit **voller Kognition** überprüfen kann. Zumindest muss der Anordnungsadressat die Möglichkeit haben, Veränderungen des massgeblichen Sachverhalts oder der Rechtslage seit der betreffenden gerichtlichen Entscheidung geltend zu machen, ohne ein formelles Revisionsverfahren gegen die Anordnung einleiten zu müssen.

V. Örtlicher Anwendungsbereich von Art. 54 f.

1. Auswirkungsgrundsatz

Der örtliche Anwendungsbereich von Art. 54 f. bestimmt sich nach Art. 2 Abs. 2. Diese Bestimmung derogiert gemäss Art. 2 VStrR/Art. 333 Abs. 1 StGB i.V.m. Art. 57 die allg. Grundsätze über die räumliche Geltung des schweizerischen Strafrechts (Art. 3–7 StGB). Ein Verstoss gegen eine nach Art. 54 f. strafbewehrte Anordnung unterliegt folglich schweizerischer Gerichtsbarkeit, *wenn sich der Verstoss in der Schweiz auswirkt*, auch wenn er im Ausland veranlasst wurde (s. im Übrigen dazu Art. 2 N 30ff.).

2. Bei Adressaten im Ausland

Die schweizerischen Wettbewerbsbehörden sind grundsätzlich nicht berechtigt, Verfügungen an **Adressaten ins Ausland** zuzustellen, es sei denn, sie wären dazu aufgrund eines Staatsvertrages ermächtigt. Staatsverträge über die Zustellung von verwaltungsrechtlichen Verfügungen und Entscheiden sind nicht ersichtlich; weder das Europäische Übereinkommen vom 24. November 1977 über die Zustellung im Ausland von Urkunden in Verwaltungssachen noch das Europäische Übereinkommen vom 15. März 1978 über die Erhebung von Beweisen und Informationen im Ausland in Verwaltungssachen sind bisher von der Schweiz ratifiziert worden. Grundsätzlich sind somit Anordnungen schweizerischer Wettbewerbsbehörden ins Ausland auf konsularischem oder diplomatischem Weg zuzustellen (BGE 103 III 4 E. 2); oft kommt hier das Wiener Übereinkommen über konsularische Beziehungen vom 24. April 1963 (SR 0.191.02) zur Anwendung. Immerhin ist gemäss Art. 36 lit. b VwVG i.V.m. Art. 39 die Zustellung auf dem Publikationsweg möglich, falls die Adressaten in der Schweiz keinen Zustellungsempfänger benennen. Zur Bestellung eines Zustellungsempfängers können sie nicht gezwungen werden (VPB 69 Nr. 121). Die Zustellung an einen Zustellungsempfänger in der Schweiz ist in jedem Fall gültig. Ernennt eine juristische Person einen Zustellungsempfänger in der Schweiz, gilt das Zustellungsdomizil vernünftigerweise auch für die Organe der Gesellschaft; alles andere würde zur wenig sinnvollen Asymmetrie zwischen persönlichem Geltungsbereich des Gesetzes (nämlich auch gegenüber Organen) und örtlichem Geltungsbereich einer (auch) an ein Organ gerichteten Verfügung führen. Eine wettbewerbsrechtliche Anordnung gilt damit auch als den Organen einer juristischen Person gültig zugestellt, wenn die Zustellung an den schweizerischen Vertreter der juristischen Person erfolgt. Damit ist freilich noch nichts über die faktische Kenntnisnahme der Anordnung durch die Organe gesagt (dazu vorn N 20).

28 Das Gesagte gilt auch für strafbewehrte Anordnungen im Rahmen einvernehmlicher Regelungen, da diese als **subordinationsrechtliche verwaltungsrechtliche Verträge** ebenfalls hoheitlicher Natur und demzufolge grundsätzlich von der Zustellung in das Ausland ausgenommen sind. Freilich werden solche Regelungen in praxi durchwegs in der Schweiz unter Einbezug schweizerischer Vertreter geschlossen, sodass sich auch hier die Zustellungsproblematik in aller Regel nicht stellt, es sei denn, der Vertreter sei im Zeitpunkt der Zustellung nicht mehr bevollmächtigt.

3. Konzerne, Joint Ventures und Outsourcings

29 Organe von Konzernmüttern und -zwischenmüttern, die Adressatinnen behördlicher Anordnungen i.S.v. Art. 54 f. sind, haben diese Anordnungen nicht nur innerhalb der jeweiligen Gesellschaft zu befolgen, sondern haben (in ihren jeweiligen Verantwortlichkeitsbereichen) grundsätzlich auch für die Befolgung in beherrschten Konzerntöchtern bzw. durch die beherrschten Konzerntöchter zu sorgen. Dies gilt auch dann, wenn die Konzerntöchter sich im Ausland befinden. Denn im schweizerischen Strafrecht gilt ein **wirtschaftlicher Unternehmensbegriff** (FORSTER, Verantwortlichkeit, 103 f., vgl. allerdings die differenzierend-einschränkende Betrachtungsweise jenes Autors auf S. 140 ff.). Dasselbe gilt im Kartellrecht (ZÄCH, Kartellrecht 2005, N 256). Organe einer Konzernmutter, die Adressatin einer strafbewehrten Anordnung ist, haben demzufolge innerhalb ihres Zuständigkeitsbereiches jedenfalls gestützt auf Art. 6 Abs. 2 VStrR (Geschäftsherrenhaftung) Verstösse gegen Art. 54 f. zu verhindern und bei Kenntnis der Gefahr solcher Verstösse diese durch geeignete organisatorische Massnahmen zu verhindern (BGE 122 IV 103, E. VI/2a./bb.). Entsprechendes gilt bei Outsourcings, soweit die ausgegliederten Betriebsteile nach wie vor effektiv von der ausgliedernden Unternehmung beherrscht werden, sowie – unter der Voraussetzung wirtschaftlicher Beherrschung – bei Joint Ventures.

VI. Art. 54 f. und das Doppelbestrafungsverbot

1. Allgemeines zu «ne bis in idem»

30 Das **Doppelbestrafungsverbot** («ne bis in idem») verbietet, ein und dieselbe Person für dieselbe Tat mehrfach zu bestrafen. Es gründet auf Art. 4 Abs. 1 erstes Zusatzprotokoll EMRK, auf Art. 14 Abs. 7 UNO-Pakt II sowie Art. 9 BV. Das Doppelbestrafungsverbot ist innerstaatlich zwingend, im internationalen Verhältnis ist es indes nicht allg. gültig. Freilich stellen sich im internationalen Verhältnis im vorliegenden Zusammenhang praktisch kaum je Fragen der Mehrfachbestrafung. Denn es ist schwer vorstellbar, dass eine Person wegen des Verstosses gegen eine Anordnung der schweizerischen Wettbewerbsbehörden im

Ausland verfolgt würde; möglich wäre so etwas nur dann, wenn der betreffende Staat einem Verfahrensübernahmegesuch der Schweiz nachkäme. Alsdann gälte das so genannte Erledigungsprinzip nach Massgabe von Art. 3 Abs. 3 StGB (Art. 3 Ziff. 2 altStGB) i.V.m. Art. 104 (Art. 102 altStGB) und 333 StGB sowie Art. 2 VStrR: Der im Ausland Verfolgte wird alsdann in der Schweiz wegen der betreffenden Tat nicht mehr bestraft, wenn (i) das ausländische Gericht ihn endgültig freigesprochen hat, oder wenn (ii) die Strafe, zu der er im Auslande verurteilt wurde, vollzogen, erlassen oder verjährt ist. Hat der Täter die Strafe im Auslande nicht oder nur teilweise verbüsst, so wird in der Schweiz die Strafe oder deren Rest vollzogen.

2. «Ne bis in idem» im Verhältnis zwischen Art. 54 f. und 50 ff.

In der Literatur wird zuweilen die Frage aufgeworfen, ob eine gleichzeitige Bestrafung eines Unternehmens wegen Verstosses gegen eine Anordnung oder einvernehmliche Regelung gestützt auf Art. 50–52 und die Bestrafung eines Unternehmensorgans wegen Verstosses gegen dieselbe Anordnung bzw. Vereinbarung gestützt auf Art. 54 f. dem Grundsatz «ne bis in idem» (Doppelbestrafungsverbot) widerspreche (ZÄCH, Kartellrecht 2005, N 1106). Eine Doppelbestrafung setzt denknotwendig die **Identität von Tat *und* Täter** voraus. In der hier zur Debatte stehenden Konstellation liegt aber grundsätzlich keine *Täter*identität vor: Im Fall einer Bestrafung nach Art. 50–52 ist in aller Regel eine juristische oder quasi-juristische Person, im Fall von Art. 54 f. eine natürliche Person Täterin; es sei denn, die *Unternehmung* würde gestützt auf Art. 7 VStrR *an Stelle* des Individualtäters für einen Bagatellverstoss gegen Art. 54 f. geahndet und zugleich gemäss Art. 50 ff. sanktioniert, oder aber die Sanktion nach Art. 50–52 ff. richtete sich gegen einen (zugleich nach Art. 54 f. verantwortlichen) Einzelfirmeninhaber, eine auch nach Art. 54 f. verantwortliche, als Unternehmen i.S.v. Art. 2 Abs. 1bis geltende natürliche Person oder aber gegen eine einfache Gesellschaft; im letztgenannten Fall kann die Unternehmenssanktion nur gegen die (ggf. auch nach Art. 54 f. haftbaren) Teilhaber *vollstreckt* werden. Doch auch in diesen Fällen setzt nach wohl herrschender Meinung die Sperrwirkung von «ne bis in idem» eine Übereinstimmung des Sanktionscharakters voraus: Das Doppelbestrafungsverbot gilt nicht im Verhältnis von strafrechtlichem zu verwaltungsstrafrechtlichem Verfahren (bspw. bei Führerausweisentzug und Kriminalstrafe, vgl. BGE 125 II 402, oder etwa bei Strafsteuer und Kriminalstrafe, vgl. BGE 122 I 257, 266). Damit dürfte *in der Gerichtspraxis* auch der faktisch ohnehin seltenere Fall einer gleichzeitigen Sanktionierung von Einzelfirma und Einzelfirmeninhaber bzw. einer einfachen Gesellschaft und eines Gesellschafters sowohl nach Art. 50–52 als auch nach Art. 54 f. unter dem Aspekt des Doppelbestrafungsverbotes zulässig sein. Diese Praxis ist allerdings unter Hinweis auf einschlägige Lehrmeinungen (HANGARTNER, in: STOFFEL/ZÄCH, Kartellgesetzrevision 2003, 278) zu kritisieren; sie steht im Widerspruch zur extensiven Auslegung des Begriffs der Strafe in Art. 6 Ziff. 1 EMRK. Richtigerweise müsste darum eine gleichzeitige Bestrafung von Einzelfirma und Einzelfirmeninhaber bzw. von einfacher Gesellschaft und Gesellschaftern wegen Verstosses gegen eine inhaltsgleiche Anordnung einer Wettbewerbsbehörde unzulässig sein.

32 Aber auch die gleichzeitige Bestrafung der Unternehmung (gestützt auf Art. 50–52) und des von ihr *verschiedenen* Organs (gestützt auf Art. 54 f.) für ein und dieselbe Zuwiderhandlung ist im Ergebnis unbefriedigend: Denn die Unternehmung wird dafür sanktioniert, dass ihr (das bereits nach Art. 54 f. bestrafte) Verschulden des Organs zugerechnet wird (s. dazu und zur diesbezüglichen Kritik vorn Art. 52 N 11). So wird im Ergebnis ein und dasselbe Unrecht doppelt bestraft. *De lege lata* lässt sich das wohl nicht vermeiden; *de lege ferenda* bestünde die einfachste Lösung darin, dass das Unternehmen nicht für zugerechnetes individuelles Verschulden eines Organs, sondern (in Analogie zu Art. 102 StGB bzw. 100^{quater} altStGB) für einschlägiges eigenes **Organisationsverschulden** bestraft würde. Es wäre rechtspolitisch sinnvoll, die Unternehmung bei rechtskonformer Organisation straflos zu lassen und die Sanktion nur dort aufzuerlegen, wo sie die beste präventive Wirkung zeitigt und die wenigsten Kollateralschäden bewirkt, nämlich bei der fehlbaren natürlichen Person.

3. «Ne bis in idem» bei Mehrfachverstoss gegen Art. 54 f.

33 Es ist zu unterscheiden, ob der Verstoss gegen die Anordnung der Weko einen *dauerhaften* rechtswidrigen Zustand und damit ein Dauerdelikt begründet (wie etwa beim Festhalten an einer ungesetzlichen Wettbewerbsabrede), oder ob sich der Verstoss in einer einmaligen Handlung erschöpft (wie dies etwa der Fall ist bei der Weigerung, der Weko eine verlangte Auskunft zu erteilen). Handelt es sich um ein **Dauerdelikt** bzw. um einen rechtswidrigen Zustand, muss eine wiederholte Bestrafung jederzeit möglich sein, solange der rechtswidrige Zustand vorsätzlich aufrechterhalten wird (RIEDO, BS-Komm. StGB II, Art. 292 N 100 m.w.H.). Im Falle eines Ungehorsams, der *keinen Dauerzustand* begründet, hätte die Wettbewerbsbehörde in Analogie zur bundesgerichtlichen Rechtsprechung zu Art. 292 StGB sowie im Einklang mit dem überwiegenden Teil der einschlägigen Lehre die Möglichkeit, *die betreffende Anordnung zu wiederholen* und eine Zuwiderhandlung erneut zu bestrafen; die wiederholte Anordnung darf allerdings nicht willkürlich sein.

34 Nach einem Teil der Lehre und der hier vertretenen Meinung würde freilich das letztgenannte Vorgehen dem **Doppelbestrafungsverbot** widersprechen: Art. 54 f. schützen nicht den Amts- bzw. Rechtsgehorsam an sich, sondern letztlich den mit der Anordnung bzw. einvernehmlichen Regelung beabsichtigten Zweck. Wenn *einmal* gegen die Zweckverwirklichung delinquiert wurde, ist die Tat erschöpft. Der Erlass einer neuen, *inhaltsgleichen* Anordnung der Kartellbehörde schafft alsdann nicht einen neuen Verfügungszweck, dessen deliktische Missachtung

neues Unrecht setzen würde. Wer also bspw. einem Auskunftsbegehren der Weko einmal nicht nachgekommen ist und sich weigert, ein zweites, *inhaltsgleiches* Auskunftsbegehren zu befolgen, kann nur einmal wegen Verstosses gegen Art. 55 bestraft werden.

Keine Doppelbestrafungsproblematik stellt sich bei der Anordnung von **Dauer-** 35 **pflichten** zu stets erneuten (aber nicht inhaltsgleichen) Handlungen: Wenn bspw. in RPW 2004/2, 407 ff. – Swisscom ADSL (Untersuchung), Dispositiv-Ziff. 4, die Swisscom AG «respektive die von ihr kontrollierten Gesellschaften» verpflichtet werden, «während zwei Jahren ab Rechtskraft dieser Verfügung alle Änderungen der Preis- und Rabattgestaltung des Produkts BBCS vorgängig dem Sekretariat der Weko mitzuteilen», wird eine Dauerpflicht zu jeweils *inhaltsverschiedenen*, einzelnen Mitteilungen begründet. Hier steht *a priori* und ohne jeweils erneute Anordnung fest, dass *jede* Missachtung einer neuen Mitteilungspflicht Gegenstand einer separaten Bestrafung nach Art. 55 erster Teilsatz sein kann.

Nicht einschlägig ist im hier diskutierten Kontext der **Konkurrenzausschluss** 36 gemäss Art. 9 VStrR. Denn eine Konkurrenzproblematik setzt voraus, dass mehrfaches Delinquieren vorliegt bzw. *keine* Sperrwirkung des Doppelbestrafungsverbotes besteht. Erst wenn nach den oben erläuterten Grundsätzen eine Doppelbestrafung verneint werden kann (und folglich wirklich mehrfach delinquiert wurde), ist zu prüfen, ob Art. 9 VStrR anzuwenden ist. Diese Norm gilt richtigerweise nicht im Verhältnis mehrerer Verstösse gegen das KG, sondern nur bei Zusammenfallen eines KG-Delikts mit einem Delikt aus dem Zuständigkeitsbereich einer anderen Behörde (HAURI, VStrR, Art. 9 N 1).

Art. 54 Widerhandlungen gegen einvernehmliche Regelungen und behördliche Anordnungen

Widerhandlungen gegen einvernehmliche Regelungen und behördliche Anordnungen

Wer vorsätzlich einer einvernehmlichen Regelung, einer rechtskräftigen Verfügung der Wettbewerbsbehörden oder einem Entscheid der Rechtsmittelinstanzen zuwiderhandelt, wird mit Busse bis zu 100 000 Franken bestraft.

Violation d'accords amiables et de décisions administratives

Quiconque aura intentionnellement contrevenu à un accord amiable, à une décision en force prononcée par les autorités en matière de concurrence ou à une décision rendue par une instance de recours, sera puni d'une amende de 100 000 francs au plus.

Reati in materia di conciliazioni e decisioni amministrative

Chiunque, intenzionalmente, contravviene a una conciliazione, a una decisione passata in giudicato delle autorità in materia di concorrenza o a una decisione di un'autorità di ricorso, è punito con la multa sino a 100 000 franchi.

Inhaltsübersicht

	Note
I. Objektiver Tatbestand	1
II. Subjektiver Tatbestand	4
III. Strafzumessung	6
IV. Konkurrenzfragen	10

I. Objektiver Tatbestand

1 Den objektiven Tatbestand von Art. 54 erfüllt erstens, wer einer rechtskräftigen, individuell-konkreten, dem Adressaten bekannten Verhaltensanweisung der Wettbewerbsbehörde oder Rechtsmittelinstanz (d.h. einer Verfügung derselben) zuwiderhandelt; zweitens wird davon die Nichterfüllung der Pflichten aus einer einvernehmlichen Regelung mit der Wettbewerbsbehörde i.S.v. Art. 29 (d.h. aus einem verwaltungsrechtlichen Vertrag), erfasst. Das nach Art. 54 strafbare Verhalten ergibt sich nicht aus dem Gesetz, sondern erst aus der betreffenden Verfügung oder einvernehmlichen Regelung. Der objektive Tatbestand kann auch durch Unterlassung erfüllt werden. Als Zuwiderhandlung gilt auch die **Umgehung des angeordneten bzw. vereinbarten Verhaltens**, d.h. jede Verhaltensweise, welche zwar formell keine Zuwiderhandlung darstellt, aber zum gleichen Ergebnis wie eine Zuwiderhandlung führt und objektiv auf kein anderes Ergebnis gerichtet sein kann. Die betreffende Verfügung bzw. die einvernehmliche Regelung braucht keine Strafandrohung und keinen Hinweis auf Art. 54 zu enthalten; jede solche Anordnung bzw. einvernehmliche Regelung ist ex lege i.S.v. Art. 54

strafbewehrt. Zu den weiteren inhaltlichen und formellen Anforderungen an die behördliche Anordnung siehe im Einzelnen vor Art. 54–57 N 16–23.

Der objektive Tatbestand von Art. 54 entspricht im Wesentlichen demjenigen von Art. 50, ausser dass im Falle von Art. 54 der Täter eine natürliche Person ist (s. DUCREY, in: HOMBURGER, Kommentar 1996, Art. 54 N 3). Freilich braucht im Falle von Art. 54 (im Gegensatz zu Art. 50) der Verstoss gegen eine Anordnung oder einvernehmliche Regelung nicht zum **Vorteil des Delinquenten** (oder eines Dritten) erfolgt zu sein.

Art. 54 findet ausschliesslich auf Zuwiderhandlungen gegen Anordnungen und einvernehmliche Regelungen im Verfahren nach Art. 26–31 Anwendung; nicht erfasst sind Verstösse gegen **Verfügungen betreffend Auskunftserteilung**: Diese sind (ebenso wie sämtliche Anordnungen nach Art. 32–38) ausschliesslich aufgrund von Art. 55 strafbewehrt. Kartellrechtliche Anordnungen eines Zivilgerichtes (gemäss Art. 12) können nur gestützt auf Art. 292 StGB strafbewehrt werden.

II. Subjektiver Tatbestand

Eine Ungehorsamsstrafe nach Art. 54 setzt voraus, dass der Täter vorsätzlich, d.h. mit Wissen und Willen handelt. Eventualvorsätzliches Handeln (nämlich mit Inkaufnahme und Willen – oder nach einem Teil der Lehre mit Inkaufnahme und Gleichgültigkeit) reicht aus. Wird eine Organperson gestützt auf Art. 6 Abs. 2 VStrR (**Geschäftsherrenhaftung**) dafür bestraft, dass sie gegen ein tatbestandsmässiges Verhalten eines Untergebenen nicht interveniert hat, muss diese Organperson im hier interessierenden Kontext zumindest eventualvorsätzlich handeln, damit sie sich strafbar macht. Dabei ist gleichgültig, ob der direkt handelnde Mitarbeiter ebenfalls vorsätzlich oder aber nur fahrlässig (oder nicht einmal fahrlässig) gehandelt hat.

Wird in **Bagatellfällen nach Art. 7 VStrR** die Gesellschaft direkt belangt, muss mindestens eventualvorsätzliches Handeln einer natürlichen Person (bzw. mindestens eventualvorsätzliches Unterlassen einer Organperson i.S.v. Art. 6 Abs. 2 VStrR) aufgrund der gesamten Umstände offenkundig sein, auch wenn dieser (ggf. nur indirekte) Vorsatz letztlich nicht Gegenstand von Ermittlungen wird.

III. Strafzumessung

Gemäss Art. 57 i.V.m. Art. 2 VStrR und Art. 333 Abs. 1 StGB ist die in Art. 54 vorgesehene Busse nach den einschlägigen Grundsätzen des Allgemeinen Teils des Strafgesetzbuches zu bemessen. Es wird die Ansicht vertreten (DUCREY, in: HOMBURGER, Kommentar 1996, Art. 54 N 7), dass zudem die Kriterien für die

Bemessung der Verwaltungssanktionen heranzuziehen sind; dafür fehlt freilich eine Rechtsgrundlage. Gemäss Art. 106 Abs. 3 StGB bzw. Art. 34 Abs. 1 StGB und Art. 47 f. StGB (Art. 102 altStGB i.V.m. Art. 48 altStGB und Art. 63 altStGB) ist die Busse nach dem **Verschulden des Täters** zu bemessen, wobei das Vorleben, die persönlichen Verhältnisse sowie die Wirkung der Strafe auf das Leben des Täters zu berücksichtigen sind. Das Verschulden wird nach der Schwere der Verletzung, nach der Verwerflichkeit des Handelns, den Beweggründen und Zielen des Täters sowie danach bestimmt, wie weit der Täter nach den Umständen in der Lage war, die Verletzung zu vermeiden. Es kann in dieser Hinsicht auf die einschlägige Literatur zum Allgemeinen Teil des StGB verwiesen werden (WIPRÄCHTIGER, BS-Komm., Art. 63 StGB N 49 ff.; TRECHSEL, Kurzkommentar, Art. 63 StGB N 1 ff.).

7   Wird eine Busse bis zu CHF 5000 ausgefällt, müssen gemäss Art. 8 VStrR lediglich die Schwere der Widerhandlung und des Verschuldens als Bemessungskriterien berücksichtigt werden; die Berücksichtigung anderer Strafzumessungsgründe ist fakultativ. Solche können in Anschlag gebracht werden, falls die Billigkeit dies gebietet (HAURI, VStrR, Art. 8 N 3b m.w.H.). Damit wird **in Bagatellfällen eine schematischere Bussenbemessung** ermöglicht, als dies gemäss Art. 106 Abs. 3 i.V.m. Art. 47 f. StGB der Fall wäre. Die Strafrechtspflege wird so in Bagatellfällen etwas vereinfacht und ggf. beschleunigt.

8   Wird nach Art. 7 VStrR das Unternehmen direkt (und nicht eine natürliche Person) mit einer Busse belangt, ist die Busse einzig nach **objektiven Kriterien** (und nicht nach den Verhältnissen des Täters) zu bemessen (HAURI, VStrR, Art. 7 N 7b). Denn ein individueller Täter wird ja gerade nicht ermittelt, weshalb die Täterverhältnisse denknotwendig nicht zu berücksichtigen sind. Als objektive Bemessungskriterien kommen bspw. (soweit einschlägig) die mangelnde Übersichtlichkeit des Betriebs, fehlende Aufgliederung der Verantwortlichkeiten sowie (in jedem Fall) die objektive Schwere bzw. Verwerflichkeit der Zuwiderhandlung in Frage.

9   Das ab 1. Januar 2007 in Kraft gesetzte **neurechtliche System der Geldstrafe**, die nach höchstens 360 Tagessätzen zu maximal CHF 3000 bemessen wird (Art. 34 StGB), gilt gemäss Art. 333 Abs. 5 StGB nur für Verbrechen und Vergehen des Nebenstrafrechts, nicht aber für Übertretungen. Für diese (und damit auch für Art. 54) bestimmt Art. 106 i.V.m. Art. 333 Abs. 3 StGB, dass die spezialrechtlichen Bussenrahmen weitergelten. Übergangsrechtlich bleibt es deshalb beim Strafmass von höchstens CHF 100 000 gemäss Art. 54.

IV. Konkurrenzfragen

10   Die Bestrafung nach Art. 54 schliesst wegen Spezialität eine gleichzeitige Bestrafung nach Art. 292 StGB aus (s. auch DUCREY, in: HOMBURGER, Kommentar 1996, Art. 54 N 2). **Idealkonkurrenz** ist denkbar zwischen Art. 54 und – vorab bei Umgehungstatbeständen – Art. 15 VStrR (Urkundenfälschung zulasten

des Staates), wenn zu Umgehungszwecken unwahre Urkunden fabriziert werden; Idealkonkurrenz ist alsdann auch zwischen Art. 54 KG und Art. 14 Abs. 1 VStrR (Leistungsbetrug zulasten des Staates) möglich, wenn durch Umgehung einer kartellbehördlichen Anordnung bewirkt wird, dass eine Auflage in der Anordnung als weiterhin erfüllt erachtet und ein in Wirklichkeit kartellrechtswidriges Verhalten als rechtmässig geduldet («bewilligt») wird (ähnl. MOREILLON, in: TERCIER/BOVET, CR Concurrence, vor Art. 54–57 N 10). Denkbar ist sodann in den vorgenannten Konstellationen zugleich Idealkonkurrenz mit dem Betrugstatbestand (Art. 164 StGB) bzw. mit der arglistigen Vermögensschädigung (Art. 151 StGB); denn nach hier vertretener Auffassung (vor Art. 54–57 N 14 ff.) schützt Art. 54 nicht nur einen abstrakt verstandenen Wettbewerb, sondern auch die wirtschaftliche Entfaltungsfreiheit der am Wirtschaftsverkehr Beteiligten und damit auch deren Vermögen (a.M. MOREILLON, in: TERCIER/BOVET, CR Concurrence, vor Art. 54–57 N 12). Konsequenterweise ist alsdann auch Idealkonkurrenz mit Art. 251 StGB (Urkundenfälschung zulasten privater Vermögensinteressen) möglich.

In den erwähnten Konkurrenzfällen ist Art. 9 VStrR zu beachten, wonach Art. 68 altStGB bzw. Art. 49 StGB nicht anwendbar sind, soweit die konkurrierenden Delikte in die sachlichen Zuständigkeiten verschiedener Behörden fallen. Es sind folglich für die jeweiligen Zuwiderhandlungen **separate Strafmasse** festzusetzen.

11

Art. 55 Andere Widerhandlungen

Andere Widerhand- Wer vorsätzlich Verfügungen der Wettbewerbsbehörden betref-
lungen fend die Auskunftspflicht (Art. 40) nicht oder nicht richtig befolgt, einen meldepflichtigen Zusammenschluss ohne Meldung vollzieht oder Verfügungen im Zusammenhang mit Unternehmenszusammenschlüssen zuwiderhandelt, wird mit Busse bis zu 20 000 Franken bestraft.

Autres violations Quiconque, intentionnellement, n'aura pas exécuté, ou ne l'aura fait qu'en partie, une décision des autorités en matière de concurrence concernant l'obligation de renseigner (art. 40), aura réalisé une concentration d'entreprises sans procéder à la notification dont elle aurait dû faire l'objet ou aura violé des décisions liées à des concentrations d'entreprises, sera puni d'une amende de 20 000 francs au plus.

Altri reati Chiunque, intenzionalmente, non esegue o esegue solo in parte una decisione dell'autorità in materia di concorrenza concernente l'obbligo di fornire informazioni (art. 40), esegue senza comunicazione una concentrazione soggetta a comunicazione oppure viola decisioni in relazione con le concentrazioni di imprese, è punito con la multa sino a 20 000 franchi.

Inhaltsübersicht Note

I. Informationsverweigerungsdelikt 1
II. Delikte im Zusammenhang mit Unternehmenszusammenschlüssen 5

I. Informationsverweigerungsdelikt

1 Der **objektive Tatbestand** von Art. 55 (Informationsverweigerung durch natürliche Personen) unterscheidet sich in seinem Wortlaut von demjenigen in Art. 52 (Informationsverweigerung durch Unternehmen) einzig dadurch, dass in Art. 52, nicht aber in Art. 55 auch das Vorenthalten von Urkunden strafbewehrt zu sein scheint. Allerdings ergibt sich aus dem in Art. 55 enthaltenen Verweis auf Art. 40, dass auch das Vorenthalten von Urkunden nach Art. 55 strafbar ist. Es wäre in der Tat wenig sinnvoll, nur das Verweigern von Auskünften, nicht aber das Vorenthalten relevanter Urkunden (und damit die Vereitelung der Auskunftsdokumentation) unter Strafe zu stellen.

2 Zu den objektiven Tatbestandselementen, zu Konkurrenzen, zum sachlichen Anwendungsbereich sowie zum Spannungsverhältnis zwischen der Bestrafung für Auskunftsverweigerung einerseits und dem Geschäftsgeheimnisschutz nach Art. 162 StGB anderseits wird auf die Kommentierung von Art. 52, dort insb. auf

N 3 ff. verwiesen. In persönlicher Hinsicht kann das Informationsdelikt gemäss Art. 55 erster Teilsatz nur von den *Organen* der in Art. 40 genannten auskunftspflichtigen *Unternehmungen* (Art. 2 Abs. 1bis) begangen werden; dies gilt gleichermassen für Haupttäterschaft und Teilnahme. Darüber hinaus können nur die nach Art. 40 informationspflichtigen natürlichen Personen gemäss Art. 55 erster Teilsatz als Haupttäter oder Teilnehmer bestraft werden. Zu den formellen und materiellen Anforderungen an die Editions- bzw. Informationsverfügung der Wettbewerbsbehörden, zu Fragen im Zusammenhang mit der Zustellung an die Adressaten, zur Problematik der mehrfachen Bestrafung bei wiederholter Zuwiderhandlung etc., siehe vor Art. 54–57 N 16 ff.

In Untersuchungen der Weko, bei denen denkbar ist, dass sie zu einer Sanktion nach Art. 49a führen werden, dürfen die verfahrensbeteiligten *Unternehmen* gestützt auf ihre **verfassungsmässige Garantie, sich selbst nicht inkriminieren zu müssen** (Art. 32 Abs. 1 BV, Art. 6 Abs. 3 lit. c EMRK; Art. 14 Abs. 3 lit. g UNO-Pakt II), jede Aufschlusserteilung verweigern (dazu Art. 52 N 2 hiervor). Es stellt sich die Frage, ob angesichts des Schweigerechts *des Unternehmens* auch den gemäss Art. 40 auskunftspflichtigen Organen ein Schweigerecht zusteht. Beim Parallelproblem im gemeinen Strafrecht, bei dem sich die Frage stellt, inwieweit Unternehmensmitarbeiter, die nicht (zur Aussageverweigerung berechtigte) Vertreter eines angeschuldigten Unternehmens i.S.v. Art. 102a StGB (Art. 100^{quinquies} altStGB) sind, zum Zeugnis bzw. zur Aussage gegen das Unternehmen verpflichtet werden können, obschon das Unternehmen selbst ein Zeugnisverweigerungsrecht hat, *befürwortet* die überwiegende Lehre die Aussagepflicht von Unternehmensmitarbeitern und -organen, und zwar auch mit Bezug auf Informationen, die vom beschuldigten Unternehmen selbst gestützt auf Art. 32 Abs. 1 BV bzw. Art. 6 Abs. 3 lit. c EMRK bzw. Art. 14 Abs. 3 lit. g UNO-Pakt II verweigert werden dürfen (SCHMID, Strafbarkeit, 218; HEINE, Unternehmensstrafrecht, 23). Diese Auffassung ist abzulehnen, weil dadurch das Aussageverweigerungsrecht eines Unternehmens in praktisch allen Fällen a priori illusorisch würde; eine Bestimmung wie Art. 102a Abs. 2 StGB (Art. 100^{quinquies} Abs. 2 altStGB) – also das Schweigerecht des Unternehmensvertreters – hätte so von vornherein keinen Sinn. Das Gesagte muss *mutatis mutandis* auch im hier interessierenden Kontext gelten, soweit das nach Art. 40/Art. 15 VKU informationsverpflichtete Unternehmensorgan über Vorgänge auszusagen hat, die das Unternehmen i.S.v. Art. 49a strafrechtlich belasten könnten. In jedem Fall kann aber das auskunftsverpflichtete Organ gestützt auf Art. 40 i.V.m. Art. 44 Abs. 1 VGG (bis 31. Dezember 2006 Art. 16 VwVG) und Art. 42 Abs. 2 BZP *beantragen*, keine Geschäftsgeheimnisse des Unternehmens preisgeben zu müssen. Alsdann hat die untersuchende Behörde gestützt auf eine Interessensabwägung zu entscheiden, ob eine Auskunftspflicht besteht. Angesichts des soeben zum Unterlaufen des verfassungsmässigen Schweigerechts des Unternehmens Ausgeführten wird dabei die untersuchende Behörde dem Geheimhaltungsinteresse des (gegenüber dem Unternehmen treuepflichtigen) Organs ein besonders hohes Gewicht beimessen müssen.

4 In **subjektiver Hinsicht** setzt die Bestrafung nach Art. 55 erster Teilsatz zumindest Eventualvorsatz voraus. Dazu ist erforderlich, dass die Anordnungsadressaten von der betreffenden Verfügung tatsächlich Kenntnis genommen haben, siehe dazu vor Art. 54–57 N 20.

II. Delikte im Zusammenhang mit Unternehmenszusammenschlüssen

5 Die **objektiven Tatbestandsmerkmale** von Art. 55, zweiter und dritter Teilsatz (Delikte im Zusammenhang mit Unternehmenszusammenschlüssen), entsprechen denjenigen von Art. 51, obschon der Wortlaut des Gesetzes in Art. 55 konzentrierter ist als in Art. 51 Abs. 1 (gl. M. MOREILLON, in: TERCIER/BOVET, CR Concurrence, Art. 55 N 5). Als «Verfügung im Zusammenhang mit Unternehmenszusammenschlüssen» i.S.v. Art. 55, dritter Teilsatz, kommt daher insb. vorläufiges Vollzugsverbot, eine mit der Zulassung des Zusammenschlusses erteilte Auflage, eine Massnahme zur Wiederherstellung wirksamen Wettbewerbs oder ein Zusammenschlussverbot in Frage. Im Übrigen wird mit Bezug auf die objektiven Tatbestandselemente auf die Kommentierung zu Art. 51 hiervor *mutatis mutandis* verwiesen. Zu den materiellen und formellen Anforderungen an die strafbewehrte Anordnung der Wettbewerbsbehörden, insb. Bestimmtheit, Zustellung, Kenntnisnahme etc., siehe vor Art. 54–57 N 14 hiervor.

6 In **subjektiver Hinsicht** ist mindestens Eventualvorsatz erforderlich (s. DUCREY, in: HOMBURGER, Kommentar 1996, Art. 55 N 5).

Art. 56 Verjährung

Verjährung

¹ Die Strafverfolgung für Widerhandlungen gegen einvernehmliche Regelungen und behördliche Anordnungen (Art. 54) verjährt nach fünf Jahren. Die Verjährungsfrist kann durch Unterbrechung um nicht mehr als die Hälfte hinausgeschoben werden.

² Die Strafverfolgung für andere Widerhandlungen (Art. 55) verjährt nach zwei Jahren.

Prescription

¹ L'action pénale se prescrit par cinq ans pour les violations d'accords amiables et de décisions administratives (art. 54). Elle est en tout cas prescrite lorsque, du fait d'une interruption, ce délai est dépassé de moitié.

² Elle se prescrit par deux ans pour les autres infractions (art. 55).

Prescrizione

¹ Il perseguimento penale si prescrive in cinque anni nel caso di reati contro le conciliazioni e le decisioni amministrative (art. 54). In caso di interruzione, il termine di prescrizione non può essere prorogato di oltre la metà.

² Il perseguimento penale nel caso degli altri reati (art. 55) si prescrive in due anni.

Inhaltsübersicht   Note

I. Verfolgungsverjährung 1
II. Vollstreckungsverjährung 6

I. Verfolgungsverjährung

Für Ungehorsam i.S.v. Art. 54 (und nur für diesen Spezialfall) gilt eine für 1 Übertretungen verhältnismässig lange Verfolgungsverjährungfrist von fünf Jahren. Verstösse gegen Art. 55 verjähren – in Anlehnung an Art. 11 Abs. 1 VStrR – innert zwei Jahren. Die **Verjährungsfrist** beginnt am Tag, an dem die Ungehorsamshandlung ausgeführt wird (oder bei Unterlassungen die betreffende Handlung hätte ausgeführt werden müssen); bei Dauerverstössen beginnt die Verjährung, sobald der rechtswidrige Dauerzustand aufhört (Art. 72 altStGB; Art. 98 StGB).

Indem der Gesetzgeber für Ungehorsam i.S.v. Art. 54 eine Verjährungsfrist fest- 2 setzte, die deutlich länger ist als die nach Art. 11 Abs. 1 VStrR geltende zweijährige Regelverjährung für Übertretungen des Verwaltungsstrafrechts, sollte die **Wichtigkeit der in Art. 54 strafbewehrten Anordnungen der Wettbewerbsbehörden (bzw. der einvernehmlichen Regelungen mit diesen)** betont werden

(Botschaft KG 1995, Ziff. 272.3, 623 sowie DUCREY, in: HOMBURGER, Kommentar 1996, Art. 56 N 1). Ein sachlicher Grund ist für diese Aufwertung von Widerhandlungen i.S.v. Art. 54 gegenüber solchen i.S.v. Art. 55 freilich nicht ersichtlich. De lege ferenda sollten die Verjährungsfristen für Art. 54 und 55 vereinheitlicht werden, indem ganz allgemein bei Verstössen gegen strafbewehrte kartellrechtliche Verhaltenspflichten nicht die gemäss Art. 11 Abs. 1 VStrR allgemein gültige kurze, sondern eine längere Verjährungsfrist (nämlich die eingangs erwähnte fünfjährige) gilt. Diese längere Verjährungsfrist lässt sich nur schon angesichts der bei Kartellrechtsverstössen oft bestehenden Komplexität der Verhältnisse und des deshalb i.d.R. erhöhten Zeitbedarfs der Ermittlungsbehörden rechtfertigen.

3 Art. 56 folgt dem **altrechtlichen Konzept der (unterbrechbaren) relativen und (maximalen) absoluten Verjährungsfrist**. Dieses Konzept galt bis 30. September 2002 für das gesamte eidgenössische Strafrecht; die im Gesetz enthaltenen relativen Fristen konnten danach durch jede Unterbrechungshandlung der Strafermittlungsbehörden um insgesamt höchstens die Hälfte ihrer Dauer verlängert werden. Als Unterbrechungshandlung galt jede Handlung der Strafverfolgungsbehörden, die den staatlichen Strafverfolgungsanspruch (für alle Verfahrensbeteiligten sichtbar) vorantrieb, wie bspw. eine Mitteilung an den Beschuldigten, dass gegen ihn eine Strafuntersuchung eröffnet wird, oder eine nach aussen sichtbare strafprozessuale Ermittlungs- oder Zwangsmassnahme wie etwa eine Vernehmung oder die Beschlagnahme von Vermögenswerten (s. MÜLLER, in BS-Komm. StGB I, Art. 72 N 29 ff. sowie TRECHSEL, Kurzkommentar, Art. 72 N 2). Bis zum Ablauf der Verfolgungsverjährung musste die Sache letztinstanzlich abgeurteilt sein. Freilich stand gemäss Art. 11 Abs. 3 VStrR die Verjährung während jedes Einsprache- oder Beschwerdeverfahrens oder während eines gerichtlichen Verfahrens über eine Leistungspflicht oder andere einschlägige Vorfragen still; dasselbe galt für den Fall, dass der Täter im Ausland eine Zweitstrafe verbüsste (s. HAURI, VStrR, Art. 11 N 10 u. 11 sowie BGE 112 IV 352 E. 5b/aa). De facto reichte es demnach aus, wenn bis zum Ablauf der absoluten Verjährungsfrist die Sache in erster Instanz abgeurteilt war; es war für einen Strafverteidiger wegen des Verjährungsstillstandes nach Art. 11 Abs. 3 VStrR nicht möglich, die Sache durch die Ergreifung von Rechtsmitteln «in die Verjährung zu retten».

4 Seit 1. Oktober 2002 existieren im schweizerischen Strafrecht nur noch **ununterbrechbare Verjährungsfristen**, bis zu deren Ablauf die Sache *erstinstanzlich* abgeurteilt sein muss. Seither gibt es auch im Nebenstrafrecht – und damit auch in Art. 56 – keine Unterscheidung zwischen absoluten und relativen Verjährungsfristen. Die bisherigen relativen Verfolgungsverjährungsfristen für Übertretungen, die über ein Jahr betragen, werden einfach um ihre ordentliche Dauer verlängert (Art. 333 Abs. 6 lit. b StGB/Art. 333 Abs. 5 lit. b altStGB). Bei Verstössen gegen Art. 54 gibt es folglich seit 1. Oktober 2002 nur noch eine zehnjährige, ununterbrechbare Verjährungsfrist, innert welcher die Sache erstinstanzlich abzuurteilen ist. Bei Verstössen gegen Art. 55 beträgt diese Verjährungsfrist vier Jahre.

Übergangsrechtlich gilt gemäss Art. 389 StGB (bzw. Art. 337 altStGB) für 5
Taten, welche vor dem 1. Oktober 2002 begangen wurden, das altrechtliche Verjährungsregime, falls dieses zu einem für den Täter milderen Resultat führt als das neue Verjährungsrecht (Grundsatz der lex mitior). Bei der Frage, ob das neue oder das alte Recht für den Täter milder ist, können sich zwar theoretisch knifflige Fragestellungen ergeben (SCHUBARTH, Verjährung, 336); im Falle von Art. 56 Abs. 1 i.V.m. Art. 54 stehen aber neurechtliche zehn Jahre altrechtlichen absoluten siebeneinhalb Jahren, und im Falle von Art. 56 Abs. 2 i.V.m. Art. 55 neurechtliche vier Jahre altrechtlichen absoluten drei Jahren gegenüber; in sämtlichen (alt- und neurechtlichen Fällen) sind weiterhin Verjährungsstillstände nach Art. 11 Abs. 3 VStrR möglich. Es ist damit klar, dass für Taten vor dem 1. Oktober 2002 das altrechtliche Regime als lex mitior nach wie vor Bestand hat.

II. Vollstreckungsverjährung

Die Strafvollstreckung verjährt sowohl bei Zuwiderhandlungen gegen 6
Art. 54 als auch bei solchen gegen Art. 55 gemäss Art. 57 i.V.m. Art. 11 Abs. 4 VStrR innert fünf Jahren. **Übergangsrechtlich** ist Art. 333 Abs. 6 lit. e StGB zu beachten: Für Urteile bzw. Strafbescheide/-verfügungen, die seit dem 1. Oktober 2002 rechtskräftig wurden, verlängert sich die Vollstreckungsverjährung auf zehn Jahre.

Art. 57 Verfahren und Rechtsmittel

Verfahren und Rechtsmittel

¹ Für die Verfolgung und die Beurteilung der strafbaren Handlung gilt das Bundesgesetz über das Verwaltungsstrafrecht vom 22. März 1974.

² Verfolgende Behörde ist das Sekretariat im Einvernehmen mit einem Mitglied des Präsidiums. Urteilende Behörde ist die Wettbewerbskommission.

Procédure et voies de droit

¹ La loi fédérale du 22 mars 1974 sur le droit pénal administratif est applicable à la poursuite et au jugement des infractions.

² L'autorité de poursuite est le secrétariat, d'entente avec un membre de la présidence. La commission statue.

Procedura e rimedi giuridici

¹ Il perseguimento e il giudizio dei reati sono disciplinati dalla legge federale del 22 marzo 1974 sul diritto penale amministrativo.

² Autorità di perseguimento penale è la segreteria, d'intesa con un membro della presidenza. Autorità di giudizio è la Commissione.

Inhaltsübersicht

Note

I. Zur Verfahrensordnung nach VStrR 1
   1. Verfahrensgang im Überblick 2
   2. Erläuterung der Beschuldigung 8
   3. Zwangsmassnahmen und ihre Anfechtung 12
   4. Insbesondere Beschlagnahme von Anwaltskorrespondenz 18
II. Zur Behördenorganisation im Lichte von Art. 6 EMRK 20

I. Zur Verfahrensordnung nach VStrR

[1] **Zuwiderhandlungen** gegen Art. 54 bzw. Art. 55 sind laut Verweis in Art. 57 Abs. 1 gemäss der Verfahrensordnung des VStrR zu ahnden. Es kann hier keine umfassende Erläuterung zu dieser Verfahrensordnung erfolgen (s. dazu aber generell HAURI, VStrR, Art. 19 ff.). Vielmehr sind nach einem summarischen Überblick über den üblichen Verfahrensgang (dazu 1.) einige Aspekte von besonderem Interesse zu beleuchten (dazu 2.–5.).

1. Verfahrensgang im Überblick

[2] Das Strafverfahren wird üblicherweise aufgrund eines Anfangsverdachts (auf Anzeige hin oder ex officio) durch eine geheime **Voruntersuchung** eröffnet. Bestä-

tigt sich darin der Anfangsverdacht, ordnet die untersuchende Wettbewerbsbehörde (das Sekretariat der Weko im Einvernehmen mit einem Weko-Präsidiumsmitglied) i.d.R. konservatorische **Zwangsmassnahmen** (Beschlagnahmen von Vermögenswerten und Beweismitteln, Art. 46 VStrR) an. Der Beschuldigte erfährt oft erst anlässlich einer Hausdurchsuchung vom laufenden Untersuchungsverfahren. Nach Auswertung der sichergestellten und gesammelten Beweismittel und der protokollarischen Befragung von Beschuldigten und Zeugen (Art. 39 ff. VStrR) verfasst die untersuchende Wettbewerbsbehörde ein Schlussprotokoll, sofern sie den Anfangs- bzw. Tatverdacht als erhärtet ansieht (Art. 61 Abs. 1 VStrR). Andernfalls stellt sie die Untersuchung ein (Art. 62 VStrR).

Das Schlussprotokoll hat den Tatbestand der Widerhandlung so genau zu umschreiben, dass der Beschuldigte zweifelsfrei erkennen kann, wogegen er sich verteidigen muss. In praxi wird das Schlussprotokoll durchwegs schriftlich eröffnet, obschon gemäss Art. 61 Abs. 2 VStrR die mündliche Eröffnung den (dogmatischen) Regelfall bilden soll (ähnl. HAURI, VStrR, Art. 61 N 3b). In aller Regel enthält das Schlussprotokoll auch eine rechtliche Würdigung, obschon diese ex lege nicht vorgeschrieben ist. Eine solche rechtliche Würdigung ist für den nachfolgenden Strafbescheid nicht präjudiziell (s. HAURI, VStrR, Art. 61 N 3b). Der Beschuldigte kann sich innert zehn Tagen zum Schlussprotokoll vernehmen lassen und insb. **Beweisanträge** stellen. Während der Vernehmlassungsfrist hat der Beschuldigte ein **Akteneinsichtsrecht**.

Die Weko erlässt (ggf. nach antragsgemäss ergänzter Untersuchung durch das Sekretariat) gestützt auf das Schlussprotokoll einen **Strafbescheid** (Art. 62 Abs. 1 VStrR). Der Strafbescheid darf bezüglich der Tatsachen auf das Schlussprotokoll verweisen und muss insoweit nicht begründet werden (HAURI, VStrR, Art. 61 N 3b; betr. den Mindestinhalt des Strafbescheides siehe Art. 64 Abs. 1 und 2 VStrR). Der Strafbescheid ist dem Beschuldigten durch eingeschriebene Zustellung oder gegen Empfangsschein zu eröffnen; bei Wohnsitz im Ausland ohne schweizerisches Zustellungsdomizil bzw. Vertreter ist eine Ediktaleröffnung auf dem Publikationswege erlaubt (Art. 64 Abs. 3 VStrR, s.a. Art. 61 Abs. 5 VStrR). Bei **Bagatelldelikten** und Bussen bis zu CHF 500 kann die Weko im Einvernehmen mit dem Beschuldigten einen Strafbescheid im abgekürzten Verfahren ohne Aufnahme eines Schlussprotokolls erlassen; dieser Strafbescheid wird durch beidseitige Unterzeichnung sofort rechtskräftig (Art. 65 VStrR).

Gegen einen Strafbescheid i.S.v. Art. 64 VStrR kann der Betroffene innert 30 Tagen seit der Eröffnung Einsprache an die erlassende Weko erheben. Wurde die Untersuchung nur summarisch geführt, hat alsdann die Weko den Sachverhalt anhand einer Neuuntersuchung umfassender abklären zu lassen (HAURI, VStrR, Art. 67 N 1). Die Weko erlässt aufgrund der Ergebnisse ihrer neuen Prüfung entweder eine Einstellungs- oder eine Strafverfügung, wobei im hier interessierenden Kontext eine **reformatio in peius ausgeschlossen** ist. Verzichtet der Betroffene auf eine richterliche Beurteilung der Strafverfügung, steht diese einem rechtskräftigen Urteil gleich.

6 Der von der Strafverfügung Betroffene kann innert zehn Tagen seit der Eröffnung die Beurteilung durch das zuständige kantonale **Strafgericht** verlangen. Die örtliche Zuständigkeit des Gerichtes richtet sich dabei nach Art. 340 ff. StGB (bzw. bis 31. Dezember 2006 nach Art. 346 ff. altStGB). Die sachliche Zuständigkeit bestimmt sich nach der kantonalen Gerichtsorganisationsgesetzgebung (Art. 339 StGB bzw. Art. 345 altStGB). Die Weko kann auf Antrag oder mit Zustimmung des Betroffenen bereits dessen Einsprache gegen den Strafbescheid als Begehren um gerichtliche Beurteilung behandeln und die Sache direkt dem kantonalen Strafgericht überweisen, ohne gemäss Art. 70 VStrR eine Strafverfügung zu erlassen (Art. 71 VStrR).

7 Gegen das letztinstanzliche kantonale **Urteil** ist gemäss Wortlaut von Art. 83 Abs. 1 VStrR Nichtigkeitsbeschwerde an den Kassationshof des Bundesgerichts zulässig, sofern kein kantonales Rechtsmittel mehr wegen Verletzung eidgenössischen Rechts besteht. Die Weko und die Bundesanwaltschaft sind je selbständig beschwerdelegitimiert. Freilich wird die eidgenössische Nichtigkeitsbeschwerde ab 1. Januar 2007 durch die **Beschwerde in Strafsachen** nach Art. 78 ff. BGG ersetzt (s. dazu bspw. SCHMID, Strafrechtsbeschwerde, 160 ff.). In den Übergangsbestimmungen zum BGG findet sich kurioserweise kein Hinweis auf eine Anpassung von Art. 83 Abs. 1 VStrR. Ganz offensichtlich ist dies ein **gesetzgeberisches Versehen**. Das Versehen wurde bei den Vorarbeiten zur eidgenössischen Strafprozessordnung bemerkt: Laut Botschaft zur eidgenössischen Strafprozessordnung (Botschaft Strafprozessrecht, 1341) soll in den Übergangsbestimmungen der eidgenössischen Strafprozessordnung Art. 83 Abs. 1 VStrR aufgehoben werden, weil nunmehr gegen letztinstanzliche kantonale Urteile in Verwaltungsstrafsachen die Beschwerde nach Art. 78 ff. BGG zu ergreifen ist; die Beschwerdelegitimation der beteiligten Verwaltung (hier: der Weko) und der Staatsanwaltschaft des Bundes soll durch eine Ergänzung des BGG bestehen bleiben. Bis zum Inkrafttreten der (noch nicht beschlossenen) eidg. StPO stellt sich aber ab 1. Januar 2007 die Frage, ob Art. 83 Abs. 1 VStrR weiter anzuwenden ist, d.h. ob die eidg. Nichtigkeitsbeschwerde für den Partikularbereich des Verwaltungsstrafrechts doch noch beibehalten werden soll. Dies ist nach hier vertretener Auffassung zu verneinen: Es entspricht (wie soeben gezeigt) gerade nicht dem Willen des Gesetzgebers, die Nichtigkeitsbeschwerde für Verwaltungsstrafsachen bis zum Inkrafttreten der eidg. StPO einstweilen beizubehalten; zeitweilig beizubehalten ist (lückenfüllend) höchstens die Beschwerdelegitimation der Weko und der Bundesanwaltschaft, bis das BGG entsprechend ergänzt wird.

2. Erläuterung der Beschuldigung

8 Wie erwähnt werden die Beschuldigten über das laufende Strafverfahren oftmals erst anlässlich einer **Zwangsmassnahme**, typischerweise einer Hausdurchsuchung, mittels Durchsuchungsbefehl bzw. Zwangsmassnahmenverfügung

orientiert. I.d.R. enthält der **Durchsuchungsbefehl** lediglich einen Hinweis auf die angeblich verletzten Gesetzesbestimmungen; möglicherweise wird darin zusätzlich ein Standard-Textbaustein abgedruckt, der auf Präjudizien hinweist, wonach die betreffende Zwangsmassnahme generell zulässig sei. Hinweise auf den inkriminierten Sachverhalt (und damit eine Subsumption) fehlen entweder ganz oder sind sehr vage. Der Beschuldigte wird alsdann sehr viel später anlässlich einer **informellen Besprechung** oder einer **Einvernahme** näher über den gegen ihn gehegten Verdacht orientiert.

Diese Praxis ist im Lichte von Art. 6 Ziff. 3 lit. a EMRK **problematisch**. Danach hat jeder Beschuldigte das Recht, innert möglichst kurzer Frist in einer für ihn verständlichen Sprache in allen Einzelheiten über die Art und den Grund der gegen ihn erhobenen Beschuldigung in Kenntnis gesetzt zu werden. Die «möglichst kurze Frist» wird einerseits in praxi flexibel gehandhabt (VILLIGER, EMRK, N 506, gemäss VOGLER, Kommentar, Art. 6 EMRK N 475 soll sie ggf. selbst dann gewahrt sein, wenn die detaillierte Orientierung über die Anschuldigung erst anlässlich der Hauptverhandlung vor Gericht erfolgt). Die «möglichst kurze Frist» steht anderseits im Zusammenhang mit dem Anspruch des Beschuldigten, seine Verteidigung ausreichend vorbereiten zu können (VOGLER, Kommentar, Art. 6 EMRK N 475 m.w.H.). In dieser Hinsicht muss beachtet werden, dass der Beschuldigte aufgrund der Unterrichtung über den ihm angelasteten Vorgang in der Lage sein soll, gegen die Zwangsmassnahme Beschwerde nach Art. 26 VstrR i.V.m. 28 VStrR einzulegen, und dass die Beschwerdefrist nach Art. 28 Abs. 3 VStrR nur drei Tage ab Kenntnis von der Zwangsmassnahme (und nicht ab Erläuterung des Tatverdachts) beträgt. Ohne genaue Kenntnis des Tatverdachts wird es aber in vielen Fällen schwerfallen, die Beschwerde zu begründen. Eine **unverzügliche Erläuterung des Tatverdachts** ist somit im Lichte von Art. 6 Ziff. 3 lit. a EMRK zumindest in der häufigen Konstellation, wo der Beschuldigte erst über eine Zwangsmassnahme Kenntnis vom Ermittlungsverfahren erhält, jedenfalls insoweit erforderlich, als dies zur Begründung der Beschwerde gemäss Art. 26 ff. VStrR vernünftigerweise notwendig ist.

Nichts Anderes ergibt sich aus Art. 14 Abs. 3 lit. a UNO-Pakt II, wonach der Angeschuldigte unverzüglich und im Einzelnen in einer ihm verständlichen Sprache über Art und Grund der gegen ihn erhobenen **Beschuldigung** zu unterrichten ist. Dieses Erfordernis gilt nach hier vertretener Auffassung nicht bloss in der soeben diskutierten Konstellation von Zwangsmassnahmen am Anfang der Strafuntersuchung, sondern ganz generell. Denn grundsätzlich ist (im Gegensatz etwa zu einer umfassenden Akteneinsicht) nicht einzusehen, welche untersuchungstaktischen Nachteile der Ermittlungsbehörde daraus erwachsen, dass der Beschuldigte über das ihm Vorgeworfene so weit unterrichtet wird, dass er zeitnah seine Verteidigung vorbereiten kann. Schliesslich kann die Untersuchungsbehörde ohnehin nicht rechtskonform gegen den Beschuldigten ermitteln, soweit dieser sich nicht wirksam verteidigen kann (zum Recht auf Verteidigung s. VILLIGER, EMRK, N 509 ff.).

11 Beachtet die ermittelnde Wettbewerbsbehörde die vorerwähnten Grundsätze nicht, ist das **Urteil** ungeachtet dessen **aufzuheben**, ob die Rechtsverletzung zu einer **schärferen Bestrafung** der beschuldigten Person geführt hat, als dies bei korrekter Rechtsanwendung der Fall gewesen wäre (SCHMID, Strafrechtsbeschwerde, 192; BGE 100 IV 2, 96 IV 66).

3. Zwangsmassnahmen und ihre Anfechtung

12 Im Vordergrund steht im hier interessierenden Kontext v.a. die **Beschlagnahme von Beweismitteln und/oder Vermögenswerten**. Die Beschlagnahme geschieht anlässlich einer Durchsuchung von Wohnungen oder anderen Räumen (insb. Geschäftsräumen) gemäss Art. 48 VStrR. Werden unter dem Titel Beweismittelbeschlagnahme Papiere sichergestellt, hat der anfechtungswillige Papierinhaber unverzüglich Einsprache gegen die Durchsuchung der Papiere zu erklären; alsdann werden die Papiere versiegelt mitgenommen (Art. 50 Abs. 3 VStrR). Die ermittelnde Verwaltungsbehörde hat dann bei der Beschwerdekammer des Bundesstrafgerichtes ein **Entsiegelungsbegehren** gemäss Art. 25 Abs. 1 VStrR einzureichen. Sie ist dabei an keine Frist gebunden. Zur Begründung des Entsiegelungsbegehrens sind einerseits ein hinreichender **Tatverdacht** und anderseits (unter dem Titel Verhältnismässigkeit) ein Konnex der sichergestellten Urkunden zum Tatverdacht sowie die Erforderlichkeit der Beschlagnahme **glaubhaft** zu machen (s. dazu SPITZ, Anwendung, 558; BGE 127 II 151). In praxi werden dabei an diese Glaubhaftmachungen keine allzu hohe Anforderungen gestellt; insb. in der Anfangsphase der Untersuchung wird von den ermittelnden Behörden nicht verlangt, die erwähnten Voraussetzungen detailliert zu substanziieren. Die entsprechenden Erkenntnisse seien ja gerade Gegenstand der erst angelaufenen Untersuchung (s. bspw. Entscheid Nr. BB.2006.5 vom 28. Juni 2006 der Beschwerdekammer des Bundesstrafgerichts, E. 3.1.). In der Praxis kommt es deshalb in den meisten Fällen zu einem Entsiegelungsentscheid des Bundesstrafgerichts.

13 Gegen den Entsiegelungsentscheid des Bundesstrafgerichts stand bis Ende 2006 gemäss Art. 33 SGG die Beschwerde an das Bundesgericht zur Verfügung. Ab dem 1. Januar 2007 wurde diese Beschwerde von der Strafrechtsbeschwerde i.S.v. Art. 79 BGG abgelöst. Zurzeit wird in der Literatur diskutiert, ob zwischen dem Bundesgericht und dem Bundesstrafgericht noch eine separate Berufungsinstanz mit voller Kognition (etwa als separate Berufungskammer am Bundesstrafgericht) dazwischengeschaltet werden sollte, um ein (freilich etwas überspannt verstandenes) **Double-Instance-Prinzip** auch im Rechtsmittelzug gegen Zwangsmassnahmen der Untersuchungsbehörde zu realisieren (SCHMID, Strafrechtsbeschwerde, 171 m.w.H.).

14 Nach bisheriger Praxis des Bundesgerichtes sind lediglich die **Inhaber der beschlagnahmten Papiere** im Entsiegelungsverfahren zu Rechtsmitteln **legitimiert**; dies gilt sowohl im Beschwerdeverfahren vor Bundesstrafgericht als auch

in demjenigen vor Bundesgericht (BGE 1S.28/2005 v. 27. September 2005 E. 2.4.2., 127 II 151 E. 4c./aa., 116 I b 106 E. 2a./aa., 111 I b 50 E. 3b.). Werden bspw. Papiere bei einem **Treuhänder** des Beschuldigten beschlagnahmt und erhebt dieser Einsprache gegen die Durchsuchung der Papiere, ist nur der Treuhänder, nicht aber der eigentlich interessierte Treugeber bzw. beschuldigte Partei des Entsiegelungsverfahrens. Diese **Praxis** ist aus nahe liegenden Gründen sachlich **unbefriedigend**, zumal in der erwähnten Konstellation der Inhaber (bzw. unmittelbare Fremdbesitzer) der beschlagnahmten Papiere kein Eigeninteresse hat, die Versiegelung aufrechtzuerhalten, und daher (auch bei Übernahme der Rechtskosten durch den Treugeber) oftmals dem Entsiegelungsgesuch der Untersuchungsbehörde keinen Widerstand entgegensetzen bzw. einen erstinstanzlichen Entsiegelungsentscheid nicht anfechten wird. Richtigerweise ist dem Beschuldigten die Parteistellung im Entsiegelungsverfahren in sämtlichen Instanzen einzuräumen, da die Entsiegelung letztlich v.a. seine Interessenssphäre potenziell tangiert. Dies ist ein denknotwendiger Ausfluss des **Anspruchs des Beschuldigten auf rechtliches Gehör** und auf ein **faires Verfahren**. Die erwähnte Bundesgerichtspraxis ist auch im Lichte von Art. 81 Abs. 1 lit. b Ziff. 1 BGG aufzugeben; nach dieser Bestimmung hat die beschuldigte Person ganz generell ein Beschwerderecht in Strafsachen, freilich immer unter der Voraussetzung eines aktuellen Rechtsschutzinteresses entsprechend den Leitlinien der bisherigen Praxis zur staatsrechtlichen Beschwerde (SCHMID, Strafrechtsbeschwerde, 180).

Gegen die **Beschlagnahme von Vermögenswerten** und nicht verurkundeten Beweismitteln steht dem Angeschuldigten sowie – in Analogie zu Art. 81 Abs. 1 BGG – weiteren Personen mit aktuellem Rechtsschutzinteresse die Beschwerde nach Art. 26 ff. VStrR mit Weiterzugsmöglichkeit mittels Strafrechtsbeschwerde an das Bundesgericht nach Art. 79 BGG (bis 31. Dezember 2006 Beschwerde nach Art. 33 SGG) offen. Die Beschwerde ist innert drei Tagen ab Kenntnis der betreffenden Zwangsmassnahme (und nicht erst ab Kenntnis der Begründung) beim Direktor der verfügenden Verwaltungsbehörde einzureichen, soweit nicht der Direktor selbst an der Verfügung beteiligt ist. Dieser hat die Verfügung zur betreffenden Zwangsmassnahme alsdann in Wiedererwägung zu ziehen oder aber die Beschwerde dem Bundesstrafgericht zur Behandlung zu überweisen. Ist der Direktor selbst an der angefochtenen Verfügung beteiligt und wird somit sein eigenes Verhalten gerügt, ist die Beschwerde direkt an das Bundesstrafgericht zu richten. Im vorliegenden Kontext können die Zwangsmassnahmeverfügungen u.a. vom Präsidenten der Weko unterzeichnet werden; dieser gilt als «Direktor der beteiligten Verwaltung» i.S.v. Art. 26 VStrR, da die Weko weisungsmässig keinem Departement oder Amt unterstellt ist. Beschwerden gegen Beschlagnahmeverfügungen sind diesfalls direkt beim Bundesstrafgericht einzureichen, ansonsten (bei Unterzeichnung durch ein Präsidiumsmitglied der Weko) beim Präsidenten der Weko. Als **Beschwerdebegründung** steht der mangelnde Tatverdacht im Vordergrund, wobei es sich oft auch lohnt, den genauen Beschlagnahmeumfang überprüfen zu lassen. Gemäss Art. 46 VStrR darf nämlich Vermögen nur in Höhe der mutmasslichen Deliktsbeute beschlagnahmt werden, und bei Dritten nur insoweit, als kein gutgläubiger Erwerb einer Einziehung entgegensteht (HAURI, VStrR, Art. 46 N 13 ff.). Zur Deckung von Bussgeldern oder Verfahrenskosten ist daher eine Beschlagnahme gestützt auf Art. 46 VStrR unzulässig.

16 Die **Beschwerdefrist von drei Tagen** erlaubt es gewöhnlich nicht, eine einlässliche Beschwerdebegründung auszuarbeiten. Denn in aller Regel werden die entsprechenden Verfügungen (oft Durchsuchungsbefehle des Vorsitzenden der Weko nach Art. 48 Abs. 3 VStrR) kaum begründet. Es ist bei dieser Sachlage nicht möglich, zu den Voraussetzungen der Massnahme (hinreichender Tatverdacht, Konnex der sichergestellten Objekte mit dem Tatverdacht, potenzielle Einziehbarkeit der Vermögenswerte etc.) Stellung zu nehmen. Das in Art. 26 ff. VStrR vorgesehene **Beschwerderecht bleibt so in vielen Fällen illusorisch**. Die dreitägige Beschwerdefrist erscheint bei dieser Sachlage im Konflikt mit dem **Recht auf effiziente Verteidigung** (Art. 32 Abs. 2 Satz 2 BV, Art. 6 Abs. 3 lit. b EMRK, Art. 14 Abs. 3 lit. b UNO-Pakt II). Sie ist damit verfassungs- und völkerrechtswidrig. Im Hinblick darauf sollte die Frist zumindest verfassungskonform ausgelegt und somit erst ab Vorlegung einer einlässlichen Begründung für die Zwangsmassnahme (und nicht schon ab Kenntnis derselben) berechnet werden. Mit dieser Auffassung ist freilich dem auf Rechtssicherheit angewiesenen Strafverteidiger wenig gedient, sodass de lege ferenda dringend eine substanziell längere Beschwerdefrist angebracht wäre. Gleichzeitig wären im VStrR Mindestanforderungen an die Begründung von Zwangsmassnahmen zu definieren, die dem Beschuldigten erlauben würden, innert Beschwerdefrist seinen Anspruch auf effiziente Verteidigung wahrzunehmen.

17 Es besteht die Möglichkeit, die befasste Wettbewerbsbehörde zu ersuchen, nicht angefochtene oder formell rechtskräftig gewordene Zwangsmassnahmen in Wiedererwägung zu ziehen. Gemäss Praxis des Bundesstrafgerichtes besteht gestützt auf Art. 29 BV ein **Wiedererwägungsanspruch** gegenüber der befassten Ermittlungsbehörde, soweit gestützt auf **echte Noven** behauptet wird, dass die Voraussetzungen der betreffenden Zwangsmassnahmen nicht mehr gegeben sind. Im Vordergrund steht die Behauptung, gestützt auf neue Ermittlungsergebnisse oder sonstige neue Erkenntnisse sei der hinreichende Tatverdacht als Massnahmenvoraussetzung entfallen (BGE 124 II 1 ff., 6 E. 3a.; 120 Ib 42 ff., 46 f. E. 2b; 113 Ia 146 ff., 151 f. E. 3a; 109 Ib 246 ff., 251 E. 4a; 100 Ib 368 ff., 371 f. E. 3a). Der Wiedererwägungsentscheid der befassten Wettbewerbsbehörde (bzw. die Verweigerung desselben) unterliegt alsdann seinerseits dem Beschwerdezug nach Art. 26 ff. VStrR bzw. 79 BGG; die Beschwerdeinstanz überprüft dabei vorfrageweise, ob ein Anspruch auf Wiedererwägung nach Art. 29 BV besteht.

4. Insbesondere Beschlagnahme von Anwaltskorrespondenz

18 Das Sekretariat der Weko hat Anfang April 2005 ein «Merkblatt zur Vorgehensweise bei Hausdurchsuchungen» veröffentlicht. Dieses ist zwar primär auf

Sanktionen gegen Unternehmungen ausgerichtet; es muss davon ausgegangen werden, dass bei Ermittlungen gegen Individuen im hier interessierenden Kontext das Sekretariat der Weko ebenfalls gemäss den dort gezeichneten Leitlinien verfahren wird. Die folgenden Punkte in diesem Merkblatt sind hier von besonderem Interesse: In den durchsuchten Räumlichkeiten vorgefundene Korrespondenz, welche die Verteidigung im aktuellen Verfahren zum Inhalt hat («**Verteidigerkorrespondenz**»), unterliegt nicht der Beschlagnahme. Dasselbe gilt natürlich auch für Verteidigerkorrespondenz in den Räumlichkeiten des Verteidigers. Demgegenüber unterliegen Dokumente, die beim **Unternehmensjuristen** anlässlich der Durchsuchung von Geschäftsräumlichkeiten vorgefunden werden, sehr wohl der Beschlagnahme; der Unternehmensjurist könne sich nicht auf das Anwaltsgeheimnis berufen, da ihm die nötige Unabhängigkeit vom Unternehmen fehle (so auch SCHALLER/BANGERTER, Hausdurchsuchungen, 1229 m.w.H.). Zivilrechtliche bzw. im Allgemeinen vor Beginn des Strafverfahrens erstellte Korrespondenz mit Anwälten ist folglich gemäss Merkblatt der Weko nicht beschlagnahmefrei, sofern sie sich ausserhalb der Kanzleiräumlichkeiten des Rechtsanwaltes befindet. Auf derselben Linie wie die Weko liegt das Bundesgericht, welches einerseits dafür hält, es könnten nicht «auf Vorrat [...] alle im Rahmen eines Zivilverfahrens bzw. vor Einleitung einer allfälligen Strafuntersuchung erstellten Unterlagen» als Verteidigerkorrespondenz angesehen werden; andererseits stellt das Bundesgericht ganz offensichtlich auch auf das Kriterium des Gewahrsams bzw. auf die Frage ab, ob die betreffenden Urkunden sich noch in den Räumlichkeiten des Rechtsanwaltes befinden (und dann auf jeden Fall nicht beschlagnahmt werden dürfen, soweit nicht der Rechtsanwalt selbst angeschuldigt ist), oder ob die Papiere ausserhalb der Anwaltskanzlei sichergestellt werden (dazu letztmals BGE 1P.133/2004).

Die erwähnte **Durchsuchungs- und Beschlagnahmepraxis** dürfte erstens zum kuriosen praktischen Resultat führen, dass Rechtsanwälte bereits in Fällen oder Fallstadien, in denen erst eine zivilrechtliche Haftung zur Debatte steht, ihre Risikoanalysen nicht den Klienten zustellen, sondern nur innerhalb ihrer Kanzleiräumlichkeiten zur Einsicht auflegen werden. Denn es liegt auf der Hand, dass oftmals zivil- und strafrechtliche Haftungsfragen oftmals zwei Seiten ein- und derselben Medaille bzw. jedenfalls in tatsächlicher Hinsicht eng miteinander verknüpft sind. Es ist daher willkürlich, die Verteidigerkorrespondenz auf den Informationsaustausch des Strafverteidigers mit seinem Klienten zu beschränken, der im Zusammenhang mit strafrechtlichen oder strafprozessualen Aspekten nach Einleitung des strafrechtlichen Verfahrens erfolgt ist. Auch vermag das vom Bundesgericht verwendete Gewahrsamskriterium nicht zu überzeugen, wonach lediglich Dokumente im Besitz des nicht angeschuldigten Rechtsanwaltes in jedem Fall von der Beschlagnahme ausgenommen sind: Dies läuft unter dem Titel Anwaltsgeheimnis darauf hinaus, dass die Person des Rechtsanwaltes geschützt wird; in Wirklichkeit aber will das Anwaltsgeheimnis die Interessen des Klienten und gerade nicht diejenigen des Rechtsanwaltes schützen (alles andere wäre wenig sinnvoll). Ist richtigerweise die Klientenbeziehung Schutzobjekt des Anwaltsgeheimnisses, sollten sämtliche diese Beziehung betreffenden Dokumente und Korrespondenzen beschlagnahmefrei sein, egal wo sie sich befinden bzw. wer Gewahrsam daran hat (ähnl.: HOFFET/SECKLER, Anwaltsgeheimnis, 338 m.w.H.). Es liegt auf der Hand, dass nur ein umfassender (und damit nicht auf den Standort abstellender) Schutz anwaltlicher Dokumentation sicherstellt, dass Rechtsanwälte und Klienten vertraulich kommunizieren sowie die Risiken analysieren und folglich Rechtsuchende ihre Rechte effizient wahrnehmen können. Alles andere unterwandert letztlich den Anspruch auf rechtliches Gehör (s. dazu auch MATHYS/LIVSCHITZ, Anwaltsgeheimnis, 27). Zu beachten ist schliesslich, dass nach hier vertretener Auffassung auch Unternehmensjuristen grundsätzlich dem Anwaltsgeheimnis unterstehen (Gutachten erstellt von Prof. MARCEL NIGGLI betreffend Anwendung von Art. 321 StGB auf angestellte Unternehmensjuristen, im Auftrag von Industrie-Holding, Vereinigung schweiz. Industrie-Holdinggellschaften, Bern, verfügbar online unter www.industrie-holding.ch; ebenfalls – freilich nur *de lege ferenda* – die Beschlagnahmefreiheit von Unterlagen im Gewahrsam von Juristen – egal ob extern oder intern, ob mit oder ohne Anwaltspatent – befürwortend: SCHWARZ, Gedanken, 341; a.M. PFEIFER, Berufsgeheimnis, 331 ff.). Dokumente im Gewahrsam von Unternehmensjuristen, welche im Zusammenhang mit ihrer juristischen Tätigkeit für die Arbeitgeberin stehen, sind richtigerweise als Anwaltskorrespondenz von der Beschlagnahme auszunehmen. In allen erwähnten Fällen bleiben selbstverständlich Missbräuche vorbehalten: Wer bspw. inkriminierte Urkunden nur deshalb bei einem Anwalt oder Unternehmensjuristen deponiert, um sie vor dem Zugriff der Ermittlungsbehörden «in Sicherheit zu bringen», darf natürlich nicht mit der Beschlagnahmefreiheit dieser Urkunden rechnen.

II. Zur Behördenorganisation im Lichte von Art. 6 EMRK

20 Das Ermittlungsverfahren wird vom Sekretariat im Einvernehmen mit einem Mitglied des Präsidiums der Weko eingeleitet, danach aber ohne Mitwirkung der Weko geführt; die Weko erlässt als urteilende Behörde den Strafbescheid nach Art. 62 Abs. 1 VStrR. Die ermittelnde Behörde ist damit gleichwohl von der urteilenden Behörde keineswegs i.S.v. Art. 6 EMRK (bzw. rechtlich garantierter Weisungsfreiheit) **unabhängig**; ausserdem ist die Weko kein Gericht i.S.v. Art. 6 Abs. 1 EMRK (HANGARTNER, in: STOFFEL/ZÄCH, Kartellgesetzrevision 2003, 267 f. m.w.H.).

21 Indessen ist der **Zugang zum Gericht** i.S.v. Art. 6 Abs. 1 EMRK gemäss Praxis des europäischen Menschenrechtsgerichtshofs hinreichend gewährleistet, wenn ein Delikt zunächst von einer nicht richterlichen Behörde geahndet wird und alsdann mittels Einsprache an eine gerichtliche Instanz i.S.v. Art. 6 Abs. 1 EMRK weitergezogen werden kann (EGMR, in: Öztürk v. Deutschland, Fall Nr. 8544/9, Ziff. 56). Somit reicht es im Lichte von Art. 6 Abs. 1 EMRK aus, dass der Strafbescheid der Weko gemäss Art. 72 VStrR dem zuständigen kantonalen Gericht

zur Beurteilung vorgelegt werden kann (HANGARTNER, in: STOFFEL/ZÄCH, Kartellgesetzrevision 2003, 270). Im Übrigen hat die Weko stets die Möglichkeit, die Angelegenheit nach Abschluss der Untersuchung nicht mittels Strafbescheid zu erledigen, sondern direkt gestützt auf Art. 21 Abs. 3 VStrR vom Bundesrat an das Bundesstrafgericht überweisen zu lassen.

6. Kapitel: Ausführung internationaler Abkommen

Art. 58 Feststellung des Sachverhalts

Feststellung des Sachverhalts

¹ Macht eine Vertragspartei eines internationalen Abkommens geltend, eine Wettbewerbsbeschränkung sei mit dem Abkommen unvereinbar, so kann das Departement das Sekretariat mit einer entsprechenden Vorabklärung beauftragen.

² Das Departement entscheidet auf Antrag des Sekretariats über das weitere Vorgehen. Es hört zuvor die Beteiligten an.

Etablissement des faits

¹ Lorsqu'une partie à un accord international fait valoir qu'une restriction à la concurrence est incompatible avec l'accord, le département peut charger le secrétariat de procéder à une enquête préalable.

² Sur proposition du secrétariat, le département décide de la suite à donner à l'affaire. Il entend auparavant les intéressés.

Accertamento dei fatti

¹ Se una parte contraente di un accordo internazionale fa valere che determinate limitazioni della concorrenza sono incompatibili con l'accordo, il Dipartimento può incaricare la segreteria di avviare una corrispondente inchiesta preliminare.

² Il Dipartimento decide su proposta della segreteria circa il seguito della procedura. Esso sente dapprima gli interessati.

Inhaltsübersicht   Note

I. Einleitung 1
II. Verfahren 6

I. Einleitung

1   Verschiedene internationale Abkommen, welche die Schweiz abgeschlossen hat, enthalten nicht direkt anwendbare Wettbewerbsregeln (ein Überblick über die verschiedenen [Freihandels-]Abkommen, welche solche Wettbewerbsbestimmungen enthalten, wie etwa Art. 18 EFTA-Übereinkommen, findet sich bei METZGER, in: TERCIER/BOVET, CR Concurrence, Art. 58 N 9 ff.). Der **Zweck** der Art. 58 f. besteht darin, Retorsionsmassnahmen anderer Staaten gegenüber der Schweiz infolge der Verletzung dieser Wettbewerbsregeln zu verhindern. Art. 58 f. soll Hindernisse beseitigen, die der Sachverhaltsabklärung bei Sachverhalten mit internationalen Fragestellungen oder aber der Anwendung internationaler Abkommen im Wege stehen.

Art. 58 f. finden jedoch **keine Anwendung** auf direkt anwendbare Wettbewerbsregeln, wie sie namentlich Art. 8 f. des LVA zwischen der Schweizerischen Eidgenossenschaft und der EG statuiert. Dieses Abkommen regelt im Übrigen auch die internationale Zuständigkeit und sieht insb. die Zuständigkeit der Organe der Europäischen Gemeinschaft vor, soweit sich eine Wettbewerbsbeschränkung nicht bloss ausserhalb der EU auswirkt. 2

Sofern sich die unzulässige Wettbewerbsbeschränkung in der Schweiz auswirkt, können die Wettbewerbsbehörden nach den allg. Regeln vorgehen und insb. ein Verfahren nach Art. 26 ff. einleiten, da in diesen Fällen das KG anwendbar und die Zuständigkeit der schweizerischen Behörden gegeben ist (Art. 2 Abs. 3). Soweit sich die Wettbewerbsbeschränkung jedoch nicht in der Schweiz auswirkt, wohl aber hier ihren Ursprung hat, bildet Art. 58 die notwendige **Kompetenznorm** für ein Tätigwerden des Sekretariats der Weko. 3

Voraussetzung für ein Tätigwerden nach Art. 58 und somit die Sachverhaltsabklärung ist ein **Auftrag** des EVD an das Sekretariat, eine Vorabklärung vorzunehmen. Ein solcher Antrag erfolgt nicht aus eigener Initiative des Departements, sondern erst auf Initiative einer Vertragspartei des internationalen Abkommens hin (Botschaft KG 1995, 624). Die Einleitung einer Vorabklärung hat trotz der Initiative nicht zwingend zu erfolgen, sondern es steht im Ermessen des Departements, ob es eine solche vornehmen lassen will. Das ergibt sich aus der gesetzlichen Formulierung («kann») (METZGER, in: TERCIER/BOVET, CR Concurrence, Art. 58 N 54). 4

Im Gegensatz zur Situation in einem Verfahren, das eine sich im Inland auswirkende Wettbewerbsbeschränkung zum Gegenstand hat, haben bei Situationen gemäss Art. 58 weder das Sekretariat noch die Weko – abgesehen vom Präsidiumsmitglied, das gestützt auf Art. 42 Abs. 2 eine Hausdurchsuchung anordnen kann – die Kompetenz, selbständig tätig zu werden. Zuständig dafür ist allein das EVD. Neben der Nähe zu den Vertragsparteien spielte namentlich auch die Absicht, einen verkürzten Rechtsmittelweg vorzusehen, der durch die alleinige Weiterzugsmöglichkeit an das Bundesgericht gewährleistet war (Art. 98 lit. b OG; neu ist nun allerdings auch die Beschwerde ans Bundesverwaltungsgericht gegeben; Art. 33 lit. a VGG), eine bedeutsame Rolle für die **Kompetenzzuweisung** an das EVD anstelle der Weko (Botschaft KG 1995, 625). 5

II. Verfahren

Die Vorabklärung gemäss Art. 58 untersteht grundsätzlich denselben **Verfahrensvorschriften** wie Vorabklärungen im Zusammenhang mit Wettbewerbsbeschränkungen, die sich in der Schweiz auswirken, obwohl sie von diesen an sich zu unterscheiden ist (METZGER, in: TERCIER/BOVET, CR Concurrence, Art. 58 N 57). Damit besteht grundsätzlich kein Akteneinsichtsrecht (Art. 26 6

Abs. 3). Vielmehr ist ein rasches und weitgehend informelles Verfahren vorgesehen (METZGER, in: TERCIER/BOVET, CR Concurrence, Art. 58 N 60). Auf Auskunftsbegehren finden Art. 40 und auf Untersuchungsmassnahmen Art. 42 Anwendung (DUCREY, in: HOMBURGER, Kommentar 1996, Art. 58 N 6).

7 Entsprechend der politischen Dimension des zu wählenden Vorgehens (s. unten Art. 59 N 2) stellt das Sekretariat der Weko dem EVD **Antrag** über das weitere Vorgehen. Vor seinem Entscheid über das weitere Vorgehen hat das EVD die Beteiligten anzuhören.

Art. 59 Beseitigung von Unvereinbarkeiten

Beseitigung von Unvereinbarkeiten

[1] Wird bei der Ausführung eines internationalen Abkommens festgestellt, dass eine Wettbewerbsbeschränkung mit dem Abkommen unvereinbar ist, so kann das Departement im Einvernehmen mit dem Eidgenössischen Departement für auswärtige Angelegenheiten den Beteiligten eine einvernehmliche Regelung über die Beseitigung der Unvereinbarkeit vorschlagen.

[2] Kommt eine einvernehmliche Regelung nicht rechtzeitig zustande und drohen der Schweiz von der Vertragspartei Schutzmassnahmen, so kann das Departement im Einvernehmen mit dem Eidgenössischen Departement für auswärtige Angelegenheiten die Massnahmen verfügen, die zur Beseitigung der Wettbewerbsbeschränkung erforderlich sind.

Suppression des incompatibilités

[1] Si, dans l'exécution d'un accord international, il est constaté qu'une restriction à la concurrence est incompatible avec l'accord, le département peut, d'entente avec le Département fédéral des affaires étrangères, proposer aux parties concernées un accord amiable en vue de la suppression de l'incompatibilité.

[2] Si un accord amiable ne peut être réalisé à temps et qu'une partie à l'accord international menace de prendre des mesures à l'encontre de la Suisse, le département peut, d'entente avec le Département fédéral des affaires étrangères, ordonner les mesures nécessaires à la suppression de la restriction à la concurrence.

Soppressione delle incompatibilità

[1] Se nell'esecuzione di un accordo internazionale si constata che una limitazione della concorrenza è incompatibile con l'accordo, il Dipartimento può, d'intesa con il Dipartimento federale degli affari esteri, proporre alle parti interessate una conciliazione in vista della soppressione delle incompatibilità.

[2] Se una conciliazione non può essere attuata tempestivamente e se la parte contraente dell'accordo minaccia di prendere misure nei confronti della Svizzera, il Dipartimento può prendere, d'intesa con il Dipartimento federale degli affari esteri, le misure necessarie per sopprimere la limitazione della concorrenza.

Inhaltsübersicht   **Note**

I. Bestimmung der Unvereinbarkeit 1
II. Massnahmen zur Beseitigung der Unvereinbarkeit 2
III. Verfahren 4

I. Bestimmung der Unvereinbarkeit

1 Art. 59 findet auf Wettbewerbsbeschränkungen Anwendung, welche in internationalen Abkommen enthaltenen, nicht direkt anwendbaren Wettbewerbsvorschriften widersprechen (vgl. Art. 58 N 1). Ob eine Wettbewerbsbeschränkung mit einem internationalen Abkommen unvereinbar ist, bestimmt sich nach den materiellen Regeln des in Frage stehenden internationalen Abkommens (Botschaft KG 1995, 624 f.). Es obliegt damit nicht den schweizerischen Behörden, sondern dem nach dem massgebenden Abkommen **zuständigen Organ**, nach dem im Abkommen vorgesehenen Verfahren zu bestimmen, ob eine mit dem Abkommen unvereinbare Wettbewerbsbeschränkung vorliegt.

II. Massnahmen zur Beseitigung der Unvereinbarkeit

2 Stellt das gemäss dem internationalen Abkommen zuständige Organ die Unvereinbarkeit einer Wettbewerbsbeschränkung mit dem entsprechenden Abkommen fest, obliegt es den schweizerischen Behörden, zu prüfen, ob und mit welchen **Massnahmen** diese Unvereinbarkeit beseitigt werden soll. Es besteht mithin keine Verpflichtung zum automatischen internen Nachvollzug der Entscheide internationaler Gremien, auch wenn die Schweiz allenfalls Retorsionsmassnahmen zu gewärtigen hätte. Namentlich hat Art. 59 nichts mit der Vollstreckung oder Anerkennung von Entscheiden ausländischer oder internationaler Wettbewerbsbehörden zu tun (DUCREY, in: HOMBURGER, Kommentar 1996, Art. 59 N 2 f.). Da sich der Entscheid auch auf die schweizerische Aussenpolitik auswirkt, sieht Art. 59 vor, dass das EVD im Einvernehmen mit dem Eidgenössischen Departement für auswärtige Angelegenheiten den Beteiligten eine einvernehmliche Regelung über die Beseitigung der Unvereinbarkeit vorschlägt. Entsprechende Verhandlungen sind namentlich mit den beteiligten Unternehmen sowie mit den Vertragsparteien des Abkommens oder den durch das Abkommen geschaffenen Organen zu führen.

3 Abs. 2 ermächtigt das EVD (im Einvernehmen mit dem Eidgenössischen Departement für auswärtige Angelegenheiten), die Massnahmen zu verfügen, die zur Beseitigung der Wettbewerbsbeschränkung erforderlich sind. Diese Massnahmen sind allerdings **subsidiärer Natur**, da sie nur dann verfügt werden können, wenn eine einvernehmliche Regelung nicht zeitgerecht erreicht werden kann und überdies die Schweiz von der betreffenden Vertragspartei des internationalen Abkommens mit der konkreten Androhung von Retorsionsmassnahmen konfrontiert wird (Botschaft KG 1995, 625).

III. Verfahren

Das Verfahren vor dem EVD untersteht dem **VwVG**. Dies ergibt sich aus Art. 1 Abs. 2 lit. a VwVG, nicht aus Art. 39. 4

Die Verfügung des EVD kann mit **Beschwerde beim Bundesverwaltungsgericht** angefochten werden (Art. 33 lit. d VGG). 5

6a. Kapitel: Evaluation

Art. 59a

¹ **Der Bundesrat sorgt für die Evaluation der Wirksamkeit der Massnahmen und des Vollzugs dieses Gesetzes.**

² **Der Bundesrat erstattet nach Abschluss der Evaluation, spätestens aber fünf Jahre nach Inkrafttreten dieser Bestimmung, dem Parlament Bericht und unterbreitet Vorschläge für das weitere Vorgehen.**

¹ Le Conseil fédéral veille à ce que l'exécution de la présente loi et l'efficacité des mesures prises fassent l'objet d'une évaluation.

² Le Conseil fédéral présente un rapport au Parlement lorsque l'évaluation est terminée, mais au plus tard cinq ans après l'entrée en vigueur de la présente disposition, et lui soumet des propositions quant à la suite à donner à l'évaluation.

¹ Il Consiglio federale fa valutare l'efficacia delle misure e l'esecuzione della presente legge.

² Il Consiglio federale riferisce all'Assemblea federale al termine della valutazione, ma al più tardi cinque anni dopo l'entrata in vigore della presente disposizione, e formula proposte per il seguito.

1 Gemäss Art. 170 BV hat die Bundesversammlung dafür zu sorgen, dass die Massnahmen des Bundes auf ihre **Wirksamkeit** überprüft werden. Gemäss Botschaft zum KG (Botschaft KG 2003, 2048) soll Hauptgegenstand der Evaluation die Erhöhung der Präventivwirkung durch die Einführung direkter Sanktionen bei besonders schädlichen kartellrechtlichen Verstössen sein.

2 Spätestens fünf Jahre nach Inkrafttreten der Revision, d.h. spätestens bis zum 1. April 2009, hat der Bundesrat der Bundesversammlung Bericht zu erstatten und **Vorschläge für das weitere Vorgehen** zu unterbreiten.

7. Kapitel: Schlussbestimmungen

Art. 60 Ausführungsbestimmungen

Ausführungs-bestimmungen	**Der Bundesrat erlässt die Ausführungsbestimmungen.**
Exécution	Le Conseil fédéral édicte les dispositions d'exécution.
Esecuzione	Il Consiglio federale emana le disposizioni di esecuzione.

Der Bundesrat hat die folgenden **Ausführungsbestimmungen zum Kartellgesetz** erlassen:
- Verordnung über die Kontrolle von Unternehmenszusammenschlüssen vom 17. Juni 1996 (VKU, SR 251.4), letztmals revidiert am 12. März 2004;
- Verordnung über die Erhebung von Gebühren im Kartellrecht vom 25. Februar 1998 (Gebührenverordnung, SR 251.2), letztmals revidiert am 12. März 2004;
- Verordnung über die Sanktionen bei unzulässigen Wettbewerbsbeschränkungen) vom 12. März 2004 (KG-Sanktionsverordnung, (SVKG, SR 251.5).

Art. 61 Aufhebung bisherigen Rechts

Aufhebung bisherigen Rechts

Das Kartellgesetz vom 20. Dezember 1985 wird aufgehoben.

Abrogation du droit en vigueur

La loi du 20 décembre 1985 sur les cartels et organisations analogues est abrogée.

Diritto previgente: abrogazione

La legge federale del 20 dicembre 1985 sui cartelli e le organizzazioni analoghe è abrogata.

Art. 61 ordnet die Aufhebung des Kartellgesetzes vom 20. Dezember 1985 an.

Art. 62 Übergangsbestimmungen

Übergangs-bestimmungen

[1] Laufende Verfahren der Kartellkommission über Wettbewerbsabreden werden mit Inkrafttreten dieses Gesetzes sistiert; nötigenfalls werden sie nach Ablauf von sechs Monaten nach neuem Recht weitergeführt.

[2] Neue Verfahren der Wettbewerbskommission über Wettbewerbsabreden können frühestens sechs Monate nach Inkrafttreten des Gesetzes eingeleitet werden, es sei denn, mögliche Verfügungsadressaten verlangten eine frühere Untersuchung. Vorabklärungen sind jederzeit möglich.

[3] Rechtskräftige Verfügungen und angenommene Empfehlungen nach dem Kartellgesetz vom 20. Dezember 1985 unterstehen auch bezüglich der Sanktionen dem bisherigen Recht.

Dispositions transitoires

[1] Les procédures en cours devant la Commission des cartels relatives à des accords en matière de concurrence sont suspendues dès l'entrée en vigueur de la présente loi; si nécessaire, elles seront poursuivies selon le nouveau droit à l'expiration d'un délai de six mois.

[2] Une nouvelle procédure devant la commission relative à des accords en matière de concurrence ne pourra être introduite qu'à l'expiration d'un délai de six mois à compter de l'entrée en vigueur de la loi, à moins que les destinataires potentiels d'une décision n'aient demandé qu'il soit procédé plus tôt à une enquête. L'enquête préalable peut être menée en tout temps.

[3] Les décisions en force et les recommandations acceptées en vertu de la loi fédérale du 20 décembre 1985 sur les cartels et organisations analogues continuent à être régies par l'ancien droit, y compris en ce qui concerne les sanctions

Disposizioni transitorie

[1] Le procedure pendenti davanti alla Commissione dei cartelli su accordi in materia di concorrenza sono sospese sino all'entrata in vigore della presente legge; se del caso esse saranno continuate dopo un termine di sei mesi applicando la nuova legislazione.

[2] Le nuove procedure davanti alla Commissione su accordi in materia di concorrenza potranno essere avviate al più presto dopo un termine di sei mesi dall'entrata in vigore della presente legge, a meno che i destinatari potenziali non richiedano un esame prima di questa data. Gli esami preliminari sono possibili in qualsiasi momento.

[3] Le decisioni passate in giudicato e le raccomandazioni accettate in virtù della legge federale del 20 dicembre 1985 sui cartelli e le organizzazioni analoghe sono ulteriormente disciplinate dal diritto previgente per quanto concerne le sanzioni.

1 Art. 62 Abs. 1 bestimmt, dass laufende Verfahren der Weko über Wettbewerbsabreden mit Inkrafttreten des Kartellgesetzes sistiert werden sollten. Eine allfällige Weiterführung der hängigen Verfahren war gemäss Art. 62 Abs. 1 erst nach **Ablauf von sechs Monaten** seit Inkraftsetzung des neuen Rechtes möglich, d.h. frühestens per 1. Januar 1997.

2 Art. 62 Abs. 2 sieht ebenfalls eine **sechsmonatige Schonfrist** vor. Gemäss Abs. 2 sollten neue Verfahren von der Weko frühestens sechs Monate nach Inkraftsetzung des neuen Rechtes eingeleitet werden dürfen.

3 Art. 62 regelt nur die **Übergangsbestimmungen im Zusammenhang mit Wettbewerbsabreden**. Auf das Verfahren betreffend Kontrolle von marktbeherrschenden Unternehmen und die Meldepflicht von Unternehmenszusammenschlüssen war das neue Recht unmittelbar mit seiner Inkraftsetzung am 1. Juli 1996 anwendbar.

4 Eine **Übergangsregelung für die Kontrolle von Unternehmenszusammenschlüssen** ist in Art. 24 der Verordnung über die Kontrolle von Unternehmenszusammenschlüssen enthalten.

Art. 63 Referendum und Inkrafttreten

Referendum und Inkrafttreten

¹ Dieses Gesetz untersteht dem fakultativen Referendum.
² Der Bundesrat bestimmt das Inkrafttreten.

Référendum et entrée en vigueur

¹ La présente loi est sujette au référendum facultatif.
² Le Conseil fédéral fixe la date de l'entrée en vigueur.

Referendum ed entrata in vigore

¹ La presente legge sottostà al referendum facoltativo.
² Il Consiglio federale ne determina l'entrata in vigore

Das Referendum wurde weder gegen den Erlass des Kartellgesetzes 1995 noch gegen die per 1. April 2004 in Kraft gesetzte Teilrevision ergriffen.

Übergangsbestimmung zur Änderung vom 20. Juni 2003

Übergangsbestimmung zur Änderung vom 20. Juni 2003	Wird eine bestehende Wettbewerbsbeschränkung innert eines Jahres nach Inkrafttreten von Artikel 49a gemeldet oder aufgelöst, so entfällt eine Belastung nach dieser Bestimmung.
Dispositions transitoires relatives à la modification du 20 juin 2003	Aucune sanction prévue à l'art. 49a n'est prise lorsqu'une restriction à la concurrence est annoncée ou supprimée dans l'année qui suit l'entrée en vigueur de cette disposition.
Disposizione transitoria relativa alla modifica del 20 giugno 2003	Se una limitazione attuale della concorrenza è annunciata o eliminata entro un anno dall'entrata in vigore dell'articolo 49a, non saranno prese sanzioni in virtù di tale§ disposizione.

Inhaltsübersicht   Note

I. Allgemeines 1
II. Meldung von Nova 4
III. Rechtswirkungen einer Meldung 6

I. Allgemeines

1   Das Gutachten über die Verfassungsmässigkeit der Einführung von direkten Sanktionen im Kartellgesetz von RHINOW/GUROVITS (RPW 2001/3, 592 ff.) hatte eine vertiefte Abklärung der Frage empfohlen, welche Übergangsbestimmungen für **bereits bestehende unzulässige Abreden und Verhaltensweisen** erlassen werden sollten. Der bundesrätliche Entwurf des Kartellgesetzes enthielt aufgrund dieses Gutachtens eine **Übergangsbestimmung** und wich vom nunmehr erlassenen Gesetzestext einzig darin ab, dass die Übergangsfrist lediglich sechs Monate betrug. In der parlamentarischen Beratung wurde eine Verlängerung dieser Frist auf ein Jahr beschlossen. Wie der deutsche und italienische Gesetzeswortlaut klar festhalten, findet die Übergangsbestimmung auf alle am 1. April 2004 bereits bestehenden Wettbewerbsbeschränkungen Anwendung (BGer 8.06.2006, 2A.288/2005 E. 3.1).

2   Die Meldung der unzulässigen Wettbewerbsabrede oder Verhaltensweise musste innerhalb der **einjährigen Übergangsfrist** erfolgen, damit eine Sanktion gemäss Art. 49a ausgeschlossen war. Es genügte dafür, dass die Meldung spätestens am 31. März 2005 einer schweizerischen Poststelle übergeben wurde.

3   Der **Zweck** der Übergangsbestimmung bestand einerseits darin, den Parteien eine grosszügig bemessene Frist einzuräumen, damit sie ihre am 1. April 2004 bestehenden unzulässigen Abreden und Verhaltensweisen anpassen und in Einklang

mit dem Gesetz bringen konnten. Andererseits sollte ihnen damit auch die Möglichkeit gegeben werden, eine Meldung zu erstatten, um völlige Gewissheit über die Zulässigkeit ihres bereits bestehenden Verhaltens zu erlangen und gleichzeitig die Gefahr einer Sanktionierung für bereits bestehendes Verhalten zu bannen. Das Verhältnismässigkeitsprinzip gebot es, die Meldemöglichkeit, die für erst geplante Abreden und Verhaltensweisen von Verfassungs wegen erforderlich war (s. Art. 49a N 28 ff. auch für bereits bestehende Abreden und Verhaltensweisen vorzusehen, da hier das Bedürfnis der Parteien nach Rechtssicherheit ungleich grösser ist (KLAUER, Übergangsbestimmungen, 713). Aufgrund des Verbotes der Rückwirkung wäre eine Sanktionierung von gesetzeswidrigen Abreden und Verhaltensweisen zudem ohnehin nicht möglich gewesen, soweit diese vor Inkrafttreten der neuen Sanktionsregelung aufgegeben worden wären.

II. Meldung von Nova

Das Bundesgericht hat die Frage, ob gestützt auf die Übergangsbestimmungen ausschliesslich **Nova**, also der Weko im Zeitpunkt der ersten Meldung noch nicht bekannte Verhaltensweisen oder Abreden, gemeldet werden dürfen (so STOFFEL, in: STOFFEL/ZÄCH, Kartellgesetzrevision 2003, 18), differenziert beantwortet: Gemäss Auffassung des Bundesgerichts bezweckt die Meldung gemäss Übergangsbestimmung ebenso wie die Meldung nach Art. 49a Abs. 3 lit. a die Beseitigung der Unsicherheit über die Zulässigkeit eines bestimmten Wettbewerbsverhaltens. Nach erfolgter Eröffnung eines Verfahrens nach Art. 26 ff., also einer Vorabklärung nach Art. 26 bzw. einer Untersuchung nach Art. 27 bestehe keine Ungewissheit über das Risiko von Sanktionen mehr. Deshalb könnten Wettbewerbsbeschränkungen, die am 1. April 2004 bereits Gegenstand eines Verfahrens nach Art. 26 ff. bildeten, nicht gemäss der Übergangsbestimmung gemeldet werden, sofern den betroffenen Unternehmen die Verfahrenseröffnung bereits angezeigt wurde. Dagegen könnten aber Sachverhalte, die den Wettbewerbsbehörden zwar bekannt seien, aber am 1. April 2004 nicht Gegenstand eines Verfahrens nach Art. 26 ff. bildeten oder bei denen die Verfahrenseröffnung dem Unternehmen zu diesem Zeitpunkt nicht mitgeteilt worden sei, gemäss Übergangsbestimmung gemeldet werden (RPW 2005/4, 711 f. E. 3.4 u. 3.5 – EVD/Swisscom AG, Swisscom Solutions AG, Swisscom Mobile AG, Weko, REKO/WEF; BGer 8.06.05, 2A.288/2005 E. 3.3), so dass das gemeldete wettbewerbswidrige Verhalten sanktionslos bleibe. Diese Rechtsprechung vermag nicht zu befriedigen, da der blosse Umstand, dass ein Verfahren nach Art. 26 ff. eingeleitet wird, noch keineswegs bedeutet, dass Gewissheit über die Unzulässigkeit eines bestimmten, bereits bestehenden Wettbewerbsverhaltens vorliegt. Die Ungewissheit, ob allenfalls ein strafbares Verhalten vorliegt, darf sich während der Übergangsfrist aber nicht zulasten des betroffenen Unternehmens auswirken und verstiesse letztlich gegen den Grundsatz «nullum crimen sine lege stricta», dem Verfassungsrang zukommt (SCHUBARTH, Konzernstrafrecht, 162 Fn. 17).

5 Die herrschende Lehre (KLAUER, Übergangsbestimmungen, 714 ff.; ZURKINDEN/ TRÜEB, Handkommentar, Übergangsbestimmung, N 5; HOFFET/NEFF, Fragen, 132; KRAUSKOPF/PIRLOT, vade–mecum, 248) sowie die Rekurskommission für Wettbewerbsfragen (RPW 2005/2, 428 ff. E. 4 – X. AG, Y. AG, Z. AG/Weko) statuieren dagegen zu Recht, dass eine **Meldung sämtlicher Wettbewerbsbeschränkungen**, die am 1. April 2004 in Kraft standen und bis spätestens 31. März 2005 gemeldet wurden, dazu führt, dass die Wettbewerbsbeschränkungen definitiv nicht sanktioniert werden können und zwar auch dann, wenn diese im Zeitpunkt der Meldung gemäss Übergangsbestimmung bereits Gegenstand einer Vorabklärung oder Untersuchung waren.

III. Rechtswirkungen einer Meldung

6   Im Gegensatz zu Art. 49a enthalten die Übergangsbestimmungen **keine Vorschriften über die Rechtswirkungen einer Meldung**. Seitens des Präsidenten der Weko wurde die Auffassung vertreten, dass die Sanktionsbefreiung nur so lange gelten könne, als die betroffenen Unternehmen in gutem Glauben von der Zulässigkeit der gemeldeten Abreden und Verhaltensweisen ausgehen durften. Habe die Weko den Parteien aber mitgeteilt, dass Anhaltspunkte für eine unzulässige Wettbewerbsbeschränkung bestünden, müssten die Unternehmen ihr Verhalten unverzüglich einstellen, um nicht Sanktionen zu gewärtigen (STOFFEL in: STOFFEL/ZÄCH, Kartellgesetzrevision 2003, 20). Wäre diese Auffassung richtig, wären Unternehmen beim Abschluss neuer Verträge besser gestellt als bei der Fortführung bereits vorbestehender Verträge, da die Wettbewerbskommission nicht bloss innerhalb einer fünfmonatigen Frist, sondern jederzeit die Unzulässigkeit der entsprechenden Verhaltensweisen und Abreden festhalten könnte. Eine solche Schlechterstellung bereits vorbestehender Verträge gegenüber neuen Verträgen wäre nicht bloss unverhältnismässig (KLAUER, Übergangsbestimmungen, 713), sondern geradezu willkürlich.

7 Aber auch für eine **analoge Anwendung der Vorschriften von Art. 49a hinsichtlich der Folgen einer Meldung** findet sich im Gesetz keine Stütze (a.M. ZURKINDEN/TRÜEB, Handkommentar, Übergangsbestimmung, N 7). Vielmehr führte die Meldung oder Auflösung einer bestehenden Wettbewerbsbeschränkung bis spätestens 31. März 2005 zur unbedingten und endgültigen Befreiung von einer Sanktion gemäss Art. 49a. Die hier vertretene Auffassung lässt sich mit dem Willen des Gesetzgebers ohne weiteres vereinbaren und erscheint sachgerecht: Die Meldemöglichkeit gemäss Übergangsbestimmung hatte zur Konsequenz, dass bisher unbekannte Wettbewerbsbeschränkungen der Weko gemeldet wurden und ermöglichten es dieser dadurch, die notwendigen Schritte einzuleiten, um die gemeldeten wettbewerbsbeschränkenden Verhaltensweisen und Abreden zu beenden. Auch das Bundesgericht scheint die hier vertretene Meinung zu teilen, hielt es doch in RPW 2005/4, 711 E. 3.4 – EVD/Swisscom AG, Swisscom Solutions AG, Swisscom Mobile AG, Weko, REKO/WEF – wenngleich als blosses

obiter dictum – apodiktisch fest, die fristgerechte Meldung gemäss den Übergangsbestimmungen bewirke den Ausschluss von Sanktionen.

Diese **Sanktionsbefreiung** führt nicht dazu, dass die Unternehmen ein wettbewerbsbeschränkendes Verhalten ad infinitum weiterführen dürfen. Vielmehr kann die Weko jederzeit ein Verfahren einleiten. Wird in dessen Verlauf rechtskräftig die Wettbewerbswidrigkeit der gemeldeten Abrede oder Verhaltensweise festgestellt oder eine einvernehmliche Regelung getroffen und das unzulässige Verhalten in der Folge fortgesetzt, können die Unternehmen gestützt auf Art. 50 sanktioniert werden (KLAUER, Übergangsbestimmungen, 714). 8

Die Sanktionsbefreiung gilt nur für die konkret gemeldete Abrede oder Verhaltensweise. Bei einer **wesentlichen Veränderung der Verhältnisse** oder der vertraglichen Abreden entfällt m.E. der Schutz vor Sanktionen. Allerdings tragen die Wettbewerbsbehörden die Beweislast für eine massgebliche Veränderung der Verhältnisse oder der Abreden, die überdies für die kartellrechtliche Beurteilung von entscheidender Bedeutung sein muss. Von der Sanktionsbefreiung profitieren die Beteiligten lediglich mit Bezug auf die konkret gemeldeten Vertragsbedingungen bzw. Verhaltensweisen. 9

Die Sanktionsbefreiung gilt einzig für die konkret gemeldete Abrede oder Verhaltensweise, nicht auch für eine identische Abrede mit einer anderen Vertragspartei. Eine **Ausnahme** gilt immerhin dann, wenn sowohl die zugrunde liegende Wettbewerbsabrede als auch die Parteien des gemeldeten und des neuen Vertrages identisch sind, also gleichsam eine Vertragserneuerung vorliegt oder eine Vertragsänderung lediglich wettbewerbsrechtlich irrelevante Parameter beschlägt. In diesen Fällen liegt ein identischer Sachverhalt vor, der von der Sanktionsbefreiung miterfasst ist. 10

Sachregister

Die Angabe erfolgt nach Artikel und Note.

A
Abbruch von Geschäftsbeziehungen 7 N 11 f.
Abschreckungswirkung vor 54–57 N 13
Abreden s. Wettbewerbsabreden, Wettbewerbsbeschränkungen
Absoluter Gebietsschutz s. unter Gebietsschutz
Abgestimmte Verhaltensweisen 4 N 10 ff.
– EGV 81 42a N 2
– KG 5 Abs. 1 4 N 10 ff.
Abstimmung innerhalb der Weko 27 N 1
Adäquater Kausalzusammenhang vor 54–57 N 15
Ähnliche Organisationen 1 N 2
Agent 5 N 30
Akteneinsicht 26 N 11; 39 N 13 f.; 57 N 3
Aktionärbindungsverträge 4 N 54
Aktivlegitimation 12 N 12 ff.
Allein- und Selektivvertriebsverträge 5 N 17; 6 N 18
Alleinbezugsverträge 6 N 19
Allokationsfunktion 1 N 17
Amtliche Publikation 28 N 1 ff.; 43 N 4
Amtsgeheimnis 25 N 1 ff.; 41 N 10
Amtshilfe 41 N 1 ff.
Amtsstellen des Bundes und der Kantone 41 N 2 ff.
Andere Verstösse 52 N 1 ff.
Andere Widerhandlungen 55 N 1 ff.
Anfechtungsobjekt 27 N 9
Angebotsmacht 4 N 29
Anhörung
– des Gesuchsgegners bei vorsorglichen Massnahmen 17 N 21 ff.
– der Verfahrensbeteiligten 23 N 10 f.; 30 N 8 f.; 43 N 1 ff.
– zusätzliche Anhörung 30 N 8 f.
Anonyme Meldungen s. unter Meldungen
Anspruch
– auf Beseitigung 12 N 26 ff.; 13 N 1 ff.; 17 N 8

– auf Erlass einer Feststellungsverfügung 9 N 26; 12 N 30 ff.; 39 N 18 f.
– auf Erlass vorsorglicher Massnahmen 17 N 13 u. N 23; 39 N 29
– auf Geheimnisschutz 16 N 17; 41 N 12
– auf Gewinnherausgabe 12 N 18, N 40 u. N 47 ff.; 17 N 6 u. N 11
– auf Gutachtertätigkeit der Weko 47 N 3
– auf rechtliches Gehör 30 N 7 ff.; 39 N 11 ff.; 57 N 19
– auf Schadenersatz und Genugtuung 12 N 17 u. N 35 ff.
– auf Unterlassung 12 N 26 ff.; 13 N 1 ff.; 17 N 8
– auf Wiedererwägung 57 N 17
– kartellzivilrechtlicher 14 N 8 ff.
– zivilrechtlicher 12 N 1 ff.
Anstiftung 52 N 7; vor 54–57 N 11
Antrag an den Bundesrat 11 N 4; 31 N 3 f., N 9 u. N 12; 36 N 2 ff. u. N 9
Anwalt 42 N 15
– Anwaltsgeheimnis 40 N 9; 42 N 8; 57 N 19
– Anwaltskorrespondenz 42 N 19; 57 N 18 f.
Anzeige betreffend Vorabklärung 26 N 4 ff.
Arbeitnehmer
– Nichtunterstellung 2 N 14 ff.
– bei Zeugeneinvernahme 42 N 5 ff.
Arbeitsmarkt 2 N 14 f.
Arglistige Vermögensschädigung 54 N 10
Aufeinander abgestimmte Verhaltensweisen 4 N 10 ff.
Aufgabenteilung der Weko und des Sekretariates 23 N 6 ff.
Aufgreifkriterien 9 N 3
– Qualitatives Aufgreifkriterium 9 N 25 ff.
– Quantitatives Aufgreifkriterium 9 N 8
Aufhebung bisherigen Rechts 61 N 1

447

*Auflagen und Bedingungen 4 N 26; 8
N 16; 9 N 3 f. u. N 30; 10 N 1 ff. u.
N 17 ff.; 11 N 5 ff.; 31 N 20; 32 N 11 ff.;
33 N 4 ff.; 36 N 14 ff.; 37 N 3; 38 N 1; 39
N 7; 49 N 4; 51 N 1; 55 N 5
Aufnahme in einem Verband 13 N 2
Aufsicht*
– Aufsichtsbeschwerde 27 N 2
– Aufsichtspflicht des Organs vor 54–57
  N 8
*Augenschein 42 N 2
Ausbeutungstatbestände 7 N 5 u. N 8
Ausführungsbestimmungen 60 N 1
Auskunft*
– Auskunftsbegehren 40 N 5; 54 N 3; 58
  N 6
– Auskunftsdokumentation 55 N 1
– Auskunftspflicht 25 N 3; 40 N 1 ff.;
  52 N 1 ff.; 55 N 3
– Verweigerung der Auskunft 40 N 6 u.
  N 7 ff.; 55 N 3
– Verzögerung der Auskunft 52 N 4
*Ausnahmegenehmigung 36 N 1 ff.; 38
N 8; 39 N 3; 40 N 4
Ausnahmsweise Zulassung von Wettbewerbsbeschränkungen 8 N 1 ff.; 11 N 1 ff.;
31 N 1 ff.; 36 N 1 ff.; 41 N 6*
– Verfahren der ausnahmsweisen Zulassung durch den Bundesrat 8 N 6 ff. u.
  N 18 ff.; 11 N 6; 31 N 1 ff.; 36 N 1 ff.;
  40 N 4; 41 N 6; 43 N 12
– Verlängerung der ausnahmsweisen
  Zulassung 31 N 17 ff.; 36 N 14 f.
– Zeitliche Beschränkung der ausnahmsweisen Zulassung 8 N 16; 11
  N 15; 31 N 17 ff.; 36 N 14 f.
Aussage
– Aussagepflicht von Unternehmensmitarbeitern und –organen 55 N 3
– Aussageverweigerung 40 N 6; 42
  N 10 u. N 19; 49a N 16; 55 N 3
*Ausschliesslichkeitsrechte im Immaterialgüterrecht 3 N 9 ff.
Ausschliessliche Zuständigkeit s. unter
Zuständigkeit
Aussenseiter 13 N 4; 26 N 6
Aussenwettbewerb 5 N 37 f.
Ausstand 22 N 1 ff.*
– Ausstandsbegehren 22 N 27 ff.

– Ausstandsgrund 22 N 4 ff.
– Streitiger Ausstand 22 N 33 f.
*Ausweichmöglichkeiten, zumutbare 4
N 34; 5 N 21
Auswirkungsgrundsatz vor 54–57 N 26
Auswirkungsprinzip 2 N 30 ff; 9 N 11; 12
N 59 f.*

B
*Bagatelldelikt 57 N 4
Bagatellfall 26 N 8; 52 N 14; vor 54–57
N 9, N 20 u. N 19; 54 N 5ff.; 57 N 4
Bankenkommission s. Eidgenössische
Bankenkommission
Banken und übrige Finanzintermediäre 9
N 23
Bankgeheimnis 41 N 10
Basisbetrag 49a N 15, N 26 u. N 37
Bedingungen und Auflagen 4 N 26; 8
N 16; 9 N 3 f. u. N 30; 10 N 1 ff. u.
N 17 ff.; 11 N 5 ff.; 31 N 20; 32 N 1 ff.; 33
N 4 ff.; 36 N 14 ff.; 37 N 3; 38 N 1; 39
N 7; 49 N 4; 51 N 1; 55 N 5
Befehlsverfahren 15 N 10
Begehungsgefahr 12 N 27; 17 N 10
Begrenzte Kartellfreiheit 1 N 13
Begutachtung durch die Wettbewerbsbehörde, Wettbewerbskommission s. Gutachten
Behinderungs- und Ausbeutungspraktiken
7 N 5 ff.
Bekanntmachungen*
– Allgemeine Bekanntmachungen 6
  N 4 ff.
Bemessung
– des Unternehmensverschuldens 52
  N 11
– Bemessungskriterien 52 N 12; 54 N 6 ff.
*Berufsgeheimnis 40 N 9
Berufs- und Wirtschaftsverbände s. unter
Verband
Beschlagnahme*
– Beschlagnahme von Anwaltskorrespondenz 57 N 18 ff.
– Beschlagnahme von Beweisgegenständen 42 N 15 ff.; 57 N 12 ff.
– Beschlagnahme von Vermögenswerten 57 N 12 ff.

Sachregister

- Erforderlichkeit der Beschlagnahme 57 N 12

Beschlussfassung 21 N 1 ff.
Beschwerde
- Aufsichtsbeschwerde 27 N 2; 39 N 7
- Beschwerde an die Rekurskommission (aufgehoben) 44
- Beschwerde in Strafsachen 57 N 7; N 13 u. N 15
- Beschwerde beim Bundesverwaltungsgericht 53 N 5; 59 N 5
- Beschwerdefrist 57 N 16
- Beschwerdelegitimation 57 N 7
- Egoistische Verbandsbeschwerde 43 N 8

Beseitigungsanspruch s. unter Anspruch
Beseitigung von Unvereinbarkeit 59 N 1 ff.
Beseitigung wirksamen Wettbewerbs 5 N 22 ff.
Bestimmte Verhaltensanordnung vor 54–57 N 17
Bestimmtheitsgebot vor 54–57 N 5, N 18 u. N 20
Beteiligte 26 N 6; 31 N 5; 43 N 10
Beteiligungserwerb 4 N 48 f.; 9 N 11
Beteiligungsrechte
- Beschränkung der Beteiligungsrechte 43 N 10 f.

Betrug 54 N 10
Beurteilung von Zusammenschlüssen 10 N 1 ff.
Beweis
- Beweisabnahme 39 N 17
- Beweisanträge 57 N 3
- Beweiswürdigung 39 N 17

Beweisaussage 42 N 8
- Vertretung bei der Beweisaussage 42 N 9
- Verweigerung der Beweisaussage 40 N 6 u. N 10

Bewirken von Wettbewerbsbeschränkungen s. unter Wettbewerbsbeschränkungen
Bewusstes und gewolltes Zusammenwirken 4 N 3
Beziehungsnähe 43 N 5 f.
Bezwecken von Wettbewerbsbeschränkungen s. unter Wettbewerbsbeschränkungen
Billigkeit 54 N 7
Bindungswirkung 26 N 10

- Bindungswirkung kartellrechtlicher Entscheide 12 N 7
- Bindung des Zivilrichters an Gutachten 15 N 26

Binnenmarktgesetz 3 N 28 f.; 45 N 11 f.; 47 N 5
Black List 6 N 6
Blankettstrafnormen vor 54–57 N 6 u. N 18
Bonusregelung 49a N 25 u. N 29
Boykott 2 N 17; 12 N 29 u. N 41 ff.; 13 N 5; 17 N 15
Boykott-Rechtsprechung 12 N 1
Buchpreisbindung 5 N 38
Bundesblatt als Publikationsorgan 28 N 1
Bundesverwaltungsgericht 4 N 46; 8 N 6 u. N 18; 11 N 15; 18 N 1; 22 N 34; 23 N 7 u. N 36 f.; 25 N 1; 29 N 10; 30 N 13 u. N 20; 31 N 8 f.; 36 N 5 f.;37 N 6; 41 N 6; 42 N 6, N 12 u. N 18; 42a N 6; 44; 49a N 40; 52 N 5; 53 N 5; 58 N 5; 59 N 5
Busse 12 N 52; 17 N 27; 49a N 13; 50 N 5 u. N 11; 51 N 6 f.; 52 N 12 ff.; vor 54–57 N 9 ff.; 54 N 6 ff.; 55 N 8 f.

C
Comfort Letter 32 N 11

D
Datenschutzgesetz 41 N 9
Dauerdelikt vor 54–57 N 33
Dauer
- Dauerpflichten vor 54–57 N 33
- Dauerverstösse 56 N 1

Dawn Raids 42 N 11 ff.
Deklaratorische Bedeutung der Publikation des Sekretariates s. Publikation
Designrecht 3 N 8 ff.; 6 N 21; 14 N 4
Detailhandel 4 N 30
Differenztheorie bei der Schadensberechnung 12 N 36
Direkte Sanktionen 53 N 2
Diskriminierung von Handelspartnern 7 N 15 ff.
Dispositionsmaxime 15 N 22; 31 N 3; 36 N 2
Dokumentationspflicht 52 N 1
Doppelbestrafung 52 N 11

449

Doppelbestrafungsverbot 49a N 7; 50 N 4; 52 N 11; vor 54–57 N 9 u. N 30 ff.
Double Instance-Prinzip 57 N 13
Dringlichkeit 19 N 6 ff.
— Besondere Dringlichkeit 19 N 9
Dritte 26 N 7; 43 N 5
Durchsetzung des Beseitigungs- und Unterlassungsanspruchs 13 N 1 ff.
Durchsuchung 42 N 11 ff.; 49a N 19; 57 N 12 ff.
— Durchsuchungsbefehl 42 N 13; 57 N 8
Dynamische Gesamtmarktbetrachtung s. Gesamtmarktbetrachtung

E
EBK s. Eidgenössische Bankenkommission
Echte Noven 57 N 17
Echte Sonderdelikte vor 54–57 N 7
Editions- bzw. Informationsverfügung 52 N 5 ff.; 55 N 2
Effizienz, wirtschaftliche 5 N 9 ff.; 6 N 8 ff.
Effizienzgründe 5 N 11 ff.; 12 N 19; 49a N 35
Effizienzvorteile 10 N 33
EG-Fusionskontrolle 9 N 5 f. u. N 33; 10 N 33; 32 N 1
Egoistische Verbandsbeschwerde 43 N 8 f.
Eidgenössische Bankenkommission (EBK) 9 N 36; 10 N 34 f.
Eidgenössisches Volkswirtschaftsdepartement (EVD) 8 N 8; 11 N 6; 18 N 7; 19 N 1; 27 N 6; 30 N 1; 31 N 3; 36 N 2; 49 N 4; 58 N 4 f. u. N 7; 59 N 2 ff.
Eigennützigkeit 12 N 49 f.
Einfuhrbeschränkung 3 N 18 u. N 23 f.
Eingreifkriterien 9 N 3
Eingriffskondiktion 12 N 55
Einkaufsgemeinschaft 6 N 12
Einleitungs- oder Vorprüfungsverfahren 32 N 1 ff.
Einsprache- oder Beschwerdeverfahren 56 N 3; 57 N 5
Einstellungsverfügung 29 N 1; 30 N 11; 57 N 5
— Gegenstandslosigkeit einer Einstellungsverfügung 30 N 11
Eintrittsbarriere 7 N 23
Einvernahme 23 N 11; 39 N 15; 42 N 4 ff.; 57 N 8

Einvernehmen 27 N 4
— Einvernehmliche Regelung 26 N 9; 29 N 1 ff.; 50 N 2
— Verstoss gegen eine einvernehmliche Regelung 50 N 1 ff.
Einzelfallermächtigung 19 N 7
Elektrizitätsversorgung 3 N 7
Empfehlungen 3 N 3; 4 N 9 u. N 14 ff.; 18 N 8; 49 N 2
— Empfehlungen an Behörden 45 N 1 ff.
— Empfehlungen zur Förderung wirksamen Wettbewerbs 45 N 5 ff.
— Unverbindliche Empfehlungen 45 N 8
— Informelle Empfehlungen 49 N 2
— Empfehlungsrecht 45 N 9
Energieversorgung 3 N 5
English Clauses 7 N 22
Entscheid 30 N 1 ff.
— Formelle und informelle Entscheide 49 N 2
— Vollzug von Entscheiden 23 N 4
— Vorbereitung von Entscheiden 23 N 4
— Entscheid des Bundesrates 31 N 13 ff.; 36 N 10 ff.
Entscheidungsvorbehalt zugunsten des Bundesrates 15 N 30
Entsiegelung 42 N 18
— Entsiegelungsbegehren 57 N 12
— Entsiegelungsentscheid 57 N 12
Erheblichkeit 1 N 5; 5 N 6 f.; 6 N 7
Erhebungen 26 N 2
Erledigungsprinzip vor 54–57 N 30
Erleichterte Meldung s. unter Meldung
Erschöpfung s. Prinzip der nationalen Erschöpfung
Erstinstanzliche Entscheidbehörde 18 N 2 u. N 7
Erzwingung unangemessener Preise oder Geschäftsbedingungen 7 N 14 u. N 23 ff.
Essential facilities 7 N 13
Evaluation 59a N 1 ff.
EVD s. Eidgenössisches Volkswirtschaftsdepartement
Eventualvorsatz s. unter Vorsatz
Exklusivlizenz 6 N 21 f.
Exklusivvertriebsverträge 6 N 18

Sachregister

F

Fabrikationsgeheimnis 16 N 1 ff.; 25 N 14
Fahrlässigkeit 12 N 42; 52 N 11
Failing company defense 10 N 30
Faires Verfahren 28 N 6; 57 N 14
Falsche Auskünfte 52 N 6
Feststellungsklage 12 N 31 ff.
Feststellungsverfügung s. unter Verfügung
Finanzdienstleistungsbereich 6 N 30
Finanzkraft als Kriterium von Marktbeherrschung 10 N 12 u. N 28 f.
Flexible Generalklausel 1 N 16
Föderalismusprinzip 46 N 5
Folgeverträge 12 N 23; 13 N 4
Forschung und Entwicklung 5 N 17; 6 N 10
Franchise-Verträge 5 N 17
Frühstückskartelle 4 N 8
Funktionelle Substituierbarkeit 10 N 23
Funktionsfähigkeit
– Funktionsfähiger Wettbewerb vor 54–57 N 14
– Funktionsfähigkeit und Autorität der Verwaltung vor 54–57 N 14
Fusion 4 N 50 ff. s. auch unter Unternehmenszusammenschluss
Fusionskontrolle 43 N 15
– Fusionskontrollmeldung 9 N 28 ff.
– Fusionskontrollverfahren 9 N 1 ff.; 32 N 1 f.
– Fusionskontrollverordnung 9 N 5

G

Garantie, sich selber nicht inkriminieren zu müssen 55 N 3
Gebietsabreden, -absprachen 1 N 15; 4 N 20 f.; 49a N 8
Gebietsschutz, absoluter 5 N 33 ff.
Gebühren 53a N 1 ff.; 47 N 7
Gebührenverordnung-KG 53a N 2
Gegenmacht 4 N 38
Geheimhaltung 16 N 6 ff.
– Geheimhaltung aus objektiver Sicht 16 N 6
– Geheimhaltungsanspruch 16 N 10
– Geheimhaltungsinteresse 55 N 3
– Geheimhaltungspflichten 41 N 10
Gehilfenschaft 52 N 7; vor 54–57 N 11
Geldstrafe 49a N 14; 52 N 13; 54 N 9

Geltungsbereich des Kartellgesetzes 2 N 1 ff.
– Örtlicher 2 N 30 ff.
– Persönlicher 2 N 3 ff.
– Sachlicher 2 N 19 ff.
Gemeinden 41 N 3
Gemeinsame Kontrolle 4 N 57 ff.
Gemeinsame Vertretung s. unter Vertretung
Gemeinschaftsunternehmen 4 N 49 u. N 56 ff.; 9 N 14 f. u. N 27; 51 N 2
Genehmigung der einvernehmlichen Regelung 29 N 9; 30 N 3 u. N 10
Generalkompetenz der Weko 23 N 6
Generalpräventive Effizienz vor 54–57 N 12
Gentlemen's Agreements 4 N 8
Genugtuung 12 N 35 u. N 44 f.
Gerichtliche Anfechtung 52 N 5
Gerichtsstand 14 N 1 ff.
Gesamtarbeitsverträge 2 N 14 f.
Gesamtmarktbetrachtung 10 N 3, N 16 u. N 31 ff.
Gesamtstrafe 52 N 14
Gesamtsummensystem 52 N 13
Geschäftsbeziehungen, Verweigerung von 7 N 10 ff.; 12 N 11 u. N 26
Geschäftsgeheimnis 16 N 1 ff., N 7 f. u. N 9 f.; 25 N 1 ff. u. N 13 ff.; 40 N 10; 52 N 3
Geschäftsherrenhaftung vor 54–57 N 8 u. N 20; 54 N 4
Geschäftsmässig begründeter Aufwand vor 54–57 N 13
Geschäftsreglement 20 N 1 ff.
Geschäftsverweigerung s. Verweigerung der Geschäftsbeziehung
Geschütztes Rechtsgut vor 54–57 N 14
Gesetzgebungsverfahren 46 N 1
Gesetzes- und Verfassungskonformität 3 N 3
Gewinnherausgabe s. unter Anspruch
Gewöhnliches Parallelverhalten 4 N 10 ff.
Glaubhaftmachung 57 N 12
Gleichbehandlungsprinzip 2 N 5; 7 N 15; 16 N 14
Grey List 6 N 6
Grundrechtseinschränkungen 1 N 10

451

Gruppenfreistellungsverordnungen 6 N 1; 15 N 13
Gutachten 12 N 6; 14 N 20; 15 N 14 ff. u. N 23 f.; 18 N 8; 39 N 4; 47 N 1 ff.
- Zuständigkeit 47 N 5
Güter
- homogene 4 N 12; 5 N 38
- substituierbare 4 N 42 ff.; 5 N 31 ff.; 10 N 23; 29 N 6

H
Haftung 17 N 29 ff.; 24 N 4
- Haftung der gerichtlichen Organe 16 N 19
- Haftung des Staates 16 N 19
Handlungsfreiheit, Beschränkung der 5 N 4
Handlungspflicht vor 54–57 N 8
Hausdurchsuchungen s. Durchsuchung
Hearing 39 N 17
Herstellungskosten 7 N 8
Horizontalabreden 2 N 23 f.; 3 N 14; 4 N 18 ff.; 5 N 5, N 8 u. N 23 ff.
Horizontale Preis- und Kalkulationsempfehlungen 4 N 14

I
Idealkonkurrenz 54 N 10
Identität von Tat und Täter s. Täteridentität
Immaterialgüterrecht 3 N 8 ff.
In dubio pro reo 5 N 10; 49a N 6
Individuell-konkreter Akt 52 N 4; vor 54–57 N 6 u. N 17; 54 N 1
Individuelle Mitteilung 28 N 6
Indizien 26 N 8; 32 N 5
Information
- Informationsanordnung 52 N 12
- Informationsaustausch 6 N 12, N 17 u. N 31
- Informationspflicht 25 N 3 u. N 7; 49 N 1 ff.
- Informationsversorgung Dritter 28 N 2
- Informationsverweigerung 52 N 12; 55 N 1
- Informationsverweigerungsdelikt 55 N 1 ff.
- Erforderliche bzw. bedeutsame Informationen 52 N 5

Informelle Besprechung 57 N 8
Inhaltliche und formelle Anforderungen 54 N 1
Inkraftsetzung 62 N 1 ff.
Initiativrecht 27 N 1 u. N 6
Innenwettbewerb 5 N 37 f.
Innovationswettbewerb 6 N 10
Interbrand-Wettbewerb 5 N 31 u. N 39
Interessenbindungsregister 18 N 6; 22 N 35
Internationale Abkommen 41 N 6; 58 N 1 ff.
Intrabrand-Wettbewerb 5 N 39
Irreführung 52 N 6 u. N 14

J
Joint Ventures, kooperative und konzentrative s. auch Gemeinschaftsunternehmen 4 N 49 u. N 57; vor 54–57 N 29

K
Kalkulation
- Kalkulationsempfehlungen 4 N 14
- Kalkulationshilfen 6 N 5 u. N 17
Kammer 19 N 3 ff.; 27 N 4
- Kammersystem 19 N 3 ff.
- Präsident 27 N 4
Kartell
- Hartes Kartell 1 N 15; 2 N 23; 5 N 1 u. N 23
Kartellaussenrecht 12 N 14
Kartellinnenrecht 12 N 14
Kartellklagen 14 N 1 u. N 3
- Aktivlegitimation 12 N 12 ff.
- Passivlegitimation 12 N 16
- Zuständigkeit 14 N 1 ff.
Kartellkommission 1 N 21; 25 N 6; 26 N 2
Kartellrente 5 N 13; 49a N 16 u. N 21
Kartellzivilrecht 12 N 1 ff.
Kaufmännische Grundsätze als Rechtfertigungsgründe 7 N 7
Kenntnisnahme
- Kenntnisnahme der Anordnung vorsätzlich verhindert vor 54–57 N 20
- Kenntnisnahme durch den Anwalt 52 N 10
Kleinstunternehmen 5 N 7; 6 N 24
KMU-Bekanntmachung 5 N 7 f.; 6 N 5 u. N 23 ff.

Sachregister

Know-how 3 N 8; 5 N 17; 6 N 10 u. N 21
Kognition
– Beschränkte Kognition 16 N 15
– Volle Kognition 44; vor 54–57 N 25; 57 N 13
Kommissionär 5 N 30
Konkurrenz
– Konkurrenzausschluss vor 54–57 N 36
– Konkurrenzfragen 52 N 14; 54 N 10 f.
Konkurrenzverbot 4 N 7; 12 N 10
Konsumenten 2 N 10 f. u. N 17 f.; 26 N 7; 43 N 7 ff.
– Konsumentenschutz 43 N 9
– Konsumentenschutzorganisationen 43 N 7 u. N 9
Kontrahierungspflicht / Kontrahierungszwang 7 N 11 ff. u. N 17; 13 N 2 ff.
Kontrollerwerb 4 N 53 ff.
Konventionalstrafe 12 N 28
Konzerne 2 N 12 f.; 4 N 51 ff.; 52 N 3
– Konzernmütter und – zwischenmütter vor 54–57 N 27
– Konzerntochter vor 54–57 N 27
– Konzernprivileg 2 N 12 f.
Kooperationsformen, besondere 6 N 27 ff.
Kooperationsverweigerung 52 N 9
Koordination 27 N 6; 32 N 2; 49a N 23
Koppelungsgeschäfte 7 N 37 ff.
Kostenmethode 7 N 26
Kosten-Preisschere 7 N 24
Kraftfahrzeughandel 6 N 5
Kronzeugenregelung 49a N 18 ff.

L

Landwirtschaft 3 N 5
Laufende Beobachtung 45 N 1 ff.
Legalitätsprinzip vor 54–57 N 5 u. N 18; 52 N 4
Legitimate business reasons 7 N 7, N 9 u. N 13
Legitimation 36 N 3 f.
– Beschwerdelegitimation 43 N 8 u. N 15
– Verbandslegitimation 43 N 8
Legitimationsvoraussetzungen 29 N 10
Lex mitior 56 N 5
Liefersperre, -verweigerung 7 N 7; 12 N 29

Lieferverweigerung 7 N 7; 12 N 38 u. N 41
Lizenz 6 N 2; 6 N 21 f.; 7 N 14 u. N 36; 12 N 55
– Lizenzverträge 3 N 17; 5 N 17; 7 N 14
– Verweigerung der Lizenz 7 N 14 u. N 36; 17 N 11
– Zwangslizenz 3 N 25; 7 N 14

M

Managementverträge 4 N 54
Markenrecht 3 N 8 u. N 20 f.; 14 N 4
Marker-System 49a N 25
Markt 10 N 22
– Relevanter Markt 2 N 33
– Räumlich relevanter Markt 4 N 44 ff.
– Sachlich relevanter Markt 4 N 42 f.
– Zeitlich relevanter Markt 4 N 47; 10 N 24
Marktabschottung(en) 6 N 13
Marktaustrittsbarriere, Marktaustrittsschranke 7 N 5; 10 N 29
Marktauswirkungsprinzip 12 N 59 f.
Marktbeherrschende Stellung 4 N 26 u. N 31 ff.; 7 N 2 ff.; 9 N 2 ff.; 10 N 3 ff.; 25 N 16
– Qualifizierte marktbeherrschende Stellung 32 N 5
Marktbeherrschung 4 N 31 ff.; 7 N 1 ff.
– Kollektive Marktbeherrschung 10 N 26
– Qualifizierte Marktbeherrschung 10 N 25
Marktbeherrschungsgrad(e) 4 N 34 ff.
Markteinfluss 2 N 26; 4 N 28 ff.
Markteintrittsbarriere 7 N 5; 10 N 14
Marktgegenmacht 4 N 38
Marktmacht 2 N 25 ff.; 4 N 26 ff.; 10 N 10 ff.
Marktstrukturmissbrauch 7 N 4; 9 N 25
Markttransparenz 4 N 12 u. N 35; 10 N 15 17 N 16
Marktversagen 3 N 1 ff.; 4 N 27; 9 N 4
Marktzutrittsschranken 7 N 5; 10 N 14
Massnahmen
– Beweissicherungsmassnahmen
– Massnahmen zur Wiederherstellung wirksamen Wettbewerbs 55 N 5
– Superprovisorische Massnahmen 17 N 21 ff.

453

- Untersuchungsmassnahmen 42 N 1 ff.
- Vorsorgliche Massnahmen 14 N 12; 15 N 9 u. N 31; 17 N 1 ff.; 26 N 12; 27 N 7; 30 N 4 u. N 10; 33 N 11 ff.; 39 N 22 ff.
- Zwangsmassnahme 57 N 2, N 8 u. N 12

Medien 9 N 20; 22 N 24
Meldepflicht
- Verletzung der Meldepflicht 35 N 1 ff.

Meldung
- Anonyme Meldung, 26 N 5
- Erleichterte Meldung 9 N 12 u. N 34; 32 N 2 f.
- Fusionskontrollmeldung 9 N 28 ff.; 32 N 2 ff.
- Meldeformular 9 N 33; 32 N 2 f.
- Meldeinhalt 9 N 33 ff.
- Melderecht 41 N 11
- Meldeverfahren in Art. 49a 49a N 28 ff.
- Meldung von Zusammenschlussvorhaben 9 N 1 ff.
- Meldezeitpunkt 9 N 29 ff.
- Rechtswirkungen einer Meldung nach Art. 49a Schlussbestimmung N 6

Mengenrabatte 7 N 20
Milizbehörde (Weko als Milizbehörde) 18 N 2; 22 N 1; 23 N 12
Missbrauchsgesetzgebung 1 N 4; 6 N 6 u. N 20
Missbrauchstatbestände 7 N 10 ff.; 9 N 4
Mitberichtsverfahren 46 N 2
Mittäterschaft 52 N 7; vor 54–57 N 11
Mitteilung, individuelle 12 N 45; 13 N 12; 28 N 6
Mobilitätsbarriere 7 N 5
Musikalienfall 8 N 3

N
Nachfragemacht 4 N 29 f. u. N 35; 7 N 18 u. N 37; 10 N 15
Nachfragesubstituierbarkeit 10 N 23
Ne bis in idem 49a N 7; 50 N 4; 52 N 11; vor 54–57 N 9 u. N 30 ff.
- Sperrwirkung vor 54–57 N 31 u. N 36

Nebenstrafrecht 52 N 13; vor 54–57 N 4 ff.; 56 N 4
Nichteinschreiten der Organe vor 54–57 N 9 ff.
Nichtigkeit 12 N 21 ff.; 13 N 4; 21 N 8; 22 N 32; 32 N 13; 34 N 6
Nicht-ohne-Not-Praxis 15 N 28
Normen und Typen 6 N 12 f.
Nova Schlussbestimmung N 4
Nulla poena sine lege 49a N 12; 50 N 3

O
Offenheit von Märkten 1 N 19
Offizialmaxime 12 N 7; 15 N 22
Oligopol 4 N 12 u. N 35; 10 N 15 u. N 26
Opportunitätsprinzip 27 N 1; vor 54–57 N 9 u. N 20
Organe vor 54–57 N 19
- Formeller Organbegriff 42 N 5
- Materieller Organbegriff vor 54–57 N 7

Organisationsverschulden 49a N 5; 50 N 9; 52 N 10 ff.; vor 54–57 N 32
Örtliche Zuständigkeit s. unter Zuständigkeit
Outsourcing vor 54–57 N 29

P
Partei 43 N 2
- Parteiqualität 43 N 1
- Parteirechte im Unternehmenszusammenschlussverfahren und ihre Beschränkung 43 N 13 ff.

Parallelimporte(n) 3 N 12 ff.; 5 N 35
Parallelverfahren 32 N 2
Parallelverhalten 4 N 10 ff.
Passive Verkäufe 5 N 33
Passivlegitimation 12 N 16
Patentrecht 3 N 18 ff.; 45 N 10
Personendurchsuchung s. Durchsuchung
Popularverfahren 43 N 4
Portfolio-Effekt 10 N 11
Postgeheimnis 41 N 10
Präsidialverfahren 19 N 6 ff.
Preis
- Preisdiskriminierung 7 N 18 ff.
- Preisempfehlung 4 N 12, N 14 u. N 17; 5 N 26 u. N 32

Sachregister

- Preisfestsetzungen 5 N 25 ff.
- Preisfestsetzungen zweiter Hand 5 N 31
- Preisüberwacher 3 N 26; 25 N 11; 31 N 20
- Preisüberwachungsgesetz 3 N 26; 7 N 26
- Preisunterbietungen 7 N 30 ff.

Pressemitteilungen 49 N 3
Prinzip der nationalen Erschöpfung 3 N 18 ff.
Private Interessen 12 N 50; 27 N 8; 39 N 14
Privatsphäre 42 N 2 u. N 18 f.
Prozessuale Versäumnisse vor 54–57 N 25
Prüffrist 9 N 32 ff.; 32 N 6 ff.; 33 N 6 ff.; 35 N 6 f.
Prüfungsverfahren 9 N 31; 32 N 1 ff.; 33 N 1 ff.; 38 N 1
Publikation (s. a. Veröffentlichung)
- Amtliche Publikation 28 N 1; 43 N 4
- Deklaratorische Bedeutung 28 N 5
- Fehlende Publikation 28 N 5
- Publikationsmittel 28 N 1
- Urteilspublikation 13 N 2 u. N 10

Punitive Damages 12 N 60

Q

Qualitätswettbewerb 5 N 38
Quorum 21 N 1 u. N 3 ff.

R

Rabatte 5 N 25 u. N 32; 7 N 21; 9 N 17
- Mengenrabatte 7 N 20
- Treuerabatte 7 N 18 f.

Rationalisierungsabreden 6 N 12
Rationellere Nutzung von Ressourcen 5 N 18 f.
Recht auf Akteneinsicht s. Akteneinsicht
Recht auf Äusserung und Stellungnahme 39 N 15 f.
Rechtfertigung
- Rechtfertigende Gesetzespflicht nach Art. 14 StGB 52 N 3
- Rechtfertigungsgründe 5 N 9 ff.; 6 N 27; 8 N 12; 11 N 10; vor 54–57 N 9
- Sachliche Rechtfertigung 7 N 6 f. u. N 18

Rechtlich erzwingbare Vereinbarung 4 N 6 f.
Rechtliches Gehör 30 N 7 ff.; 39 N 11 ff.; 57 N 19
Rechtliches Monopol 3 N 6
Rechtlich nicht erzwingbare Vereinbarung 4 N 8 f.
Rechtmässigkeit einer strafbewehrten Verfügung vor 54–57 N 24 f.
Rechtsanwalt s. Anwalt
Rechtsbehelfe 12 N 14 u. N 17; 27 N 2; 49a N 21
Rechtsdienst, interner 42 N 20
Rechtsgutachten s. Gutachten
Rechtskraft 17 N 28 ff.; 50 N 7; vor 54–57 N 21 ff.
Rechtsmissbrauchverbot 12 N 15; 22 N 29
Rechtsmittel 8 N 23; 11 N 17; 17 N 32 ff.; 57 N 1 ff.
- Ausserordentliche Rechtsmittel 14 N 5; 17 N 32
- Rechtsmittelbelehrung 21 N 2; 30 N 13

Rechtsschutzinteresse 12 N 26 ff.; 13 N 10; 17 N 9; 31 N 5; 57 N 14 f.
Rechtsverweigerung 27 N 2 ff.; 30 N 20
- Rechtsverweigerungsbeschwerde 27 N 2 u. N 4

Rechtsvorschriften 3 N 1 ff.
Recht und Politik des Wettbewerbs (RPW) 9 N 40; 20 N 5; 48 N 1 f.; 49 N 2
Referendum und Inkrafttreten 63 N 1
Reformatio in peius 30 N 16; 57 N 5
Regelung, einvernehmliche 26 N 9 f.; 29 N 1; 50 N 2 ff.; 54 N 1 ff.; 56 N 1 ff.
Relevanter Markt s. unter Markt
Ressourcen s. Rationellere Nutzung von Ressourcen
Restrukturierungsvereinbarung 6 N 12
Restwettbewerb 5 N 25
Revision 38 N 1 ff.
- Revisionsgründe 38 N 3 ff.

Retorsionsmassnahmen 58 N 1; 59 N 2 f.
Revisionsverfahren 52 N 5; vor 54–57 N 25
Richterliche Schadensschätzung 12 N 37
Richtlinien der Weko 15 N 11, N 17 ff. u. N 35; 26 N 9

455

*Rückabwicklung 12 N 10, N 22 u. N 25;
34 N 6*

S

*Sachverhaltsabklärung 13 N 7; 15 N 18;
17 N 13; 39 N 16; 40 N 2; 41 N 12; 43
N 2; 58 N 1 u. N 4
Sachverständige*
– Abhängige und unabhängige 18 N 4 f.
– Unabhängige 19 N 4; 21 N 3; 25 N 18
– Ausstand 22 N 35 ff.
*Saldomethode 1 N 21
Sanierungsfusion s. unter Unternehmenszusammenschluss
Sanktionen (Verwaltungssanktionen) 49a
N 1 ff.; 50 N 1 ff.; 51 N 1 ff.; 52 N 1 ff.*
– Bemessung von Sanktionen 49a
 N 9 ff.; 50 N 11; 51 N 7; 52 N 12
– Direkte Sanktionen 49a N 1 f.; 50 N 1;
 53 N 2 u. N 6
– Sanktionsbefreiung 49a N 8, N 19 ff.
 u. N 35; Übergangsbestimmung
 N 6 ff.
– Sanktionsverordnung 60
– Verfahren 53 N 1 ff.
*Schaden einer Wettbewerbsbeschränkung
12 N 36 ff.
Schadenersatz 12 N 35 ff.
Schiedsgericht 12 N 62; 14 N 18 ff.; 15
N 11 u. N 31
Schutzschrift 17 N 22
Schwebezustand 34 N 4 f.
Schweigerecht des Unternehmens 52 N 2;
55 N 3
Schwere der Verletzung 7 N 28; 12 N 22 u.
N 44; 49a N 14 f.; 52 N 12; 54 N 6 ff.
Sekretariat 53 N 3*
– Antrag des Sekretariats an die Weko
 30 N 3 ff.
– Aufgaben des Sekretariats 23 N 1 ff.
– Ermessen 27 N 1
– Personal des Sekretariats 24 N 1 ff.
– Stellung des Sekretariats 23 N 2 f.
– Verantwortlichkeit des Sekretariats 24
 N 3.
*Selbstanzeige 49a N 19 ff.
Selektiv- und Alleinvertriebsverträge 4
N 21; 5 N 8 u. N 18*

*Senkung der Herstellungs- oder Vertriebskosten 5 N 14 ff.
SHAB als Publikationsorgan 28 N 1
Sicherheitsleistung bei vorsorglichen
Massnahmen 17 N 29 ff.
Siegelung 16 N 17; 42 N 15 u. N 18; 57
N 12 ff.
Sistierung 3 N 3; 12 N 3; 30 N 11
Sonderuntersuchungen 26 N 2
Sonderanknüpfungen 9 N 20
Sozial schädliche Auswirkungen 1 N 1 ff.
Spezialisierungsvereinbarungen 5 N 14; 6
N 15 f.
Spezialität (strafrechtliche) 52 N 14; 54
N 10
Staatliche Markt- und Preisordnung 3
N 4 ff.
Staatliche Regulierungen 3 N 3; 45 N 9
Staatsverträge über die Zustellung von
verwaltungsrechtlichen Verfügungen vor
54–57 N 27
Statutenbestimmungen als Wettbewerbsabrede 4 N 7
Stellungnahme 18 N 8; 29 N 9; 30 N 2 u.
N 6 ff.; 39 N 15 ff.; 41 N 6; 46 N 1 ff.; 49
N 2*
– Stellungnahmen zu Bundesgesetzen
 und Verordnungen des Bundes 46
 N 3 ff.
– Stellungnahmen zu kantonalen Erlassen 46 N 5 f.
*Strafbescheid 56 N 6; 57 N 3 ff. u. N 20 f.
Strafbewehrte Anordnung vor 54–57 N 15
u. N 17 ff.; 54 N 1 ff.; 56 N 2
Strafrecht*
– Strafrechtliche Kausalhaftung vor 54–
 57 N 9
– Strafrechtliche und strafprozessuale
 Garantien vor 54–57 N 5
– Strafrechtliche Unternehmensverantwortlichkeit vor 54–57 N 10
*Strafsanktionen vor 54–57 N 4; 54 N 1 ff.
Strafverfahren 57 N 1 ff.
Strafverfügung 57 N 5
Strafzumessung 54 N 6 ff.
Streitgenossenschaft 12 N 16; 13 N 3
Strukturkontrolle 9 N 4
Stufenklage 12 N 40*

Sachregister

Subjektiver Geheimhaltungswille 16 N 6
Substituierbarkeit 4 N 34 u. N 42 f.; 10 N 23
Substitutionswettbewerb 10 N 29
Superprovisorische Massnahmen s. unter Massnahmen

T

Tagessätze 52 N 13
Täter
– Täteridentität 52 N 11; vor 54–57 N 31
– Täterkreis 52 N 7
– Tätermehrheit vor 54–57 N 11
Tatverdacht 42 N 11 u. N 21; 49a N 19; 57 N 2, N 9, N 12 u. N 15 ff.
Technologietransfer-Vereinbarungen 6 N 22
Teilnahme vor 54–57 N 11
Teilnichtigkeit 12 N 24; 13 N 4
Telefonüberwachung 42 N 2
Treuerabatte 7 N 18 f.
Treu und Glauben 3 N 24; 10 N 20; 22 N 29; vor 54–57 N 18
Treuhänder 57 N 14
Triage 26 N 1
Trittbrettfahrerverhalten 7 N 7

U

Überkapazitäten 6 N 12; 33 N 14
Übernahmeangebot, öffentliches 32 N 15 ff.; 51 N 4
Übertretungen 52 N 11 u. N 13; vor 54–57 N 10 f.; 56 N 1 f. u. N 4
Überweisung an den Bundesrat 8 N 7; 15 N 29 ff.
Überwiegende öffentliche Interessen 8 N 9 ff.; 11 N 7 ff.; 15 N 35; 31 N 12; 36 N 10
Umgehung 54 N 1 u. N 10
Umsatzberechnung 9 N 13 ff; 49a N 9
Umstrukturierungen 34 N 1; 49a N 11
– konzerninterne 2 N 11; 4 N 51 u. N 53
Umweltschutz 5 N 12, N 16 u. N 19; 8 N 13; 11 N 11
Unabhängigkeit der Weko 18 N 7; 19 N 1 f.; 24 N 4; 27 N 6
Ungehorsamsstrafrecht vor 54–57 N 6

Unschuldsvermutung 5 N 10; 49a N 6
Unterbietung von Preisen oder sonstigen Geschäftsbedingungen 7 N 3 ff.
Unterbrechnungshandlung 56 N 3
Unterlassung s. auch Anspruch auf Unterlassung 52 N 6; 54 N 1; 56 N 1
Unterlassungstäter vor 54–57 N 11
Unterliegerprinzip 53a N 3
Unternehmen
– Unternehmensbegriff 2 N 3 ff.; 49a N 12
– wirtschaftlicher Unternehmensbegriff 52 N 3; vor 54–57 N 27
– Unternehmen des öffentlichen Rechts 2 N 6 ff; 41 N 3
– Unternehmen gleicher Marktstufe 4 N 20
– Unternehmen verschiedener Marktstufe 4 N 21
Unternehmensjurist 42 N 20; 57 N 18 f.
Unternehmensstrafbarkeit vor 54–57 N 4
– subsidiäre Unternemensstrafbarkeit vor 54–57 N 20
Unternehmensverantwortlichkeit 52 N 14; vor 54–57 N 10
Unternehmensverschulden 52 N 11
Unternehmenszusammenschluss 2 N 28 f.; 4 N 48 ff.; 43 N 14
– (s. a. Zusammenschluss)
– ausnahmsweise Zulassung 11 N 7 ff.
– bei Banken s. unter Zusammenschluss
– bei Versicherungsgesellschaften s. Versicherungsgesellschaften
– Begriff 4 N 48 ff.
– Fusion 4 N 50 ff.
– Fusionskontrollmeldung 9 N 28 ff.
– Fusionskontrollverfahren 9 N 1 ff.; 13 N 2 ff.; 32 N 1 f.
– Fusionskontrollverordnung 9 N 5
– Hauptprüfung 10 N 16 ff.
– im Medienbereich 9 N 20
– Kontrollerwerb 4 N 53 ff.
– Meldepflicht s. dort
– Prüfungsraster 10 N 28
– Sanierungsfusion 10 N 30 u. N 34 f.; 32 N 15
– Vollzug 9 N 29 ff.; 32 N 14 ff.; 33 N 11 ff.; 34 N 1 ff.; 35 N 2 ff.; 37 N 3;

457

51 N 1 ff.; vor 54–57 N 6 f.
- Vollzugsverbot 9 N 3; 32 N 11 ff.; 33 N 10; 34 N 2 ff.; 51 N 1 ff.

Untersuchung 27 N 1 ff.
- Beschluss über die Eröffnung einer Untersuchung 27 N 2 ff.
- Beteiligung Dritter 28 N 3; 43 N 1 ff.
- Einstellung von Untersuchungen 30 N 3 u. N 10
- Untersuchungen durch das Sekretariat der Wettbewerbskommission 53 N 3
- Untersuchungsadressaten 28 N 3
- Untersuchungshandlungen 23 N 6 ff.; 30 N 8 f.; 42 N 3
- Untersuchungsmassnahmen 42 N 1 ff.
- Untersuchungsverfahren 19 N 10; 22 N 28; 27 N 3 u. N 7 ff.; 28 N 5; 30 N 3; 39 N 6 f., N 13, N 30 u. N 35; 41 N 3; 42a N 5; 52 N 1; 57 N 2
- Verzicht auf die Untersuchung 27 N 4; 29 N 8
- Zustimmung zur Untersuchung 53 N 3

Untersuchungsgrundsatz 5 N 10; 39 N 10 u. N 17
Untersuchungsmaxime s. Untersuchungsgrundsatz
Urheberrecht 3 N 9, N 12 u. N 20; 14 N 4
Urkundenfälschung 52 N 14; 54 N 10
Urkundenunterdrückung 52 N 6 u. N 14; 55 N 1; 57 N 19
Urteilspublikation 13 N 2 u. N 10

V
Verantwortlichkeit
- Verantwortlichkeitsgesetz 24 N 2 u. N 4
- Verantwortlichkeit des Sekretariats s. unter Sekretariat
- Verantwortlichkeit des Unternehmens s. Unternehmensverantwortlichkeit
- Strafrechtliche Verantwortlichkeit 24 N 5; 49a N 23
- Disziplinarische Verantwortlichkeit 24 N 3

Verband
- Branchenverbände 12 N 13
- Egoistische Verbandsbeschwerde 43 N 8
- Konsumentenverbände 12 N 13
- Spitzenverbände 39 N 21; 43 N 8
- Übergeordnete Verbände 22 N 2, N 8 u. N 25 ff.; 43 N 8
- Verbandsbeschluss 4 N 5, N 7 u. N 14
- Vertretung von Verbänden 18 N 5; 21 N 4; 22 N 2, N 8 u. N 25 ff.
- Wirtschaftsverbände 12 N 13; 18 N 5; 22 N 25; 31 N 6; 43 N 8

Verbesserung der Produkte oder Produktionsverfahren 5 N 16
Verbundene Unternehmen 9 N 38
Verfahren 39 N 1 ff.; 43 N 2; 53 N 1 ff.; 57 N 1 ff.
- Befehlsverfahren s. Befehlsverfahren
- Popularverfahren s. Popularverfahren
- Prüfungsverfahren s. Prüfungsverfahren
- Verfahren der Amtshilfe s. Amtshilfe
- Verfahren der ausnahmsweisen Zulassung durch den Bundesrat s. unter Ausnahmsweise Zulassung von Wettbewerbsbeschränkungen
- Verfahren der Beschwerde an das Bundesverwaltungsgericht 31 N 8 f.; 36 N 5 f.; 41 N 6; 44
- Verfahren der Prüfung von Unternehmenszusammenschlüssen 39 N 3 u. N 21; 41 N 6; 43 N 13 u. N 15
- Verfahren nach dem Luftverkehrsabkommen Schweiz-EG 32 N 2; 42a N 1 ff.
- Verfahren während der Untersuchung s. unter Untersuchung
- Verfahrensbeteiligte 31 N 5 f.; 36 N 3 f.; 43 N 2
- Verfahrensgarantien 39 N 8; 49a N 39; vor 54–57 N 5; 53 N 2
- Verfahrensgrundsätze 26 N 11; 39 N 9 ff.
- Verfahrenskosten 30 N 13; 31 N 16; 36 N 13; 57 N 15
- Verfahrensübernahmegesuch vor 54–57 N 30
- Verfahrensverlängerung 33 N 8
- Verhältnis zwischen zivil- und verwaltungsrechtlichem Verfahren 12 N 3 ff. u. N 7; 15 N 22; 17 N 3; 27 N 8
- Vernehmlassungsverfahren s. Vernehmlassungsverfahren

Sachregister

- Verwaltungsrechtliches Verfahren 8 N 6; 8 N 18 f.
- Vorabklärungsverfahren s. unter Vorabklärung
- Vorprüfungsverfahren s. unter Vorprüfung
- Zirkulationsverfahren s. Zirkulationsweg
- Zivilrechtliche Verfahren 8 N 7 u. N 20 ff.; 15 N 6 ff.; 26 N 8

Verbotsgesetzgebung 1 N 5; 6 N 1
Verfolgungsverjährung s. unter Verjährung
Verfügung 30 N 1 ff.

- Adressaten einer Verfügung 2 N 8; 43 N 2; 49a N 12; vor 54–57 N 20, N 27 f. u. N 29
- Editions- bzw. Informationsverfügung 52 N 5 ff.; 55 N 2
- Einstellungsverfügung 29 N 1; 30 N 11; 57 N 5
- Feststellungsverfügung 3 N 3; 9 N 26; 38 N 2; 39 N 18 f.
- Rechtskraft einer Verfügung s. Rechtskraft
- Strafverfügung 49a N 40
- Untersagungsverfügung 37 N 3 u. N 6
- Verfahrensleitende Verfügung 23 N 4 u. N 7; 25 N 17; 40 N 11; vor 54–57 N 23
- Verfügung betreffend Auskunft s. Auskunftsbegehren unter Auskunft
- Verfügungsbefugnis 18 N 7; 30 N 1; 39 N 2; 41 N 12
- Verfügungsgebühren s. Gebühren
- Verstoss gegen eine Verfügung 50 N 1 ff.
- Vollstreckbarkeit der Verfügung 50 N 7; vor 54–57 N 22 f.
- Zwischenverfügung 3 N 3; 10 N 16; 27 N 9; 33 N 8; 35 N 3; 39 N 32; 40 N 11

Vergleichsmarktkonzept 7 N 26
Verhaltensweisen

- aufeinander abgestimmte 4 N 10 ff.
- marktbeherrschender Unternehmen, unzulässige 7 N 1 ff.

Verhältnismässigkeit 8 N 11; 10 N 19; 11 N 9; 17 N 14; 30 N 12; 33 N 5; 37 N 5; 39
N 24 ff.; 40 N 2 u. N 5 f.; 41 N 8 f.; 42 N 3, N 6 u. N 11; 49a N 14; 51 N 7
Verjährung 12 N 46 u. N 53; 53 N 6; 56 N 1 ff.

- Altrechtliches Verjährungsregime 56 N 3 u. N 5
- Verjährungsstillstand 56 N 3 u. N 5
- Verfolgungsverjährung 53 N 6; 56 N 1 ff.
- Vollstreckungsverjährung 53 N 6; 56 N 6

Verkauf

- Aktiver Verkauf 5 N 34
- Passiver Verkauf 5 N 33 u. N 35

Verkaufsgemeinschaft 6 N 12
Vermögensschaden 12 N 36; 42 N 8
Vermutungstatbestand, - tatbestände

- Allgemeines 5 N 22 ff.; 12 N 20; 15 N 13; 49a N 8
- für horizontale Abreden 5 N 25 ff.
- für vertikale Abreden 5 N 29 ff.
- Widerlegung 5 N 37 ff.

Vernehmlassungsverfahren 18 N 8; 46 N 2 u. N 3 f.
Veröffentlichung (s. auch Publikation)

- Veröffentlichungen der Wettbewerbsbehörden 25 N 2, N 8 u. N 13; 49 N 2
- Veröffentlichung von Entscheiden 48 N 1 u. N 2
- Veröffentlichung von Gerichtsurteilen 48 N 2
- Veröffentlichung von Verordnungen 6 N 34

Verordnung 6 N 3 u. N 33 f.

- Bundesrätliche Verordnung 6 N 3 u. N 33 f.; 26 N 8
- Fusionskontrollverordnung s. Fusionskontrolle
- Gruppenfreistellungsverordnung s. Gruppenfreistellungsverordnungen
- KG-Gebührenverordnung s. Gebührenverordnung KG
- Veröffentlichung von Verordnungen s. unter Veröffentlichung

Verschulden 12 N 42 f., N 45 u. N 51; 17 N 31; 49a N 5; 50 N 9; 54 N 6

- Organisationsverschulden s. unter Organisation
- Verschuldensfähigkeit vor 54–57 N 9

459

- Verschuldensprinzip vor 54–57 N 5 u. N 9
Versicherungsbereich 6 N 31; 9 N 24
Versicherungsgesellschaften 9 N 22 u. N 24
Versuch vor 54–57 N 11
Vertikalabreden s. unter *Wettbewerbsabreden*
Vertikalbekanntmachung 4 N 21; 5 N 7 f., N 15 u. N 26; 6 N 5 f., N 20, N 24 u. N 26
Verträge(n), marktgerechte oder branchenübliche 13 N 1 ff.
Vertragsfreiheit 7 N 10; 13 N 6
Vertraulichkeit 16 N 11, N 16 u. N 20; 25 N 6; 26 N 5; 41 N 9; 57 N 19
Vertrauensprinzip 6 N 4; 26 N 10
Vertretung
- Gemeinsame Vertretung 43 N 10 u. N 12
- Schweigerecht des Vertreters s. Schweigerecht des Unternehmens
- Vertretung bei der Beweissaussage s. unter Beweisaussage
- Vertretung von Verbänden s. unter Verband
- Wissensvertretung s. Wissensvertretung
Vertriebsgemeinschaft 6 N 14
Verursacherprinzip 53a N 3
Verwaltungseinheit 2 N 8; 41 N 3
Verwaltungssanktionen 39 N 3; 49a N 3 u. N 39 f.; 53 N 2; vor 54–57 N 4
- Verjährung von Verwaltungssanktionen 53 N 6
Verwaltungsverfahrensgesetz 26 N 11; 39 N 1 ff.; 53 N 2
Verweigerung
- der Auskunft s. unter Auskunft
- der Beweisaussage s. unter Beweisaussage
- der Geschäftsbeziehungen 7 N 10 ff.; 12 N 11 u. N 26
- der Information s. unter Information
- der Kooperation s. Kooperationsverweigerung
- der Lieferung s. Lieferverweigerung
- der Lizenz s. unter Lizenz
Verwertung von Beweismitteln 42 N 21 f.
Verwertung von Kenntnissen 25 N 9 ff.

Verwirkung 12 N 30; 17 N 13 u. N 23; 53 N 6
Vollzug 9 N 31; 34 N 2; 51 N 4
- Vollzugsbegünstigung vor 54–57 N 13
- Vollzugshandlungen 9 N 31; 34 N 3 u. N 5; 35 N 2 f.
- Vollzugsverbot 32 N 11 ff., N 15 u. N 17; 33 N 10; 34 N 2, N 4 u. N 6; 51 N 1 u. N 3 f.; 55 N 5
- Vorläufiger Vollzug 9 N 30 f.; 10 N 35; 33 N 11 ff.; 34 N 3; 37 N 3
- Vorzeitiger Vollzug 9 N 31; 10 N 35; 32 N 11 u. N 14 ff.; 34 N 3
Vorabklärung 12 N 4 f.; 15 N 22; 23 N 3 f. u. N 8; 26 N 1 ff., N 7 u. N 10; 27 N 1; 39 N 5 ff.; 40 N 5; 41 N 6; 42 N 3; 43 N 3; 49a N 31, N 33 u. N 36; 53a N 6; 58 N 4
- Vorabklärungsverfahren 3 N 3; 26 N 1, N 8, N 10 u. N 11; 39 N 5 ff. u. N 21; 40 N 4; 49a N 31; 58 N 6
Vorenthalten von Urkunden s. Urkundenunterdrückung
Vorfrageweise Überprüfung 52 N 5; 57 N 17
Vorlage
- Vorlage an den Bundesrat 15 N 31
- Vorlage an die Wettbewerbskommission 15 N 3
- Vorlage durch den Zivilrichter 15 N 7 ff.
- Vorlagepflicht der Parteien 9 N 34
- Vorlagepflicht des Zivilrichters 15 N 3, N 5 ff., N 21 u. N 25
- Vorlagerecht des Zivilrichters 15 N 16
Vorprüfung 9 N 2 u. N 27; 10 N 2, N 3, N 6 ff. u. N 16 f.; 32 N 4 ff.
- Auflagen und Bedingungen aus der Vorprüfung 33 N 14
- Vorprüfungsverfahren 9 N 29; 35 N 6; 37 N 3; 38 N 1
Vorsatz 52 N 10 f.; vor 54–57 N 8 f., N 21 u. N 33; 54 N 4 f.
- Eventualvorsatz 52 N 10; vor 54–57 N 8; 54 N 4 f.; 55 N 4 u. N 6
Vorteil 22 N 23; 50 N 5; 54 N 2
Voruntersuchung 26 N 10; 57 N 10
Vorsorgliche Massnahmen 14 N 12; 15 N 9, N 16 u. N 31; 16 N 4; 17 N 1 ff.; 23 N 7; 26 N 12; 27 N 7 ff.; 30 N 4 u. N 10;

Sachregister

33 N 11 ff.; 39 N 7, N 16 u. N 22 ff.; 50 N 7
– Zuständigkeit für den Erlass 17 N 18 ff., N 26 u. N 32

W
Waiver 42a N 1
Wettbewerbsabreden 2 N 20 ff.; 4 N 3 ff.
– horizontale 2 N 23 u. N 24; 4 N 20; 5 N 5 ff.
– unzulässige 5 N 1 ff.; 8 N 1 ff.
– vertikale 2 N 23 f.; 4 N 18 u. N 21; 5 N 5 ff.; 6 N 26
Wettbewerbsausschluss durch öffentliches Recht 3 N 1 ff.
Wettbewerbsbehinderung 12 N 9 ff.; 14 N 13 ff.
Wettbewerbsbehörden s. Weko
– Ausländische Wettbewerbsbehörden 25 N 12
Wettbewerbsbeschränkungen 5 N 1 ff.; 41 N 1
– bewirken 4 N 3 u. N 25
– bezwecken 4 N 3 u. N 24
– erhebliche 5 N 4 ff.
– übermässige 46 N 2
– unerhebliche 5 N 1 ff.
– unzulässige 5 N 1 ff.; 8 N 7, N 16 u. N 22; 12 N 1 ff.; 29 N 3; 31 N 14; 36 N 11; 49a N 1 ff.
– vertikale 5 N 5 ff.
– Widerrechtlichkeit der Wettbewerbsbeschränkung 12 N 35
– zulässige 4 N 1; 5 N 9 ff.; 12 N 6 f. u. N 56 ff.; 15 N 1 ff.
Wettbewerbsbeseitigung 5 N 22 ff.
– bei horizontalen Abreden 5 N 25 ff.
– bei vertikalen Abreden 5 N 29 ff.
Wettbewerbsfragen
– von grundsätzlicher Bedeutung 47 N 4
– von untergeordneter Bedeutung 47 N 4
Wettbewerbskommission (Weko) 18–22; 45–49
– Abstimmung innerhalb der Weko 27 N 1
– Aufgaben und Kompetenzen 18 N 7 f.; 45–47

– Aufgabenteilung der Weko und des Sekretariates 23 N 6 ff.
– Ausstand von Kommissionsmitgliedern 22 N 1 ff.
– Beschlussfassung 21 N 1 ff.
– Geschäftsreglement 20 N 1 ff.
– Organisation 19 N 1 ff.; 20 N 3 ff.
– Tätigkeiten 20 N 4; 49 N 5
– Tätigkeitsbericht 49 N 5
– Unabhängigkeit 18 N 4 u. N 5; 19 N 1 f.; 24 N 4; 27 N 6
– Wahl und Mitglieder 18 N 3 ff.
– Zuständigkeit innerhalb der Kommission 20 N 3
Wettbewerbsverfälschungen 46 N 2
White List 6 N 6
Widerlegung der Gesetzesvermutung 5 N 37
Widerruf 30 N 15 ff.; 38 N 1 ff.
Widerspruch 32 N 6
Wiedererwägung 30 N 15; 57 N 17
– Wiedererwägungsentscheid 57 N 17
– Wiedererwägungsanspruch 57 N 17
Wiederherstellung des wirksamen Wettbewerbs 32 N 16; 37 N 1 ff.
Wiener Übereinkommen über konsularische Beziehungen vor 54–57 N 25
Wirksamer Wettbewerb 1 N 16 ff.
Wirtschaftliche Beherrschung vor 54–57 N 27
Wirtschaftlicher Nachrichtendienst 52 N 3
Wirtschaftsfreiheit 1 N 7 ff.
Wirtschaftsrechtliche Vorschriften 45 N 6
Wirtschaftsverband 43 N 8
Wirtschaftsverfassung 1 N 3 ff.
Wissensvertretung 52 N 10

Z
Zeugen
– Abgrenzung von der Partei 42 N 5
– Kronzeugenregelung s. Kronzeugenregelung
– Verwertung der Zeugenaussage 42 N 21
– Zeugeneinvernahme 23 N 11; 42 N 4 ff.
Zeugnisverweigerungsrecht 40 N 2 u. N 7 ff.; 42 N 8, N 16, N 19 u. N 21; 49a N 16; 55 N 3

461

Zivilprozess 5 N 37; 12 N 19 f.; 16 N 14 f.;
17 N 13; 39 N 4; 49a N 25; 52 N 1
- Zivilprozessordnung 14 N 6
- Zivilprozessrecht 15 N 17, N 20 u.
  N 36

Zulassung
- Widerruf einer Zulassung s. Widerruf
- Zulassungsfiktion 34 N 5
- Zulassung unter Bedingungen und Auflagen 11 N 5
- Zulassung von Wettbewerbsbeschränkungen s. Ausnahmsweise Zulassung von Wettbewerbsbeschränkungen

Zulassungsfiktion 34 N 5
Zurechnung 52 N 10 f.
Zusagen 10 N 4 ff. u. N 17; 11 N 5; 32 N 11; 33 N 4; 38 N 8
- Formlose Zusage 12 N 28

Zusammenschluss s. a. Unternehmenszusammenschluss
- Beurteilung von Zusammenschlüssen 10 N 1 ff.
- Horizontale Zusammenschlüsse 10 N 10 u. N 12 ff.
- Internationaler Zusammenschluss 9 N 7; 32 N 2
- Konglomerale Zusammenschlüsse 10 N 11
- Meldung von Zusammenschlussvorhaben s. unter Meldung
- Prüfung eines Zusammenschlusses s. unter Prüfungsverfahren
- Rechtsfolgen 34 N 1 ff.; 37 N 1 ff.
- Verstösse im Zusammenhang mit Zusammenschlüssen 51 N 1 ff.; 55 N 5 f.
- Vertikale Zusammenschlüsse 10 N 10
- Widerruf einer Zulassung s. Widerruf
- Zivilrechtliche Wirksamkeit eines Zusammenschlusses 9 N 5; 34 N 1 ff.

- Zusammenschlüsse von Banken 9 N 23; 10 N 34 ff.
- Zusammenschlussverbot 7 N 2; 9 N 6

Zusätzliche Anhörung s. unter Anhörung
Zuständigkeit 3 N 3; 12 N 61 f.
- Ausschliessliche Zuständigkeit der Wettbewerbskommission 15 N 25 ff.
- Ausschliessliche Zuständigkeit des Bundesrates 15 N 29 ff.
- Ausschliessliche Zuständigkeit einer einzigen kantonalen Instanz 14 N 4
- Gutachterzuständigkeit s. unter Gutachten
- Örtliche Zuständigkeit 14 N 13 ff.; 17 N 18 f.; 57 N 6
- Parallele Zuständigkeit 12 N 3 ff.
- Zuständigkeit bei Kartellklagen s. unter Kartellklagen
- Zuständigkeit für den Erlass von Feststellungsverfügungen 39 N 18
- Zuständigkeit für den Erlass vorsorglicher Massnahmen s. unter Vorsorgliche Massnahmen
- Zuständigkeit innerhalb der Wettbewerbskommission s. unter Wettbewerbskommission

Zustellung
- Zustellungsbevollmächtigter 9 N 28
- Zustellungsdomizil 9 N 28; vor 54–57 N 27; 57 N 4
- Zustellungsempfänger vor 54–57 N 21, N 25 u. N 27 f.
- Zustellung von Akten 39 N 13

Zwangslizenz s. unter Lizenz
Zwangsmassnahme 42 N 1 ff.; 57 N 1 ff.
Zweckartikel 1 N 1 ff.
Zwischenverfügungen s. unter Verfügung

462